V&R

Bürgertum Neue Folge

Studien zur Zivilgesellschaft

Herausgegeben von
Manfred Hettling und Paul Nolte

Band 16

Vandenhoeck & Ruprecht

Anne Purschwitz

Jude oder preußischer Bürger?

Die Emanzipationsdebatte im Spannungsfeld von Regierungspolitik, Religion, Bürgerlichkeit und Öffentlichkeit (1780–1847)

Vandenhoeck & Ruprecht

Mit 14 Graphiken

Bibliografische Information der Deutschen Nationalbibliothek

Die Deutsche Nationalbibliothek verzeichnet diese Publikation in der Deutschen Nationalbibliografie; detaillierte bibliografische Daten sind im Internet über http://dnb.d-nb.de abrufbar.

ISSN 2198-1418
ISBN 978-3-525-37062-9

Ergänzendes Material zu diesem Buch finden Sie unter:
http://www.v-r.de/jude-oder-preussischer-Buerger

Weitere Ausgaben und Online-Angebote sind erhältlich unter:
www.vandenhoeck-ruprecht-verlage.com

Umschlagabbildung: Katrin Sillmann

Gedruckt mit freundlicher Unterstützung der Axel Springer Stiftung.

Satz: textformart, Göttingen | www.text-form-art.de
Druck und Bindung: ⊕ Hubert & Co GmbH & Co. KG BuchPartner, Robert-Bosch-Breite 6, D-37079 Göttingen

Gedruckt auf alterungsbeständigem Papier.

Inhalt

I. Einleitung

1. Von der ›bürgerlichen Verbesserung‹ zur ›Judenfrage‹ – Relevanz und Vehemenz

Die ›Judenfrage‹ als einer der zentralen Begriffe des 19. Jahrhunderts bündelte einen umfangreichen Problemkomplex, der beständig erweitert wurde und zahlreichen Änderungen unterlag. Die verschiedenen Elemente, aus denen sich der Begriff zusammensetzte, entwickelten sich seit Aufklärung und Französischer Revolution und im Umfeld der von ihnen popularisierten Idee der Gleichheit aller Menschen. Die sich herausbildenden Bestandteile waren vielfältigen Auseinandersetzungen und Verständigungsversuchen unterworfen, die wiederholt zu einer neuen Gewichtung der einzelnen Komponenten führten. In ihrer einfachsten Definition kann die ›Judenfrage‹ als die Frage nach der rechtlichen (politischen), sozialen, wirtschaftlichen und gesellschaftlichen Stellung von Juden in der entstehenden bürgerlichen Gesellschaft und dem preußischen Staat verstanden werden. Sie bezeichnet somit die grundlegende Beschäftigung mit der Position von Juden in Staat und Gesellschaft.[1] Doch erst mit der semantischen Prägung des Begriffes um 1840 waren alle grundlegenden Ebenen ausgebildet, wenn sie auch nicht von gleicher Relevanz innerhalb der zeitgenössischen Verständigung über die Problematik der jüdischen Integration sein konnten und immer wieder Schwerpunktverschiebungen stattfanden. Die Auseinandersetzungen über die ›Judenfrage‹ im Wechselspiel zwischen Öffentlichkeit, Bürgertum und Staatlichkeit ist Inhalt der vorliegenden Arbeit. Sie fokussiert die Frage, welche Elemente die ›Judenfrage‹ während des Vormärz beinhaltete und wie sie von jüdischen und nichtjüdischen Debattenteilnehmern definiert, formuliert, artikuliert und beantwortet wurden.

Die verschiedenen Kontroversen entzündeten sich zum einen an einzelnen, argumentativ herausragenden oder polarisierenden Schriften, wie im Fall von Christian Wilhelm Dohm,[2] dessen Publikation zahlreiche Entgegnungen provo-

1 Zur *Charakterisierung* der Judenfrage, sowohl in ihrer begrifflichen als auch in ihrer historischen Entwicklung, vgl. *Bein*, Die Judenfrage; *Rürup*, Kontinuitäten und Diskontinuitäten; *Weltsch*, Die deutsche Judenfrage; *Benz*, Die ›Judenfrage‹ und *Arendt-Stern*, Aufklärung und Judenfrage.

2 *Dohm*, Bürgerliche Verbesserung der Juden, 1781 (2. Auflage mit Kritiken und einer Erwiderung Dohms erschienen 1783). Zu Dohm vgl. *Heinrich*, …man sollte das Publikum; *Liberles*, The historical context; *Möller*, Bürgerliche Verbesserung, S. 59–79; *ders.*, Aufklärung;

zierte und dessen Thesen und Vorschläge auch in Regierungskreisen noch Jahrzehnte später debattiert wurden.[3] Andererseits erregten behördliche Beratungen und neue Judengesetze die Öffentlichkeit und bedingten Auseinandersetzungen nicht nur innerhalb von Zeitschriften und Periodika. Die Debatte um die Stellung von Juden im preußischen Staat und in der preußischen Gesellschaft verschwand dabei nie vollkommen aus der öffentlichen Wahrnehmung, auch wenn sie zeitweise deutlich weniger offensiv geführt oder von anderen Kontroversen überlagert wurde. Da jedoch auf der Ebene der preußischen Behörden bis 1847 keine abschließende Lösung der ›jüdischen Frage‹ gefunden werden konnte, verblieb die jüdische Problematik sowohl in regierungsinternen Beratungen als auch in der publizistischen Auseinandersetzung. Somit existierte zwischen 1780 und 1847 eine Kontroverse über die Stellung von Juden, die in verschiedene Teildebatten unterteilt werden kann. In diesem Zusammenhang ist vor allem nach den Entwicklungen, Kontinuitäten und Schwerpunktverschiebungen innerhalb der Kontroverse zu fragen.

Ausgehend von der Dohm'schen Schrift über die ›bürgerliche Verbesserung‹ von Juden begann eine stark der Aufklärung verpflichtete öffentliche Debatte, in der sich die Hoffnung artikulierte, zu einem harmonischen Zusammenleben aller Gruppen im Staat finden zu können. Zu ihrer Verwirklichung forderten Dohm und andere Autoren den preußischen Staat auf, im Hinblick auf die Bildung und Erziehung von Juden positiv tätig zu werden. Deutlich wurden in dieser aufgeklärten Auseinandersetzung die Zurücksetzung religiöser Überzeugungen, Dogmen und Ausgrenzungsmechanismen in Hinblick auf Juden. Die in der Debatte verfochtenen Prämissen zielten auf eine rechtliche Gleichstellung von Juden, in deren Folge eine Angleichung an die deutsche Umwelt erreicht werden sollte. Auch Autoren nach Dohm waren bestrebt, die enge Verbindung zwischen Staat und christlicher Religion zu überwinden und zu einer strikten Trennung beider Sphären zu gelangen. Von diesem integrationspolitisch günstigen Ausgangspunkt erfolgte in den Jahren nach der Jahrhundertwende eine allmähliche Rückbesinnung auf christliche Werte und Praktiken, verbunden mit einer erneuten gesellschaftlichen, sozialen und politischen Zurücksetzung von Juden. Die Bereitschaft, Juden zu integrieren, schwand, und infolge der Befrei-

Risse, Christian Wilhelm Dohm; *Vierhaus*, Christian Wilhelm Dohm; *Dambacher*, Christian Wilhelm Dohm; *Reuss*, Dohms Schrift; *Cohn*, Christian Wilhelm Dohm und *Gronau*, Christian Wilhelm von Dohm.

3 Eine Auswahl der publizistischen Erwiderungen zu Dohm: *Michaelis*, Bürgerliche Verbesserung der Juden, 1782; *ders.*, Bürgerliche Verbesserung der Juden, 1783; *Schwager*, Bürgerliche Verbesserung der Juden, 1783; *Hartmann*, Untersuchung bürgerliche Freiheit, 1783; *[Schulz = Zopf]*, Philosophische Betrachtungen, 1784; *Diez*, Über Juden, 1783a; *Klingler*, Unnütz- und Schädlichkeit der Jüden, 1782; *Unzer [Wessely]*, Anmerkungen zu der Schrift des Herrn Dohm, 1782; *Anonymus*, Bürgerliche Verbesserung der Juden, 1782; *Anonymus*, Dohm, C. W. v. (Rezension), 1783 und *Iselin*, Dohm, C. W. v. (Rezension), 1782.

ungskriege errangen restaurative Kräfte die Oberhand, sowohl im preußischen Staat als auch zunehmend in der öffentlichen Auseinandersetzung; im Zusammenspiel mit romantischen Überzeugungen führte diese Entwicklung in der preußischen Gesellschaft zur Überwindung aufgeklärter Prämissen und einer Rückkehr zu christlichen Grundanschauungen. Die Arbeit fragt im Hinblick auf diese Rückbesinnung, von welchen Akteuren die erneute Betonung christlicher Werte ausging und welche Wechselwirkungen und Konsequenzen sich in ihrer Folge für die Beantwortung der ›Judenfrage‹ ergaben.

Aus der mit der Abwehr der napoleonischen Fremdherrschaft zusammenhängenden nationalen Erneuerungsbewegung resultierten eine Radikalisierung der Auseinandersetzung um die Stellung von Juden und eine nochmalige Verstärkung der Ablehnung einer jüdischen Integration. Während innerhalb der publizistischen Kontroverse die Skepsis gegenüber einer jüdischen Emanzipation bereits dominierte, schien die preußische Judenpolitik noch aufgeklärten Grundsätzen verpflichtet. Diese Haltung fand ihren Ausdruck im Edikt von 1812, das einen Teil der jüdischen Untertanen unter weitreichenden Bedingungen zu Staatsbürgern erklärte.[4] Kurze Zeit später waren preußische Vertreter auf dem Wiener Kongress bemüht, Juden bereits gewährte Rechte wieder abzusprechen, was trotz der in Wien beschlossenen Regelung zur Judenpolitik[5] durch verschiedene Einzelerlasse und Sonderbestimmungen weitgehend gelang.[6] Diese Praxis führte zu einem erneuten, nahezu vollständigen, Ausschluss von Juden aus staatlichen Strukturen und verlangsamte ihre gesellschaftliche Integration. In diesem Zusammenspiel von nationaler Erneuerung, Romantik und Restauration wurde der von Aufklärern präferierte Erziehungsgedanke endgültig überwunden. Nunmehr verlangten Nichtjuden verschiedenste Beweise für die jüdische Integrationsfähigkeit; so mussten Juden ihre Vaterlandstreue, ihre ehrliche Gesinnung und die Fähigkeit, bürgerliche Pflichten zu übernehmen, belegen.

4 »Die in Unsern Staaten jetzt wohnhaften, mit General-Privilegien, Naturalisations-Patenten, Schutzbriefen und Konzessionen versehenen Juden und deren Familien sind für Einländer und Preußische Staatsbürger zu achten.« *Friedrich Wilhelm* Edikt, betreffend 11.3.1812, S. 17 ff., § 1.

5 »Die Verschiedenheit der christlichen Religions-Partheyen kann in den Ländern und Gebiethen des deutschen Bundes keinen Unterschied in dem Genusse der bürgerlichen und politischen Rechte begründen.

Die Bundesversammlung wird in Berathung ziehen, wie auf eine möglichst übereinstimmende Weise die bürgerliche Verbesserung der Bekenner des jüdischen Glaubens in Deutschland zu bewirken sey, und wie insonderheit denselben der Genuß der bürgerlichen Rechte gegen die Uebernahme aller Bürgerpflichten in den Bundesstaaten verschafft und gesichert werden könne; jedoch werden den Bekennern dieses Glaubens bis dahin die denselben von den einzelnen Bundesstaaten eingeräumten Rechte erhalten.« (*Deutscher Bund*, Bundesakte 8.6.1815, Art. 16).

6 So wurde Juden die theoretische Möglichkeit zur Ausübung von Staatsämtern genommen und sie wurden als »Lehrer der Jugend, als Richter und beamtete Repräsentanten« (*Richarz*, Eintritt der Juden, S. 169) für untragbar erklärt.

Erst wenn sie dazu in der Lage seien, könnte eine Verbesserung ihrer rechtlichen Situation in Betracht gezogen werden.

Die öffentliche und staatliche Rückbesinnung auf traditionelle Vorurteile und überkommene Ausschlussmechanismen äußerte sich vehement in den Hep-Hep-Unruhen des Jahres 1819.[7] Vonseiten der deutschen Regierungen erhielt die Öffentlichkeit an diesen Ausschreitungen eine umfassende Mitschuld, wodurch die Karlsbader Beschlüsse mit ihren massiven Zensurgesetzen zusätzlich legitimiert werden konnten. Ebenso verstärkte sich der Einfluss öffentlicher Kontroversen auf die Entscheidungen der preußischen Regierung. So sollte das für Posen 1833 in Kraft getretene Judengesetz ursprünglich auf die gesamte preußische Monarchie Anwendung finden; letztendlich jedoch blieb es, auch unter dem Eindruck massiver öffentlicher Proteste, auf die Provinz Posen beschränkt.

Die staatliche Rückkehr zu christlichen Überzeugungen wurde durch den Thronwechsel im Jahr 1840 nochmals betont, denn der neue Monarch Friedrich Wilhelm IV. charakterisierte sich offen als christlicher Machthaber und intensivierte die Zusammenarbeit mit der protestantischen Kirche. Die dadurch begünstigte christliche Neubesinnung erreichte ihren Höhepunkt in Staat, Gesellschaft und Öffentlichkeit mit der Theorie des ›christlichen Staates‹ von Friedrich Julius Stahl.[8] Juden wurden aus einem solchen Staat aufgrund ihres Glaubens ausdrücklich ausgegrenzt, sie konnten als Untertanen in ihm leben, jedoch keinen Anspruch auf eine rechtliche Gleichbehandlung oder eine aktive Einbeziehung in die staatlichen Strukturen erheben. Auch ihre teilweise umfangreichen Assimilations- und Akkulturationsleistungen, verbunden mit verschiedenen Religionsreformen, erschienen als nicht mehr ausreichend, um in einer christlich definierten Umwelt eine Gleichstellung verwirklichen zu können. Zwar äußerten sich in der Öffentlichkeit auch Stimmen, die einer solch engen Verbindung von Staat und Religion kritisch bis ablehnend gegenüberstanden, diese konnten aber zu keinem Zeitpunkt eine Mehrheit auf sich vereinen, zumal sie neben der Trennung von Staat und Kirche meist einen Verfassungsstaat befürworteten, dem konservative Politiker und Publizisten wie auch der Monarch nur Ablehnung entgegenbrachten.

Den Gegenpol zu dieser Entwicklung bildeten die Junghegelianer, die jede religiöse Verankerung und Bindung des Menschen, unabhängig davon, welchem Glauben der Einzelne anhing, ablehnten. Doch auch sie waren mit dieser Konzeption nicht in der Lage, Juden als Juden zu integrieren, wenn diesen auch als Menschen, unter der Voraussetzung, dass ihr Glaube ausschließlich eine private

7 Zu den Hep-Hep-Unruhen vgl. auch *Katz*, Die Hep-Hep Verfolgungen; *Rohrbacher*, Gewalt im Biedermeier; *ders.*, Hep-Hep-Krawalle.

8 Zu Friedrich Julius Stahl (einem konvertierten Juden) vgl. unter anderem *Müller*, Staatslehre; *Myoung-Jae*, Staat und Gesellschaft; *Füssl*, Professor in der Politik; *Nabrings*, Friedrich Julius Stahl; *Wiegand*, Friedrich Julius Stahl; *Pyclik*, Friedrich Julius Stahl; *Schoeps*, Friedrich Julius Stahl und *Schmidt*, Friedrich Julius Stahl.

Angelegenheit sei, alle grundlegenden Rechte zukommen sollten. Die Stellungnahmen von Junghegelianern brachten eine neue Perspektive in die überkommenen Betrachtungen ein, doch erreichten sie nur eine Minderheit der Bevölkerung, sodass sie auf die grundsätzliche Tendenz, die Rückbesinnung auf christliche Grundlagen, keinen Einfluss ausüben konnten.

Allein durch die zahlreichen begrifflichen Zuschreibungen für das Zusammenleben zwischen Juden und Nichtjuden innerhalb der Debatte werden die starke Eigendynamik und das gesellschaftliche Veränderungspotential deutlich. Von der aufgeklärten Forderung nach einer ›bürgerlichen Verbesserung‹ reichten die Konzepte über ›Duldung‹, ›Emanzipation‹, ›Gleichberechtigung‹, ›Assimilation‹ und ›Akkulturation‹ bis zur ›Vertreibung‹. Diese Begriffe bezeichnen dabei vollkommen verschiedene Lösungsvorschläge für die ›Judenfrage‹. Die unterschiedlichen Varianten der zeitgenössischen Diskussion über die ›Judenfrage‹ veranschaulichen so die sich permanent ändernden Austauschprozesse zwischen Mehrheits- und Minderheitskultur und die durchaus beweglichen Grenzen zwischen ihnen. Die Vorstellungen über die Ziele der ›Judenemanzipation‹[9] divergierten stark und reichten vom Konzept einer sofortigen und vollständigen Gleichstellung aller Juden nach französischem Vorbild über das in Deutschland verbreitete Vorhaben einer teil- oder stufenweisen Emanzipation (Erziehung) bis hin zu der Vorstellung, Juden könnten aufgrund ihrer eigenständigen Nationalität und dem damit verbundenen grundlegend unterschiedlichen Wert- und Normenkatalog in keinem Fall in die deutsche Gesellschaft integriert werden. Welche Normen und Werte das deutsche Bürgertum für sich beanspruchte und daraus resultierend, welche Anpassungsforderungen es an Juden richtete, erschien dabei meist sehr unbestimmt.[10] Erkennbar ist, dass bereits in den ersten Jahrzehnten des 19. Jahrhunderts die Lösung der ›Judenfrage‹ keinesfalls ausschließlich in der ›Emanzipation‹ bestand, sondern dass auch konkurrierende Konzepte intensiv diskutiert wurden, die entweder ein grundlegend anderes Verständnis von Emanzipation oder Möglichkeiten einer ›Auflösung‹ des Judentums aufwiesen.[11]

9 Der Begriff ›Judenemanzipation‹ dient an dieser Stelle als Sammelbegriff für die oben erwähnten, verschiedenen Begrifflichkeiten, denn er bildet den kleinsten gemeinsamen Nenner für die begriffliche Beschreibung der jüdischen Problematik. Zu den damit verbundenen Inhalten und Vorstellungen vgl. *Birnbaum/Katznelson*, Path of Emancipation; *Barthold*, Die preußische Judenemanzipation und *Herzig*, 1815–1850.

10 Zu den bürgerlichen Werten, Normen und Moralvorstellungen vgl. *Hettling/Hoffmann*, Einleitung; *Joas*, Entstehung der Werte; *Maurer*, Biographie des Bürgers; *Kaschuba*, Deutsche Bürgerlichkeit; *Kocka*, Bürgertum und *ders.*, Bürgertum und Bürgerlichkeit.

11 Reinhard Rürup spricht bspw. davon, dass während der Aufklärung und des Vormärz alleinig die Emanzipation infolge einer Erziehung durchdacht wurde. Vgl. *Rürup*, The Tortuous; *ders.*, Judenemanzipation. Zu den zeitgenössischen Emanzipationsgegnern vgl. *Erb/Bergmann*, Nachtseite der Judenemanzipation.

Innerhalb der publizistischen Debatte zeichneten sich verschiedene Argumentationslinien ab, die – vereinfachend – in ein religiöses und ein nationales Muster unterschieden werden können. Sie ermöglichten die Konstruktion eines doppelten Gegensatzes zwischen ›Juden und Deutschen‹ und ›Juden und Christen‹. In beiden Fällen war es möglich, Judentum und Juden in einen Widerspruch zu den gegebenen Verhältnissen im preußischen Staat zu setzen und sie aufgrund dieser Verschiedenheit ausgrenzen zu können. Dabei beinhaltete die Definition der Begriffe ›Jude‹, ›Christ‹ und ›Deutscher‹ zahlreiche Schwierigkeiten, denn Selbst- und Fremdwahrnehmung ließen die verschiedensten Zugehörigkeitskriterien entstehen, deren religiöser und nationaler Gehalt variierte und einen Konsens über ihre inhaltliche Ausgestaltung beinahe unmöglich machte. Zugleich sind im Verlauf der Debatte zahlreiche Änderungen in der Argumentationsstruktur erkennbar, die durch verschiedene Einflüsse bedingt wurden. Auf der einen Seite durch staatliche Entscheidungen, Gesetzgebungen wie auch durch politische Entwicklungen, auf der anderen durch gesellschaftliche Veränderungen; denn Aufklärung, Restauration und die Vorwehen der Revolution wirkten in alle gesellschaftlichen und politischen Bereiche hinein und lassen sich auch, oder vielmehr vor allem, an der Auseinandersetzung über die Stellung von Juden in der Gesellschaft nachvollziehen. Sie kann als Spiegel für eine Vielzahl von Aushandlungsprozessen angesehen werden, in denen sich jüdische, christliche oder bürgerliche Selbstverständnisse herausbildeten.

Dass die Diskussion um die ›Judenfrage‹ eine derartige Resonanz finden und zu einer der wichtigsten und umfangreichsten Debatten im deutschen Vormärz werden konnte,[12] hängt dabei nicht nur mit der traditionell umstrittenen Position von Juden in der deutschen Gesellschaft zusammen, sondern auch damit, dass diese Kontroverse den Kern der öffentlichen Selbstverständigung über den Charakter der neu zu errichtenden ›bürgerlichen Gesellschaft‹ widerspiegelte. Deshalb auch drehte sich die Debatte derart intensiv um das sich verändernde Verständnis von Staat und Gesellschaft bzw. um die Frage nach dem staatlichen Einfluss auf gesellschaftliche und private Belange. Vereinfacht formuliert: Die politische Identitätssuche von ›Christen‹ (sich manifestierend in den unterschiedlichen Versuchen einer Abgrenzung von oder einer Annäherung an Juden) war eng verbunden mit ihrer Identitätssuche als ›Bürger‹ und ›Deutsche‹. Nachvollziehbar wird in der Debatte ebenso die begrenzte Integrationskraft des Bürgerbegriffs im deutschen Vormärz. Denn es gelang ihm weder, religiös noch national konstruierte Differenzbestimmungen zwischen Juden und Nichtjuden zu überwinden.

12 Von zentraler Bedeutung ist sicherlich auch die Pauperismusdebatte, die die Debatte um die ›Judenfrage‹ publizistisch vermutlich übertraf; was die Judenfrage allerdings hiervon unterscheidet, ist ihr Andauern und ihre Virulenz über den Vormärz hinaus – und ihre Bedeutung als Selbstverständigungsdebatte über den Charakter der bürgerlichen Gesellschaft.

Vor diesem Hintergrund darf die ›Judenfrage‹ keinesfalls isoliert betrachtet werden. Sie wurde stark geprägt und unterlag in ihrer Ausbildung wirtschaftlichen, politischen, kulturellen und gesellschaftlichen Transformationsprozessen, die sich Ende des 18. und zu Beginn des 19. Jahrhunderts vollzogen und mit dazu führten, dass Juden ›sichtbar‹ und von der sie umgebenden Gesellschaft als ›Problem‹ wahrgenommen wurden. Die wichtigsten Veränderungen bestanden in der Auflösung der ständischen Ordnung und damit verbunden der jüdischen Ghettos, der allmählichen Herausbildung einer bürgerlichen Gesellschaft, der Entwicklung des Liberalismus und, ihm entgegengesetzt, der Etablierung des Konservatismus sowie der Entstehung bzw. dem Wunsch (häufig verbunden mit einem aktiven Streben) nach einem Nationalstaatskonzept. Die genannten Transformationsprozesse entwickelten sich im Zusammenhang und Wechselspiel mit den durch die Industrialisierung verfügbaren neuen technischen Möglichkeiten, Chancen, Weiterentwicklungen und Risiken.

Alle diese Problematiken fanden ihren Niederschlag in der Debatte über die Stellung von Juden in der neu zu konstruierenden Gesellschaft; in vielen Fällen konnte in der Auseinandersetzung mit der ›Judenfrage‹ die Tragfähigkeit der neu aufkommenden politischen Konzepte überprüft werden, oder die gesellschaftliche Position von Juden wurde instrumentalisiert, um auf die Notwendigkeit von grundlegenden politisch-gesellschaftlichen Änderungen hinzuweisen. An Juden wurden die Möglichkeiten und Grenzen einer Realisierung der aufgeklärt-modernen Anforderungen und der ihnen kritisch gegenüberstehenden Konzepte erprobt.

Die Arbeit möchte insbesondere die Rückbesinnung auf christliche Vorstellungen und das Erstarken nationaler Vorbehalte im Wechselspiel von Öffentlichkeit und staatlichen Maßnahmen nachvollziehen. Dabei sind Vorbildfunktionen und Beeinflussungen zu hinterfragen. Des Weiteren ist zu analysieren, von wem die zunehmenden Bezüge auf das Christentum ausgingen und wie sie das Verhältnis zwischen Christen und Juden beeinflussten. Ich betrachte die Rückkehr zu einer massiven Verflechtung von Staat und Christentum als eine kontinuierliche Entwicklung, die bis 1840 von keiner Seite durchbrochen wurde bzw. werden konnte. Die durch Aufklärung und Rationalismus bedingte kurzfristige Offenheit gegenüber gesellschaftlichen, sozialen und religiösen Minderheiten konnte sich nicht verfestigen und während der ersten Hälfte des 19. Jahrhunderts keinen grundlegenden und mehrheitlichen Wandel hervorrufen. Die neuen Denkanstöße wurden aufgenommen, ihre Realisation jedoch nur selten angestrebt. Das Wiedererstarken christlicher Bezugspunkte führte im Fall der jüdischen Emanzipation dazu, dass traditionelle Vorurteile und Stereotype dominant blieben und kein dauerhaftes und mehrheitlich akzeptiertes ›neues Judenbild‹ entstand.

2. Grundbegriffe der Arbeit, Medien der Debatte

2.1 (Öffentliche) Debatte

Erst durch eine Debatte konnte die Möglichkeit geschaffen werden, abseits staatlicher Institutionen Ideen zirkulieren zu lassen, Argumente gegeneinander abzuwägen und Lösungsvorschläge zu diskutieren. Debatte muss dabei als Verkettung von Texten verstanden werden, die aufeinander Bezug nehmen und einen gemeinsamen Gegenstand behandeln; sie unterliegt jedoch nicht zwingend bestimmten Vorgaben oder Regeln, auch wenn die Debattierer häufig Grundstrukturen der Auseinandersetzung in ihren Publikationen zu installieren versuchen. Thematisch behandeln Debatten meist ein relativ kurzfristiges Ereignis und sind zeitlich eng gefasst, unablässig ist ein gewisses Interesse der Öffentlichkeit an der Kontroverse. Je größer dieses ist, umso langlebiger und intensiver kann eine Debatte ausgetragen werden. Somit muss die Dauer und Intensität einer Kontroverse bereits als ein Indiz für die öffentliche, gesellschaftliche, aber auch politische Relevanz ihres Gegenstandes verstanden werden.

Nach Dascal[13] können drei Formen der wissenschaftlichen Polemik unterschieden werden: Dispute, Kontroversen und Diskussionen. Dispute stellen dabei eine unlösbare Form des Streites dar, sie müssen von außen beigelegt werden und sehen ihr Hauptziel nicht in der rationalen Überzeugung des Gegners, sondern im Sieg der eigenen Partei. Die Kontroverse betrachtet Dascal als die häufigste Form der wissenschaftlichen Auseinandersetzung, sie geht von bestimmten Prämissen und Thesen aus, erweitert sich aber meist zügig. Grundlegend sind die Beteiligten einer Kontroverse bestrebt, die ›ganze Wahrheit‹ einer Angelegenheit durch Begründungen zu ermitteln, wobei die Argumente nicht zwingend auf Beweisen beruhen müssen. Im Unterschied dazu ist eine Diskussion lösbar, sie geht von einer Hypothese aus, gibt Methoden und Ziele vor und versucht den Gegner durch Beweise von der Richtigkeit der eigenen Argumente zu überzeugen; die Teilnehmer nutzen dafür rationale Mittel und suchen nach einer Lösung der Gegensätze. Eine Sonder- bzw. Mischform dieser wissenschaftlichen Polemiken stellen öffentliche Debatten, literarische Auseinandersetzungen und Kontroversen dar, wie sie vor allem während der Aufklärung in Fragen der Theologie, Philosophie und Ideengeschichte geführt wurden. Eine Debatte bildet in jedem Fall eine flexible Form des multipersonalen Dialoges von Individuen und sozialen Gruppen,[14] muss dabei aber zwingend vom ›klassischen‹ Gelehrtenstreit unterschieden werden.[15] Der Gelehrtenstreit wird da-

13 Für das Folgende vgl. *Dascal*, Art. Controverse.
14 Vgl. *Goldenbaum*, Vorwort, S. VIII.
15 Für das Folgende vgl. *Goldenbaum.*, Die öffentliche Debatte, S. 97 f.

durch charakterisiert, dass die Argumente des Gegners zwingend benannt und Punkt für Punkt sachlich widerlegt werden müssen, im Vordergrund steht dabei die Vollständigkeit der Rechtfertigungen und deren Schlüssigkeit. Für die öffentliche Debatte bildet im Unterschied dazu die Gewinnung und Überzeugung eines zahlenmäßig großen Publikums das vorrangige Interesse. Dafür wird zunehmend eine »unterhaltsame Schreibart«[16] notwendig, was zu ironischen und satirischen Darstellungen führen kann, wie auch zu Texten, die nicht der gängigen wissenschaftlichen und gelehrten Praxis entsprechen.

Die Kontroverse um die ›Judenfrage‹ bzw. die jüdische Emanzipation in der ersten Hälfte des 19. Jahrhunderts unterschied sich bereits deutlich von bisherigen wissenschaftlichen oder gelehrten Debatten des 18. Jahrhunderts. Der wohl prägendste Faktor dieser Auseinandersetzung war die intensive Einbeziehung von Zeitschriften und Zeitungen, eine Entwicklung, die sich bereits während der Aufklärung abzuzeichnen begann, nun aber endgültig etabliert war. Die periodischen Schriften ermöglichten eine zeitnahe Auseinandersetzung und direkte Entgegnungen innerhalb weniger Tage; andererseits kamen sie dem Charakter öffentlicher Debatten entgegen, die sich nicht länger ausschließlich an ein gelehrtes und somit zahlenmäßig begrenztes Publikum richteten, sondern versuchten, ein breites Spektrum von Gelehrten, Fachleuten und Laien zu involvieren, von denen sich jeder an der Auseinandersetzung beteiligen durfte und konnte. Die Auseinandersetzung um die ›Judenfrage‹ erreichte dadurch eine überregionale Bedeutung, zumal eine strikte territoriale Abgrenzung, insbesondere in der ersten Hälfte des 19. Jahrhunderts, nur schwer aufrechtzuerhalten war. Die Kontroverse um die Judenemanzipation begann vielmehr in England und ergriff im Folgenden alle deutschen Staaten, auch wenn sie in Preußen besonders intensiv geführt wurde, da hier ein zentrales Parlament zur Aushandlung von Lösungsoptionen fehlte.

2.2 (Bürgerliche) Öffentlichkeit

Öffentlichkeit stellte im Hinblick auf die Kontroverse um die ›Judenfrage‹ den entscheidenden Unterschied zu den überkommenen Gelehrtendisputen dar. Traditionell waren gelehrte Auseinandersetzungen mehrheitlich innerhalb von Briefwechseln oder lateinischen Disputationen ausgetragen worden. Im Gegensatz dazu bildete Öffentlichkeit als die zum Publikum versammelten Privatleute[17] ein neues Forum. Unter ihr soll im Folgenden die Gesamtheit der an der Debatte beteiligten Personen, ohne eine Begrenzung ihrer Anzahl, verstanden werden. Diese Form von Öffentlichkeit entwickelte sich jedoch nicht erst, wie

16 Ebd., S. 97.
17 Vgl. *Habermas*, Strukturwandel und Öffentlichkeit, S. 86.

Habermas dies konstatiert, am Ende des 18. Jahrhunderts. Vielmehr lassen sich bereits im letzten Drittel des 17. Jahrhunderts umfangreiche öffentliche publizistische und politische Aktivitäten beobachten.[18] Eine erste Erweiterung gelehrter Öffentlichkeit fand durch den Pietismus als Laienbewegung statt; er war auf die deutsche Sprache ausgerichtet und führte mit seinen Darstellungen und Publikationen[19] zu einer Ausweitung des Publikums und einer steigenden Auflagenhöhe deutschsprachiger Zeitschriften. Erklärtes Ziel der Aufklärer und Pietisten war es, einen öffentlichen Raum zu schaffen, der zum einen eine indirekte Kontrolle der politischen Instanzen erlaubte und andererseits die Möglichkeit zu einem Gedankenaustausch auf größerer Ebene schuf – und damit dem Wunsch nach öffentlicher Diskussion entsprach. Nicht länger sollte alleinig die Face-to-Face-Kommunikation im Vordergrund stehen, auch wenn sie die entscheidende Grundvoraussetzung von Öffentlichkeit blieb. In vielen Fällen erschien sie jedoch als nicht mehr ausreichend, um eine grundsätzliche Verständigung zu ermöglichen, was die beteiligten Akteure dazu führte, zunehmend die Chancen einer bewussten Nutzung der vorhandenen Publikationsorgane zu forcieren und dadurch zu einer Erweiterung, aber auch Politisierung von Öffentlichkeit beizutragen. Diese Politisierung als beständiger Prozess unterstrich wiederum die Bedeutung und den Stellenwert von Öffentlichkeit und förderte die weitere mediale Expansion,[20] denn eine breite Meinungsbildung konnte nur durch öffentliche Kommunikation ermöglicht werden.

Öffentlichkeit muss somit als virtueller Raum verstanden werden, in dem intensive Diskussionen stattfanden, ohne dass es zu einer Beschränkung der Teilnehmer und Medien kam. Trotz dieser theoretischen Offenheit muss infrage gestellt werden, ob alle Teilnehmer die gleichen Zugangsmöglichkeiten zu Öffentlichkeit erhielten. Dies ist insbesondere im Hinblick auf die Beteiligung von Juden an der sie betreffenden Debatte kritisch zu betrachten.[21] Fraglich ist ebenso, inwiefern die Kontroverse um die Position von Juden im Vormärz in einer ›bürgerlichen‹ Öffentlichkeit stattfand bzw. ob sich Öffentlichkeit nicht vielmehr aus Teilöffentlichkeiten zusammensetzte, die unterschiedlichen Akteuren verpflichtet waren? Es muss somit untersucht werden, ob Öffentlichkeit im Vormärz theoretisch und praktisch allen Interessierten offenstand oder inwieweit in ihr Ausschlussmechanismen und Ausgrenzungen offensichtlich

18 Besonders ausführlich dargestellt findet sich die Entwicklung einer aufgeklärten ›bürgerlichen Öffentlichkeit‹ bei *Goldenbaum*, Die öffentliche Debatte, S. 1–32.

19 Vgl. dazu ebd.

20 Ein Eindruck von der zeitgenössischen Betrachtung und Funktionszuschreibung der Öffentlichkeit findet sich bei *Liesegang*, Öffentlichkeit.

21 Entscheidende Voraussetzung dafür war die generelle Verbesserung der Lesefähigkeit. Insbesondere durch die Initiative von Volksaufklärern im Zusammenhang mit staatlichen Maßnahmen stieg diese zwischen 1800 und 1870 von 25 auf 75 Prozent. Vgl. *Tenbruck*, Bürgerliche Kultur, S. 270 und *Engelsing*, Analphabetentum und Lektüre, S. 96.

wurden. Als ein Indikator für die Strukturierung von Öffentlichkeit kann die Einbeziehung von Juden angesehen werden, wobei das Entstehen einer jüdischen Teilöffentlichkeit seit den 1830er Jahren auf die Grenzen der öffentlichen Gleichberechtigung und die Integration durch Öffentlichkeit hinweist. Ursula Goldenbaum bezeichnet die von ihr diagnostizierte Form von Öffentlichkeit während der Aufklärung konsequent als ›bürgerliche Öffentlichkeit‹[22]. Dieser Begriff muss jedoch relativiert werden. Der Zugang zu Öffentlichkeit erfolgte zwangsweise über Bildung, was gleichwohl nicht bedeutete, dass allein Bürgerliche an diesem Forum partizipieren konnten, vielmehr entstand eine Mischung aus einem bürgerlichen und adligen Publikum. Andererseits richteten sich die periodischen Medien bereits während der Aufklärung nicht länger nur an einen gelehrten Adressatenkreis, sondern versuchten (insbesondere durch die Verwendung der deutschen Sprache) einen größeren Leserkreis zu akquirieren.[23] In den entstehenden Lesegesellschaften und besonders in Lektürekreisen konnten sie zudem Personen zugänglich gemacht werden, die selbst nicht lesefähig waren, wodurch sich der Rezipientenkreis weiter vergrößerte. Öffentlichkeit war seit der zweiten Hälfte des 18. Jahrhunderts bürgerlich dominiert – doch in keinem Fall rein bürgerlich. Deutlich intensiver als bei anderen sozialen Gruppierungen war innerhalb des Bürgertums jedoch eine zunehmend bewusste, zweckorientierte Nutzung von Öffentlichkeit zur Durchsetzung politischer Interessen und damit verbunden ihre Instrumentalisierung für spezifische Ziele. In diesem Sinne wurde Öffentlichkeit zu einer Grundlage des bürgerlichen Selbstverständnisses und der bürgerlichen Selbstverständigung.

In Preußen kommt bürgerlich geprägter Öffentlichkeit eine besondere Bedeutung zu. Da der Monarch sein Verfassungsversprechen und die hiermit zusammenhängende Schaffung eines zentralen Parlaments nicht einlöste, wurde die aktive Beteiligung von Bürgern am Staat stark eingegrenzt. Zwar fanden sich Provinziallandtage, doch diese waren in ihrer Wirkungsmacht stark beschränkt und nahmen nur eine beratende Funktion ein. Aufgrund der fehlenden Aushandlung in einem Parlament mussten Fragen, die einen wichtigen Platz im bürgerlichen Selbstverständnis einnahmen, in ein anderes Forum verlagert werden. Ein solches fand sich in bürgerlichen Vereinen und der mit ihnen einhergehenden Geselligkeit, verstärkt jedoch in der sich ausweitenden (bürgerlichen) Öffentlichkeit.

Der Versuch einer Charakterisierung der vormärzlichen Öffentlichkeit führt zu verschiedenen Fragen, die im Verlauf der Arbeit beantwortet werden sollen. Entscheidend für die Bedeutung der Öffentlichkeit sind ihre Träger. Wer nutzt Öffentlichkeit? Wem nutzt Öffentlichkeit? Ist die Entwicklung der Öffent-

22 Vgl. *Goldenbaum*, Die öffentliche Debatte.
23 Zur Entwicklung der periodischen Presse während der Aufklärung vgl. *Böning*, Aufklärung und Presse und *Albrecht/Böning/Fabian u. a.*, Zeitschriften.

lichkeit (in diesem Sinne hauptsächlich einer medialen Öffentlichkeit und nur nachgeordnet einer politischen Öffentlichkeit) untrennbar mit der Entwicklung des deutschen Bürgertums verbunden, oder verliefen beide Prozesse nebeneinander, ohne aufeinander größeren Einfluss auszuüben? Inwieweit also beeinflussen sich mediale und politische Öffentlichkeit, und welche Wechselwirkungen entstanden zwischen ihr und der bürgerlichen Gesellschaft? In welchem Umfang Öffentlichkeit das Selbstverständnis des deutschen Bürgertums prägte und widerspiegelte, und ob die vormärzliche Öffentlichkeit als eine rein bürgerliche, aber noch unpolitische charakterisiert werden muss, kann am Beispiel der ›Judenfrage‹ paradigmatisch gezeigt werden. Als ein Indikator für eine bereits politisierte Öffentlichkeit kann die Frage nach der religiösen Prägung von Öffentlichkeit angesehen werden. In diesem Zusammenhang muss analysiert werden, inwieweit Öffentlichkeit von der Rückbesinnung auf christliche Werte und Praktiken ergriffen wurde, ob sie diese mittrug, förderte, sich gegen eine solche Entwicklung verwahrte oder sogar zum Initiator einer christlichen Rückbesinnung wurde. Durch die Beantwortung dieser Fragen mithilfe der Betrachtung der publizistischen Debatte über die ›Judenfrage‹ kann die Politisierung von Öffentlichkeit, abseits einer bürgerlich-literarischen Sphäre, untersucht werden.

2.3 Bürgertum / Parallelbürgertum

Im Allgemeinen kann unter Bürgertum eine Sozialform verstanden werden, die zu einer Vergesellschaftung im öffentlichen und privaten Bereich führte. Dabei muss Bürgertum als Zielutopie und als Prozess begriffen werden. Als Zielutopie funktionierte Bürgertum, insofern als es ein unbestimmtes und wahrscheinlich auch unbestimmbares Ideal konstatierte, das angestrebt wurde (ohne dass dabei definitive Kriterien vorhanden waren). Auf der anderen Seite entwickelten sich immer neue und umfangreichere Merkmale für die Zugehörigkeit zum Bürgertum, wodurch die Zielutopie permanent erweitert wurde und der Prozess der ›Verbürgerlichung‹ keinen Abschluss finden konnte.[24] Bürgertum kann dabei keineswegs ausreichend über seine sozialen Merkmale bestimmt werden, vielmehr besteht die Problematik, gleichzeitig aber auch der Vorteil der Bürgertumskonzeption in der Vielfalt und Offenheit des Begriffes. Die Heterogenität des deutschen Bürgertums[25] bot die Chance, eine Vielzahl von Elementen zu integrieren. Gleichzeitig gelang es ihm, die Illusion von Einheit und Geschlossen-

24 Vgl. *Wehler*, Geschichte und Zielutopie, S. 241–255; *Hettling*, Politische Bürgerlichkeit, S. 12f.

25 Zur Heterogenität des deutschen Bürgertums vgl. unter anderem *Wehler*, Deutsche Gesellschaftsgeschichte, Bd. 2, S. 174–241.

heit aufrechtzuerhalten,[26] wobei Homogenisierungstendenzen wiederholt die Problematik der Heterogenität offenlegten. Diese begrifflichen Schwierigkeiten lassen sich wohl am einfachsten (und gleichzeitig wieder neue Problematiken offenbarend) mit Kockas Definition fassen – »Kein Stand, keine Klasse – eine Kultur«[27].

Im Vormärz war dieses heterogene Bürgertum auf der Suche nach seinem Selbstverständnis und seinem Platz in der bestehenden Gesellschaft, was gleichbedeutend mit der Suche nach der eigenen Rolle in Staat und Gesellschaft war. Bei diesen Versuchen sollte über (klare) Abgrenzungen eine Selbstdefinition entwickelt werden, die dem Bürgertum einen dauerhaften Platz in und eine Beteiligung an der modernen Staatlichkeit und Gesellschaftlichkeit garantierten konnte. Um eine bessere Analyse und eine strukturierte Auseinandersetzung gewährleisten zu können, bietet sich die analytische Trennung in ›Bürgertum‹, ›Bürgerlichkeit‹ und ›bürgerliche Gesellschaft‹ an.[28] In Bezug auf diese drei Teilbereiche soll sowohl die reale als auch die verbale Integration von Juden untersucht werden. Besonders betont werden muss dabei die vom Bildungsbürgertum geprägte ›kulturelle Verbürgerlichung‹ bzw. ›bürgerliche Kultur‹, in die Juden vordergründig Aufnahme finden wollten.[29]

Über bürgerliche Werte[30] wie Arbeit, Bildung und Selbstständigkeit hinaus mussten dabei differenziertere Kriterien für die Zugehörigkeit zu ›Bürgertum‹ und ›bürgerlicher Gesellschaft‹ gefunden werden. Die Vorschläge für diese Kennzeichen und ihre Tragfähigkeit konnten besonders gut an Juden verifiziert und revidiert werden.[31] Ihren Niederschlag fanden sie vor allem in den Konzepten und Vorschlägen zur ›bürgerlichen Verbesserung‹ von Juden. Je nachdem, ob eine Annäherung von Juden befürwortet oder eine weitere Ausgrenzung bevorzugt wurde, ließen sich Bedingungen konstruieren, die in der Lage waren, Juden den Weg in ein deutsches Bürgertum zu eröffnen oder zu verschließen. Trotz aller Neudefinitionen und Überarbeitungen blieb die Mehrheit bürgerlicher Werte jedoch durch die christliche Religion und ihre Moralität geprägt.[32] Auch wenn es zu einer ›Entkirchlichung‹ und einer zunehmenden Kirchenferne kam, verstand sich Bürgertum als religiös, was besonders in ihren Wert- und Normvorstellungen und den moralischen Grundhaltungen erkennbar wurde.[33]

26 Vgl. *Hettling/Hoffmann*, Einleitung.
27 *Kocka*, Bürgertum und Bürgerlichkeit, S. 42.
28 Diese Unterscheidung beruft sich v. a. auf *Kocka*, Einleitung; *Vierhaus*, Aufstieg des Bürgertums; *Lepsius*, Soziologie des Bürgertums; *Tenbruck*, Bürgerliche Kultur.
29 Vgl. *Tenbruck*, Bürgerliche Kultur und *Volkov*, Verbürgerlichung der Juden.
30 Zu den bürgerlichen Werten vgl. bspw. *Hettling/Hoffmann*, Wertehimmel; *Hahn*, Bürgerliche Werte; *Döcker*, Ordnung der bürgerlichen Welt.
31 Vgl. *Rahden*, Von der Eintracht.
32 Zum Weiterwirken des Religiösen im Bürgertum vgl. *Jensen*, Gebildete Doppelgänger.
33 Vgl. *Hölscher*, Die Religion des Bürgers.

Ausgehend von einem aufgeklärten Bildungsideal, das für Bürgerliche zu einem der ersten und herausragenden Orientierungspunkte wurde, schien es für Juden zunächst möglich, vor allem über die Aneignung von Bildung, Aufnahme in die deutsche Gesellschaft und das sich formierende Bürgertum zu finden. Andererseits erschwerte das Fehlen eines mehrheitlich akzeptierten bürgerlichen Handlungsmodells eine Annäherung von Juden an das Bürgertum; in diesem Zusammenhang wirkte sich die Problematik der Unterscheidung ›des Bürgertums‹ in ›Bürgertum‹ als politisches Element, ›Bürgerlichkeit‹ als moralischer, sittlicher und emotionaler Faktor und ›bürgerliche Gesellschaft‹ als gesellschaftliches und kulturelles Kriterium entscheidend aus. Da die Voraussetzungen, insbesondere für die Zugehörigkeit zu den drei Kategorien, sich in einem kontinuierlichen Aushandlungsprozess befanden, der im Zeitraum bis 1847 zu keinem mehrheitlich akzeptierten Abschluss gebracht werden konnte, war es für Juden nahezu unmöglich, Einlass zu erhalten. Die Zielvorstellungen von ›Bürgertum‹ veränderten sich permanent, und es ist nicht davon auszugehen, dass ›Bürgertum‹ für Juden und Nichtjuden die gleichen Inhalte annehmen konnte und sollte – vielmehr konkurrierte eine Vielzahl von Konzepten miteinander, die in einigen Fällen eine Aufnahme, in anderen den konsequenten Ausschluss von Juden mit sich brachten. Die Verortung der Debattenteilnehmer in diesen Konzepten und die damit verbundene Haltung gegenüber Juden bilden einen Hauptbestandteil der Arbeit. In diesem Zusammenhang wird auch analysiert, inwieweit die ›christliche Herkunft‹ des Bürgertums zu einem Grund für den Ausschluss von Juden gemacht bzw. für einen solchen instrumentalisiert wurde. Denn in den verschiedenen Dimensionen von Bürgertum blieb die christliche Religion eine, wenn nicht die bestimmende Komponente.[34] Für Juden war es schwer, in diesem heterogenen und selbst noch nicht abschließend konstruierten Bürgertum einen Platz zu finden. Die Aufklärung hatte mit der Betonung universeller Menschenrechte, die Vorrang vor religiösen Bindungen erhalten sollten, theoretisch die Türen geöffnet, um Juden den Eintritt in die deutsche Gesellschaft zu ermöglichen, und dazu beigetragen, dass sich ›Bürgertum‹ und ›bürgerliche Gesellschaft‹ zunehmend als der entscheidende Faktor innerhalb der bestehenden staatlichen Gegebenheiten begreifen konnten. Die sich an die Aufklärung anschließenden konkreten Versuche von Bürgern, einen selbstständigen Platz in den gegebenen Strukturen zu finden bzw. diese im eigenen Sinne zu beeinflussen – d. h. die Selbstfindung des ›deutschen Bürgertums‹ – behinderten hingegen den Eintritt von Juden durch die bereits aufgestoßene Tür. Denn die detaillierte Selbstbestimmung brachte innerhalb der bürgerlichen Gesellschaft Elemente hervor, die sich stark auf den bestimmenden und prägenden christlichen Hintergrund beriefen, und vor allem dieser war ein schwerwiegendes Hindernis bei der

34 Vgl. hierzu *Blaschke*, Bürgertum und Bürgerlichkeit; *Habermas*, Rituale des Gefühls.

Integration von Juden. Gleichzeitig blieben die Emanzipationsbestrebungen von Juden nur denkbar durch die ›Emanzipation des Bürgertums‹,[35] denn es hatte die Bedingungen geschaffen, durch die eine gleichberechtigte Einbeziehung von Juden (sowohl auf jüdischer als auch auf nichtjüdischer Seite) überhaupt denkbar geworden war; erst ein bürgerliches Gesellschaftsmodell[36] ermöglichte, zumindest theoretisch, eine Integration von Juden.[37]

Wie attraktiv das ›deutsche Bürgertumskonzept‹ für ›deutsche Juden‹ war, muss in diesem Zusammenhang gesondert betrachtet werden. Keinesfalls sollte davon ausgegangen werden, dass Juden in den deutschen Staaten nur ein Ziel – die Aufnahme in das Bürgertum – hatten. Vielmehr müssen auch andere Lebensentwürfe Berücksichtigung finden, in denen die Vorteile des Bürgertums nur eine untergeordnete Rolle spielten.[38] Wollte eine jüdische Mehrheit ›dazugehören‹ oder nur die mit dem Bürgertum verbundene gesellschaftliche, rechtliche und politische Stellung für sich in Anspruch nehmen, und wenn dem so war, gingen diese Wünsche und Hoffnungen in Erfüllung? Unbestritten versuchte ein Teil der Juden, sich an die, wenn auch nur sehr unzureichend ausformulierten ›bürgerlichen Forderungen‹ anzupassen. Erfolgte diese Assimilation aber mehrheitlich aus wirklicher Überzeugung oder eher unter dem Aspekt des persönlichen Nutzens und Vorwärtskommens? Gleichzeitig fand und definierte das Bürgertum wiederholt neue Zugehörigkeitsbedingungen, die in den meisten Fällen darauf zielten, Juden auch weiterhin aus dem als exklusiv empfundenen bürgerlichen Kreis herauszuhalten. Parallel dazu ermöglichte insbesondere die Debatte über die ›Judenfrage‹ die Vermittlung bürgerlicher Werte und Vorstellungen über kleine Gruppen hinaus. Sie hob die Auseinandersetzung um diese Frage auf eine größere öffentliche Ebene und erweiterte zugleich ihre Bedeutung, da sie nicht mehr nur die Probleme betrachtete, die die jüdische Existenz mit sich brachte, sondern auch den Kern der öffentlichen Verständigung über den Charakter der zu errichtenden ›bürgerlichen Gesellschaft‹ widerspiegelte. Deshalb auch drehte sich die Debatte intensiv um das sich verändernde Verständnis von Staat und Gesellschaft bzw. um die Frage nach dem staatlichen Einfluss auf gesellschaftliche und private Bereiche.

Durch eine detaillierte Untersuchung der Fremd- und Selbstemanzipation von Juden in den drei Teilbereichen ›Bürgertum‹, ›Bürgerlichkeit‹ und ›bürgerliche Gesellschaft‹ kann überprüft werden, inwieweit die These von David Sorkin zutreffend ist, der für die Zeit nach 1840 von der Existenz einer ›jüdischen Subkultur‹

35 Vgl. *Maurer*, Biographie des Bürgers, S. 35.

36 Zum bürgerlichen Gesellschaftsmodell vgl. *Hettling*, Selbständigkeit, S. 71.

37 Vgl. *Rürup*, Emanzipation und Antisemitismus Studien, S. 45 ff. und 100 ff.; *Rahden*, Von der Eintracht.

38 Beispiele hierfür finden sich v. a. bei orthodoxen bzw. neo-orthodoxen Juden.

spricht, die ihre volle Ausprägung um 1871 erreichte.[39] Für ihn bilden Juden mit ihren zahlreichen eigenständigen Vereinen und Institutionen, die sich zwar stark an bürgerlichen Vorgaben von Nichtjuden orientierten, aber nicht in diese integriert werden konnten, eine eigenständige Gemeinschaft, die zwar umfangreiche Parallelen aufwies, doch durch eine osmotische Grenze von Nichtjuden getrennt blieb und trotz ihres Wunsches danach keine Aufnahme bzw. Teilnahme für sich geltend machen konnte. In Sorkins Verständnis der ›Subkultur‹ wird die Stellung von Juden als Minderheit akzentuiert, die nicht in der Lage war, sich gegen die Konstruktion einer solchen zur Wehr zu setzen, wodurch sie als eigenständige Gemeinschaft sichtbar bleiben musste, auch wenn ihr eigentliches Interesse in einem Aufgehen in der Mehrheitsgesellschaft bestand. Das Entstehen einer jüdischen ›Subkultur‹ stellt für Sorkin eine Besonderheit deutscher Staaten dar, die aufgrund ihrer spezifischen Konfigurationen auch die Herausbildung anderer ›Subkulturen‹ begünstigten.[40] Die jüdische ›Subkultur‹ war dabei in der Lage, vor allem in den Jahren nach 1840, eine neue ›jüdische Identität‹ bzw. eine neue ›jüdische Gemeinschaft‹ zu formieren, für die säkulare Elemente prägend waren.[41]

Ich werde versuchen, diese These auf die Zeit vor 1840 auszuweiten, auch wenn ich nicht mit dem Begriff der ›jüdischen Subkultur‹, sondern mit dem eines ›jüdischen Parallelbürgertums‹ arbeiten möchte. Sorkin begründet seine jüdische Subkultur als Folge des Prozesses der Emanzipation; die Phase der Emanzipation sieht er zwischen 1780 und 1840, als deren Resultat, die unvollständige Verbürgerlichung von Juden, eine separate jüdisch-bürgerliche Kultur hervorbrachte.[42] In dieser ›Subkultur‹ blieb es für Juden unmöglich, in der ›abgeschlossen-offenen‹ Sozialformation des deutschen Bürgertums Aufnahme zu finden. Auch wenn sie sich in vielen Bereichen anglichen, schienen Juden Deutschen nie angepasst genug, um sie integrieren zu wollen.[43] Doch nicht eine unvollständige Emanzipation, sondern gerade die bewussten und gewollten Anpassungen und Angleichungen führten auf jüdischer Seite zum Entstehen eines ›jüdischen Parallelbürgertums‹. Dieses war in nahezu allen Bereichen den gleichen (bürgerlichen) Werten und Vorstellungen verpflichtet, der einzige Unterschied bestand

39 »German Jewry's subculture was in place by 1840. While it did not yet encompass the majority of German Jews, it did represent the trend of the future. In the concluding decades of the emancipation era it came to include both the remaining positions along the religious-cultural spectrum and increasing numbers of German Jews.« *Sorkin*, The Transformation, S. 173.

40 Vgl. *Sorkin*, The Transformation, S. 174ff.

41 Vgl. ebd., S. 178.

42 »Embourgeoisement had the consequence that German Jewry began to take on the appearence of a distinct group within German society at the very moment that the legal barriers separating it from the larger society were in question.« Ebd., S. 111.

43 Vgl. *Jensen*, Gebildete Doppelgänger; *Richarz*, Bürger auf Widerruf, S. 12.

im jeweiligen Glauben – den verschiedenen religiösen Bekenntnissen.[44] Im Gegensatz zur ›Subkultur‹ blieb das ›jüdische Parallelbürgertum‹ vollkommen selbstständig und wurde nicht, wie der Begriff ›Subkultur‹ nahelegt, zu einem untergeordneten Bestandteil ›deutschen Bürgertums‹. Vielmehr basierte der Ausbau des ›jüdischen Parallelbürgertums‹, nachdem es anfänglich nicht wahrgenommen worden war, auf einer bewussten Entscheidung eines Teils der jüdischen Minderheit. Juden wurden nicht aufgrund einer unvollständigen Emanzipation genötigt, in ihrer eigenen Gemeinschaft zu verharren, ganz im Gegenteil waren sie gewillt, ihre Eigenständigkeit und somit vor allem ihren Glauben zu bewahren, auch wenn infolgedessen eine vollständige Aufnahme in die christliche Umwelt unmöglich wurde. Somit kann nur bedingt von einer ausschließlich negativen Integration[45] als Folge der gescheiterten Emanzipation gesprochen werden. Das ›jüdische Parallelbürgertum‹ war nicht nur Nachahmung christlich-deutscher Vorgaben; vielmehr nahm es Anregungen auf, formte diese aber selbstständig und entsprechend seinen eigenen Bedürfnissen und Vorstellungen aus. Es muss dementsprechend als eine durchaus bewusste Konstruktion von Juden, in Abgrenzung von ihrer christlichen Umwelt, verstanden werden, da Juden nicht bereit waren, ihre jüdische Identität für eine Integration vollständig zu negieren. Innerhalb des ›Parallelbürgertums‹ kam es zu einer gewollten jüdischen Separierung von christlichen Vorstellungen und Wünschen, dies jedoch nicht als Folge einer ›missglückten Emanzipation‹, sondern vielmehr in dem Bewusstsein von Eigenständigkeit und zugleich als Abwehr der durchaus massiven christlichen Konversionsforderungen. Mit dem Konzept eines ›jüdischen Parallelbürgertums‹ kann darüber hinaus analysiert werden, ob die ›Zielutopie‹ der bürgerlichen Gesellschaft für Juden und Christen gleichermaßen handlungsleitend war und – wichtiger noch – ob Christen und Juden eine einheitliche und homogene bürgerliche Gesellschaft jenseits religiöser oder nationaler Partikularitäten anstrebten bzw. in den gegebenen Verhältnissen anstreben konnten.[46] Die Arbeit untersucht somit, ob Christen und Juden demselben ›Projekt der Verbürgerlichung‹ anhingen.[47]

44 Die Verschiedenheit der Bekenntnisse wurde jedoch teilweise auch schon von Zeitgenossen bezweifelt, indem sie beide Religionen als sittlich und moralisch kennzeichneten, was in ihren Augen eine ausreichende Gemeinsamkeit darstellte.

45 Von einer negativen Integration spricht bspw. *Volkov*, Verbürgerlichung der Juden, S. 127f.

46 Vgl. *Wehler*, Geschichte und Zielutopie.

47 Vgl. *Volkov*, Verbürgerlichung der Juden.

2.4 Politisierung

Bei der Betrachtung der zeitgenössischen Debatte über die ›Judenfrage‹ im deutschen Vormärz kann und muss die Entwicklung der verschiedenen politischen Strömungen berücksichtigt werden, um so eine Einordnung der Judenpolitik und der verschiedenen Ansichten über die Möglichkeiten und Grenzen einer gleichberechtigten Emanzipation von Juden in den Gesamtkomplex von Modernisierungen und Veränderungen des Vormärz zu ermöglichen. Sowohl Liberale und Konservative als auch Nationale nutzten die Beschäftigung mit der Stellung von Juden in Gesellschaft und Staat als ein Mittel, um ihre politischen Positionen zu überprüfen und deren Durchsetzbarkeit zu testen.

Insbesondere Liberale[48] fanden in Juden eine Möglichkeit, ihre Überzeugungen öffentlich zu verbreiten bzw. deren Richtigkeit und Notwendigkeit zu verdeutlichen. Sie glaubten an die Kraft der Vernunft als Regulator des Lebens. Da sie mehrheitlich die Religion als Privatangelegenheit des Individuums begriffen, wandten sie sich gegen die Auffassung, die Regierungsgewalt dazu zu benutzen, religiöse Homogenität zu erzwingen. Diese Annahme konnte für Juden die Möglichkeit eröffnen, am staatlichen und gesellschaftlichen Leben gleichberechtigt teilzunehmen. Moral und Vernunft als übergeordnete Kategorien galten Liberalen zwar mehr als das Bekenntnis des christlichen Glaubens,[49] doch war das Verständnis von Moral in den meisten Fällen christlich geprägt. Dies stellte eine besondere Problematik dar, denn der fortwährende Bezug Liberaler auf eine christlich geprägte Moral bildete einen der Widersprüche in ihrer Argumentation innerhalb der ›Judenfrage‹. Ihre verbale Offenheit gegenüber einer Aufnahme von Juden in die bestehenden gesellschaftlichen Strukturen wurde durch die christlich interpretierten Werte und Normen konterkariert. Nur in Ausnahmefällen konnten sich Liberale von christlich tradierten Wert- und Moralvorstellungen lösen. Dennoch waren sie bis in die 1830er Jahre hinein, besonders in der preußischen Staatsverwaltung, in der Lage, einen modernisierenden und säkularisierenden Einfluss geltend zu machen; gleichzeitig nutzten sie zunehmend die sich ständig vergrößernden Möglichkeiten der Presse, um die eigenen Ideen zu verbreiten und publik zu machen.[50]

48 Die folgende Charakterisierung soll nur einen idealtypischen Überblick der Grundüberzeugungen Liberaler bieten, denn der Liberalismus befand sich, wie alle anderen politischen Strömungen, noch in seiner Formationsphase, er vereinigte die verschiedensten Überzeugungen, und auch Liberale selbst waren noch nicht in der Lage, ihre Bewegung und ihre grundlegenden Ziele abschließend zu definieren. Vgl. *Sheehan*, Der deutsche Liberalismus, S. 11 f.

49 Vgl. *Maurer*, Biographie des Bürgers, S. 225 f. und 376 f.

50 Vgl. *Gerth*, Bürgerliche Intelligenz, S. 64–80.

Die konservative Entwicklung hingegen muss als Antwort auf die radikalen Forderungen der Aufklärung verstanden werden. Diese restaurative Bewegung orientierte sich an der ›guten alten Zeit‹ und war überzeugt, dass die durch Französische Revolution, Aufklärung und liberale Entwicklung entstandenen neuen Strömungen keine Vorteile für die staatliche Politik und die gesellschaftliche Ordnung mit sich bringen könnten.[51] In ihrer Gesellschaftsordnung, die auf den überkommenen ständischen Prinzipien beruhte, sollten auch Juden ihren angestammten Platz beibehalten, denn nur mithilfe traditioneller Hierarchien könnten gesellschaftliche und staatliche Stabilität gesichert werden. Ein entscheidender Faktor dieser Rangordnungen war eine gemeinsam geglaubte Religion. In den 1830er Jahren waren Konservative in der Lage, einen größer werdenden Einfluss auf die staatliche Verwaltung Preußens geltend zu machen und die bisher bestimmenden Liberalen aus diesem Bereich zu verdrängen. Mit der ›konservativen Herrschaft‹ innerhalb der Staatsverwaltung verband sich eine deutlich restriktivere Politik, die sich unter anderem in der rechtlichen Behandlung von Juden offenbarte. Infolgedessen geriet auch die preußische Reformpolitik ins Stocken und die verfassungspolitische Entwicklung kam endgültig zum Stillstand. Die politische Dimension der ›Judenfrage‹ wurde noch einmal mit der Begründung und theoretischen Legitimierung des ›christlich-germanischen Staates‹ nach 1840 verstärkt.[52] Die dadurch initiierte Entwicklung erschwerte die Orientierung von Juden zwischen Nation, Religion und eigenem Selbstverständnis zusehends.[53] Friedrich Julius Stahl war als herausragender Konservativer bestrebt, die Begründung des Staates aus der sittlichen Idee des Christentums heraus zu konstruieren.[54] Da er seine Überzeugungen auch als Hochschullehrer vertrat, gelang es ihm und seinen Anhängern, einen prägenden Einfluss auf die künftige Beamtenschaft auszuüben. Als gebürtiger Jude war seine Haltung dem Judentum gegenüber sehr ambivalent; auch wenn er es nicht ausdrücklich ablehnte, konnte er ihm in einem christlichen Staat nur eine Randexistenz zugestehen.[55]

Eine weitere Entwicklung im Betrachtungszeitraum war die Formierung einer deutsch-nationalen Bewegung. Sie konstituierte sich hauptsächlich im Umfeld der Befreiungskriege, denn ohne den Zerfall traditioneller Legitimierung politischer Herrschaft und das damit verbundene Vordringen eines säkularen Staatsgedanken wäre diese Entwicklung nicht denkbar gewesen.[56] Na-

51 Vgl. *Gablentz*, Reaktion und Restauration, S. 84 f.

52 Diese theoretische Legitimierung erfolgte v. a. durch Friedrich Julius Stahl.

53 Vgl. hierzu *Gotzmann*, Nation und Religion.

54 Vgl. *Stahl*, Die Philosophie des Rechts, 1830; *ders.*, Die Philosophie des Rechts, 1833; *ders.*, Die Philosophie des Rechts, 1837; *ders.*, Fundamente einer christlichen Philosophie, 1846.

55 Vgl. *Stahl*, Der christliche Staat, 1847.

56 Vgl. *Wehler*, Deutsche Gesellschaftsgeschichte, Bd. 1, S. 506 f.

tionale Prämissen konnten im Lauf ihrer Entwicklung zu einer einigenden Komponente zwischen Liberalen und Konservativen werden. Nationale konnten beiden Lagern entstammen und waren bestrebt, eine nationale Identität und damit verbunden ein spezifisches Zusammengehörigkeitsgefühl über die bestehende sprachliche, politische und religiöse Identifikation hinaus zu etablieren. In diese Bemühungen war die Ausgrenzung alles Fremden und als fremd Empfundenen inbegriffen, wodurch es möglich wurde, Juden aufgrund ihrer Nichtzugehörigkeit zum germanisch-deutschen (christlichen) Volk auszuschließen. So konnten Nationale mithilfe der ›Judenfrage‹ die Bedeutung des Strebens nach einem Nationalstaat und dessen positive Effekte, nach ihrer Lesart bspw. die Ausgrenzung von Andersgläubigen, herausstellen. Diese Begründung schloss häufig eine Wiederbelebung bzw. verstärkte Betonung antijüdischer Vorurteile ein, in denen sich die Gefährlichkeit von Juden für eine deutsche Nation scheinbar exemplarisch bewies. Besonders plastisch erschien die Nichtzugehörigkeit von Juden zur ›deutschen Nation‹ in der von Fichte geprägten Formulierung von einem ›Staat im Staate‹, die Juden eine eigenständige Nation(alität) unterstellte. In Einzelfällen versuchten Nationale, Nation anstelle der christlichen Kirche zur Rechtfertigungs- und Sinngebungsinstanz werden zu lassen; sie sollte eher in der Lage sein, äußere und innere Spannungen zu überwinden und angestaute Aggressionen auf äußere Gegner abzulenken, hätte damit jedoch theoretisch auch eine Integration von Juden als Deutschen ermöglichen können.[57] Somit beinhaltete der Nationalismus auch ein integratives Potential, zumal deutsche Nation nicht abschließend definiert war und die Aufnahme von Juden in die nationale Gemeinschaft ›der Deutschen‹ je nach Definition nicht grundlegend unmöglich erschien. Mehrheitlich bildete die (christliche) Religion jedoch auch bei der Begründung deutscher Nation die entscheidende Komponente.

Die hier dargestellte Ordnung der politischen Strömungen ist idealtypisch. In vielen Fällen war eine scharfe Trennung zwischen Liberalen, Konservativen und vor allem Nationalen nicht möglich, vielmehr kam es zu Überschneidungen, sodass eine differenzierte Abgrenzung nur bedingt beibehalten werden kann. Diese Tatsache spiegelt sich in der Haltung gegenüber Juden, denn nicht alle Liberalen befürworteten eine Einbeziehung und nicht alle Konservativen waren bedingungslos für einen Ausschluss von Juden. Dennoch bietet diese Einteilung eine Möglichkeit, die Debatte über die ›Judenfrage‹ zu strukturieren. Ebenso wie die Verständigung der politischen Strömungen untereinander können auch die Rückwirkungen der entgegengesetzten politischen Tendenzen auf die Gesellschaft anhand der öffentlichen Beschäftigung mit der Problematik der jüdischen Existenz im Staat analysiert werden.

57 Vgl. ebd., S. 508.

2.5 Medien der Debatte

Innerhalb der vorliegenden Arbeit stehen drei unterschiedliche Quellengattungen im Vordergrund. Zum einen Einzelpublikationen: Dies können Flugschriften, Pamphlete, veröffentlichte Briefe, Traktate, Abhandlungen, aber auch mehrbändige Werke sein, die sich in Teilen oder vollständig mit der Frage der jüdischen Emanzipation auseinandersetzten. Zum herausragenden Medium der öffentlichen Debatten über die ›Judenfrage‹ wurden jedoch die periodischen Presseerzeugnisse; sie erlebten seit der Aufklärung sowohl qualitativ als auch quantitativ einen enormen Aufschwung und hatten sich zu Beginn des 19. Jahrhunderts vollständig etabliert. Die Mehrheit der Zeitschriften[58] war zunächst meist kurzlebig und erreichte nur eine bescheidene Auflage, dennoch gab es periodische Presseerzeugnisse, die eine überregionale Bedeutung erlangten und über einen langen Zeitraum am Markt bestehen konnten. Die periodische Presse war während der Aufklärung in der Lage gewesen, ihre Auflagen deutlich zu erhöhen, woran das wachsende Interesse eines nicht mehr nur akademisch gebildeten Publikums erkennbar wurde. Zunehmend entstanden feste Leserbindungen, gleichzeitig ermöglichte es der kollektive Bezug, Zeitungen auch Leseunkundigen zugänglich zu machen. Aus diesem Grund richteten sich die Zeitschriften immer stärker und bewusst an ein nichtgebildetes Publikum; dies spiegelt sich zum einen in den Thematiken wider, aber ebenso in der Länge der Beiträge, der Erscheinungsweise und dem Bezugspreis. Immer wichtiger wurde in diesem Zusammenhang eine kontinuierliche Berichterstattung über relevante Fragen – so auch über die ›Judenfrage‹. Ein Großteil der etablierten Zeitschriften konzentrierte sich auch zu Beginn des 19. Jahrhunderts auf politisch-juristische und theologische Themen, doch brachten der Wunsch nach umfassenden Informationen und das zunehmende Interesse der Leser verstärkt unterhaltende und informierende Zeitschriften hervor, die einen immer größeren Raum für sich beanspruchten. Im Hinblick auf die Analyse soll der Versuch unternommen werden, zwischen den disparaten Periodika (Fachzeitschriften, gemischte Periodika, literarische oder unterhaltende Zeitschriften, politische Zeitungen etc.) zu differenzieren und deren Stellung auf dem Markt zu hinterfragen. Da zahlreiche Zeitschriften jedoch ausschließlich punktuell oder nur mit einzelnen Artikeln in die Kontroverse eingriffen, kann dieses Vorhaben nur bei denjenigen Periodika gelingen, die sich über einen längeren Zeitraum sowohl am Markt etablieren konnten als auch in der Debatte aktiv waren. Um einen ersten Ein-

58 Im Folgenden werden die Begriffe Zeitschrift und Zeitung synonym gebraucht. Auch wenn eine Unterscheidung in der Forschung angestrebt wird, ist diese im Hinblick auf die Kontroverse um die ›Judenfrage‹ von nur untergeordneter Relevanz. Eine entsprechende Zuordnung erfolgt bei der Charakterisierung einzelner periodischer Presseerzeugnisse.

druck über den Umfang der involvierten Zeitschriften, Zeitungen und Journale geben zu können,[59] reicht bereits die Auflistung der regelmäßig beteiligten jüdischen[60] und nichtjüdischen[61] Publikationsorgane.[62]

Aus diesem Grund sollen Zeitschriftenartikel bzw. Artikelserien einen großen Raum erhalten, da mit ihrer Hilfe eine Antwort auf die Frage gefunden werden kann, wie Öffentlichkeit funktionierte, welche Themen und Argumente verhandelt, welche Diskurse geführt wurden und wer sich an den entsprechenden Debatten beteiligte. Betrachtet werden sollen dabei ausschließlich Zeitschriften

59 Aufzeichnungen und Angaben zu den in den preußischen Provinzen erscheinenden Zeitschriften finden sich in: *Ministerium des Inneren*, Zeitschriften und Tagesblätter, 1810–1848.

60 Zur Entwicklung der jüdischen Presse vgl. *Edelheim-Muehsam*, The Jewish Press; *Koszyk*, Der jüdische Beitrag; *Lin*, Die hebräische Presse; *Marten-Finnis / Bauer / Winkler*, Die jüdische Presse; *Poll / Maier*, Jüdische Presse; *Schapkow*, Die deutsch-jüdische Presse und *Singer*, Presse und Judentum.

61 Für die Zusammenstellung der nichtjüdischen Zeitungen und Zeitschriften vgl. *Böning*, Die preußischen Intelligenzblätter; *ders. / Moepps*, Deutsche Presse; *Diesch*, Bibliographie der germanischen Zeitschriften; *Kirchner*, Zeitschriftenwesen I; *ders.*, Zeitschriftenwesen II; *Estermann*, Literatur Zeitschriften; *Groth*, Die Zeitung; *Heenemann*, Auflagenhöhe; *Kürschner*, Handbuch der Presse und *Fischer*, Handbuch der politischen Presse.

62 Berücksichtigung finden hier Zeitschriften, die sich regelmäßig bzw. in Artikelserien an der Debatte über die ›Judenfrage‹ beteiligten, eine vollständige Auflistung ist an dieser Stelle nicht möglich. Jüdische Periodika: »Allgemeine Zeitung des Judentums« (1837–1917), »Allgemeines Archiv des Judenthums« (1839–1843), »Der Israelit des 19. Jahrhunderts« (1839–1848), »Der Jude« (1832–1835), »Der Orient« (1840–1852), »Israelische Annalen« (1839–1841) und »Jedidja« (1817–1822 und 1833), »Zeitschrift für die religiösen Interessen des Judenthums« (1844–1846), »Wissenschaftliche Zeitschrift für jüdische Theologie« (1835–1839 und 1844–1847), »Sulamith« (1806–1813 regelmäßig, danach in großen Abständen), »Sinai« (1846–1847), »Der treue Zions-Wächter« (1845–1854), »Israelitisches Predigt- und Schulmagazin« (1834–1836), »Zeitschrift der jüdischen Theologie« (1835–1844) und »Zeitschrift für die Wissenschaft des Judenthums« (1822–1823).

Christliche Periodika: »(Neue) Allgemeine Politische Analen« (1821–1824 und 1830–1832), »Archiv für die neueste Gesetzgebung aller deutschen Staaten« (1832–1840), »Allgemeine Preußische Staatszeitung« (1819–1843), »Allgemeiner Anzeiger (und Nationalzeitung) der Deutschen« (1806–1848), »Augsburger Allgemeine Zeitung« (1798–1925), »Berliner allgemeine Kirchenzeitung« (1839–1853), »Berliner politisches Wochenblatt« (1831–1839), »Blätter für Israels Gegenwart und Zukunft« (1845–1847), »Das Vaterland« (1831–1835), »Der teutsche Patriot« (1802–1805 und 1831–1833), »Dibre Emeth oder Stimmen der Wahrheit an Israeliten und Freunde Israels« (1845–1912), »Deutsche Vierteljahresschrift« (1838–1870), »Europäische Annalen« (1795–1820), »Evangelische Kirchenzeitung« (1827–1930), »Hallische Jahrbücher für deutsche Wissenschaft und Kunst / Deutsche Jahrbücher« (1838–1841), »Historisch-politische Blätter für das katholische Deutschland« (1838–1852), »Jahrbücher der preußischen Monarchie« (1814–1845), »Journal von und für Deutschland« (1815–1819), »Kameralistische Zeitung für die königl. preußischen Staaten« (1835–1846), »Leipziger allgemeine Zeitung« (1837–1843), »Minerva« (1792–1858), »Magazin für Religions-, Moral und Kirchengeschichte« (1801–1806), »Neue Jahrbücher der Geschichte und Politik« (1839–1849), »Oppositionsblatt oder Weimarische Zeitung« (1817–1820), »Phönix« (1835–1838) und »Rheinische Zeitung« (1842–1843), »Sophronizon« (1819–1842 mit Unterbrechungen) und »Zur Judenfrage in Deutschland« (1843–1844).

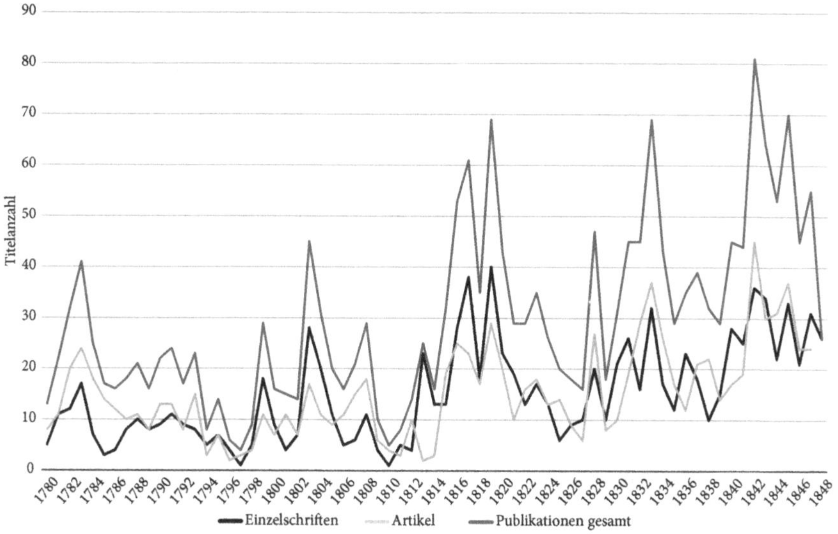

Graphik 1: Anzahl der jährlich erschienenen Einzelschriften und Artikel im Umfeld der ›Judenfrage‹

Eigene Darstellung.

in deutscher Sprache, da nur diese in der Lage waren, eine öffentliche Debatte entstehen zu lassen, an der zahlreiche Interessierte aktiv und passiv partizipieren konnten. Bei der Recherche habe ich mich nicht allein auf Zeitungen und Monographien beschränkt, deren Publikationsort in Preußen lag, sondern mich über die preußischen Landesgrenzen hinaus orientiert, da trotz Zensurgesetzen und Karlsbader Beschlüssen ein relativ starker Austausch zwischen den verschiedenen deutschen Staaten stattfand bzw. teilweise Preußen betreffende Schriften, um der preußischen Zensur zu entgehen, im benachbarten Ausland erschienen und über die Landesgrenzen nach Preußen gebracht wurden.[63]

Bereits aufgrund der Quellenlage kann eine Aussage über die Vehemenz der Debatte getroffen werden, da eine kontinuierliche Zunahme sowohl der Einzelpublikationen als auch der Zeitungsartikel erkennbar ist; daraus können erste Rückschlüsse für die Bedeutung der Auseinandersetzung gezogen werden.[64]

63 Zur Zensurgesetzgebung, Handhabung der Zensur und den Karlsbader Beschlüssen vgl. *Sösemann*, Kommunikation und Medien; *Müller*, Schmuggel politischer Schriften; *Blumenauer*, Journalismus und *Schneider*, Pressefreiheit; *Breuer*, Geschichte der literarischen Zensur; *Fischer/Schöttle*, Kampf um publizisitsche Liberalität; *Göpfert/Weyrauch*, »Unmoralisch an sich…« und *Ziegler*, Literarische Zensur.

64 Eine umfassende chronologische Übersicht der Publikationen zwischen 1780 und 1847 findet sich in der digital verfügbaren Bibliographie unter: http://www.v-r.de/jude-oder-preussischer-Buerger.

Für den Zeitraum zwischen 1780 und 1812 finden sich 200 Monographien (davon 35 von jüdischen Autoren), hinzukommen seit 1802 erste eigenständige Zeitungsartikel (nicht länger nur Rezensionen), wodurch die Debatte eine größere Aktualität und ›Schnelligkeit‹ entwickelte. Ein besonders deutlicher Anstieg ist mit dem Edikt von 1812, dem Wiener Kongress und den sich anschließenden Streitschriften von Rühs und Fries verbunden, sodass allein die Zahl der Monographien zwischen 1813 und 1818 92 Titel erreicht (15 von jüdischen Autoren) und die der Zeitschriftenartikel auf ca. fünfzig steigt, von denen jedoch nur eine kleine Anzahl (5) zweifelsfrei jüdische Verfasser hat. Problematisch für eine genaue Zuordnung sind die zahlreichen anonym erschienenen Zeitungsartikel, sodass nicht in allen Fällen eine eindeutige religiöse Verortung der Autoren möglich ist bzw. vermutet werden muss, dass Juden absichtlich ihre Identität als Juden nicht preisgaben – aus diesem Grund sind die Angaben zur jüdischen Beteiligung kritisch zu betrachten. Im Zeitraum zwischen 1819 und 1829 kommt es zu keiner neuerlichen Belebung der Debatte, auch wenn sie nie völlig verstummte oder von anderen Auseinandersetzungen überlagert wurde; die Beteiligung in diesem Zeitraum ist jedoch eher mäßig. Unter den 98 erschienenen Monographien befinden sich 33 Veröffentlichungen jüdischer Verfasser, ebenso können Beiträge der periodischen Presse keinen wesentlichen Zuwachs verzeichnen. Unübersehbar ist hingegen der Aufschwung der Kontroverse in den Jahren 1830–1839. Von den rund 140 Monographien haben 47 jüdischer Verfasser, ein deutlicherer Zuwachs ist jedoch bei den Zeitungsartikeln zu erkennen, wobei von den 142 Artikeln 16 eindeutig jüdischen Autoren zugeschrieben werden können. In der letzten Periode bis 1848 wird erkennbar, dass sich das Zeitschriftenwesen endgültig etabliert hat und jüdischen Autoren nun mehr als die Hälfte aller Publikationen beigemessen werden kann. Es finden sich 213 Monographien (87 von jüdischen Autoren) und 200 Artikel (53 von jüdischen Publizisten). Die Artikel greifen dabei sehr zeitnah in die Debatte ein und machen die Monographien zum Teil überflüssig, so gerät die Stellung der Einzelpublikationen häufig zu einer ausführlichen Zusammenfassung der bereits in zahlreichen Artikeln vorgebrachten Argumente.

Die dritte Quellengattung bilden Kontextschriften, so z. B. regierungsinterne Memoranden, Zensurakten, Landtagsprotokolle, Gutachten, ungedruckte Manuskripte und Gesetzestexte. In diesem Zusammenhang sind etwa die »Akten betreffend die Entwerfung einer allgemeinen Juden-Ordnung für die preußische Monarchie«, die »Akten betreffend die Verfolgung der Juden« und die Unterlagen über die Vollziehung des Artikels 16 der Bundesakte wie auch die »Akten betreffend die Verbesserung der bürgerlichen Verhältnisse der Juden« und die »Akten betreffend die Zensur der über die Verhältnisse der Juden und deren Kultur erschienenen Schriften und Aufsätze« zu nennen. Diese Unterlagen verdeutlichen zum einen die Schwerpunkte des staatlichen Interesses an einer Integration von Juden, aber ebenso die Verfolgung der öffentlichen Auseinandersetzung durch die preußischen Behörden. Teilweise finden sich in den Unterlagen der preußischen Regierung Hinweise auf Anregungen durch die öffentliche Debatte, häufiger jedoch Sorgen und Bedenken gegenüber der publizistischen Entwicklung und deren Folgen. Andererseits spiegeln sich die Reaktionen der preußischen Regierung auf die öffentliche Kontroverse besonders in den die Juden betreffenden Gesetzen wider – insofern können Einfluss und Wirkung der öffentlichen Debatte an diesen nachvollzogen werden. Solchen Entscheidungen vorgelagert waren die Beratungen im preußischen Staatsrat, die von der preußischen Regierung oder einzelnen Provinzen angeforderten Gutachten (meist juristischer Fakultäten) und die Beratungen innerhalb der Provinziallandtage, die ebenfalls in die öffentliche Auseinandersetzung gelangten und von den Beteiligten intensiv diskutiert wurden. Ergänzt werden diese drei Quellengattungen durch Biographien, Memoiren und Briefwechsel herausragender Debattierer.

Im Hinblick auf diesen umfangreichen und teilweise sehr heterogenen Quellenbestand soll versucht werden, eine möglichst große Vollständigkeit zu erzielen und zahlreiche Diskussionsräume zu betrachten. Dabei muss betont werden, dass innerhalb einer öffentlichen Debatte nicht ausschließlich sachliche Texte zur ›Auffindung der Wahrheit‹ vorliegen, wie dies bei den gelehrten Kontroversen mehrheitlich der Fall war, vielmehr handelt es sich häufig um Versuche zur Eindämmung der Kontroverse, dies vor allem von behördlicher Seite, wie auch um Satiren, Spottschriften oder Polemiken; diese Texte werden ebenfalls Berücksichtigung finden.

3. Methodik, Forschungsstand, Fragestellung und Thesen

In der folgenden Darstellung soll die Kontroverse um die Frage der jüdischen Gleichberechtigung als eine Debatte verstanden werden, die sich zu bestimmten Zeiten und aufgrund herausragender Ereignisse und Schriften verdichtete. Die Auseinandersetzung über die ›Judenfrage‹ zwischen 1780 und 1848 war die wohl umfangreichste zeitgenössische Debatte über ›bürgerliche Gesellschaft‹ in der Öffentlichkeit des Vormärz. Während des gesamten Zeitraums war sie in zahlreichen Medien und Publikationen permanent präsent. Dennoch kann die öffentliche Verhandlung in verschiedene Perioden eingeteilt werden. Eine solche Einteilung bringt den Vorteil mit sich, Veränderungen in der Argumentationsstruktur und den grundlegenden Prämissen detaillierter nachvollziehen zu können, denn keineswegs blieben die Begründungen für oder gegen eine Integration von Juden über beinahe sieben Jahrzehnte hinweg konstant. Trotz einzelner Kontinuitäten gelangten, beeinflusst durch staatliche Entscheidungen oder äußere Faktoren (etwa die französische Besatzung), neue Einflüsse in die Debatte. Anhand von Verdichtungen kann die Debatte in vier Abschnitte eingeteilt werden, die chronologisch betrachtet werden.

Diese sind: erstens die Auseinandersetzung während und nach Aufklärung und der Haskalah (1789–1812); zweitens die Kontroverse im Umfeld des »Edikts betreffend die bürgerlichen Verhältnisse der Juden in dem preußischen Staate« von 1812, der Befreiungskriege und der sich anschließenden Verhandlungen auf dem Wiener Kongress (1813–1829); drittens die Debatte um die 1833 erlassene Posener Judenordnung (1830–1839) und viertens die mit dem Thronwechsel, den Vorbereitungen und der Durchführung des Ersten Vereinigten Provinziallandtages und der Frage nach einem ›liberalen Aufbruch‹ verbundenen Stellungnahmen (1840–1847). Für jeden dieser Abschnitte sollen sein Kontext (gesellschaftliche und politische Lage) und die Debattenstruktur herausgearbeitet werden, zudem die bestimmenden Akteure. Ebenfalls wird dargestellt, welchen Umfang die einzelnen Teildebatten annahmen, auch um die Prozesshaftigkeit der Kontroverse zu verdeutlichen.

Innerhalb der Betrachtung der Teildebatten soll eine Klärung bzw. nähere Bestimmung der Begriffe Öffentlichkeit und Debatte (im Hinblick auf ihre Reichweite und die Beteiligten) wie auch der Leitbegriffe der Auseinandersetzung und der damit verbundenen Argumentationsschwerpunkte versucht werden. Zum anderen stehen die Wechselwirkungen zwischen sich entwickelnder Öffentlichkeit und den Regierungsmaßnahmen im Mittelpunkt der Untersuchung, d. h. die Frage danach, inwiefern die öffentliche Debatte in Preußen Einfluss auf behördliche Entscheidungen entwickeln konnte und welche Konsequenzen sich aus den öffentlichen Stellungnahmen ergaben. In diesem Zusammenhang können Rückschlüsse auf Entstehung und Funktionsweise von öffentlicher Meinung und öffentlichem Raum gezogen werden.

Bei der Analyse der öffentlichen Debatte um die ›Judenfrage‹ sollen der Verlauf der Themenentwicklung und der ideologische Gehalt im Mittelpunkt stehen. Den Ausgangspunkt dafür bilden die veröffentlichten Texte, wobei allein die große Anzahl der Debattierer, die Komplexität der Teilnehmer, die Heftigkeit und Langlebigkeit der Auseinandersetzung eine intensive historische Analyse rechtfertigen. Der Umfang und die Dauer der Kontroverse und die Vielzahl der disparaten Medien, die Heterogenität der Beteiligten wie auch die unterschiedlichen rechtlichen und politischen Voraussetzungen in den preußischen Provinzen – all dies erschwert das methodische Herangehen, sodass eine Kombination von verschiedenen Methoden angestrebt werden muss. Diese setzt sich grundlegend aus vier Elementen zusammen: erstens einer Debattenanalyse, zweitens einer Textanalyse ausgewählter Publikationen, drittens dem Versuch einer Teilnehmerverortung und viertens einer Begriffsgeschichte.

Innerhalb der Debattenanalyse soll eine quantifizierende und qualitative Auswertung der öffentlichen Beiträge erfolgen; dies ermöglicht sowohl die Ermittlung thematischer Schwerpunkte als auch die Bestimmung zentraler Begriffe, Argumente und Lösungsvorschläge und kann somit in der Lage sein, Verdichtungen und Schwerpunktverschiebungen zu bestimmen. Bei Intensivierungen wie auch Abschwächungen der Debatte muss nach den Ursachen gefragt werden bzw. danach, ob es in diesem Zusammenhang auch zu neuen inhaltlichen und argumentativen Ausrichtungen kam.

Die Textanalyse soll im Unterschied dazu an einzelnen Beiträgen die Argumentationsstruktur, den Adressatenkreis, die Reichweite wie auch argumentativ-rhetorische Prozesse herausarbeiten. In einem zweiten Schritt erfolgt die Zusammenstellung der Argumente der eigenen Standpunktbegründung bzw. der Widerlegung des Gegners. Im Zusammenhang mit der ›Judenfrage‹ muss danach gefragt werden, auf welche argumentative Ebene die einzelnen Autoren ihren Schwerpunkt legten, d.h. danach, ob sie eine politische, wirtschaftliche, kulturelle, religiöse oder gesellschaftliche Begründung bevorzugten, um ihre Position zu legitimieren, was wiederum Rückschlüsse darauf ermöglicht, wie sie die zentrale Leitfrage der Debatte akzentuierten bzw. die ›Judenfrage‹ zu lösen gedachten. Der Ausgangspunkt dieser Betrachtungen ist immer die nichtjüdische Perspektive, da Juden mit zeitlicher Verzögerung in die Auseinandersetzung eingriffen und verstärkt erst seit Mitte der 1830er Jahre in der Kontroverse agierten – lange Zeit blieb die Debatte aus diesem Grund eine Auseinandersetzung über und nicht mit Juden. Durch die Analyse und Gegenüberstellung der verschiedenen Argumente kann dabei ermittelt werden, ob es zu einem Dialog sowohl zwischen ›Judenfreunden‹ und ›Judengegnern‹ als auch zwischen ›Nichtjuden‹ und ›Juden‹ kam. In Bezug auf die jüdische Perspektive wird es zusätzlich nötig sein, verschiedene Einzelbetrachtungen einzuflechten, da zahlreiche jüdische Äußerungen nur schwer in den Aushandlungsprozess zwischen Bürgertum und Juden aufzunehmen sind; zudem kam es verstärkt zu einem eigenständigen innerjüdischen Disput über das jüdische Selbstverständnis, den Platz innerhalb der Mehrheitsgesellschaft und die Wünsche im Hinblick auf eine zunehmende Integration. Dies spiegelt die Suche von Juden nach einem Platz in der bestehenden Gesellschaft wider, berührte in den meisten Fällen aber hauptsächlich innerjüdische Themen wie die Kontroverse über Religionsreformen, die von der christlichen Umwelt mit Skepsis betrachtet, jedoch nur begrenzt in die allgemeine Auseinandersetzung über die ›Judenfrage‹ aufgenommen wurde. Nur in Ausnahmefällen erfolgte auf christlicher Seite eine differenzierte Beschäftigung mit den innerjüdischen Modernisierungs- und Anpassungsversuchen.

Die dritte Ebene bilden die Teilnehmer der Kontroverse. Es soll versucht werden, einen Teil von ihnen näher zu charakterisieren, umfangreichere Rekonstruktionen der sozialen Hintergründe bzw. der Herkunft und weiterer Aktivitäten wären wünschenswert, können aber nur in Ansätzen vorgenommen werden, was zum einen der großen Zahl anonymer Debattierer geschuldet ist, zum anderen der häufig nur einmaligen Beteiligung an der Kontroverse. Nur bei Personen, die sich über einen längeren Zeitraum und mehrfach in die Auseinandersetzung einbrachten, ist es möglich die Entwicklung der Debatte zu verfolgen, indem Meinungsänderungen oder Verschiebungen innerhalb der Argumentation einer

Person aufgezeigt werden können.[65] Eine Zuordnung zu ›Meinungsgruppen‹ soll versucht werden, auch wenn zu Beginn des 19. Jahrhunderts in keinem Fall von spezifischen politischen Gruppierungen ausgegangen werden kann, die bestimmte politische Modelle (auch im Hinblick auf die ›Judenfrage‹) verfolgten. Andererseits ist es durchaus möglich, unterschiedliche Positionen im Hinblick auf ihre Zielsetzung zusammenzufassen, sodass durchaus eine Unterscheidung in Befürworter und Gegner einer jüdischen Emanzipation vorgenommen werden kann, dies jeweils mit variierenden Reichweiten und Intentionen. Eine zusätzliche Gruppenbildung ist allein in der jeweiligen Religionszugehörigkeit angelegt, da Juden und Nichtjuden über den gleichen Gegenstand unterschiedlich urteilten und anders gelagerte Schwerpunkte erkennen ließen.

Die letzte Ebene stellt die Begriffsgeschichte dar. Bereits in der begrifflichen Umschreibung der problematischen Existenz von Juden unter einer mehrheitlich christlichen Bevölkerung, den damit einhergehenden Lösungsvorschlägen und ihrer konkreten Benennung kann die Vehemenz der Kontroverse, aber ebenso die grundlegende Orientierung der Beteiligten ausgemacht werden. In dieser Hinsicht sollen die zentralen Begriffe in ihrer Entwicklung, Ausprägung und Ablösung betrachtet werden. Anhand der vorliegenden Debatte wird versucht, die jeweils verwandten Begriffe mit Inhalt zu füllen, sie gegebenenfalls einzelnen ›Meinungsgruppen‹ zuzuweisen und dezidiert zu hinterfragen, welche Vorstellungen mit ihnen verbunden waren. Verfügten bspw. Juden und Nichtjuden über ein gleiches Verständnis von ›Assimilation‹, oder verbanden sie damit grundlegend unterschiedliche Erwartungen? Im Vordergrund stehen bei dieser Betrachtung die Suche nach dominierenden Positionen oder Gleichzeitigkeiten differierender Auffassungen und die Ermittlung möglicher Ursachen und somit die Frage, wer einzelne Begriffe hervorbrachte, wie sie zirkulierten und ob, wann bzw. warum sie durch andere Begrifflichkeiten abgelöst wurden.

Ebenfalls grundlegend für die Analyse der Debatte ist die Frage nach ihrer politischen, gesellschaftlichen und religiösen Einbettung – welche Grundprinzipien bürgerlicher Gesellschaft werden in der Kontroverse um die Stellung von Juden im preußischen Staat erkennbar? In diesem Zusammenhang sollen längerfristige Dynamiken abseits einzelner Texte und Ereignisse in der Kontroverse zum Tragen kommen und somit die Langzeitentwicklung der generellen Problematik. Über den Zeitraum von siebzig Jahren können zudem die Struktur, die Entwicklung und der Funktionswandel von Öffentlichkeit aufgezeigt werden, wie auch die zunehmende Politisierung der ›Judenfrage‹, ausgehend vom Pro-

65 Besonders deutlich wurde eine solche Entwicklung an Karl Streckfuß, der 1833 ausdrücklich gegen eine gleichberechtigte Einbeziehung von Juden in Staat und Gesellschaft auftrat, in seiner gleichlautenden Schrift aus dem Jahr 1843 jedoch nahezu bedingungslos für eine Gleichstellung von Juden als Juden mit den übrigen Untertanen plädierte. Vgl. *Streckfuß*, Verhältniß der Juden, 1833 und *ders.*, Verhältniß der Juden, 1843.

blem der Minderheitenexistenz hin zu einer Frage, die die Grundstrukturen und Funktionsweisen bürgerlicher Gesellschaft berührte. Im Hinblick darauf muss die ›Judenfrage‹ in Beziehung zu den Kernfragen bürgerlicher Gesellschaft des Vormärz gesetzt werden. Insbesondere ein Vergleich der einzelnen Teildebatten kann deutlich machen, welche Verschiebungen im bürgerlichen Selbstverständnis stattfanden und inwiefern Rückwirkungen auf die Auseinandersetzung über die Integration von Juden beobachtet werden können.

Die Untersuchung und Erforschung des ›Eintritts‹ von Juden in die bürgerliche Gesellschaft stellt schon seit vielen Jahrzehnten einen Schwerpunkt der deutsch-jüdischen Geschichtsforschung dar.[66] In den vergangenen Jahren hat die Erforschung der deutsch-jüdischen Geschichte, insbesondere im 19. Jahrhundert, eine enorme Entwicklung vollzogen. Zahlreiche hochwertige Gesamtdarstellungen und eine große Zahl an Monographien haben versucht, die komplexen Beziehungen zwischen ›Juden‹ und ›Deutschen‹ transparenter werden zu lassen.[67] Ebenso zahlreich finden sich Regionalstudien zur Entwicklung einzelner jüdischer Gemeinden[68] und Lebensbeschreibungen herausragender jüdischer Protagonisten auf ihrem Weg der Emanzipation.[69] Ergänzt werden diese Betrachtungen durch Studien zum Frühantisemitismus.[70]

Die Forschung zur deutsch-jüdischen Geschichte der Emanzipationszeit hat schon seit Langem gezeigt, dass dieser Prozess nicht allein als rechtlicher Akt, sondern vielmehr als eine umfassende gesellschaftliche Transformation betrachtet werden muss, die in alle Ebenen der entstehenden bürgerlichen Gesellschaft hineinreichte. Zu diesen Studien gehören bspw. die Arbeiten von Reinhard Rürup,[71] Michael A. Meyer,[72] Till van Rahden,[73] Julius H. Schoeps[74]. Besonders der Sammelband von Gotzmann, Liedtke und Rahden[75] konnte zeigen,

66 Zu den älteren Studien, die auf die Relevanz des Themas aufmerksam machten, gehören v. a. die Publikationen von Toury, Volkov, Mosse und Katz.

67 Eine gute Zusammenstellung der aktuellen Publikationen zum Thema findet sich bei *Gotzmann/Liedtke/van Rahden*, Juden, Bürger, Deutsche.

68 Vgl. *Schwarz*, Jüdische Gemeinden; *Zittartz-Weber*, Religion und Staat; *Herzig*, Juden in Hamburg oder auch *Ulmer*, Antisemitismus in Stuttgart.

69 Vgl. *Schad*, Rabbiner Michael Sachs; *Blänkner*, Eduard Gans; *Schoeps*, Religionsreformer A. Bernstein.

70 Vgl. *Behnen*, Probleme des Frühantisemitismus; *Hortzitz*, ›Früh Antisemitismus‹; *Katz*, Frühantisemitismus und *Kleßmann*, Romantik und Antisemitismus.

71 Vgl. *Rürup*, Judenemanzipation; *ders.*, Emanzipation und Antisemitismus Studien und *ders.*, The Tortuous.

72 Vgl. *Meyer*, Deutsch-Jüdische Geschichte; *ders.*, Antwort auf die Moderne; *ders.*, Mendelssohn bis Zunz.

73 Vgl. *Rahden*, Von der Eintracht; *ders.*, Juden; *ders./Brainard*, Jews.

74 Vgl. *Schoeps*, Juden als Träger; *ders.*, Deutsch-jüdische Symbiose; *ders.*, Das Gewaltsyndrom.

75 Vgl. *Gotzmann/Liedtke/van Rahden*, Juden, Bürger, Deutsche.

dass sich das Verhältnis von Juden und Deutschen nicht ausreichend mit den Begriffen Inklusion und Exklusion beschreiben lässt, vielmehr unterlag die Vorstellung von Teilhabe am Bürgertum, die Herausbildung von Identitäten auf beiden Seiten und die religiöse Selbstdefinition zahlreichen Veränderungsprozessen und Auseinandersetzungen, die sich gegenseitig beeinflussten und bedingten. Simone Lässig[76] untersucht den sozialen Aufstieg der jüdischen Minderheit mithilfe der Kapitaltheorie von Pierre Bourdieu. Ihr gelingt es, sich von der herkömmlichen Bürgertumsforschung zu distanzieren, in der bürgerlichen Juden lange keine Bedeutung zugemessen wurde. Ulrich Wyrwa[77] hingegen will mithilfe eines deutsch-italienischen Vergleichs die Problematik der bürgerlichen Utopie analysieren, zugleich aber durch die Analyse der sozialen und politischen Beziehungen von Juden und Christen kulturelle Deutungsmuster herausarbeiten, die er über mehrere Generationen verfolgt. David Sorkin[78] diagnostiziert im Unterschied dazu am Ende der ›gescheiterten Emanzipation‹ die Existenz einer jüdischen Subkultur innerhalb des deutschen Bürgertums. An diesen Darstellungen wird deutlich, dass Inhalte, Formen und Ergebnisse der Emanzipation nach wie vor umstritten sind und weiterhin kontrovers diskutiert werden. Hinzu kommen in neuerer Zeit Studien, die die zeitgenössische Kontroverse untersuchen. Zu diesen zählen die Arbeiten von Michael Schäbitz über Juden in Sachsen,[79] von Reinhard Rürup über die Verhandlungen in Baden[80] oder von Uffa Jensen über die religiöse Verankerung des deutschen Bürgertums im Protestantismus.[81] Diese Untersuchungen stützen sich in ihrem Schwerpunkt jedoch auf die staatlichen Kontroversen und Aushandlungen innerhalb der Parlamente und werfen nur selten einen Blick auf die öffentliche Debatte über diesen Gegenstand – wobei fraglich ist, ob die Parlamentsdebatten in der Lage waren, die gesellschaftliche Auseinandersetzung über die ›Judenfrage‹ zu bündeln und zu konzentrieren.

Ähnlich umfassend sind die Publikationen zur Genese des deutschen Bürgertums und zur Entwicklung einer (bürgerlichen) Öffentlichkeit, auch wenn die Verknüpfungen zwischen Bürgertums- und Öffentlichkeitsforschung nur unzureichend ausgebildet sind. Die Betrachtungen zur Herausbildung des Bürgertums als Sozialformation mit spezifischen kulturellen und politischen Gemeinsamkeiten konstruieren Öffentlichkeit mehrheitlich als ein bürgerliches Element, gehen jedoch nur selten auf die Bedeutung von Öffentlichkeit für die Konstituierung des Bürgertums ein, auch wenn sie als eine zentrale bürgerliche

76 Vgl. *Lässig*, Jüdische Wege.
77 Vgl. *Wyrwa*, Juden.
78 Vgl. *Sorkin*, The Transformation; *ders.*, The impact.
79 Vgl. *Schäbitz*, Judengesetzgebung.
80 Vgl. *Rürup*, Emanzipation und Antisemitismus Studien, S. 46–93.
81 Vgl. *Jensen*, Gebildete Doppelgänger.

Forderung[82] Erwähnung findet. Verschiedene Einzelstudien betrachten, meist nur ausschnittweise, die Zusammenhänge zwischen Öffentlichkeit und spezifischen Elementen bürgerlicher Gesellschaft, nicht aber die Wechselwirkungen zwischen Öffentlichkeit und der Etablierung von Bürgertum.[83] Häufiger wird eine Beziehung zwischen bürgerlichem Vereinswesen und den Anfängen von Öffentlichkeit hergestellt.[84] Ein anderes Element in der Bürgertumsforschung ist die Untersuchung der Bedeutung und Rolle von Sprache und Schrift als Medium und Grundvoraussetzung für Kommunikation. Diese Ebene wird dabei häufig auf den privaten und geschäftlichen Bereich beschränkt und stellt somit keine Verbindung zwischen politischer Betätigung und Sprache her.[85] Eine der wenigen Ausnahmen ist Otto Dann, der in seiner Darstellung der Lesegesellschaften einen starken Zusammenhang zwischen Bürgertum und Öffentlichkeit befürwortet.[86] Dass eine gemeinsame Sprache eine unabdingbare Voraussetzung für eine (politische) Öffentlichkeit war, kann dabei besonders deutlich an Juden nachvollzogen werden. Denn erst als jüdische Intellektuelle in der Lage waren, sich der deutschen Sprache zu bedienen, konnten sie sich an der öffentlichen Kommunikation beteiligen. Ebenso wurde die jüdische Minderheit von den zeitgenössischen Entwicklungen erst ergriffen, als sie fähig geworden war, Debatten und Kontroversen innerhalb der deutschsprachigen Öffentlichkeit zu verfolgen und sich, wenn auch mit Einschränkungen, daran zu beteiligen. Die Aufnahme der deutschen Sprache fungierte im Fall der jüdischen Integration als das wohl stärkste Assimilationskriterium, durch das Juden ihre Angleichung auch nach außen zu vermitteln in der Lage waren.[87]

Auf der anderen Seite bezieht sich die Öffentlichkeitsforschung in vielen Punkten auf Bürgertum, geht aber ebenfalls auf die eventuell stattfindenden Wechselwirkungen, Prägungen und Entwicklungszusammenhänge nur unzureichend ein. Mehrheitlich finden sich Einzelstudien, die sich auf bestimmte Regionen oder herausragende Zeitungen und Journale konzentrieren.[88] Eine

82 Für die Problematik von Öffentlichkeit als bürgerlicher Forderung vgl. *Vierhaus*, Aufstieg des Bürgertums.

83 Exemplarisch sei die Untersuchung von *Gerth*, Bürgerliche Intelligenz erwähnt, die eine Verbindung zwischen Öffentlichkeit und bürgerlichen Beamten untersucht.

84 So z. B. bei *Kaschuba*, Deutsche Bürgerlichkeit.

85 Vgl. dazu den Sammelband *Cherubim/Grosse/Mattheier*, Sprache; *Linke*, Sprachkultur und Bürgertum und *Gessinger*, Sprache und Bürgertum.

86 Vgl. *Dann*, Lesegesellschaften.

87 Verdeutlicht wird diese Entwicklung auch durch die zunehmende Betätigung von Juden in der literarischen deutschsprachigen Öffentlichkeit, z. B. Ephraim Kuh, Joel Jacoby, Bethold Auerbach, Heinrich Heine, Ludwig Börne oder Leopold Kompert.

88 Als Beispiele für die ältere Forschung können *Fischer*, Deutsche Zeitschriften, *Koszyk*, Deutsche Presse, *Kirchner*, Zeitschriftenwesen I, *ders.*, Zeitschriftenwesen II, für die neuere Forschung *Sösemann*, Kommunikation und Medien und *Greiling*, Presse und Öffentlichkeit

weitere Betrachtungsebene findet sich in der Untersuchung staatlicher Öffentlichkeit, doch auch diese lässt (mit Ausnahme der Beamten als Teil der Staatlichkeit und der Bürgerlichkeit) die bürgerliche Perspektive mehrheitlich außer Acht.[89]

Die historisch bedingte Sonderstellung von Juden wurde spätestens seit dem Beginn der Aufklärung aufgeweicht, und die strikten Grenzen zwischen Juden und Nichtjuden begannen zunehmend durchlässig zu werden. Juden ihrerseits wurden ebenfalls durch die Aufklärung beeinflusst, deren jüdische Adaption, die Haskalah, besonders durch die Persönlichkeit Moses Mendelssohns, auf die kleine jüdische Oberschicht prägend wirken konnte. Mit der Aufklärung und spätestens seit Christian Wilhelm Dohm rückten Juden in das öffentliche Blickfeld – sie wurden sichtbar! Aber noch immer waren Juden vor allem Objekt des staatlichen Handelns und der öffentlichen Auseinandersetzung. Es sollten noch Jahrzehnte vergehen, bis sie zu öffentlich agierenden Subjekten innerhalb der Verständigung über ihre Position wurden. Unabhängig davon brachte die ›Befreiung aus dem Ghetto‹ neue Möglichkeiten hervor, die von dem Teil intensiv genutzt werden konnte, der über die entsprechende Bildung und die notwendigen finanziellen Möglichkeiten verfügte.

Die Emanzipationsdebatte im Spannungsfeld von Regierungspolitik, Religion, Bürgerlichkeit und Öffentlichkeit zwischen 1780 und 1848 ließ Juden nur die Option zwischen ihrem jüdisch Sein oder der Zugehörigkeit zum preußischen Bürgertum zu wählen. Ein preußischer Bürger jüdischen Glaubens war in der christlichen Sichtweise nicht möglich, so dass sich Juden zwischen den beiden Polen, der Bewahrung ihrer religiösen Identität oder der Zugehörigkeit zum preußischen Bürgertum, unter Aufgabe ihres Glaubens, entscheiden mussten. Obwohl eine Vielzahl von Konzepten intensiv diskutiert wurde und Juden zahlreiche Anpassungs- und Integrationsanstrengungen unternahmen, erfolgte keine gleichberechtigte Integration der jüdischen Minderheit. Es war und blieb für Juden während des Vormärz unmöglich, ein vollständiges Aufgehen im deutschen Bürgertum zu erreichen, was die Herausbildung eines ›jüdischen Parallelbürgertums‹ begünstigte. Denn auch wenn sich bürgerliche Gesellschaft permanent veränderte, rekurrierte Bürgertum immer – teils explizit, meist implizit – auf seine christlichen Grundlagen, wodurch eine Integration von Juden als Juden illusorisch blieb. Das ›jüdische Parallelbürgertum‹, so die These, war kein integraler Teil des deutschen Bürgertums, sondern bildete eine Parallele – diese Tatsache äußerte sich nicht nur in der gesellschaftlichen und sozialen Stellung ›bürgerlicher Juden‹, sondern vor allem in der Nichtgewährung ›bürgerlicher‹

angeführt werden. Zunehmend bemüht sich in diesem Zusammenhang insbesondere die Aufklärungsforschung um eine neue Bewertung der periodischen Presse, vgl. dazu die Publikationen von *Böning/Moepps*, Deutsche Presse.

89 Vgl. *Hofmeister-Hunger*, Pressepolitik und Staatsreform.

Rechte gegenüber Juden. Obwohl die Durchdringungen und die gegenseitigen Beeinflussungen zwischen jüdischem und nichtjüdischem Bürgertum vielfältig waren und beide die Entwicklung des jeweils anderen prägten, kam es zu keiner Vermischung, zu keinem endgültigen Verschmelzen miteinander; von nichtjüdischer Seite nicht einmal zu einer Anerkennung des ›jüdischen Bürgertums‹ als ein gesellschaftliches Element.[90]

Ausgehend von der Beobachtung, dass Juden die Integration in ein deutsches Bürgertum verwehrt wurde, stellt sich die Frage, ob sie sich auf einer anderen Ebene, bspw. in der Öffentlichkeit, als emanzipierte Juden wiederfanden. Unter Umständen erhielten sie zu Öffentlichkeit leichter Zugang und konnten auf dieser Ebene eine erste Verständigung und Annäherung erlangen. Doch auch in diesem Bereich, so meine These, war kein ausreichender Spiel- und Entfaltungsraum für eine gleichberechtigte Einbeziehung von Juden vorhanden. Zwar war es ihnen teilweise möglich, sich in nichtjüdischen Medien über bürgerliche bzw. Fragen von allgemeinem Interesse zu artikulieren (wobei es fraglich ist, ob sie sich immer als Juden zu erkennen gaben), die christlichen Zeitschriften und Zeitungen ließen ihnen jedoch keinen Platz, um sich über ihre spezifisch jüdischen Anliegen zu verständigen oder diese ihrer christlichen Umwelt zu vermitteln. Juden konnten in einer gemeinsam mit deutschen Bürgern gebildeten Öffentlichkeit keinen gleichberechtigten Platz finden. Auch wenn es in ihr, im Unterschied zum ›Parallelbürgertum‹, zu einer gegenseitigen Wahrnehmung und zum Teil auch Anerkennung kam, mussten Juden für ihre spezifischen religiösen Interessen eine eigenständige öffentliche Arena schaffen. Jüdisch-religiöse Auseinandersetzungen blieben aus nichtjüdischen Publikationen dauerhaft ausgeschlossen, doch brauchten sie zwingend Raum, da die Verständigung zwischen Juden über die geänderten Verhältnisse, für die Herausbildung einer ›bürgerlich-jüdischen‹[91] Religion / Identität und für die Weiterentwicklung und Reformierung des deutschen Judentums immanent wichtig war. Da Juden die Verhandlung dieser Fragen verwehrt blieb, entstand um 1830 eine eigenständige jüdische Öffentlichkeit.[92] Erst in ihr konnte der zwingend notwendige öffentliche Glaubensdiskurs innerhalb des Judentums geführt werden. Diese jüdisch-publizistische Öffentlichkeit verfügte über Verknüpfungen und Beziehungen

90 Erste Versuche, einen Zusammenhang zwischen jüdischer Geschichte und deutschem Bürgertum herzustellen, finden sich bei *Volkov*, Verbürgerlichung der Juden; *ders.*, Erfindung einer Tradition; *Rahden*, Von der Eintracht. Andererseits konnte es durchaus zu fruchtbaren Begegnungen zweier Kulturen kommen, die für die Entwicklung beider ihre Vorteile mit sich brachten, vgl. hierzu *Graupe*, Entstehung des Judentums, S. 170 ff. Umfassend jetzt *Lässig*, Jüdische Wege; vgl. ebenso *Toury*, Eintritt der Juden.

91 Einen ersten Überblick zu den Versuchen der ›bürgerlichen Konfessionalisierung‹ des Judentums bietet *Gotzmann / Liedtke / van Rahden*, Juden, Bürger, Deutsche.

92 Zur jüdischen Öffentlichkeit vgl. *Lässig*, Jüdische Wege; *Philippson*, Ludwig Philippson; Hinweise finden sich auch bei *Poll / Maier*, Jüdische Presse.

zur nichtjüdischen Öffentlichkeit. Gleichzeitig manifestierte aber gerade diese zusätzliche Parallele die Trennung zwischen Juden und Nichtjuden.

Woran aber scheiterte die jüdische Integration vor 1847 und wer waren die entscheidenden Verfechter eines traditionell christlich verbrämten Judenbildes, das das unüberwindliche Hindernis auf dem Weg zu einer jüdischen Emanzipation blieb?

Die Kontroverse um die Aufnahme von Juden entwickelte sich entlang von zwei Leitideen, über die der jeweilige Umgang mit Juden gerechtfertigt werden sollte; zum einen Religion, zum anderen Nation. Das zeitgenössische Verständnis betrachtete Juden als Religionsgemeinschaft und als Nation. Diese Zuschreibungen basierten auf einer kollektiven Wahrnehmung von Juden, die nur selten als Individuen begriffen wurden, sondern mehrheitlich als Mitglieder einer nationalen bzw. religiösen Gemeinschaft. Die religiöse Fundierung basierte auf traditionellen Vorstellungen, während die Konstruktion einer jüdischen Nation und der damit einhergehende Versuch, eine solche schlüssig zu begründen, erst während des Vormärz intensiviert wurde. Die traditionelle Definition von Nation beruhte auf Gemeinsamkeiten in Abstammung, Sprache, Sitten und spezifischen Interessen. Ein separates Staatsterritorium war in diesem Verständnis keine zwingende Notwendigkeit, was unter anderem der Situation in Deutschland geschuldet war. Für den Nachweis einer jüdischen Nation bezogen sich deren Verfechter vielmehr auf den jüdischen Glauben, ein auserwähltes Volk zu sein, das die Vermischung mit anderen Völkern strikt ablehne. Weitere Absonderungen nationaler Prägung äußerten sich in der Kleidung, den Speisegesetzen, der Sprache, der Beschneidung, dem Sabbat und Talmud und der jüdischen Messiashoffnung. Als eine separate Nation erschien eine gleichberechtigte Einbeziehung in den Untertanenverband unmöglich. Aus diesem Grund waren jüdische Publizisten bestrebt, die nationale Zuschreibung zu widerlegen, sie betonten ihren deutschen Patriotismus und ihre deutsche Vaterlandsliebe.

In der bisherigen Forschung wird davon ausgegangen, dass infolge von Aufklärung und Rationalismus die religiöse Argumentation an Tragfähigkeit verlor, während mit der Konstruktion einer jüdischen Nation eine neue Möglichkeit gefunden wurde, die Distanz zu Juden aufrechtzuerhalten.[93] In diesem Fall waren Nichtjuden bestrebt, zu einer Trennung von Staat und Religion zu gelangen, die in Bezug auf Juden dialektisch wirkte. Staat und Gesellschaft befreiten sich aus der dominierenden Beherrschung durch die christlichen Kirchen und erzeugten eine von der Religion unabhängigere Mentalität; doch waren durch die Säkularisierung traditionelle religiöse Bindungen keineswegs verloren gegangen. Kirchliche und staatliche Autoritäten wurden zwar voneinander getrennt, benötigten jedoch beide die wechselseitige Zusammenarbeit, um traditionelle

93 Vgl. bspw. *Rürup*, Emanzipation und Antisemitismus Studien; *Erb/Bergmann*, Nachtseite der Judenemanzipation; *Kampmann*, Deutsche und Juden und *Sorkin*, The Transformation.

Herrschaftsstrukturen aufrechtzuerhalten. So gebrauchte der moderne Staat ebenso religiöse Symbole und Ausdrücke, wie er auch neue Bindungen an das Christentum knüpfte.

Infolgedessen blieben religiöse Vorurteile während des Vormärz weiterhin die dominierende Begründung für den Ausschluss von Juden und wurden nicht durch nationale Argumente verdrängt. Der nationale Gegensatz basierte vielmehr auf einem religiösen und war ohne den religiösen Bezug nicht aufrechtzuerhalten. Dabei wurden nationale Differenzen besonders von liberalen Autoren instrumentalisiert, um sich oberflächlich von der religiösen Ausgrenzung zu distanzieren; doch betrachteten sie Juden häufig aufgrund ihrer Religion als eine nationale Gemeinschaft.

Unabhängig davon, wer welche Argumentation bevorzugte, fungierte der christliche Glaube als strikte Grenze für eine Integration von Juden. Das Integrationspotential von Rationalismus, Nationalismus und Liberalismus endete an religiösen Unterschieden. Somit kann nicht von einem doppelten Gegensatz zwischen ›Juden und Christen‹ und ›Juden und Deutschen‹ gesprochen werden, denn nur die christliche Klammer war in der Lage, die verschiedenen Bestandteile von Bürgergesellschaft über gemeinsame Werte, Sitten, Normen und Moralvorstellungen auf christlicher Grundlage zu vereinen. Gleichzeitig konnte nur das Christentum Bürgergesellschaft und Nation untrennbar miteinander verbinden. Die nichtjüdische Emanzipationsbereitschaft fand ihr Ende in der christlichen Religion; und deren Dominanz verhinderte eine gleichberechtigte Einbeziehung von Juden in preußischen Staat, deutsche Nation und Bürgergesellschaft.

Dennoch resultierten aus den unterschiedlichen Sichtweisen auf die ›Judenfrage‹ differierende Beziehungskonzepte, die nicht nur die sofortige Emanzipation oder eine stufenweise Integration zum Inhalt hatten und von Juden und Christen unterschiedlich reflektiert wurden. Aus der Verständigung über diese Konzepte hätte ein Dialog zwischen Juden und Nichtjuden, eine Annäherung beider Gruppen aneinander entstehen können. Die Hoffnung auf einen gleichberechtigten Dialog und eine damit einhergehende Verständigung mit der christlichen Umwelt übte insbesondere auf Juden eine starke Anziehungskraft aus. In ihm hofften sie eine Antwort auf die ›Judenfrage‹, abseits von spezifisch ›Deutschem‹ oder ›Jüdischem‹, durch die Vermittlung beider Sphären zu finden. Innerhalb des angestrebten Dialoges waren Juden bemüht, zu einer neuen Konstruktion ihres jüdischen Selbstverständnisses unabhängig von Religion und Nation zu gelangen.[94] Der Beginn des jüdisch-christlichen Gespräches basierte jedoch auf einer ungünstigen Ausgangssituation, denn beide Partner traten mit einer konfliktreichen und vorurteilsbelasteten Vergangenheit in den Gesprächsprozess ein, sodass sich die Frage stellte, »wie kann der Prügelknabe von gestern

94 Vgl. *Mosse*, Jüdische Intellektuelle, S. 20f.

und ehegestern – andererseits: wie kann der grausame Feind vergangener Jahrhunderte zum Geistespartner im kulturellen Dialog werden?«[95] Dennoch war das vor allem jüdische Streben nach einem Dialog das entscheidend Neue in der Auseinandersetzung mit der ›jüdischen Frage‹ im Vormärz.

Die Synthesen zwischen zwei Kulturen infolge einer Begegnung und eines Dialoges können dabei theoretisch unterschiedlich weitreichend sein. Zum einen kann ein Partner völlig im Anderen aufgehen. Eine andere Option besteht darin, dass jede Gruppe diejenigen Eigenschaften des Anderen aufnimmt, die sich in seine Tradition und Kultur am besten einfügen lassen; in diesem Fall bereichern sie sich gegenseitig.[96] Besonders attraktiv erschienen Juden die dialogisch vermittelten Bildungsideale und das liberale Gesellschafts- und Politikverständnis. In dieser Atmosphäre hofften Teile der jüdischen Minderheit, die Kluft zwischen jüdischer Tradition und deutscher Kultur überbrücken zu können.[97] So sollten die Unterschiede zwischen den Religionsgemeinschaften ausgeglichen werden, auch wenn diesem Bestreben von christlicher Seite keine hohe Priorität gegeben wurde. Somit unterschied sich die Ausgangslage der Dialogteilnehmer grundlegend. Während Juden das Gemeinsame zwischen der eigenen und der deutschen Tradition und Kultur betonten, agierte die christliche Mehrheit umgekehrt, indem sie die Unterschiede zwischen beiden Gruppen akzentuierte und permanent erneuerte. Dennoch erschien keineswegs allen preußischen Juden ein christlich-jüdischer Dialogversuch gleichermaßen vielversprechend. Städtische Juden verfolgten ihn mit größerem Interesse als Landjuden, Gebildete intensiver als Ungebildete.

Die Initiative für den Dialog ging mehrheitlich von jüdischer Seite aus, während Christen über Juden sprachen, versuchten Juden mit Christen in ein Gespräch zu kommen. Dies sollte zu einer gegenseitigen Durchdringung der unterschiedlichen Lebenswirklichkeiten führen, die dabei nicht zwingend gleichberechtigt sein mussten. Dennoch war ein solcher Prozess ohne Veränderungen auf beiden Seiten nicht praktikabel.[98]

Aus der jüdischen Hoffnung auf einen nichtjüdisch-jüdischen Dialog entwickelte sich während des Vormärz jedoch kein gleichberechtigtes Religionsgespräch.[99] Von christlicher Seite zielte die Auseinandersetzung mit Juden und Judentum vielmehr immer auf eine jüdische Selbstaufgabe.[100] Alle Gespräche mit und über Juden waren in den Augen einer christlichen Mehrheit nur darauf hin ausgerichtet, eine Bekehrung und die Überzeugung von christlichen Wahrhei-

95 *Toury*, Sprache als Problem, S. 79.
96 Vgl.: *Nußbaum*, Dialogische Geschichte, S. 144f.
97 Vgl. *Mosse*, Jüdische Intellektuelle, S. 19f.
98 Vgl. *Nußbaum*, Dialogische Geschichte, S. 20.
99 Vgl. *Schoeps*, Deutsch-jüdische Symbiose, S. 50.
100 Vgl. dazu *Scholem*, Judaica, S. 9 und *Traverso*, Juden in Deutschland, S. 17–64.

ten zu bewirken.[101] Ein entscheidendes Manko auf christlicher Seite war zudem die fehlende Bereitschaft, sich mit dem geänderten bzw. reformierten Judentum auseinanderzusetzen, um dadurch zu einem ›neuen Judenbild‹ zu gelangen und sich von traditionellen Vorurteilen und Stereotypen zu emanzipieren. Doch allein der jüdische Dialogversuch wurde zur Grundlage eines neuen jüdisch-deutschen Selbstverständnisses, das alle Lebensbereiche durchdrang, wenn er auch in der christlichen Umwelt keine ähnliche Wirkung entfaltete.[102] Aufgrund der unterschiedlichen Ausgangsbedingungen, Zielvorstellungen und Bereitschaft zu einem solchen Dialog verbanden Juden und Nichtjuden auch mit einer Integration vollkommen verschiedene Wünsche. Für die Mehrheit christlicher Autoren stand die Hinführung von Juden zur christlichen Religion im Vordergrund; diese Hoffnung wurde unterschiedlich offensiv an Juden herangetragen. Im Unterschied dazu strebten jüdische Publizisten eine Vereinigung von bzw. einen Ausgleich zwischen Deutschtum und Judentum an. Sie forderten die Akzeptanz von Juden als Menschen, Bürgern und Juden, die Überwindung jahrhundertealter Vorurteile und eine gleichberechtigte Einbeziehung in staatliche Strukturen. Ein weiterer grundsätzlicher Unterschied zwischen Juden und Nichtjuden lag in dem jüdischen Wunsch, als Individuen wahrgenommen zu werden und sich von der generellen Beurteilung als Gruppe zu distanzieren, um zu einer ›realistischen‹ Bewertung des Einzelnen zu gelangen. Dieser Hoffnung entgegengesetzt blieb die nichtjüdische Wahrnehmung von Juden immer eine kollektivistische, die einzelne Abweichungen akzeptierte, im Grunde aber keine Bereitschaft offenbarte, den einzelnen Juden außerhalb seiner Gemeinde- und Gruppenzugehörigkeit zu beurteilen. So blieben Juden einem Pauschalurteil unterworfen, das sie nur als Angehörige ihrer Religionsgemeinschaft / Nation betrachtete.

Verlangten nichtjüdische Autoren eine Assimilation, machten sie damit deutlich, dass sie die Verantwortung für die gesellschaftliche Integration in die Hände von Juden legten, Juden somit zu handelnden Subjekten machten und ihnen eine umfangreiche Eigenverantwortung zuwiesen. Neben einer Minderheit liberaler Autoren wurde die Assimilation vor allem von Konservativen verfochten. Sie argumentierten, dass Juden selbst für ihren zeitgenössischen Zustand verantwortlich seien und auch nur sie durch eine Abkehr vom Judentum auf eine nachhaltige Besserung hinwirken könnten. Die Anerkennung von Juden als handlungsfähigen Subjekten erhielt somit eine deutlich negative Konnotation. Am anderen Ende des Spektrums fand sich die Vorstellung von einer Verbesserung von Juden. In dieser Konzeption erhielt der Staat als ›Erzieher der Juden‹ die alleinige Verantwortung zugewiesen, wodurch Juden weiterhin handlungsunfähige Objekte der staatlichen Judenpolitik blieben. Liberale Anhänger

101 Vgl. *Hausmeister*, Winke und Mittheilungen, 1834, S. 4 ff.
102 Vgl. *Nußbaum*, Dialogische Geschichte, S. 148 f.

dieser Auffassung forderten die staatlichen Behörden auf, ihre Politik gegenüber der jüdischen Minderheit grundlegend zu reformieren, um sie dadurch zu nützlichen Bürgern werden zu lassen, denn nur die bisherige rechtliche Benachteiligung habe den ›verderblichen‹ Zustand der jüdischen Gemeinden bedingt. Die gravierenden Mängel des jüdisch-nichtjüdischen Dialoges wurden an der unterschiedlichen Wahrnehmung von Juden und Judentum offensichtlich. Denn nur in wenigen Fällen stimmten die jüdische Selbstverortung und das christliche Judenbild überein.

Die ›Judenfrage‹ war neben der Frage nach der Stellung von Juden in Staat und Gesellschaft zugleich die Frage nach dem bürgerlichen Selbstverständnis. Dieses war und blieb bestimmend geprägt durch den christlichen Glauben – und stand damit einer Neubeurteilung von Juden und Judentum im Weg.

Diese Vorstellung war unabhängig davon, ob eine eher liberale oder konservative Position vertreten wurde; das Christentum nahm im Denken aller nichtjüdischen Debattierer einen zentralen Stellenwert ein, der Anteil derer, die jegliche Bedeutung der Religion zurückwiesen, war verschwindend gering. Die Definition des ›Bürgers‹ beinhaltete dabei unterschiedlichste Kriterien, doch solange der christliche Glaube nicht gegeben war, blieben alle Angleichungen in anderen Bereichen wie Bildung, Sitten oder Nationalbewusstsein unzureichend, um den Status als ›Bürger‹ zu erlangen. Somit dominierte die religiöse Bestimmung des ›Bürgers‹ und etablierte eine für Juden dauerhaft unüberwindliche Komponente.

Durch die grundlegende religiöse Verankerung wurde die Chance einer gleichberechtigten Integration von Juden als Juden verschwindend gering. Juden verblieb mehrheitlich nur die Möglichkeit, durch eine Konversion oder zumindest eine ›Entjudung‹ Aufnahme zu finden. Selbst die neuartige Betrachtungsebene der Junghegelianer, die religiöse Voraussetzungen für die Gestaltung des staatlichen und politischen Lebens ablehnten, machte eine Integration von Juden als Juden nicht wahrscheinlicher.

II. Die (Un-)Sichtbarkeit von Juden in der vormodernen Ständegesellschaft

1. Rahmenbedingungen

Die in Preußen lebenden Juden unterlagen seit dem Jahr 1730 dem Generaljudenreglement von Friedrich Wilhelm I. (1713–1740). Diese Regelung berücksichtigte vor allem die ökonomische Perspektive und legte Juden im wirtschaftlichen Bereich zahlreiche Beschränkungen auf. Sie waren in ihren Erwerbsmöglichkeiten auf den Handel beschränkt und mussten Tätigkeiten außerhalb des zünftigen Handwerks finden. Es galten dabei starke Begrenzungen, neben einem Hausierverbot durften jüdische Händler abseits ihres Ladens und Wohnortes keine Produkte vertreiben, sie waren in ihrer Ansiedlung und Vermehrung reglementiert und unterlagen einer solidarischen Haftung bei Schutz- und Rekrutengeldern. Diese Ordnung machte es dem jüdischen Teil der Bevölkerung unmöglich, sich in die ständisch gegliederte Gesellschaft zu integrieren, und betonte die jüdische Außenseiterstellung.[1] Juden konnten nicht frei agieren und aktiv an der Gesellschaft teilhaben. Sie standen außerhalb der gegebenen Strukturen und wurden von der Mehrheitsbevölkerung als geduldete, aber rechtlose ›Fremde‹ betrachtet, die vollkommen von der Gunst des jeweiligen Monarchen abhängig waren. Dieses Verständnis von Juden als ›Fremden‹ spiegelte sich ebenso in der öffentlichen Kontroverse wider.[2]

Unter Friedrich II. (1740–1786) blieb die jüdische Sonderstellung bestehen.[3] Er ließ die Bestimmungen zum Judenrecht formaljuristisch, mit nur minimalen Änderungen, neu regeln, ohne dass daraus Verbesserungen für die jüdische Le-

1 Vgl. *Brammer*, Judenpolitik und Judengesetzgebung, S. 14f.

2 Ausführlich zur Judenpolitik Preußens seit 1648 *Schenk*, Emanzipationsedikt, S. 42–70.

3 Die Person Friedrich II. erscheint in Bezug auf seine Haltung gegenüber Juden als sehr zwiespältig, er verstand sich als ›Philosophenkönig‹, der seine Offenheit für die Ideen des neuen Zeitalters unter Beweis stellen wollte, was durch seine Verbindungen bspw. zu Voltaire offensichtlich wurde. Ebenso verurteilte er den religiösen Fanatismus und befürwortete die friedliche Koexistenz zwischen Katholiken, Lutheranern, Reformierten und religiösen Sekten. Dieser aufgeklärten Prämisse widersprach jedoch seine »Politik der Bevormundung« in Bezug auf Juden (vgl. *Graetz*, Jüdische Aufklärung, S. 252), denn das Generalpatent von 1750 wurde dem Gedanken von Toleranz und Humanismus nicht gerecht. Tatsächliche Vorteile erhielten Juden unter Friedrich II. nur, wenn sie eine wirtschaftliche Bedeutung für den Staat geltend machen konnten. In einem solchen Fall, konnte die Toleranz des Monarchen für einzelne Juden jedoch sehr weitreichend sein.

benswirklichkeit resultierten. Das ab 1750 geltende »Revidierte Generalsprivilegium und Reglement« sollte mit seinem restriktiven Charakter bis 1812 Bestand haben.[4] Es teilte Juden (stark vereinfacht) in sechs Gruppen ein. Die reichsten Juden erhielten das Recht, Grundstücke und Häuser zu erwerben, und wurden in wirtschaftlicher Hinsicht christlichen Kaufleuten gleichgestellt, die zweite Klasse wurde als ›ordentliche Schutzjuden‹ bezeichnet. Sie durften sich an einem bestimmten Ort beruflich betätigen, ihren Wohnort aber nicht frei wählen. Bei den ›außerordentlichen Schutzjuden‹ blieben die Privilegien auf einzelne Personen beschränkt. Die vierte Gruppe setzte sich aus jüdischen Gemeindebeamten (z. B. Rabbinern, Schächtern, Kantoren oder Totengräbern) zusammen, sie durften keinen Handel und kein Gewerbe betreiben, standen aber während ihrer Amtszeit unter staatlichem Schutz. Die ›geduldeten Juden‹ der fünften Klasse waren Nachkommen der ›ordentlichen‹ und ›außerordentlichen Schutzjuden‹, die keinerlei Tätigkeiten nachgehen durften. In der sechsten Gruppe fand sich schließlich das Dienstpersonal privilegierter Juden. Ihnen war es nicht erlaubt, zu heiraten, und sie genossen Schutz und Aufenthaltsrecht nur während der Dauer ihres Dienstverhältnisses.[5] Gleichzeitig unterlag die jüdische Zuwanderung nach Preußen starken Limitierungen.[6]

Die grundsätzliche Intention dieser Gesetzgebung bestand darin, die Leistungsfähigkeit der jüdischen Wirtschaftselite zugunsten des Staates zu nutzen, einen Schwerpunkt stellte die Entrichtung verschiedenster Schutzgelder und Sonderabgaben dar, wodurch Juden zu ›Geldquellen‹ gemacht wurden.[7] Das Edikt von 1750 betrachtete Juden somit ausschließlich nach der Nützlichkeit, die sie für die Monarchie besaßen.[8] Andererseits wurden die einschränkenden Bestimmungen nicht konsequent umgesetzt, denn immer wieder nutzte Friedrich II. die geringe Anzahl reicher Juden zur wirtschaftlichen Entwicklung seines Landes, so bspw. um das preußische Manufakturwesen zu fördern. Auf diesem Weg kam es zu einer zunehmenden Gewährung von Einzelprivilegien, die jedoch nicht über ökonomische Belange hinausgingen. Eine kleine Gruppe von Juden versuchte aufgrund dieser Situation, ihre vollständige Gleichberechtigung und gesellschaftliche Anerkennung durch eine Konversion zu erlangen.[9]

4 Vgl. *Grab*, Deutsche Aufklärung, S. 11 f. Zu den jüdischen Rechtsverhältnissen vgl. auch *Priebatsch*, Judenpolitik und *Michaelis*, Rechtsverhältnisse der Juden.

5 Nach Schätzungen unterlagen rund neunzig Prozent der preußischen Juden im ausgehenden 18. Jahrhundert starken Einschränkungen – auch Moses Mendelssohn erreichte nur die Position eines ›außerordentlichen Schutzjuden‹. Vgl. *Roeck*, Außenseiter, S. 149.

6 Der Monarch war bestrebt, Juden aus dem Großhandel auszuschließen, und ihre geschäftlichen Tätigkeiten auch innerhalb der Städte in Grenzen zu halten, was vor allem durch Einschränkungen beim Erwerb von Häusern und Grundstücken erreicht werden sollte. Vgl. *Brammer*, Judenpolitik und Judengesetzgebung, S. 17 f. und *Breuer*, Frühe Neuzeit, S. 145 ff.

7 Vgl. *Kampmann*, Deutsche und Juden, S. 76 f. und *Fischer*, Judentum, S. 8.

8 Vgl. *Grab*, Deutsche Aufklärung, S. 11.

9 Vgl. *Brammer*, Judenpolitik und Judengesetzgebung, S. 18 f.

So verzeichnet die »Fremdstämmigenkartei« für Berlin zwischen 1700 und 1767 153 Konversionen vom Judentum zum Christentum.[10] Unter den Konvertiten dominierten Frauen und Kinder. Grundlegend muss aber dem Bild widersprochen werden, dass vor allem privilegierte Juden diesen Schritt gingen, vielmehr waren die meisten Konvertiten den Unterschichten zuzurechnen. Sie nahmen einen Glaubenswechsel aus pragmatischen Gründen vor und profitierten dabei auch von Unterstützungen durch verschiedene Missionswerke (Halle / Saale[11] oder Hamburg[12]), die eine Konversion durchaus auch finanziell attraktiv machen konnten.[13] Die überwiegende Mehrheit preußischer Juden hingegen führte nach den herrschenden gesetzlichen Bestimmungen ein dauerhaft eingeengtes und beschränktes Dasein als Trödler, Händler oder Krämer außerhalb der ständischen Ordnung, denn auch Friedrich II. war nicht bereit, religiöse Toleranz auf seine jüdischen Untertanen auszudehnen, sodass während seiner Regierungszeit auf eine Besserung bzw. Weiterentwicklung der Judengesetze in Preußen nicht zu hoffen war.[14]

Zwar kam es im 18. Jahrhundert zu keiner generellen Verschlechterung der jüdischen Rechtsstellung, doch konnte dieser Politikbereich auch keinerlei Fortschritte verzeichnen, sodass die preußische Judenpolitik zunehmend zu den zeitgenössischen Entwicklungen und Veränderungen in Widerspruch geriet. Der Druck auf die jüdischen Gemeinden verringerte sich; trotzdem blieben sie weiterhin rechtlich und sozial von der umgebenden Ständegesellschaft separiert.[15] In keinem Fall war die preußische Judengesetzgebung in der Lage, sich an die beginnende Aufklärung anzupassen und den gesellschaftlichen Entwicklungen zu folgen. Sie zeichnete sich vielmehr durch unstete Maßnahmen aus; häufig wechselten sich einzelne Zugeständnisse und eine rüde Ausweisungspolitik ab.[16]

Den größten Halt fand die jüdische Minderheit in ihrer eigenen Gemeinschaft. Diese sicherte die kulturelle und religiöse Tradition und festigte die jüdische Identität.[17] Problematisch an diesem Zusammenhalt war die Tatsache, dass dadurch eine doppelte Isolation bedingt wurde, die in vielen Fällen einem intensiveren Kontakt zwischen Juden und Nichtjuden entgegenstand.

10 Vgl. *Hertz*, Wie Juden Deutsche wurden, S. 41.

11 Vgl. *Rymatzki*, Hallischer Pietismus.

12 Vgl. *Braden*, Esdras Edzards Judenmissionsanstalt.

13 Vgl. *Hertz*, Wie Juden Deutsche wurden, S. 39–70, weiterführend dazu auch *Clark*, The politics.

14 Vgl. *Berding*, Moderner Antisemitismus, S. 26.

15 Vgl. *Breuer*, Frühe Neuzeit, S. 147.

16 1726 erfolgte eine Zwangsumsiedlung vom Land in die Städte, 1737 die Ausweisung von Juden aus Berlin und 1773/74 ihre Vertreibung aus Westfalen.

17 Vgl. *Grab*, Deutsche Aufklärung, S. 11.

2. Zentrale Argumentationslinien – Öffentliche Stellungnahmen im Umfeld der Aufklärung bis 1779

Zwischen 1680 und 1780 schwankten die öffentlichen Stellungnahmen zu Judentum und Juden zwischen zwei Polen. Auf der einen Seite fand sich der traditionelle Versuch einer Bekehrung der jüdischen Minderheit, auf der anderen gab es erste Bestrebungen, gegen Intoleranz, Vorurteile und Aberglauben zu argumentieren und dadurch zu einem vorurteilsfreieren Verhältnis auch zwischen unterschiedlichen Religionen zu gelangen. Eine in diesem Zeitraum grundlegende Entwicklung war die Etablierung der deutschen Sprache im wissenschaftlichen und nichtwissenschaftlichen Diskurs, wodurch öffentliche Äußerungen eine größere Reichweite erlangen konnten und über einen reinen Gelehrtendiskurs hinausreichten. Unterschieden werden muss zwischen den Publikationen des Buchmarktes und der periodischen Presse, die sich in der zweiten Hälfte des 18. Jahrhunderts zunehmend auch als Instrument der Meinungsbildung etablierte. Die bisherige Forschung zu diesem Zeitraum legt ihren Schwerpunkt eindeutig in den Bereich der nichtperiodischen Publikationen,[18] während Zeitungen und Zeitschriften bislang weniger Beachtung erfuhren. Jacob Toury kam 1976 zu dem Ergebnis, dass es in der Tagesliteratur der Aufklärung zwischen 1730 und 1780 nur wenige positive bzw. tolerante Stimmen gegeben habe, während in der Grundhaltung der meisten Publizisten eine negative und verzerrte Sichtweise auf Juden und Judentum dominiert habe.[19] Michael Nagel stellt diese Annahme in seinem Aufsatz über die Haltung der Meinungspresse zum Judentum zwischen 1700 und 1750 infrage und diagnostiziert für seinen Untersuchungszeitraum eine »relativ tolerante Tendenz«[20], die er mit der allmählichen Statusverbesserung der jüdischen Bevölkerung in den meisten deutschen Staaten in Zusammenhang bringt; Judenfeindliches finde sich hingegen nahezu ausschließlich im Hinblick auf den ökonomischen Bereich.

Für Preußen zeichnet sich zwischen 1680 und 1780 ein steigendes Interesse an der jüdischen Thematik ab, wobei Fragen der Bekehrung, der Eidesleistung und der Ökonomie im Vordergrund standen. Die entsprechenden Einzelpublikationen nahmen vor allem in der ersten Hälfte des 18. Jahrhunderts häufig einen enzyklopädischen Charakter an und beschäftigten sich mit vielfältigen Aspekten der jüdischen Geschichte, Tradition und Religionspraxis. Zu den herausragenden Autoren gehören unter anderem Jacob Schudt,[21] Johann Andreas

18 Vgl. z. B. *Katz*, Vom Vorurteil und *Horch/Denkler*, Conditio Judaica.
19 Vgl. *Toury*, Behandlung jüdischer Problematik.
20 Vgl. *Nagel*, und thut nichts zur Sache, S. 109.
21 Vgl. *Schudt*, Jüdische Merckwürdigkeiten, 1714–1718.

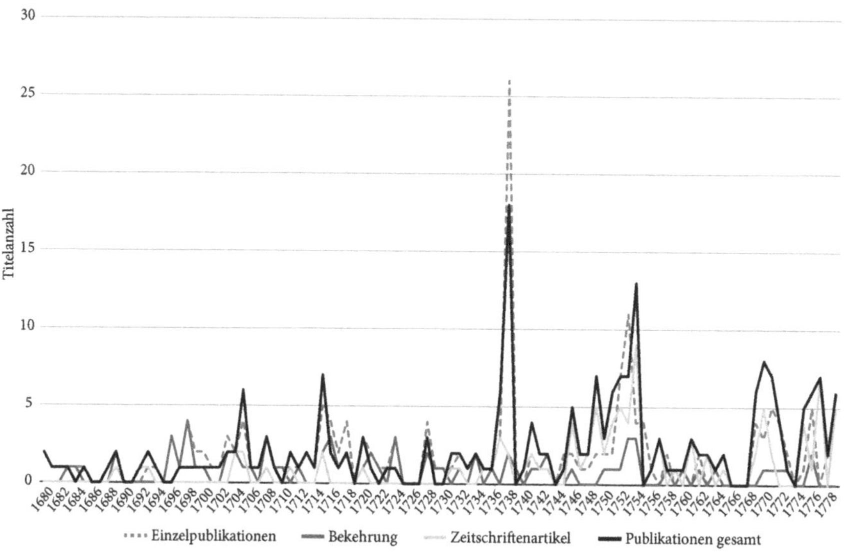

Graphik 2: Anzahl der Publikationen zwischen 1680 und 1779 und Anteil der Bekehrungsschriften

Eigene Darstellung.

Eisenmenger,[22] Johann Christoph Wagenseil,[23] Paul Christian Kirchner[24] oder Antonio Margaritha[25] wie auch Christian Gottlieb Hamburger und Johann Friedrich Guthertz.[26] Ihre Publikationen bestachen häufig durch eine intensive, detaillierte und sachlich erscheinende Auseinandersetzung mit Juden und Judentum, wobei sich in allen kritische und ablehnende Passagen gegenüber dem zeitgenössischen Judentum ausmachen lassen – durchgängig und ausschließlich judenfeindlich war hingegen keine dieser Schriften. Eine Ausnahme von dieser Praxis stellen die Publikationen, Pamphlete und Spottschriften um das Jahr 1738 dar, in denen eine ausführliche Beschäftigung mit der Inhaftierung, dem Prozess und der Hinrichtung Joseph Ben Issachar Süßkind Oppenheimers stattfand. Diese Veröffentlichungen zeichnen sich durch einen deutlich aggres-

22 Vgl. *Eisenmenger*, Entdecktes Judenthum, 1711.

23 Vgl. *Wagenseil/Christiani*, Der Jüden Glaube, 1705; *Wagenseil*, Hoffnung auf die Erlösung, 1705.

24 Vgl. *Kirchner*, Jüdisches Ceremoniel, 1720.

25 Vgl. *Margaritha*, Der gantze jüdische Glaube, 1713.

26 Vgl. *Hamburger/Guthertz*, Ceremonien und Gebräuche, 1755.

siven Charakter aus und weichen von der gängigen gelehrten Kontroverse ab[27] – an dieser Stelle offenbart sich zugleich die noch fehlende Aktualität der periodischen Presse, denn nur in einer Zeitschrift (»Die neue europäische Fama«) können Berichte über den Fall aus dem Jahr 1737 ausgemacht werden.[28]
Die Argumentation im Hinblick auf Juden basierte entweder auf einer religiösen, einer sozialen oder einer ökonomischen Grundlage und spiegelte damit die politisch-staatliche Wahrnehmung von Juden wider. Die Auseinandersetzung mit den religiösen Differenzen orientierte sich an überkommenen Stereotypen, während die soziale Dimension durchaus neuartige Entwicklungen aufnahm und als eine Beschäftigung mit der staatlichen Judenpolitik gelesen werden kann. Die auffallende, »exzentrische«[29] Stellung von Juden, nicht nur innerhalb des preußischen Wirtschaftswesens, war ein Grund für die öffentliche Ablehnung ihrer rechtlichen und gesellschaftlichen Besserstellung. Sie wurde jedoch nicht von einer nichtjüdischen wirtschaftlichen Elite getragen, sondern mehrheitlich von der Gruppe der Kleinbürger und Handwerker, also denjenigen, die traditionell durch die Zunft- und Handwerksordnungen in ihrer Existenz und vor Konkurrenz geschützt waren – Äußerungen dieser Gruppe in der Öffentlichkeit finden sich jedoch nicht. Gleichwohl thematisiert die Mehrheit der Publikationen die Vorbehalte gegenüber jüdischem Wucher, Betrug und der vorgeblichen Erlaubnis zur Ausbeutung von Christen,[30] was wiederum die ökonomische Betrachtungsweise verdeutlicht.

Im gesamten 18. Jahrhundert dominierend blieben die verschiedenen Versuche, auch publizistisch auf eine Bekehrung hinzuwirken. Von den 126 Einzelschriften zwischen 1680 und 1779 finden sich 77, die sich direkt dieser Thematik zuwenden. Zu ihnen gehören vor allem Predigten christlicher Geistlicher aus Anlass von Judentaufen (21) und Berichte von Konvertiten (22).[31] In der periodischen Presse spielte das Thema der Bekehrung hingegen nur eine unterge-

27 Beispielhaft hier: *Würtemberger Unterthanen*, Frolockender Glücks-Wunsch, 1738; *Anonymus*, Curieuser Nachrichten, 1737/38; *Liberius*, Vollkommene Historie, 1738; *Anonymus*, Eigentliche Abbildung und Beschreibung, 1738 und *Anonymus*, Leben, Ubelthaten und gerechtes Urtheil, 1738.

28 Vgl. *Anonymus*, Provintzen des Reichs, 1737a; *Anonymus*, Provintzen des Reichs, 1737b.

29 *Toury*, Die politische Orientierung, S. 24.

30 So widmet sich Eisenmenger im Cap. XI des zweiten Bandes dem Thema: »Von der Juden Betrug / Stehlen / Behalten des Gefundenen und Wucher«. Vgl. *Eisenmenger*, Entdecktes Judenthum, 1711, Bd. 2, S. 574–613. Ähnlich auch bei *Margaritha*, Der gantze jüdische Glaube, 1713, S. 123–132 und *Fried*, Neupolierter und wohlgeschliffener Juden-Spiegel, 1715, Bd. 3. Bei Fried finden sich Tabellen, in denen er rechnerisch den jüdischen Profit unter Beweis stellen will.

31 Eine besondere Stellung nehmen die von Lavater an Mendelssohn gerichtete Aufforderung nach einer Konversion und dessen Antwort ein. Vgl. *Lavater*, Antwort an den Herrn Moses Mendelssohn, 1770.

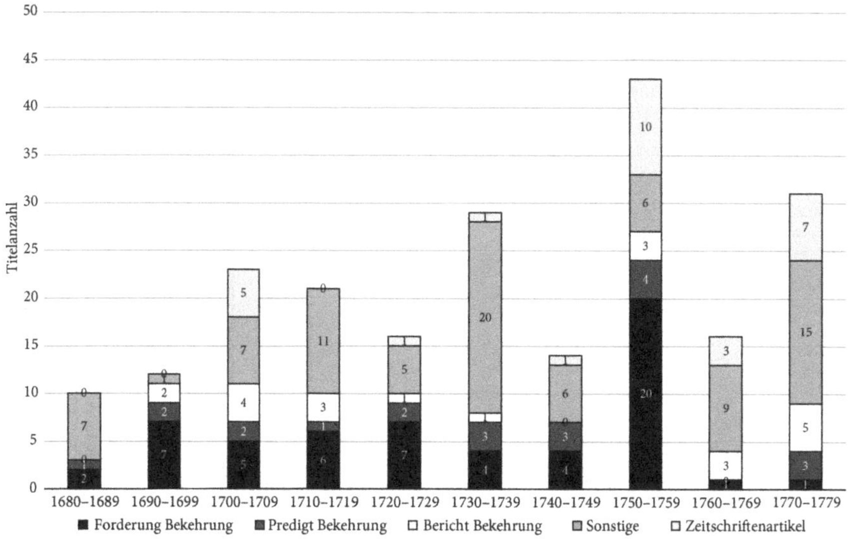

Graphik 3: Themenschwerpunkte innerhalb der Einzelpublikationen

Eigene Darstellung.

ordnete Rolle, auch wenn in Rezensionen zu den entsprechenden Schriften eine indirekte Bejahung dieser Bestrebungen erfolgte. Im Hinblick auf eine Auseinandersetzung mit der zeitgenössischen staatlichen Judenpolitik und der gesonderten jüdischen Rechtsstellung innerhalb der ständischen Gesellschaft wurde dieses Thema von zahlreichen Autoren kurz angesprochen, dies jedoch im Sinne einer Legitimation der staatlichen Maßnahmen. Eine detailliertere Darstellung erfolgte nur bei der Auseinandersetzung mit der Behandlung von Juden vor christlichen Gerichten und in Bezug auf die Frage der jüdischen Eidesleistung.[32]

Innerhalb der Zeitungen und Zeitschriften lag ein Schwerpunkt auf Rezensionen, was der gängigen Praxis der ersten periodischen Presseerzeugnisse entsprach. Rezensionen machen rund 65 Prozent der Artikel in diesem Zeitraum aus. Die beginnende Meinungspresse[33] beschäftigte sich hingegen nur in geringem Umfang mit der jüdischen Gemeinschaft. In den Nachrichtenblättern finden sich nur selten Meldungen in Bezug auf Juden, und auch die moralischen Wochenschriften, eine herausragende Zeitschriftengattung im 18. Jahrhundert, wandten sich trotz ihres Einflusses auf bürgerliche Gruppierungen nur mit ein-

32 So bei *Gottfried*, Formul eines Juden-Eydes, 1775; *Heisler*, Philipp Jacob Heislers Beantwortung, 1778 und *Gerson*, Der Juden Thalmud, 1685, Bd. 1, S. 171–180.

33 Zum Begriff der Meinungspresse vgl. *Nagel*, und thut nichts zur Sache sowie den Sammelband von *Weber/Kutsch*, 350 Jahre Tageszeitung.

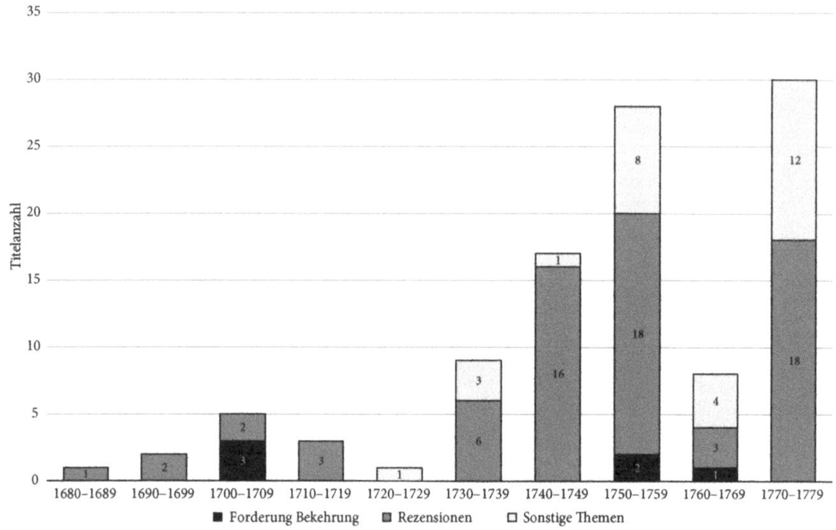

Graphik 4: Themenschwerpunkte innerhalb der periodischen Presse

Eigene Darstellung.

zelnen Beiträgen der ›Judenfrage‹ zu.[34] Diese Beobachtung widerspricht dem von Michael Nagel diagnostizierten zunehmenden Interesse von Bürgerlichen an der jüdischen Gemeinschaft; zumindest fand es nur einen geringen Niederschlag in entsprechenden deutschsprachigen Zeitschriftenbeiträgen.[35]

Alle involvierten Autoren weisen eine starke christliche Bindung auf, die ihr Verständnis des zeitgenössischen Judentums prägte. Eisenmenger, Gerson,[36] Bodenschatz[37] und Schudt bezogen sich in ihren Publikationen nahezu ausschließlich auf den religiösen Gegensatz zwischen Juden und Christen, aus dem sie gleichzeitig ökonomische Argumente für ihre Ablehnung des Judentums generierten. In ihrer Zielsetzung war der größte Teil der Publikationen zwischen 1680 und 1779 auf ein Ende der jüdischen (Sonder-)Existenz und eine Bekehrung von Juden ausgerichtet. Zur Legitimierung dieser Forderung instrumentalisierten christliche Autoren die religiösen Differenzen, aus denen sie eine feind-

34 So findet sich bspw. in den sieben in Halle publizierten moralischen Wochenschriften nur 1 Artikel, der sich mit Juden auseinandersetzt. *Anonymus*, Verhalten gegen Juden, 1750. Eine Besonderheit stellt die moralische Wochenschrift »Der Rabbiner« des Hebraisten Johann Christian Schöttgen dar. Doch auch in dieser erfolgt nahezu keine Beschäftigung mit dem zeitgenössischen Judentum, wenn auch dem ›alten‹ Judentum Hochschätzung entgegengebracht wird. Vgl. dazu *Riemer*, Der Rabbiner.

35 Vgl. *Nagel*, und thut nichts zur Sache, S. 109 ff.

36 Vgl. *Gerson*, Der Juden Thalmud, 1685.

37 Vgl. *Bodenschatz*, Kirchliche Verfassung, 1749.

liche Haltung von Juden gegenüber Nichtjuden und ebenso eine Gefahr für die Staaten und die christliche Obrigkeit ableiteten.[38] Vorurteile und Stereotype wurden zwar nicht unkritisch weitergetragen, erhielten jedoch durch eine Ableitung aus jüdischen Religionsschriften eine neue Vehemenz, die Juden als unverbesserlich erscheinen ließ. Eine Bereitschaft, das traditionelle Judenbild infrage zu stellen, ist nur in Ansätzen erkennbar.[39] Es erfolgte keine differenzierte Betrachtung des Judentums oder ›des Juden‹, beide Elemente bildeten eine untrennbare Einheit. Aus diesem Grund resultierte aus der Ablehnung des Judentums zugleich eine Ablehnung von Juden als Untertanen und Bürgern, sodass ihnen eine gleichberechtigte Aufnahme in die Gesellschaft verweigert wurde. Die Autoren intendierten mit ihren Schriften eine intensive Auseinandersetzung mit dem historischen Judentum und seinen Glaubensgrundsätzen, um dadurch die zeitgenössischen »Widersprüchlichkeiten und Skurrilitäten aufzuweisen und den Leser glauben zu machen, die jüdischen Religionsgesetze würden nicht nur Verachtung, Haß und Vernichtung der Andersgläubigen« gebieten, sondern auch der »bürgerlichen und christlichen Gesetzgebung und Moral zuwiderlaufen«[40]. Die entsprechenden Publikationen bestechen aus diesem Grund durch ihre intensive Auseinandersetzung mit jüdischen Quellen und der jüdischen Geschichte.

Beispielhaft sollen im Folgenden drei Autoren herausgegriffen werden, um ihre Argumentation und Arbeitsweise zu verdeutlichen – der Schwerpunkt ihrer Publikationen liegt auf der religiösen Verschiedenheit zwischen Christentum und Judentum.

Die herausragende und weitreichendste Schrift zum christlichen Verständnis des Judentums war Johann Andreas Eisenmengers »Entdecktes Judenthum«, das einen bleibenden Einfluss auch auf die kommende Debatte haben sollte.[41] Immer wieder wurde sich, vor allem von Gegnern einer jüdischen Emanzipation, auf Eisenmenger berufen. Der 1654 in Mannheim geborene protestantische Orientalist und Hebraist kann als Begründer des wissenschaftlichen Antijudaismus angesehen werden.[42] 19 Jahre sammelte er Quellen und Schriften für sein Werk. In seiner Publikation belebte er mittelalterliche Vorstellungen neu und versuchte

38 Vgl. *Fried*, Neupolierter und wohlgeschliffener Juden-Spiegel, 1715, Bd. 1, S. 79–83 und *Eisenmenger*, Entdecktes Judenthum, 1711, Bd. 2, S. 469–515.

39 In Einzelfällen versuchten Autoren bspw. gegen die traditionelle Blutbeschuldigung zu argumentieren (*Anonymus [Thomasius]*, Handel, 1720; *Wagenseil*, Benachrichtigung Jüdischheit, 1705; *ders.*, Hoffnung auf die Erlösung, 1705), diese wurde in den Publikationen von Fried, Eisenmenger oder Bodenschatz kaum oder gar nicht thematisiert.

40 *Langer*, Vorurteil und Aggression, S. 75.

41 Ähnlich umfassend war die Publikation von Lotharius Frantz Fried, dessen drei Bände einen sehr ähnlichen Aufbau und Inhalt aufwiesen; sie wurde jedoch von der zeitgenössischen Öffentlichkeit kaum wahrgenommen.

42 Vgl. *Breuer*, Frühe Neuzeit, S. 152. Zur Biographie Eisenmengers vgl. *Siegfried*, Eisenmenger, Johann Andreas und *Schoeps*, Eisenmenger, Johann Andreas und *Niewöhner*, Entdecktes Judentum.

diese aus den jüdischen Schriften und mithilfe wissenschaftlicher Quellen zu belegen. Die Frankfurter Jüdische Gemeinde konnte 1700 zunächst ein Verbot des Buches erreichen, sodass dieses erst 1711 in Königsberg, mit Unterstützung des preußischen Königs und unter Umgehung der Zensur, gedruckt und vertrieben werden konnte.[43] Das Verbot und die damit zusammenhängenden Kontroversen trugen zusätzlich zu Eisenmengers Popularität bei.[44] Eisenmenger verfügte trotz seiner Beschäftigung mit den jüdischen Religionsschriften nur über unzureichende Kenntnis der zeitgenössischen innerjüdischen Verhältnisse. Gleichzeitig offenbarte sich eine aus der jüdischen Ghettoexistenz resultierende Problematik. Juden, die in der Regel abgeschlossen von der christlich geprägten Mehrheit lebten, erschienen als Fremdkörper, ihre Gebräuche und Lebensweisen waren unbekannt, was zu einer relativ einseitigen Beurteilung führen musste.

Die Auswahl der von Eisenmenger zitierten und zum Nachweis der jüdischen Verderbtheit verwandten Textauszüge war stark tendenziös; zusätzlich war die Übersetzung der hebräischen Zitate teilweise unrichtig. Infolgedessen ließ er ein Zerrbild des Judentums entstehen, das unreflektiert seinen Eingang in die zeitgenössische Auseinandersetzung mit dem Judentum fand und viele überwunden geglaubte Vorurteile wiederbelebte. Es war Eisenmengers Absicht, das Judentum als engstirnig, antiquiert und intolerant darzustellen. Aus diesem Grund war er bestrebt, in seiner Publikation zu belegen, dass Juden ein »blindes und verstocktes Volck«[45] seien, ihre Lehren darauf zielten, die Gottlosen zu hassen,[46] in allen Nichtjuden keine Menschen zu sehen[47] und alle Völker für ihre Feinde zu halten, »sonderlich aber die Christen«[48]. Ebenso thematisierte Eisenmenger ausführlich die jüdische Hoffnung auf einen Messias bzw. die Unrichtigkeit der fehlenden Akzeptanz Jesu als wahren Messias.[49] Der Autor selbst verstand seine Arbeit als Aufklärungsbuch über das Judentum, nicht um das Judentum anzugreifen, sondern vielmehr um das Christentum gegen jüdische Diskreditierungen zu verteidigen.[50] Eisenmenger, der die Quellen durch-

43 Dabei war der Druckort fingiert, in Wirklichkeit wurde das Werk in Berlin publiziert. Vgl. *Schreckenberg*, Adversus-Judaeos-Texte, S. 694.

44 Ausführlicher zum Verbot der Eisenmengerschen Schrift vgl. *Langer*, Vorurteil und Aggression, S. 76f.

45 *Eisenmenger*, Entdecktes Judenthum, 1711, Bd. 1, S. 1.

46 Vgl. ebd., S. 589.

47 Vgl. ebd., S. 590.

48 Ebd., S. 601.

49 Vgl. *Eisenmenger*, Entdecktes Judenthum, 1711, Bd. 2, S. 647–889. Ähnlich auch bei *Gerson*, Der Juden Thalmud, 1685, Bd. 2, S. 304–357; *Bodenschatz*, Kirchliche Verfassung, 1749, Bd. 2, S. 181–216 und *Fried*, Neupolierter und wohlgeschliffener Juden-Spiegel, 1715, Bd. 2, S. 2–61. Ausführlicher dazu *Carlebach*, Die letzte Täuschung.

50 Vgl. *Niewöhner*, Entdecktes Judentum, S. 172. Einer ähnlichen Intention folgten auch *Fried*, Neupolierter und wohlgeschliffener Juden-Spiegel, 1715, Bd. 1, S. 32–79 und *Gerson*, Der Juden Thalmud, 1685, Bd. 1, S. 164–170.

aus verstand, interpretierte sie zu einem bewusst übertriebenen und in großen Teilen entstellten Judenbild. Er gelangte nur selten zu den gleichen Ergebnissen, die jüdische Rabbiner aus identischen Quellen herauslasen.[51] So rechtfertigten nach seiner Auslegung die jüdischen Religionsschriften sowohl den Betrug an Christen[52] als auch den Wucher.[53] Häufig ignorierte er grundlegende Zusammenhänge, die in Kombination mit verfälschenden Übersetzungen zu einem unrealistischen Bild des zeitgenössischen und historischen Judentums führten. Dennoch waren die Leser von Eisenmengers Gelehrsamkeit beeindruckt, sodass sie seinen Schlussfolgerungen bereitwillig folgten.[54] Die Schwächen des Werkes konnten seine enorme Wirkung somit nicht verhindern und es wurde im 19. Jahrhundert zu einem der wichtigsten wissenschaftlichen Handbücher für das christliche Verständnis von Juden und Judentum,[55] gleichzeitig zum Inbegriff dessen, was ab Mitte des 19. Jahrhunderts als ›wissenschaftlicher Antisemitismus‹ bezeichnet wurde.[56] Als Ergebnis seiner Untersuchung verlangte Eisenmenger, Juden zu beschränken; er befürwortete aber weder ihre Vertreibung aus christlichen Ländern noch ihre Vernichtung. Der Hauptgrund für diese ›gemäßigte‹ Haltung angesichts seiner massiven Anschuldigungen war die Hoffnung, Juden dem ›wahren Glauben‹ zuführen zu können.[57] Er beschloss sein Werk mit dem Wusch:

»daß sie [die Juden, A. P.] Christum den HErrn / als den von GOtt im alten Testament verheissenen / … mit wahrem Glauben erkennen / die Trost-reiche Lehre des Neuen Testament annehmen / und mit uns dem ewigen dreyeinigen Schöpffer Himmels und der Erden / GOtt Vater / Sohn und Heiligen Geist … in Einigkeit des Glaubens / so dienen / daß wir hier als Brüder in Christo in auffrichtigem Wandel mit einander umgehen …«[58]

In der Radikalität seiner Darstellungen und Folgerungen sticht Eisenmenger aus den zeitgenössischen Publikationen heraus. Gleichzeitig hatte er, auch durch die Aufnahme seiner Ansichten in den Artikel des Zedler[59] und zahlreiche Neuauflagen in großem Umfang,[60] einen weitreichenden Einfluss.

51 Zur Interpretationsmethodik und Arbeitsweise Eisenmengers vgl. *Katz*, Vom Vorurteil, S. 23 ff.

52 Vgl. *Eisenmenger*, Entdecktes Judenthum, 1711, Bd. 1, S. 574–579 und S. 590–592.

53 Vgl. ebd., S. 598–603.

54 Vgl. *Haude*, Eisenmenger (Rezension), 1736.

55 Vgl. *Schreckenberg*, Adversus-Judaeos-Texte, S. 698.

56 Vgl. *Niewöhner*, Entdecktes Judentum, S. 168.

57 Vgl. *Eisenmenger*, Entdecktes Judenthum, 1711, Bd. 2, S. 980–1030.

58 Ebd., S. 1030.

59 Vgl. *Anonymus*, Art: Juden, 1739.

60 Die Auflage von 1711 (Königsberg) erreichte einen Umfang von 3.000 Stück, hinzu kommen eine Neuauflage im Jahr 1740 und nochmals 1893, vgl. *Zangen*, Vorzugsrecht der Juden, 1788, S. 81; ergänzt um Veröffentlichungen von Auszügen aus Eisenmengers Werk, so z. B. *Roblik*, Jüdische Augen-Gläser, 1741.

Johann Jacob Schudt brachte wenige Jahre nach Eisenmenger in seinem Werk »Jüdische Merckwürdigkeiten« gleichfalls ein starkes Interesse an einer Judenbekehrung zum Ausdruck. Er beschäftigte sich nach dem Studium der Theologie in Wittenberg und der hebräischen Sprache bei mehreren berühmten jüdischen Gelehrten besonders mit der Situation von Juden in Frankfurt am Main.[61] Schudt analysierte in seiner Publikation die Lage von Juden nicht nur in Europa, sondern ebenso in Afrika, Amerika und Asien.[62] Schudts Schrift war eine unkritische und wahllose Sammlung von Informationen zu Judentum und Juden, deren Bräuchen, Leben und Geschichte. Ihm galten Juden als soziale Randgruppe, die er aufgrund ihrer angeblichen Eigenarten kritisch betrachtete. Andererseits beobachtete er die Frankfurter Juden durchaus gewissenhaft und war einer der Ersten, die sich auch mit Fragen des zeitgenössischen Judentums auseinandersetzten. In diesem Zusammenhang offenbarte er durchaus ein neues Interesse am Judentum[63] – so kann Schudt als Ethnograph der jüdischen Gemeinschaft in Frankfurt am Main verstanden werden.[64] Auf Grundlage seiner Beobachtung wichen seine ökonomischen Betrachtungen von der Mehrheitsmeinung ab; viele Juden entgegengebrachte Vorurteile und Anschuldigungen erkannte er als nicht haltbar. Der jüdische Wucher basiere demnach nicht auf dem Gewinnstreben von Juden, sondern vielmehr auf ihrer Beschränkung auf den Handel und sei somit von den christlichen Regenten provoziert.[65] In diesem Bereich forderte er die Regierungen auf, zum Wohle der Allgemeinheit Maßnahmen zu ergreifen, und legte die Verantwortung erstmals nicht in die Hände von Juden. Mit seinen durchaus eindrücklichen Schilderungen blieb das Werk Schudts über lange Zeit eines der wichtigsten ›Nachschlagewerke‹ für jüdisches Brauchtum und Verhalten.

Johann Christian Wagenseil verfolgte im Unterschied zu Eisenmenger und Schudt gänzlich andere Ziele. Der 1633 geborene Historiker gilt als Wegbereiter eines neuen Verständnisses zwischen Juden und Christen.[66] Wagenseil versuchte in seinen Schriften »Die Hoffnung der Erlösung Israels« (1705) und »Der Jüden Glaube und Aberglaube« (1713), seine christlichen Glaubensgenossen darauf aufmerksam zu machen, dass sie ein neues Verhältnis zu Juden finden müssten, um ein friedliches Zusammenleben innerhalb der ständischen Gesellschaft zu realisieren. Zwar arbeitete auch er unter missionarischen Vorzeichen, aber gleichzeitig in einer Offenheit, die zu den seltenen Ausnahmen seiner Zeit

61 Zur Biographie vgl. *Dechent*, Schudt, Johann Jacob; *Deutsch*, Johann Jacob Schudt und *Diemling*, Daß man unter so viel tausend Menschen.

62 Vgl. *Schudt*, Jüdische Merckwürdigkeiten, 1714–1718, 1. Teil, 5. Buch, S. 316–569.

63 Vgl. *Battenberg*, Die Juden, S. 37.

64 Vgl. zu dieser Ansicht *Deutsch*, Johann Jacob Schudt und *Diemling*, Daß man unter so viel tausend Menschen.

65 Vgl. *Schudt*, Jüdische Merckwürdigkeiten, 1714–1718, S. 169.

66 Zur Biographie vgl. *Mendheim*, Wagenseil, Christian Jakob.

gehörte. Besonders prägend für das neuzeitliche Judenbild waren seine Schriften »Dissertatio de loco classico Gn. XLIX, 10«[67] und »Tela ignea Satanae«[68] – beide Schriften waren aufgrund ihrer Abfassung in lateinischer Sprache jedoch nur einem kleineren Publikum zugänglich, wodurch Wagenseils Reichweite begrenzt blieb. In seiner Dissertatio betonte er, dass Juden von den Römern als eigenständiges Volk anerkannt worden waren, und da das römische Recht bis zur Gegenwart nicht aufgehoben sei, dürfe es weiterhin Geltung beanspruchen. Eine solche Auffassung legitimierte zwar eine freiere Betätigung von Juden, implizierte zugleich aber auch neue Ausgrenzungsmechanismen, die sich später bei Fichte, Rühs und Fries finden sollten. »Tele ignea satanae« hingegen war ein Handbuch des Hebraisten zum Judentum[69] als Hilfestellung für christliche Theologen bei der Bekehrung von Juden. Wagenseil betonte, dass eine solche Bekehrung ausschließlich mit christlicher Liebe und Duldsamkeit und ohne Zwang anzustreben sei, dies vor allem um eine ›Verspottung‹ des Christentums durch Konversionen aus unredlichen Motiven zu verhindern. Wagenseil ließ somit eine deutlich größere Bereitschaft zur Toleranz erkennen. Letztendliches Ziel einer solchen sollte aber ebenfalls eine Bekehrung, wenn auch aus wahrer Überzeugung, sein.

Eine für das 18. Jahrhundert im Hinblick auf Juden dominierende Publikationsform stellen neben den Handbüchern die Berichte über und Predigten zu erfolgten Judentaufen dar. Wiederholt nutzten vor allem Geistliche öffentliche Konversionen, um auf die Überlegenheit des Christentums gegenüber dem jüdischen Glauben hinzuweisen und aktiv – auch im Sinne der Volksaufklärung – für eine Bekehrung von Juden zu ›werben‹. In diesen Schriften überwog der Wunsch nach einer Massenbekehrung der jüdischen Minderheit und der damit verbundenen Erkenntnis der Göttlichkeit Jesu, denn nur dadurch sei eine völlige Auflösung der jüdischen Religion und Integration von Juden möglich. Das Medium Predigt entsprach den Vorstellungen der Volksaufklärung und nutzte den jeweiligen Geistlichen als Multiplikator.[70] Zusätzlich wurden zahlreiche Predigten dem Druck übergeben und bildeten damit eine eigenständige Publikationsform. In ihnen dominierte die Betonung der Relevanz einer allgemeinen Judenbekehrung, was durch unterschiedlichste Bibelzitate als Aufgabe jedes wirklich gläubigen Christen dargestellt wurde. Diese Auffassung korrespondierte mit der Überzeugung von der ausschließlichen Fähigkeit des Christentums, zur Seligkeit zu führen.[71] Juden hingegen verharrten aufgrund ihrer Verstocktheit in geistigem Elend und wehrten sich gegen die Einsicht in die Göttlichkeit Jesu –

67 Vgl. *Wagenseil*, Dissertation de loco classico, 1676.

68 Vgl. *Wagenseil*, Tela ignea Satanae, 1681.

69 Grundlegend handelte es sich bei dieser Schrift um eine Übersetzung antichristlicher hebräischer Texte ins Lateinische.

70 Vgl. *Haußmann*, Verbauerung und Volksaufklärung, S. 197–215.

71 Vgl. *Zeitmann*, Das Geistliche Elend, 1743, S. 5.

sie seien zwar selbst für ihr Unglück verantwortlich, doch sollte jeder Christenmensch bestrebt sein, sie dem wahren Glauben zuzuführen.[72]

»Unterdessen sollen wir nicht müde werden, für die Bekehrung der Juden zu beten, dieselbe gern befördern, auch sie mit guten Exempeln dazu reitzen.«[73]

Eine Konversion aus pragmatischen Gründen wurde in den Predigten vehement abgelehnt; so finden sich häufig umfassende und umständliche Bezeugungen über die christlichen Grundsätze der Täuflinge, was durch weitläufige Fragekataloge und eine hohe Zahl von Paten bezeugt und gesichert werden sollte.

Eine weitere Form waren Berichte von Proselyten über die Geschichte ihrer Bekehrung und ihren Weg zu Jesu. In den meisten fand sich zunächst eine Rechtfertigung ihrer Entscheidung, wobei die Gründe immer in der angeblichen Erkenntnis der Göttlichkeit Jesu lagen, keinesfalls in pragmatischen Motiven. Diese Einsicht war dabei keine plötzliche, sondern vielmehr das Ergebnis intensiver Auseinandersetzungen und Studien.[74] Ausführlich wurde die Überwindung der Abscheu gegenüber dem christlichen Glauben, den Juden durch ihre Erziehung eingeimpft bekommen hätten, ausgeführt.[75] Die Reichweite dieser Veröffentlichungen muss jedoch infrage gestellt werden; zum einen waren die Schriften teilweise sehr umfangreich, zum anderen dürften sie aufgrund ihrer Abfassung in deutscher Sprache zwar ein christliches Publikum erreicht haben, kaum jedoch die jüdische Minderheit. Für diese waren die kleinen Traktate in hebräischer Sprache oder mit hebräischen Lettern, die von Missionsgesellschaften kostenlos verteilt wurden, leichter verständlich. Doch können auch hier keine Rückschlüsse darauf gezogen werden, wie erfolgreich die Verbreitung von Berichten oder Traktaten für die Gewinnung von jüdischen Konvertiten war.

Im Verlauf des 18. Jahrhunderts stellten Juden, ihr Glaube und ihre Bräuche den Mittelpunkt zahlreicher Einzelpublikationen dar. In der periodischen Presse, der zunehmend auch die Aufgabe einer Meinungsbildung zukam, fanden sich Juden in diesem Zeitraum hingegen meist nur indirekt wieder. Insgesamt war das Judentum Thema in der öffentlichen Darstellung und ging zunehmend aus dem Gelehrtendiskurs in eine allgemeine öffentliche Wahrnehmung über. Dennoch blieben die Einzelpublikationen eher einem kleinen Publikum zugänglich, auch wenn sie in deutscher Sprache erschienen.

Der Begriff der Bekehrung charakterisiert nahezu für das gesamte 18. Jahrhundert den Umgang mit Juden. In nahezu allen Schriften wird sie als die einzige Möglichkeit der ›Auflösung‹ des Judentums favorisiert und konnte zu keiner Zeit

72 Vgl. ebd., S. 11–15.

73 *Gude*, Zwo Heilige Reden, 1754, S. 14.

74 Vgl. *Gottfried*, Wahrhafter Bericht von M. Johann Adam Gottfrieds Bekehrung, 1776, S. 39–49.

75 Vgl. ebd., S. 36 ff.; *Anonymus*, Erbauliche Nachricht von Bekehrung, 1715, S. 3.

von anderen Konzepten überlagert oder verdrängt werden – alternative Begriffe zur Beschreibung des Umgangs mit Juden finden sich noch nicht. Der Wunsch nach einer Missionierung des Judentums wurde nicht infrage gestellt, sodass sich innerhalb der Auseinandersetzung keine Alternativen ausmachen lassen. Unterschieden werden können die Bekehrungsversuche nur danach, ob eine Bekehrung um ›jeden Preis‹, auch unter Anwendung von Zwang, befürwortet wurde, oder ob eine Konversion nur aus wirklicher Überzeugung erfolgen sollte. Die Mehrheit christlicher Autoren bestand dabei auf einer Bekehrung durch Einsicht in die christlichen Wahrheiten – damit widersprachen sie teilweise der politisch-staatlichen Realität, in der eine Bekehrung unabhängig von den individuellen Motiven belohnt wurde. Eine aktive und einheitliche staatliche Initiative zur Judenbekehrung in Preußen begann hingegen erst 1822 mit Gründung der »Gesellschaft zur Beförderung des Christenthums unter den Juden«.

Erstaunlich ist in diesem Zusammenhang, dass einer der zentralen Begriffe der Aufklärung – Toleranz[76] – sich nicht in den entsprechenden deutschsprachigen Publikationen findet lässt, was den Rückschluss erlaubt, dass Toleranz sich (noch) nicht auf Juden erstreckte bzw. erstrecken sollte.[77] Auch wenn Publizisten wie Thomasius,[78] Wagenseil oder Hardt[79] gegen den überkommenen Judenhass argumentierten, betrafen ihre Abwehrversuche nur einzelne Elemente. Sie wandten sich bspw. gegen die Blutbeschuldigungen, dies aber nicht, um zu einer friedlichen Koexistenz unterschiedlicher religiöser Gemeinschaften im Staat und somit zu Toleranz zu gelangen, sondern um gegen den überkommenen Aberglauben zu kämpfen.[80]

Die Wahrnehmung von Juden im 18. Jahrhundert blieb somit die von Fremden. In dieser Darstellung blieben Öffentlichkeit und Judenpolitik deckungsgleich, wenn auch aus unterschiedlichen Motiven. Für die Regierungen ermöglichte diese Zuschreibung einen dauerhaften Ausschluss von Juden. Die Betrachtung von Juden als ›Fremden‹ basierte dabei auf einem Denken in Gegensätzen, dies vor allem in religiösen und ökonomischen Fragen. Die Begründungen für die Fremdheit von Juden beruhten grundlegend auf ihren religiösen Gebräuchen, Sitten und ihrer Lebensart. Mehrheitlich wurden Juden zudem nicht als Individuen wahrgenommen, auch wenn zahlreiche Publizisten wiederholt persönliche Erlebnisse mit Juden nutzten, um die Richtigkeit ihrer Charakterisierungen zu belegen. In den meisten Fällen unterlagen Juden einer kollektiven

76 Vgl. *Schreier/Besher*, Toleranz. So hatte sich Voltaire bereits 1763 in seiner Schrift »Traité sur la tolérance« für eine uneingeschränkte Glaubens- und Gewissensfreiheit ausgesprochen.

77 Einzige Ausnahme ist Lessings »Nathan der Weise«, das als eindeutiges Plädoyer für Toleranz und Humanität gelesen werden muss.

78 Vgl. *Anonymus [Thomasius]*, Handel, 1720.

79 Vgl. *Hardt*, Aufruf an die jüdischen Gelehrten, 1715.

80 Vgl. *Nagel*, und thut nichts zur Sache, S. 96.

Wahrnehmung, was es ermöglichte, negative Erfahrungen mit ›dem Juden‹ auf die Gesamtheit ›der Juden‹ zu übertragen. Juden und Judentum konnten in der zeitgenössischen Betrachtung nicht voneinander getrennt gedacht werden, sodass sich die ›Fremdheit‹ der Religion, wiederholt erläutert durch zahlreiche Publikationen, auf das Verständnis ihrer Angehörigen übertrug. Zum Individuum wurde ›der Jude‹ erst mit seiner Taufe und der sehr symbolischen Annahme eines neuen, christlichen Namens.

Die Aufklärung und die mit ihr einhergehenden Grundsätze können somit nur einen marginalen Einfluss auf die publizistische Auseinandersetzung mit Juden geltend machen. Grundlegend blieben die betreffenden Veröffentlichungen in traditionellen Sichtweisen befangen. Einen deutlicheren Einfluss offenbaren Aufklärung und Aufklärer hingegen auf das literarische Judenbild.

3. Konsequenzen – Die Reichweite der Kontroverse, das literarische Judenbild der Aufklärung

Eine andere Form des Umgangs mit Juden, aus der ebenfalls Schlüsse auf die Wahrnehmung und das Verständnis dieser Minderheit gezogen werden können, war das literarische Judenbild der Aufklärung – Juden auf der öffentlichen Bühne, im Mittelpunkt der öffentlichen Auseinandersetzung der literarischen Welt verschiedener Theaterstücke und Romane. Auf dieser Ebene kam es zu einem deutlichen Wandel; war der Jude Shylock in Shakespeares »Kaufmann von Venedig« (1596) noch der Prototyp des geldgierigen Wucherers, setzte bereits zu Mitte des 18. Jahrhunderts eine neue Tendenz ein. Spätestens seit Lessings Frühwerk »Die Juden« wurde die Möglichkeit erkennbar, dass Juden ebenso menschenfreundliche und aufgeklärte Mitbürger sein könnten, die nicht ausschließlich beabsichtigten, Christen zu hintergehen und zu betrügen.[81] Lessings Lustspiel »Die Juden« wurde, obwohl bereits 1749 verfasst, erst 1754 veröffentlicht.

In diesem Stück tritt ein edler, gebildeter und selbstloser Jude auf, der alle gängigen Vorurteile zu entkräften scheint.[82] Ob Lessing damit zeigen wollte, dass

81 Zu Lessings Verhältnis zum Judentum und seiner literarischen Bearbeitung dieses Themas vgl. *Bodek*, Warum ist Nathan, S. 350–376; *Simon*, Lessing, S. 215–219; *Mayer*, Außenseiter; *Och*, Imago judaica, S. 68–115; S. 149–178. Zum jüdisch-literarischen Selbstbild vgl. *Krobb*, Selbstdarstellungen.

82 In dem Stück wird ein Baron von zwei als Juden verkleideten Dieben überfallen, von einem Reisenden gerettet, den er voll Dankbarkeit mit auf sein Schloss nimmt. Juden werden daraufhin verunglimpft, während dem Reisenden seine Tabaksdose gestohlen wird. Der Gutsvogt entleert seine Taschen, um seine Unschuld zu beweisen, dabei verliert er zwei Judenbärte. Als der Baron dem Reisenden seine Tochter zur Ehe vorschlägt, gesteht dieser, dass er Jude sei. Darauf folgen Verwunderung und Beschämung des Barons über seine generelle Kritik an Juden.

es auch bei einem ›verderbten Volk‹ lobenswerte Ausnahmen geben könne, oder generell auf eine Kritik an der zu pauschalen Beurteilung der jüdischen Situation abzielte, ist nicht genau zu ergründen. Dennoch zeigte sein Stück eine kritische Auseinandersetzung mit den gegebenen und seit Jahrhunderten bestehenden Vorurteilen und regte zu einer Neubeurteilung des zeitgenössischen Juden an. Toleranz und Emanzipation ergaben sich für Lessing dabei nicht aus taktischen Gründen, sondern unter humanitären Aspekten.[83]

Lessing bezog deutlich gegen die existierenden Vorurteile seiner Zeitgenossen Stellung und betonte, dass eine vom religiösen Bekenntnis unabhängige Gerechtigkeit allen Menschen zukommen sollte. Dabei verzichtete er bewusst auf die Darstellung ›des Juden‹ als ungebildeten Menschen. Deutlich wird diese Tatsache auch daran, dass er nicht, wie bisher meist üblich, mit dem Jiddischen bzw. der nichtjüdischen Vorstellung von dieser Sprache arbeitete. Gleichzeitig bediente er sich durchaus gängiger Klischees, die das Publikum als Abbild und Karikatur der allgemein judenfeindlichen Gesinnung erkennen sollte. In der Entwicklung seines Stückes forderte Lessing dazu auf, sich von eben diesen Vorurteilen zu distanzieren und ihre Hintergründe neuerlich zu überdenken. Problematisch war hingegen, dass die Lessingsche Judenfigur kaum noch Züge des traditionellen Judentums in sich trug; sie war somit nicht als Abbild der Mehrheit der zeitgenössischen Juden zu erkennen, denn sie repräsentierte bereits die Gruppe der ›assimilierten‹ Juden.

Rezensiert wurde Lessings Stück im Jahr seines Erscheinens von zwei Zeitschriften, den »Göttingischen Anzeigen für gelehrte Sachen« und der »Jenaischen Gelehrten Zeitung«. Die Auseinandersetzung in letzterer kann übergangen werden, da sie ein nur sehr oberflächliches Lob enthält. Brisanz erhielt das Stück durch die Rezension des Orientalisten Johann David Michaelis,[84] später ebenfalls Akteur in der Kontroverse um Dohm. Er insistierte, dass es den von Lessing gezeichneten Juden nicht gäbe und auch in absehbarer Zeit nicht geben würde. Michaelis hielt Lessings Konzeption für nicht überzeugend, vielmehr nutzte er die Gelegenheit um auf die schädlichen Folgen der jüdischen Handelstätigkeiten aufmerksam zu machen.[85] Zum Zeitpunkt dieser Kritik bestand bereits eine Freundschaft zwischen Lessing und Mendelssohn, und eben diesen angeblich nicht existenten ›edlen Juden‹ konnte Lessing nun in einer Entgegnung an Michaelis vorweisen – und damit Michaelis Kritik an seinem Stück entkräften.[86] Mendelssohn vermied es, offen für seinen Freund und gegen Michaelis

83 Vgl. *Lessing*, Die Juden, 1754, S. 199 ff.
84 Vgl. *Michaelis*, Rezension, 13.6.1754.
85 Vgl. *Jacoby*, Wort Friedrich Wilhelms III., 1844.
86 Lessing nahm zu Michaelis in seiner »Theatralischen Bibliothek« Stellung. In dieser zitiert er auch einen Brief Mendelssohns an Gumpertz. Vgl. *Lessing*, Lustspiel, 1754.

aufzutreten. Seiner Enttäuschung über die fehlende Akzeptanz des Stückes[87] gab er jedoch in einem Brief an den Freund Aron Gumpertz Ausdruck.

»Welche übertriebene Verachtung! Das gemeine Volck der Christen hat uns von je her als den Auswurf der Natur, als Geschwüre der menschlichen Gesellschaft angesehen. Allein von gelehrten Leuten erwartete ich jederzeit eine billigere Beurteilung … Wie sehr habe ich mich geirrt, als ich einem jeden christlichen Schriftsteller so viel Aufrichtigkeit zutraute, als er von andern fordert.«[88]

Mit Lessings »Nathan der Weise« (1779) begann die Verehrung des Autors durch deutsche Juden. Dieses Stück spielte für das sich neu formierende deutsche Judentum eine nicht zu unterschätzende Rolle. Das Schauspiel diente der Selbstdefinition und stellte zugleich eine Orientierungshilfe dar, an der sich ein modernes Verständnis von Toleranz entwickeln konnte. Lessing definierte erstmals eine Formel für das Miteinander verschiedener Religionsgemeinschaften, denn er stellte alle in ihrem Ursprung auf die gleiche Stufe und gab keiner den Vorzug.[89] Im »Nathan« gelang es ihm, zu dokumentieren, dass sich Christen und Juden in ihren Anlagen zum Guten oder Schlechten nicht voneinander unterschieden. Dadurch wurde es ihm in aufgeklärten Kreisen möglich, zu einer veränderten Vorstellung von ›dem Juden‹ beizutragen, ebenso wirkte in diesen Jahren auch die Person Moses Mendelssohns prägend. Das ›neue Judenbild‹ wurde vor allem in den literarischen Salons aufgenommen, so bspw. im Umfeld der Henriette Herz,[90] war jedoch zu stark an dem einzelnen ›Ausnahmejuden‹ orientiert, dem es gelang, Judentum und moderne Bildung zu vereinen, als dass es einen weiter reichenden Einfluss hätte geltend machen können.[91]

Die 18 Nathan-Rezensionen, die während der Jahre 1779/1780 erschienen, richteten ihr Hauptaugenmerk auf die theologisch-philosophische Problematik. Die religiöse Herkunft des Titelhelden spielte hingegen nur eine sehr untergeordnete Rolle. Nachweislich wurde das Stück in den literarischen Salons begeistert aufgenommen; auf die Bühne gelangte das Drama hingegen nur wenige Male.[92] Lessing wirkte aber nicht nur vermöge seiner literarischen Tätigkeit zugunsten von Juden. Durch seine Freundschaft mit Mendelssohn zeigte er am eigenen Beispiel, dass ein friedliches Zusammenleben und ein fruchtbarer Austausch zwischen Juden und Christen möglich wären. Die Auswirkungen

87 Lessings »Die Juden« wurde in der Zeit zwischen 1766 und 1789 70-mal an 31 Orten aufgeführt. Vgl. *Schulz*, Lessing, S. 181 f.

88 Abgedruckt in: *Mendelssohn*, Brief an Aron, 1785, S. 595.

89 Vgl. *Schoeps*, Deutsch-jüdische Symbiose, S. 24.

90 Vgl. *Schmitz*, Henriette Herz, S. 69.

91 Vgl. *Hortzitz*, Früh Antisemitismus, S. 46.

92 Hauptsächlich die Furcht, die freigeistige Tendenz des Stückes könne Anstoß erregen und Zensurmaßnahmen provozieren, aber auch der außergewöhnliche Textumfang müssen zur Begründung dieser Tatsache herangezogen werden.

von Lessings »Nathan« zeigten sich zugleich an den sich anschließenden Satiren und Spottschriften, die insbesondere in der Kontroverse um 1803 die geänderte Mehrheitsauffassung im Hinblick auf eine jüdische Integration auch auf den Theaterbühnen deutlich machten.[93]

Ein weiterer prägender Autor war Christian Fürchtegott Gellert, in den Jahren 1747/1748 veröffentlichte er seinen Roman »Leben der schwedischen Gräfin von G...«, den »ersten deutschen Aufklärungsroman empfindsamer Prägung«, der eine »pädagogische Absicht erfüllen und ein spezifisches System moralischer Werte und Normen vermitteln«[94] wollte. In seinem Roman wird der Graf G aus Gefangenschaft und Verbannung nach Sibirien von einem polnischen Juden gerettet, der daraufhin sein Freund und Wohltäter wird. Gellert beabsichtigte zu zeigen, dass auch Juden edler Gesinnung und uneigennütziger Taten fähig seien. So galt sein polnischer Jude als der erste ›edle Jude‹ der deutschen Literatur.[95] Gellert thematisierte dabei erstmals bürgerliche Moral und Werte; sein Werk basierte auf der Grundidee von Toleranz und dem Glauben an die Besserungsfähigkeit des Menschen, ebenso wurden Juden bei ihm vorurteilsfrei dargestellt,[96] wenn auch die Figur des ›edlen Juden‹ innerhalb des Stückes eher untergeordnet bleibt, da nicht der Glaube, sondern vielmehr die menschliche Tugend im Vordergrund stehen sollte. Die »Schwedische Gräfin« fand starke Resonanz, wurde vom Publikum begeistert aufgenommen und zeitnah in mehrere Sprachen übersetzt.[97] In seinen späteren Werken kam Gellert auf das Thema Juden und Judentum jedoch nicht zurück. Gerade in seinen »Moralischen Vorlesungen« finden sich keine Hinweise auf eine intensivere Auseinandersetzung mit der Problematik jüdischer Existenz,[98] sodass sich sein Stück nur schwer einordnen lässt und Gellert nicht ohne Vorbehalte als projüdischer aufgeklärter Autor charakterisiert werden kann.

Neben Lessing und Gellert soll noch ein dritter Autor Erwähnung finden, dieser aber nicht aufgrund seiner literarischen Beschäftigung mit Juden, sondern weil er selbst Jude war – der Dichter Ephraim Moses Kuh (1731–1790) aus Breslau. Seine Verse erschienen unter anderem in Dohms »Deutschem Museum« (1784–86).[99] Kuh zeichnete sich durch außergewöhnliche Prägnanz der Spra-

93 Vgl. *Reinicke*, Nathan der deutsche, 1784; *Bischoff*, Der Judenfeind, 1780; *Anonymus*, Nathan der Weise, 1804 und *Voss*, Nathan der Weise, 1804.

94 *Och*, Imago judaica, S. 119.

95 »Die Judengestalten in Gellerts Roman erweisen sich also allesamt als redlich, ehrlich, zuverlässig, dienstbereit, und der polnische Jude erzeigt sich darüber hinaus als dankbar, uneigennützig, menschenfreundlich, zartfühlend, wohltätig, – in jeder Weise tugendhaft.« *Martens*, Figur des Juden S. 73.

96 Vgl. *Stenzel*, Idealisierung.

97 Vgl. *Fechner*, Nachwort, S. 163–165.

98 Zu Gellerts persönlicher Einstellung gegenüber Juden vgl. *Och*, Imago judaica, S. 123 f.

99 Vgl. *Kuh*, Gedichte von Ephraim Moses Kuh, 1784; *ders.*, Gedichte von Ephraim Moses Kuh, 1785 und *ders.*, Gedichte von Ephraim Moses Kuh, 1786.

che und seinen Witz aus. Er war ein weiteres Beispiel für die jüdische Akkulturation an die deutsche Gesellschaft, er wählte für seine Annäherung an die deutsche Umwelt die Sprache und den Umgang mit ihr.[100] Kuh, in Breslau geboren, gelangte über Umwege 1763 nach Berlin und trat dort in den Kreis um Mendelssohn und Lessing ein. Während dieser Zeit unternahm er erste Versuche in der Dichtkunst. 1768 musste er Berlin verlassen, bereiste Europa und kehrte 1770 mittellos nach Breslau zurück.[101] Er weigerte sich zeit seines Lebens, zum Christentum zu konvertieren, auch wenn er den jüdischen Gebräuchen kritisch gegenüberstand und ihm mehrfach Missachtung der Ritualgesetze vorgeworfen wurde. Sein literarisches Werk soll mehrere Tausend Gedichte umfasst haben, von denen er knapp 800 veröffentlichte. In seinen Texten offenbart Kuh einen kritischen Blick auf die jüdische Orthodoxie, trat jedoch nur selten gegen die Intoleranz von Christen auf, auch wenn er nachweislich mindestens einmal Opfer von Judendiskriminierungen wurde.[102] Sein Umgang mit und seine Anpassung an die deutsche Sprache wurden von christlichen Rezensenten gewürdigt, sodass seine Publikationen auch von Nichtjuden wahrgenommen und beachtet wurden.[103]

Im Unterschied zur publizistischen Kontroverse näherte sich die Literatur der Aufklärung immer mehr dem aufgeklärten Toleranzgedanken an. In den Werken von Lessing und Gellert wurde die grundsätzliche Anerkennung und Achtung der persönlichen Rechtschaffenheit und Individualität jedes Menschen deutlich, verstärkt durch erste Kontakte zwischen Juden und Nichtjuden ›auf Augenhöhe‹ innerhalb der literarischen Salons oder Lesegesellschaften, in denen kollektive Vorurteile und das Trennende zwischen den Religionen zu verschwimmen schienen. Die Figur des ›edlen Juden‹ entwickelte sich aus einer Nebenrolle zu einer selbstständigen Persönlichkeit und spiegelte gleichzeitig die gesellschaftliche Entwicklung innerhalb eines kleinen Kreises wider.

Toleranz als Anerkennung der Andersartigkeit und einer ethnischen und kulturellen Vielfalt hätte zu einer Koexistenz mit dem ›Anderen‹ führen können und einen Ausgleich der verschiedenen Minderheiten untereinander und innerhalb eines modernen Staates bedingt. Toleranz in diesem Sinne wurde zwischen 1680 und 1779 jedoch weder in der staatlichen Judenpolitik noch in der öffentlichen Kontroverse thematisiert – eine Ausnahme blieb der gesellige ›edle Jude‹

100 Mendelssohn wandte sich im Unterschied dazu der Aufklärung und Philosophie zu, wodurch bereits das Spektrum der Akkulturationsmöglichkeiten erkennbar wird.

101 Ausführlicher zur Biographie vgl. *Och*, Imago judaica, S. 234 f.; *Auerbach*, Dichter und Kaufmann, 1840; *Hirschel*, Biographie Ephraim Moses Kuh, 1792 und *Manso*, Ueber Ephraim Kuhs Leben, 1791.

102 Vgl. *Och*, Imago judaica, S. 234.

103 Vgl. *Anonymus*, Gedichte von Ephraim Moses Kuh (Rezension), 12.1.1793; *Anonymus*, Schöne Künste (Rezension), 25.6.1793.

der Salons. So offenbarte die fehlende Anerkennung des fremd Empfundenen die Grenzen politischer, gesellschaftlicher und religiöser Akzeptanz – andererseits ging der preußischen ›Toleranzgesetzgebung‹ von 1788 keine Kontroverse voraus, in der die Einbeziehung von Juden in die religiöse Toleranz gefordert, thematisiert bzw. zur Diskussion gestellt wurde.

III. Der ›neue‹ Jude (1780–1812)

1. Rahmenbedingungen

Entscheidend für die Bedeutung und Wirkungsmacht der Aufklärung war ihr Verständnis als Lernprozess, das der Erziehung eine wichtige Aufgabe zuwies. Erziehung bedeutete dabei zunächst immer »Erziehung zur Mündigkeit«[1] und bildete die gemeinsame Basis, von der aus verschiedene Reformprogramme in Angriff genommen wurden. In diesem Zusammenhang offenbarte sich der grundsätzliche und dauerhafte Einfluss der Aufklärung auf die Staatspolitik, denn der Absolutismus absorbierte den Erziehungsgedanken, weitete ihn im eigenen Interesse aus und begründete damit seine Entwicklung zum ›aufgeklärten Absolutismus‹. Die daraus resultierenden Reformen betrafen die Bereiche Verwaltung, Justiz, Finanzen, Wirtschaft und Erziehung, Bildung, Sozialfürsorge und außerdem die Frage religiöser Toleranz. Bei allen staatlichen Anpassungen und Reformen blieben der grundlegende Charakter der ständischen Ordnung und ihr Fundament jedoch zunächst unangetastet, sodass einer nachhaltigen Weiterentwicklung strenge Grenzen auferlegt waren. Dennoch bestand die Möglichkeit, dass die grundlegenden Forderungen der Aufklärung nach Mündigkeit des Einzelnen, Gewissensfreiheit und Vernunft einer positiven Entwicklung der jüdischen Rechtsstellung hätten förderlich sein können.[2]

Im Umfeld der Aufklärung kam erstmals der Gedanke auf, alle religiösen Bekenntnisse innerhalb eines Staates zu dulden, solange diese mit den Staatsgesetzen vereinbar seien. In den meisten Fällen wurde diese Forderung mit Bezug auf das Naturrecht und die Idee der Menschenrechte begründet. Grundlage für diese Überlegungen war das Verständnis von ›Toleranz‹, wobei sich die Frage stellte, ob Toleranz nur gegenüber den Angehörigen des eigenen Bekenntnisses möglich sei und aus dieser Tatsache die »logische Unmöglichkeit« entstehe, den »Andersglaubenden zu akzeptieren, wenn man selbst Gläubiger in dem Sinne ist, dass man sich nur den eigenen Wahrheiten verpflichtet fühlt«[3]. Besonders deutlich wurden die Schwächen des Toleranzgedankens bei seiner Anwendung auf die jüdische Minderheit; hier wurde Toleranz an Bedingungen gekoppelt und in vielen Fällen von einer ›bürgerlichen Verbesserung‹ abhängig gemacht. Mit dieser Einschränkung leitete das ›Zeitalter der Aufklärung‹ einen umfangreichen

1 *Möller*, Vernunft und Kritik, S. 141.

2 Vgl. *Toury*, Toleranz und Judenrecht, S. 55 und *Möller*, Vernunft und Kritik, S. 292 f.

3 *Schoeps*, Deutsch-jüdische Symbiose, S. 30.

und alle Lebensbereiche erfassenden Wandel des religiösen, kulturellen und sozialen Selbstverständnisses von Juden ein, der auch ihre Außenwahrnehmung nachhaltig beeinflusste. Gleichzeitig schuf die Aufklärung neue Konzepte für das jüdisch-nichtjüdische Verhältnis; sie bot die Möglichkeit, einen deutsch-jüdischen Dialog und einen Austausch zwischen beiden Kulturen entstehen zu lassen.[4]

Die Haskalah[5] – als jüdische Adaption der, nicht »Assimilation an die Aufklärung«[6] war, wie auch die katholische Aufklärung, eine eigenständige Bewegung. Ihre stärkste Ausprägung und ihren umfassendsten Einfluss erreichte sie in den 1770er und 1780er Jahren.[7] In diesem Zeitraum waren die ›klassischen Vertreter‹ der Haskalah aktiv; zu ihnen gehörten unter anderem Moses Mendelssohn, Hartwig Wessely und David Friedländer. Im Zusammenhang mit der ›jüdischen Aufklärung‹ entstand ein eigenständiges Publikationsorgan, der »Ha-Meassef«,[8] der den Maskilim für die Vermittlung ihrer Interessen ein Forum bot. Es gelang ihnen dadurch, bei einem Teil der jüdischen Gemeinschaft Anerkennung und Unterstützung zu finden. Die Haskalah war in der Lage, eine eigene Gestalt, einen eigenen Charakter auszuprägen, ohne dabei ausschließlich dem Vorbild nachzueifern. So wurde bspw. der Bildungsgedanke in der Haskalah stärker rezipiert als in der deutschen Aufklärung. Die Hoffnung auf eine positive Weiterentwicklung durch Erziehung wirkte auf keine Gruppe so prägend und handlungsleitend wie auf die Maskilim, dementsprechend stand Bildung bzw. die Reformierung des traditionellen jüdischen Bildungskanons im Vordergrund.[9] Maskilim strebten die Verbesserung des jüdischen Erziehungswesens, die Reinigung der hebräischen Sprache und die Einführung des Hochdeutschen als Umgangssprache an. Im Laufe ihres Bestehens wandelte sich die Haskalah von einer visionären in eine pragmatische Bewegung, deren Hauptbestandteil – die Reformierung der Bildung – Ziel und Mittel zugleich war.[10]

4 Vgl. *Herzig/Horch/Jütte*, Einleitung, S. 9.

5 Abgeleitet vom Wortstamm שכל bedeutet Haskalah ›Verstand, Bildung‹.

6 *Meyer*, Jüdisches Selbstverständnis, S. 135.

7 Vgl. *Sorkin*, Juden und Katholiken, S. 17.

8 Der »Ha-Meassef« (Der Sammler) erschien seit 1784 in Königsberg als Monatsschrift in hebräischer Sprache, die sich hauptsächlich der Bibelexegese und der Wiederbelebung der hebräischen Poesie und Literatur widmete. 1787 wurde der Verlagsort nach Berlin verlegt. Dort wandelte sich der »Ha-Meassef« von einer reinen Literaturzeitschrift zu einem Journal für allgemeine jüdische Interessen. Er setzte sich für die Reformierung der jüdischen Bildung ein und befürwortete die Einbeziehung weltlicher Elemente, außerdem berichtete er über die Veränderungen in der jüdischen Lebenswelt, auch aus dem Ausland. Eine weitere Phase begann im Jahr 1794, nachdem er vier Jahre nicht erschienen war. Bereits zu diesem Zeitpunkt wurde der »Ha-Meassef« zu einem Instrument, das gegen die jüdische Orthodoxie ankämpfen sollte, wodurch die Spaltung zwischen Reformern und Orthodoxen bereits in einem frühen Stadium deutlich wurde. Vgl. *Röll*, The Kassel »Ha-Meassef« und *Meyer*, Mendelssohn bis Zunz, S. 134ff.

9 Vgl. *Sorkin*, The impact, S. 186.

10 Vgl. *Sorkin*, Ideology of Emancipation, S. 33.

Infolge der Aktivitäten der Maskilim kam es zu vielfältigen Konflikten innerhalb der jüdischen Gemeinden, denn die Anhänger der Haskalah waren bemüht, das Judentum auch gegen den Widerstand traditioneller Rabbiner als vernunftgemäße Religion darzustellen, die mit den Wahrheiten und Erkenntnissen der modernen Philosophie in keinerlei Widerspruch stehe. Im Unterschied dazu versuchten traditionsorientierte Vertreter des Judentums, ihre Religion ›rein‹ zu halten.[11] Sie glaubten, in den Bestrebungen der Maskilim den Wunsch zu erkennen, die geistige und religiöse Geschlossenheit des Judentums zu zerschlagen und es seiner Wurzeln zu berauben.[12] Infolgedessen wurde die Haskalah von einem großen Teil der Juden als ein Angriff auf die Tradition und den jüdischen Glauben begriffen und abgelehnt.[13] Bereits in dieser ersten Phase waren die grundlegenden Entwicklungen des deutschen Judentums vorgegeben, die in ihrer letzten Konsequenz zur Spaltung führen sollten. Um 1790 zeichnete sich endgültig die maßgebliche Problematik der Haskalah ab – den religiösen Juden erschien sie als zu aufgeklärt und den Aufgeklärten als zu religiös.[14]

Dass die Bestrebungen der Maskilim bereits als generelle Säkularisierungstendenz und Versuch einer endgültigen Trennung von religiösem und weltlichem Leben verstanden werden müssen, kann zumindest für die erste Generation der Maskilim (um Wessely, Mendelssohn, Friedländer, Jacobson und Fürst) bezweifelt werden. Ihr Hauptinteresse war eine zeitgemäße Reformierung des Judentums, wodurch dieses in die moderne Entwicklung integriert werden sollte. In diesem Zusammenhang versuchten Maskilim, einige traditionell-religiöse Elemente, die für eine Verständigung mit der nichtjüdischen Umwelt als besonders hinderlich erschienen, zu beseitigen.[15] Die Haskalah hatte dabei eine starke didaktische und pädagogische Komponente, deren Realisation die traditionelle Orthodoxie ihres Bildungsmonopols beraubte und den Beginn der Verbürgerlichung jüdischer Intellektueller und einer Mehrheit der jüdischen Oberschicht darstellte.

An den Regierungsantritt Friedrich Wilhelms II. (1786–1797) hatten die preußischen Juden große Erwartungen geknüpft, doch wurden auch unter seiner Regentschaft keine grundlegenden Fortschritte in der Rechtsstellung der jüdischen Minderheit erzielt. Erste Versuche zwischen 1787 und 1792, zu einer Neuregelung der jüdischen Verhältnisse zu gelangen, konnten durch die involvierten Ministerien unterbunden werden oder blieben unvollendet.[16] Die Initia-

11 Vgl. *Herzig*, Jüdische Geschichte, S. 150.
12 Vgl. *Katz*, Entstehung der Judenassimilation, S. 54.
13 Vgl. *Sorkin*, Juden und Katholiken, S. 16.
14 Vgl. ebd., S. 20.
15 In den meisten Fällen wurden die Zeremonialgesetze (in ihrem vollen Umfang und ihrer Vielfältigkeit) als ein solches Hindernis angesehen. Ebenso betroffen von den Anpassungsbestrebungen war die hebräische bzw. jiddische Sprache.
16 Vgl. *Bruer*, Geschichte der Juden, S. 169.

tive zu einer Neuregelung war von der jüdischen Gemeinde Berlins ausgegangen. In einer Bittschrift aus dem Jahr 1787 regte sie unter Hinweis auf die bestehenden, drückenden und diskriminierenden Bestimmungen die Ernennung einer Kommission an, die sich mit einer Reform der gesetzlichen Regelungen befassen sollte.[17] Dieses Gremium wurde im selben Jahr vom Generaldirektorium gegründet, ein Endbericht lag 1788 vor. Im Ergebnis schlug dieser eine Befreiung aller inländischen Juden vom Leibzoll und Zwang des Porzellankaufs vor.[18] Juden sollten jedoch weiterhin von der materiellen Produktion ausgeschlossen bleiben. Das Dasein von Juden in einer christlichen Mehrheitsgesellschaft verstand die Kommission nicht als selbstverständlich und es bedurfte weiterhin der Privilegierung durch den jeweiligen Monarchen – eine Umsetzung der Vorschläge erfolgte zu diesem Zeitpunkt nicht.

Von einer anderen Maßnahme, dem »Wöllnerschen Religionsedikt« (»Edikt, die Religionsverfassung in den preußischen Staaten betreffend«)[19] des Jahres 1788, wurden Juden hingegen nur indirekt erfasst. Es gewährte zwar eine individuelle Gewissensfreiheit, aber nur, solange

> »ein jeder ruhig als ein guter Bürger des Staates seine Pflicht erfüllet, seine besondere Meinung aber für sich behält und sich sorgfältig hütet, solche nicht auszubreiten oder andere dazu zu überreden und in ihrem Glauben irrend und wankend zu machen.«[20]

Das Judentum, definiert als eine geduldete Sekte, durfte unter staatlichem Schutz Gottesdienste abhalten, jedoch in keinem Fall missionarisch agieren.[21] Des Weiteren wandte sich das Edikt ausdrücklich gegen Deisten, Naturalisten und andere Sekten, die sich unter dem Namen Aufklärung zusammengefunden hätten, und eröffnete praktisch umfangreiche Zensurmaßnahmen für eine Reihe theologischer, politischer und philosophischer Schriften, da es Kritik an den drei Hauptkonfessionen in Preußen (römisch-katholisch, lutheranisch und reformiert) untersagte.[22] Der christliche Glaube und insbesondere die protestantische Kirche in Preußen sollten rein gehalten werden, dies unter Einbeziehung massiver Maßnahmen gegen Aberglauben und Unglauben. Angesichts dieser Vorgaben, die teilweise Eingriffe in die jüdische Gemeindeautonomie oder die Erziehung beinhalteten, geriet die jüdische Minderheit in Preußen unter einen starken Assimilations- und Legitimationsdruck.[23]

17 Vgl. *Brammer*, Judenpolitik und Judengesetzgebung, S. 26f.
18 Vgl. *Bruer*, Geschichte der Juden, S. 167.
19 Ausführlicher zum Wöllnerschen Religionsedikt vgl. *Kemper*, Mißbrauchte Aufklärung?; *Sauter*, Visions of the Enlightenment und *Wiggermann*, Woellner und Religionsedikt.
20 *Friedrich Wilhelm II.*, Edikt Religionsverfassung, 9.7.1788, § 2.
21 Vgl. ebd.
22 Vgl. ebd., §§ 7–10.
23 Vgl. *Heinrich*, …man sollte das Publikum, S. 819.

Andererseits trat am 1. Juni 1794 das »Allgemeine Preußische Landrecht« (ALR) in Kraft, das das preußische Recht einer grundsätzlichen Überarbeitung unterzogen hatte. Ziel war es, Missstände im Justizwesen abzubauen und einheitliche Rechtsnormen für das gesamte preußische Staatsgebiet zu verankern; zudem beinhaltete es Ansätze eines modernen Staatsbürgerrechts. Da das ALR nur subsidiär in Kraft trat, gelang es nicht, eine umfassende Rechtseinheit im Lande herzustellen. Nur für Gebiete ohne eigene althergebrachte Rechtsquellen erreichte es die Konstruktion eines einheitlichen Rechts.[24] Trotz dieses Mangels ordnete das ALR das allgemeine Zivil-, Familien-, Erb und Lehnsrecht, die Ständerechte, das Gemeinde- und Staatsrecht, Kirchen-, Polizei-, Straf- und Strafvollzugsrecht in über 19.000 Vorschriften neu, mit der Absicht, jeden auch nur möglichen Rechtsfall umfassend und detailliert zu regeln.[25]

Die Stellung von Juden im ALR war nur sehr unzureichend bestimmt, was hauptsächlich der Tatsache geschuldet war, dass immer wieder separate Versuche erfolgten, die Judengesetzgebung gesamtstaatlich zu regeln, während im ALR nur grundlegende und allgemeine Rechtsfragen betrachtet wurden.[26] Regelungen erfolgten in Fragen des rechtlichen Umgangs und des Kontakts zu Einheimischen. Ungenau war insbesondere der Definitionsversuch des Status von Juden innerhalb des bürgerlichen Verbandes. Doch dieser Mangel betraf das gesamte ALR, in welchem die Begriffe des ›Bürgers‹ und der ›Bürgergemeinschaft‹ nur unzureichend ausgefüllt wurden.[27]

Als besonders problematisch erschien die Frage, ob Ehen zwischen Juden und Christen untersagt werden müssten. Noch im Entwurf des ALR wurde ein klares Verbot ausgesprochen, während in der abschließenden Fassung ein relativ großer Interpretationsspielraum vorhanden war, der Mischehen theoretisch ermöglichte.[28] Die wohl eindeutigste Regelung fand sich in Bezug auf die Stellung von Juden in religiöser Hinsicht, denn ihnen wurde eine volle Glaubens- und Gewissensfreiheit gewährt, die sich jedoch nur auf das einzelne Individuum bezog.[29] Durch Eintritt in eine Glaubensgemeinschaft konnten die betreffenden Freiheiten nachhaltig und entsprechend dem Status der religiösen Gruppe eingeschränkt werden. Im Hinblick auf die Religionsgemeinschaften unterschied das ALR drei Gruppen, privilegierte, geduldete und unerlaubte Gemeinschaften.[30]

24 Dies gilt insbesondere für die ehemals polnischen Provinzen.

25 Vgl. *Hattenauer*, Einleitung.

26 Zur Minderheitenproblematik des ALR vgl. *Breitenborn*, Minderheitenproblematik und zeitgenössisch *Terlinden*, Grundsätze des Juden-Rechts, 1804.

27 Vgl. bspw. *Friedrich Wilhelm II.*, Allgemeines Landrecht, 1794, Teil II, Tit. 8, § 5.

28 Vgl. *Breitenborn*, Minderheitenproblematik, S. 331; *Friedrich Wilhelm II.*, Allgemeines Landrecht, 1794, Teil II, Tit. 1, § 36.

29 Vgl. *Friedrich Wilhelm II.*, Allgemeines Landrecht, 1794, Teil II, Tit. 11, § 2; §§ 3–4; § 5 weist ausdrücklich darauf hin, dass der Staat von einem einzelnen Untertanen nur unter besonderen Umständen eine Auskunft über seine Glaubenszugehörigkeit verlangen kann.

30 Vgl. *Friedrich Wilhelm II.*, Allgemeines Landrecht, 1794, §§ 13–15.

Die drei christlichen Konfessionen waren nach dieser Regelung privilegiert.[31] Jüdische Gemeinden erhielten den Status geduldeter Gemeinschaften, ihnen sollte nicht mehr Schutz und Recht als einem Verein zukommen.[32] Das Verhältnis zwischen Judentum und Christentum war insofern geregelt, als das ALR bestimmte, dass Kirchengesellschaften einander weder verfolgen noch beleidigen dürften; ebenfalls sollten Schmähungen vermieden werden.[33] Interessant ist die Formulierung im 2. Teil, Tit. 11, § 43; in ihm wird ausdrücklich verfügt, dass keine Religionsgemeinschaft andere durch »Zwang oder listige Ueberredung«[34] zum Übergang verleiten dürfe. Diese Bestimmung galt jedoch offensichtlich nicht für Juden, denn gleichzeitig fanden sich Hinweise, die deutlich machten, dass einem zum Christentum konvertierten Juden nachhaltige Vorteile durch seinen Glaubenswechsel erwachsen würden.[35]

Im Bereich des Handels unterlagen Juden nach den Regelungen des ALR im Vergleich zu ihren christlichen Konkurrenten deutlich härteren Strafen[36] – sie gingen zusätzlich zu den regulären Strafen ihres »vom Staate bisher gegönnten Schutzes verlustig«[37]. Ebenso konnten die Handelsbücher von Juden, die nicht denen christlicher Kaufleute gleichgestellt waren, nur Gültigkeit gegen ihre Glaubensgenossen beanspruchen – wenn sie in deutscher Sprache geführt wurden.[38]

Insgesamt bestätigte und untermauerte das ALR die Sonderstellung preußischer Juden. Außerdem sollte der ökonomische Nutzen von Juden für den Staat erhalten und, wenn möglich, ausgebaut werden.[39] Auf der anderen Seite wurde versucht, die aufgeklärte Prämisse der Religionsfreiheit auf Juden anzuwenden. Das ALR kam in diesem Bereich aber nicht über die Gewährung individueller Freiheiten hinaus, die bald wieder Einschränkungen erfuhren. Immer wieder zeigte sich der Widerspruch zwischen dem Verständnis von Juden als Minderheit, als eine außerhalb der Gesellschaft stehende Gruppe, und dem realen sozialen Zusammenleben von Juden und Nichtjuden, in dem die strikte Ausgrenzung zunehmend aufgeweicht wurde.

Bedingt durch Aufklärung und Französische Revolution wurde die Forderung nach einer jüdischen Gleichberechtigung in den deutschen Staaten zeitgleich wieder dirigierender. Regierungen und Öffentlichkeit suchten nebenein-

31 Vgl. ebd., §§ 17–19.
32 Vgl. ebd., §§ 20–26.
33 Vgl. ebd., §§ 36–38.
34 Ebd., Teil II, Tit. 11, § 43.
35 Vgl. z. B. ebd., Teil II, Tit. 11, § 587.
36 Vgl. ebd., Teil I, Tit. 11, §§ 803–809 und Teil II, Tit. 20, §§ 1243–1245; Teil II, Tit. 20, §§ 1462–1469.
37 Ebd., Teil II, Tit. 20, § 272.
38 Vgl. ebd., Teil II, Tit. 8, §§ 585–590.
39 Vgl. ebd., § 589.

ander nach einer Antwort auf die Frage, unter welchen Bedingungen Juden zur Aufnahme und Teilhabe an bürgerlicher Gesellschaft fähig seien. Die Französische Revolution und die von ihr angestoßenen Entwicklungen hatten für die deutschen Staaten und insbesondere für Preußen weitreichende Folgen. Regenten und Staatsmänner sahen in der Propagierung der Natur- und Menschenrechte eine staatsgefährdende Tendenz, die, wie die französische Entwicklung offenbarte, in der Zerstörung der Monarchie und der überkommenen sozialen Hierarchien enden konnte. Sie befürchteten, die Überzeugungen und Folgen der Französischen Revolution könnten auch in ihren Staaten zu ähnlichen Ereignissen führen. Um einer solchen Entwicklung zuvorzukommen, versuchten sie, durch gelenkte Reformen die vorhandenen sozialen und politischen Spannungen abzuschwächen, um dadurch der Gefahr gewaltsamer Umsturzversuche entgegenzuwirken. Gleichzeitig beschleunigte die Französische Revolution die Rezeption des Naturrechts. Jakobinische und demokratische Tendenzen hielten Einzug in die theoretischen Überlegungen der deutschen Teilstaaten und wirkten dort auf aufstrebende bürgerliche Gruppen. Die jüdische Minderheit lebte bei Ausbruch der Französischen Revolution in den meisten deutschen Territorien noch unter bedrückenden Ausnahmegesetzgebungen. Der Einmarsch der französischen Truppen befreite Juden aus ihren Ghettos und gab ihnen neue Rechte und Pflichten. Eine kurzzeitige vollständige Emanzipation der jüdischen Minderheit wurde in Deutschland erst und nur durch die französische Besatzung erreicht. Nach dem Tilsiter Frieden von 1807 wirkte sich der Einfluss Frankreichs dahingehend aus, dass Juden in den französisch besetzten Gebieten faktisch in den Genuss einer vollen Gleichstellung kamen.[40] Erkennbar wird an den unterschiedlichen staatlichen Maßnahmen, dass die Frage der ›jüdischen Sonderexistenz‹ in einen Zusammenhang mit allgemeinen politischen und sozialen Reformen gebracht werden musste. So hatten die Aufhebung ständischer Verbände und Körperschaften, die Zentralisierung und Vereinheitlichung von Verwaltung und Recht indirekte Auswirkungen auf die jüdische Minderheit.

Doch nicht nur auf der politischen Ebene entwickelte die französische Besatzung weitreichende Folgen. Die bisher existierende kosmopolitische Gesinnung in den preußischen Großstädten, vor allem in Berlin, die sich in der Hochzeit der aufgeklärten Salonkultur präsentiert hatte, schlug zusehends in ein nationales Denken um. Auf die Atmosphäre der lockeren Salons folgten straff organisierte Vereine und Gesellschaften, die sich in vielen Fällen auf ihre deutsche Nationalität beriefen, wodurch Juden der Eintritt ungleich erschwert bzw.

40 Deutlich früher erfolgte die rechtliche Gleichstellung als französische Bürger in den linksrheinischen Gebieten nach der Okkupation von 1792 und nach dem Frieden von Lunéville 1801. Für die kurze Zeit der französischen Herrschaft (1810–1813/1814) mussten auch die drei Hansestädte Bremen, Lübeck und Hamburg Juden das Bürgerrecht gewähren. Vgl. *Kampmann*, Deutsche und Juden, S. 127.

unmöglich gemacht wurde. Die französische Okkupation beförderte die Suche nach einer nationalen Identität und einem Nationalbewusstsein und weckte zugleich eine zunehmende Skepsis im Hinblick auf eine gleichberechtigte Aufnahme von Juden.

Auf jüdischer Seite führte die Französische Revolution zu vielfältigen Reaktionen. In Einzelfällen betrachteten Juden den Einmarsch französischer Truppen mit großer Sympathie, da dieser mit ihrer Befreiung einherging.[41] Diese Beobachtung kann jedoch nicht auf die Gesamtheit von Juden in den französisch besetzten Gebieten und den angrenzenden Territorien ausgeweitet werden, denn der Patriotismus der meisten jüdischen Einwohner in den deutschen Ländern ging so weit, dass sie die französischen Truppen nicht als Befreier, sondern als Invasoren und Unterdrücker betrachteten. Gleichzeitig waren Juden bestrebt, aus der allgemeinen Reformwilligkeit, auch des preußischen Staates, eine Besserung ihrer Position in Staat und Gesellschaft abzuleiten. Aus diesem Grund kam es zu zahlreichen Gesuchen an den preußischen Regenten. Eine Petition, die an dieser Stelle als Beispiel dienen soll, hob vier Punkte besonders hervor und bat um Änderungen bzw. Erleichterungen. Sie betrafen mehrheitlich ökonomische Aspekte, so die Solidarhaftung bei Diebstahl und Hehlerei, den verdächtigen Bankrott, die Haftung von Eltern für ihre Kinder und die Überwachung der Gemeinden durch die Ältesten.[42] 1798 wurden diese Wünsche vom Generaldirektorium und vom Justizministerium geprüft und eine abschlägige Antwort mit der Begründung erteilt, dass die ›geltenden Gesetze‹ dem ›Schutz der Staatsbürger vor dem Nationalhass der Juden‹ dienten und dieser weiterhin als gegeben betrachtet würde.[43] Erst durch eine gründliche und allgemeine Verbesserung von Juden könnten die notwendigen Voraussetzungen geschaffen werden, um Änderungen in der Gesetzgebung zu verankern. Ein erneuter Vorstoß der jüdischen Gemeinden erfolgte 1800, er konzentrierte sich auf die Bitte um Aufhebung der Solidarhaftung; in diesem Fall kam es zu einer schnellen Entscheidung, denn bereits 1801 wurde die Solidarhaftung in Preußen abgeschafft.[44] Diese Maßnahme hatte jedoch keine weiteren Änderungen zur Folge, sie blieb vielmehr als eine isolierte Einzelregelung bestehen. Erst die Niederlage von 1806 gab in Preußen den Anstoß, Reformen in Angriff zu nehmen und diese auch durchzuführen. Sie sollten die Schranken der ständischen Gesellschaft abbauen und die Teilnahme von Bürgern am Staat möglich machen, denn militärische Niederlage und französische Besatzung hatten den preußischen Staat in eine prekäre Zwangslage gebracht. Wollte die Monarchie ihre Machtposition erhalten, musste sie Zuge-

41 Vgl. *Offenburg*, Das Erwachen, S. 51.

42 Vgl. Petition der Oberlandesältesten der Berliner Judenschaft, dem König am 22. Mai 1795 vorgelegt. Ausführlicher zu diesen vier Punkten: *Bruer*, Geschichte der Juden, S. 171.

43 Vgl. *Jersch-Wenzel*, Rechtslage und Emanzipation, S. 27.

44 Vgl. *Friedrich Wilhelm III.*, Reglement Aufhebung, 18.6.1801.

ständnisse an den ›Bürger‹ machen; dabei beabsichtigte sie aber zugleich, seine direkte Beteiligung am Staat möglichst gering zu halten.[45] Die intendierten Reformen betrafen nahezu alle grundlegenden Elemente des preußischen Staatswesens. So fielen unter die Modernisierungsvorhaben der Agrarbereich, die Gewerbefreiheit, das Bildungswesen, die allgemeine Wehrpflicht und ebenso die Frage nach Änderungen in der bürgerlichen Stellung von Juden. Die Einrichtung einer mitbestimmenden Volksversammlung wurde nicht in Erwägung gezogen, vielmehr richtete sich der Fokus auf die Machtsicherung des Monarchen, auch wenn dies nur mit Zugeständnissen an aufstrebende Bürger möglich war.[46] Grundlegend hätten gerade die Gebietsverluste von 1806 die Möglichkeit zu einer gleichberechtigten Einbeziehung von Juden in den preußischen Staat deutlich verbessern können, denn die Anzahl von Juden hatte sich deutlich verringert.[47]

Das erste umfassende Reformwerk, die Städteordnung von 1808,[48] macht eine grundlegende Problematik Preußens deutlich, denn im Unterschied zu den selbstbewussten Stadtrepubliken Süddeutschlands musste die Stellung der preußischen Städte und damit auch der Bürger erst durch die Zentralverwaltung aufgewertet werden. Die neue Ordnung trat nur in den alten Provinzen in Kraft; die Städte bildeten nun eigenständige Korporationen, blieben aber Bürgergemeinden. Durch diese Konzeption wurden die Monopolstellung der Zünfte zerstört,[49] Handel und Verkehr von den bisher existenten Fesseln befreit und die Erlangung des Bürgerrechts nicht länger von Religion, Stand oder Beruf abhängig gemacht.[50] Juden waren von diesen Regelungen nur begrenzt betroffen, denn sie unterlagen weiterhin Einschränkungen durch Landesgesetze und Ortsverfassungen. Dies zeigte sich im Erwerb von Grundstücken oder dem Betrieb von Gewerben.[51] Wichtig war in diesem Zusammenhang die Unterscheidung zwischen Bürgern mit politischen Rechten (abhängig vom Besitz)[52] und Einwohnern ohne Rechte (Schutzverwandte, Eximinierte). Die Städteordnung begründete die kommunale Selbstverwaltung und gab Juden theoretisch das städtische Bürgerrecht – auch wenn ihre staatsbürgerliche Stellung weiterhin unbestimmt

45 Vgl. *Brammer*, Judenpolitik und Judengesetzgebung, S. 35.

46 Vgl. *Grab*, Der deutsche Weg, S. 17.

47 Die Zahl der Juden hatte sich von 224.000 (2,4 Prozent der Gesamtbevölkerung) im Jahr 1797 auf 123.800 (1,2 Prozent der Gesamtbevölkerung) im Jahr 1814/1815 verringert. Vgl. *Nowak*, Judenpolitik in Preußen, S. 6.

48 Zur preußischen Städteordnung 1808 vgl. *Thiel*, Die preußische Städteordnung; *Clausewitz*, Städteordnung von 1808; *Rommel*, Stein'sche Städteordnung und *Krebsbach*, Die Preußische Städteordnung.

49 Vgl. *Friedrich Wilhelm*, Ordnung für sämmtliche Städte, 19.11.1808, §§ 72–73.

50 Vgl. ebd., § 19.

51 Vgl. ebd.

52 Der Erwerb des Wahlrechts war an einen relativ niedrigen Zensus von 150 bis 200 Talern Jahreseinkommen gebunden, diese Regelung sollte ein breiteres politisches Interesse mobilisieren. Vgl. *Wehler*, Deutsche Gesellschaftsgeschichte, Bd. 1, S. 459.

blieb. Sie konnten nach der Neuregelung jedoch aktiv und passiv an den Wahlen zu den städtischen Gremien teilnehmen.[53] Infolgedessen fanden sich in einigen wenigen preußischen Städten jüdische Stadtverordnete und Stadträte.

Zeitgleich zur Städteordnung wurde dem preußischen Monarchen ein Entwurf Steins zu einer neuen Judenordnung vorgelegt. Dieser Vorschlag beinhaltete, Juden, unter genau definierten Bedingungen, die Rechte von Staatsbürgern zukommen zu lassen[54] und der Erziehung der jüdischen Minderheit eine große Bedeutung beizumessen. Der Entwurf gelangte in der Endphase der Ära Stein jedoch nicht mehr zur Prüfung; dies geschah erst unter dem neuen Ministerium Dohna-Altenstein und mit verstärktem Nachdruck unter Staatskanzler Hardenberg.[55] Damit endeten die Versuche für eine Neuregelung der jüdischen Verhältnisse im preußischen Staat – vor diesem Hintergrund erfolgte die öffentliche Kontroverse.

Infolge der nicht abgeschlossenen Beratungen verblieb die jüdische Minderheit in Preußen in unterschiedlichen Rechtslagen. Zwar konnten einzelne Juden Erleichterungen in ihrer Stellung erlangen, doch die jüdische Mehrheit besaß eben keine Manufakturen und lebte nicht in Berlin, sondern unter mannigfachsten sozialen, kulturellen, ökonomischen und rechtlichen Bedingungen[56] ungleichmäßig über das gesamte preußische Territorium verteilt. Insbesondere die damit verbundene Heterogenität der jüdischen Gemeinden stellte wiederholt ein anscheinend unüberwindliches Hindernis bei der Abfassung einer einheitlichen Judengesetzgebung in Preußen dar.[57]

2. Zentrale Argumentationslinien

Die Kontroverse zwischen 1780 und 1812 weist drei Kristallisationspunkte auf: Erstens die Debatte um die Ansichten und Vorschläge von Christian Wilhelm Dohm (1780–1793), zweitens die Auseinandersetzung infolge der Französischen Revolution und die Diskussion der Forderungen des Sendschreibens von David Friedländer an Probst Teller (1793–1800) und drittens die zunehmende Radika-

53 Vgl. *Friedrich Wilhelm*, Ordnung für sämmtliche Städte, 19.11.1808, §§ 74 und 84.

54 Einige der dort aufgeführten Bedingungen finden sich auch in dem späteren Edikt von 1812, so z. B. die Annahme fester Familiennamen, die Führung der Handelsbücher in deutscher Sprache und die Angleichung in Tracht und Bartscherung – diese Maßnahme sollte die äußerlich sichtbaren Unterschiede zwischen Juden und Nichtjuden minimieren.

55 Für diesen Entwurf vgl. *Baumgart*, Befürworter und Gegner, S. 155–177.

56 Vgl. *Schenk*, Emanzipationsedikt, S. 31.

57 Bereits die unterschiedliche Verteilung von Juden auf die einzelnen Provinzen stellte Preußen auf dem Weg zu einer einheitlichen Judenpolitik vor Herausforderungen. Der Anteil der jüdischen Minderheit schwankte zwischen 0,3 Prozent der Gesamtbevölkerung (Provinz Sachsen) bis hin zu 6,4 Prozent (Provinz Posen). Vgl. *Nowak*, Judenpolitik in Preußen, S. 6.

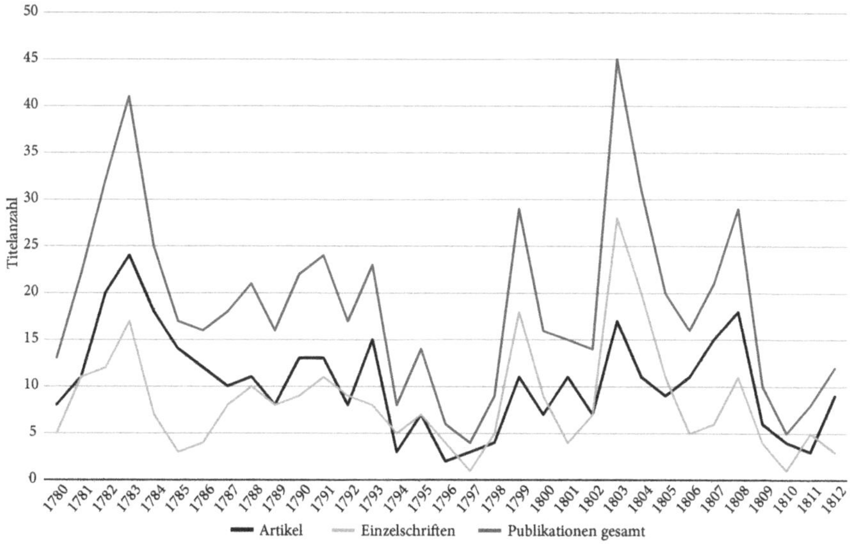

Graphik 5: Anzahl der Schriften zwischen 1780 und 1812

Eigene Darstellung.

lisierung der öffentlichen Darstellungen in den Schriften von Grattenauer und Paalzow um 1803, einhergehend mit dem Verbot weiterer Schriften zugunsten oder -ungunsten von Juden im selben Jahr durch die preußische Regierung, dessen Wirkung bis 1807 zu einem Nachlassen der publizistischen Kontroverse führte und sowohl Einzelpublikationen als auch Zeitschriftenartikel betraf. Erkennbar ist, dass die periodische Presse auf die Französische Revolution und die von ihr verursachten Denkanstöße schneller reagieren konnte und dass sie von dem Schriftenverbot nach 1803 weniger stark betroffen war. In diesen beiden Zeiträumen erschienen mehr Zeitschriftenartikel als Einzelpublikationen.

Ebenso erhöhte sich die Anzahl der Zeitschriften, die an der Auseinandersetzung mitwirkten und sich an ihr mit mehreren Beiträgen beteiligten. Waren zwischen 1680 und 1779 nur vier von zwanzig Periodika mit mehr als einem Artikel involviert, erhöhte sich die Gesamtzahl der beteiligten Zeitschriften auf ca. sechzig, von denen zwanzig mit drei oder mehr Artikeln in die Debatte eingriffen, wenn auch Rezensionen dominierend blieben.[58]

58 Zu den wichtigsten Periodika in dieser Phase zählten die »Allgemeine Deutsche Bibliothek« und die »Allgemeine Literaturzeitung« als wichtigste Rezensionsorgane, August Ludwig Schlözers »Stats-Anzeigen«, Biesters »Berlinische Monatsschrift« und das »Journal von und für Deutschland«. Insbesondere für die jüdischen Interessen erlangte die »Sulamith« zunehmende Bedeutung.

Aufklärer wie Dohm stellten das traditionelle Judenbild nachhaltig infrage und versuchten, sich von der bislang herrschenden christlichen Sicht auf Juden zu distanzieren und zu einer neuen Beurteilung von Juden und Judentum zu gelangen. Diese sollten nicht mehr nur als Angehörige ihrer Religionsgemeinschaft, sondern zunehmend als Menschen wahrgenommen werden. Durch ihr Heraustreten aus den Ghettos wurden sie in der christlich dominierten Umwelt sichtbar und distanzierten sich zum Teil von ihrer traditionellen Gemeinschaft. Auf der anderen Seite des Meinungsspektrums fanden sich diejenigen, die eine Verbesserung und damit Integration von Juden als unmöglich darstellten. Die Gegner einer jüdischen Besserstellung blieben in althergebrachten Vorurteilen und Anschuldigungen befangen bzw. versuchten durch neue Argumente die Ausgrenzung von Juden aufrechtzuerhalten und aufgeklärte Gedanken zu entkräften. Spätestens mit den Schriften Grattenauers und Paalzows erfolgte die endgültige Abkehr der Debatte von den Dohm'schen Vorstellungen, hin zu der ausdrücklichen Forderung nach einer ›Entjudung‹ als Voraussetzung der Integration.

Die epochemachende Schrift von Christian Wilhelm Dohm leitete eine Kontroverse um die Stellung, Besserung und rechtliche Gleichstellung von Juden ein, die unter völlig neuen Vorzeichen geführt werden konnte. Dohm war neben Wilhelm von Humboldt[59] eine der ersten öffentlichen Stimmen, die sich für eine möglichst umfangreiche Gewährung gleicher Rechte für Juden einsetzten. Neu an Dohms Haltung war die Forderung nach einer vollständigen und umfassenden rechtlichen und sozialen Besserstellung von Juden, während bisher immer nur punktuelle Ansprüche, so bspw. auf eine Berufszulassung, artikuliert worden waren.

»Seit Dohms Plädoyer aber wird die Judenfrage in den Ideenzusammenhang von naturgegebener Gleichheit, angeborenen und unverlierbaren Menschenrechten gestellt und zugleich mit grundsätzlichen politischen Forderungen verbunden.«[60]

Die Reaktionen auf die Dohm'sche Schrift waren aufgrund ihrer Brisanz besonders zahlreich und initiierten eine eigenständige Teildebatte, die sich durch den Tod Friedrichs II. im Jahr 1786 und die Hoffnung auf Fortschritte nach einem Thronwechsel nochmals intensivierte. Die publizistischen Äußerungen stimmten mehrheitlich mit Dohm in der Beurteilung des gegenwärtigen Zustandes der jüdischen Minderheit überein; in der Wahl der Mittel, um ihn zu ändern, variierten die Auffassungen jedoch erheblich. Dabei muss betont werden, dass keine Schrift über Dohm hinausging und noch weiter gehende Vorschläge zur Besserung der Situation preußischer Juden machte. Vielmehr wurden Dohms Anregungen häufig als zu weitreichend erachtet. Gleichzeitig offenbarte die Kon-

59 Vgl. *Humboldt*, Über die Religion, 1790.
60 *Heinrich*, …man sollte das Publikum, S. 817.

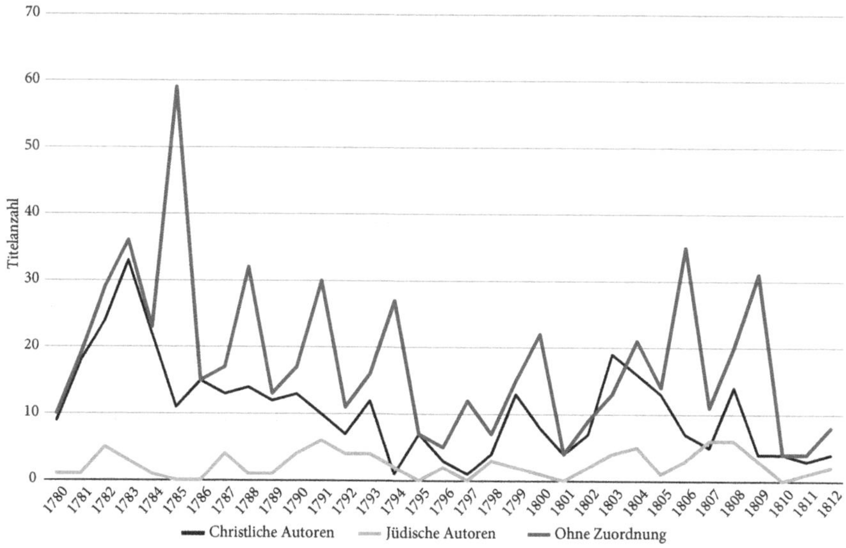

Graphik 6: Aktivitäten jüdischer und christlicher Autoren

Eigene Darstellung.

troverse, wie zahlenmäßig gering die aufgeklärte Elite in Preußen war. Denn trotz etlicher Reaktionen blieben diese auf einen kleinen Kreis von Autoren beschränkt, was die noch geringe Reichweite der zeitgenössischen Öffentlichkeit verdeutlicht. Die Träger der Kontroverse fanden sich in einer kleinen Gruppe von Juden als Betroffenen, aufgeklärten friderizianischen Beamten, die teilweise die Grundsätze des Naturrechts auf Juden angewendet wissen wollten, und auch bisher schon aktiven Theologen und Orientalisten.

Jüdische Autoren beteiligten sich sowohl mit Einzelpublikationen als auch mit Beiträgen in periodischen Schriften an der Auseinandersetzung – sie stammten mehrheitlich aus dem Umfeld der Haskalah und waren nicht nur bemüht, zu einer Aufklärung über Juden und Judentum in der christlich dominierten Öffentlichkeit zu gelangen, sondern richteten sich mit ihren Publikationen auch häufig ausschließlich an ein jüdisches Publikum, um ihre Ideen im Hinblick auf eine Reform des jüdischen Glaubens und der jüdischen Erziehung umsetzen zu können. Dies betrifft vor allem Publikationen in hebräischer Sprache. Diese innerjüdische Kontroverse wird im Folgenden vernachlässigt, da sie kaum von der allgemeinen Debatte um die Stellung von Juden aufgegriffen und wahrgenommen wurde und somit für den jüdisch-christlichen Dialog keine Relevanz besitzt. Hinzu kommt eine Vielzahl von Publikationen, deren Autoren (meist aufgrund ihrer Anonymität) keiner Religion zugeordnet werden können. Da insbesondere für jüdische Publizisten vermutet werden kann, dass sie sich häufig nicht als Juden zu erkennen geben wollten, muss von einer hohen Dunkelziffer weiterer jüdischer Stimmen ausgegangen werden.

In ihrer direkten Konsequenz brachte die Kontroverse keine Änderungen in der rechtlich-politischen Situation von preußischen Juden hervor. Doch sollte Dohms Schrift die Debatte über die Judenemanzipation auch in den nächsten Jahrzehnten maßgeblich beeinflussen; bspw. spielten seine Überzeugungen auf dem Wiener Kongress 1815/1816 eine entscheidende Rolle. Besonders günstig wirkte der Zeitpunkt der Veröffentlichung für eine intensive Rezeption, denn Dohm publizierte seine Schrift zu einer Zeit, in der sich bereits Veränderungen in der Situation von Juden abzuzeichnen begannen und sie ein Objekt des staatlichen und behördlichen Interesses wurden.[61] Die Auseinandersetzung belegte zudem, wie notwendig es war, sich mit den herrschenden Vorurteilen gegenüber Juden, aber auch mit den veränderten Zeitumständen und der Anpassung der Judengesetzgebung an diese auseinanderzusetzen.[62]

2.1 Die Debatte um ›bürgerliche Verbesserung‹ und Vernunftreligion

Der 1751 geborene preußische Beamte Christian Wilhelm Dohm verfasste seine Schrift »Über die bürgerliche Verbesserung der Juden« 1781 auf Anregung Moses Mendelssohns, der zuvor von den Elsässer Juden gebeten worden war, mit einer Publikation für ihre rechtliche Besserstellung einzutreten.[63] Mendelssohn war davon überzeugt, dass eine solche Schrift eine größere Wirksamkeit entfalten könnte, wenn sie von einem Christen verfasst würde, dem man keine persönlichen Interessen unterstellen konnte, wenn er für die Gleichberechtigung von Juden eintrat. Zwischen Dohm und Mendelssohn kam es wahrscheinlich in den Berliner Aufklärungszirkeln zu einem persönlichen Kontakt, gehörten doch beide der Mittwochsgesellschaft und dem Montagsclub an,[64] in denen ein in-

61 Vgl. *Cordes*, Adel, 1787, S. 141.

62 Vgl. *Möller*, Bürgerliche Verbesserung, S. 77.

63 Die Elsässer Juden beabsichtigten, den französischen Behörden eine Bittschrift vorzulegen, mit der sie eine Änderung ihres bestehenden Rechtsstatus anstrebten. (Genauer zur Entstehung der Schrift Dohms: *Katz*, Aus dem Ghetto, S. 84; *Heinrich*, Juden und *dies.*, …man sollte das Publikum, S. 833–838).

64 Montagsclub und Mittwochsgesellschaft bildeten zwei der wichtigsten Vereine im Berlin der Aufklärungsepoche. Der Montagsclub war 1749 durch einen Pastor gegründet worden und zählte 24 feste Mitglieder (z. B. Nicolai und Mendelssohn) – er verstand sich als lockerer Diskussionsclub. Die bedeutendere Mittwochsgesellschaft (seit 1783) war deutlich strenger organisiert und wies bereits Parallelen zu den Freimaurerverbindungen auf. Ihr gehörten nahezu alle wichtigen Berliner Aufklärer an (z. B. Teller, Dohm und Nicolai). Bei den Treffen wurde regelmäßig ein Vortrag gehalten und diskutiert. Mendelssohn trat 1783 auf ausdrückliche Einladung bei. Die Mittwochsgesellschaft löste sich 1798 auf, als Geheimbünde in Preußen verboten wurden. Vgl. *Birtsch*, Die Berliner Mittwochsgesellschaft.

tensiver Austausch über zeit- und gesellschaftsrelevante Themen stattfand. Ob Mendelssohn Dohms Haltung gegenüber Juden so stark beeinflusste, dass dieser seine Position übernahm,[65] oder ob Dohm, bereits bevor er nach Berlin kam, als aufgeklärter Beamter eine Änderung im Verhältnis von Juden zur Mehrheitsgesellschaft befürwortete, kann dabei nicht mehr abschließend geklärt werden.[66]

Dohm beabsichtigte mit seiner Publikation die Beantwortung der Frage, wie Juden zu nützlichen Mitgliedern der ›bürgerlichen Gesellschaft‹ gemacht werden könnten.[67] In seinem Vorwort sprach er den Wunsch aus, die sittlich und politisch herabgewürdigte jüdische Nation der öffentlichen Aufmerksamkeit zuzuführen,[68] denn Juden seien »Menschen wie alle übrigen; [so]daß sie also auch, wie diese, behandelt werden müssen«.[69] Mit seinen Betrachtungen richtete er sich an die deutschen Regierungen, bei denen er, besonders über den Verweis auf die wirtschaftlichen Vorteile, Gehör finden wollte.[70] Zugleich wandte er sich an ›aufgeklärte Männer‹, denen die bürgerliche Verfassung am Herzen läge.[71]

In seiner Argumentation agierte Dohm vorwiegend merkantilistisch-utilitaristisch, indem er die Nützlichkeit von Juden für den Staat betonte, und deistisch, da er die Überzeugung von der Gleichwertigkeit aller Religionen und die Hoffnung auf eine allgemeine Toleranz artikulierte. Inhaltlich verfocht er in seiner epochemachenden und lange nachwirkenden Schrift einen ökonomisch dominierten Neun-Punkte-Plan.[72] Seine Grundprämissen lagen in folgenden Überzeugungen: Juden müssten gleiche Rechte wie alle übrigen Untertanen erhalten, womit eine vollkommen freie Erwerbstätigkeit verbunden sein sollte. Ebenso könne und dürfe Juden der Ackerbau nicht länger verwehrt bleiben; damit verbunden war der Erwerb bzw. die Pacht von Grundstücken. In Bezug auf den Handel verlangte Dohm die Freigabe aller Handelsbereiche für Juden, nur dürfe ihnen keines ausschließlich offenstehen. Desgleichen sollte der jüdischen Minderheit der Zugang zu Wissenschaften und Künsten ermöglicht werden. Dohms einzige Einschränkung in diesem Bereich lag in der Zulassung zu öffentlichen Ämtern.

Als aufgeklärter Beamter, dessen Prototyp Dohm verkörperte, verlangte er eine bedingungslos freie und uneingeschränkte Religionsausübung für alle Glaubensgemeinschaften, sodass auch Juden die Möglichkeit gegeben würde,

65 Vgl. bspw. *Schimpf*, Emanzipation und Bildungswesen, S. 67.

66 Unsicher ist auch, ob Mendelssohn an Dohm herantrat und ihn um die Abfassung einer Schrift für Juden bat, oder ob er die Elsässer Juden mit ihrer Bitte an Dohm verwies. Vgl. *Schoeps*, Aufklärung, S. 87.

67 Vgl. *Dohm*, Bürgerliche Verbesserung der Juden, 1781, S. 5.

68 Vgl. ebd., S. 3 f.

69 Ebd., S. 8.

70 Vgl. ebd., Vorerinnerungen.

71 Vgl. *Möller*, Bürgerliche Verbesserung, S. 61.

72 Für die Zusammenstellung vgl. *Dohm*, Bürgerliche Verbesserung der Juden, 1781, S. 110–127.

nach den mosaischen Gesetzen und den Gesetzen ihrer Überlieferung in deutschen Staaten zu leben.

»Der Staat muß niemand bloß seines Religionsbekenntnisses wegen von den Rechten und Vorteilen der bürgerlichen Gesellschaft ausschließen. Wer die Pflichten eines guten Bürgers erfüllt, dem müssen auch alle Rechte derselben zuteil werden.«[73]

Das entscheidend Neue an Dohms Schrift war seine Überzeugung, dass eine Verbesserung von Juden nur zu erreichen sei, wenn ihr ein Fortschritt in der rechtlichen und gesellschaftlichen Stellung vorausginge. Er begründete dies mit dem Hinweis, dass erst die drückenden Verhältnisse, unter denen Juden lebten, ihre Verderbtheit und sittliche Verworfenheit hervorgebracht hätten.[74] Aus diesem Grund war Dohm bemüht, die strikte Trennung zwischen jüdischer und nichtjüdischer Lebenswirklichkeit aufzuheben und den Kontakt zwischen beiden Gruppen zu intensivieren, wodurch Juden auf einfachste Weise an der Gesellschaft teilhaben könnten. Besonders deutlich wurde bei Dohm sein Glaube an eine ahistorische Gleichheit aller Menschen. Ausgehend von dieser Prämisse müssten nur die Lebensumstände der Menschen gebessert werden, um eine natürliche Gleichheit verwirklichen zu können,[75] denn die Aufklärung habe deutlich gemacht, dass alle Menschen von Natur aus die gleichen Fähigkeiten und somit die gleichen Rechte auf Verwirklichung ihrer Anlagen und Möglichkeiten hätten.[76] Dabei sprach Dohm keine neuen Erkenntnisse aus, sondern wandte die Grundsätze der europäischen Aufklärung erstmals konsequent auf Juden an.[77]

Dass der Dohm'sche Toleranzgedanke untrennbar mit einer Assimilationserwartung verbunden gewesen sei, wie dies die Forschung teilweise behauptet,[78] ist dabei nicht nachvollziehbar, denn an keiner Stelle der Dohm'schen Schrift findet sich eine solche Hoffnung ausgedrückt. Dohms religiöse Toleranz resultierte aus der festen Überzeugung, dass die »Gebote und Pflichten der Religion stets jenen Notwendigkeiten und Interessen Platz machen würden, die er als wichtigere menschliche Verpflichtungen«[79] ansah, zu diesen zählte an erster Stelle die Erfüllung der Bürgerpflichten. Dass die neue Situation von Juden innerhalb der jüdischen Gemeinschaft zu Veränderungen führen würde, stand für Dohm zwar außer Zweifel, doch er äußerte keine Präferenz darüber, ob ihn die Umgestal-

73 Ebd., S. 87.

74 Vgl. ebd., S. 35.

75 Vgl. *Möller*, Aufklärung, S. 123.

76 Vgl. *Dohm*, Bürgerliche Verbesserung der Juden, 1781, S. 69 ff.; 86. Zum Gleichheitsgrundsatz bei Dohm vgl. *Jellineck*, Uriel Acosta's Leben, 1847, S. 38 f.

77 Vgl. *Dohm*, Bürgerliche Verbesserung der Juden, 1781, S. 16 ff.; 27 f.

78 Vgl. *Berding*, Moderner Antisemitismus, S. 25.

79 *Katz*, Aus dem Ghetto, S. 76.

tung oder die allmähliche Auflösung des Judentums stärker beglücken würde,[80] denn die Befreiung der jüdischen Minderheit aus den Schranken der bestehenden Gesetze betrachtete er nicht nur als eine Geste der Humanität, sondern auch als ein der Notwendigkeit des modernen Staates entsprechendes Prinzip.

Ein weiterer Grundbestandteil der Dohm'schen Argumentation war sein Glaube an die ›Macht‹ der Erziehung. Die Überzeugung von einer Erziehungsbedürftigkeit, aber zugleich einer Erziehungsfähigkeit von Juden machte sie in seiner Konzeption zum Hauptbestandteil der sittlichen und bürgerlichen Verbesserung der jüdischen Minderheit.

»Der moralische Charakter der Juden ist, so wie der aller Menschen, der vollkommensten Ausbildung und der unglücklichsten Verwilderung fähig, und der Einfluß der äußern Lage … hierbei nur zu sichtbar.«[81]

Seiner Darlegung zufolge war es von einer guten oder schlechten, durch den Staat gelenkten Erziehung abhängig, ob Menschen gut oder schlecht, nützlich oder unnütz wären.[82] Dabei hing er jedoch keineswegs der Illusion an, eine gute Erziehung würde bereits nach wenigen Jahren Erfolge offenbaren, sondern er verband mit ihr einen durchaus langwierigen Prozess.[83] Ebenfalls neu bei Dohm war der Glaube, dass nicht nur auf die Erziehung von Juden hingewirkt werden müsse, sondern auch bei Christen eine Auseinandersetzung stattzufinden habe, die, durch den Staat gelenkt, im Idealfall zu einer neuen und objektiveren Beurteilung von Juden führen sollte.[84]

Dohm bediente sich in seiner Publikation einer klassischen Argumentationsweise, insofern als er die allgemein diagnostizierten negativen Verhaltensweisen von Juden als ein Hindernis ihrer Integration betrachtete und sie im Einzelnen analysierte. Viele Vorurteile versuchte Dohm vorwegzunehmen und zu entkräften, bevor sie gegen ihn und seine Überzeugungen verwandt werden könnten. Dazu gehörten bspw. die Vorwürfe gegen die mosaische Religion, die Juden an der Übernahme bürgerlicher Pflichten hindere.[85] Aus der ›objektiven‹ sittlichen Verderbtheit von Juden sah Dohm die pragmatische Notwendigkeit einer bürgerlichen Verbesserung erwachsen. Damit war er der erste Nichtjude, der sich kritisch und ohne der Dominanz jahrhundertealter Vorurteile zu erliegen, der Problematik der jüdischen Integration annahm. Sein Verdienst war es, die Frage der Judenbehandlung zu einem öffentlichen Diskussionsthema gemacht zu haben, noch bevor die ersten Gesetze die Emanzipation von Juden verkündeten;

80 Vgl. *Dohm*, Bürgerliche Verbesserung der Juden, 1783, S. 178.
81 *Dohm*, Bürgerliche Verbesserung der Juden, 1781, S. 92.
82 Vgl. *Schimpf*, Emanzipation und Bildungswesen, S. 68 f.
83 Vgl. *Dohm*, Bürgerliche Verbesserung der Juden, 1781, S. 145.
84 Vgl. *Katz*, Jewish Emancipation, S. 110 und *Dohm*, Bürgerliche Verbesserung der Juden, 1781, S. 122.
85 Vgl. *Dohm*, Bürgerliche Verbesserung der Juden, 1781, S. 16 f.; 58 ff. und 62 ff.

dies wird vor allem an den zahlreichen Rezensionen erkennbar.[86] Zeitgleich zu Dohms Schrift erfolgte die rechtliche Besserstellung von Juden in der Habsburger Monarchie durch das Toleranzpatent Josephs II. Dieses blieb jedoch in allen Bereichen hinter den aufgeklärten Vorstellungen Dohms zurück. Bei aller Fortschrittlichkeit Dohms und trotz seiner Charakterisierung als aufgeklärter Beamter blieb er in einigen Fragen dennoch seiner Zeit verhaftet. So gab er die maßgebliche Aufgabe für die Besserung von Juden dem Staat in die Hand und glaubte an eine Reform ›von oben‹. Auch wenn niemand von den Vorteilen ›bürgerlicher Gesellschaft‹ ausgeschlossen bleiben sollte, oblag es für Dohm alleine dem weisen Regenten, seine Untertanen durch wohldurchdachte Gesetze zu treuen und loyalen Bürgern zu machen.[87]

Kernpunkt der Debatte um Dohm war die Frage nach den Voraussetzungen für eine Aufnahme von Juden in den bürgerlichen Verband. Diese Überlegungen boten Gegnern der Judenintegration die Möglichkeit, einen hinhaltenden Widerstand auszuüben, indem sie beständig neue Bedingungen formulierten, die für eine Integration zu erfüllen wären. Einigkeit herrschte bei der absoluten Mehrheit der Beteiligten in der Beurteilung des bedrückenden und menschenunwürdigen Zustandes von Juden und dem Bestreben, dieser Situation ein Ende zu bereiten – divergent waren hingegen die Vorstellungen darüber, in wessen Verantwortlichkeit eine Besserung falle. Eine Mehrzahl christlicher Aufklärer ließ keine Bereitschaft erkennen, Juden als Juden zu emanzipieren. Immer wieder stießen sie an die Grenzen ihrer Toleranz, und die häufig proklamierte Gleichheit aller Menschen konnte auch von aufgeklärten Publizisten nicht bedingungslos auf Juden angewandt werden. In ihren Augen sollte ›der Jude‹ sich zunächst von seinem Jude-Sein distanzieren, um Mensch und dadurch integrierbar zu werden.

Die Kontroverse um die Dohm'sche Schrift wirkte weit über Preußen und ein nur gelehrtes Publikum hinaus. Infolge der Aufklärung waren Juden in der Gesellschaft sichtbar geworden, die Ghettomauern wurden zunehmend durchlässig und ermöglichten einen intensiver werdenden Austausch zwischen Juden und Nichtjuden. Die Auseinandersetzung mit einer jüdischen Oberschicht im Rahmen der Salons oder der Freimaurerlogen, aber vor allem innerhalb der

86 Zur 1. und 2. Auflage der Dohm'schen Schrift erschienen zwischen 1780 und 1786 mindestens 25 Besprechungen in unterschiedlichen Journalen. Zu diesen Rezensionen gehörten z. B. *Anonymus*, Bürgerliche Verbesserung der Juden, 1784; *Anonymus*, Dohm, C. W. v. (Rezension), 1784; *Anonymus*, Rezension Dohm, 1784; *Rm.*, Dohm, C. W. (Rezension), 1784; *Anonymus*, Dohm, C. W. v. (Rezension), 1781; *Büsching*, Bürgerliche Verbesserung der Juden (Rezension), 15.10.1781; *[Hißmann]*, Berlin und Stettin (Rezension), 1.12.1781; *[Cranz]*, Rezension (Dohm), 1782; *Iselin*, Dohm, C. W. v. (Rezension), 1782; *Maier*, Rezension Dohm, 1782; *Michaelis*, Bürgerliche Verbesserung der Juden, 1782; *Nmk.*, Dohm, C. W. v. (Rezension), 1782; *Anonymus*, Dohm, C. W. v. (Rezension), 1783; *Hißmann*, Dessau und Leipzig (Sammelrezension), 11.10.1783.

87 Vgl. *Brammer*, Judenpolitik und Judengesetzgebung, S. 20.

publizistischen Diskussion hatte zu neuen Haltungen gegenüber einem Teil dieser Minderheit geführt. Gleichzeitig blieben auch nach Dohm überkommene Ressentiments, insbesondere bezüglich der jüdischen Mittel- und Unterschichten, immer latent vorhanden. Die über Jahrhunderte geprägten und verfestigten Stereotype konnten nicht durch einige Reformen und Anpassungen auf jüdischer Seite oder vereinzelte christliche Äußerungen zugunsten von Juden zu einem grundlegenden Bewusstseinswandel führen. Dennoch verlangte das Aufbrechen der Ghettos eine neue Klassifizierung und eine Auseinandersetzung mit Juden und ihrer gesellschaftlichen Stellung im preußischen Staat.

Die Debattierer in der Kontroverse um die Dohm'schen Vorschläge können in drei Gruppen eingeteilt werden: Erstens die Befürworter Dohms, die sich seiner Argumentation anschlossen, in ihren Forderungen aber keinesfalls über ihn hinausgingen, zweitens diejenigen, die eine vermittelnde Position einnahmen und drittens die Gegner der Dohm'schen Vorschläge. Hinzu kommen einige jüdische Stimmen in der Debatte; diese diskutierten die neue Idee einer Erziehung und Besserung sehr intensiv, jedoch vor dem Hintergrund einer allgemeinen Glaubensreform, sodass die betreffenden Äußerungen separat betrachtet werden müssen und nur selten Eingang in die allgemeine Kontroverse fanden.

Zunächst überwogen die zustimmenden Äußerungen in der Kontroverse, doch im weiteren Verlauf der Jahre bis 1785 dominierten die Gegner der Dohm'schen Vorschläge die öffentliche Auseinandersetzung – daran konnte auch Mendelssohns eindringliches Plädoyer für die Gleichstellung von Juden nichts ändern.

Es fanden sich, vor allem in den direkten Reaktionen auf Dohm, zahlreiche Schriften, die seine Ziele ausdrücklich unterstützten. Zu diesen Autoren zählten bspw. H. F. Diez,[88] Christoph Goßler[89] und J. G. Maier.[90] Mehrheitlich handelte es sich um Beamte mit hoher Sachkompetenz in juristischen und administrativen Fragen, die die Problematik der jüdischen Minderheit von merkantilistisch-utilitaristischen Gesichtspunkten aus betrachteten. Gleichzeitig verband sie ein frühliberaler Glaube an naturrechtliche Prinzipien, ergänzt um Kenntnisse der zeitgenössischen Philosophie.[91] Sie verlangten ebenfalls die Beseitigung aller Ungleichheiten und glaubten, dass sich infolge eines geselligen Kontakts zwischen Juden und Nichtjuden Gegensätze und Vorurteile abschwächen und letztendlich verschwinden würden – eine Konversion von Juden zum Christentum lehnten sie ausdrücklich ab. Vielmehr begrüßten sie die Verbreitung der Aufklärung unter Juden, da diese auch im Christentum und unter Christen positive Änderungen hervorgebracht hätte.[92] Sie befürworteten somit das Modell einer

88 Vgl. *Diez*, Über Juden, 1783b.
89 Vgl. *Goßler*, Versuch über das Volk, 1786.
90 Vgl. *Maier*, Rezension Dohm, 1782 und *Maier*, Anonym (Rezension), 1782.
91 Vgl. *Heinrich*, …man sollte das Publikum, S. 828.
92 Vgl. *Diez*, Über Juden, 1783b, S. 10 ff. und 45.

Selbstemanzipation von politischer Unterdrückung und religiöser Bevormundung und präsentierten sich eindeutig als Anhänger einer weitreichenden Aufklärung, indem sie auch das Christentum einer strengen Religionskritik unterwarfen und sich gegen einen christlichen Herrschaftsanspruch aussprachen.[93] In dieser Ausrichtung lehnten sie teilweise jede Dominanz einer Religion über Menschen ab, sodass sie ihre allgemeine Religionskritik auch die Hoffnung artikulieren ließ, dass Juden durch eine vollständige bürgerliche Gleichheit die Anhänglichkeit an ihren Glauben verlieren könnten,[94] um dadurch eine kulturelle und nicht länger religiöse Gemeinschaft von Bürgern entstehen zu lassen. Das Haupthindernis für eine erfolgreiche jüdische Integration sahen diese Publizisten in den mentalen Barrieren zwischen beiden Gruppen und dem Fehlen eines gemeinsamen Alltags. Dennoch waren sie überzeugt davon, dass diese Hindernisse durch die Freiheit aller beseitigt werden könnten.[95] Zudem stellten sie die jüdische Problematik in einen Zusammenhang mit der Pauperismuskontroverse und behandelten sie dadurch als übergreifendes gesellschaftliches Problem, indem sie die Armut der jüdischen Minderheit zur Ursache ihrer Forderung nach Verbesserungen machten.[96] Eine andere Argumentationslinie fand sich, wie auch schon bei Dohm, in den ökonomischen Betrachtungen und dem Hinweis auf die staatlichen Vorteile durch einen freien Zugang von Juden zu allen Erwerbszweigen, hier verbunden mit der Hoffnung auf eine Beseitigung der jüdischen Armut und Kriminalität.[97] Trotz dieser Grundhaltung blieben auch diese Autoren skeptisch, ob Juden jemals so ›gute Bürger‹ sein könnten wie Christen.[98]

Als vermittelnde Position kann die Diskussion über eine vorübergehende bis langfristige Kolonialisierung bzw. Separierung von Juden angesehen werden, auch wenn dieser Vorschlag von Dohm bereits abgelehnt worden war.[99] Die Hoffnungen bezüglich einer solchen Behandlung von Juden reichten von einer dauerhaften Verdrängung der Problematik bis hin zu einer allmählichen Angleichung von Juden an die Mehrheitsgesellschaft. Als ›vermittelnde Autoren‹ müssen zudem diejenigen Autoren verstanden werden, die versuchten, (abseits persönlicher Angriffe) in einer sachlichen Darstellung ihre Bedenken, Vorbehalte und Einschränkungen gegenüber den Dohm'schen Vorschlägen zu verdeutlichen, wobei eine eindeutige Zuordnung von Autoren zu dieser Gruppe schwerfallen muss.

93 Vgl. ebd., S. 45 f., ähnlich auch bei *Schuckmann*, Ueber Judenkolonien, Januar 1785.
94 Vgl. *Diez*, Über Juden, 1783b, S. 13.
95 Vgl. *Maier*, Rezension Dohm, 1782, S. 309.
96 Vgl. ebd., S. 310 und *Goßler*, Versuch über das Volk, 1786, S. 83 f. und 86.
97 Vgl. *Goßler*, Versuch über das Volk, 1786, S. 83 und 86 f.
98 Vgl. *Diez*, Über Juden, 1783b, S. 45.
99 Vgl. *Schlözer*, Vorschläge zur bürgerlichen Verbesserung, 1793; *Iselin*, Dohm, C. W. v. (Rezension), 1782 und *Anonymus*, Dohm, C. W. v. (Rezension), 1781.

Die betreffenden Autoren sprachen sich zwar gegen Dogmatismus, Intoleranz und Gewissenszwang aus, zeichneten aber dennoch ein durchweg negatives Bild vom Judentum und konnten sich nicht von der Vorstellung der Überlegenheit des Christentums gegenüber dem jüdischen Glauben lösen.[100] Es gelang ihnen aber sich von den offensiven Bekehrungsversuchen der Dohm'schen Gegner zu lösen, da ihrer Meinung nach nicht der gesamte jüdische Glaube, sondern nur die jüdischen Zeremonialgesetze einer Aufklärung im Wege standen.[101] Trotz ihrer sachlichen Argumentation vor allem auf rechtstheoretischer Ebene gelangte die Mehrheit dieser Autoren zu dem Schluss, dass das Christentum als Staatsreligion unabdingbar sei, sodass sie sich häufig in Widersprüche verwickelten, indem sie zwar eine freie Religionsausübung befürworteten, aber eine Trennung von Staat und Kirche, wenn auch aus pragmatischen Gründen ablehnten.

»In diesem Labyrinthe, … schien denen Staaten, die von der einen Seite gegen die Religion ihrer Bürger nicht gleichgültig waren, und doch auch von der andern die geheiligten Rechte der Menschheit nicht so sehr verkannten, daß sie sich die schrecklichste aller Tyranneien, den Gewissenszwang erlaubt hätten, kein anderer Ausweg übrig zu seyn, als mit einer der vorhandenen Religionen gewisse Vorrechte zu verknüpfen, und die übrigen unter einer oder der andern Einschränkung, zu dulden.«[102]

Bei der Mehrheit der Gegner Dohms offenbarte sich die Hartnäckigkeit antijüdischer Vorurteile, an deren Überwindung Dohm gelegen gewesen war. So attestierten sie Juden eine unveränderliche Schädlichkeit für Staat und Gesellschaft und bezeichneten sie als »abgefeimte und durchtriebene Schurken«[103], als »boßhafte und dumme Nation«[104], zumal auch Erfahrung und Geschichte bewiesen, dass »die Juden gedrückt worden sind, weil sie nichts taugten.«[105] In diesen Publikationen fand sich eine wahllose Zusammenstellung antijüdischer Vorurteile, so z. B. Lasterhaftigkeit, Nationalstolz, Separatismus, Arbeitsscheu und Unglaubwürdigkeit, teilweise belegt durch direkte Bezüge auf Eisenmengers Schrift.[106] In einer Umsetzung der Dohm'schen Vorschläge sahen diese Publizisten eine eindeutige Gefahr für den Bestand der Staaten, sodass sie häufig das Selbsterhaltungsinteresse der Staaten gegen eine jüdische Integration instru-

100 Vgl. *Cranz*, Mißbrauch der geistlichen Macht, 1781, S 8 ff. und *Hesse*, Forschen nach Licht, 1783, S. 47.

101 Vgl. *Hesse*, Forschen nach Licht, 1783, S. 19 f. und 33.

102 *Zöllner*, Moses Mendelssohn's Jerusalem, 1784, S. 125.

103 *Klingler*, Unnütz- und Schädlichkeit der Jüden, 1782. Diese Veröffentlichung bezieht sich nicht nur auf Dohm, sondern auch auf das Toleranzedikt Josephs II, S. 47.

104 *Klingler*, Unnütz- und Schädlichkeit der Jüden, 1782, S. 17, 44 und 52.

105 *[Hißmann]*, Berlin und Stettin (Rezension), 1.12.1781, S. 758.

106 Vgl. *Hartmann*, Untersuchung bürgerliche Freiheit, 1783, S. 13 f, 47–65, 109 f.

mentalisierten.[107] Des Weiteren benötige der Staat die christliche Kirche zwingend als Instrument sozialer Disziplinierung, sodass die Einheit von Staat und Kirche nicht zerstört werden dürfe.[108]

Diese Autoren entstammten meist einem bürgerlichen Milieu und waren als Prediger, Orientalisten oder Theologen gut mit dem christlichen Glauben und ebenso mit dem Judentum vertraut. Gleichzeitig hingen sie einer konservativen Haltung an, die am besten August Georg Uhle zum Ausdruck brachte, indem er im Hinblick auf Änderungen in der Stellung von Juden formulierte: »Lassen wir doch die Welt so wie sie ist.«[109]

Das entscheidende Hindernis auf dem Weg zu einer gleichberechtigten Einbeziehung von Juden sahen sie in der mosaischen Religion[110] und bezweifelten, dass die Schädlichkeit von Juden durch eine Erziehung zu überwinden sei, da eine solche die Ursache, d.h. den jüdischen Nationalcharakter nicht beseitigen könne,[111] da dieser nur durch innere und nicht durch äußere Veränderungen im Judentum aufzuheben sei. Juden sollten aufgrund ihrer Intoleranz von jeglicher christlicher Toleranz ausgeschlossen bleiben, denn solange Juden auf ihrer Religion bestünden, hätten auch Christen keine Veranlassung, die Trennung zwischen sich und Juden aufzuheben. Erst wenn die jüdische Minderheit bereit sei, sich zu integrieren, dürften ihnen Christen entgegenkommen[112] – bislang hätten Juden jedoch nur ihre Unfähigkeit zu einer Aufklärung unter Beweis gestellt.[113] Die Dohm'sche Forderung wurde in ihr Gegenteil verkehrt, sodass die von Dohm erhofften Folgen einer Emanzipation zu ihrer Bedingung werden konnten; vordergründig erhielten Juden die Verantwortung für ihre Emanzipation.[114]

In einem Teil dieser Schriften fand sich bereits ein neues, rassisch aufgeladenes Element, in dem Hinweis auf das ›orientalische Temperament‹ von Juden, das eine Vermischung mit einem ›nordischen Volk‹ unmöglich mache.[115] Juden stellten bei ihnen eine vollkommen fremde Nation dar, die nicht zum Kriegsdienst tauglich sei und deren Gleichberechtigung ein Unrecht an der christlichen Bevölkerung bedeute. Dieser spezifische jüdische Nationalcharakter habe seine Ursache in der jüdischen Religion und könnte erst mit ihr zum Verschwin-

107 Vgl. ebd., S. 194f.

108 Vgl. *Uhle*, Moses Mendelssohns Jerusalem, 1784, S. 28–31 und 51–60.

109 Ebd., S. 57.

110 Vgl. *Michaelis*, Bürgerliche Verbesserung der Juden, 1783, S. 41 ff.

111 Vgl. *Graetz*, Jüdische Aufklärung, S. 320.

112 Vgl. *[Schulz = Zopf]*, Philosophische Betrachtungen, 1784, S. 216 und 219.

113 Vgl. *[Hißmann]*, Berlin und Stettin (Rezension), 1.12.1781, S. 756ff.

114 Vgl. *Schwager*, Bürgerliche Verbesserung der Juden, 1783.

115 »Der Jude zeigt durch seine Haare und Gesichtsbildung, wie weit er von uns absteht (über uns oder unter uns? ist hier die Frage nicht) und ebenso verschieden ist auch sein Geist von dem unserigen.« *Hartmann*, Gleichstellung Juden, 1834, S. 100.

den gebracht werden.[116] Die entsprechenden Publikationen nahmen einen deutlich aggressiveren Tonfall an, und die Mehrheit ihrer Autoren war nicht bestrebt, ihre antijüdischen Einstellungen hinter aufgeklärten Gedanken und Überzeugungen zu verbergen.

In diesen Darstellungen blieb die Konversion die einzige Möglichkeit für Juden, sich von ihren ›belastenden Eigenschaften‹ zu befreien. Dies aber nicht nur aus religiösen Gründen, sondern vielmehr, weil nur durch eine solche Maßnahme die Anerkennung der Staatsgesetze durch Juden und ihre Unterordnung unter diese ohne Ausnahmen gesichert werden könnte – vorrangiges Ziel war eine religiöse Homogenisierung des Untertanenverbandes unter dem Dach des Christentums. Dieser Wunsch reichte teilweise so weit, dass Juden auch mit Gewalt von ihrem ›Unglauben‹ abgebracht werden sollten.[117] Bis Juden sich zu den christlichen Wahrheiten bekennen würden, wären sie jedoch »ärger, gefährlicher, schädlicher, boshafter und blinder als die Heiden«[118]. Deutlich wurde hier die Angst vor einer zunehmenden Überfremdung der ›christlichen Gesellschaft‹ durch einen angeblich massiven demographischen Druck von jüdischer Seite.[119] Sollten Juden sich dieser Forderung nicht unterwerfen wollen, rechtfertigte dies ihren weiteren Ausschluss, verbunden mit ausgedehnten Restriktionen im Hinblick auf Niederlassungsrecht, Grund- und Immobilienbesitz.[120]

Innerhalb des Judentums etablierte sich zeitgleich eine Differenzierung zwischen Maskilim (wobei auch diese keinesfalls homogen für eine Assimilation eintraten) und orthodox-konservativen Juden. In der Debatte um Dohm äußerten sich mehrheitlich aufgeklärte Juden und bekräftigten dessen Vorschläge. Teilweise gaben sie sich nicht als Juden zu erkennen, zu ihnen gehörte zunächst auch Naftali Herz Wessely, der die Initialen seines Freundes Johann Christian Unzer für seine Publikation nutzte,[121] da er sich davon eine größere Beachtung versprach. Auch war es Juden nicht ohne Weiteres möglich, sich mit nur wenigen eigenen Zeitschriften und Publikationsorganen Gehör in der Öffentlichkeit zu verschaffen.[122] Auf der anderen Seite erfüllten nur wenige Juden die Voraussetzungen für eine gleichberechtigte Teilnahme an der Auseinandersetzung.

116 Vgl. *[Hißmann]*, Berlin und Stettin (Rezension), 1.12.1781, S. 755 f.

117 Vgl. *Bayrer*, Hülfsbüchlein zum Unterrichte, 1794.

118 Ebd., S. 36; *Hartmann*, Gleichstellung Juden, 1834, S. 183.

119 Vgl. *Hartmann*, Gleichstellung Juden, 1834, S. 150–194 und *Feder*, Berlin (Rezension Jerusalem), 27.9.1783.

120 Michaelis ging so weit, die Forderung nach Judenkolonien als Strafkolonien in möglichst entfernten Gebieten aufzugreifen (*Michaelis*, Bürgerliche Verbesserung der Juden, 1782, S. 12, 14, 27 f.), und war einer der wenigen, die selbst getauften Juden keine Aufnahme in den Untertanenverband ermöglichen wollten (*Michaelis*, Mendelssohns Jerusalem (Rezension), 1783, S. 91 ff.).

121 Vgl. *Unzer [Wessely]*, Anmerkungen zu der Schrift des Herrn Dohm, 1782.

122 Der »Ha-Meassef« als aktives jüdisches Periodikum erwähnte die Dohm'sche Schrift in keiner seiner Ausgaben.

Einig waren sich jüdische Publizisten in ihrem Wunsch, das Judentum zu erhalten, und damit verbunden in der Ablehnung der Taufe als Voraussetzung für eine Emanzipation. Vielmehr wollten sie das Judentum ›gesellschaftsfähig‹ machen, um dadurch eine Gleichstellung zu erlangen; sie waren bereit, den Forderungen Dohms zu entsprechen und Änderungen bzw. Anpassungen an die christliche Umwelt vorzunehmen. Die jüdische Mehrheit war hingegen nicht in der Lage oder gewillt, in der beginnenden Auseinandersetzung Stellung zu beziehen, sodass ihre Ansichten kein Forum fanden bzw. brauchten. Dennoch kann davon ausgegangen werden, dass nur ein verschwindend kleiner Teil preußischer Juden von den Prämissen und Idealen der Aufklärung erfasst wurde und diese auf die eigene Position anwandte. Die Mehrheit hingegen blieb aus verschiedenen Gründen, bspw. wegen der fehlenden Lese- und Schreibfähigkeit oder der noch immer isolierten Lebensweise, in ihren traditionellen Strukturen verankert und zugleich relativ abgeschirmt gegenüber äußeren Einflüssen. Erst mit den Erfolgen der jüdischen Bildungsreform im Zuge der Haskalah konnten die Ideen der Aufklärung einem größeren jüdischen Kreis zugänglich gemacht werden. Gleichzeitig nahmen die Maskilim die Erziehungsprämisse Dohms dankbar auf. Wessely befürwortete eine umfassende Reformierung der jüdischen Erziehung und ging über Dohm hinaus, indem er eine Anpassung der religiösen Gesetze an die gegenwärtigen Zeitumstände forderte.[123] Hinter diesem Appell stand die Überzeugung, dass das Judentum eine weltliche und eine religiöse Komponente in sich vereine, nun aber auf seine religiösen Elemente reduziert werden solle, um dadurch zu einer Konfessionalisierung beizutragen.

Eine Sonderstellung innerhalb der jüdischen Stimmen nehmen Mendelssohns Stellungnahmen ein. Er agierte in der Kontroverse mit zwei Beiträgen, zum einen mit der Vorrede zu Menassehs »Rettung der Juden«[124] (1782), zum anderen mit seiner Schrift »Jerusalem – oder über die Religiöse Macht des Judenthums«[125] (1783). Beide Äußerungen unterschieden sich grundlegend voneinander. Hatte Mendelssohn im Anschluss an die Dohm'sche Publikation auf eine zunehmende Offenheit und Toleranz gehofft, so brachte er im Menasseh seine Enttäuschung darüber zum Ausdruck, dass offensichtlich noch immer die gleichen Vorurteile wie vor der Aufklärung gegen eine Integration von Juden instrumentalisiert würden. Im weiteren Verlauf argumentierte er hauptsächlich frühliberal und ökonomisch, um den Regenten die Vorteile von Integration und allgemeiner Freizügigkeit deutlich zu machen. Zudem fanden sich erste Hinweise auf eine beginnende Reform innerhalb des Judentums.

123 Vgl. *Unzer [Wessely]*, Anmerkungen zu der Schrift des Herrn Dohm, 1782, S. 13 ff. und 23 ff.

124 Vgl. *Mendelssohn*, Vorwort, 1782. Die Schrift des sephardischen Juden Menasseh ben Israel (1656) erschien damit erstmals in deutscher Übersetzung.

125 Vgl. *Mendelssohn*, 39 Artikel der Kirche, 1784.

Im Unterschied dazu stellte »Jerusalem« die Programmschrift zu einer allgemeinen Judenemanzipation dar.[126] Zu Mendelssohns Hauptforderungen wurden hier die eindeutige Trennung von Staat und Kirche, die Durchsetzung der Gleichheit aller Menschen, der Glaubens- und Gewissensfreiheit.[127] Wie bereits Lessing betrachtete er beide Religionen als vollkommen gleichwertig und beanspruchte aus diesem Grund die Emanzipation von Juden als Juden;[128] er sah in der jüdischen Religion kein Hindernis für einen Juden, dem Staat als treuer und ergebener Untertan zur Verfügung zu stehen, denn auch für Juden bestehe die unbestreitbare Pflicht, ihr Vaterland zu verteidigen und dem Monarchen loyal zu dienen.[129] Seinen Glaubensgenossen empfahl Mendelssohn, sich der Verfassung ihres jeweiligen Heimatlandes unterzuordnen, gleichzeitig aber streng nach den jüdischen Gesetzen zu leben.[130] Neben ersten Versuchen, das zeitgenössische Judentum an die geänderte Lebenswirklichkeit anzupassen, beinhaltete seine Schrift die Bitte an die Monarchen und Regenten, Juden als »Mitmenschen und Miteinwohner des Landes«[131] anzuerkennen. Prinzipiell befürwortete auch er die Ausführungen Dohms; nur in zwei Punkten widersprach er diesem; einmal in der Begrenzung der Zahl von Juden, und zum anderen lehnte er Dohms Vorschläge zur innerjüdischen Rechtsordnung ab, da diese mit einer Einschränkung der rabbinischen Autorität einhergehen würden.[132]

In ihrem Verlauf kam es zu einer deutlichen Polarisierung der Debatte; kaum noch fanden sich vermittelnde Vorschläge, stattdessen verhärteten sich die Haltungen der Befürworter und Gegner einer sofortigen ›bürgerlichen Verbesserung‹ von Juden. Zwei unversöhnliche Meinungen standen sich gegenüber. Auf der einen Seite diejenigen, die Juden für unverbesserlich hielten, auf der anderen Seite die Gruppe derjenigen, die auch Juden die gleichen Rechte wie allen Menschen zukommen lassen wollte. Auf dieser Grundlage erschien eine weitere Diskussion und Annäherung wenig Erfolg versprechend.[133]

126 Vgl. *Heinrich*, …man sollte das Publikum, S. 864.
127 Vgl. *Mendelssohn*, Jerusalem, 1783, S. 129 und 146 ff.
128 Vgl. ebd., S. 136 ff.
129 Vgl. ebd., S. 127 f.
130 Vgl. ebd., S. 128 ff.
131 Ebd., S. 132.
132 Vgl. *Mendelssohn*, Vorwort, 1782, S. 22.
133 In der zweiten Auflage seiner Schrift stellte Dohm die hervorstechendsten Reaktionen zusammen und publizierte sie in einem separaten Band. Dabei versuchte er, auf einzelne Vorwürfe einzugehen, doch gelang es ihm nicht, über die bereits gemachten Aussagen hinauszukommen. Da er schon in seiner ersten Publikation zahlreiche Vorurteile vorweg entkräftet zu haben glaubte, kann ihm dies durchaus überflüssig erschienen sein, ohne das dahinter zwingend ein Zurückweichen bzw. die Angst vor einer weiteren Polarisierung der öffentlichen Stimmen ausgemacht werden muss. Heinrich sieht in der nur oberflächlichen Auseinandersetzung Dohms mit Michaelis einen deutlichen Hinweis dafür, dass Dohm vor der zunehmenden Polarisierung der Kontroverse zurückweicht. Vgl. *Heinrich*, …man sollte das Publikum, S. 853.

Die philosophische Elite schloss sich um 1790 der antijüdischen Position an, so z. B. Fichte,[134] Herder,[135] Hegel[136] und Kant;[137] beispielhaft hierfür die Haltungen Kants und Herders: Kant begriff das Christentum als eine reine Vernunftreligion, verbunden mit einer Verdammung anderer Religionen. Die wichtigsten Äußerungen Kants im Hinblick auf Judentum und Religion finden sich in den Schriften »Religion innerhalb der Grenzen der bloßen Vernunft« und »Streit der Fakultäten«. Seine späteren Veröffentlichungen[138] stellten die Hauptelemente der christlichen Religion und ihre Institutionen als philosophische Notwendigkeit und Wahrheit dar – dabei wirkten christliche Vorstellungen für Kant besonders nachhaltig auf die allgemeine Moral. Mit dem Bedeutungszuwachs des Christentums ging ein Bedeutungsverlust bzw. eine Abwertung des Judentums bei Kant einher. Am Ende dieser Entwicklung lehnte Kant das Judentum sogar als Ursprung des Christentums ab.[139] So sei das Christentum auf einem vollkommen neuen Prinzip gegründet, das eine Revolution in der allgemeinen Glaubenslehre bewirkt und sich ausdrücklich und nachhaltig vom Judentum gelöst habe.[140] Die Aufgabe des Judentums in der bestehenden Weltordnung sah Kant darin, dass es den einzig wahren Gegenpol zum Christentum darstelle. In seiner Beurteilung des Judentums kam Kant zu der Schlussfolgerung, dass dieses nur starre Gesetze und Gebote enthalte, denen die Menschen blind folgten, ohne sich der Kraft ihrer Vernunft zu bedienen. Die Gegenüberstellung von Vernunft (Christentum) und Unvernunft (Judentum) gab dem Letzteren seinen Platz in der Kant'schen Lehre. Für Kants Betrachtung des Judentums von besonderer Bedeutung war die Tatsache, dass er dem Judentum als bloßem Gesetzesglauben nicht die Rolle einer Konfession bzw. einer Religion zugestehen wollte. Denn nach der Kant'schen Definition beinhaltet jede Religion mehr als nur Gesetze – Mendelssohns Definition des Judentums als reiner Gesetzessammlung gab Kant die Argumente in die Hand, um dem Judentum den Charakter einer Religion abzusprechen. Das Judentum sei somit keine Religion, sondern nur ein politischer Glaube mit ausschließlich weltlichem Charakter.[141] Infolge dieses Verständnisses warf Kant dem Judentum einen Mangel an Religion, Moral und Innerlichkeit vor, der in seiner summarischen Zusammenstellung ungeheuerlich wirkte. Solange Juden am traditionellen Judentum festhielten, stellten sie für Kant eine minderwertige Gruppe dar, die vom Bürgerrecht aus-

134 Vgl. *Fichte*, Berichtigung der Urtheile, 1793.

135 Vgl. *Herder*, Philosophie der Geschichte, 1774; *ders.*, Vom Geist des Christentums, 1798; *ders.*, Religion, Lehrmeinungen und Gebräuche, 1798.

136 Vgl. *Hegel*, Geist des Christentums, 1797–1800 (1798–1800).

137 Vgl. *Kant*, Die Religion, 1793.

138 Vgl. z. B. *Kant*, Anthropologie in pragmatischer Hinsicht, erschienen 1798.

139 Vgl. *Kant*, Die Religion, 1793, S. 125.

140 Vgl. ebd., S. 127.

141 Vgl. ebd., S. 125.

geschlossen bleiben sollte. Kant, der zahlreiche jüdische Schüler hatte und zugleich Moses Mendelssohn mit Bewunderung verehrte, hielt an antijüdischen Überzeugungen fest. Er stieß, wie andere Aufklärer, an die Grenzen seiner Toleranz, sobald von ihm gefordert wurde, sich von überkommenen und überlebten Vorurteilen gegenüber der jüdischen Religion zu distanzieren und an ihre Stelle eine Neubewertung von Juden und Judentum zu setzen; und kann somit als prototypisch für eine große Gruppe aufgeklärter Intellektueller gelten.

Herder hingegen unterschied religiöse Menschen nicht grundsätzlich voneinander, denn alle seien vernunftbegabte Wesen. In den »Ideen zur Philosophie der Menschheit« schilderte er den nach Moses einsetzenden Verfall des Judentums und begründete diesen damit, dass Juden ihre Umwelt verächtlich betrachteten und alle ihre Hoffnungen auf unrealistische Weissagungen und Prophezeiungen gegründet seien, durch die sie glaubten, die Weltherrschaft erringen zu können. Im Gegensatz dazu sei das Christentum auf echte Humanität und Menschengüte gegründet. Einzige Anerkennung erlangten Juden und Judentum bei Herder in Bezug auf ihre Vorläuferrolle für das Christentum – damit hätten sie ihre Aufgabe für den sittlichen Fortschritt der Menschheit erfüllt und würden nicht länger benötigt.[142] Insbesondere die Entwicklung und Verbreitung des Monotheismus, der später zur Grundlage aller Philosophien und Religionen wurde, rechnete Herder dem Judentum als Verdienst an. Die fehlende geistige Weiterentwicklung des Judentums, die am Ende der politischen Staatlichkeit abzulesen sei, zeige aber seine Verkümmerung; zugleich offenbare diese Entwicklung, dass eine Emanzipation von Juden nur negative Folgen haben könne. Herder begriff Juden als ein fremdes, asiatisches Volk, das, über alle Welt verstreut, nur noch schädliche Wirkungen entfalte.[143] Die von ihm diagnostizierte Abschwächung des Gegensatzes und der Feindschaft zwischen Judentum und Christentum hielt er für keinen ausreichenden Grund, um das staatliche Verhalten gegenüber dieser Minderheit zu ändern. Vielmehr müsse sich der Staat immer wieder vor Augen führen, wie abträglich ein solch fremdes, einer eigenen Nationalität huldigendes Volk für ihn sei. Neben dezidiert antijüdischen Äußerungen und Auffassungen, die sich vereinzelt in Herders Schriften finden, erscheint er an vielen Stellen seiner Verlautbarungen eher unentschieden.[144] Einmal bezeichnete er das Judentum als die verkommenste aller Religionen, in anderen Passagen hingegen fanden sich Christen- und Judentum nahezu gleichberechtigt nebeneinander; aufgrund dessen kann keine stringente Position in Herders Verhältnis zum Judentum ausgemacht werden.

Infolge der verhärteten Positionen eines auch philosophisch getragenen ›Antijudaismus‹ in Kombination mit massiven Einschränkungen der Kontroverse

142 Vgl. *Herder*, Ideen zur Philosophie, 1785, S. 56f.
143 Vgl. ebd., S. 139 und 340.
144 Vgl. ebd., S. 56f.

durch die Zensur erlebte die »öffentliche Auseinandersetzung um die Judenfrage bis zum beginnenden 19. Jahrhundert ... einen nachhaltigen Niedergang«[145]. Erst aus dem Sendschreiben Friedländers[146] (1799) und den polemischen Schriften Grattenauers[147] und Paalzows[148] (1803) resultierte eine Intensivierung der Auseinandersetzung. Der preußische Staat hingegen nahm die Beratungen über die Judenpolitik seit 1806 wieder auf.

Eine herausragende frühe, von der Französischen Revolution beeinflusste Schrift findet sich unter dem Titel »Apologie der Menschenrechte« und stammt vom jüdischen Autor Moses Hirschel.[149] Diese direkte Erwiderung auf Grattenauers zunächst noch wenig reflektierte Schrift »Über die physische und moralische Verfassung der heutigen Juden« von 1791 hat in der bisherigen Forschung kaum Berücksichtigung erfahren, obwohl sie zahlreiche Argumentationsmuster der Kontroverse nach 1800 bereits in voller Ausprägung enthält und andererseits neben Dohm einen zweiten Höhepunkt der Anwendung aufgeklärter Grundsätze auf die jüdische Problematik darstellt. Über Dohm hinaus ging Hirschel in seinen Überlegungen zum Verhältnis zwischen Kirche und Staat und der Reichweite von Toleranz.[150] Er bestritt den absoluten Wahrheitsanspruch einer Glaubensgemeinschaft gegenüber anderen und damit das Recht auf Bekehrung. Vielmehr müsste jede Kirche auch andere Kirchen neben sich akzeptieren, da die Rechte des Menschen und Bürgers keinen Glaubenszwang gelten ließen.[151] In diesem Zusammenhang erschien erstmals Hirschels Forderung nach bedingungsloser Toleranz, die sich durch die gesamte Publikation zieht. In seinem Toleranzverständnis sah er alle Menschen verpflichtet, unabhängig von ihrem Glauben, die Rechte der Menschen zu respektieren, denn »der Mensch ist eher Mensch, ehe er Christ, Jude, Türke usw. wird«[152]. Zur Begründung dieser Überzeugung berief er sich auf das positive Naturgesetz. Diese Form von Toleranz wollte Hirschel auch auf die jüdische Minderheit ausgedehnt sehen, da Juden ebenfalls Menschen seien.[153]

In der bisherigen Abgrenzung und Isolation von Juden erkannte er keine Rechtfertigung dafür, ihnen Menschenrechte vorzuenthalten. Die Juden entgegengebrachten Vorwürfe des Wuchers und Betrugs versuchte Hirschel dadurch zu entkräften, dass er sie nicht als jüdische Eigenarten anerkannte, sondern

145 *Heinrich*, ...man sollte das Publikum, S. 821.

146 Vgl. *[Friedländer]*, Sendschreiben an Hochwürden, 1799.

147 Vgl. *Grattenauer*, Wider die Juden, 1803; *ders.*, Erster Nachtrag zu Erklärung, 1803 und *ders.*, Erklärung über meine Schrift, 1803.

148 Vgl. *Paalzow*, Juden-Staat, 1803; *ders.*, Tractatus historico-politicus, 1803; *Paalzow*, Der Jude und der Christ, 1804 und *Paalzow*, Bürgerrecht der Juden, 1803.

149 Vgl. *Hirschel*, Apologie der Menschenrechte, 1793.

150 Vgl. ebd., S. XXXIII.

151 Vgl. ebd., S. 7 ff. und S. 11 f.

152 Ebd., S. 26.

153 Vgl. ebd., S. 38.

darauf verwies, dass sich in allen Gruppen, auch unter Christen, Betrüger und schlechte Menschen fänden.[154] Den niederen jüdischen Sinn akzeptierte er hingegen, doch habe allein der von Christen ausgeübte Druck ihn hervorgebracht.[155] Um die Ansprüche von Juden auf bürgerliche Rechte zu unterstreichen, führte Hirschel die jüdische Vaterlandsliebe, ihre Treue gegenüber dem Monarchen und ihre Bereitschaft, diese Treue auch durch ihr Blut unter Beweis zu stellen, an.[156]

Dennoch betonte er als Aufklärer die Notwendigkeit einer staatlichen Einflussnahme auf die jüdische Erziehung und appellierte zugleich an die Geduld; da die Natur keinen Sprung machen könne, müsse auch die menschliche Entwicklung stufenweise bewirkt werden, sodass Erfolge nicht sofort erwartet werden dürften.[157] Toleranz war in seinen Augen eine Tugend, die nicht missbraucht werden dürfe, so wie es der angeblich kosmopolitische Verfasser der Schrift »Über die physische und moralische Verfassung der heutigen Juden« in seinen Ausführungen tue. In Hirschels Argumentation offenbarte sich bereits das gesamte Spektrum jüdischer und proemanzipatorischer Darstellungen. Seine ausführlichen Betrachtungen lehnten sowohl die Charakterisierung von Juden als Nation als auch die als untergeordnete Religionsgemeinschaft ab; gleichzeitig sollten die allgemeinen Menschenrechte Juden vollständig zukommen, da die religiöse Verankerung allein eine Frage des Gewissens, nicht aber der Menschlichkeit oder Staatlichkeit sei. Keine jüdische Publikation der folgenden Jahre ging in ihrer Ausführlichkeit und der Vielfältigkeit ihrer Begründungen und Abwehrversuche über Hirschel hinaus. Seine Veröffentlichung erfuhr jedoch weder in jüdischen noch in nichtjüdischen Kreisen Beachtung;[158] offensichtlich wurde seine Schrift nicht in einen Zusammenhang mit der Auseinandersetzung um die Publikationen von Dohm, Grattenauer oder später Friedländer gestellt, womit sie isoliert zwischen zwei intensiven Debattenabschnitten stand.

Die neuerliche Belebung der Kontroverse um 1800 begann mit der zunächst anonym erschienenen Schrift David Friedländers, »Sendschreiben an Seine Hochwürden, Herrn Oberconsistorialrath und Probst Teller zu Berlin von einigen Hausvätern jüdischer Religion«,[159] Fabrikant und Schüler Mendelssohns und seit 1799 erster jüdischer Stadtrat in Berlin.[160] Deutlich mehr Praktiker als

154 Vgl. ebd., S. 102 ff.

155 Vgl. ebd., S. 110.

156 Vgl. ebd., S. 138.

157 Vgl. ebd., S. 34 und 181.

158 Eine einzige kritische Rezension findet sich in: *Anonymus*, Hirschel (Rezension), 1796.

159 Die Autorenschaft Friedländers wurde bereits in den Entgegnungen desselben Jahres vermutet (*[Schleiermacher]*, Briefe bei Gelegenheit, 1799, S. 12), doch erst 1819 bekannte sich Friedländer öffentlich zu seiner Schrift (*Littmann*, David Friedländers Sendschreiben, S. 93). Nicht geklärt werden kann hingegen die Identität der Hausväter.

160 Zur Person Friedländers vgl. *Lowenstein*, Jewishness; *Meyer*, Mendelssohn bis Zunz, S. 66–98; *Frankel*, David Friedländer, S. 65–76; *Freund*, David Friedländer, S. 77–92 und *Ritter*, David Friedländer.

Mendelssohn beabsichtigte Friedländer, Juden eine Annäherung an die christlich-deutsche Kultur zu ermöglichen. In diesem Bestreben übersetzte er hebräische Gebete und Teile der Heiligen Schrift – wodurch er gleichzeitig die Haskalah unter der jüdischen Gemeinschaft verbreiten wollte. Die Annahme der deutschen Kultur begriff er als grundlegende Bedingung für die Aufnahme von Juden in den Staatsbürgerverband. In vielen Fällen, so auch teilweise bei Friedländer selbst, war diese Annäherung mit einer deutlichen Distanzierung von den jüdischen Überlieferungen und Traditionen verbunden.[161] Obwohl Friedländers Ideen und Vorschläge keineswegs neu waren,[162] reagierte die (theologische) Öffentlichkeit erst auf diese hervorstechende und sehr persönliche Schrift.

Die Auseinandersetzung um Friedländers Sendschreiben wirkt innerhalb der allgemeinen Kontroverse relativ rückschrittlich, sie entsprach noch deutlich mehr dem Charakter eines reinen Gelehrtendisputes und basierte im Unterschied zur Debatte um Dohm eher auf der theologischen Grundsatzfrage, inwiefern sich Christentum und Judentum unterscheiden würden bzw. in welchen Punkten Gemeinsamkeiten zwischen beiden Religionen bestünden. Andererseits offenbarte Friedländers Publikation die Verzweiflung aufgeklärter Juden. Die Schrift und die sich mit ihr befassenden Entgegnungen involvierten zwar nur eine kleine Anzahl von Publizisten,[163] doch wurde die Kontroverse in der Öffentlichkeit, wie zahlreiche Rezensionen betonten, interessiert verfolgt; sie war vor allem auf dem Weg zu einer Reformierung des Judentums und für die innerjüdische Auseinandersetzung von großer Bedeutung. Gleichzeitig ermöglichte sie einem breiten Publikum, einer ›gelehrten‹ Kontroverse in deutscher Sprache zu folgen, die Argumente gegeneinander abzuwägen und sich selbst zu positionieren – auch wenn gerade dies einem großen Teil schwergefallen sein dürfte, wie einige Rezensenten hervorhoben.[164]

Die Adressierung des Schreibens an Teller (1734–1804), anerkannter radikaler Aufklärer und Theologe,[165] war bewusst gewählt; zudem hatte sich Teller in seinem »Wörterbuch des Neuen Testaments zur Erklärung christlicher Lehre«[166] nachdrücklich für eine Gleichstellung von Juden eingesetzt. Friedländer und

161 Vgl. *Schoeps*, Deutsch-jüdische Symbiose, S. 33 f.

162 So äußerten bereits vier anonyme Autoren vor Friedländer ähnliche Vorschläge: *Anonymus*, Das Christenthum, 1794; *Anonymus*, Bemerkungen über die politisch-theologische Aufgabe, 1799; *Anonymus*, Ideen über Behandlung der jüdischen Täuflinge, 1799 und *Anonymus*, Auflösung politisch-theologischen Aufgabe, 1799 – die letzten drei Schriften bilden dabei eine eigene Teildebatte.

163 Ellen Littmann hat 23 selbstständige Schriften, zehn Aufsätze und eine Reihe mehr oder weniger ausführliche Besprechungen in verschiedenen Zeitschriften und Zeitungen ausgemacht. Vgl. *Littmann*, David Friedländers Sendschreiben, S. 104 ff.

164 Vgl. *Anonymus*, Protestantische Gottesgelahrtheit, 1801, S. 270.

165 Vgl. dafür seine zwei Schriften: *Teller*, Anleitung zur Religion, 1792 und *ders.*, Religion der Vollkommnern, 1792.

166 Vgl. *Teller*, Wörterbuch des Neuen Testaments, 1772.

seine Freunde glaubten, bei Teller am ehesten Verständnis für ihre Interessen, insbesondere für ihren Wunsch nach staatsbürgerlicher Gleichberechtigung, finden zu können. Nach einer Situationsbeschreibung der Lage der (Berliner) Juden, in der Friedländer den herrschenden Zustand nicht nur mit der christlichen Haltung und Ablehnung gegenüber Juden begründete, sondern auch Juden einen Teil der Schuld zuwies,[167] wandte er sich der Bedeutung und Stellung der jüdischen Zeremonialgesetze zu, die in seinen Augen national-partikularistischen Tendenzen dienten. Friedländer lehnte insbesondere den Messiasglauben ab, da er überzeugt davon war, dass ein wirkliches Sesshaftwerden von Juden nur durch die Aufgabe der Messiashoffnung und des Wunsches nach Rückkehr in das geheiligte Land möglich werden würde.[168] In seiner Schrift bot er Teller die Ablegung eines modifizierten Bekenntnisses von Juden zur christlichen Kirche an, in der Erwartung, dass durch diese Bereitschaft die gesellschaftliche, rechtliche und politische Integration von Juden Fortschritte machen würde. Grundlegend für den Willen zu einer ›Teil-Konversion‹ war die Überzeugung Friedländers, dass sich sowohl die jüdische als auch die christliche Religion auf einen reinen Vernunftglauben reduzieren ließen und somit in einen gemeinsamen, universellen Glauben münden könnten. Basierend auf der Vorstellung von einer ›natürlichen Gleichheit‹ und einer ›natürlichen Religion‹ stellte er die Gemeinsamkeiten zwischen Juden- und Christentum in den Vordergrund; zu ihnen zählte er das Dasein Gottes, die Unsterblichkeit der Seele und die Bestimmung des Menschen zu sittlicher Vervollkommnung und Glück.[169] Diese Parallelen eröffneten seiner Meinung nach einem aufgeklärten Protestantentum die Möglichkeit, einem reformierten Judentum einen neuen Zufluchtsort zu bieten, der ihm innerhalb des orthodoxen Judentums verwehrt sei. Hinderlich seien allein die Dogmen des evangelischen Christentums, denn Friedländer betrachtete die Lehre vom Sohn Gottes und das Abendmahl als Geschichtswahrheiten, die der Vernunft widersprächen. Seine Betrachtungen führten Friedländer zu der Forderung nach einer Zusammenführung aufgeklärter Juden und geläuterter Christen in einer neuen Glaubensvereinigung. Durch eine solche würde es Juden ermöglicht, den ihnen zustehenden Platz im preußischen Staat zu finden.[170]

Den Prozess der jüdischen Integration sah er zeitgleich in einer Sackgasse befangen; aufgrund dieser Erkenntnisse formulierte er Bedingungen, unter denen ein Teil der jüdischen Hausväter zu einer Konversion bereit sei, verbunden mit der ausdrücklichen Frage an Teller, welches Bekenntnis die christliche Kirche von Juden fordern würde, um sie in ihre Gemeinschaft aufnehmen zu können.[171]

167 Vgl. *[Friedländer]*, Sendschreiben an Hochwürden, 1799, S. 17.
168 Vgl. ebd., S. 17 und 48 ff.
169 Vgl. ebd., S. 18–24.
170 Vgl. ebd., S. 78 und 81.
171 Vgl. ebd., S. 81.

Unabhängig von diesem weitreichenden Konzept und den damit verbundenen Wünschen und Forderungen war es zugleich sein Anliegen, auf die komplizierte Lage der jüdischen Minderheit aufmerksam zu machen. Nachdrücklich versuchte er, den Konflikt zwischen aufgeklärten Juden und ihren orthodoxen Glaubensbrüdern in das Bewusstsein von Nichtjuden zu rufen.[172]

Friedländers Schrift offenbarte ein gewachsenes jüdisches Selbstbewusstsein. Er sah sich in einer Position, die es ihm gestatte, Forderungen zu stellen und Vorschläge zu unterbreiten. Mit einer solchen Herangehensweise trat er aus der bisherigen jüdischen Passivität heraus. Um die strikte Trennung zwischen den verschiedenen Religionen aufzuheben, war zwingend das Entgegenkommen der nichtjüdischen Mehrheit und der protestantischen Kirche in Preußen erforderlich. Gleichzeitig verdeutlichte Friedländer, dass sich die jüdische Zielsetzung geändert habe. War bisher eine politische und rechtliche Gleichstellung angestrebt worden, beabsichtigte Friedländer eine gesellschaftliche Integration, in deren Folge sich eine rechtliche Besserung ergeben würde. Die gesellschaftliche Akzeptanz wurde bei ihm zur Grundlage der Integration. Diese geänderte Gewichtung offenbarte die wachsende Bedeutung ›bürgerlicher Gesellschaft‹. Friedländer und seine Freunde waren sich dieser Tatsache durchaus bewusst und erkannten, dass eine politische Integration von Juden ohne eine gesellschaftliche Aufnahme nicht möglich bzw. nicht weitreichend genug sein würde.

Teller antwortete umgehend auf das an ihn gerichtete Sendschreiben,[173] wenn auch als Privatmann und nicht als Vertreter des protestantischen Christentums. Er hielt ein ›ehrliches Gespräch‹ zwischen Christen und Juden, wie es durch den jüdischen Verfasser des Sendschreibens angestoßen worden sei, für sehr sinnvoll. Doch trotz seiner Offenheit machte er deutlich, dass Juden nur durch die Taufe und damit verbunden, die Annahme der christlichen Offenbarung und Dogmatik in die evangelische Kirche aufgenommen werden könnten. Die Ausführungen Tellers wiesen zahlreiche Parallelen zu Friedländer auf. Doch auch als aufgeklärtem Theologen gelang es ihm nicht, von dem Versuch abzulassen, Juden zu beweisen, dass das Christentum die wahre, die bessere Religion sei.[174] Er war nicht bereit, vom überkommenen Christentum abzuweichen, und versuchte Friedländer davon zu überzeugen, dass Christus der von Gott gesandte Stifter der moralischeren Religion sei.[175] Gleichzeitig beabsichtigte Teller, eine rein theologisch-religiöse Antwort zu formulieren, sodass er die Frage der politisch-staatsbürgerlichen und gesellschaftlichen Gleichstellung weitgehend umging.[176] Die Entscheidung darüber, ob einer staatsbürgerlichen Gleichberechti-

172 Vgl. ebd., S. 78ff.
173 Vgl. *Teller*, Beantwortung des Sendschreibens, 1799.
174 Vgl. ebd., S. 31.
175 Vgl. ebd., S. 37.
176 Vgl. ebd., S. 51.

gung eine Konversion voranzugehen habe, legte er in staatliche Verantwortung und vermied die von Friedländer gewünschte Auseinandersetzung – auch wenn er durchblicken ließ, dass der Staat Juden unter der Bedingung, dass sie ihren Zeremonialgesetzen entsagen und sich nützlichen Tätigkeiten zuwenden würden, aufnehmen könnte.[177]

Teller wollte die Hausväter nicht entmutigen, sah sich als ›christlicher Missionar‹ jedoch dazu aufgerufen, sie für die bestehende protestantische Kirche zu gewinnen. Positiv bewertete er die Tatsache, dass Juden ihren Glauben von überflüssigen Elementen zu befreien versuchten. Er befürwortete die einsetzenden Reformbestrebungen innerhalb des Judentums in der Hoffnung, Juden würden dadurch einen ersten Schritt zum Christentum gehen. Das größte Hindernis auf dem Weg zu einer gleichberechtigten Einbeziehung von Juden, die Dominanz des Judentums, könne durch diese Maßnahmen beseitigt werden. Dabei verlangte Teller nicht, dass die jüdischen Hausväter das Christentum in all seinen Elementen übernähmen, denn auch er teilte den christlichen Glauben in verschiedene Ebenen ein. Unerlässlich sei jedoch die Akzeptanz der christlichen Grundwahrheiten, zu denen die Lehren von der Dreieinigkeit und der Sohnschaft Christi gehörten. Damit verbunden waren die Anerkennung der Überlegenheit des Christentums gegenüber anderen Religionen und die Ablehnung einer universellen Konfession.

In der Debatte über das Sendschreiben Friedländers verdeutlichte sich eine veränderte Grundhaltung zur Frage jüdischer Emanzipation. Auf theologischer Ebene erschien allein eine pragmatische Konversion als nicht mehr ausreichend, um Juden den Status als Bürger zukommen zu lassen; zugleich wurde die christliche Verantwortung für den jüdischen Zustand, wie sie noch von Dohm vertreten worden war, abgelehnt.[178] Zwar erfuhr die Schrift Friedländers Würdigungen, so sei sie »mit vieler Gelehrsamkeit, Weisheit, Präcision, Humanität und Wahrheitsliebe geschrieben«[179], was jedoch nicht zu einer zunehmenden Integrationsbereitschaft führte, sondern vielmehr, vor allem bei protestantischen Theologen, zu einer christlichen Besinnung – um danach die Differenzen zwischen den beiden Glaubensrichtungen erneut und stärker zu betonen.

Die Kontroverse selbst wurde, im Unterschied zu der Dohm'schen Debatte, von Theologen dominiert und beschäftigte sich nur indirekt mit der politischen Ebene und der bürgerlichen Stellung von Juden. Doch auch in dieser Auseinandersetzung fanden sich einige polemische Schriften, die den Anlass nutzten, um traditionelle antijüdische Stereotype lebendig zu halten.

Nur wenige aufgeklärte und rationalistische Autoren sahen in dem Sendschreiben Friedländers einen weiteren Beweis dafür, dass ein bedeutungsvol-

177 Vgl. ebd., S. 23.
178 Vgl. *Bruer*, Geschichte der Juden, S. 201.
179 *Anonymus*, Sollen sich die Christen, 1801, S. 275.

ler Prozess eingesetzt habe, der die Existenz verschiedener Religionen endgültig beende. Sie hofften, durch Friedländers Anstoß zu einer Gesellschaft zu gelangen, in der Menschen der Religion entsagen und sich als »Kinder eines großen Weltvaters über den eingestürzten Trümmern die Hände reichen und nur den Namen Mensch und Bürger kennen«[180] würden. Sie befürworteten eine gemeinsame Religion und damit eine Glaubensvereinigung aller Aufgeklärten. Die wörtliche Offenbarung der Bibel hingegen lehnten sie ab.[181] Diese Minderheit war bereit, auch Juden weitreichende Zugeständnisse zu machen,[182] und betrachtete sie bei ihren Analysen nicht länger nur als Angehörige einer Religionsgemeinschaft, sondern als Menschen schlechthin, was zu der Schlussfolgerung führte, dass Menschenrechte auf Juden eine ungeminderte Anwendung finden sollten.[183] Die Aufgabe des jüdischen Zeremonialgesetzes sei somit ausreichend, um Juden als Juden in die (staats-)bürgerliche Gemeinschaft aufzunehmen. Denn ein wirklich aufgeklärter Christ habe keinen Grund, auf die Form der Glaubensausübung Wert zu legen.[184]

Im Unterschied dazu lehnte die überwiegende Mehrheit der involvierten (protestantischen) Autoren den Vorschlag Friedländers ab und interpretierte den damit verbundenen Versuch als ›jüdische Faulheit‹, sich wirklich und wahrhaftig mit dem christlichen Bekenntnis, dessen Bedeutung und Stärke auseinanderzusetzen. Auf dem nun eingeschlagenen Weg würde ausschließlich versucht, das Christentum dazu zu benutzen, bürgerliche Rechte zu erlangen. Unter solchen Umständen aber könnten keine wirklich treuen und loyalen Gläubigen gewonnen werden. Diese traditionalistische Sichtweise interpretierte die Absicht Friedländers dahingehend, dass Juden nie zu einer Konversion bereit seien, sich jedoch gegenüber dem Staat dahingehend erklärten, zugunsten der bürgerlichen Gleichstellung Änderungen an ihren Gebräuchen und gesetzlichen Vorschriften vorzunehmen. Das Christentum müsse jedoch dringend davor bewahrt werden, »als Mittel zum Zweck bürgerlichen Fortkommens zu dienen.«[185] Ein Großteil dieser Autoren sprach sich infolgedessen ausdrücklich gegen die Reduzierung des Christentums auf einen reinen Vernunftglauben aus, da der christliche Glaube durch diese Umgestaltung dem Untergang preisgegeben würde, und formulierte umfangreiche Voraussetzungen für die Aufnahme jüdischer Konvertiten; neben dem Bekenntnis zum Christentum forderten sie die Aneignung einer umfassenden Bildung, um an den bürgerlichen Rechten und Pflichten teilhaben zu können, wobei sie erst nach einer Übergangszeit als vollwertige

180 *[Gerlach]*, Moses und Christus, 1799, S. 70.

181 Vgl. *Anonymus*, Treue Relation, 1799, S. 11 ff., ebenso bei *[Gerlach]*, Moses und Christus, 1799, S. 66 ff.

182 Vgl. *[Gerlach]*, Moses und Christus, 1799, S. 13.

183 Vgl. ebd., S. 17.

184 Vgl. *Kochen*, Johannes Boanerges, 1800 und *Anonymus*, Treue Relation, 1799, S. 22 ff.

185 *Masch*, Judenthum und Christenthum, 1800.

Christen – mit allen Rechten und Pflichten auch in bürgerlicher Hinsicht – angesehen werden könnten.[186] Teilweise wurde das Christentum ausdrücklich als Staatsreligion klassifiziert – in einer solchen Konstruktion waren keine Abweichungen vom ›staatlichen Glauben‹ möglich – und sie machte es unumgänglich, dass Juden Christen würden.

Für andere Autoren bot das Sendschreiben nur einen Vorwand, um überkommene Vorurteile und Abneigungen gegen die jüdische Bevölkerung zum Ausdruck bringen zu können.[187] Bei ihnen galten die alten Gründe für den Ausschluss von Juden, wie bspw. ihre enge Verbindung untereinander und ihr Hass gegen alle anderen Nationen, weiter und wurden nicht infrage gestellt.[188] Das Angebot Friedländers wurde in diesen Publikationen als ›typisch jüdisch‹ klassifiziert, da er nur für seinen eigenen Vorteil verhandeln und aus der Aufnahme in die bürgerliche Rechtsstellung Nutzen ziehen wolle; für ein so weitreichendes christliches Entgegenkommen seien Juden dabei nur zu sehr geringen Gegenleistungen bereit.[189] Den Emanzipationsgegnern erschienen die jüdischen Anpassungen als unzureichend. Der Staat würde durch die Aufnahme von Juden unter diesen Bedingungen gefährdet, und sogar die Integration von gebildeten und qualifizierten Juden beinhalte Gefahren. Eine jüdische Gleichberechtigung dürfe infolgedessen nur stufenweise und langsam erfolgen. Als besonders problematisch wurde die ›bewusste‹ jüdische Isolation empfunden, die nur durch ein Verbot der jüdischen Zeremonialgesetze aufgehoben werden könne. In dieser Argumentation zeigt sich, dass die religiösen Vorurteile gegen das Judentum bei der christlichen Mehrheit trotz der theologischen Kontroverse um Friedländers Sendschreiben oder die Ausführungen Mendelssohns nicht infrage gestellt wurden.

Einen besonderen Stellenwert nehmen die Äußerungen Schleiermachers[190] als Theologe und Vertreter der Romantik ein. Er lehnte Konversionen grundsätzlich ab, denn niemand, der Anhänger einer Religion gewesen sei, könne eine andere annehmen; auch wenn Juden dadurch hervorragende Staatsbürger würden, so doch keine guten Christen.[191] Eine solche Entwicklung zu verhindern, sah er als staatliche Aufgabe und forderte den Staat auf,

»alles aus dem Wege zu räumen, was die Juden veranlaßen kann, aus unreinen und fremdartigen Bewegungsgründen zum Christenthum überzugehen.«[192]

186 Vgl. *Anonymus*, Bemerkungen über die politisch-theologische Aufgabe, 1799, S. 12 ff.

187 Vgl. *Paalzow*, Die Juden, 1799.

188 Vgl. ebd., S. 37.

189 Vgl. ebd., S. 47 f.

190 Zu Schleiermachers Verhältnis zum Judentum vgl. *Theißen*, Die evangelische Eschatologie und *Dembrowski*, Schleiermacher, S. 319–329.

191 Vgl. *[Schleiermacher]*, Briefe bei Gelegenheit, 1799, S. 36. Zur Rolle Schleiermachers in der Sendschreibendebatte vgl. *Scholtz*, Friedrich Schleiermacher.

192 *[Schleiermacher]*, Briefe bei Gelegenheit, 1799, S. 40.

Im Vergleich zu anderen Autoren machte Schleiermacher detaillierte Gegenvorschläge. Er verlangte von der staatlichen Verwaltung, den Konfessionswechsel nicht länger zu einer Bedingung der politischen Gleichberechtigung zu machen; ganz im Gegenteil müsse gerade konvertierten Juden eine Gleichberechtigung versagt bleiben.[193] Um die Integration voranzutreiben, befürwortete er vielmehr die Anerkennung jüdisch-christlicher Ehen.[194] Schleiermacher entwickelte einen Forderungskatalog, dessen Erfüllung Juden zu einer Gleichberechtigung führen könne. Zunächst solle die jüdische Minderheit ihre Zeremonialgesetze den Staatspflichten unterordnen und ihrem Messiasglauben entsagen. Gleichzeitig müsse das reformierte Judentum als eine neue Sekte innerhalb des Staates Anerkennung finden – er befürwortete somit die Konfessionalisierung des Judentums.[195] Wenn diese Ansprüche erfüllt seien, sei eine Integration von reformierten Juden grundsätzlich möglich. Für die Hinführung zu einer solchen Entwicklung machte Schleiermacher den Staat verantwortlich. Ausdrücklich lehnte er eine zwingende Verbindung zwischen Christentum und Staatsbürgertum ab; seiner Meinung nach war es durchaus vorstellbar, ein guter Bürger und Nichtchrist zu sein.[196] Schleiermacher erscheint in seinem Verständnis vom Staatsbürgertum als aufgeklärter Vertreter der protestantischen Religion. Die Ehrlichkeit des religiösen Bekenntnisses war für ihn von entscheidender Wichtigkeit und aus diesem Grund sollte dieses Bekenntnis nicht zur Bedingung einer bürgerlichen Integration von Juden gemacht werden.[197]

Eine eher untypische Schrift mit großer Reichweite war der anonym erschienene Roman »Charlotte Sampson«, der lange einem jüdischen Verfasser zugeschrieben wurde.[198] Georg Henrici, der christliche Verfasser, widersprach diesem Eindruck nie öffentlich und bekannte sich erst 1808 in einer thematisch völlig anders gelagerten Schrift zu seiner Autorenschaft.[199] In seiner Schrift wird die Liebesgeschichte zwischen einem christlichen Jüngling und einem jüdischen Mädchen geschildert und in diesem Zusammenhang die Frage nach dem Grad der Glaubensfreiheit aufgeworfen. Der Vater des Mädchens wird als einer

193 »Sehen Sie, das wäre der Schaden, der nicht zu verwindende Schaden, den das Christentum davon haben würde, wenn die Juden sich, auf welche Art es auch sei, mit demselben vereinigten, und das bloß deswegen, weil die Regierung so artig ist, es zur Bedingung der bürgerlichen Freiheit zu machen.« Ebd., S. 37 f.

194 Vgl. ebd., S. 25.

195 Vgl. ebd., S. 28–32.

196 Vgl. ebd. S. 13.

197 Diese Einstellung änderte sich im Verlauf seines Lebens. In seinen späteren Publikationen befürwortete Schleiermacher die Konversion von Juden, und die Hochschätzung des jüdischen Glaubens in seinem Denken verminderte sich. Auch ein reformiertes Judentum konnte nun in seinen Augen keine Zustimmung mehr finden. Vgl. *Schleiermacher*, Der christliche Glaube, 1830/31.

198 Vgl. *Anonymus [Henrici]*, Charlotte Sampson, 1800.

199 Vgl. *Henrici*, Theorie der Polizeiwissenschaft, 1808, S. 350.

der Verfasser des »Sendschreibens« beschrieben, welcher letztendlich von seinen Überzeugungen abrückt und mit der gesamten Familie konvertiert. Allein die Form der Schrift erregte Widerwillen; so betonte ein anonymer Rezensent: »[S]o scheint uns zur Erreichung eines so ernsthaften Endzweckes [Übertritt der Juden zum Christentum, A. P.] das frivole Gewand des Romans eben kein schickliches Mittel.«[200]

Juden äußerten sich kaum zum Sendschreiben; so finden sich nur zwei jüdische Stellungnahmen.[201] Dies ist zum einen das »Gespräch über das Sendschreiben«, das einen Dialog zwischen einem christlichen Theologen und einem ›alten Juden‹ wiedergibt. Auf die Frage nach der Bedeutung des Sendschreibens spricht sich der Jude für die Aufklärung von Juden aus, denn »das Wesentliche [müsse] vom Unwesentlichen ihrer Religion sorgfältig«[202] abgelöst werden, da er eine zunehmende Distanz zwischen den Generationen und ihren Wünschen und Hoffnungen innerhalb der jüdischen Gemeinschaft zu erkennen glaubt. Das Sendschreiben selbst charakterisierte er als das Glaubensbekenntnis aufgeklärter Juden.[203] Dennoch diagnostizierte er auch zahlreiche Probleme innerhalb des Judentums, so die Trennung zwischen orthodoxen und aufgeklärten Juden,[204] ebenso die menschlichen Schwächen des Egoismus und der Unwissenheit, und zweifelte aufgrund dieser Beobachtungen am Erfolg der Aufklärung und der Durchsetzung der von ihm gewünschten Glaubens- und Gewissensfreiheit.[205] Erst im Herbst 1800 erschien eine zweite jüdische Verlautbarung, die auf die Nachteile des Ansinnens der Hausväter Bezug nahm. Wahrscheinlich waren die darin formulierten Bedenken innerhalb der jüdischen Gemeinschaft durchaus verbreitet, doch verfügten Juden noch über keine tragfähigen Publikationsmöglichkeiten, um ihre Stimme zu Gehör zu bringen.

> »Sie wollen sich von der Nazion trennen, gewaltsam Ihr Interesse von dem Interesse Ihres Volkes losreißen. Wie! Wird nicht dieses die ganze Nazion um Jahrhunderte in der Kultur zurückschleudern!«[206]

Schönemann, ein jüdischer Arzt, muss dabei durchaus als aufgeklärter Jude charakterisiert werden, der jedoch befürchtete, dass durch den Verlust der führenden Familien eine Aufklärung unter Juden nicht länger möglich sei und die Orthodoxie den Sieg erringen würde.[207] Infolgedessen forderte er die Hausväter

200 *Anonymus*, Rezension Charlotte Sampson, 5.4.1800, S. 109.

201 Vgl. *Anonymus*, Gespräch über Sendschreiben, 1799 und *Schönemann*, An die jüdischen Hausväter, 6.9.1800.

202 *Anonymus*, Gespräch über Sendschreiben, 1799, S. 11.

203 Vgl. ebd., S. 14.

204 Vgl. ebd., S. 9f.

205 Vgl. ebd., S. 20–26

206 *Schönemann*, An die jüdischen Hausväter, 6.9.1800, S. 213f.

207 Vgl. ebd., S. 214.

direkt auf, von ihrem Vorhaben abzulassen und vielmehr aktiv an der moralischen Verbesserung der jüdischen Nation mitzuwirken, denn:

»Ich frage sie selbst, kann man sich wohl schwerer an einer Nazion versündigen, als wenn man ihr ihre Lehrer, ihre Wegweiser nimmt?«[208]

Friedländer selbst zeigte sich von den Reaktionen auf seine Vorschläge enttäuscht,[209] denn er und seine Freunde waren überzeugt gewesen, bei Teller und anderen auf eine wohlwollende Aufnahme und den Willen zu einer Umgestaltung des Christentums zu einer reinen Vernunftreligion oder zumindest eine ernstzunehmende Dialogbereitschaft zu treffen.[210] Dabei trat er mit seinem Schreiben zu einem Zeitpunkt an die Öffentlichkeit, als »die allgemeine Zeitströmung der Aufklärung den Kampf«[211] angesagt hatte. Wenn auch einige christliche Autoren anerkannten, dass es »unstreitig ein peinlicher Zustand [sei] worin sich aufgeklärte Juden befinden«[212], in dem sie die doppelte Last ihrer eigenen Rituale und der bedrückenden politischen Lage zu tragen hätten. Erfolgreicher waren hingegen die polemischen Veröffentlichungen; sie reanimierten durch die Aufklärung überwunden geglaubte Vorurteile und betonten die Differenzen, die einer Annäherung zwischen Juden und Christen entgegenstünden. Andererseits bedingte die Argumentation Friedländers, dass alle Religionen auf denselben Kern zurückgeführt werden könnten, eine neue Legitimationsmöglichkeit für jüdische Glaubensübertritte.[213] Dass die jüdischen Konversionen infolge der Auseinandersetzung um das Sendschreiben angestiegen wären, kann jedoch nicht belegt werden.[214] Gleichzeitig offenbarte das Angebot Friedländers, dass das preußische Judentum durch den intensivierten Kontakt mit der Mehrheitskultur verstärkt in eine Krise geriet, die sich in den folgenden Jahren vertiefen sollte. Gebildete Juden empfanden die Ausgrenzung aus dem öffentlichen Leben und die rechtliche Zurücksetzung als so schwerwiegend, dass sie bereit waren, sich von ihrem jüdischen Bekenntnis zu distanzieren.[215]

Für eine nur kurze Zeit waren religiöse Vorurteile und traditionelle Ausgrenzungsmechanismen in den Hintergrund getreten, und eine ›aufgeklärte Öffentlichkeit‹ hatte sich auf die Suche nach neuen Sichtweisen auf Juden begeben, die von der Anwendung allgemeiner Menschenrechte und einer Gleichheitsvorstellung geprägt waren. Diese neuen Dimensionen und Betrachtungsweisen wurden

208 Ebd., S. 214.

209 Weitere Schriften zu Friedländers Sendschreiben waren *Masch*, Judenthum und Christenthum, 1800; *Anonymus*, Machet die Tore weit, 1800; *Kochen*, Johannes Boanerges, 1800.

210 Vgl. *Schoeps*, Deutsch-jüdische Symbiose, S. 49.

211 *Littmann*, David Friedländers Sendschreiben, S. 112.

212 *Anonymus*, Sollen sich die Christen, 1801, S. 271.

213 Vgl. *Katz*, Entstehung der Judenassimilation, S. 69.

214 So sank der Anteil der Konvertiten in Berlin um 1800 eher deutlich ab. Vgl. *Hertz*, Wie Juden Deutsche wurden, S. 295 f.

215 Vgl. *Kampmann*, Deutsche und Juden, S. 117.

von Juden begeistert aufgegriffen, da sie die Möglichkeit einer Integration eröffneten; insbesondere christliche Theologen blieben jedoch in alten Strukturen befangen. Eine deutliche Entwicklung wurde nur im Hinblick auf die jüdische Bildungsfähigkeit offensichtlich: Juden galten nicht länger als unverbesserlich; auch skeptische Autoren waren bereit, Juden nach einer umfassenden Veränderung und Ausbildung, die in ihrer Ausrichtung jedoch häufig auf eine Konversion abzielte, in Mehrheitsgesellschaft und Staatsverband aufzunehmen – ein offensiv angewandter Bekehrungsbegriff rückte in diesem Zeitraum in den Hintergrund. Es dominierten unterschiedliche Vorstellungen von (christlicher) Toleranz und allgemeinen Menschenrechten, die nach Wunsch aufgeklärter Autoren allen anderen Rechtsverhältnissen vorgelagert sein sollten. Juden als Juden weitreichendere bürgerliche Rechte zukommen zu lassen, erschien der christlichen Mehrheit unmöglich. Diese Tendenz, die Forderung nach einer ›Entjudung‹ in der öffentlichen Kontroverse, verstärkte sich im Jahr 1803 mit den Schriften der beiden Juristen Karl Wilhelm Friedrich Grattenauer und Christian Ludwig Paalzow, die nun nicht länger einen gelehrten theologischen Diskurs führten oder sich aufgeklärten Prämissen verpflichtet fühlten, sondern vielmehr polemisch und von antijüdischen Ressentiments geprägt, gegen eine Integration von Juden auftraten. In einer Bekehrung wurde nun wieder die einfachste Möglichkeit der ›Entjudung‹ gesehen. Die damit verbundene Argumentation war keineswegs neu, zwanzig Jahre nach der Schrift Dohms überwogen genau die Stereotype und Vorurteile in der öffentlichen Auseinandersetzung, die Dohm, Mendelssohn, Hirschel und Friedländer zu überwinden versucht hatten. Die Kontroverse war nicht länger von Humanitäts- und Toleranzgedanken geprägt, sodass auch die Überlegungen zu einem allgemeinen Vernunftglauben aus der Debatte verschwanden. Mit den Schriften des Jahres 1803 vollzog sich im Hinblick auf die Frage der jüdischen Existenz die endgültige Abkehr von aufgeklärten Überzeugungen. Dabei fielen sie erst infolge der Französischen Revolution und der mit ihr verbundenen Revolutionsfurcht auch in bürgerlichen Gruppierungen auf einen fruchtbaren Boden. Grattenauer hatte seine grundlegenden Überzeugungen bereits in einer 1791 erschienenen Veröffentlichung entwickelt,[216] die in der aufgeklärten Atmosphäre noch einem Verbot unterworfen worden war.[217] 1803/1804 löste sie nun eine Welle von mehr als siebzig Publikationen aus, die sich gegenüber der Judenemanzipation meist ablehnend positionierten. Eine gleichberechtigte Aufnahme von Juden, selbst nach Besserung, Erziehung oder Reform, war nicht länger vorstellbar; mehrheitlich erschien nur noch eine Duldung von Juden in Preußen möglich – die einzig mögliche Alternative war eine ›nachhaltige Entjudung‹.

216 Vgl. Grattenauer unter dem Pseudonym Kosmopolit *Kosmopolit [Grattenauer]*, Verfassung der Juden, 1791.

217 Verboten im Mai 1792, vgl. *Anonymus*, Bücherverbote, 5.5.1792.

2.2 Entjudung als Voraussetzung einer Integration

Bei den Gegnern einer jüdischen Integration, die in der Öffentlichkeit immer stärker in den Vordergrund drängten,[218] überwog die Vorstellung, dass Juden als ›Minimalanpassung‹ aufhören sollten, Juden zu sein, um einer Aufnahme in den Untertanenverband näherzukommen. Dies hätte theoretisch durch den Vorschlag Friedländers erfüllt werden können, doch ging die Mehrheit christlicher Autoren deutlich weiter und verstand unter einer ›Entjudung‹ nicht nur die Lösung von Teilen des jüdischen Glaubens und dessen Zeremonialgesetzen, sondern vielmehr eine Konversion – dies nicht länger unter ausschließlich religiösen Vorzeichen, denen zufolge Juden dem ›wahren Glauben‹ zugeführt werden sollten, sondern vielmehr als ein Element von Bürgerlichkeit. ›Entjudung‹ durch Konversion wurde zu einer zwingenden Bedingung für die bürgerliche Aufnahme. Gleichzeitig schienen sie in dieser Forderung die beste Möglichkeit zu erkennen, um Juden aus Gesellschaft und Staat auszugrenzen; da der durchaus massive Druck der vergangenen Jahrhunderte keine Massenbekehrung mit sich gebracht hatte, glaubten sie, die jüdische Sonderstellung – an deren Auflösung sie keineswegs interessiert waren – auf diesem Wege aufrechterhalten zu können. Begünstigt wurde eine solche Auffassung durch die französische Expansion, die in Deutschland und Preußen eine allgemeine Ablehnung alles ›Fremden‹ mit sich brachte, sie richtete sich als Erstes gegen den sichtbaren Fremden im eigenen Land – den Juden.

Andererseits erscheint die Dynamik der Debatte in den Jahren 1803/1804, deutlich abgeschwächt bis 1811, durchaus beeindruckend und ließ bei einigen Zeitgenossen den Verdacht aufkommen, dass alle Schriften

> »ein neuer und eklatanter Beweis [sind], wie leicht es ist, das lesende Publikum zu äffen, die Lesewuth auf das Äußerste zu reizen, und durch Ausfälle – seyen sie auch noch so kopf- oder kraftlos – Geld, ja viel Geld zu verdienen.«[219]

Aufgrund der Fülle von Schriften, Entgegnungen, Erklärungen, Gegenschriften und Rezensionen,[220] wird im Folgenden auf eine detaillierte und chronologische Beschreibung der Kontroverse verzichtet. Vielmehr werden einzelne, zentrale Argumente von Befürwortern und Gegnern weitreichender Rechte für

218 Für die weitreichende öffentliche Akzeptanz der Judengegner spricht bspw. die Tatsache, dass Grattenauers Publikation »Wider die Juden« 1803 in 6 Auflagen und 13.000 Exemplaren publiziert wurde.

219 *Von einem Freund der leidenden Menschheit, der zugleich ein unpartheyischer Weltbürger ist,* Avis an alle deutschen Romanfabrikanten, 1803, S. 225.

220 Allein Grattenauer publizierte im Jahr 1803 3, Paalzow in den Jahren 1803 und 1804 4 selbstständige Schriften. Es ergibt sich für die Jahre zwischen 1803 und 1811 eine Summe von fünfzig Einzelpublikationen und 33 Beiträgen in Zeitschriften und Journalen.

Juden herausgegriffen und einander gegenübergestellt. Dies betrifft die Bereiche der Charakterisierung von Juden und Judentum, die Kategorisierung von Juden als Fremde, Volk, Nation oder Menschen, das daraus abgeleitete Verhältnis zwischen Juden und Nichtjuden und die staatlichen und jüdischen Voraussetzungen für eine mögliche jüdische Integration.

Die jüdische Beteiligung an der Debatte war um die Jahrhundertwende eher gering. Jüdische Schriften blieben eine Ausnahme. In der intensivierten Debatte um die Stellung von Juden konnten sich jüdische Stimmen meist nur innerhalb ihrer Gemeinschaft Gehör verschaffen, waren aber nicht in der Lage, die christlichen Anschuldigungen in einer christlich geprägten Öffentlichkeit zu entkräften. Andererseits kann die Sprachlosigkeit der jüdischen Autoren auch darin begründet sein, dass aufgeklärte Debattenteilnehmer der ›Rückfall in mittelalterliche Stereotype‹ schockierte, nachdem die Diskussion im Umfeld der Aufklärung auf eine völlig neue Ebene gehoben worden war. In diesem Fall muss von einer abwartenden Haltung der jüdischen Beteiligten ausgegangen werden, die zunächst beobachten wollten, in welche Richtung sich die Argumentation entwickeln würde, d. h., ob die Wiederbelebung alter Vorurteile sich selbst konterkarierte oder zunehmend Anklang bei der christlichen Mehrheitsbevölkerung fand. Ebenso ist es möglich, dass jüdische Autoren mit ihren Entgegnungen von dem 1803 erlassenen Schriftenverbot der preußischen Regierung betroffen waren und es ihnen nicht mehr ›rechtzeitig‹ gelang, ihre Stellungnahmen zu publizieren. Diese These ist dabei schwer zu untermauern; da die um 1804 (im Ausland) publizierten Veröffentlichungen aufgrund des preußischen Verbots mehrheitlich anonym erschienen, ist eine Zuschreibung zu jüdischen bzw. nichtjüdischen Autoren nur schwer möglich, die religiöse Zugehörigkeit kann nur vermutet werden, ohne dafür gesicherte Belege vorbringen zu können. Aus diesem Grund finden sich jüdische Stimmen mit großer Wahrscheinlichkeit in der Gruppe der Emanzipationsbefürworter.

In der Charakterisierung des Judentums waren sich alle Autoren (auch jüdische) nahezu einig. Wie schon bei Dohm wurden zahlreiche Mängel und Fehler in der jüdischen Bevölkerung wahrgenommen – Unterschiede äußerten sich in der Vehemenz der Darstellung dieser Problembereiche. Sie reichten von Habgier, Gewissenlosigkeit und sittlicher Verderbtheit bis hin zu geistiger Trägheit, Arbeitsscheu und Unkultiviertheit.[221] So zeichnete bspw. Paalzow ein Bild, das Juden und Judentum als von jeglichen moralischen und sittlichen Hemmungen gegenüber Christen befreit darstellte und sie zu einer grundsätzlichen Gefährdung für ihre Umwelt werden ließ.[222] Der schwerwiegendste und am häufigsten

221 So bei *[Göß]*, Höchstwichtiger actenmäßiger Bericht, 1804, S. 10, 32; *[Henle]*, Verbesserung des Judenthums, 1803, S. 7 f., 15 f.; *Buchholz*, Moses und Jesus, 1803, S. 173; *Paalzow*, Bürgerrecht der Juden, 1803, S. 107.

222 Vgl. *Paalzow*, Bürgerrecht der Juden, 1803, S. 72.

gegen Juden instrumentalisierte Vorwurf war der des Christenhasses, der Juden angeblich sowohl durch ihre Erziehung als auch ihre Glaubensschriften von Jugend an gelehrt würde und eine Verständigung mit der christlichen Umwelt unmöglich mache.[223] Diese Anschuldigungen anhand des jüdischen Charakters und des Judentums zu beweisen und der christlichen Bevölkerung vor Augen zu führen, verstanden Emanzipationsgegner als ihre Hauptaufgabe.

Zunehmend rückte die Konstruktion einer jüdischen Nation bewusst in den Vordergrund. Bis zu diesem Zeitpunkt charakterisierten sowohl jüdische als auch christliche Autoren Juden mehrheitlich als eigenständiges Volk, als eigenständige Nation – ohne darin ein besonderes Ausschlusskriterium zu erkennen. Doch die 1803 von Paalzow publizierte Schrift vertrat vehement die These, Juden könnten aufgrund ihrer nationalen Besonderheiten keine (Staats-)Bürger werden.[224] Dafür nutzten Autoren die von Fichte 1793 geprägte Formulierung von einem ›Staat im Staate‹, die Juden in einen unüberwindbaren Gegensatz zu ihrer Umwelt setze und eine Integration vollständig unmöglich mache.

»[D]as ganze Judenthum, wie es da ist, beruht selbst auf einer Civil-Verfassung, deren Gesetze mit den Gesetzen eines jeden andern bürgerlichen Staats, in einem durchaus unvereinbaren Widerspruch stehen, die in denselben nicht übergetragen werden kann, ohne aus der Nation in der Nation, einen Staat im Staat zu bilden, und ohne den völligen Ruin des letztern unausbleiblich zu bewirken.«[225]

Bei Gegnern einer jüdischen Integration etablierte sich in der Folgezeit eine Argumentation, die nicht länger nur auf religiöse Differenzen verwies. Die neuen Begründungen beriefen sich auf nationale und rassische Verschiedenheiten zwischen Juden und Christen. Der fremden jüdischen Nation könnten dabei zwar Menschenliebe, aber keine christlichen Rechte zukommen, da Juden, solange sie Juden seien, über »abscheuliche Grundsätze«[226] verfügten. Aufgrund dieser Gegebenheiten seien sie weder zum Militärdienst noch für den Handel geeignet, ebenso verhinderten ihr »Eigensinn … ihre lächerlichen und unsinnigen Gebräuche, und … ihr dummer Stolz«[227] eine Einsetzung in gleiche Rechte mit ›christlichen Bürgern‹. Zudem verderbe der jüdische Nationalcharakter die Moralität der Christen,[228] sodass Juden als die gefährlichste aller Nationen dargestellt werden konnten, da sie Geldmacht, Immoralität und Irreligiosität mitein-

223 Unter anderem bei *Anonymus [Hayn]*, Juden ohne Nachtheil, 1803, S. 4 und 31; *Anonymus*, Blinde Kuh, 1803, S. 19; *[Göß]*, Höchstwichtiger actenmäßiger Bericht, 1804, S. 7; *Anonymus*, Wort wider die Juden, 1804, S. 66 und 112; *Paalzow*, Bürgerrecht der Juden, 1803, S. 72.

224 Vgl. *Paalzow*, Tractatus historico-politicus, 1803. Die Schrift erschien im selben Jahr unter dem Titel *Paalzow*, Juden-Staat, 1803.

225 *Anonymus*, Wort wider die Juden, 1804, S. 115.

226 *Kosmopolit [Grattenauer]*, Verfassung der Juden, 1791, S. 2.

227 Ebd., S. 22.

228 Vgl. *Anonymus*, Verfassung der Juden, 1804.

ander verbinden würden.[229] Alle diese nationalen Eigentümlichkeiten und der jüdische Hass auf Christen würden wiederum den gerechtfertigten Hass von Christen gegen Juden bedingen.[230]

Somit begriff eine Mehrheit der Debattierer den jüdischen Nationalcharakter als ein unüberwindliches Hindernis auf dem Weg zu einer gleichberechtigten Einbeziehung von Juden – ohne dass eine Definition ›jüdischer Nation‹ notwendig erschien. Die Elemente ›jüdischer Nationalität‹ beruhten meist auf einer wahllosen und unbegründeten Zusammenstellung von angeblichen jüdischen Charaktermerkmalen, die unterschiedlichsten Bereichen entnommen wurden.[231] Die Bestimmung erfolgte hauptsächlich über religiöse Gesetze und die Physis. In dieser Auslegung war nach Grattenauer Juden ein spezifischer Gestank, der sogenannte »National-Juden-Gestank«[232] zu eigen. Ebenso seien Juden rein äußerlich einfach und unzweifelhaft von Deutschen zu unterscheiden. Diese jüdische Physiognomie fand eine Entsprechung in der jüdischen Berufsorientierung. Grattenauer ging so weit, Juden als eine ganz besondere Menschenrasse zu bezeichnen, und trieb damit die nationale Argumentation auf einen rassischen Höhepunkt.[233]

Überwunden wurde in diesem Zusammenhang die Auffassung von Juden als Fremden, die sich nur weitgehend an die Sitten und Gebräuche ihrer Umwelt anzugleichen hätten, um eine stärkere Einbeziehung zu erfahren. Andererseits transportierte der Begriff der jüdischen Nation kaum Inhalte, die über das bisherige Verständnis von Juden als Fremden hinausgegangen wären.[234] Auf dieser Ebene kam es somit zu einer zunehmenden Begriffsvermischung der zunächst separat gebrauchten Zuschreibungen, verdeutlicht durch Formulierungen wie »orientalisches Fremdlingsvolk«[235] oder »fremdes Judenvolk«[236].

Den Gegenpol zu der immer vehementer verfochtenen jüdischen Nation stellte die Auffassung von Juden als Menschen dar. Die frühliberalen Anhänger dieser Ansicht waren noch deutlich aufgeklärten Grundsätzen verpflichtet

229 Vgl. *Grattenauer*, Erklärung über meine Schrift, 1803, S. 26; *Anonymus*, Wort wider die Juden, 1804, S. 115–131; *[Göß]*, Höchstwichtiger actenmäßiger Bericht, 1804, S. 7.

230 Vgl. *Anonymus*, Blinde Kuh, 1803, S. 19; *Anonymus*, Wort wider die Juden, 1803, S. 66 und 112; *Anonymus [Hayn]*, Juden ohne Nachtheil, 1803, S. 4 und 31; *Grattenauer*, Erklärung über meine Schrift, 1803, S. 4.

231 Zu den unterschiedlichen Verständnissen von jüdischer Nation vgl. auch *[Göß]*, Höchstwichtiger actenmäßiger Bericht, 1804, S. 6 ff.; *Lefrank [Fränkel]*, Bellerophon, 1803, S. 28 und *Wolfssohn*, Jeschurun, 1804, S. 28.

232 *Grattenauer*, Erklärung über meine Schrift, 1803, S. 7, 9 und 16 ff.; *ders.*, Erster Nachtrag zu Erklärung, 1803, S. 28 ff.

233 Vgl. *Grattenauer*, Wider die Juden, 1803, S. 159.

234 Vgl. *Anonymus*, Verfassung der Juden, 1804.

235 *Grattenauer*, Erklärung über meine Schrift, 1803, S. 36.

236 *Grattenauer*, Erster Nachtrag zu Erklärung, 1803, S. 31.

und stellten die Menschenrechte über staatsbürgerliche Rechte und Pflichten.[237] Sie wandten sich gegen den wachsenden Antijudaismus und betonten, dass Juden ehrwürdige Menschen seien, deren Religion Grundlage des Christentums sei. Die betreffenden Autoren blieben weiter der Überzeugung, dass in Hinblick auf die religiöse Überzeugung der Mensch nur seinem Gewissen verpflichtet sei,[238] sprachen sich gegen jüdische Sonderrechte aus und sahen in der Integration und rechtlichen Besserstellung durchaus einen Gewinn für die deutschen Staaten. Denn nur wenn Juden den Status von Bürgern erhielten, könnten sie alle ihre Kräfte zum Wohle des Staates und der Gemeinschaft einbringen.[239] Besonders kritisch äußerten sich Emanzipationsbefürworter gegenüber der kollektiven Wahrnehmung von Juden, da nicht einer ganzen Gruppe jegliche Moralität abgesprochen werden könne, auch wenn einzelne ihrer Mitglieder Schuld auf sich geladen hätten.[240] Jedes jüdische Individuum sei einer positiven Entwicklung fähig und finde als Mensch Anerkennung, wenn es entsprechend den Grundsätzen der menschlichen Vernunft agiere. Aus diesem Grund wollten sie keine Unterscheidung zwischen Juden und Christen zulassen, denn der menschliche Charakter sei, unabhängig von Religion und Glaube, einzig eine Frage der Persönlichkeit und der äußeren Einflüsse. So gäbe es auf Erden kein makelloses Volk, keine makellose Nation – von Juden könne nicht verlangt werden, was niemand zu leisten imstande sei.[241] Die Betonung der Individualität jedes Menschen führte sie gegenüber den Skeptikern der jüdischen Emanzipation zu der Forderung, jeden Juden nach seinem Charakter und seinem Verhalten zu beurteilen. Wie Dohm versuchten sie die jahrhundertealten Vorurteile zu entkräften, waren mit ihren Überzeugungen jedoch bereits in eine solche Außenseiterrolle gelangt, dass es ihnen kaum gelang, in der Öffentlichkeit Gehör zu finden. Ebenso blieben humanitäre Ausführungen zugunsten der jüdischen Minderheit sehr schwach, was unter anderem der Tatsache geschuldet war, dass Juden auch in diesen Darstellungen meist nur als Objekte und nicht als selbstständig handelnde Subjekte wahrgenommen wurden.[242]

Die Integrationsgegner hingegen diskutierten vor diesem Hintergrund, ob Menschenrechte den Bürgerrechten vorgelagert sein sollten. Mehrheitlich waren auch Gegner einer jüdischen Emanzipation bereit, Juden als Menschen zu be-

237 So bei *Anonymus*, Wort an die Christen, 1804, S. 27 und *[Henle]*, Verbesserung des Judenthums, 1803, S. 21 f. Vgl. ebenso *Anonymus*, Anecdoten vom guten Juden, 1805 und *Anonymus*, Schriften über die Juden, 11.–13.8.; 15.–17.8.1808, Sp. 858.

238 Vgl. *[Riem]*, Apologie für unterdrückte Judenschaft, 1798, S. 9.

239 Zu den weiteren Vorteilen zählten die Hemmung des Wuchers, die Urbarmachung noch öder Ländereien und die Vermehrung der Staatseinkünfte durch vermehrte Agrikultur und Industrie. Vgl. ebd., S. 44.

240 Vgl. *Anonymus*, Der Pseudo-Haman, 1803, S. 5.

241 Vgl. *Lefrank [Fränkel]*, Bellerophon, 1803, S. 15 und 28.

242 Vgl. *Erb/Bergmann*, Nachtseite der Judenemanzipation, S. 120.

trachten und ihnen Menschenrechte zukommen zu lassen. Im Hinblick auf Bürgerrechte attestierten sie in der jüdischen Minderheit jedoch zahlreiche Mängel, die eine gleichberechtigte Einbeziehung unmöglich werden ließen. Um die jüdische Ausgrenzung legitimieren zu können, wurden bei einem Teil der betreffenden Autoren die Menschenrechte den Bürgerrechten nachgeordnet; da Juden den Bürgerrechten nicht nachkommen könnten, blieben sie auch vom Genuss der Menschenrechte ausgeschlossen.[243] Die Ablehnung der jüdischen Minderheit reichte dabei zwar nicht so weit, Juden jegliche Chance auf eine Integration zu versagen; mehrheitlich kamen auch Emanzipationsgegner zu dem Schluss, dass ein Jude, der sich den Bürgerpflichten durch Eidesleistung unterordne und sich der christlichen Religion anschließe, als Mensch betrachtet und unter verschiedenen weiteren Einschränkungen auch in den Verband der Staatsbürger aufgenommen werden dürfe.[244] Doch insbesondere in der Kontroverse über die Menschenrechte und deren Anwendbarkeit auf Juden offenbarte sich die Überwindung aufgeklärter Grundsätze, sodass Grattenauer die Idee universeller Menschenrechte fast unwidersprochen als »jakobinische Blasphemien«[245] bezeichnen konnte.

Sowohl die unterschiedlichen Definitionen der jüdischen Gemeinschaft als auch der Stellenwert der Menschenrechte hatten massiven Einfluss auf die Darstellung des Verhältnisses von Juden und Christen. Die Kontroverse des Jahres 1803 drehte sich grundlegend darum, welche Forderungen Juden zu erfüllen hätten, um in die bürgerliche Gemeinschaft aufgenommen werden zu können. Bei dieser Frage bildeten sich sowohl unter den Gegnern als auch den Befürwortern einer Integration verschiedene Meinungsgruppen. Den Hauptstreitpunkt bildete die Reichweite der Distanzierung vom Judentum.

Die Minimalforderung der Gegner einer sofortigen jüdischen Aufnahme – und somit der kleinste gemeinsame Nenner – war eine weitgehende ›Entjudung‹, um Juden zu befähigen, an den Rechten und Pflichten der Bürger, wenn auch nur beschränkt, teilhaben zu können. Einem Teil der Autoren erschienen die förmliche Lösung vom Judentum und eine Vermischung mit der christlichen Mehrheit als ausreichend für eine moralische und bürgerliche Verbesserung von Juden – die zum Wohl aller Staatsbürger zu befürworten sei und bei der auch dem Staat eine Mitverantwortung zugewiesen wurde.[246] Mit einer ›Entjudung‹ mussten nicht zwingend neue Christen gewonnen, der Einfluss des Judentums auf

243 Vgl. *[Göß]*, Höchstwichtiger actenmäßiger Bericht, 1804, S. 7; *Lefrank [Fränkel]*, Bellerophon, 1803, S. 16f. und *Diebitsch*, Über das Werk, 1804, S. 36

244 Vgl. *Henle*, Verbesserung des Judenthums, 1808, S. 373–376. Weitere Einschränkungen und Möglichkeiten zu Verbesserungen sah Henle in dem Verbot der frühen Ehen, der Betätigung im Handwerk, der Beseitigung der Ceremonien und der Einschränkung der Gewalt der Rabbinen. Vgl. ebd., S. 376–381.

245 *Grattenauer*, Erklärung über meine Schrift, 1803, S. 5.

246 Vgl. *Anonymus*, Verfassung der Juden, 1804, S. 31.

das Leben des Einzelnen jedoch massiv zurückgedrängt werden. Emanzipationsgegner betonten dabei, dass die einer Integration entgegenstehenden Hindernisse nur durch Änderungen innerhalb der jüdischen Gemeinschaft zu beseitigen seien.[247] Ebenso reagierten sie ausführlich auf die beginnende staatliche Reformdebatte in Bezug auf ein jüdisches Bürgerrecht in Preußen und die sozialen und gesellschaftlichen Fortschritte aufgeklärter Juden. Eine intensive Erziehung und Qualifizierung von Juden durch staatliche Institutionen, um diese im Vorfeld einer Gleichberechtigung zu bessern, wurde größtenteils befürwortet. Diese Veränderungen sollten jedoch sehr weitreichend sein. »Also der Jude soll aufhören Jude zu seyn, ehe er Anspruch auf die Rechte des Bürgers machen kann? … Ja.«[248]

Diese Ansicht einer relativ gemäßigten, aber dennoch grundlegenden Distanzierung vom Judentum stellte jedoch eine Minderheitenmeinung dar. Die überwiegende Zahl der Autoren wollte aktiv auf eine Konversion von Juden hinwirken, denn solange Juden sich nicht zu den christlichen Wahrheiten bekennen würden, dürften sie in christlich geprägten Staaten keine gleichberechtigte Integration in den Untertanenverband verlangen, da sie die dafür erforderlichen Grundvoraussetzungen (Patriotismus, Treue gegen den Monarchen oder die Bereitschaft zur Verteidigung des Vaterlandes) nicht erfüllen würden.[249]

Im Hinblick auf die Befürworter einer Konversion als weitreichendster Form einer ›Entjudung‹ dominierte die Vorstellung von einer Staatskirche, denn die Glieder eines Staates sollten zugleich auch Glieder einer Kirche sein, da nur dadurch Gemeinschaft, Sicherheit und Vertrauen geschaffen werden könnten.[250] In dieser Auffassung wurde der Staat berechtigt, Juden auch mit Gewalt dem christlichen Glauben zuzuführen, bzw. Juden, die nicht zu einem solchen Schritt bereit seien, des Landes zu verweisen.[251] Zugleich sei die Taufe aller Juden die wohl schnellste Methode, sich der jüdischen Problematik zu entledigen, wenn auch um den Preis mehrheitlicher Heuchelei.[252]

Ein weitaus kleinerer Teil der Autoren bestritt hingegen jegliche Entwicklungsfähigkeit von Juden und lehnte aus diesem Grund auch offensive Bekehrungsversuche als unsinnig ab;[253] diese Autoren bezweifelten die Wirksamkeit

247 Zu diesen Hindernissen zählten unter anderem die jüdischen Religionsgesetze, die zahlreichen jüdischen Feiertage, die es Juden unmöglich machten, die gleichen Leistungen wie christliche Arbeiter zu erbringen, den Separatismus der Juden, die fehlende Akzeptanz des deutschen bzw. preußischen Vaterlandes und die Natur des Juden. Vgl. z. B. *Anonymus*, Wort wider die Juden, 1804, S. 120 ff.

248 *Paalzow*, Der Jude und der Christ, 1804, S. 84.

249 Vgl. *[Göß]*, Höchstwichtiger actenmäßiger Bericht, 1804, S. 7.

250 Vgl. *Anonymus*, Wort wider die Juden, 1804, S. 133; *Krüger*, Gesellschaft der Juden-Reform, 1805, S. 10–20.

251 Vgl. *Anonymus*, Wort wider die Juden, 1804, S. 134.

252 Vgl. *Anonymus*, Die Kinder Israels, 1804, S. 52 ff.

253 Vgl. *Kosmopolit [Grattenauer]*, Verfassung der Juden, 1791, S. 48.

einer Konversion bzw. Bekehrung von Juden, da durch einen solchen Schritt keinesfalls eine Besserung des jüdischen Zustandes zu erwarten sei. Deutlich in mittelalterlichen Vorstellungen befangen, verlangten diese Autoren eine räumliche Absonderung von Juden, die gerade den Ghettos entkommen waren.[254] In dieser Vorstufe bzw. ›gemäßigten‹ Form der mittelalterlichen Ausweisungen wurde die Möglichkeit gesehen, zum einen zu einer zahlenmäßigen Verminderung[255] von Juden zu gelangen, zum anderen diese besser kontrollieren und überwachen zu können.[256] Solch eine räumliche Abgrenzung komme dabei durchaus den jüdischen Wünschen entgegen, da sich diese durch ihren Glauben und ihr Zeremonialgesetz, aber vor allem durch ihre Sprache bewusst von ihrer Umgebung distanzierten und somit ein Streben nach Isolation zum Ausdruck brächten, dem mit einer Separierung in Judenkolonien entsprochen werden könne.[257]

Im Unterschied dazu fanden sich einige wenige Publizisten, die der religiösen Orientierung von Juden und der Frage einer Integration des Judentums in die bürgerliche Gemeinschaft keine Beachtung schenkten und aus diesem Grund eine Konversion ablehnten. Sie befürworteten ein Judentum im Status einer religiösen Sekte, der eine freie Religionsausübung in den Synagogen zugesichert werden sollte.[258] Diese Befürworter einer weitgehenden Integration von Juden akzentuierten, um die zahlreichen Anschuldigungen und Vorwürfe vorwegzunehmen, dass eine Verschmelzung von Juden und Christen nicht mit einem plötzlichen Akt erfolgen könne, sondern vielmehr einen Prozess darstelle, der eine lange Zeit in Anspruch nehmen würde.[259] Prekär an der Formulierung der ›Verschmelzung‹ war die Frage der Reichweite. Optimistisch verstanden konnte darunter das problemfreie Zusammenleben unterschiedlicher Konfessionen und Religionen in einem Staat begriffen werden,[260] während auf der anderen Seite auch diese Umschreibung ein Erlöschen des Judentums möglich werden ließ. Anhänger dieser Auffassung waren bestrebt, jeden Druck (Separatabgaben, Berufsbeschränkung etc.) von der jüdischen Gemeinschaft zu nehmen, um

254 Vgl. *Buchholz*, Moses und Jesus, 1803. Für die Isolation von Juden gab es die verschiedensten Vorstellungen; diese reichten von der Kennzeichnung von Juden bis zu ihrer Konzentration in bisher unwirtlichen Gebieten.

255 Die Separierung stellte bei der Verminderung der Anzahl von Juden nur eine Ebene dar, teilweise gingen Autoren so weit, die Kastrierung aller jüdischen Jungen mit Ausnahme des Erstgeborenen zu verlangen. Vgl. *Anonymus [Hayn]*, Juden ohne Nachtheil, 1803, S. 61.

256 Ein umfangreicher Vorschlag zur praktischen Handhabung der neuen Judenviertel findet sich bspw. bei *Anonymus [Hayn]*, Juden ohne Nachtheil, 1803, S. 55–60.

257 Vgl. *Grattenauer*, Erklärung über meine Schrift, 1803, S. 37; *Paalzow*, Bürgerrecht der Juden, 1803, S. 111; *Paalzow*, Der Jude und der Christ, 1804, S. 37–40.

258 Vgl. *Weber*, Handbuch der Staatswissenschaft, 1805, S. 175 f.

259 Vgl. *Anonymus*, Schriften über die Juden, 11. –13.8.; 15. –17.8.1808, S. 857 und *Weber*, Handbuch der Staatswissenschaft, 1805, S. 168 f.

260 So bei *Diebitsch*, Über das Werk, 1804, S. 57.

in einem zweiten Schritt zu einer ›Naturalisierung‹ von Juden zu gelangen.[261] Die Konzepte von ›Verschmelzung‹, ›Naturalisierung‹ und ›Konfessionalisierung‹ können unter dem Begriff der ›Duldung‹ zusammengefasst werden – darunter wurde zu Beginn des 19. Jahrhunderts die Beseitigung staatlicher Zwangsmaßnahmen verstanden, um einen Anpassungsprozess zu initiieren, der Juden vor allem nützlichen Gewerben zuführen und vom Wucher abbringen sollte.[262]

Der Begriff der Toleranz findet sich seit 1803 nur noch vereinzelt.[263] Auch wenn einzelne Autoren ihre Bereitschaft bekundeten, Juden sofort und ohne Bedingungen gleiche bürgerliche Rechte und Pflichten wie den christlichen Untertanen zukommen zu lassen,[264] war damit in der Mehrheit der Fälle die Hoffnung verbunden, dass sie sich unter diesen freiheitlichen Bedingungen selbst vom Judentum und dessen Grundsätzen distanzieren würden.[265] Im Unterschied dazu agierten nun auch Integrationsgegner mit dem Begriff der Toleranz, denn dadurch, dass die Staaten Juden duldeten, würde ihnen bereits Toleranz entgegengebracht.[266] An diesen Stellen kam es somit zu einer Vermischung zweier unterschiedlicher Begriffe und Konzepte, ohne dass dies reflektiert wurde. Eine wirkliche inhaltliche Begriffsbestimmung von Toleranz oder Duldung erfolgte dabei nicht.

Die von den Debattenteilnehmern vorgeschlagenen Maßnahmen zu einer wie auch immer gearteten Integration von Juden waren vielfältig und betrafen nahezu alle Bereiche des jüdischen religiösen, gesellschaftlichen und sozialen Lebens. Unter der Vielzahl der Vorschläge können dennoch einzelne Schwerpunkte ausgemacht werden. Diese betrafen erstens religiöse Reformen, zweitens die Erziehung und Bildung der jüdischen Jugend und drittens die berufliche Orientierung und den Umgang mit der christlichen Bevölkerung. Dabei befürworteten auch jüdische Stimmen die Forderung nach (religiösen) Reformen und erhöhten damit den Druck auf ihre eigene Glaubensgemeinschaft.[267]

Zu den religiösen Reformen zählten deren Befürworter insbesondere die Einschränkung des Wirkungskreises und des Einflusses der Rabbiner auf ihre Glaubensgenossen und ihrer Rechte und Strafgewalt innerhalb der jüdischen Gemeinschaft. Noch weiter drang die Forderung nach einer Verlegung des Sab-

261 Vgl. *[Henle]*, Verbesserung des Judenthums, 1803, S. 19.

262 Vgl. *Kosmann*, Für die Juden, 1803, S. XI.

263 Im aufgeklärten Sinn bei *Diebitsch*, Über das Werk, 1804, S. 14 und 25; *[Henle]*, Verbesserung des Judenthums, 1803, S. 22–25; *Terlinden*, Grundsätze des Juden-Rechts, 1804, S. VIII; *Kosmann*, Für die Juden, 1803, S. 9 und *Wolfssohn*, Jeschurun, 1804, S. 51 f.

264 In anderen Publikationen sollten Freiheiten und Rechte nicht allen Juden gleichermaßen zukommen, vielmehr sollten die Staaten Juden nur entsprechend ihrer eigenen Bevölkerungszahlen aufnehmen. Vgl. *Weber*, Handbuch der Staatswissenschaft, 1805, S. 170 ff.

265 Vgl. *Anonymus*, Betrachtung Jüdische Nation, 1804, S. 145–159.

266 Vgl. *Grattenauer*, Erklärung über meine Schrift, 1803, S. 29 f.

267 Vgl. *[Wolff]*, Sendschreiben eines Christen, 1803, S. 16 f.

bats auf den Sonntag in die religiösen Belange des Judentums ein.[268] Hinzu kam der Wunsch nach einer Abschaffung oder zumindest einer Überarbeitung und Reformierung des jüdischen Zeremonialgesetzes.[269] In christlicher Sichtweise waren Religionsreformen immer verbunden mit der Hoffnung auf eine ›Entjudung‹, denn ein seinen rituellen Grundlagen beraubtes Judentum hielten viele christliche Publizisten für nicht überlebensfähig und erwarteten aus diesem Grund eine Lösung der Juden vom jüdischen Glauben. Insbesondere die jüdischen Entgegnungen im Umfeld Grattenauers und Paalzows setzten sich mit einer Reform des Judentums auseinander, die zu einer Verschmelzung von Juden mit ihrer Umwelt führen sollte. Die verschiedenen Vorschläge gingen so weit, dass jüdische Autoren bereit waren, die Ritual- und Zeremonialgesetze des Judentums abzuschwächen bzw. zu vernachlässigen, denn auch sie betrachteten ihre Religionsinhalte durchaus kritisch. Bereits Friedländer hatte sich für eine Reformierung des überkommenen Judentums ausgesprochen, damit in Zukunft den ›Feinden der jüdischen Integration‹ die Möglichkeit genommen würde, die Zeremonial- und Ritualgesetze gegen eine Gleichberechtigung von Juden ins Feld zu führen. Alle in der öffentlichen Debatte agierenden Juden versuchten, trotz der Anregung von Reformen, das Judentum zu erhalten und zu einer Vernunftreligion umzuformen.[270]

In der Kontroverse um 1803 blieb die Frage der jüdischen Bildung von besonderer Relevanz, hier noch nicht im Sinne bürgerlicher Bildungsvorstellungen, sondern einer reinen Nützlichkeitserziehung. Diese Vorstellung orientierte sich weiterhin an der ständischen Gliederung der Gesellschaft und sollte Juden den ihnen zustehenden Platz in der Gemeinschaft vermitteln. Frühliberale Autoren thematisierten intensiv ihre Hoffnung auf ein Zusammenwachsen heterogener Schichten unter dem Dach gemeinsamer Bildungserfahrungen. Neben einer Reform des jüdischen Schulwesens und einer moralischen und sittlichen Besserung stand vor allem die erzieherische Funktion des Militärdienstes im Fokus.[271] Dieser sollte Juden Disziplin und Vaterlandstreue vermitteln und sie zumindest eine Zeit lang dem Einfluss ihres Glaubens entziehen, da während der Dienstzeit die religiösen Pflichten den staatsbürgerlichen untergeordnet werden mussten. Bei der Frage der Erziehung von Juden[272] bestanden die Hauptdifferenzen darin, wem die Verantwortung für ihre Verbesserung zu geben sei. Die Integrationsbefürworter sahen den Staat in der Verantwortung, zumal sie

268 Vgl. *Anonymus*, Die Kinder Israels, 1804, S. 57 ff.; *Diebitsch*, Über das Werk, 1804, S. 66.

269 Ausführlicher dazu: *Paalzow*, Bürgerrecht der Juden, 1803, S. 101; *[Henle]*, Verbesserung des Judenthums, 1803, S. 26 f.; *Lefrank [Fränkel]*, Bellerophon, 1803, S. 61; *Anonymus*, Wort an die Christen, 1804, S. 56–59; *Paalzow*, Der Jude und der Christ, 1804, S. 32 und 43–47.

270 Vgl. *Pinkuss*, Saul Ascher, S. 30.

271 Vgl. *Anonymus*, Wort an die Christen, 1804, S. 31 ff.

272 Vgl. *Paalzow*, Bürgerrecht der Juden, 1803, S. 165 f.; *Diebitsch*, Über das Werk, 1804, S. 64.

diesen häufig auch für die gegenwärtige Situation der jüdischen Untertanen verantwortlich machten[273] – die Integrationsgegner nahmen hingegen Juden in die Pflicht.[274]

Da die jüdische Betätigung im Handel häufig als das Haupthindernis bei einer Angleichung von Juden und Christen interpretiert wurde, sollten im Hinblick auf die berufliche Orientierung zahlreiche Maßnahmen einer vollständigen Integration vorausgehen. Besonders Autoren aus dem kameralistischen Umfeld widmeten dieser Frage große Aufmerksamkeit; so sollte Juden der Handel entweder vollkommen oder zumindest in Form des Hausierens und des Kleinhandels verboten werden.[275] Andere Autoren forderten im Unterschied dazu eine vollständige Berufsfreiheit, mit einem Schwerpunkt auf der Landwirtschaft; sie hofften, Juden mit der Möglichkeit des Grunderwerbs auf dem Land sesshaft machen zu können.[276] Auf jüdischer Seite entstanden Initiativen, die eben diesen christlichen Forderungen entsprechen wollten und versuchten, ihren Glaubensgenossen Handwerk und Landwirtschaft nahezubringen; sie waren jedoch nur mäßig erfolgreich und konnten keine generellen Änderungen erzielen. Im Verlauf des 19. Jahrhunderts wurde der Widerspruch zwischen den staatlichen und öffentlichen Wünschen einer Umgestaltung der jüdischen Berufsstruktur und den Erfordernissen einer modernisierten Wirtschaft immer offensichtlicher. Eine andere Möglichkeit, die Identifikation mit der christlichen Umwelt und den Kontakt zwischen Juden und Christen zu verbessern, sahen zahlreiche Autoren in der Förderung gemischter Ehen, bis hin zur Zwangsverheiratung.[277] Dadurch sollten die gegenseitigen Vorurteile zum Verschwinden gebracht werden, wenn auch eine Mehrheit der Verfechter dieses Vorschlages erkennen ließ, dass sie sich davon auch eine Bekehrung von Juden zum Christentum versprach, da in einer solchen Konstellation Juden die Vorteile des christlichen Glaubens im Alltag vor Augen geführt würden.

Methodisch bedienten sich die Kritiker einer jüdischen Integration ähnlicher Strategien, wie sie bereits Eisenmenger angewandt hatte; sie versuchten aus den jüdischen Glaubensgrundsätzen Argumente gegen eine rechtliche Gleichstellung von Juden zu generieren.[278] Sie agierten häufig mit einzelnen Negativbeispielen von Juden, um die von ihnen diagnostizierten schlechten jüdischen

273 Vgl. *[Henle]*, Verbesserung des Judenthums, 1803, S. 19; *Wolfssohn*, Jeschurun, 1804, S. 118.

274 Vgl. *Paalzow*, Bürgerrecht der Juden, 1803, S. 163 f. und *Anonymus*, Verfassung der Juden, 1804, S. 28.

275 Bspw. bei *Anonymus [Hayn]*, Juden ohne Nachtheil, 1803, S. 33.

276 Vgl. *Weber*, Handbuch der Staatswissenschaft, 1805, S. 171 f.; *Anonymus*, Juden, 1803, S. 48 f.; *Anonymus*, Wort an die Christen, 1804, S. 29 f. und *Kosmann*, Für die Juden, 1803, S. 35.

277 Vgl. *Anonymus*, Die Kinder Israels, 1804, S. 65 ff.; *Anonymus*, Wort an die Christen, 1804, S. 45–48; 55; *Buchholz*, Moses und Jesus, 1803, S. 248–251 und *Krüger*, Gesellschaft der Juden-Reform, 1805, S 66.

278 Vgl. *Buchholz*, Moses und Jesus, 1803.

Eigenarten unter Beweis zu stellen. Wiederholt fanden sich Verweise auf einzelne jüdische Betrüger, Wucherer, Diebe oder Kurpfuscher.[279] Zudem blieben historische Belege und Darstellung in zahlreichen Begründungen und Argumentationen präsent,[280] die alle die Sonderstellung von Juden und deren Separierung untermauern sollten.[281] Diese Form fand sich dabei nicht nur als Element einzelner Schriften, vielmehr versuchten Autoren durch die Darlegung der gesamten jüdischen Geschichte und ihrer Entwicklung einen Beitrag zur Debatte und zur Frage der jüdischen Eigentümlichkeiten zu leisten.[282] Diese stärker wissenschaftlichen Publikationen wurden in der öffentlichen Kontroverse jedoch kaum noch wahrgenommen oder kritisch diskutiert. Deutlich mehr Zuspruch erfuhren Flugschriften und Pamphlete, die ohne tief greifende Begründungen, andererseits in einem emotionalen Ton für oder gegen eine jüdische Integration plädierten.

Zur Verdeutlichung ihrer Überzeugungen wurden häufig auch andere antijüdische Schriften herangezogen, deren Richtigkeit als bewiesen angesehen wurde.[283] Die Ansammlung von Zitaten anderer Publizisten erweckte dabei keinen Anschein von Wissenschaftlichkeit, sondern sollte hauptsächlich den Eindruck einer mehrheitlich akzeptierten öffentlichen Meinung gegenüber Juden unter Beweis stellen – so z. B. durch den Verweis auf Herder, Fichte oder Goethe.[284] Nur noch selten wurde mit Auszügen aus den jüdischen Religionsschriften agiert; das beste Beispiel für diese Methodik ist Grattenauers Schrift »Wider die Juden«, in der sich ausschließlich Auszüge unterschiedlicher Schriften finden, so aus Paalzows »Der Judenstaat« und Eisenmengers »Entdecktes Judenthum«, ebenso aus Rechtsfällen und juristischen Gutachten, die Grattenauer fast unkommentiert abdrucken ließ.[285]

Einen grundlegenderen Wechsel in ihrem Auftreten ließen jüdische Autoren erkennen. Sie distanzierten sich immer stärker von den bisher genutzten, an den Monarchen oder die Fürsten gerichteten Bittschriften; nur noch selten wandten sie sich ausdrücklich an den Herrscher oder riefen dessen Gerechtigkeit und Menschenliebe an, um eine Verbesserung ihres rechtlichen und gesell-

279 Vgl. *Anonymus*, Justiz- und PolizeyAnzeigen, 8.4.1803; *Anonymus*, Der Judenreformator, 1805 charakterisiert insbesondere Moses als den ersten jüdischen Räuber und Betrüger (S. 34–26); *Grattenauer*, Erklärung über meine Schrift, 1803, S. 20–22.

280 Vgl. *Anonymus*, Blinde Kuh, 1803, S. 11; *Buchholz*, Moses und Jesus, 1803 und *Paalzow*, Bürgerrecht der Juden, 1803, S. 69 ff.

281 So bspw. bei *Anonymus*, Blinde Kuh, 1803, S. 11; *Paalzow*, Bürgerrecht der Juden, 1803, S. 69 ff. und *Ramson*, Die Juden, 1804.

282 Vgl. *Aretin*, Juden in Baiern, 1803; *[Göß]*, Höchstwichtiger actenmäßiger Bericht, 1804; *Scheppler*, Aufhebung des Judenleibzolls, 1805; *Anonymus*, Betrachtung Jüdische Nation, 1804 und *Beer*, Geschichte der Juden, 1808.

283 Vgl. *Grattenauer*, Erklärung über meine Schrift, 1803, S. 25–28.

284 Vgl. *Bruer*, Geschichte der Juden, S. 209.

285 Vgl. *Grattenauer*, Wider die Juden, 1803.

schaftlichen Zustandes zu erreichen.[286] Deutlich selbstbewusster artikulierten sie sich öffentlich, in der Hoffnung auf eine Unterstützung ihrer Bestrebungen. Die jüdischen Publikationen blieben in ihrer Wirkung dabei stark begrenzt und gelangten nur selten über jüdische Kreise hinaus. Von christlicher Seite erfolgten auf jüdische Schriften nur selten Entgegnungen oder Reaktionen. Vielmehr debattierten Juden und Christen in jeweils eigenständigen Foren, wobei christliche Äußerungen von Juden mit starkem Interesse verfolgt, kommentiert und analysiert wurden, während die christlich dominierte Öffentlichkeit die jüdischen Beiträge kaum wahrnahm. Ein herausragender jüdischer Diskursteilnehmer zwischen 1780 und 1812 und auch darüber hinaus war Saul Ascher (1767–1822).[287] Er gehörte nicht im eigentlichen Sinn der Gruppe der Maskilim an, hatte jedoch viele Ziele dieser Bewegung in seine Überzeugungen aufgenommen und weiter ausgeformt.[288] Seine Positionen waren für die Maskilim nicht repräsentativ, vielmehr wiesen sie häufig gänzlich neue Denkweisen und Überzeugungen auf, die sich an den französischen Rationalisten orientierten. Durch die Radikalität seiner Auffassung wurde er jedoch auch in der christlichen Öffentlichkeit gehört. Ascher sah in einer neuen Definition der jüdischen Religion das einzige Rettungsmittel des Judentums. Diese beinhaltete bei ihm eine Befreiung des Einzelnen von religiösen Verpflichtungen und Vorschriften, unter gleichzeitiger Beibehaltung seiner Zugehörigkeit zur jüdischen Religion und zur jüdischen Gemeinschaft. Er forderte dazu auf, Juden wie Christen als Menschen zu behandeln.[289] Dabei wandte er sich explizit gegen die moralischen Judenfeinde, die das Christentum als einzig wahre Religion begriffen und Juden aus diesem Grund eine Aufnahme in den Staat versagten.[290] In seinem Auftreten gegen einen alleinigen christlichen Wahrheitsanspruch fand sich eine Parallele zur Mehrheit jüdischer Publizisten, die die Aufgabe sowohl des Christen- als auch des Judentums als Hinführung zu allgemeiner Sittlichkeit begriffen.[291] Aufgrund dessen waren jüdische Debattenteilnehmer bestrebt, das Judentum auf eine neue Aufgabe vorzubereiten, die sie darin erblickten, Juden zur Entwicklung ihrer Geistesgaben und dadurch zur ›Glückseligkeit‹ anzuleiten.[292]

286 Vgl. *Davidson*, Bürgerliche Verbesserung der Juden, 1798, S. 119.

287 Vgl. *Ascher*, Bürgerliche Verbesserung der Juden, 1788; *ders.*, Eisenmenger der Zweite, 1794; *ders.*, Geschichte der politischen Revolutionen, 1802; *ders.*, Napoleon, 1808; *ders.*, Leviathan, 1792 und *ders.*, Vernunft und Glauben, 1798.

288 Vgl. *Katz*, Aus dem Ghetto, S. 150.

289 Vgl. ebd., S. 152.

290 Vgl. *Ascher*, Eisenmenger der Zweite, 1794, S. 69 f.

291 Vgl. *[Henle]*, Verbesserung des Judenthums, 1803, S. 374; *Wolff*, Gedanken über Verbesserung der Juden, 1792, S. 25–34.

292 Vgl. *Ascher*, Leviathan, 1792, S. 93; *Wolfssohn*, Jeschurun, 1804, S. 111–118 und *Pappenheimer*, Auszug eines Schreibens, 1803.

3. Konsequenzen

3.1 Politische Konsequenzen – Schriftenverbot und das Edikt von 1812

Dohms Schrift richtete sich ausdrücklich an die Monarchen, Fürsten und Regenten Deutschlands und an die öffentliche Meinung.[293] Die Herstellung einer Verbindung zwischen Regierungspolitik und öffentlicher Auseinandersetzung bildete eine Hauptintention seiner Veröffentlichung, und es kann davon ausgegangen werden, dass die Dohm'sche Schrift auf einen Teil der preußischen Regierungsvertreter und damit die zeitgenössischen gesetzlichen Änderungen indirekt Einfluss nahm. Die Publikationen im Umfeld Dohms unterstrichen das öffentliche Interesse an der Judenpolitik, was wiederum Reformen virulent werden ließ.

Die preußische Regierung begnügte sich 1786 zunächst, trotz der kritischen Wahrnehmung der Debatte, mit der Gründung einer Reformkommission, die unter dem Einfluss der Überlegungen Dohms eine Neuregelung der jüdischen Verhältnisse überdachte. Eine grundlegende Überarbeitung der bestehenden Judengesetze war dabei nicht intendiert, sodass Dohms Nachwirken zunächst nur in einzelnen gesetzlichen Veränderungen zu finden war.[294] In direkter Folge kann kein Einfluss Dohms auf die Gesetzgebung oder das Verhältnis zwischen Juden und Nichtjuden in Preußen ausgemacht werden. Erst das Edikt von 1812 verdeutlichte Dohms Prägung der staatlichen Entscheidungsträger und vor allem aufgeklärter Beamter.

Durch Mirabeau,[295] der im Salon der Familie Herz mit Mendelssohn und Dohm bekannt geworden war, griff die in Berlin initiierte Debatte schnell auf Frankreich über. Dort kam es zu einer erbitterten Kontroverse zwischen Befürwortern und Gegnern der Emanzipation, die erst ein Ende fand, als die französische Nationalversammlung Juden 1792 das Bürgerrecht zugestand. Bereits 1782 war Dohms Schrift in französischer Übersetzung erschienen; sie beeinflusste die Debatte und die Entscheidung der französischen Nationalversammlung maßgeblich.[296]

293 Vgl. *Dohm*, Bürgerliche Verbesserung der Juden, 1781, Vorerinnerung, unpag.

294 Diese kamen nur der jüdischen Oberschicht zugute, so bspw. die Verleihung des Staatsbürgerrechts an eine Reihe jüdischer Familien durch den preußischen König Friedrich Wilhelm II. Zu den Beratungen zwischen 1787 und 1792 vgl. *Schulte*, Reformdiskussionen, S. 105–113.

295 Zu Mirabeau vgl. *Luttrell*, Mirabeau und *Günther*, Mirabeau.

296 Vgl. *Kampmann*, Deutsche und Juden, S. 109. Zu Dohms und Mendelssohns Einfluss auf die französische Kontroverse vgl. *Gerson*, Juden als Nation.

Neben wenigen Versuchen, Dohms Konzeption zu realisieren, wie bspw. in Schaumburg-Lippe, erfolgte eine europaweite Änderung in der Judengesetzgebung erst durch die von Napoléon verursachten politischen Umbrüche um 1806. Trotz Dohms Einfluss auf die Beratungen der verschiedenen Staaten offenbarten die Debatten, wie wenig die entstehende bürgerliche Öffentlichkeit in der Lage war, sowohl das Bewusstsein der Masse der Untertanen als auch eine Mehrheit aufgeklärter Beamter zu erreichen und nachhaltig zu beeinflussen. Ein weitaus prägenderer Faktor für die preußische Gesetzgebung war die Französische Revolution, verbunden mit der Erklärung der Menschen- und Bürgerrechte am 26. August 1789. Auch im Hinblick auf die preußische Judenpolitik übte die französische Entwicklung einen nicht zu unterschätzenden Einfluss aus, denn von den allgemeinen Umwälzungen der politischen Strukturen in Frankreich waren auch die französischen Juden betroffen. Auch wenn sie in der Erklärung der Freiheit, Gleichheit und Brüderlichkeit aller Franzosen nicht mit einbegriffen waren, da sie nicht als französische Staatsbürger galten, konnten sie nicht länger in ihrer alten Verfassung belassen werden.[297] Schon in der ersten Debatte über die bürgerliche Gleichstellung von Juden, die vom 21. bis zum 24. Dezember 1789 in der französischen Nationalversammlung stattfand, verlangten Abbé Grégoire und Mirabeau die bedingungslose Anwendung von Rechtsgleichheit und religiöser Duldung auf Juden.[298] Konservative Gegner in der Nationalversammlung behaupteten hingegen, Juden bildeten eine eigenständige Nation und es sei aus diesem Grund nicht möglich, sie gleichberechtigt in die französische Nation einzubeziehen. Für die Lösung des Problems standen nach Meinung der französischen Abgeordneten nur zwei Optionen zur Verfügung; auf der einen Seite die Vertreibung von Juden, auf der anderen ihre Einbürgerung. Die Entscheidung fiel zugunsten der bürgerlichen Gleichstellung, die am 28. September 1791 von der Nationalversammlung verfügt wurde. Französische Juden erhielten sofort und uneingeschränkt vollständige Bürgerrechte, gleichzeitig erfolgte die Aufhebung aller noch bestehenden jüdischen Sonderrechte und Privilegien. Durch die napoleonischen Kriege verbreiteten sich die Grundsätze der französischen Judenemanzipation über Europa, sodass die französische Gesetzgebung zum Vorbild für die europäischen Länder und ihren Umgang mit der jüdischen Minderheit hätte werden können.[299]

297 Vgl. *Katz*, Bedeutung der Judenemanzipation, S. 156. Eine Ausnahme bildeten südfranzösische Juden, diese wurden am 28. Januar 1790 emanzipiert. Zur Emanzipation der Juden in Frankreich vgl. *Gerson*, Kehrseite der Emanzipation.

298 Zur Debatte in der französischen Nationalversammlung 1789 vgl. *Tackett*, Becoming a revolutionary; *Bein*, Die Judenfrage, Bd. 1, S. 203 ff.

299 Zur Geschichte der Entscheidung für das Dekret zur Judenbefreiung vgl. *Kampmann*, Deutsche und Juden, S. 122 ff. Für die Unterschiede zwischen dem französischen und dem deutschen Konzept der Judenemanzipation vgl. *Brenner/Caron/Kaufmann*, Jewish Emancipation reconsidered.

Napoléon selbst schenkte der jüdischen Minderheit keine besondere Aufmerksamkeit und stand ihr eher ablehnend gegenüber. So erklärte er 1806 im Staatsrat, dass Juden nach wie vor eine eigenständige Nation darstellten und aufgrund dessen nicht nach französischem Recht zu beurteilen seien.[300] Um diesen Missstand aufzuheben, befürwortete er eine Besserung und Erziehung französischer Juden.[301] Diese Einschätzung führte am 26. Juli 1806 zur Gründung der »Assemblée des Notables«.[302] Sie sollte die rechtliche Stellung von Juden in der französischen Gesellschaft beraten und an die neuen Verhältnisse anpassen. Der Versammlung lag ein zwölf Punkte beinhaltender Fragenkatalog vor, der darauf ausgerichtet war, das traditionelle jüdische Recht mit dem französischen Zivilrecht in Einklang zu bringen. Die Antworten der Assemblée erschienen Napoléon jedoch als nicht ausreichend; aus diesem Grund berief er am 30. Mai 1806 eine Zusammenkunft von 71 jüdischen Honoratioren ein. Diese Versammlung – der Große Sanhedrin[303] – sollte unter anderem Regeln für das Verhältnis von jüdischem und staatlichem Recht finden und zahlreiche Fragen zur Stellung von Juden in der französischen Gesellschaft beantworten. Die darin enthaltenen Anforderungen zwangen auch die jüdische Gemeinschaft, sich mit ihren religiösen Prinzipien und deren Integration auseinanderzusetzen.[304] Der Große Sanhedrin tagte vom 9. Februar bis zum 9. März 1807[305] und erklärte in seiner abschließenden Stellungnahme, dass sich französische Juden verpflichtet fühlten, Frankreich, ihr Vaterland, zu verteidigen und außerdem nicht länger gewillt seien, sich als eigenständige Nation zu betrachten. Es stünden somit keinerlei Hindernisse einer vollständigen Einbeziehung von Juden in alle Rechte und Pflichten der französischen Bürger im Wege.[306] Die Einrichtung des Sanhedrins hatte

300 Vgl. *Kampmann*, Deutsche und Juden, S. 124 f.

301 Vgl. *Gerson*, Kehrseite der Emanzipation, S. 125 ff.

302 Zu den Beratungen der ›Assemblée des Notables‹ vgl. ebd., S. 135–139.

303 Der Sanhedrin (Hohe Rat) war lange Zeit die oberste jüdische politische Instanz und gleichzeitig das oberste Gericht. Die erste Erwähnung findet sich 57 v. Chr. bei Flavius Josephus, mit Angaben zur Größe des Sanhedrins (Großer Sanhedrin – 71 Mitglieder, Kleiner Sanhedrin – 23 Mitglieder). Seinen Sitz hatte der Sanhedrin zunächst in Jerusalem, nach der Tempelzerstörung fand sich der Sanhedrin an verschiedenen Orten. Nach vorherrschender Meinung innerhalb des Judentums wird mit Errichtung des 3. Tempels ein neuer Sanhedrin entstehen. Spinoza und Moses Hess hingegen glaubten an die Einrichtung eines neuen Sanhedrins in einem noch zu gründenden Nationalstaat. Zur Geschichte des Sanhedrins vgl. *Büchler*, Das Sanhedrin in Jerusalem; *Hoenig*, The Great Sanhedrin und *Mantel*, Studies Sanhedrin.

304 Vgl. *Tama*, Transaction of the Parisian Sanhedrin, 1807.

305 Vgl. *Bein*, Die Judenfrage, Bd. 1, S. 198.

306 Kampmann führt aus, der Sanhedrin habe unter der Drohung gestanden, dass Juden ihre Gleichberechtigung wieder verlieren würden, wenn sie nicht ihre Bereitwilligkeit zur Integration unter Beweis stellten. Vgl. *Kampmann*, Deutsche und Juden, S. 124 f. Und auch Graupe spricht davon, dass der Sanhedrin ein Forum sein sollte, um Juden durch eine Mischung von Einschüchterung und kaiserlicher Fürsorge zu einer weitgehenden Aufgabe ihrer jüdischen Identität zu bringen. Vgl. *Graupe*, Entstehung des Judentums, S. 158.

aber vor allem bewiesen, dass das Judentum als religiöse Gemeinschaft ernst genommen wurde. Zusätzlich erweckte sie den Anschein, die jüdische Minderheit könnte aktiv ihr Schicksal innerhalb des französischen Staates beeinflussen.

Die Euphorie französischer Juden über Gleichberechtigung und Sanhedrin währte indes nicht lange, denn bereits 1808 wurde durch ein Dekret Napoléons, die gewährte Gleichberechtigung eingeschränkt und verschiedenen Sonderbestimmungen unterworfen. Das »décret infâme« hob die Freizügigkeit von Juden in den französischen Gebieten auf und bestimmte, dass sie Handel und Gewerbe nur noch nach Zulassung und Erwerbung eines Patents führen durften;[307] ausdrücklich akzentuiert wurde hingegen ihre Verpflichtung zum Militärdienst. Durch einen weiteren Erlass fiel der jüdische Kultus unter staatliche Oberaufsicht und konnte nicht mehr autonom von der jüdischen Gemeinschaft reformiert und organisiert werden. Beabsichtigt war eine Geltungsdauer des »décret infâme« von zehn Jahren; bis zu diesem Zeitpunkt sollten sich Juden den übrigen Bürgern so weit angeglichen haben, dass keine grundlegenden Unterschiede mehr erkennbar wären.[308] Diese zeitlich befristeten Einschränkungen müssen im Sinne Napoléons als ein Erziehungsversuch gewertet werden, wodurch das »décret infâme« auch als ein Erziehungsedikt verstanden werden kann. Viel stärker offenbarte es jedoch, dass es der französischen Regierung nicht gelang, die revolutionäre Judenpolitik aufrechtzuerhalten, und sie sich ebenfalls einer regulierenden und kontrollierenden Gesetzgebung zuwandte, indem, unter dem Vorwurf des Wuchers, die rechtliche Sonderstellung von Juden erneuert und eine nachweisliche Besserung erwartet wurde, bevor es zum Zugeständnis umfangreicherer Rechte und Befugnisse kommen sollte. Unter Rückgriff auf die französischen Entwicklungen war es dadurch sowohl Judengegnern als auch Emanzipationsbefürwortern möglich, ihre Ziele und Ansichten zu untermauern.

Nach dem Sturz Napoléons wurde in Bezug auf Juden die Regelung von 1791 durch die Bourbonen wieder geltendes Recht. Nur in den nun an Preußen gefallenen rheinischen Gebieten galt das »décret infâme« noch bis zum Jahr 1848.

In aufgeklärt jüdischen Betrachtungen wurde die französische Judenpolitik zu einem wichtigen Maßstab. In Frankreich schienen ihre Wünsche, trotz der vorhandenen Einschränkungen, erfüllt, was dazu führte, dass ein Teil preußischer Juden auf eine ähnliche rechtliche Stellung zu hoffen begann. Insbesondere die Beschlüsse des Sanhedrins wurden zur »magna charta der späteren

307 Das Dekret war ursprünglich gegen die Elsässer Juden gerichtet gewesen, von denen Napoléon berichtet worden war, sie betrieben Grundstücksspekulationen und würden gegen überhöhte Zinsen Geld verleihen. Napoléon verfügte daraufhin für die gesamte jüdische Bevölkerung des Elsass einschneidende rechtliche Beschränkungen. Kurze Zeit später wurden diese Bestimmungen auf alle französischen Juden ausgeweitet. Zur Stellung der Elsässer Juden in Bezug auf das »décret infâme« vgl. *Gerson*, Kehrseite der Emanzipation und *Walde*, Napoleon.

308 Vgl. *Kampmann*, Deutsche und Juden, S. 125f.

Reformbestrebungen in Deutschland«[309]. Die jüdische Rezeption der französischen Entwicklungen verstärkte sich durch den Aufenthalt jüdischer Intellektueller in Frankreich. Ebenso berichtete die »Sulamith« regelmäßig über die Situation von Juden in Frankreich und führte deren rechtliche Besserstellung als deutsche Zukunftsvision an.[310] Ihrer Einschätzung nach sei kaum noch ein Unterschied zwischen Juden und Christen zu erkennen, Juden hätten die gleichen Rechte, seien in öffentlichen Ämtern tätig und verteidigten ihr französisches Vaterland.[311] Die Entscheidungen und Beratungen des Sanhedrins wurden gleichermaßen in der allgemeinen deutschsprachigen Öffentlichkeit wahrgenommen und kommentiert.[312] Christlich geprägte Zeitschriften machten dabei vor allem auf den innerfranzösischen Widerstand gegen eine jüdische Emanzipation aufmerksam, um dadurch die negativen Folgen der Gleichberechtigung zu unterstreichen.[313] Durch das »décret infâme« veränderte sich die Außenwirkung der französischen Judenpolitik entscheidend; hatten sich bis 1808 Befürworter der Emanzipation immer wieder auf das französische Beispiel der sofortigen und bedingungslosen Gleichberechtigung bezogen, instrumentalisierten nun Judengegner die einschränkende französische Gesetzgebung, um eine schnelle und bedingungslose Gleichstellung von Juden in Preußen zu verhindern, wobei sie hervorhoben, dass in Frankreich die negativen Folgen der vollständigen jüdischen Emanzipation zu einer erneuten Beschränkung und rechtlichen Zurücksetzung geführt hätten. Die gleichberechtigten Juden hätten sich weder gebessert noch in die Gesellschaft integriert, vielmehr seien französische Juden noch immer dieselben alten Juden, die sich nicht von denen in Russland oder Deutschland unterschieden.[314] Eine zweite Argumentationslinie fand sich später in der Darstellung von Juden als Revolutionsgewinnern und Nutznießern der französischen Besatzung. Die französische Unterjochung deutscher Länder sei für Juden ein goldenes Zeitalter gewesen, denn ihnen wurden, entgegen der Wünsche des deutschen Volkes, Rechte eingeräumt, durch die die deutsche Nationalität ver-

309 *Graupe*, Entstehung des Judentums, S. 159.

310 Vgl. z. B. *Anonymus*, Auch ein paar Worte, 1792; *Fränkel*, Reform der Israeliten, 1806; *Widersheim*, Schreiben aus Haganau, 1806; *Anonymus*, Aus Frankreich, 1808; *Anonymus*, Beitrag zur Kulturgeschichte, 1806. 1808 veröffentlichte Herz Homberg eine kommentierte Übersetzung der dem Sanhedrin vorgelegten Fragen und dessen Antworten. Vgl. *Bamberger*, Ein Wort zu seiner Zeit, 1808 und *Bran*, Actenstücke Verbesserung der Juden, 1806/07.

311 Vgl. *Anonymus*, Aus Frankreich, 1808, S. 159–164.

312 Vgl. *Anonymus*, Frankreich, 1.10.1806; *M. d. C.*, Legislation (Rezension), 2.9.1808; *B.*, Die Juden, 15.9.1806; *Anonymus*, Vermischte Nachrichten, 1807; *Anonymus*, Beschluß der Sitzungen, 1807; *Ascher*, Napoleon (Rezension), 1809; *Anonymus*, Synode der französischen Juden, 1806; *Anonymus*, Juden-Reform, 1807; *Anonymus*, Synode der Juden, 1806; *Anonymus*, Paris, 13.3.1807; *Bredow/Venturini*, Chronik des neunzehnten Jahrhunderts, 1810, S. 78 ff.; *Bamberger*, Ein Wort zu seiner Zeit, 1808 und *Weiß*, Unpartheyische Betrachtungen, 1807.

313 Vgl. *Wyrwa*, Juden, S. 148 f.

314 Vgl. *Kromm*, Moses und Jesus, 1816, S. 17.

nichtet werden sollte.[315] In keiner Gruppe seien so viele ›Napoleonisten‹ zu finden wie unter Juden, die sich damit gegen die ›wahren‹ Interessen der deutschen Staaten wenden würden.[316]

Nach frühliberalen Betrachtungen zeigten die französischen Gesetze hingegen, dass Juden sich dem Staat gegenüber auf alle erdenkliche Art und Weise als nützlich erweisen würden, wenn man ihnen mit Toleranz begegnen würde.[317] Für ihre Argumentation zugunsten einer jüdischen Emanzipation verwiesen sie häufig auf die Entwicklung in Frankreich, die bewiesen habe, dass Juden durchaus alle Rechte und Pflichten der Bürger übernehmen könnten, ohne in einen Konflikt mit ihren religiösen Anschauungen zu geraten. Frankreich erschien als Beweis dafür, dass eine Integration von Juden als Juden möglich sei. Das »décret infâme« wurde als ein positives Erziehungsgesetz gedeutet, das vor allem den intellektuellen Zustand der jüdischen Minderheit bessern würde und sie gleich gebildet neben die übrigen Einwohner zu stellen beabsichtige. Eine solche Auslegung entsprach der Mehrheitsmeinung in Preußen, die sich gegen eine sofortige und bedingungslose Emanzipation von Juden aussprach, sofern nicht zuvor verschiedene Anpassungen und Besserungen erzielt worden wären. Eine vollständige Übernahme der napoleonischen Judenpolitik erschien infolge dieser Auffassung im Rahmen der deutschen Staaten unmöglich.

Die leidenschaftliche Debatte um Grattenauer und Paalzow, vor dem Hintergrund der französischen Entwicklung, rückte die Auseinandersetzung um die Stellung von Juden innerhalb der Gesellschaft in den Mittelpunkt des Tagesinteresses und nahm schließlich solche Dimensionen an, dass sich das preußische Generaldirektorium veranlasst sah, einzuschreiten.[318] Auf seine Anordnung erließ das Berliner Polizeidirektorium am 20. September 1803 eine »Obrigkeitliche Bekanntmachung«, die bestimmte, dass »Druckschriften wider und für die Juden, und deren Verkündigungen durch die öffentlichen Blätter«[319] verboten seien. Ebenso dürften Anzeigen zu Schriften dieses Inhalts von Zeitschriften nicht aufgenommen oder publiziert werden. Im Vorfeld dieses Verbotes war die Wirkung der öffentlichen Auseinandersetzung auf die Situation in den preußischen Staaten vor allem von Staatskanzler Goldbeck und Minister von Hardenberg analysiert worden. Goldbeck sprach sich in einem Brief an Hardenberg dahingehend aus, dass bereits die Schrift »Wider die Juden« hätte verboten werden sollen, da diese die jüdische Nation in ein »gehässiges Licht« stelle, was

315 Vgl. *Rühs*, Die Rechte des Christenthums, 1816, S. 35f.

316 Vgl. *Anonymus*, Über die Juden, 11.5.1815.

317 Vgl. *Anonymus*, Juden, 1803, S. 51f. und *Dr. Reis*, Emancipation der Juden, 10.9.1830 und *Gregoire*, Beobachtungen über Juden, 1806, S. 541.

318 Zu den Beratungen im Vorfeld vgl. *Allgemeinen Verwaltung*, Zensursachen, 1803–1805 und *Justizministerium*, Maßregeln, 1800–1805.

319 Vgl. *Jersch-Wenzel*, Rechtslage und Emanzipation, S. 30.

»keineswegs gebilliget werden kann«[320], zumal solche Ausfälle einen erheblichen Teil der Nation erregten. Ebenso bewertete der Geheime Finanzrat Borgstede die schriftlichen Angriffe auf Juden als problematisch. In einem Schreiben an Hardenberg schlug er, zum Wohle des Ansehens des preußischen Staates, folgende polizeilichen Maßnahmen vor: Weder für noch wider die Juden dürfe etwas gedruckt werden; von den bisher erschienenen Schriften sollten keine neuen Auflagen angefertigt werden, und die Zeitungen sollten nicht länger auf neue Schriften zu dieser Thematik aufmerksam machen. Seine Bestrebungen erklärte Borgstede wie folgt:

»Haß gegen die Juden zu erregen, welche wir doch nicht verjagen können und werden, ist ebenso unpolitisch als unmoralisch. Es ist unfehlbar, daß bey Fortsetzung öffentlicher Beleydigungen der Juden, wodurch die geringere Volksklasse der Christen sich aufgefordert und berechtigt finden wird, die Juden auf den Straßen und öffentlichen Plätzen zu beleidigen, Ausschweifungen von der einen und von der andern Seite nicht zu vermeiden sind. Diesem Übel glaube ich, muß vorgebeugt werden.«[321]

Diese Äußerung veranschaulicht die eigentlichen Bedenken innerhalb der preußischen Regierung. Nicht die öffentliche Auseinandersetzung selbst oder ein Eintreten zugunsten einer jüdischen Integration erregte Besorgnis, sondern die Gefahr eines gewaltsamen Ausbruchs der daraus resultierenden antijüdischen Stimmung. Um das Risiko von Pogromen und Unruhen zu minimieren, waren die verantwortlichen Behörden bemüht, die um sich greifenden Schriften einzudämmen, da sich Aufruhr und Unzufriedenheit – so die Befürchtung – schnell nicht nur gegen Juden, sondern ebenso gegen die preußische Regierung richten könnten.

Die betroffenen Autoren versuchten hingegen, das anstehende Verbot zu verhindern. Insbesondere Grattenauer sah Juden als Initiatoren des Interdikts und war bestrebt, seine Schriften vor der angedrohten Zensur zu bewahren. Er richtete ein Gesuch an Großkanzler von Goldbeck,[322] in dem er die Berechtigung seiner Schriften unter Beweis stellen wollte. Als ein Argument führte er an, dass die hohen Auflagen seiner Schriften die Notwendigkeit und den christlichen Wunsch offenbarten, wider die Juden gerichtete Schriften zu lesen; er betonte wiederholt, dass Juden in ihrem jetzigen Zustand eine Gefahr für den Staat seien, und lehnte jegliche Zensur ab, denn kein »Gesetz kann es mir verbieten, dies Resultat meiner Überzeugungen auf jede wissenschaftliche, gelehrte, philoso-

320 Brief Goldbeck an Hardenberg, 5. September 1803, zitiert nach *Geiger*, Geschichte der Juden, S. 312.

321 Brief Borgstede an Hardenberg, 8. September 1803, zitiert nach ebd., S. 313.

322 Für das Folgende vgl. Brief Grattenauer an Großkanzler von Goldbeck vom 14. September 1803, zitiert nach ebd., S. 315.

phische und statistische Gesichtspunkte auszuführen«[323]. Grattenauer war sich sicher, durch seine Tätigkeit, dem Staate, der Menschheit und der Nachwelt einen wichtigen Dienst zu erweisen. Sein Schreiben zeigte, dass er sich berechtigt glaubte, zum Wohle von Staat und Bevölkerung die Gefährlichkeit und Schädlichkeit von Juden bekannt zu machen und vor ihnen zu warnen.[324]

Hardenberg rechtfertigte hingegen das Einschreiten der Regierung, das keinesfalls beabsichtige, die gebotene Pressefreiheit einzuschränken. Die Entscheidung zu einer Reglementierung und Lenkung der publizistischen Auseinandersetzung sei vielmehr einem Abwägen zwischen zwei Faktoren verpflichtet gewesen; auf der einen Seite der Pressefreiheit, auf der anderen der Religionsduldung. Er wies Großkanzler Goldbeck an, der religiösen Duldung den Vorzug zu geben und zugunsten einer Beruhigung der Öffentlichkeit durch eine Zensur der betreffenden Schriften (insbesondere der Grattenauers) einzugreifen.[325] Nach Inkrafttreten der Zensurbestimmung im September 1803 richtete Grattenauer nochmals ein ausführliches Gesuch an den preußischen Monarchen, in dem er erneut erfolglos die Berechtigung einer publizistischen Tätigkeit gegen Juden betonte.[326]

Eine sofortige Beruhigung konnte durch das staatliche Verbot nicht erreicht werden; noch im Jahr 1804 erschienen zahlreiche Schriften, die sich mit den Veröffentlichungen Paalzows und Grattenauers auseinandersetzten. Die Mehrzahl der 1804 veröffentlichten Publikationen wurde bereits im Ausland gedruckt und erschien anonym, sodass eine Verfolgung ihrer Autoren nur schwer zu realisieren war.[327] Die betreffenden Schriften schlossen direkt an die Diskussion um Grattenauer und Paalzow an und waren wahrscheinlich schon vor dem Verbot abgeschlossen, sodass in vielen Fällen nur noch ein Verleger gefunden werden musste. Nach 1804 war eine deutliche Abschwächung und Beruhigung der Auseinandersetzung bzw. eine Verschiebung der Kontroverse auf die Theaterbühnen zu beobachten.[328] In den Folgejahren kam es nie zu einer ausdrücklichen Wiederzulassung der Veröffentlichungen zugunsten bzw. -ungunsten von Juden;

323 Brief Grattenauer an Großkanzler von Goldbeck vom 14. September 1803, zitiert nach ebd., S 315.

324 Mit seinem Glauben an eine jüdische Verschwörung war er dabei nicht allein. Vgl. *Anonymus [Hayn]*, Juden ohne Nachtheil, 1803, S. 10–17.

325 Vgl. Schreiben Hardenbergs an Goldbeck vom 19. September 1803, zitiert nach *Geiger*, Geschichte der Juden, S. 317.

326 Wahrscheinlich führte der wütende Protest Grattenauers auch zu seiner Entlassung aus dem Staatsdienst im Jahr 1804. Vgl. *Bruer*, Geschichte der Juden, S. 210.

327 Zur preußischen Zensurpraxis um 1803 vgl. *Allgemeinen Verwaltung*, Zensursachen, 1803–1805.

328 Für die dramatische Auseinandersetzung mit der Frage der jüdischen Rechtsstellung vgl. *Anonymus*, Nathan der Weise, 1804; *Anonymus*, Jude am Pranger, 1804; *Voss*, Nathan der Weise, 1804 und *Cimarosa*, Betrug für Betrug, 1805; *Bischof*, Dina das Judenmädchen, 1802; *Bonafont*, Dina-Nathan, um 1816; *Anonymus*, Emilie oder Mornay, 1817.

eine deutliche Belebung der Debatte kann jedoch erst um das Jahr 1812 im Umfeld der Beratungen des neuen preußischen Judenediktes und seiner Veröffentlichung konstatiert werden. Grundlegend waren Zeitschriften von dem Publikationsverbot in geringerem Maße betroffen; so konnte sich in diesem Medium eine abgeschwächte Auseinandersetzung über die jüdische Problematik halten.

Die weiteren Beratungen über ein allgemeines Judengesetz und die damit verbundenen Entwürfe in Preußen müssen vor dem Hintergrund der öffentlichen Debatte, ihres Verbots und der französischen Entwicklung gesehen werden. Eine jüdische Gleichstellung blieb auch hier von den Erfolgen oder Misserfolgen einer jüdischen Besserung abhängig; alle Konzeptionen präferierten eine Erziehung von Juden zu Staatsbürgern. Zudem blieben Stimmen, die eine Bekehrung und Konversion von Juden forderten, immer deutlich vernehmbar. Dem französischen Vorbild wollten die Regierungsverantwortlichen in Preußen nicht folgen. Wenn auch eine Einbeziehung von Juden in das Wirtschaftsleben erreicht werden sollte, so durfte nach ihrer Meinung damit keine vollständige Emanzipation von Juden einhergehen.[329]

Nach dem Scheitern der Beratungen zu einer neuen Judenordnung im Umfeld der preußischen Reformpolitik waren die Hoffnungen auf eine baldige und umfassende Neuregelung der Stellung von Juden in Preußen gesunken. Dennoch blieb die massive öffentliche Auseinandersetzung über eine jüdische Integration im Jahr 1803 nicht ohne Einfluss. Der Anstoß zu neuen Beratungen musste in diesem Fall nicht von einer jüdischen Bittschrift ausgehen, sondern erfolgte innerhalb der preußischen Regierung. Die Frage der Stellung von Juden im Staat sollte in die allgemeinen staatlichen Reformen integriert werden und bildete, wie die öffentliche Kontroverse unter Beweis gestellt hatte, eine zwingende Notwendigkeit.[330]

Mit einem ersten Entwurf zu einem neuen Judengesetz beauftragte Friedrich Wilhelm III. Ende 1808 Staatsminister Schrötter.[331] Dessen Vorschlag, der prinzipiell allen Juden die bürgerliche Gleichberechtigung in Aussicht stellte, bildete die Diskussionsgrundlage für die folgenden Jahre. Zunächst beabsichtigte Schrötter aber, vor allem wohlhabende und wirtschaftlich leistungsfähige Juden zu integrieren, da diese dem Allgemeinwohl der preußischen Monarchie am meisten zuträglich seien.[332] Parallel dazu sollten die jüdischen Sitten und Ge-

329 Zu den Beratungen innerhalb der preußischen Ministerien zwischen 1808 und 1811 vgl. *Freund*, Emanzipation der Juden, Bd. 2, S. 249–314.

330 Ausführlich zu den innerbehördlichen Beratungen der Jahre 1808–1812 vgl. *Schulte*, Reformdiskussionen, S. 113–123.

331 Zu Schrötters judenfeindlicher Einstellung vgl. *Freund*, Emanzipation der Juden, Bd. 1, S. 109–115.

332 Zur detaillierten Darstellung des Schrötter'schen Entwurfes vgl. auch *Brammer*, Judenpolitik und Judengesetzgebung, S. 40–44; *Freund*, Emanzipation der Juden, Bd. 1, S. 131–139.

wohnheiten an die Kultur der christlichen Mehrheitsbevölkerung angeglichen werden. Dabei zeigte sich in der staatlichen Auseinandersetzung mit der jüdischen Problematik eine andere Schwerpunktlegung als in der öffentlichen Debatte. Von entscheidender Wichtigkeit für die preußischen Behörden war die Frage der jüdischen Berufsstruktur. So glaubte Schrötter, dass die Landwirtschaft eines der wichtigsten Erziehungsmittel sei. Durch eine ›Verpflanzung‹ von Juden in den Bereich der Landwirtschaft könnten sie vom Klein- und Hausierhandel abgebracht werden und würden ihre Nützlichkeit für den Staat unter Beweis stellen können. Problematisch an dem Schrötter'schen Entwurf war die Tatsache, dass er Juden nur im Bereich bürgerlicher Pflichten wirklich gleichberechtigte, im Hinblick auf bürgerliche Rechte blieben im Vergleich mit der Bevölkerungsmehrheit zahlreiche Defizite bestehen. Auf Basis des Schrötter'schen Entwurfes wurden die verschiedenen Ministerien aufgefordert, Gutachten bzw. Stellungnahmen zu verfassen und ihre Ansichten darzulegen.

In allen Vorschlägen blieb der ökonomische Faktor dominant, erst nach einer wirtschaftlichen Umstrukturierung wurde die Gewährung von unterschiedlich weitreichenden Rechten für Juden in Erwägung gezogen. Das Ministerium des Inneren, unter Leitung Graf von Dohnas, ging wie Schrötter davon aus, dass der Handel Juden verdorben habe. Aus diesem Grund befürwortete es eine nur langsame Öffnung der übrigen Gewerbe für Juden. Justizminister Beyme betonte die Anpassung und Änderung der jüdischen Ritualgesetze, während das Finanzministerium, durch Heinrich von Béguelin repräsentiert, sich entschieden gegen das Prinzip einer Verbesserung aussprach. Béguelin wollte Juden nur als gleichberechtigt anerkennen, wenn sie sich von ihrer Religion und den damit verbundenen Gebräuchen distanzierten, und hoffte, Juden dadurch indirekt zu einer Konversion ›zwingen‹ zu können. Eine gänzlich abweichende Haltung nahm Wilhelm von Humboldt als Mitglied des Ministeriums für Kultus und Unterricht ein. Er begriff den Staat nicht als Erziehungsanstalt, sondern als Rechtsstaat; unter dieser Bedingung stellte er nicht länger einen Zusammenhang zwischen der individuellen Religionszugehörigkeit und der Eignung zum Untertanen und Staatsbürger her. Der religiöse Glaube wurde bei Humboldt zu einer persönlichen Angelegenheit, die nicht von staatlichem Interesse zu sein habe. Auf dieser Grundlage war es ihm möglich, eine nahezu bedingungslose Gleichberechtigung von Juden zu fordern. Doch auch Humboldt blieb in der Hoffnung befangen, dass eine Einbeziehung von Juden in die staatlichen Strukturen, auch ohne Bedingungen, zu einer Übernahme des Christentums führen würde; er machte diese nur nicht länger zur Voraussetzung einer bürgerlichen Gleichberechtigung.[333]

Die Gutachten und die anschließenden behördlichen Kontroversen ließen die grundlegenden drei Prinzipien der preußischen Judenpolitik erkennen: das

333 Vgl. *Freund*, Emanzipation der Juden, Bd. 2, S. 276.

Prinzip der Verbesserung, das Prinzip der ›bürgerlichen Emanzipation‹ und das Prinzip der absoluten Anpassung.[334] Alle drei Möglichkeiten standen relativ ausgewogen nebeneinander; die Beratungen verliefen infolge dieser Meinungspluralität ergebnislos, sodass sich die Verständigung über ein neues Judengesetz noch bis 1811/1812 hinauszögern sollte. Die Auseinandersetzungen über die preußische Judenpolitik blieb dabei Teil der allgemeinen Reformbewegung, die versuchte eine staatliche Modernisierung ›von oben‹ zu initiieren – zumindest für die Judenpolitik Preußens trifft somit die These von der defensiven Modernisierung nach Wehler zu.[335] Nach den jahrelang ergebnislosen Beratungen und einer Unmenge verschiedenster Vorschläge[336] wurden die Gespräche 1811 intensiviert – eng verbunden mit der Person Hardenbergs, der es sich zu einem persönlichen Anliegen gemacht hatte, im Bereich der Judenpolitik Fortschritte zu erzielen. Hardenbergs Haltung gegenüber Juden war in ihren Grundsätzen der Aufklärung verpflichtet und ähnelte in weiten Zügen den Ansichten Dohms.[337] Er sah in der jüdischen Minderheit eine unterdrückte, aber besserungsfähige Gruppe, die durch einen zweckmäßigen Unterricht und die Teilhabe an bürgerlichen Lasten und Pflichten gebessert, erzogen und aufgeklärt werden könnte. Aus diesem Grund finden sich wiederholt persönliche Bitten jüdischer Untertanen an den Staatskanzler, auf dem die jüdischen Hoffnungen für eine baldige rechtliche Besserstellung ruhten. Unzufrieden über die bisherigen Erträge erteilte Hardenberg Ende 1811 dem Justizministerium den Auftrag, einen neuen Entwurf auszuarbeiten. Dieser griff grundlegend auf Schrötter zurück, nur in der Frage der Staatsämter und der Ehen zwischen Juden und Christen erfolgten Anpassungen. Die Leitung der neuen Verhandlungen wurde Regierungsrat Friedrich von Raumer übergeben. Er stand Hardenberg nahe, genoss dessen Vertrauen und präsentierte im Februar 1811 einen eigenen Vorschlag.[338]

Raumers Entwurf enthielt Anklänge an die französische Gesetzgebung wie sie bspw. im Königreich Westfalen Geltung hatte, dennoch schwankte sein Vorschlag zwischen dem westfälischen Vorbild und der Schrötter'schen Vorlage, wodurch zahlreiche Widersprüche entstanden; insgesamt favorisierte die Konzeption eine eingeschränkte staatsbürgerliche Gleichberechtigung. Die Ausarbeitung Raumers wurde einigen Ministerien zur Begutachtung vorgelegt. Während das Innen- und das Finanzministerium und ebenso das Kriegsministerium

334 Vgl. *Brammer*, Judenpolitik und Judengesetzgebung, S. 49 ff.

335 Zur Diskussion des Emanzipationsedikts von 1812 als Element der defensiven Modernisierung vgl. *Schenk*, Emanzipationsedikt.

336 Einen kurzen Überblick über die im Vorfeld des Edikts durchgeführten Beratungen und Entwürfe bietet *Baumgart*, Befürworter und Gegner.

337 Zur Haltung Hardenbergs gegenüber Juden vgl. *Bruer*, Geschichte der Juden, S. 289–305 und *Freund*, Emanzipation der Juden, Bd. 1, S. 165–175.

338 Zum Raumerschen Entwurf vgl. *Brammer*, Judenpolitik und Judengesetzgebung; *Freund*, Emanzipation der Juden, Bd. 1, S. 176–187.

keine grundlegenden Einwände gegen die neue Regelung vorbrachten, fanden sich Hardenbergs stärkste Gegner im Justizministerium. So drohte Justizminister Kircheisen damit, seine Bedenken dem Monarchen persönlich zu unterbreiten. Um einen solchen Schritt zu vermeiden, musste sich Hardenberg zunächst mit Kircheisen einigen, bevor er den Entwurf dem König unterbreiten konnte, wodurch sich der Prozess der Gesetzgebung nochmals verzögerte. Ein entscheidender Punkt der Beratungen war die Zulassung von Juden zum Staatsdienst, als wichtiger Indikator für eine volle Integration. In dieser Frage waren sich die Ministerien jedoch weitgehend einig, eine Aufnahme in den Staatsdienst sollte erst dann erfolgen, wenn sich Juden als nützliche Staatsbürger bewiesen hätten. Die Diskussion um die gesetzliche Neuregelung blieb dabei nicht nur auf die engen Kreise der verschiedenen Ministerien beschränkt.[339] Vor allem Konservative waren immer wieder versucht, die weitreichende Gewährung von Rechten für Juden zu torpedieren; so wurden aus dem konservativen Bürgertum und der hohen konservativen Beamtenschaft gegen Hardenberg scharfe Angriffe geführt.[340] Ein Novum im Umfeld dieser staatlichen Beratungen war die Einbeziehung von Juden – David Friedländer[341] und Israel Jacobson.[342] Durch diese Maßnahme glaubte die preußische Regierung die jüdischen Interessen berücksichtigt und legitim vertreten.[343] Die Anhörung beider und die Auseinandersetzung mit ihren Positionen gab dem Edikt von 1812 einen besonderen Stellenwert. Gleichzeitig versuchten auch andere jüdische Gemeinden auf den Verlauf der Verhandlungen Einfluss zu nehmen, besonders die drei Hauptgemeinden Breslau, Königsberg und Berlin.[344] Ihre Haltung lässt sich auf drei Punkte konzentrieren: das Recht, ihre Kinder verheiraten und etablieren zu dürfen, das

339 Die Stellungnahmen der Ministerien finden sich bei *Freund*, Emanzipation der Juden, S. 188–194.

340 Vgl. *Obrist von Maßenbach*, Historische Denkwürdigkeiten, 1809, S. 93, ebenso die bei Meusel abgedruckte Vorstellung der Stände Lebus und Beeskow-Strokow und die Immediat-Eingabe der Priegnitzer Ritterschaft (*Meusel*, Friedrich August Ludwig, S. 21, 339 ff. und 351 ff.).

341 Friedländer genoss sowohl innerhalb der Berliner jüdischen Gemeinde großes Ansehen als auch die Akzeptanz und Anerkennung der preußischen Regierung als ›Vertreter der Judenschaft‹.

342 Ursprünglich aus Halberstadt stammend, war Israel Jacobson als badischer Hofagent tätig, Hessisch-Darmstädter Kommerzienrat und Mecklenburg-Schweriner Finanzrat. In seinen Einflussgebieten trat er gegen Juden diskriminierende Gesetze auf. Persönlich erhielt er 1803 in Braunschweig-Lüneburg das volle Untertanenrecht und 1805 das städtische Bürgerrecht. Seine hauptsächlichen Betätigungsfelder waren Braunschweig und Baden, doch er wirkte ebenso in Preußen, wo er sich 1813 niederließ.

343 Für die Stellungnahme Friedländers vgl. *Freund*, Emanzipation der Juden, Bd. 1, S. 181–183.

344 Vgl. ausführlich zu den Aktivitäten dieser Gemeinden *Freund*, Emanzipation der Juden, S. 208–226.

Recht der freien Ausübung eines Handwerks und das Recht des Erwerbs von Grundeigentum.

Um weitere Verzögerungen zu verhindern, nahm Hardenberg davon Abstand, sämtliche in Betracht kommenden Ministerien zu den Vorschlägen zu hören. Nur so gelang es, den preußischen Reformkomplex mitsamt der Judengesetzgebung zu einem Abschluss zu bringen. Innerhalb der regierungsinternen Debatte hatten die öffentlichen Stimmen dabei keine bzw. nur eine indirekte Wirksamkeit.[345] In den entsprechenden Regierungsberatungen, Entwürfen und Stellungnahmen finden sich keine Hinweise auf eine Berücksichtigung der öffentlich gemachten Vorschläge und Anregungen. Die beteiligten Beamten nahmen die öffentliche Kontroverse um die Frage der Judenemanzipation wahr und wurden vermutlich von den verschiedenen zum Ausdruck gebrachten Meinungen beeinflusst, ein direkter Bezug der preußischen Behörden auf einzelne Publikationen und die dort formulierten Überzeugungen kann jedoch nicht belegt werden. Auch personelle Verknüpfungen zwischen beteiligten Regierungsbeamten und öffentlichen Äußerungen lassen sich nicht ausmachen. Doch wahrscheinlich bedingte gerade die intensive öffentliche Debatte eine zunehmende staatliche Bereitschaft, die Frage der Judenintegration zu thematisieren, um durch eine gesetzliche Neuregelung Unsicherheiten zu beseitigen und zugleich Anpassungen an die geänderten gesellschaftlichen und politischen Gegebenheiten vorzunehmen.

Herausragend erscheint die liberale Position Hardenbergs im Hinblick auf die allgemeinen Tendenzen in Preußen. Herder, Fichte, Kant, Grattenauer und Paalzow hatten eine Entwicklung angestoßen, die sich gegen Toleranz und Gleichberechtigung der jüdischen Minderheit richtete. Als entscheidender Akteur innerhalb der preußischen Regierung war Hardenberg jedoch in der Lage, den Gesetzesentwurf auch gegen scharfe Angriffe aus dem hohen Beamtentum und verschiedenen Ministerien zu verteidigen. Sein Eingreifen in die innerbehördlichen Auseinandersetzungen über die Judenemanzipation war der entscheidende Schritt für den Abschluss der Verhandlungen.[346] Inwieweit die Initiative Hardenbergs zugunsten der jüdischen Minderheit durch rein pragmatische, in diesem Fall finanzielle, Interessen bedingt war, bleibt fraglich.[347] Anfang 1812 wurden die abschließenden Beratungen aufgenommen. Raumer war mittlerweile aus dem Staatsdienst ausgeschieden, sodass an seine Stelle Ober-

345 Vgl. dazu *Staatskanzleramt*, Reform des Judenwesens, Jan. 1810–April 1812 und *Ministeriums der geistlichen, Unterrichts- und Medicinal-Angelegenheiten*, Verbesserung der Verhältnisse der Juden, 1809–1812.

346 Vgl. *Bruer*, Geschichte der Juden, S. 291.

347 Bruer spricht davon, dass Hardenberg beim Verkauf der Güter aus dem Domänenbesitz der Krone 1810 nicht auf jüdische Käufer verzichten wollte. Um dies zu ermöglichen, mussten jedoch die geltenden Gesetze, die einen Landerwerb von Juden untersagten bzw. stark erschwerten, reformiert werden. Vgl. *Bruer*, Geschichte der Juden, S. 292 f.

landesgerichtspräsident von Bülow rückte. Im Januar 1812 fand eine erste Besprechung zwischen Pfeiffer[348] und von Bülow statt. Bei dieser wurde der Entwurf Raumers abgelehnt, und unter Leitung Pfeiffers griff man auf den ersten Schrötter'schen Entwurf zurück. Pfeiffer legte seinen Vorschlag von Bülow und dem Justizministerium vor. Nach weiteren Anpassungen wurde die Gesetzesvorlage am 6. März 1812 Friedrich Wilhelm III. vorgelegt.[349]

Der Monarch äußerte seine grundlegende Zufriedenheit, seine Bedenken galten indes der Ämterfrage und dem Militärdienst. In der Frage der Staatsämter schloss er sich der ablehnenden Haltung an; die bisher von allen Ministerien befürwortete vollständige Einbeziehung von Juden zum Militärdienst lehnte der Monarch ebenfalls ab und vertagte eine genauere Regelung auf einen späteren Zeitpunkt. Das Edikt trat mit diesen Einschränkungen am 11. März 1812 in Kraft.[350]

Für das Edikt von 1812 waren innerbehördliche Differenzen und Aushandlungsprozesse grundlegend, während öffentliche Stimmen noch keinen direkten Einfluss auf die Entscheidungen der preußischen Regierung ausüben konnten. Dennoch machte der Inhalt der Neuregelung deutlich, dass die preußischen Behörden die zeitgenössische Entwicklung in der öffentlichen Meinungsbildung durchaus wahrnahmen. Besonders die Schrift von und die Debatte um Dohm waren in die Beratungen eingeflossen. Da sich um 1812 noch ein großer Teil der preußischen Beamten der Aufklärung verpflichtet fühlte, kann das Edikt durchaus als ein aufgeklärtes Erziehungsedikt im Sinne Dohms bewertet werden, wenn auch die rechtlichen Zugeständnisse an Juden deutlich hinter den Forderungen Dohms zurückblieben. Problematisch blieb hingegen, dass das Edikt nicht in der Lage war, die Judengesetzgebung an die gesellschaftlichen Entwicklungen anzupassen, vielmehr entstand es aus einer Notsituation heraus, in der Reformen als eine zwingende Notwendigkeit erschienen, um dadurch einer Bedrohungslage entgegenzuwirken.[351] Das Edikt von 1812 wollte mit seinen Bestimmungen Juden an die Wünsche nicht nur der preußischen Behörden, sondern auch der öffentlichen Mehrheit anpassen. Allein die Annahme fester Familiennamen und die Verpflichtung zur Nutzung einer ›lebendigen‹ Sprache wirkten deutlich in diese Richtung. Die separate Existenz einer jüdischen Gemeinschaft mit einer eigenen Sprache und fremden oder als fremd empfundenen Bräuchen sollte aufgehoben werden. Der preußische aufgeklärte Absolutismus versuchte dabei, zwei Strömungen Rechnung zu tragen; auf der einen Seite

348 Geheimer Obertribunalrat Pfeiffer, von Kircheisen als Vertreter des Justizministeriums bestimmt.

349 Zur Ausarbeitung des endgültigen Vorschlags vgl. *Freund*, Emanzipation der Juden, Bd. 1, S. 196–207.

350 Zum Edikt von 1812 vgl. *Rohlfes*, Judenemanzipation; regionale Studien zu den Folgen der gesetzlichen Regelung sind *Cohn*, Staatsbürgerrolle und *Brann*, Die schlesische Judenheit.

351 Vgl. *Fischer*, Judentum, S. 63.

den Erfordernissen der humanitären Entwicklungen, die ihren Niederschlag vor allem in der Französischen Revolution gefunden hatten, auf der anderen den Bedürfnissen der aufgeklärten Staatspraxis, deren Bestreben es war, über möglichst viele, für den Staat brauchbare Bürger zu verfügen. Der beste Weg zur Verbindung beider Elemente wurde in Preußen in einer stufenweise erfolgenden und allmählichen Besserung von Juden gesehen, an deren Ende eine nicht näher definierte, vollständige Emanzipation stehen sollte. Prekär in diesem Zusammenhang blieb die Überzeugung der Mehrheit preußischer Beamter, dass eine vollständige Emanzipation nur durch Aufgabe alles Jüdischen zu erreichen sei. Somit stand weder Integration noch Akkulturation im Vordergrund des Edikts, sondern eine umfassende Assimilation von Juden an die christliche Umwelt. Im Edikt von 1812 blieben Juden, wie auch in der öffentlichen Kontroverse, Objekte, denen kaum ein selbstständiges Entwicklungspotential zugestanden wurde. Die Anhörung von Friedländer und Jacobson beinhaltete keine Beratungsfunktion, wie auch keine Versuche unternommen wurden, der jüdischen Minderheit in Preußen eine einheitliche Repräsentanz zu ermöglichen, die die Interessen ihrer Gemeinschaft gegenüber der preußischen Regierung hätte vertreten können.[352] Diese Problematik führte dazu, dass auch in der Neuregelung versucht wurde, das Judentum als Religionsgemeinschaft in seiner bisherigen Stellung zu belassen, wohingegen einzelne Juden in den Genuss erweiterter Rechte kommen konnten. Diese Unterscheidung zwischen ›Bekenntnis‹ und ›Bekennern‹ war hingegen in der Praxis nur schwer aufrechtzuerhalten und im täglichen Umgang mit Juden nicht zu realisieren,[353] denn Juden und Judentum konnten nicht voneinander getrennt werden. Das Edikt von 1812 blieb eine Reform ›von oben‹, die den Versuch unternahm, »die Umwandlung der ständischen Ordnung in die moderne Gesellschaft unter Führung und Kontrolle des Staates zu vollziehen«[354]. Fraglich bleibt, ob das Vorhaben einer stufenweisen Emanzipation von Vor- oder Nachteil war. Eine Beurteilung dieser Frage ist umso schwieriger, als das Edikt nur sehr kurze Zeit voll wirksam blieb. Inwieweit nachhaltige Erfolge möglich gewesen wären, wenn eine strikte Anwendung und Umsetzung stattgefunden hätte, kann nicht beantwortet werden.

Das Edikt bildete zusammen mit der Bauernbefreiung, der Kapitalisierung von Grund und Boden, der Stein'schen Städteordnung und der teilweise vorhandenen Gewerbefreiheit zunächst den Abschluss des preußischen Reformprogrammes, das sich die Reorganisation des Staates zum Ziel gemacht hatte. Verglichen mit den Judenordnungen des 18. Jahrhunderts stellte diese Regelung zwar eine deutliche Weiterentwicklung dar, da sich mit Hardenberg das liberale Lager innerhalb der preußischen Regierung durchgesetzt hatte – doch gewan-

352 Vgl. ebd., S. 89.
353 Vgl. ebd.
354 *Hartmann*, Hardenbergsches Edikt, S. 249.

nen in der Folgezeit konservative Kräfte zunehmend die Oberhand. Das Edikt war somit kein Zugeständnis an die sich entwickelnde bürgerliche Öffentlichkeit oder ein reformwilliges Judentum, sondern an die politischen Notwendigkeiten der napoleonischen Ära.

3.2 Gesellschaftliche Konsequenzen – Integration durch Geselligkeit?

Geselligkeit als eine Grundform des menschlichen Miteinanders und Austauschs wurde im Laufe des 18. Jahrhunderts zu einer immer wichtigeren Form des bürgerlichen Kontakts – und zu einem entscheidenden Element bürgerlicher Gesellschaft in der ersten Hälfte des 19. Jahrhunderts. Die daran Beteiligten sahen sich gemeinsamen Werten verpflichtet und agierten unter ›Gleichen‹ in einer zweckfreien Gemeinschaft. Geselligkeit diente der Zerstreuung und Unterhaltung, aber auch der Identitätsstiftung und Einbindung des Einzelnen in die Gemeinschaft und wurde, mit ihrer zunehmenden Bedeutung, zu einer der wichtigsten Formen bürgerlicher Vergesellschaftung.[355] Bereits bei Schleiermacher erhielt Geselligkeit eine universelle Bedeutung. Nur im geselligen Raum sei der Mensch seinen Grenzen durch Häuslichkeit und Beruf enthoben und könne sich dem freien Spiel seiner Kräfte überlassen. In der Geselligkeit sei er durch keine Gesetze außer den selbst gegebenen beschränkt – in diesem Zustand liege der sittliche Zweck der Geselligkeit.[356]

An dieser Stelle interessiert vor allem die Leistungsfähigkeit von Geselligkeit in Hinblick auf einen Kontakt mit und eine Integration von Juden. In den Strukturen der ständischen Gesellschaft waren Abläufe und Funktion der Geselligkeit streng geregelt, ergänzt um einen korporativen Zusammenhalt;[357] im sich entwickelnden Bürgertum hingegen mussten die entsprechenden Konstitutionen erst geschaffen und verankert werden. Im Spannungsfeld von Strukturwandel, Mentalitätswandel und Sinngebungsverfahren erfuhr Geselligkeit im 18. Jahrhundert eine deutliche Aufwertung[358] – zunehmend wurde sie zu einem übergeordneten sozialen Ideal und zu einem entscheidenden Instrument der Selbstformung.[359] Dieses soziale Leitbild von Geselligkeit verband verschiedene Traditionsstränge und entwickelte sich zu einem politischen und gesellschaftlichen Ordnungsmodell, das zugleich danach strebte, sich gegen ältere Sozialformationen abzugrenzen.[360] Außerdem beinhaltete das aufgeklärte Verständnis

355 Vgl. *Simmel*, Grundfragen der Soziologie, S. 50–71.
356 Vgl. *Schleiermacher*, Versuch einer Theorie, 1799.
357 Vgl. *Wehler*, Deutsche Gesellschaftsgeschichte, Bd. 1, S. 319.
358 Vgl. *Adam/Fauser/Pott*, Vorwort, S. 7.
359 Vgl. *Hettling*, Politische Bürgerlichkeit, S. 13.
360 Vgl. *Fauser*, Geselligkeit, S. 14f.

von Geselligkeit einen Widerspruch in sich, denn sie wurde einerseits als zeitlich ausgerichteter und an soziale Netzwerke gebundener Prozess, der zusätzlich der Reflexion bedurfte, andererseits als Situation, d. h. Umgebung von Kommunikation verstanden.[361] Nicht vernachlässigt werden darf zudem, dass das Vereinswesen als eine Form von Geselligkeit trotz seiner zunehmenden Verdichtung kein die Gesamtbevölkerung erfassendes Phänomen war; es ergriff hauptsächlich bürgerliche Gruppen und konzentrierte sich zunächst auf Städte, andere soziale Gruppen und ländliche Räume wurden erst mit deutlicher zeitlicher Verzögerung integriert.

Grundlegend für das Funktionieren von Geselligkeit und die Entwicklung ihrer Wirksamkeit war die Verankerung in lokalen Strukturen. In privaten oder halböffentlichen Räumen trafen sich verschiedene bürgerliche Teilgruppen, aber auch Angehörige des Adels. Ihre besondere Attraktivität gewann Geselligkeit jedoch erst durch ihr Verständnis als ›Ordnung im Kleinen‹ und die darin enthaltene Loslösung von ständischen Strukturen. Innerhalb der Geselligkeit verwirklichte und entwickelte sich die Tugend der Bürger, vor allem durch wechselseitige Interaktion. Ein selbst gegebenes Ziel der Geselligkeit war das Streben nach ›Versittlichung‹, das wiederum eng verbunden war mit der Suche nach Zivilität.[362] Moralität und Sittlichkeit wurden zu einer entscheidenden Grundlage des Bürgertums; die Kunst der Geselligkeit sollte im Idealfall bessere Menschen und Bürger hervorbringen, in ihr sollte der Einzelne nach und nach Talente entwickeln und ausprägen. In diesem Verständnis konnte sie theoretisch zum wichtigsten Element für die Verbürgerlichung von Juden und Nichtjuden werden.[363]

Um eine größtmögliche Wirkung zu erzielen, wandte sich Geselligkeit an eine Vielzahl von Bürgern und Nichtbürgern, denn abseits der politischen Öffentlichkeit sollte innerhalb der Geselligkeit eine Gemeinschaft gleicher Individuen geschaffen werden. Dieser Wunsch bedingte dabei den Zwang, eine innere Gleichheit herzustellen, wodurch die angedachten kommunikativen Freiräume erneut eingeschränkt werden konnten.[364] Da bürgerliche Geselligkeit auf Gleichheit der Empfindungen, des Denkens, Glaubens und Fühlens beruhte, benötigte sie zudem eine gewisse Intimität, einen kommunikativen Raum frei von gesellschaftlichen und politischen Differenzen.[365] Geselligkeit stand somit nur demjenigen offen, von dem man glaubte, er würde bereits zu einem großen Teil über Zivilität und Sittlichkeit verfügen. Jeder, der als nicht zivilisiert galt, wurde von vornherein ausgeschlossen. Diejenigen, die Zugang erhielten, agierten in einem Raum, in dem Angehörige verschiedener sozialer Gruppierungen sich als

361 Vgl. ebd., S. 15.
362 Vgl. *Hoffmann*, Politik der Geselligkeit, S. 12.
363 Vgl. ebd., S. 43.
364 Vgl. *Fauser*, Geselligkeit, S. 18.
365 Vgl. *Lässig*, Jüdische Wege, S. 515.

gleichrangig verstehen konnten, wodurch auch der bürgerliche Selbstfindungsprozess vorangetrieben wurde.

Verschiedene Sozietäten, Gelehrtengesellschaften, Akademien, moralisch-patriotische Gesellschaften, Freimaurerlogen, Lesegesellschaften, Salons und Vereine wurden zu Trägern von Geselligkeit. Ihre Mitglieder waren nach ihrer sozialen Herkunft und ihrer beruflichen Tätigkeit mehrheitlich dem Bürgertum zuzuordnen und überwanden die Schranken ständischer Gesellschaft, doch gestaltete sich der Zugang für ›Nicht-Bürgerliche‹ (mit Ausnahmen in Hinblick auf den Adel) sehr hindernisreich.

Eine für Juden im Hinblick auf Geselligkeit bedeutende Phase war die Zeit der jüdischen Salons. In den Salons trafen bürgerliche Intelligenz, Aristokratie und Juden aufeinander, räsonierten über Kunst und Literatur und ergingen sich in ökonomischen und politischen Disputen. Eine Besonderheit dieser kurzen Episode war die Verbindung zwischen Judenemanzipation und Frauenemanzipation, denn in den Salons konnte sowohl die religiöse Gesinnung als auch das Geschlecht vernachlässigt werden. Diese Atmosphäre beförderte gemischte Heiraten wie auch Konversionen, bedingt durch ausgedehnte Sozialkontakte zwischen Juden und Nichtjuden. In der Abgeschlossenheit der Salons zeigten sich Christen der jüdischen Lebenswirklichkeit gegenüber aufgeschlossen, obwohl die religiöse Verortung nur eine untergeordnete Rolle spielte.[366] Doch muss die Marginalität dieses Phänomens betont werden. Nur rund 0,14 Prozent der erwachsenen Berliner Juden gehörten einem Salon an.[367] Zudem war die Geselligkeit der Salons eine entpolitisierte, sodass die rechtlichen und politischen Interessen von Juden in einem solchen Kreis nicht zum Gesprächsstoff werden konnten. Dennoch äußerte sich in der Salonkultur der jüdische Wunsch nach gesellschaftlicher und sozialer Anerkennung durch ihre christlichen Gesprächspartner – es gelang ihr jedoch nicht, zu einer dauerhaften Form der Geselligkeit zu werden, an der beide Gruppen einen gleichberechtigten Anteil für sich beanspruchen konnten. Die Begegnungen in den Salons stellten ein kurzes Zwischenspiel dar[368] und verdeutlichten den Widerspruch zwischen der gesellschaftlichen Anerkennung von Juden in einem exklusiven Kreis und ihrer noch ausstehenden rechtlich-politischen Besserstellung. Mit den Salons endeten häufig auch die damit verbundenen Freundschaften zwischen Juden und Nichtjuden. Dennoch hatte eine gesellschaftliche und gesellige Integration von Juden kurzzeitig verwirklicht werden können, auf Grundlage einer Geselligkeit außer-

366 Vgl. *Meyer*, Judentum und Christentum, S. 202.

367 Vgl. *Berghahn*, Gesellige Assimilation, S. 397 und *Maurer*, Minderheit in Deutschland, S. 44.

368 Spätestens 1806 nach der Niederlage von Jena und Auerstedt und der Flucht des Berliner Hofes nach Königsberg mussten die meisten jüdischen Salons schließen (vgl. *Oesterle*, Juden, S. 66).

halb der ständischen Realität und ohne weitreichende soziale Folgen.[369] Die Erfüllung der gesellschaftlichen Integration lag nicht in der Möglichkeit oder auch nur der Absicht der Salongeselligkeit, andererseits verbreitete sich in den Salons insbesondere die nichtjüdische Bildungskultur.[370] Diese Entwicklung führte bei den jüdischen Teilnehmern der Salons häufig zu einer zunehmenden Negierung jüdischer Werte; die eigene, religiöse Kultur galt ihnen als unfein, rückständig und barbarisch, ihre Bindungen an das Judentum lockerten sich oder gingen so weit verloren, dass in einigen Fällen eine Konversion erfolgte.[371]

In Ablehnung herkömmlicher Geselligkeitsformen entstanden neue Formen, die sich gegen die höfische und ständische Geselligkeit wandten; mehrheitlich zielten sie auf eine kleine Gruppe, die sich im Bürgertum bereits etabliert hatte, und führten, verbunden mit der Entwicklung der Theater- und Museumskultur, zur Herausbildung einer säkularen Kultur und einer allgemeinen kulturellen Verbürgerlichung. Diese hätte theoretisch regionale, ständische, aber auch religiöse Differenzen wenn nicht ausschalten, so doch zeitweise überdecken und zu einer Kulturgemeinschaft führen können.[372] Christlich geprägte Vereine, ihrem Selbstverständnis nach Gemeinschaften gleicher Individuen, verbreiteten Wissen, Moral und Bildung und definierten zum Teil bürgerliche Lebenseinstellungen, ohne jedoch einen nachhaltigen Versuch zu unternehmen, bisher ausgegrenzte soziale, religiöse oder politische Minderheiten aufzunehmen und an den Aushandlungsprozessen gleichberechtigt zu beteiligen. Die in Vereinen praktizierte Geselligkeit war für die Entwicklung bürgerlicher Gesellschaft in Deutschland und insbesondere bei der Verwirklichung der damit einhergehenden Bildungsidee entscheidend.[373] Außerdem fungierten die Vereine als Vermittler zwischen Staat und Gesellschaft, doch die Mehrheit der preußischen Vereine schloss Juden von Beginn an aus. Die Akademie der Künste nahm als Verein 1790 mit Abraham Abramson erstmals einen Juden auf;[374] dies blieb jedoch Episode, und selbst wenn Juden aufgenommen wurden, erreichte die Geselligkeit nie die Intimität der Salonkultur und blieb als Verbindungsglied zwischen Juden und Nichtjuden meist oberflächlich. Auf Grundlage von liberal-säkularen Ideen boten Vereine einen Raum für die Entwicklung gegenseitiger Achtung, engere gesellige Verbindungen blieben hingegen auf einen kleinen

369 Vgl. *Maurer*, Minderheit in Deutschland, S. 44; *Berghahn*, Gesellige Assimilation, S. 381.

370 Vgl. *Graupe*, Entstehung des Judentums, S. 170.

371 Vgl. ebd. Dabei dürfen Konversionen im Umfeld der jüdischen Salonkultur keineswegs als ein Massenphänomen verstanden werden, wie die Forschungen von Honigmann (*Honigmann*, Jewish Conversions) und Lowenstein (*Lowenstein*, The Berlin Jewish Community, S. 162–176) entgegen der Auffassung Geigers (*Geiger*, Geschichte der Juden, S. 106–110) belegen.

372 Vgl. *Tenbruck*, Bürgerliche Kultur, S. 272.

373 Vgl. *Nipperdey*, Verein und *Dann*, Vereinswesen.

374 Vgl. *Toury*, Eintritt der Juden, S. 193.

Teil intellektueller und bürgerlicher Kreise beschränkt, und der Kontakt zwischen Juden und Nichtjuden entwickelte sich nur innerhalb einer dünnen Oberschicht.[375] Andererseits wirkten Vereine und die damit verbundene Geselligkeit weit über den bürgerlichen Kreis hinaus, was sie zu Propagandisten und Multiplikatoren bürgerlicher Werte und Ideen machte.[376]

Viele Vereine wollten Juden zwar nicht grundlegend durch ihre Statuten ausschließen, zumal eine solche Regelung dem selbst gesetzten Prinzip der grundsätzlichen Offenheit widersprochen hätte; gleichzeitig vermischten sich jedoch egalitäre Tendenzen und elitäre Ausgrenzungsmechanismen miteinander.[377] Die Aufnahme von Juden wurde auch hier vielfach von ihrer ›Erziehung zum Bürger‹ abhängig gemacht; erst wenn Juden diese Entwicklung erfolgreich absolviert hätten, sollten sie in die intimeren Formen der Geselligkeit einbezogen werden.[378] Das Vereinswesen zu Beginn des 19. Jahrhunderts blieb ausgesprochen exklusiv, auch wenn Verbote nicht ausdrücklich fixiert waren, sondern der Ausschluss auf Ebene kultureller und symbolischer Praxis stattfand. Insbesondere Vereine, die sich in der christlichen Tradition verankert sahen, waren für Juden unerreichbar. Andere gesellige Kreise wie bspw. Kasinos und Klubs sprachen sich ausdrücklich gegen die Aufnahme von Juden aus, worin sich die fehlende Akzeptanz der jüdischen Minderheit als gleichberechtigt offenbarte. Die detaillierten Regelungen bzw. die Praxis der jüdischen Aufnahme waren durchaus unterschiedlich geregelt; manchmal standen vor allem nationalistische Vereine Juden offen,[379] grundsätzlich konnten jedoch jederzeit konfessionelle Barrieren gegen die Aufnahme von Juden errichtet werden, denn die jüdische Religion bedinge eine Absonderungssucht, Ungeselligkeit und Hass gegen Andersdenkende, wodurch eine Verbindung in geselligen Vereinen mit Juden unmöglich sei.[380]

Nichtjuden glaubten bei Juden zudem, eine Ablehnung gegenüber einem geselligen Kontakt mit ihren christlichen Mitmenschen zu erkennen, da sie sich willentlich durch ihre religiösen Satzungen abschlössen und sich somit selbst der Möglichkeit einer bürgerlichen Ausbildung und Annäherung beraubten.[381] Als ein besonderes Hindernis in Bezug auf gesellige Kontakte wurden die religiös verankerten Speisegesetze betrachtet,[382] denn die eigentümlichen Speisevorschriften, Rituale und Gebräuche würden eine Verständigung und einen

375 Vgl. *Lässig*, Jüdische Wege, S. 515.

376 Vgl. *Kaschuba*, Deutsche Bürgerlichkeit, S. 110.

377 Vgl. *Mettele*, Bildungssinn und Bürgergeist, S. 162.

378 Vgl. *Lässig*, Jüdische Wege, S. 513.

379 So schlossen Turnervereine erst mit Beginn antisemitischer Tendenzen in den 1880er Jahren Juden als Mitglieder aus.

380 Vgl. *Paalzow*, Der Jude und der Christ, 1804, S. 37–40; *Anonymus*, Wort wider die Juden, 1804, S. 66.

381 Vgl. *Paalzow*, Bürgerrecht der Juden, 1803, S. 101.

382 Dazu z. B. *Michaelis*, Bürgerliche Verbesserung der Juden, 1783, S. 50 und *Wolfssohn*, Jeschurun, 1804, S. 51.

zwanglosen Umgang zwischen Juden und Nichtjuden verhindern. Und obwohl die Speisegesetze eine gesellschaftliche Integration verhindern würden, seien Juden nicht bereit, diese lästigen religiösen Bestimmungen aufzugeben.[383]

Juden waren sich ihrer geselligen Zurücksetzung dabei durchaus bewusst und versuchten ihre Befähigung zur Aufnahme unter Beweis zu stellen. Ihr Wunsch nach einem Austausch mit denjenigen, die Bildung repräsentierten, wurde immer stärker; sie wollten nicht länger ›wie die Anderen‹, sondern ›mit den Anderen‹ leben.[384] Das Problem der sozial-geselligen Akzeptanz verstärkte sich, je absehbarer eine rechtliche Besser-, wenn auch nicht Gleichstellung von Juden wurde. Dem Vorwurf der Ungeselligkeit und Gesellschaftsunfähigkeit von Juden kam eine immer stärkere Distinktions- und Ausgrenzungsfunktion zu, sodass Juden mehrheitlich aus der sich verfestigenden bürgerlichen Gesellschaft der Vereine und halböffentlichen Zusammenkünfte ausgeschlossen blieben.[385] Sie sahen sich zwei Möglichkeiten gegenüber; zum einen bemühten sie sich um den Eintritt in die von Christen dominierten Vereine, was ihre Suche nach bürgerlicher Gemeinschaft und Geselligkeit, nach Assimilation und Austausch unterstrich. Bei diesem Bestreben mussten sie wiederholt bestätigen, in der Lage zu sein, ihre religiösen Überzeugungen allen geselligen Pflichten unterzuordnen. Sie versprachen sich von einer Aufnahme in nichtjüdische Vereine ein Ende ihrer Abgeschiedenheit und gesellschaftlichen Isolation und strebten die Ausbildung ihrer sittlichen Anlagen an. Auf der anderen Seite führte die fehlende Aufnahme in bürgerliche Geselligkeit zu einer neuen, auf die eigene religiöse Gemeinschaft gerichteten Innerlichkeit. Als Alternative zur christlichen Vereinswelt etablierten sich jüdische Vereine und Organisationen,[386] durch die die Parallelität der Lebenswelten verstärkt wurde. Jüdische Vereine entwickelten ein eigenständiges Potential und offenbarten die jüdische Suche nach Aufnahme in einer ähnlichen Vielfalt wie ihr christliches Pendant, sodass Juden in ihnen weltlichen und/oder religiösen Aktivitäten nachgehen konnten.[387] Die neu entstandenen Vereine schufen für Juden eine Möglichkeit, traditionelle jüdische Werte und neue bürgerliche Lebensauffassung zu verbinden, und boten gleichzeitig eine neue Form jüdischer Geselligkeit außerhalb der religiösen Gemeinschaft. In ihnen konnten die Werte des Bürgertums initialisiert werden, jedoch ohne dass

383 Vgl. *Michaelis*, Bürgerliche Verbesserung der Juden, 1783, S. 50.

384 Vgl. *Volkov*, Verbürgerlichung der Juden, S. 126. In diesem Sinne argumentierte bspw. *Dohm*, Bürgerliche Verbesserung der Juden, 1781, S. 16.

385 Vgl. *Oesterle*, Juden, S. 69 f.

386 Lässig unterscheidet fünf jüdische Vereinstypen: 1. Religiöse Vereine im engeren Sinne, 2. Soziale- und Fürsorgevereine, 3. Emanzipationsvereine und Vereine zur Förderung der beruflichen Umschichtung, 4. Lese- und Bildungsvereine und 5. Geselligkeitsvereine. Vgl. *Lässig*, Jüdische Wege, S. 530–562.

387 Es entstanden bspw. weibliche Wohltätigkeitsvereine, Vereine zur Unterstützung jüdischer Lehrlinge, Bauern und Studenten. Vgl. *Meyer*, Jüdische Gemeinden, S. 118.

Juden infolge dieser Verähnlichung zu aktiven und gleichberechtigten Bürgern geworden wären.[388] Das Entstehen jüdischer Vereine hatte erheblichen Einfluss auf das Entstehen eines jüdischen Parallelbürgertums. In christlicher Perspektive bildete bereits die jüdische Religionsgemeinschaft einen politischen Verein, der in seiner Ausrichtung eine Gefahr für die deutschen Staaten darstelle. Die neu entstandenen jüdischen Vereine würden diese Auffassung untermauern.[389] Als Belege dafür führten christliche Publizisten an, dass das Judentum als Verein über Geld, geheime Verbindungen in alle Teile Europas, umfassende Kommunikation und gleiche Interessen verfüge, die denen der Staaten, in denen sie lebten, entgegengesetzt seien.[390] Die eingeschränkten geselligen Kontakte zwischen Juden und Nichtjuden innerhalb der preußischen Vereinswelt waren nicht in der Lage, die tief verankerten, gegenseitigen Vorurteile dauerhaft zu entkräften. Gleichzeitig war bürgerliche Geselligkeit eng mit Häuslichkeit verbunden, in bürgerliche Häuser fanden Juden jedoch nur selten Einlass. Problematisch an der fehlenden Einbeziehung von Juden in das bürgerliche Vereinswesen war, dass Juden durch ihren Ausschluss die Schaffung sozialer und gesellschaftlicher Netzwerke außerhalb der eigenen Gemeinschaft verwehrt wurde. Sie erhielten keine Möglichkeit, an der bürgerlichen Selbstfindung teilzuhaben und kamen nicht in den Genuss einer dem Individuum verpflichteten Gemeinschaft, die unabhängig von religiösen Verflechtungen gewesen wäre.

Die Verbürgerlichung von Juden durch Geselligkeit in dieser ersten Phase scheiterte, da die Mehrzahl der Vereine im Widerspruch zu ihren eigenen Grundsätzen Juden direkt oder indirekt ausschlossen. Religiöse Ausgrenzungsmechanismen gerieten dabei für die Legitimation der geselligen Isolation in den Hintergrund; Juden galten als in bürgerlicher Hinsicht nicht reif genug, um an der intimen Geselligkeit teilzuhaben. In vielen christlichen Äußerungen blieben überkommene antijüdische Vorurteile dominant:

»In einer lange schon existierenden Lesegesellschaft lesen jetzt nur noch hauptsächlich Juden, und über diese führt man bittere Klagen. Solch ein Jude behält das Buch allemal ein paar Tage über die Zeit und zahlt denn doch nur 12 Pfennige klein Geld, worunter etwas angebissenes oder sonst ungültiges ist. Während der Zeit hat er die Waare nicht nur mit seiner ganzen Familie durchlesen, sondern auch noch an ein anderes Haus für etwa 7 Pf. verliehen. Dieses lieset dann Tag und Nacht, um es noch einem Dritten für 4 Pf. zu überlassen.«[391]

Die Schaffung eigenständiger jüdischer Vereine verzögerte ein Zusammenspiel zwischen Juden und Nichtjuden, da beide Gruppen ihr Bedürfnis nach Gesel-

388 Vgl. *Volkov*, Verbürgerlichung der Juden, S. 127.
389 Vgl. *Anonymus*, Verfassung der Juden, 1804, S. 18.
390 Vgl. ebd., S. 18 f.
391 *Anonymus*, Miscellaneen, 1787.

ligkeit innerhalb der jeweils eigenen Gemeinschaft stillten. Zwar versuchten Juden, in Kontakt mit ihren ›christlichen Vorbildern‹ zu treten, wurden mit diesem Wunsch aber mehrheitlich abgelehnt. Von nichtjüdischer Seite wurde ein Austausch mit Juden oder jüdischen Vereinen nicht angestrebt. Es gelang weder Juden noch Nichtjuden, eine gesellige Plattform für ein Gespräch über gemeinsame Interessen zu schaffen und damit einen Beitrag zu einer Kommunikation zwischen beiden religiösen Gruppierungen auf individueller, halböffentlicher Ebene zu leisten. Als Teilnehmer an einer bürgerlichen Geselligkeit und der damit verbundenen Kultur wurden Juden nicht als gleichstehend begriffen. Die teilweise intensiven Bemühungen von Juden um Aufnahme in die christlich dominierte Geselligkeit gerieten zu einer Farce. Lessings gebildeter Nathan galt nicht länger als Vorbild für Juden und Nichtjuden, vielmehr versuchten insbesondere Romantiker und Aufklärungsgegner die Unveränderlichkeit und Verstocktheit des jüdischen Charakters zu belegen, der weder durch eine politische Gleichstellung noch durch gesellige Aufnahme zu Veränderungen in der Lage sein würde.

Der um Akkulturation bemühte Jude verstärkte zugleich die Mehrheitsbedenken von Nichtjuden gegenüber der Integration von Juden. In die verschiedenen geselligen Verbindungen fanden Juden nur in Einzelfällen Einlass – die ›bürgerliche Gesellschaft‹ als politikfreier Raum eines gegenseitigen Austauschs zwischen den Individuen verwehrte Juden die Aufnahme. In diesen Raum konnten Juden als Juden keinen Eintritt erhalten, wobei ihnen erneut ihre religiösen Eigenarten zum Vorwurf gemacht wurden. Aufgrund ihres Glaubens galten sie als nicht fähig, sich in die Gemeinschaft der Bürger einzugliedern. Im Unterschied zu anderen nichtbürgerlichen Gruppierungen wurden Juden, auch wenn sie den bürgerlichen Ansprüchen gerecht werden konnten, aufgrund ihrer Religion ausgegrenzt. Die Annäherung von Juden an die Strukturen der nichtjüdischen ›bürgerlichen Gesellschaft‹ führte gleichzeitig zur Entstehung einer jüdisch-bürgerlichen Gesellschaft, aus der religiöse Inhalte meist ausgeschlossen blieben; zumal eine Mehrheit der Akteure sich ihrem Glauben entfremdet hatte und die eigenen religiösen Gebräuche als hinderlich für den geselligen Kontakt zwischen Juden und Nichtjuden betrachtete. Der nichtjüdischen ›bürgerlichen Gesellschaft‹ war es hingegen nicht möglich, ihre tief verankerten Vorurteile zu überwinden und Juden in einer ›bürgerlichen Gesellschaft‹ jenseits religiöser Einflüsse und Beeinflussungen auf Augenhöhe zu begegnen.

Das christliche Bild von Juden konnte auch innerhalb der Geselligkeit nicht von seiner religiösen Verankerung im Judentum gelöst und die jüdischen Akkulturationsbemühungen nicht anerkannt werden. Juden glichen immer stärker dem Bild bürgerlicher Nichtjuden, wurden von diesen jedoch nicht als jüdische Bürger wahrgenommen, sodass ihnen auch kein Einlass in die nichtjüdische ›bürgerliche Gesellschaft‹ gewährt werden sollte.

3.3 Beispiele für die gesellige Aufnahme und Ausgrenzung von Juden – Deutsche Freimaurer

Logen können als Teil des preußischen Vereinswesens einen Anhaltspunkt für die gesellige Integration von Juden liefern, da sie besonders stark die Gleichberechtigung des Individuums, unabhängig von seiner sozialen Verankerung, betonten und beabsichtigten, eine Geselligkeit abseits sowohl bürgerlicher Beschränkungen als auch von Stand, Religion und Nation zu schaffen.[392] Das ›Menschliche‹ sollte die egoistischen Einzelinteressen des Individuums überwinden und dadurch die Trennungen zwischen Menschen aufheben, um über den Weg von Bildung und Geselligkeit zu einer moralischen Besserung des Einzelnen zu gelangen. Diese Zielsetzung war der utopische Kern des Logenwesens.[393] Dabei beriefen sich Freimaurer im Unterschied zu anderen Assoziationsformen auf das Geheimnis als besonderes Element – dieses gewährleistete soziale Distinktion, garantierte Egalität nach innen und Elitarität nach außen.

Trotz dieses Verständnisses blieb für Juden der Eintritt in preußische Logen sehr schwierig bzw. unmöglich, während die Mitgliedschaft von Juden in französischen, holländischen oder englischen Bünden fast selbstverständlich war.[394] Seit 1780 erfolgten wiederholt Versuche, Juden in bestehende preußische Logen aufzunehmen, diese scheiterten jedoch mehrheitlich. Obwohl die staatsbürgerliche Gleichstellung von Juden durch Logen begrüßt wurde,[395] führte dies nicht zur Bereitschaft, im eigenen geselligen Rahmen eine moralische und soziale Emanzipation vorangehen zu lassen. Die Frage, ob Juden teilhaben sollten, spaltete die Freimaurerbewegung. Unterschieden werden müssen zwei grundsätzliche Richtungen; zum einen eine humanitär-liberale Richtung,[396] die sich Juden gegenüber offener zeigte, zum anderen die christlich-konservative Richtung, die sich aufgrund ihrer religiösen Ausrichtung gegen die Aufnahme von Juden aussprach. Dem widersprechend wurden aber auch hier Juden als ›besuchende Brüder‹ akzeptiert.[397] Prinzipiell richteten alle Logen an Juden Akkulturationsforderungen, bei konservativen Verbünden orientierten sich diese eindeutig an einer Taufe. So sprach sich bspw. Kleinschmidt dahingehend aus,[398] dass alle an-

392 Vgl. *Reinalter*, Freimaurer, S. 32–53.

393 Vgl. *Schlögl*, Alchemie und Avantgarde.

394 Vgl. *André*, Der Freymaurer, 1789, S. 15 f.

395 Vgl. *Hoffmann*, Bürger zweier Welten?, S. 102 ff. und *Grab*, Der deutsche Weg, S. 58.

396 Als liberal können die Bünde in Leipzig, Hamburg und Frankfurt bezeichnet werden, während die Mehrheit der Logen in Preußen (z. B. in Berlin und Breslau) konservativ waren. Vgl. *Hoffmann*, Politik der Geselligkeit, S. 19.

397 Vgl. *Hoffmann*, Politik der Geselligkeit.

398 Für das Folgende vgl. *Kleinschmidt*, Des verbesserten Konstitutionenbuchs, 1784, S. 210 ff.

deren Sekten eher geduldet werden könnten als Juden, denn sie würden Jesus als Messias verleugnen, und alle ihre Schriften würden gotteslästerliche Inhalte aufweisen. Eine Zwangsbekehrung oder Ausrottung von Juden widersprach in seinen Augen hingegen der freiheitlichen Ausrichtung der Logen, sodass er eine permanente Predigt (auch innerhalb der Freimaurerverbände) befürwortete, die eine Konversion aus wirklicher Überzeugung nach sich ziehen sollte. Freimaurerverbände in Preußen charakterisierten sich überwiegend als christliche oder christlich gefärbte Institution, wenn es auch für möglich erachtet wurde, dass Juden durch eine intensive sittliche und moralische Bildung einen ähnlichen Reifegrad erreichen könnten.[399]

Für liberal ausgerichtete Logen erhielt die Idee der Menschenrechte den Status einer Ersatzreligion. In diesem Zusammenhang erschien die Verwirklichung der Judenemanzipation für sie als Selbstverständlichkeit. Wenn sie auch nicht frei von religiösen und traditionellen Sichtweisen auf Juden waren, so war es ihr Wunsch, die jüdischen Eigenarten in der menschlichen Gesellschaft der Logen zum Verschwinden zu bringen.[400] Sie forderten die Aufgabe eines Teils der jüdischen Identität, wodurch Juden letztendlich einem aufgeklärten Christentum zugeführt werden sollten. Für eine kurze Zeitspanne um 1780 erfolgten in der aufgeklärt-toleranten Atmosphäre Berlins verschiedene Versuche, Juden aufzunehmen;[401] die dafür notwendig erachteten Bedingungen verlangten von Juden jedoch weitgehende Anpassungen.[402] Vor diesem Hintergrund kam es 1787 zur Gründung der »Loge zur Toleranz« durch Otto von Hirschfeld und Catter. Sie sollte ausdrücklich auch aufgeklärten Juden offenstehen, die einen hohen Grad kultureller und moralischer Reife erlangt hätten.[403] In ihr fanden z. B. Isaac Daniel Itzig und Marcus Herz Aufnahme – innerhalb der Gemeinschaft der Freimaurer wurde diese Loge jedoch isoliert und konnte keine Vorbildfunktion entwickeln.[404]

Um 1790 entstand im deutschen Sprachraum eine mehrere Jahre andauernde Kontroverse darüber, ob Juden in die Freimaurerlogen aufgenommen werden dürften, bzw. über die christliche Verankerung und Ausrichtung der Geheim-

399 Vgl. *Hoffmann*, Politik der Geselligkeit, S. 86.
400 Vgl. ebd., S. 74.
401 Vgl. *Wyrwa*, Juden, S. 73.
402 Vgl. *Katz*, Jews and Freemasons, S. 22.
403 Vgl. *Anonymus*, Bekenntniss zur Loge, 1790.
404 Vgl. *Wyrwa*, Juden, S. 75. Ähnlich erging es auch den französischen Logen, die Juden in ihre Reihen aufnahmen und von den alten Logen nicht als Freimaurer anerkannt wurden (vgl. *Gädicke*, Freimaurer-Lexicon, 1818, S. 409). Diese Bereitschaft zur partiellen Integration wies dabei massive regionale Unterschiede auf, bspw. wurden ostpreußische Logen von dieser Entwicklung nicht erfasst und verharrten in einer konsequenten Ausgrenzung von Juden. Vgl. *Wyrwa*, Juden, S. 74.

bünde.[405] Die Befürworter einer Aufnahme beriefen sich auf die übergeordneten Maximen der Maurerei, die ausschließlich an Moral und Tugend ausgerichtet seien. Gleichzeitig betonten sie, dass die Maurerei vielleicht der einzige Weg sei, Juden wahrhaft aufzuklären, ihre Sitten zu verfeinern und ihre Denkart zu veredeln.[406] Insbesondere die Berliner Brüder protestierten heftig gegen diese Auffassung und waren bestrebt, die Reinheit des Christentums in ihren Verbünden zu erhalten.[407] Mehrheitlich blieben deutsche Logen damit fest in ihrer Ausgrenzung von Juden und der Betonung ihres christlich exklusiven Charakters.[408]

Aufgrund ihrer Ablehnung durch bestehende Logen schufen Juden auch auf dieser Ebene eigene Verbünde; in Frankfurt am Main 1808 die Loge »Zur aufgehenden Morgenröte«, der 1832 die Loge »Zum Frankfurter Adler« folgte.[409] Diese zwei Logen konnten eine bemerkenswerte Beständigkeit erreichen und erfreuten sich einer großen Mitgliederzahl,[410] ohne jedoch Änderungen bei anderen Logen zu initiieren. Freimaurer wurden somit nicht zu Vorreitern einer geselligen Integration von Juden.

3.4 Beispiele für die gesellige Aufnahme und Ausgrenzung von Juden – Die Christlich-deutsche Tischgesellschaft

Die zunächst »Deutsche«, dann »Christlich-deutsche Tischgesellschaft« wurde am 18. Januar 1811 von dem Dichter Achim von Arnim (1781–1831), dem Staatstheoretiker Adam Heinrich Müller (1779–1829) und anderen in Berlin gegründet und bestand nachweislich bis 1834. Ihre Gründung untermauerte in besonderem Maß die gewandelte gesellschaftliche Stimmung; aus der aufklärerisch-offenen Mittwochsgesellschaft und dem Montagsclub war eine Gesellschaft geworden, die bereits in ihrem Namen eine Beteiligung von Juden verneinte.[411] Die Grundsätze der Gesellschaft besagten, dass nur Mitglied werden könne, wer in der christlichen Religion geboren sei, und schlossen damit auch getaufte Juden und deren Kinder nachdrücklich aus. Mit der Tischgesellschaft etablierten sich

405 Vgl. dazu z. B. *N. A.*, Freymaurerschriften, Juni 1788; *Ecker und Eckhoffen*, Israeliten, 1788; *Münter*, Authentische Nachricht, 1787; *Anonymus*, Der Asiate, 1790, S. 23 f.; *Ragotzky*, Unterhaltungen für denkende Freimaurer, 1792, S. 118 f.; *Anonymus*, Vaterländische Notiz, 1805, S. 113 f. und *Albanus*, Charakteristik der Israeliten, 1818; *Anonymus*, Versuch einer Beantwortung, 1828; *Pelz/Lumignon*, Hephata, 1836; ebenso *Schütz*, Bekenntnisse eines Veteranen, 1824, S. 49–55.

406 Vgl. *Ecker und Eckhoffen*, Israeliten, 1788.

407 Vgl. *Katz*, Der Orden, S. 240–244.

408 Vgl. *Wyrwa*, Juden, S. 72.

409 Vgl. *Hoffmann*, Bürger zweier Welten?, S. 105.

410 Vgl. ebd., S. 102.

411 Neben Juden hatten Frauen, Philister und Franzosen nach den Statuten der Gesellschaft keinen Zugang.

auf geselliger Ebene romantische Grundsätze in Preußen, wurden gesellschaftlich akzeptiert und zunehmend einflussreicher. Die überlieferten Statuten geben Auskunft über die Organisationsstruktur des Vereins. In wöchentlichen Zusammenkünften an öffentlichen Orten wurde ein Vortrag von einem der Mitglieder gehalten und im Anschluss darüber in einer ›demokratischen Diskussion‹ debattiert.[412]

Die Vereinigung von Offizieren, Gutsbesitzern, Standespersonen und Literaten wandte sich in ihrer ideologischen Ausrichtung gegen die beginnenden staatlichen Reformen und konnte in ihren Reihen bald die führenden Vertreter der Opposition vereinen. Unter den Mitgliedern der Tischgesellschaft waren bspw. Staegemann, von Raumer, Fürst von Radziwill, Savigny, Fichte, Wolfart, Schleiermacher, von Clausewitz, Hedemann, Zelter, Adam Müller und Brentano. Für das Gründungsjahr 1811 liegen insgesamt fünf Namenslisten mit 82 Namen vor. Da keine Präsenzliste erhalten ist und wohl auch nicht geführt wurde, können keine genauen Angaben über die regelmäßigen Besucher gemacht werden. Die hohe Zahl der Mitglieder offenbart dennoch die Bedeutung und den Stellenwert der Tischgesellschaft, denn trotz der vielfältigen Vereinslandschaft in Berlin musste die Höchstzahl von fünfzig Mitgliedern bald auf sechzig angehoben werden. Ebenso erstaunlich ist die Mitgliederzahl im Hinblick auf den relativ hohen Mitgliedsbeitrag.[413] Die Tatsache, dass viele Mitglieder der Tischgesellschaft wenige Jahre zuvor rege an jüdischen Salons teilgenommen hatten, sich nun von diesen distanzierten und damit auch nach außen ihren Gesinnungswandel deutlich machten, erschien hingegen nicht problematisch. Schnell etablierten sich in der Tischgesellschaft nationalistische Tendenzen, dennoch darf die Christlich-deutsche Tischgesellschaft nicht als homogener oppositioneller Verband verstanden werden, der sich mit einer Stimme vor allem gegen die Reformpolitik Hardenbergs gewandt hätte; vielmehr stellte sie ein Sammelbecken dar, in dem sich unterschiedliche Kritiker der preußischen Regierungspolitik fanden. Zwei grundlegende Übereinstimmungen verfestigten den Zusammenhalt innerhalb der Gruppe;[414] zum einen die gemeinsame patriotische Gesinnung und in diesem Zusammenhang die Kritik an der Außenpolitik Friedrich Wilhelms III. – in diesen Bereich fällt ebenso die Ablehnung der Reformpolitik Hardenbergs, insbesondere in Bezug auf die Abschaffung ständischer Privilegien und Modernisierungstendenzen im ökonomischen Bereich. Zum anderen stärkte der Widerstand gegen die von Hardenberg vorangetriebene Judenemanzipation den Zusammenhalt – dieser Gegenstand soll hier von Interesse sein.

412 Für das Folgende vgl. *Nienhaus*, Vaterland und *ders.*, Tischgesellschaft.
413 Vgl. *Hirsch*, Frauen.
414 Zum Folgenden vgl. *Nienhaus*, Vaterland, S. 129f.

Die einflussreichste und weitreichendste Rede über die Frage der Judenemanzipation war Achim von Arnims »Über die Kennzeichnung des Judentums«. In ihr bekannte von Arnim seine Vorurteile gegenüber Juden, die sich zum Teil aus mittelalterlichen Überzeugungen herleiteten und an längst vergangene Zeiten erinnerten.[415] Seine Bedenken gegen Juden verdeutlichte er durch die Theorie einer Verschwörung von Juden gegen Christen, die auf wirtschaftlicher Ebene bereits erkennbar sei. In seinen ökonomischen Ausführungen verbanden sich von Arnims Antijudaismus und seine Ablehnung der beginnenden kapitalistischen Entwicklung, als deren Nutznießer er Juden identifizierte. Als Kennzeichen des Judentums machte er auf der einen Seite physische Merkmale wie plumpen Körperbau, unerträgliche Körperausdünstungen und Erbkrankheiten aus, im geistig-psychischen Bereich hingegen Neigungen zu merkantilistischen Spekulationen, zur Verheimlichung des jüdischen Glaubens und zur Missachtung der Befehle der Obrigkeit. Mit dieser weit über die allgemeine publizistische Debatte hinausgehenden, rassischen Charakterisierung kann Arnim bereits als Frühantisemit bezeichnet werden.

Arnim war der wohl vehementeste Antijudaist innerhalb der Tischgesellschaft, auch persönlich distanzierte er sich von Juden und vermied jeglichen Kontakt. In seinen Dichtungen fanden sich ebenfalls wiederholt antijüdische Schmähungen, wobei diese meist auf ökonomischen Vorurteilen beruhten. Antijüdische Überzeugungen waren z. B. in seinem Schauspiel »Halle und Jerusalem« (1809), seinem Roman »Gräfin Dolores« (1810) und seiner Erzählung »Isabella von Ägypten« (1812) enthalten. Diese Publikationen entstanden in deutlicher Nähe zur Christlich-deutschen Tischgesellschaft und wurden mit relativer Sicherheit von den Gesprächen in diesem Kreis beeinflusst.[416]

Eine ebenfalls nachhaltige Wirkung zeitigte die Eröffnungsrede von Clemens Brentano (1778–1842) zur ersten Sitzung der Tischgesellschaft mit dem Titel »Der Philister vor, in und nach der Geschichte«, die unzweifelhaft von Fichtes Theorien beeinflusst war.[417] Brentano identifizierte Philister als Symbole für alles Spießige, Muffige und Phantasielose. Gleichzeitig beinhaltete seine Rede einen Abschnitt über Juden; diese repräsentierten seiner Meinung nach den Handelsgeist der Moderne, eine oberflächliche und nur scheinbare Bildung und seien ausgesprochene Feinde der Romantik.

»Die Juden, als von welchen noch viele Exemplare in persona vorrätig, die von jeder ihrer zwölf Stämmen für die Kreuzigung des Herrn anhängende Schmach Zeug-

415 Für das Folgende vgl. *von Arnim*, Kennzeichnung des Judentums; *Härtl*, Arnim und Goethe, 1971, S. 471–490.

416 Zu den antijüdischen Spott- und Schmähreden der Tischgesellschaft vgl. *Och*, Imago judaica, S. 280–292.

417 Ausführlicher zu Fichtes Bedeutung für die Tischgesellschaft: *Becker*, Fichtes Idee der Nation, S. 180–222.

nis geben können, will ich gar nicht berühren, da jeder, der sich ein Kabinett zu sammeln begierig, nicht weit nach ihnen zu botanisieren braucht; er kann diese von den ägyptischen Plagen übriggebliebene Fliegen in seiner Kammer mit alten Kleidern, an seinem Teetische mit Theaterzetteln und ästhetischem Geschwätz, auf der Börse mit Pfandbriefen und überall mit Ekel und Humanität und Aufklärung, Hasenpelzen und Weißfischen genugsam einfangen.«[418]

Seine Rede erfreute sich einer solchen Zustimmung, dass sie zeitnah und auf Kosten der Tischgesellschaft gedruckt und veröffentlicht wurde, wenn auch von der Zensur abgeschwächt.[419] Die darin enthaltene Intoleranz wurde in der öffentlichen Auseinandersetzung aber nicht unkritisch akzeptiert, sondern erregte vielmehr Bedenken und Misstrauen:

»Es ist zu erwarten, daß auch noch Indier, Mahomedaner, Chineser und ungläubige Barbaren an die Reihe kommen, und wenn diese durchlaufen seyn wird, werden sie in der Christenheit selbst ihre Blicke umherwenden, und mit blutgieriger Stimme den revolutionären Gemeinplatz herauszetern: Wer nicht mit uns ist, ist gegen uns!«[420]

Für Brentano waren alle Juden Gauner und Betrüger; diese Überzeugung fand sich auch in seinem später erschienenen Märchen »Gockel, Hinkel und Gackeleia« und in dem »Märchen vom Schneider Siebentodt auf einen Schlag«. Die Tischgesellschaft verdeutlichte mit diesen Reden, aber auch durch ihre Mitgliederstruktur, wie stark die Ablehnung einer gesellschaftlichen Integration von Juden vor allem in akademischen und intellektuellen Kreisen war.

418 *Brentano*, Der Philister, 1811, S. 4.

419 August Varnhagen von Ense berichtet über die Wirkung der Rede Brentanos: »Als Brentano seinen Philister vortrug, mit aller Kraft seines Talents, geriet die Gesellschaft außer sich, jubelte und schrie vor Vergnügen. […] Alle Mitglieder erhoben sich, umdrängten Brentano und schmeichelten ihm wahrhaft huldigend. Es war sein größter Triumph, er schwamm in Wonne.« Von Ense zitiert nach *Kleßmann*, Romantik und Antisemitismus, S. 66.

420 *Αυσλαχερς*, Fragmente aus Briefen, 1.–2.7.; 4.7.1811, S. 630.

IV. Zwischen Toleranz und Glaubensdiktat (1813–1829)

1. Rahmenbedingungen

Am 11. März 1812 trat das »Edikt betreffend die bürgerlichen Verhältnisse der Juden in dem preußischen Staate« in Kraft. Es erklärte Juden zu »Einländern und preußischen Staatsbürgern«[1], wodurch sie den übrigen Untertanen staatsbürgerlich gleichgestellt wurden und nicht länger wie Fremde behandelt werden konnten. Gleichzeitig kam es zur Abschaffung der spezifischen Abgaben, die mit dem Sonderstatus von Juden verbunden waren. Eine Eingliederung unterlag jedoch gewissen Vorbedingungen; so sollten Juden innerhalb von sechs Monaten feste Familiennamen annehmen,[2] die deutsche Sprache (oder eine andere lebende Sprache) sowohl in ihren Geschäfts- und Handelsbüchern als auch im öffentlichen Umgang benutzen und sich bei den Polizeibehörden melden. Außergewöhnlich war die Bestimmung, dass die Erteilung von Rechten dauerhaft an die Erfüllung dieser Bedingungen gebunden blieb; so konnte das Staatsbürgerrecht theoretisch wieder entzogen werden.[3] Der Besitz des Staatsbürgerrechts ging nicht einher mit einer vollständigen bürgerlichen und politischen Gleichberechtigung. Juden waren weder zum Eintritt in den Staatsdienst berechtigt,[4] noch durften sie ständische Rechte wahrnehmen.[5] Außerdem blieb die Zulassung zu akademischen Lehr-, Schul- und Gemeindeämtern offen, für die spezielle Qualifikationen gefordert wurden.[6] Die wenigen fortschrittlichen Bestimmungen konzentrierten sich auf den gewerblichen Bereich, Juden durften Grundstücke aller Art erwerben und der Handel wurde zum Gebiet vollständiger Gewerbefreiheit.[7] Infolgedessen unterlagen Juden in wirtschaftlicher Hinsicht nahezu keinen Beschränkungen mehr, wenn auch die praktische Umset-

1 *Friedrich Wilhelm III.*, Edikt Verhältnisse der Juden, 1812, § 1.

2 Vgl. dazu *Bering*, Namenannahme.

3 Vgl. *Fischer*, Judentum, S. 26 und *Friedrich Wilhelm III.*, Edikt Verhältnisse der Juden, 1812, § 6.

4 In diesem Bereich wurde eine genauere Regelung in Aussicht gestellt, diese konnte jedoch bis 1847 zu keinem Abschluss gebracht werden, auch wenn sich das öffentliche Interesse besonders auf diese Frage konzentrierte.

5 Vgl. *Friedrich Wilhelm III.*, Edikt Verhältnisse der Juden, 1812, § 21.

6 Vgl. § 8 des Ediktes. Zur Entwicklung der Zulassung von Juden zu akademischen Berufen und Ämtern vgl. *Richarz*, Eintritt der Juden.

7 Vgl. *Friedrich Wilhelm III.*, Edikt Verhältnisse der Juden, 1812, §§ 11 und 12.

zung dieser Rechtsfreiheiten noch lange mit Skepsis und Ablehnung betrachtet wurde.

Weitreichender und folgenschwerer waren die staatlich verfügten Eingriffe in die jüdische Gemeindeautonomie. Das Judentum wurde nicht länger als eine Religionspartei angesehen, wodurch sich der Status der jüdischen Gemeinden auf den von Privatvereinen verringerte. Mit der gesetzlichen Neuregelung mussten sie die Aufhebung der rabbinischen Jurisdiktion in Kauf nehmen, die dadurch hervorgerufene Schwächung der jüdischen Gemeinden erhöhte die Attraktivität einer vollständigen Emanzipation und der dafür weiterhin notwendigen Konversion. Ebenso beabsichtigte das Edikt in den Bereich der jüdischen Erziehung einzugreifen; so sah der letzte Paragraph Beratungen über eine Verbesserung des jüdischen Erziehungswesens vor. Dafür sollten führende Vertreter der jüdischen Gemeinschaft gehört werden, um Anpassungen tragfähig und durchsetzbar zu machen.[8]

Der Geltungsbereich des Edikts umfasste infolge des Tilsiter Friedens von 1807 nur einen Bruchteil der bisherigen jüdischen Minderheit. Ihr Anteil hatte sich von 2,3 Prozent im Jahr 1803 auf 0,73 Prozent im Jahr 1811 verringert, was ein weiterer Grund für die Annahme des Edikts gewesen sein könnte.[9] 29.538 privilegierte Juden erhielten 1812 das Bürgerrecht, ihnen standen 3.079 jüdische Fremde gegenüber, die auch nach 1812 keine bürgerlichen Rechte für sich in Anspruch nehmen konnten.[10]

War das Edikt vor seinem Inkrafttreten innerhalb der preußischen Regierung attackiert und kritisiert worden, wurden nach seiner Veröffentlichung Bedenken, Ablehnung, aber auch Zustimmung zunehmend öffentlich artikuliert. Es lässt sich die generelle Tendenz beobachten, dass das Edikt von Juden und Frühliberalen begrüßt wurde, während es in den Reihen von konservativen und traditionellen Eliten auf Widerstand traf. Die Hauptauseinandersetzung über das Edikt fand dabei in den Zeitschriften und Journalen statt. Im Unterschied dazu beschäftigten sich nur sehr wenige Einzelpublikationen im Zeitraum zwischen 1812 und 1815 mit dem Gesetz.[11] Christen waren bei der Beurteilung zurückhaltender als Juden, in ihren Kreisen dominierte eine abwartende Haltung; sie schienen gewillt, die Regelungen hinzunehmen, sollte sich der versprochene Erfolg wirklich einstellen. Im Unterschied dazu wollten die direkt betroffenen Juden, alles in ihrer Macht Stehende tun, um den in sie gesetzten Erwartungen

8 Vgl. ebd. § 39.

9 Vgl. *Brammer*, Judenpolitik und Judengesetzgebung, S. 62.

10 Vgl. *Kampmann*, Deutsche und Juden, S. 137.

11 Andererseits finden sich auch weit über diesen Zeitraum hinaus Publikationen, die sich in einzelnen Abschnitten mit den Erfolgen und Misserfolgen des Judenedikts auseinandersetzen. Diese sind teilweise von größerer Bedeutung, da sie in der Retrospektive den Erfolg des Gesetzes zu beurteilen versuchen.

gerecht zu werden.[12] Dennoch nahm die Debatte um das Edikt bei Weitem keinen solchen Umfang an, wie die vorangegangenen Auseinandersetzungen hätten erwarten lassen.

Die Kontroverse um die gesetzliche Neuregelung wurde zudem von den Befreiungskriegen zwischen 1813 und 1815 überlagert, die in Bezug auf die preußische Judenpolitik vollkommen neue Aspekte zum Vorschein brachten. Während der Befreiungskriege setzte die erste Welle des modernen Nationalismus ein. Dieser erwuchs aus verschiedenen Wurzeln und veränderte sich im Laufe seiner Entwicklung vielfältig. Er wurde bedingt durch das Streben nach einheitlich durchorganisierten Staaten und war zugleich erfüllt von einer romantischen Sehnsucht. Eine weitere entscheidende Grundlage bestand im Gedanken der Volkssouveränität, der sich nach der Amerikanischen und Französischen Revolution verbreitet hatte. Allmählich entsprang aus der Verknüpfung dieser Elemente die Idee des Nationalstaates. ›Staat‹ und ›Volk‹ durchdrangen sich immer stärker und verschmolzen in der Idee ›der Nation‹. Der deutsche Nationalismus wies dabei eine stark antijüdische Komponente auf, denn er ging einher mit einer Ablehnung alles Fremden und als fremd Empfundenen. Der nationalistisch geprägte Hass gegen Franzosen und Ausländer richtete sich gleichermaßen gegen Juden, denn diese galten mehrheitlich als Verbündete und Nutznießer der französischen Invasoren. An dieser Überzeugung konnte auch die Beteiligung jüdischer Freiwilliger in den Befreiungskriegen nichts ändern. Vielmehr unterstellten nichtjüdische Autoren Juden eine bedingungslose Unterstützung der französischen Gegner, was sie darauf zurückführten, »daß Napoleon sie so sehr begünstigte, daß sie ihn für ihren Messias hielten«[13]. Die Emanzipationsgesetze in Frankfurt, Hamburg und Westfalen, aber auch in Preußen wurden aus diesem Grund häufig auf einen französischen Einfluss zurückgeführt. Für ›deutsche Patrioten‹ rechtfertigte diese Beobachtung eine Abwehr von Juden und jüdischen Rechten. Dennoch hatte der Nationalismus in Bezug auf Juden

12 Am Tag nach der Vollziehung des Edikts sprachen die Ältesten der Berliner jüdischen Gemeinde schriftlich und am 20. März mündlich Hardenberg ihren Dank aus. (Vgl. *Freund*, Emanzipation der Juden, Bd. 2, S. 452.) Bereits am 18. März erhielt der preußische König ein ähnliches Dankschreiben, in dem sich die Unterzeichnenden (Hirsch, Bendix, Friedländer und Gumperz) glücklich darüber zeigten, mit der »staatsbürgerlichen Würde« ein »Vaterland« geschenkt bekommen zu haben, dem sie sich in »Ehrfurcht, Liebe und höchster Dankbarkeit verbunden fühlten«. (Abgedruckt in: *Geiger*, Geschichte der Juden, Teil 1, S. 144f.) Weitere Schreiben erreichten den Monarchen und Hardenberg aus Breslau, Königsberg und Potsdam. (Vgl. *Brann*, Die schlesische Judenheit, S. 18.) Auffallend an diesen Dankadressen ist, dass die Betreffenden nur in sehr geringem Umfang auf die wirtschaftlichen Vorteile des Edikts eingingen, viel wichtiger erschien ihnen das vorgebliche Ende der sozialen und nationalen Diskriminierung, denn hervorgehoben fanden sich Begriffe wie ›Vaterland‹, ›Staatsbürger‹ und ›staatsbürgerliche Würde‹.

13 *Anonymus*, Über die Juden, 11.5.1815, Sp. 1306.

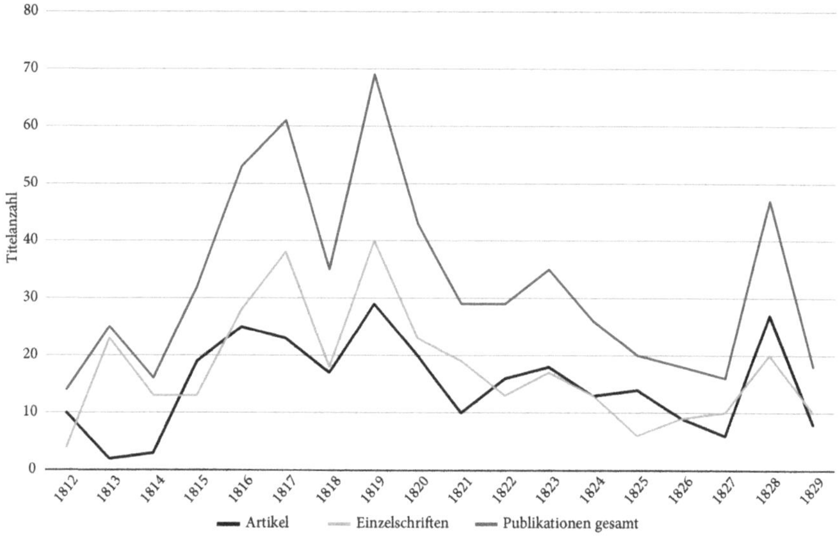

Graphik 7: Anzahl der Veröffentlichungen zwischen 1812 und 1829

Eigene Darstellung.

zwei Ebenen; auf der einen Seite wurde Juden aufgrund nationaler und religiöser Antagonismen die Integrationsfähigkeit in die bestehende Gesellschaft abgesprochen. Andererseits eröffnete die ›bürgerliche Nationalbewegung‹, die auf eine nationale Einheit abzielte, auch für Juden eine Möglichkeit, an diesen Bestrebungen zu partizipieren.

Für die Kontroverse im Umfeld der nationalen Identitätssuche war die Abgrenzung bzw. Involvierung von Juden ein entscheidendes Testfeld, um die jeweiligen Positionen und ihre Tragfähigkeit zu überprüfen. Aus diesem Grund befasste sich eine Vielzahl von Publikationen mit der Frage der Charakterisierung und Kategorisierung von Juden und Judentum, anhand derer dann jeweils das Verhältnis zwischen jüdischer Minderheit und nichtjüdischer Umwelt bestimmt werden konnte. Gleichzeitig fanden sich die vorangegangenen Konzepte weiterhin in der Auseinandersetzung, wobei insbesondere Überlegungen zu einer kulturellen Verbürgerlichung den Zeitraum zwischen 1813 und 1829 stark prägten. Diese Ebene kann nicht strikt von der nationalen Argumentation abgegrenzt werden, dennoch finden sich einige Autoren, die versuchten, auf einer solchen Grundlage, abseits nationaler Vorurteile und Zuschreibungen, zu debattieren. In diesem Zusammenhang rücken Überlegungen zu Verbürgerlichungs-, Assimilations-, aber vor allem Akkulturationskonzepten in den Fokus. Auf der anderen Seite gingen kulturelle Verbürgerlichung und Nationalismus im Konzept der ›Kulturnation‹ eine nahezu unauflösliche Bindung ein.

Aufgrund der unzureichenden Aktenlage kann nicht bestimmt werden, wie massiv die preußische Zensur in den Jahren um 1812 noch gegen Schriften, die das Thema der Judenemanzipation betrafen, vorging.[14] Das Verbot des Jahres 1803 gegen Schriften für und wider Juden wurde nie offiziell widerrufen, dennoch kam es seit 1810 zu einer langsamen, aber stetigen Zunahme dieser Schriften, ohne dass die preußischen Behörden offensiv gegen diese Entwicklung vorgegangen wären. Die Kontroverse über den Umgang mit der jüdischen Minderheit in Preußen belebte sich zögernd, hatte im Jahr 1812 aber noch nicht wieder ihre alte Stärke und Dominanz innerhalb der Öffentlichkeit erreicht. Erst mit den Auseinandersetzungen auf dem Wiener Kongress und der Debatte um die Schriften von Rühs und Fries ist eine deutliche Intensivierung zu beobachten. Gleichzeitig erfassten kurze Zeit später die Karlsbader Beschlüsse erneut Schriften für und wider Juden. An rund 580 Publikationen verschiedenen Formats und unterschiedlicher Ausrichtung aus 16 Jahren verdeutlicht sich dennoch ihr Stellenwert in der zeitgenössischen Öffentlichkeit.

Eine entscheidende Veränderung liegt in der zunehmenden Beteiligung von Juden an der öffentlichen Auseinandersetzung, wobei hier die Einschränkung gemacht werden muss, dass zahlreiche jüdische Publikationen noch immer auf ein jüdisches Publikum konzentriert blieben, insbesondere wenn sie Fragen nach Umfang und Reichweite religiöser Reformen in den Mittelpunkt ihrer Betrachtungen stellten; doch in allen diesen Schriften finden sich Hinweise auf die Haltung der Autoren zur übergeordneten Auseinandersetzung.

Die folgende Darstellung der Argumente und Meinungsgruppen muss idealtypisch verstanden werden. Sie dient dazu, die zentralen Argumentationsebenen aufzuzeigen, in denen sich die grundlegenden gesellschaftlichen und politischen Entwicklungen spiegelten. Alle Ebenen weisen zahlreiche Überschneidungen auf, denn je nachdem, welcher Einzelaspekt betrachtet wird, müssen die Gruppen entsprechend neu generiert werden.

In der Meinungsgruppe der ›Integrationsgegner‹ verband sich ein neuer ›Antimodernismus‹ mit dem traditionellen Antijudaismus und führte zu einem deutlich negativ gezeichneten Judenbild, das gegen eine Integration von Juden instrumentalisiert wurde.[15] Dabei waren vier Sichtweisen auf Juden von entscheidender Wichtigkeit: Erstens die Wahrnehmung von Juden als Fremden und damit verbundene Überlegungen zur Beseitigung von Juden, zweitens die Darstellung der massiven Glaubensunterschiede zwischen Judentum und Christentum, drittens die zunehmende Verknüpfung von Staat bzw. Nation und christ-

14 Erst seit dem Jahr 1819 kann die preußische Zensur bzw. die Tätigkeit der in diesem Jahr entstehenden Zensurbehörde detaillierter nachvollzogen werden. Über Verbote von Schriften zwischen 1805 und 1819 sind hingegen nur Mutmaßungen möglich.

15 Vgl. *Berding*, Antisemitismus, S. 195.

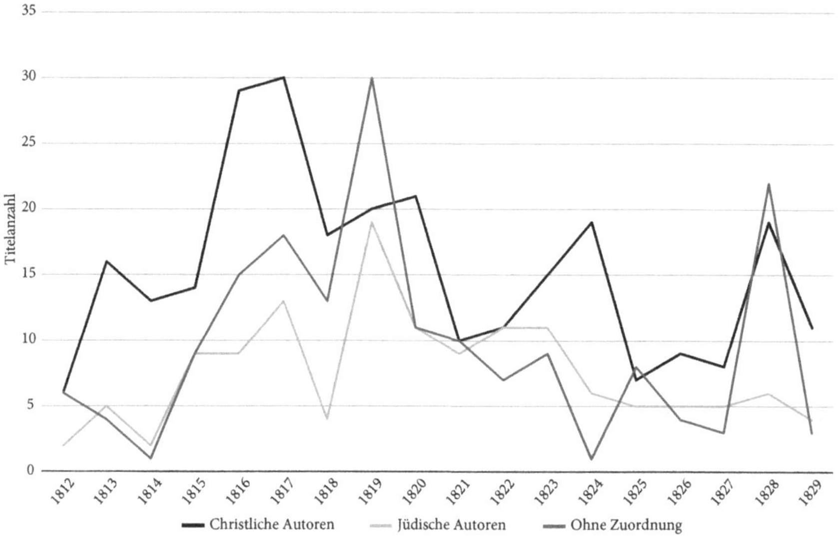

Graphik 8: Aktivitäten jüdischer und christlicher Autoren

Eigene Darstellung.

lichem Glauben und viertens die Ablehnung einer Ausdehnung der jüdischen Wirtschaftstätigkeit.

Entscheidend für die Wahrnehmung von Juden als Fremden war die Betrachtung der jüdischen Minderheit als homogene Gemeinschaft; ›der Jude‹ war immer Teil ›des Judentums‹. In dieser Sichtweise bedingten Verfehlungen einzelner Juden kollektive Beschuldigungen, während im Unterschied zur Epoche der Aufklärung der positiv gesehene ›Ausnahmejude‹ zu keiner Rückprojektion auf die Fähigkeiten der jüdischen Gemeinschaft führte. Die jüdische Minderheit bildete in dieser Auffassung ein Volk, das sich auszeichne durch Rachgier, Bosheit, Feigheit und Hochmut.[16] Aufgrund dieser jüdischen ›Unarten‹ sei eine Annäherung oder gar Verschmelzung zwischen Juden und anderen Völkern nicht möglich. Die Glaubensverschiedenheiten und das sture Festhalten von Juden an ihren religiösen Überzeugungen würden ebenfalls grundlegende Integrationshindernisse bilden, Juden seien ein ›Staat im Staat‹[17] und könnten in dieser Position den deutschen Staaten nur schaden, da ihre religiösen Vorschriften mit der christlichen Sittenlehre und der Erfüllung bürgerlicher Pflichten unvereinbar seien.[18] Einzelne Publikationen versuchten, im Stil Eisenmengers, eine Zusam-

16 Vgl. *Hundt-Radowsky*, Judenspiegel, 1819, S. 15 und 51.
17 Vgl. *[Weissen-Becker]*, Christen und Juden, 1819, S. 48.
18 Vgl. *Hundt-Radowsky*, Neuer Juden-Spiegel, 1828, S. 9 f.

menstellung der ›ketzerischen‹ und ›gefährlichen‹ Inhalte des Judentums, um dadurch die von Juden ausgehende Gefahr unter Beweis zu stellen.[19] So beruhten nach Meinung der Integrationsgegner Judentum und Christentum keineswegs auf gleichen Grundsätzen; bspw. seien die fünf Bücher Mose für die Bibel gründlich überarbeitet und geändert worden,[20] und die mosaische Gesetzgebung erzeuge im Unterschied zur christlichen eine sklavische Gesinnung, die mit der »germanischen Freyheitsliebe«[21] nicht zu vereinbaren sei. Doch nicht nur durch ihre Religion würden Juden in einen Gegensatz zu Christen geraten, gleichzeitig könnten sie die für das Staatsbürgertum erforderlichen Tugenden und Eigenschaften nicht vorweisen. In diesen Bereich würden die Treue zu Land und Volk fallen, der Volkssinn, die Anerkennung der Heimat als Vaterland, die Bereitschaft zur Verteidigung dieses Landes und eine edle und reiche Sittlichkeit.[22] Konservative Kräfte hatten infolge dieser Darstellung einen entscheidenden Anteil an der politischen Ideologisierung der ›jüdischen Frage‹. Sie befürworteten eine enge Verknüpfung zwischen Staat und Religion, in die zahlreiche romantische Vorstellungen mit hineinspielten. Die Charakterisierung des preußischen bzw. der deutschen Staaten als ›christlich‹ wurde in konservativen Kreisen zu einer Selbstverständlichkeit, ohne dass diese Zuschreibung einer weiteren Legitimation bedurfte. Als Resultat dieser Betrachtungen erschienen Juden und Judentum als eigenständige Nation, politische Vereinigung und Religionspartei[23] – all dies in unversöhnlichem Gegensatz zu den christlichen Staaten. Auf wirtschaftlicher Ebene versuchten sich konservative Kräfte der beginnenden Industrialisierung und der Kapitalisierung des Wirtschaftslebens entgegenzustellen. Ihre Kritik zielte in diesem Punkt besonders auf Juden, indem sie diese als Initiatoren und Nutznießer der neuen Entwicklungen beschuldigten.[24] Als Beweis diente allein die Tatsache, dass sich Juden, gerade aus dem Ghetto befreit, erfolgreicher und vielfältiger am neuen Wirtschaftsleben beteiligten als andere Bevölkerungsgruppen. Sollte Juden dieser Einfluss belassen bleiben, würde das deutsche Volk Gefahr laufen, in eine absolute Abhängigkeit von Juden zu geraten. Die relativ homogene Berufsstruktur offenbare das jüdische Machtstreben, den Willen, sich durch den Erwerb von Reichtum emporzuschwingen, um öffentliche Stellen zu erlangen und zum Schaden von Christen tätig zu werden.[25]

19 Vgl. z. B. bei *Hundt-Radowsky*, Die Juden, 1830; *[Weissen-Becker]*, Christen und Juden, 1819, S. 48; *Bünau*, Was ist anzufangen, 13.10.1821; 19.8.1822; *Anonymus*, Über die Juden, 11.5.1815; *Fries*, Gefährdung des Wohlstandes, 1816, S. 18.

20 Vgl. *Hundt-Radowsky*, Der Christenspiegel, 1830.

21 *Weil*, Fragmente aus dem Talmud, 1809, S. 366.

22 Vgl. *Hundt-Radowsky*, Judenspiegel, 1819, S. 60 f., 71, 76, 78 und 135.

23 Vgl. *Anonymus*, Juden-Reformation, 1819, S. 14 und 17 f.

24 Vgl. *Hundt-Radowsky*, Judenspiegel, 1819, S. 49 f.; *Anonymus*, Fragmente Geist und Wirkung, 1820; *Anonymus*, Jüdisches Volk, 29.9.1818 und *Rühs*, Die Rechte des Christenthums, 1816, S. 59 f.

25 Vgl. *Anonymus*, Fragmente Geist und Wirkung, 1820, Bd. 3, S. 112 ff.

Die jüdische Minderheit bezwecke demnach, auf Kosten der christlichen Bevölkerung immer reicher zu werden und sie letztendlich aus ihrer Heimat zu vertreiben.[26]

Angesichts dieser tief empfundenen ›Angst‹ gegenüber allem Jüdischen sollten nicht nur eine weitere Gewährung von bürgerlichen Rechten an Juden verhindert, sondern auch die bereits gewährten Zugeständnisse rückgängig gemacht werden. Juden stellten einen Fremdkörper dar, den es zu beseitigen galt – die Vorschläge für diese ›Beseitigung‹ waren durchaus vielfältig. Unter den Empfehlungen zur ›Auflösung des jüdischen Volkes bzw. der jüdischen Nation‹ fand sich bspw. der Rat, einen neuen jüdischen Staat zu begründen;[27] am sichersten erschien jedoch die ›Vertilgung‹ oder wenigstens die ›endgültige Vertreibung‹ von Juden aus den deutschen Landen.[28] Mit der Forderung nach Vertreibung oder Ausrottung erreichte die in der publizistischen Öffentlichkeit artikulierte Judenfeindschaft eine neue Qualität. Zwar blieb die Option einer Konversion erhalten, nun jedoch nur als eine Möglichkeit unter vielen, andere Möglichkeiten bildeten die Aufforderung nach einer Auswanderung und konkrete Umsiedlungspläne,[29] denn solange Juden im wahren Sinne Juden seien, könne keine Integration erfolgen.[30] Eine bedingungslose Emanzipation galt dieser Gruppe als unmöglich. Juden sollten für ein christliches Entgegenkommen und die Möglichkeit einer Eingliederung ›Opfer‹ bringen, indem sie sich entweder taufen ließen oder zumindest ihren mosaischen und talmudischen Gesetzen entsagten. In Verbindung mit dieser Forderung offenbarte sich der Hauptkonflikt innerhalb der konservativen Meinungsgruppe. Zwei grundsätzliche Überzeugungen standen sich gegenüber. Zum einen die Gruppe derjenigen, denen eine Entsagung vom Judentum genügte, um Juden eine Aufnahme in die Staatsgemeinschaft zu ermöglichen, zum anderen diejenigen, die eine Konversion und die Anerkennung der christlichen Glaubenswahrheiten von Juden verlangten, um sie integrieren zu können. Autoren, denen die Abkehr vom Judentum genügte, forderten eine umfangreiche Erziehung von Juden, die Entwöhnung vom Handel und Schacher, die Einrichtung zweckmäßiger Schulanstalten und den Gebrauch der deutschen Sprache.[31] Mehrheitlich wurde jedoch der Wunsch nach einer Bekehrung immer lauter, auch verstanden als christliche Pflicht, die Wahrheiten des Neuen Testaments unter Juden zu verbreiten, da jede Bekehrung als ein Gottes-

26 Vgl. *[Weissen-Becker]*, Christen und Juden, 1819, S. 50 f.

27 Vgl. *Anonymus*, Aufschlüsse, 1816, S. 48.

28 Vgl. *Hundt-Radowsky*, Judenspiegel, 1819, S. 144; *Fries*, Gefährdung des Wohlstandes, 1816, S. 10.

29 Vgl. *F.*, Bürgerrecht der Juden, 25.2.1828; *[Weissen-Becker]*, Christen und Juden, 1819, S. 85; *Frohlich*, Judenthums und Juden, 14.–15.7; 17.–18.7.1817, Sp. 2075.

30 Vgl. *Sartorius*, Über die Gefahren, 1820, S. 321.

31 Vgl. *Hundt-Radowsky*, Neuer Juden-Spiegel, 1828, S. 192 und 199.

geschenk angesehen wurde,[32] denn nur durch eine Konversion könne das Judentum vollständig zum Verschwinden gebracht werden. Andererseits wurde in der Taufe kein Allheilmittel mehr gesehen, vielmehr artikulierten sich deutliche Bedenken, dass auch mit einem solchen Schritt das Judentum nicht beseitigt werden könne.[33] Die Betreffenden verneinten damit grundsätzlich jede Möglichkeit einer jüdischen Besserung und Integration in die gegebenen Strukturen. Juden, so wurde argumentiert, seien unwillig, sich von ihrer Religion zu lösen; bedingt dadurch wurde ihnen die Fähigkeit abgesprochen, sich politisch und sozial zu integrieren und am Fortschritt der Menschheit teilzunehmen.[34]

Bei den Befürwortern einer Modernisierung und Transformation in Staat und Gesellschaft traf die Frage der jüdischen Integration nicht grundlegend auf eine proemanzipatorische Haltung, vor allem wirtschaftliche Konkurrenzängste hielten die Kritik am Judentum aufrecht, so an ihrem Handelsgeist, ihrer Geldgier und ihrem Gewinnstreben, die auf einen spezifischen jüdischen Nationalcharakter zurückgeführt wurden. Dennoch kam aus ihren Reihen die Mehrheit der Integrationsbefürworter. Deutlich untergeordnet war in dieser Meinungsgruppe die Rolle des Christentums; wenn auch von Juden eine umfassende Assimilation und Akkulturation erwartet wurde, an deren Ende die jüdische Gemeinschaft aufhören würde zu existieren, basierte die Argumentation der betreffenden Autoren in geringerem Maß auf religiösen Differenzen oder einer grundlegenden Überzeugung von der Überlegenheit des Christentums. Eine Integration der jüdischen Minderheit wurde theoretisch befürwortet, wobei die unterschiedlich weitreichenden, im Vorfeld zu erfüllenden Assimilationsforderungen die Anpassungen beschleunigen und einen größeren Druck auf die jüdische Minderheit ausüben sollten. Der Erziehungsgedanke blieb somit im Vordergrund, konnte unterschwellig aber zugleich als ein Argument für die Verzögerung der Emanzipation angeführt werden. Die Betonung erstens der Menschlichkeit, auch von Juden, bildete dabei den Kernpunkt in dieser Meinungsgruppe, die zugleich zweitens ein toleranteres Glaubensverständnis aufwies, drittens für die Trennung von Staat und Kirche plädierte und viertens eine Reformierung und Erziehung von Judentum und Juden für möglich erachtete. Auffällig an der Gruppe der Integrationsbefürworter ist, dass sie deutlich weniger Anstrengungen auf den Beweis der jüdischen ›Schädlichkeit‹ verwandte und dafür sehr viel intensiver unterschiedliche Verbesserungs-, Assimilations- und Akkulturationskonzepte vor dem Hintergrund einer geänderten Auffassung von den Aufgaben des Staates und der Gesellschaft diskutierte. Erkennbar wird dabei eine zunehmende Distanzierung von der Institution Kirche und eine größere Bereitschaft, auch Juden als Individuen mit Entwicklungs-

32 Vgl. *Simeon*, Bekehrung der Juden, 1821, S. 27 f. und 41 ff.
33 Vgl. *Fr. A.*, Über die Juden, 11.6.1822, Sp. 1639.
34 Vgl. *Berding*, Antisemitismus, S. 195.

potential zu begreifen, deren religiöse Anschauungen nicht mit christlichen, wohl aber mit bürgerlichen Vorstellungen kompatibel seien. Vor diesem Hintergrund betrachteten die Befürworter insbesondere die Reichweite und Möglichkeiten einer Reformierung des Judentums. Juden wurden in den Darstellungen der theoretischen ›Integrationsbefürworter‹ nicht länger als Feinde des Christentums betrachtet, wenn auch Christen ihnen in Hinblick auf Moralität und Sittlichkeit überlegen seien; diese Überlegenheit sollte ihnen jedoch ›sanft‹ nähergebracht werden, um eine Hinwendung zum Deismus zu verhindern.[35] Eine Konversion dürfe nur aus wirklicher Überzeugung erfolgen und nicht Mittel zum Zweck einer bürgerlichen Aufnahme sein.[36] Gleichzeitig sprachen sich auch diese Publizisten gegen die talmudischen Gebote und Verbote aus und kritisierten die jüdische Religionspraxis.[37] Der Versuch, die Grundsätze von Vernunft und Gerechtigkeit unabhängig von Glaube, Herkunft oder Abstammung zu vertreten, war dabei nur selten so erfolgreich, antijüdische Vorurteile vollständig zu überwinden. Dennoch gingen die Darstellung und das Verständnis des Judentums in diesen Publikationen über traditionelle christliche Sichtweisen hinaus und urteilten nicht mehr nur nach den dogmatischen Unterschieden zwischen beiden Religionen. Vielmehr zeigten sich einzelne Autoren interessiert an der zeitgenössischen wirtschaftlichen, politischen und sozialen Stellung von Juden.[38] Ihre auf realitätsnahen Beobachtungen basierenden Betrachtungen ermöglichten differenziertere Urteile über die gegenwärtige und künftige Rolle von Juden in der deutschen Gesellschaft. Besonders die Frage nach der Ursache des gegenwärtigen Zustandes der jüdischen Minderheit dominierte in den Betrachtungen; so habe das ›unchristliche‹ Verhalten Juden gegenüber diese zu dem gemacht, was sie seien, denn schon den christlichen Kindern würde der ›Judenhass‹ eingeflößt.[39] Aus diesem Grund solle eine Erziehung nicht nur Juden, sondern auch Christen betreffen, um auf beiden Seiten Vorurteile und gegenseitige Bedenken abzubauen.[40] In dieser Sichtweise elementar waren eine kritische Betrachtung der Verknüpfung von Staat bzw. Nation und christlicher Religion und die mehrheitliche Ablehnung einer Staatsreligion. Dem Menschen als Bekenner einer bestimmten Religion solle der Staat gleichgültig gegenüberstehen, zumal jedem Menschen eine moralische Natur und Würde zukomme, die nicht durch die Zugehörigkeit zu einer Glaubensgemeinschaft außer Kraft gesetzt werden könne.[41] Damit verbunden wurde eine grundlegende Kritik am

35 Vgl. *Ewald*, Beantwortung der Fragen, 1821, S. 41 f.

36 »Nun kommet, Israeliten, wenn ihr belehrt seyd und wirklich glaubet; kommet und laßt euch taufen!« *Diefenbach*, Prüfung des Judenthums, 1823, S. 132.

37 Vgl. *Sensburg*, Hindernisse Verbesserung der Juden, 1821, S. 9–19.

38 Vgl. *Katz*, Vom Vorurteil, S. 151.

39 Vgl. *Lips*, Stellung der Juden, 1819, S. 55.

40 Vgl. ebd., S. 55 f.

41 Vgl. ebd., S. 64.

Christentum, das die Autoren als zu dominierend und fordernd charakterisierten, da christliche Theologen versuchten Juden vorzuschreiben, was sie essen, wann sie ihre Feiertage abhalten, wen sie heiraten und in welcher Sprache sie predigen sollten, wodurch ein harmonisches Zusammenleben im Staat unmöglich sei. Zugleich würde die christliche Religion nur als Vorwand gebraucht, um die jüdischen Rechte zu beschneiden und Einheimische wie Fremde zu behandeln.[42] Die Staaten hingegen seien unabhängig genug, um keiner Staatsreligion zu bedürfen, vielmehr hätten die religiösen Unterschiede durchaus Vorteile, da sie zum Denken und Prüfen anregten und heilsam für die allgemeine Bildung seien[43] - der Staat finde seine Aufgabe in der Schirmherrschaft über alle Religionen. Dennoch waren auch Autoren, die der jüdischen Minderheit wohlwollend gegenüberstanden, eher selten bereit, Juden als Juden zu emanzipieren. Aus der Rückführung der Emanzipationsfrage auf die einfachen Prinzipien von Recht und Politik resultierte nur in Einzelfällen die Forderung nach Gerechtigkeit und Gleichheit für alle (Staats-)Bürger, um dadurch den Anforderungen der Humanität zu entsprechen.[44]

Die Bedenken gegenüber einer unumschränkten Gleichstellung von Juden brachte die Mehrheit der Integrationsbefürworter in den 1820er Jahren zu der Forderung nach einer Reform des Judentums[45] als unabdingbarer Voraussetzung für eine stufenweise Integration durch Erziehung. Dabei wurden sowohl die jüdische Gemeinschaft als auch der preußische Staat für die Beseitigung der sittlichen und bürgerlichen Mängel von Juden verantwortlich gemacht.[46] Für diese Besserung von Juden waren zugleich zahlreiche, teilweise massive Eingriffe erlaubt; so bspw. in die Bildung der jüdischen Lehrer, die Anstellung der Rabbiner und die Öffnung der Gewerbe. Andererseits zeigte sich diese kleine Gruppe von Debattierer dem jüdischen Glauben gegenüber sehr offen; sie war bereit, Juden das Recht einzuräumen, Lehrstühle für jüdische Theologie an christlichen Universitäten einzurichten, um jüdisches Wissen auch für Christen zu erschließen.[47] Nach erbrachten Vorleistungen beanspruchten Emanzipationsbefürworter folgende Rechte für Juden: Einen Anteil an der zu schaffenden Nationalversammlung, die Aufnahme in den Staatsdienst, die freie und ungestörte Religionsausübung und die Öffnung aller bürgerlichen Gewerbe.[48] Diese Forderungen und auch der Weg zu ihrer Realisation waren eng an die Schrift Dohms

42 Vgl. *[Gottfried]*, Luthers und v. Herders Stimmen, 1817, S. 36.

43 Vgl. *Krug*, Verhältniß verschiedener Religionsparteien, 1828a, S. 172.

44 Vgl. *Anonymus*, Gedanken und Ansichten, 1815, S. 405f.; *Diefenbach*, Prüfung des Judenthums, 1823, S. 119f.; *Anonymus*, Rüge, 9.11.1821; *Ewald*, Organisation der Israeliten, 1816, S. 6f.

45 Vgl. *Rürup*, Emanzipation und Antisemitismus Verbindungslinien, S. 30.

46 Vgl. *Lips*, Stellung der Juden, 1819, S. 139.

47 Vgl. *Diefenbach*, Jüdischer Professor, 1821, S. 27–37.

48 Vgl. *Lips*, Stellung der Juden, 1819, S. 83–91.

angelehnt, nur in wenigen Ausnahmefällen ging die Argumentation von Integrationsbefürwortern während der Restauration darüber hinaus, da diese zunehmend gegen den Zeitgeist und die Mehrheitsmeinung auftreten mussten, was sie in eine umfangreich kritisierte Außenseiterposition brachte.

Jüdische Äußerungen im betreffenden Zeitraum konzentrierten sich auf die jüdische religiöse und intellektuelle Elite und blieben stark von der innerjüdischen Kontroverse über Inhalt und Umfang religiöser Reformen in Anspruch genommen. Sie agierten mehrheitlich im engen Rahmen der jüdischen Gemeinschaft und wurden für Christen erst durch die Umsetzung erster Reformversuche sichtbar. Andererseits übten frühliberale Überzeugungen insbesondere auf gut gebildete, städtische Juden eine starke Anziehungskraft aus.[49] Diese Gruppe gehörte in Hinblick auf ihre wirtschaftliche, gesellschaftliche und intellektuelle Position zu den ehrgeizigen Mittelschichten,[50] was theoretisch eine gemeinsame Interessenbasis zwischen Juden und Nichtjuden hätte begünstigen können. Eine weitere integrierende Komponente bildeten die deutschen Einheitsbestrebungen, verbunden mit dem Wunsch nach einer Beseitigung des christlich-ständischen Staats- und Regierungssystems.[51]

Die Sympathie von Juden für liberale Überzeugungen brachte nicht nur in ihren Grundsätzen Änderungen hervor, sondern wirkte direkt in die jüdische Gemeinschaft hinein, indem sich im Sinne liberaler Prinzipien eine jüdische Reformbewegung formierte. Juden berücksichtigten die von Christen geäußerten Kritiken und versuchten ein integrationsfähiges Judentum entstehen zu lassen. In diesen Zusammenhang müssen auch die Bestrebungen zur Umstrukturierung der jüdischen Erziehung und Bildung eingeordnet werden, die einen großen Raum innerhalb der jüdischen Äußerungen einnahmen. Vorschläge zur Besserung von Juden konzentrierten sich auf eine »allgemeine Verbesserung ihrer bürgerlichen Lage durch Gleichstellung mit den übrigen Staatsmitgliedern«[52], die Erziehung der Jugend, die Überarbeitung der mosaischen Kultur, die Gründung eines israelitischen Konsistoriums für Erziehungsangelegenheiten und die Feststellung der Verhältnisse, in denen Juden dem Staate gegenüberstünden. Elemente einer ›neuen‹ jüdischen Bildung sollten die Erziehung zu Treue und Gehorsam gegenüber der staatlichen Obrigkeit und die Hochachtung für und Ergebenheit gegenüber Regent und Vaterland sein.[53] Zur Umgestaltung der jüdischen Bildung gehörte ebenso der Versuch, zu einer Konfessionalisierung des Judentums zu gelangen. Dies beinhaltete eine Zurückdrängung des Einflusses der Religion auf die Erziehung und die Etablierung der deutschen

49 Für die Wirkung des Liberalismus auf Juden vgl. auch *Friedrich Naumann Stiftung*, Judentum; *Alexander*, Classical Liberalism und *Dienemann*, Liberales Judentum.

50 Vgl. *Katz*, Aus dem Ghetto, S. 213.

51 Vgl. *Toury*, Die politische Orientierung, S. 31.

52 *Hellwitz*, Organisation der Israeliten, 1819, S. XII.

53 Vgl. *Johlson*, Unterrricht in der Mosaischen Religion, 1819, S. 160.

Sprache auf allen Ebenen des jüdischen Lebens. Nach einer erfolgreichen Konfessionalisierung des Judentums seien Juden keine Nation, kein Volk mehr, sondern eine Glaubensgemeinschaft, deren Mitgliedern die Gewährung bürgerlicher Rechte nicht länger vorenthalten werden dürfe.[54]

In der Kontroverse agierende jüdische Publizisten argumentierten mehrheitlich auf Grundlage der Ideen von Aufklärung und Humanismus, während auf christlicher Seite der Bezug auf diese Positionen bereits überwunden schien. Dadurch entwickelte sich ein weiterer Gegensatz zwischen jüdischen und christlichen Überzeugungen. Obwohl Juden permanent ihren deutschen bzw. preußischen Patriotismus betonten, erschien dies der christlichen Mehrheit nicht überzeugend, solange sie sich gleichzeitig zu den Ideen von Französischer Revolution und Aufklärung bekannten. Nichtsdestotrotz waren jüdische Publizisten bestrebt, sich dem entwickelnden Bild von ›Deutschen‹ und ›Deutschtum‹ anzugleichen. Sie studierten an deutschen Universitäten, versuchten, in den Burschenschaften und nationalen Vereinen Aufnahme zu finden. Ebenso vertraten jüdische Autoren die Auffassung, dass nur die bürgerliche Freiheit Juden zu »bürgerlichen Menschen«[55] machen würde, denn Juden erfüllten bereits alle Pflichten gegen die Staaten, in denen sie lebten, und seien aus diesem Grund berechtigt, Schutz und Rechte zu beanspruchen.[56] Eine Ausgrenzung von Juden aus der Gemeinschaft der Bürger sei in keinem Fall legitim, »denn der Mensch wird erst in der bürgerlichen Gesellschaft zum Menschen. Er wird darin geboren, er wird also als Bürger geboren.«[57]

2. Zentrale Argumentationslinien – Nationalisierung der Debatte

Für die folgende Betrachtung muss zunächst nach der inhaltlichen Bestimmung der Begriffe ›Volk‹ und ›Nation‹ in der ersten Hälfte des 19. Jahrhunderts und bei den Debattierer gefragt werden. Der Nationenbegriff erfuhr durch die Französische Revolution eine nachhaltige Demokratisierung. Nicht mehr nur gehobene Stände, sondern ›das Volk‹ wurde zum Oberbegriff; die Nation umfasste dabei alle Stände oder Klassen, Regierende und Regierte.[58] Infolge dieser ›Demokratisierung‹ und ›Ausweitung‹ des Nationsverständnisses, aber auch des Volksbegriffes kam es um die Jahrhundertwende zu einer Politisierung. ›Volk‹ und ›Nation‹ traten als Mittler zwischen Staat und Individuum, schufen Homo-

54 Vgl. *Hellwitz*, Organisation der Israeliten, 1819, S. 62 ff.
55 *Anonymus*, An die Christen, 1819, S. 6.
56 Vgl. ebd., S. 11.
57 *Börne*, Der ewige Jude, 1821, S. 29 f.
58 Vgl. *Koselleck*, Volk, S. 147.

genität und Identität. Diese Aufgabe übernahm dabei nicht nur die ›deutsche Nation‹, sondern es entwickelte sich eine verstärkte Loyalität gegenüber den jeweiligen Einzelstaaten. Im Volksbegriff des beginnenden 19. Jahrhunderts war, angelehnt an die verwirklichte französische Nation, die Hoffnung enthalten, die verschiedenen Staatsvölker des zerfallenen Reiches zu ›einem Volk‹ zu vereinen. Nation wurde dadurch zum obersten Legitimitätsprinzip und versuchte, eine Antwort auf die Krise der frühmodernen Gesellschaft zu geben.[59] Gleichzeitig blieben Begriffe wie ›Nation‹, ›Vaterland‹ oder ›Patriotismus‹ im 19. Jahrhundert vielfältig und diffus,[60] sie beinhalteten Mehrdeutigkeiten bzw. Loyalitäten gegenüber verschiedenen staatlichen Institutionen, die miteinander konkurrieren konnten. Besonders bei gebildeten Bürgern und somit bei einem großen Teil der Debattenteilnehmer dominierte eine abstrakte Begriffsbesetzung, die über Abstammung und Besitz hinausging und ebenso Sitten, Mythen, Brauchtum und Sprache miteinbezog. Der intensive Bezug auf ›Nation‹ und ›Volk‹ und die damit in Verbindung stehenden Wünsche und Hoffnungen ließen in den deutschen Staaten eine ›nationale Frage‹ entstehen. Diese entwickelte sich auf verschiedenen Ebenen; einer politischen, da die deutschsprachige Bevölkerung in unterschiedlichen Staaten ansässig war, und einer kulturellen Ebene, denn ›deutsche Nation‹ erwuchs zunächst nur im Bewusstsein und in der Mentalität einer Gruppe von Akteuren.[61] Als politisch aufgeladener Orientierungspunkt war ›Nation‹ in der Lage, zu einem politischen Glauben mit religiösem Zug zu werden; so wurde die Religion im Nationalen säkularisiert und das Säkulare sakralisiert.[62] Die Begriffe ›Nation‹ und ›Volk‹ überlagerten sich im zeitgenössischen Gebrauch vielfältig und wurden weitgehend synonym genutzt. Eine grundsätzliche Differenzierung kann nur insofern vorgenommen werden, als unter ›Nation‹ eine dominante, vorstaatliche Kategorie, unter ›Volk‹ hingegen primär ein politischer Begriff verstanden wurde. Zahlreiche Publizisten suchten seit Beginn des 19. Jahrhunderts, meist in historischen Abhandlungen und pädagogischen Schriften, nach dem Wesen des deutschen Volkstums, das seinen Ausdruck in Sitten, Recht und Verfassung, aber ebenso in historischen Bindungen und dem christlichen Glauben finde.[63]

Infolge der Befreiungskriege kam es zu einer neuen inhaltlichen Füllung von ›Nation‹; eine nationale Erneuerung, das Überwinden des Absolutismus und die Teilhabe des Volkes am Staat schienen kurzzeitig möglich. Die Ursachen der vor-

59 Vgl. *Wehler*, Nationalismus, S. 17.

60 Für das Folgende vgl. *Polenz*, Staatsnation, S. 58 ff.

61 Vgl. *Dann*, Nationale Fragen, S. 66.

62 Vgl. *Nipperdey*, Deutsche Geschichte 1800–1866, S. 300.

63 Vgl. z. B. *Jahn*, Deutsches Volksthum, 1810; *Jahn*, Merke zum Deutschen Volksthum, 1833; *Ewald*, Der Geist des Christenthums, 1817; *Kramer*, Lehrbuch der Geographie, 1818, S. 91–212; *Anonymus*, Teutsches Volksthum, 22.7.1820; *Wachler*, Geschichte der teutschen Nationalliteratur, 1818, S. 1–12 und *Böhme*, Schule und Zeitgeist, 1824.

herigen Niederlage gegen die Truppen Napoléons wurde aus dieser Perspektive in einem Mangel an nationalem Bewusstsein, widerstreitenden Partikularinteressen, fehlender Opferbereitschaft und einem Fehlen ideeller Werte gesehen;[64] diese Schwächen galt es nun in einer ›deutschen Nation‹ zu beheben.

In den philosophischen Betrachtungen zur Nation zu Beginn des 19. Jahrhunderts fanden sich ebenfalls kaum klare Definitionen oder Theorien. Besonders schwierig erschien die Frage nach einer deutlichen Trennung zwischen Nation und Volk. Herder, Fichte, Kant und Hegel stehen symptomatisch für den einsetzenden Übergangsprozess. Das Volk wurde bei Kant geographisch definiert und bezog sich auf eine begrenzte Anzahl von Menschen, die in einem Landstrich vereint waren. Die Nation hingegen sei der Teil des Volkes, der sich durch gemeinschaftliche Abstammung als ein bürgerliches Ganzes verstehe.[65] Kant unternahm dabei keine trennscharfe Unterscheidung zwischen Volk und Nation, beide Begriffe verschwammen ineinander. So war auch Kants Staat nicht notwendig auf eine Nation angewiesen, da er auf einem imaginierten Gesellschaftsvertrag beruhte. Deutlich davon abweichend war Fichtes Sicht: Bei ihm war der Staat nicht länger der Nation über-, sondern untergeordnet und wurde zum Zweck der Ausbildung des rein Menschlichen in der Nation.[66] Das gesamte Streben innerhalb eines Staates wie auch der Patriotismus sollten auf die Nation ausgerichtet sein, denn nur in dieser könne die Verwirklichung der Menschheit erfolgen. Fichtes Volksverständnis hatte zwei Ebenen; zum einen könne ein Volk sich über eine gemeinsame Sprache definieren,[67] zum anderen auf einem ihm innewohnenden höheren Gesetz basieren, das er auf die Weltgeschichte bezog.[68] Herder und Hegel kritisierten noch deutlicher die universalistischen Tendenzen der Aufklärung, was in ihren Staatsvorstellungen zutage trat. Gesetze bzw. Verfassungen seien nur dann wirksam, wenn sie dem Geist des betreffenden Volkes entsprächen und aus diesem hervorgegangen seien. Bei Herder fand sich eine besondere Betonung des Nationalcharakters, der sich nicht nur durch Sprache, Umgangsformen, Kunst und Religion offenbare, sondern bis auf die Ebene der subjektiven Empfindungen des Menschen reiche.[69] Dabei sei allein ›Nation‹ in der Lage, das Universelle spezifisch auszuprägen und es dem Einzelnen zugänglich zu machen. Bei ihm wurde die Nation vor allem durch eine gemeinsame Sprache erzeugt und gebildet, was wiederum zu einer scharfen

64 Vgl. *Reiß*, Fichtes ›Reden‹, S. 103 f.
65 Vgl. *Kant*, Schriften zur Anthropologie, o. J., S. 658 f.
66 Vgl. *Fichte*, Reden an die deutsche Nation, 1828, 8. Rede, S. 139.
67 Vgl. ebd., 4. Rede, S. 62.
68 Vgl. ebd., 8. Rede, S. 128 f.
69 Zugleich betont Herder, dass ein Nationalcharakter nie vollkommen sein könnte und immer auch spezifische Prägungen von Lastern enthalte. Vgl. *Herder*, Ideen zur Philosophie, 1785, S. 368 f.

Trennung zwischen ›Staat‹ und ›Nation‹ führte.[70] Einen maßgeblichen Einfluss hatte Herder auch auf ein neues Verständnis des Volksbegriffes. Er löste das ›Volk‹ aus seiner Beschränkung auf den ›Pöbel‹ und machte es potentiell deckungsgleich mit der ›Nation‹. Gleichzeitig führte Herder eine kulturelle Unterscheidung zwischen den Völkern und Nationen ein, deren Ausdruck die Volksseele bzw. der Volksgeist sein sollte. Hegels Staat hingegen zeichnete sich dadurch aus, dass er über eine zweckgebundene Vereinigung autonomer Individuen hinausging und die Verwirklichung eines sittlichen Ideals anstrebte, wodurch der Staat sich zur Nation formieren konnte.

Die zeitgenössische politische Situation offenbarte die hauptsächliche Schwäche eines staatsorientierten Nationsbegriffes. Deutlich vielversprechender erschien im Unterschied dazu das Konzept der Kulturnation, verstanden als eine Gemeinschaft, die sich durch Sprache, Tradition, Kultur und Religion miteinander verbunden fühlt.[71] In der Hoffnung, dass eine gemeinsame kulturelle Grundlage in der Lage sei, ein Nationalgefühl zu erzeugen, das dem Staat gedanklich vorgelagert und von staatlichen Grenzen unabhängig sei bzw. ohne einen Nationalstaat existieren könne. Träger einer so definierten Kulturnation sollten diejenigen Teile des Volkes sein, die sich der kulturellen Nation selbstständig zuordneten, woraus eine enge Verbindung mit bürgerlichen Gruppierungen hervorgehe, denn diese sähen in der Besinnung bspw. auf eine nationale Literatur und Sprache eine Möglichkeit der gemeinsamen Identifikation und nationalen Selbstverortung. Zu diesem Zweck wurden historische Erinnerungen, die verbindende Sprache,[72] Bildung und Normen für die Konstruktion einer nationalen Kultur bemüht.[73] Die Kulturnation sollte dabei über soziale Schichten, Klassen und Gruppen hinweg wirksam werden und zugleich eine kulturelle Homogenisierung bewirken. Wirkliche Integrationskraft gewann sie aber erst durch eine Abgrenzung von ›fremd‹ empfundenen Gruppen und Individuen – wodurch Anfänge eines deutschen Nationalismus bedingt wurden. Das Gemeinschaftsgefühl blieb dabei unabhängig von einem Staat, überwölbte vielmehr die partikularistische Staatsbildung, denn eine auf kulturellen Gemeinsamkeiten beruhende Nation entstehe durch den freien Willen und das individuelle Bekenntnis zur ihr.[74] Die Kulturnation erfuhr im Denken des Vormärz ebenfalls eine Politisierung, um dadurch den Schritt zur nationalen Staatlichkeit vollziehen und kulturelle Nation und politischen Staat in Übereinstimmung bringen zu können. Auf diesem Weg wurde Bildung und Erziehung eine herausragende Bedeutung

70 Vgl. *Polenz*, Staatsnation, S. 63.

71 Vgl. ebd., S. 55–70; *Beyme*, Preußen als Kulturnation und *Giesen/Junge*, Patriotismus.

72 Die Identitätsbildung über die deutsche Sprache war besonders stark. Es entwickelte sich eine ›Sprachloyalitätsbewegung‹, die sich gegen den obrigkeitlichen Gebrauch der französischen und lateinischen Sprache richtete.

73 Für das Folgende vgl. *Kocka*, Das lange 19. Jahrhundert, S. 84.

74 Vgl. *Alter*, Kulturnation und Staatsnation, S. 36.

zugemessen, durch sie sollten überregionale Identifikationen ausgeprägt werden. Diese Form der Nationalerziehung reichte theoretisch über das Bildungsbürgertum hinaus und erfasste alle ›Deutschen‹.[75] Durch die Verbindung von Aufklärungspädagogik und neuhumanistischen Bildungsidealen stand nicht länger eine zweckfreie geistige Bildung im Vordergrund, sondern eine allgemeine Menschenbildung und Persönlichkeitsentfaltung unter Aufsicht des Staates und im Sinne einer nationalen Gemeinschaft. Schule als Vorbereitungsinstanz für die Selbsteinordnung in die Nation basierte auf einer pädagogischen Reformbewegung mit nationalem Schwerpunkt, beinhaltend bspw. die Erziehung zu Vaterlandsliebe, Patriotismus und dem Bewusstsein der Ehre, das Vaterland in Kriegszeiten zu verteidigen.[76] Über die Vermittlung ›nationalkultureller‹ Werte, Normen, Traditionen und Verhaltensmuster sollten aktive und loyale Staatsbürger hervorgebracht und ein positiv empfundenes Nationalbewusstsein vermittelt werden. Humanitäre Bildungsgedanken wurden zunehmend national gebrochen, denn Humanität könne nur durch Nationalität realisiert werden. Nicht länger bedingte Menschenbildung eine Nationsbildung, vielmehr kehrte sich dieser Zusammenhang um.[77]

Die Besinnung auf eine deutsche Nationalität verband sich mit einer emotionalen Bindung außerhalb politischer und staatlicher Kategorien und der Suche nach einer ›deutschen Identität‹.[78] In diesem Zusammenhang fand das Christentum einen neuen Platz. Es wurde zu einem integralen Bestandteil deutscher Nation, und ihre Verfechter beriefen sich zunehmend auf christliche Traditionen. Der Rückgriff auf christliche Werte gewährleistete dabei vor allem während der verschiedenen gesellschaftlichen und politischen Umbrüche Stabilität. Gleichzeitig offerierte der Nationalismus die Möglichkeit, zu einem Religionsersatz zu werden; die Liebe zur Nation konnte zur höchsten Religiosität stilisiert werden.[79] In dieser Konstruktion enthalten war die Möglichkeit, durch die ›deutsche Nation‹ eine überkonfessionelle, aber betont christlich geprägte Homogenität entstehen zu lassen, da die von Nationalisten propagierte ›deutsche Kultur‹ eng mit der protestantischen Tradition verbunden blieb. Dies führte dazu, dass Katholiken der modernen Nationalbewegung eher skeptisch gegenüberstanden, auch aus der Beobachtung heraus, dass der Nationalismus

75 Vgl. *Zöllner*, National-Erziehung, 1804; *Anonymus*, Geist einer National-Erziehung, 1818; *Anonymus*, Regent und Volk, 1818, S. 175–179; *Grieb*, Elemente der Zahl, 1810.

76 Vgl. *Herrmann*, Staatserziehung, S. 208. Die betreffende pädagogische Literatur wurde geprägt von Autoren wie Johann Heinrich Pestalozzi, Heinrich Stephani, Christian Daniel Voß, Johann Friedrich Zöllner und Karl Heinrich Ludwig Pölitz.

77 Vgl. *Echternkamp*, Der Aufstieg des deutschen Nationalismus, S. 241 ff. Zeitgenössisch dazu: *Fichte*, Reden an die deutsche Nation, 1828, 2. Rede (Vom Wesen der neuen Erziehung im Allgemeinen); 3. Rede (Fortsetzung der Schilderung der neuen Erziehung) und 10. Rede (Zur näheren Bestimmung der neuen Nationalerziehung).

78 Vgl. *Lindner*, Patriotismus deutscher Juden, S. 14.

79 Vgl. *Wehler*, Nationalismus, S. 67.

ein Phänomen der Säkularisierung war.[80] Einen besonderen Einfluss auf das Verständnis von Nation und Volk hatte zudem die politische Romantik, die sich stark auf eine gemeinsame Sprache, Religion und Kultur berief.[81] Durch die Romantik wurden Nationalismus und christliche Vorstellungen emotional miteinander verflochten, wobei ›deutsche Tradition‹ zu einem neuen Strukturelement wurde – ein Antijudaismus war in dieser Form des deutschen Nationalismus häufig bereits enthalten.

Im Gegensatz zu dieser religiös interpretierten Nationalität existierte zeitgleich auch eine liberal-demokratische Auslegung, in der Volk und Nation besonders eng mit den Bemühungen um eine deutsche Einheit verbunden waren. Da auf politischer Ebene eine Stagnation einsetzte, rekurrierte dieses Konzept ebenfalls immer stärker auf eine geistige Einheit deutscher Nation. Verbunden war die Suche nach kulturellen und geistigen Gemeinsamkeiten auch hier mit einem verstärkten Bezug auf die deutsche Sprache als Verbindung über Staatsgrenzen hinweg und als notwendige Voraussetzung für die Verbreitung von Bildung, Humanität und Wissenschaft; parallel dazu offenbarte der Einzelne mit dem Gebrauch des Deutschen seine Zugehörigkeit zur Nation. In zahlreichen Publikationen wurden rechtliche, politische, soziale und kulturelle Gleichheitsvorstellungen auf die Idee des Nationalstaats übertragen, ohne dabei einen Bruch mit der überkommenen Ordnung zu provozieren.[82]

Nationale Konzepte bewegten sich damit zwischen den Polen einer Befürwortung der Monarchie und der Schaffung einer Republik. Alle basierten aber auf einer starken, wenn auch nicht unproblematischen Verknüpfung von Nation und Kultur.

Abschließend muss das Verhältnis des preußischen Staates zur Nation betrachtet werden. Der Kampf gegen Napoléon war zunächst auch ein Kampf gegen die Anziehungskraft der napoleonischen Ideen, ein Nationalismus moderner Prägung war darin noch nicht enthalten.[83] Dennoch bot gerade dieser Krieg eine neue Möglichkeit, deutsche Nation zu konstruieren, insbesondere in der auf die Kriege folgenden Idealisierung der Erhebung ›deutscher Nation‹.[84] In Preußen hatten die Krisen zwischen 1806 und 1815 eine Aushöhlung der traditionellen Herrschaftslegitimation und einen stärker werdenden Reformdruck bedingt.[85] Dieser Reformbedarf bestand in Hinblick auf die ständische Ordnung und die politische Emanzipation von Teilen der preußischen Bevölkerung, die Zentralisierung der Staatsmacht, die Neugestaltung von Regierung und Verwaltung

80 Vgl. *Sheehan*, Nation und Staat, S. 40.

81 Vgl. *Arndt*, Lieder für Teutsche, 1813 und *Kleist*, Katechismus der Deutschen, 1809.

82 Vgl. *Kocka*, Bildungsbürgertum, S. 97.

83 Vgl. *Echternkamp*, Der Aufstieg des deutschen Nationalismus, S. 221 f.

84 Vgl. *Fichte*, Reden an die deutsche Nation, 1828; *Burdach*, Erhebung Germaniens, 1814 oder *Von einem ehemaligen Reichsbürger*, Vom deutschen Nationalsinn, 1816.

85 Für das Folgende vgl. *Echternkamp*, Der Aufstieg des deutschen Nationalismus, S. 226–230.

und eine Verfassungsreform. Der Bevölkerung konnten diese Umgestaltungen zunächst nur schwer vermittelt werden. Die neuen Gesetze erfuhren Ablehnung, wodurch eine Autoritäts- und Vertrauenskrise bedingt wurde. Gleichzeitig wuchs das öffentliche Interesse an politischen Entscheidungsprozessen, die preußischen Behörden versuchten das Selbstbewusstsein der Öffentlichkeit für sich zu instrumentalisieren, um dadurch die Loyalität und Opferbereitschaft der Bevölkerung anzufachen. Der staatliche Rekurs auf Öffentlichkeit und der Versuch ihrer Instrumentalisierung machten ihre zunehmende Bedeutung als politischer Faktor deutlich und zugleich ihre Entwicklung zu einem neuen Herrschaftsinstrument, über das unter anderem der nationale Zusammenhalt innerhalb Preußens gestärkt werden sollte. Die staatlichen Reformen bildeten in Preußen im Folgenden eine Basis des Nationalismus, denn dem Nationsbegriff lag eine langfristige Homogenisierung zugrunde, die zum Teil staatliche Unterstützung erfuhr, indem Sprachangleichungen oder rechtliche Vereinheitlichungen angestrebt wurden. Für diesen Prozess waren Kommunikation, Öffentlichkeit und Zeitschriften von enormer Wichtigkeit, da sie zu Trägern und Vermittlern nationaler Ideen wurden und deren Durchsetzung unterstützen konnten.[86]

Innerhalb der Kontroverse um die Stellung von Juden betonten Autoren, die der nationalistischen Idee zuneigten, die Bedeutung deutscher Freiheit und knüpften diese eng an die Zugehörigkeit zum christlichen Glauben.[87] Verbunden war diese Besinnung auf das ›Deutschtum‹ mit einem »heiligen Kreuzzug« gegen alles Fremde, »gegen Franzosen, Junker, Pfaffen und Juden«.[88] In dieser Hinsicht brachte der Nationalismus neue Begründungsmuster mit sich, Juden wurden nun als fremdes Volk, als fremde Nation empfunden, ohne die religiösen Differenzen zu vernachlässigen, und zugleich ergänzt um ethnische Komponenten. Der neue Gegensatz bedingte eine Rationalisierung antijüdischer Vorurteile, unter Einschluss traditioneller Stereotype. Es gelang, überkommene Bedenken gegen eine jüdische Integration in ein neues Gewand zu kleiden und an die modernen Entwicklungen anzupassen. Der entstehende Nationalismus führte somit zu einer Umdeutung des traditionellen Judenbildes.

Auf Grundlage dieser Auffassungen setzte nach dem Wiener Kongress ein Schriftenkampf gegen eine jüdische Emanzipation ein, dessen Wortführer die Professoren Rühs und Fries waren. Friedrich Rühs offenbarte in seiner Schrift »Über die Ansprüche der Juden an das deutsche Bürgerrecht«[89] seine persönliche Entwicklung, als er gestand, während der französischen Besatzung auch

86 Vgl. *Weber*, Die nationale Idee, S. 74.

87 Vgl. *Arndt*, Der Rhein, 1813, S. 81.

88 Jahn, zitiert nach *Eckhardt*, Die Turnerbewegung, S. 63 f.

89 Vgl. *Rühs*, Ansprüche der Juden, 1816. Zunächst erschienen als Artikel in der »Zeitschrift für die neueste Geschichte, die Völker- und Staatenkunde« (1815). Eine weite Verbreitung und umfangreiche Reaktionen erzielte jedoch erst die eigenständige Veröffentlichung.

an humanitäre Ideen geglaubt und eine Emanzipation von Juden befürwortet zu haben. Seinen Meinungswechsel schrieb er seinen Forschungen über jüdische Geschichte zu; wahrscheinlicher ist jedoch, dass Rühs, von der Stimmung während und nach den Befreiungskriegen erfasst worden war, die ein vertieftes Nationalgefühl, verbunden mit einer starken Betonung deutscher Geschichte und Kultur, hervorbrachte. Der Schwerpunkt seiner Argumentation beruhte auf dem Christentum als Grundlage des Deutschtums und in Abgrenzung von Juden als fremden Elementen. Um diese Behauptungen zu belegen, suchte Rühs nach Beispielen in der jüdischen Geschichte und agierte ähnlich wie Eisenmenger. Er gelangte zu der Schlussfolgerung, dass der Hauptgrund für die jüdische Mentalität in der jüdischen Religion zu finden sei und solange diese weiterbestehe, es keine Möglichkeit gebe, Juden das Bürgerrecht zu erteilen.[90] Bei Rühs fand sich erneut die ausdrückliche Aufforderung an Juden, für eine gesellschaftliche und politische Integration zum Christentum zu konvertieren, denn nur durch diesen Schritt könnten ihre Nachkommen dem jüdischen Volk entfremdet und der deutschen Nation und Gemeinschaft allmählich einverleibt werden.[91] In diesem Zusammenhang bekam die Forderung nach einer Konversion im Unterschied zu früheren Debatten eine neue Ausrichtung, denn es ging nicht länger um die Anerkennung christlicher Wahrheiten oder die Akzeptanz des Christentums als ›bessere‹ Religion, sondern das Christentum wurde zum entscheidenden Bestandteil deutscher Nationalkultur.

Rühs Gesinnungsfreund, der Heidelberger Philosophieprofessor Jakob Friedrich Fries[92] ging in seinen Ausführungen noch weiter, auch wenn er, verglichen mit Rühs, keine neuen theoretischen Ansätze präsentierte. Fries, der auf dem Wartburgfest als Redner aufgetreten war, hatte die Studenten dazu aufgefordert, die Aufklärungsideen der Individualität und Humanität aufzugeben und sich zum deutschen Volkstum zu bekehren. Er verlangte, jüdische Studenten als »Feinde unserer Volksthümlichkeit«[93] anzusehen und von den Burschenschaften auszuschließen. Fries' Bedeutung liegt in seinem nachhaltigen Einfluss auf die Burschenschaftsbewegung, da seine Überzeugungen besonders in diesem Umfeld auf einen fruchtbaren Boden fielen. Seine Abhandlung »Über die Gefährdung des Wohlstandes und Charakters der Deutschen durch die Juden«[94]

90 Vgl. ebd., S. 24–30.

91 Vgl. ebd., S. 35.

92 Zu Fries vgl. *Hubmann*, Ethnische Überzeugung; *Herrmann/Hogrebe*, Jakob Friedrich Fries.

93 Vgl. *Anonymus*, Ein Jude, 1785, S. 90 ff. Fries' Teilnahme am Wartburgfest erregte großes Aufsehen und ließ ihn als Mentor der Burschenschaftsbewegung erscheinen. Vgl. *Hubmann*, Ethnische Überzeugung, S. 163. Fries' Rede auf dem Wartburgfest ist abgedruckt in ebd., S. 349–353.

94 Vgl. *Fries*, Gefährdung des Wohlstandes, 1816. Auch diese erschien zunächst als Aufsatz in den »Heidelbergischen Jahrbüchern der Literatur«.

wirkt wie eine Zusammenfassung und Überspitzung der Thesen Rühs'. Nur in einem Punkt unterschied er sich von dem Berliner Historiker – für ihn war die Konversion zum Christentum nicht länger eine unabdingbare Voraussetzung für die Aufnahme von Juden in den Bürgerverband. Fries schien eine jüdische Emanzipation von Traditionen, Geboten und Moralvorstellungen ausreichend, denn eine solche ›kulturelle Anpassung‹, unterstützt durch ein reformiertes Bildungssystem, würde das Judentum genauso allmählich zum Verschwinden bringen wie ein Übertritt zum Christentum.[95] Sehr viel stärker als bei Rühs fand sich bei Fries eine ›Ausschmückung‹ der jüdischen Gefahren. Er attestierte ihnen eine Verschwörung als ›Krämer und Händlerkaste‹, deren Verbindungen über die ganze Welt reichten, und die sich gegen alle anderen Völker richte.[96] Aufgrund dieser Gefährlichkeit war Fries dazu bereit, Juden mit »Stumpf und Stiel«[97] auszurotten, indem er ihre Vermehrung durch Heiratsbeschränkungen eingrenzen, sie zum Tragen von Abzeichen verpflichten und ihre Handelsgewerbe verbieten wollte. Auch Gewalttaten und Vertreibungen waren in seinen Augen nicht immer vermeidbar und zugleich durchaus gerechtfertigt. Mit für die Jahre nach dem Wiener Kongress typischen Hinweisen auf die Volkswut forderte Fries die deutschen Regierungen auf, zügig zu handeln, um Ausschreitungen zuvorzukommen.[98] In den Zeitungen und Journalen kam es unverzüglich nach den Veröffentlichungen von Rühs und Fries zu einer lebhaften Debatte über die angestoßenen Fragen.[99] Dabei zeigte sich, dass beide Autoren grundlegende Tendenzen und Entwicklungen verkörperten, denn mehrheitlich fanden ihre Publikationen eine breite Zustimmung, und ihre Ideen konnten sich einer starken Unterstützung erfreuen.[100] Die umfangreichen publizistischen Reaktionen sowohl nach dem Wiener Kongress als auch auf die Schriften von Rühs und Fries offenbarten das große Interesse an der Frage der jüdischen Integration, nun mehr unter nationalen Vorzeichen.

Über die nationale Ausgrenzung von Juden entwickelte sich innerhalb der Auseinandersetzung ein Konsens, der kaum mehr hinterfragt wurde. Erst nach einer langwierigen und umfassenden Erziehung und Bildung von Juden könnten diese in den Staatsverband aufgenommen werden, auf keinen Fall jedoch würden

95 Vgl. ebd., S. 22.

96 »Für das übrige Volk ist nun aber diese Kaste die schädlichste von allen, denn sie lebt ohne eigene Mühe von fremder Arbeit, gibt weder materiell, noch geistig eine productive Arbeit, schmiegt sich also nur als Schmarotzerpflanze oder Blutsauger an ein fremdes Leben an und entkräftet dieses.« Ebd., S. 16.

97 Ebd., S. 18.

98 Vgl. ebd., S. 10.

99 Zusätzlich verstärkt durch das Verbot der Schrift von Fries. Vgl. *Anonymus*, Deutschland, 15.6.1816.

100 Vgl. *Anonymus*, Bürgerliche Verbesserung, 24.1.–28.1.1817. Johann Gottfried verglich Rühs und Fries mit Luther und Herder, denn sie würden die Wahrheit sagen und sich nicht das »Maul stopfen« lassen. *[Gottfried]*, Luthers und v. Herders Stimmen, 1817, S. 15.

»ein paar Edikte eines Staatsministers«[101] eine plötzliche Verwandlung bewirken. Die ›Erziehung zu Deutschen‹ sollte vor allem den Bereich der jüdischen Religion betreffen, da diese einer nationalen Aufklärung entgegenstünde.[102] Ebenso unterstrich die Distanzierung von allgemeinen Menschenrechten die neue Haltung. Immer lauter wurden die Stimmen, die angeborene und unveräußerliche Rechte für jeden Menschen als eine dem gesunden Menschenverstand widersprechende Idee darstellten.[103] Zwar verschwand der Glaube an die Gleichheit aller Menschen nicht vollständig aus der Öffentlichkeit, er wurde jedoch kaum noch rezipiert. Diese Entwicklung ging einher mit einer Ablehnung der Überzeugung, dass jedem Menschen ein freies Religionsbekenntnis, als Teil natürlicher Rechte zukommen solle.

Überlegungen zur nationalen Zugehörigkeit dominierten die Kontroverse: Unzweifelhaft stellten Juden bis zur Zerstörung des Tempels in Jerusalem ein Volk und eine Nation dar, sie konnten sich sowohl über eine gemeinsame Abstammung und Geschichte als auch über ein eigenständiges, nationales Territorium definieren. Mit der Diaspora endete die Existenz eines autonomen jüdisch-staatlichen Lebens, wodurch die Frage aufgeworfen wurde, inwieweit Juden auch innerhalb der verschiedenen Staaten und Nationen als eigenständige Nation begriffen werden könnten. Genügte eine gemeinsame Abstammung, Geschichte, Sprache und Kultur, ohne ein eigenständiges Staatswesen oder Territorium, ohne nationale Autoritäten und Machthaber, um von einer ›Nation‹ sprechen zu können und Juden als solche zu begreifen? Die enge Verknüpfung von Nationalismus und Judenfrage war dabei keineswegs zufällig, vielmehr brachten die Umwälzungen der Modernisierung in Gesellschaft und Staat beide hervor. Die Konstruktion einer ›jüdischen Nation‹ im Gegensatz zur ›deutschen‹ bzw. ›preußischen Nation‹ wurde zu einer säkularisierten Form religiöser Ausgrenzung.[104]

Die Wahrnehmung einer existenten ›jüdischen Nation‹ war dabei weitverbreitet; lange galt es als eine Selbstverständlichkeit, dass Juden und Judentum nicht nur in einer religiösen, sondern ebenso in einer nationalen Andersartigkeit befangen seien. Durch das modernisierte Verständnis von ›Nation‹ und ›Volk‹ musste nun das christlich geprägte Verständnis einer jüdischen Nation an die neue Sichtweise angepasst und zum Teil neu legitimiert werden. Der deutlichste Beleg für die Existenz einer jüdischen Nation war in den Augen von Christen der fortwährende Bestand des Judentums und der jüdischen Gemeinschaft, auch ohne dass sie über ein eigenes Land bzw. einen eigenen Staat verfügten.[105] Neben

101 *Arndt*, Blick aus der Zeit, 1814, S. 197.

102 Vgl. *Anonymus*, Über die Juden, 11.5.1815, Sp. 1309 f.

103 Vgl. *Frohlich*, Judenthums und Juden, 14.–15.7; 17.–18.7.1817, Sp. 2055; *Paulus*, Vorwort des Herausgebers, 1817, S. XIX; *Rühs*, Die Rechte des Christenthums, 1816, S. 28.

104 Vgl. *Hortzitz*, ›Früh Antisemitismus‹, S. 259.

105 Vgl. *[Gottfried]*, Luthers und v. Herders Stimmen, 1817, S. 21–30; *[Jucho/Gering]*, Rechts-Verhältniße der Juden, 1816, S. 7 f.; *Paalzow*, Bürgerrecht der Juden, 1803, S. 113.

dieser generellen Beweisführung wurden aufseiten christlicher Autoren detaillierte Beweise für eine eigenständige jüdische Nationalität gesucht. Im Mittelpunkt standen die sprachliche Sonderstellung durch den Gebrauch des Jiddischen, aber auch des Hebräischen als Gebetssprache und die religiös-kulturelle Absonderung. Durch die verschiedenen Akkulturations- und Assimilationsleistungen von Juden schwanden diese erkennbaren Unterschiede, was christliche Publizisten zwang, neue Begründungen zu suchen. Nach ihrer Überzeugung beruhte die jüdische Nationalität nun auf einer gemeinsamen Abstammung, Gesinnung, religiösen Pflichten und Neigungen.[106] Charakterisiert wurde sie als böse, feige, hochmütig und abergläubisch; sie fördere Wucher, Betrug und Diebstahl und schade den Nationen, unter denen sie Aufnahme gefunden habe.[107]

In dem Bemühen, eine eigenständige jüdische Nation zu belegen, stützte man sich hauptsächlich auf religiös bedingte Differenzen; besonders ergiebig dafür erschien die durch zahlreiche Religionsgesetze geregelte jüdische Lebensweise. In christlicher Wahrnehmung machten die separaten Speisegesetze oder die religiösen Feiertage die jüdische zu einer nationalen Gemeinschaft. Ähnlich interpretierten Nichtjuden den jüdischen Messiasglauben, in dem die jüdische Staatlichkeit besonders stark zum Ausdruck komme, denn Juden seien aufgrund ihrer Messiashoffnung nicht bereit, sich den Staaten, in denen sie lebten, vollkommen anzuschließen.[108] So nähmen sie nur Gewerbe auf, von denen sie sich schnell lösen könnten, um beim Ruf ihres Heilands nach Palästina zurückzukehren.[109] Ein weiterer religiös geprägter Beweis für die Existenz eines Nationaljudentums war die jüdische Vorstellung von einem Nationalgott, der ein jüdisches Volk generiere.[110] Nach christlicher Auffassung beharrten Juden aufgrund dieser Überzeugung auf dem Glauben an ihre Auserwählung und die Überlegenheit gegenüber allen anderen Nationen und Völkern, wodurch ihre Absonderung befördert und die Gefährdung der deutschen Bevölkerung erhöht würde.[111] Der Versuch, sich von einer religiösen Begründung jüdischer Ausgrenzung zu lösen und diese auf einen nationalen Gegensatz zurückzuführen,

106 Vgl. *Rühs*, Ansprüche der Juden, 1816, S. 4 und *ders.*, Die Rechte des Christenthums, 1816, S. 24 ff.

107 Vgl. *[Hundt-Radowsy]*, Die Naturgeschichte der Juden, 1848, S. 9.

108 Vgl. *Moser*, Die Juden, 1828, S. 13; *Stark*, Wesen des Judenthums, 1816; *Frohlich*, Judenthums und Juden, 14.–15.7; 17.–18.7.1817; *Bünau*, Was ist anzufangen, 13.10.1821; 19.8.1822; *Paalzow*, Bürgerrecht der Juden, 1803, S. 113 f.

109 Vgl. *Paalzow*, Bürgerrecht der Juden, 1803, S. 113; *Stark*, Wesen des Judenthums, 1816, S. 39.

110 Vgl. *Hartmann*, Untersuchung bürgerliche Freiheit, 1783, S. 228; *Frey [Cunow]*, Die Juden, 1831, S. 32; *Hundt-Radowsky*, Die Juden, 1830, S. 25; *Buchholz*, Aufschlüsse und Vorschläge, 1834, S. 204 f. und 214; *Anonymus*, Bürgerliche Verbesserung, 24.1.–28.1.1817, S. 161–163; *Anonymus*, Fragmente Geist und Wirkung, 1820, S. 76 und *B.*, Bemerkungen Aufsatz Fränkel, 18.1.1816, Sp. 169–171.

111 Vgl. *Anonymus*, Bürgerliche Verbesserung, 24.1.–28.1.1817.

war nur bedingt erfolgreich. Nach christlicher Darstellung bestanden die nationalen Unterschiede bspw. in Sabbat und Beschneidung;[112] da diese jedoch auf religiösen Grundlagen beruhten, kam es zu einer Vermischung von religiösen und nationalen Ausgrenzungsmechanismen. Diese Entwicklung bedingte, dass sich die Kategorien ›deutsch‹ und ›christlich‹ überlagerten,[113] während die Politisierung des Christentums und des Judentums zu einem polemischen Argument gegen eine Emanzipation von Juden wurde.[114]

Ein schwer zu überwindendes Problem war die dem Nationenbegriff innewohnende kollektive Wahrnehmung von Juden bzw. Judentum. Juden konnten ihrer christlichen Umwelt nur in Einzelfällen als Individuen gegenübertreten, mehrheitlich wurden sie ausschließlich als Angehörige der jüdischen Nation, des jüdischen Volkes wahrgenommen. Andererseits war nicht nur das Nations-, sondern auch das Staatsverständnis von entscheidender Bedeutung. Für Rühs bspw. existierte der Staat nur aufgrund seiner inneren Einheit und Geschlossenheit, die durch seine Bürger verwirklicht würde – und ebendiese Einheit sah er durch die jüdische Minderheit als gefährdet an, denn Juden stellten in seinen Augen eine eigenständige Nation dar, die sich in allem der deutschen Nationalität widersetzte. Er ging in seiner Argumentation aber noch weiter: »Allein die Juden bilden nicht blos ein Volk, sie bilden zugleich einen Staat«[115].

2.1 Der Staat im Staat

Die Formulierung ›Staat im Staat‹ konnte auf eine gewisse Tradition zurückblicken, auch wenn sie ursprünglich nicht mit der Existenz von Juden in Preußen bzw. Deutschland in Verbindung gebracht worden war. Verbreitung erfuhr der Begriff bereits in der 1780er Jahren, eng verknüpft mit dem Bestreben des modernen Staates, volle Souveränität zu erlangen.[116] Ethnischen, religiösen und sozialen Gruppierungen sollten ihre Autonomierechte genommen werden, da ihnen keine Rechte zukommen dürften, die in staatliche Verantwortung fielen. Ziel war es, alle erkennbaren separaten Gemeinschaften direkt dem Staat unterzuordnen. Betroffen davon waren unter anderem Studenten(-Verbände)und Universitäten, in protestantischen Staaten vorrangig Katholiken, aber auch die protestantische Kirche, ebenso Geheimgesellschaften oder das Militär. Nach liberaler Staatsauffassung war die Existenz spezifischer Gruppen hingegen durchaus mit dem Staatsleben vereinbar, solange diese Gruppen ihre Interessen der

112 Vgl. *Paulus*, Die jüdische Nationalabsonderung, 1830, S. 74 und 85.
113 Vgl. *Hortzitz*, ›Früh Antisemitismus‹, S. 258.
114 Vgl. *Erb/Bergmann*, Nachtseite der Judenemanzipation, S. 133.
115 *Rühs*, Ansprüche der Juden, 1816, S. 5.
116 Zum ›Staat im Staat‹ vgl. *Katz*, A State within a State, S. 124–153.

Staatshoheit unterordneten, was sie bei Juden als möglich erachteten.[117] Die jüdische Minderheit konnte in diesen Darstellungen als Religionsgemeinschaft bestehen, ohne dass sich daraus Konflikte ergaben, die die staatlichen Entscheidungen infrage stellten; somit bildeten weder Juden noch andere Korporationen oder Gemeinschaften einen ›Staat im Staate‹.[118] Johann Heinrich Schulz war der erste Autor, der den Begriff auf die jüdische Gemeinschaft bezog und zum Ausdruck brachte, dass auch diese staatlicher Souveränität entgegenstehe.[119] Fichte wandte ihn ebenfalls in seiner ganzen Bedeutung auf Juden an. Er zählte Juden wie auch Militär, Adel und Kirchen zu den Körperschaften, die einem einheitlichen Staatswesen hinderlich seien. Ihm kam eine entscheidende Bedeutung für die Verbreitung der Formulierung von einem ›jüdischen Staat‹ im ›deutschen Staat‹ zu.[120] Doch musste nicht zwingend von einem ›Staat im Staat‹ gesprochen werden, denn zahlreiche Autoren offenbarten eine ähnliche Überzeugung und gelangten ebenfalls zu dem Ergebnis, dass Juden eine autonome staatliche Existenz besäßen, ohne die entsprechende Formulierung zu verwenden.[121] Der zunehmende Bezug auf einen ›Staat im Staat‹ begründete jedoch eine neue Phase antijüdischer Argumentation. Dabei bezog man sich besonders auf den Widerspruch, dass Juden zugleich Bürger eines jüdischen und eines christlichen Staates sein wollten, Loyalität dem christlichen Staat gegenüber sei in einem solchen Fall absolut ausgeschlossen, denn niemand könne Bürger zweier Staaten sein.

Die Verfechter der These vom separaten Staat entstammten einem gut gebildeten Bürgertum[122] und ließen ein eher traditionelles Staatsverständnis erkennbar werden. Der Staat und insbesondere der Herrscher wurden als oberste Autorität angesehen, denen alles untergeordnet werden sollte. Separate Gruppierungen mit Autonomierechten konnten in dieser Konzeption nicht akzeptiert werden, zugleich wurde das Volk bei ihnen als eine Interessen-, Abstammungs- und Glaubensgemeinschaft verstanden; es sollte sich an den Vorgaben des Herrschers orientieren und ihm mit Treue und Ergebenheit begegnen. Juden

117 Vgl. *W-ch*, Noch einige Worte, 4.9.1818.

118 Vgl. *Von einem monarchisch gesinnten Volksfreunde*, Verbesserung der Juden, 14.2.1831; *Anonymus*, Character des Judenthums, 21.–22.4.1817.

119 Vgl. *[Schulz = Zopf]*, Philosophische Betrachtungen, 1784.

120 Vgl. *Fichte*, Berichtigung der Urtheile, 1793, S. 150 ff.

121 Vgl. *[Hundt-Radowsy]*, Die Naturgeschichte der Juden, 1848, S. III.

122 Vgl. *Paulsen*, Nation der Israeliten, 1818, S. 11 ff. (Theologe); *Anonymus*, Der Judenreformator, 1805, S. 115 ff.; *Anonymus*, Erwiederung, 1831; *Buchholz*, Der neue Leviathan, 1805, S. 107 ff.; 287 (Publizist und Historiker); *Pfaff*, Regierungen und Staaten, 1819 (Naturwissenschaftler); *[Weissen-Becker]*, Christen und Juden, 1819, S. 48; *Holst*, Judenthum, 1821, S. 394 ff. (Philosoph und Pädagoge); *Anonymus*, Über die Juden, 11.5.1815; *Rühs*, Die Rechte des Christenthums, 1816, S. 59 (Historiker); *Buchholz*, Aufnahme der jüdischen Glaubensgenossen, 1816, S. 13 (Schriftsteller und Jurist); *Fries*, Gefährdung des Wohlstandes, 1816, S. 18 (Philosoph); *Arndt*, Blick aus der Zeit, 1814, S. 201; *Y. X. Z.*, Aus welchen Gründen, 11.5.1831; *Paulus*, Die jüdische Nationalabsonderung, 1830, S. 11 (Theologe).

wurde die Fähigkeit, sich in eine so verstandene Gemeinschaft zu integrieren, abgesprochen, denn sie würden nach Autonomie und Sonderrechten streben.[123]

Problematisch an der Anwendung des Begriffes auf Juden war die Tatsache, dass in ihm ursprünglich die Forderung enthalten war, die separaten Gemeinschaften aufzulösen und sie in die gegebenen Strukturen einzugliedern. Eine solche Vorstellung verbanden diejenigen Autoren, die den Begriff auf die jüdische Minderheit bezogen, damit hingegen nur selten. Vielmehr sollte die Charakterisierung als ›Staat im Staat‹ zur Legitimation für den weiteren Ausschluss von Juden werden, der die Gefahren einer jüdischen Integration besonders hervorhob. Charakterisiert wurde der jüdische Staat im deutschen durch eine gesonderte Gesetzgebung, eigene Autoritäten, selbstständige Institutionen und Organisationen, die in einem konfliktreichen Verhältnis zur eigentlichen Staatsorganisation stünden.[124] Nochmals verstärkt wurde das Argument durch die Betonung eines von Juden bewusst verfolgten Separatismus; so seien Juden nicht bereit, sich mit der übrigen Bevölkerung zu vermischen, deren Werte und Vorstellungen in sich aufzunehmen – somit sei der jüdische Staat im deutschen keineswegs von außen auferlegt, sondern resultiere ausschließlich aus dem Judentum selbst.[125]

»Denn größeres Unheil giebt es kaum als Staaten im Staate und Völkchen im Volke, die für sich noch etwas Besonderes oder wohl gar etwas Besseres bedeuten wollen, als das Volk, welches sie in sich aufgenommen hat.«[126]

Die Zuschreibung als ›Staat im Staat‹ ließ Juden als eigenständige politische Gemeinschaft erscheinen, deren Gleichstellung eine Verletzung der Eigenrechte des deutschen Volkes nach sich ziehen würde. Aus diesem Grund dürfe der Staat, im eigenen und im öffentlichen Interesse, den jüdischen ›Staat‹ auf keinen Fall akzeptieren, vielmehr sei es zwingend notwendig, Juden von der Erteilung gleicher Rechte auszuschließen, da sie in keinem Fall den ihnen innewohnenden Separatismus aufzugeben bereit seien.[127] Eine andere Möglichkeit, die Gefahren durch einen ›jüdischen Staat‹ zu begrenzen, wurde in der Bekehrung gesehen, durch die der ›jüdische Staat‹ zwangsläufig dem Untergang geweiht sei.[128] In vielen Publikationen deckte sich die Forderung nach einem Ende des ›jüdischen Staates‹ im deutschen mit der Forderung nach der Aufgabe des jüdischen

123 Vgl. bspw. *Anonymus*, Über die Juden, 11.5.1815 und *Paalzow*, Bürgerrecht der Juden, 1803, S. 111. Ebenso bei *Graser*, Das Judenthum, 1828, S. 51, *Anonymus*, Verfassung Juden, 1815, S. 18 f.; *[Holst]*, Verhältniß Juden zu Christen, 1818, S. 213 und 234 f.

124 Vgl. *Anonymus*, Private Mittheilung, 4.2.1833.

125 Vgl. *Paalzow*, Helm und Schild, 1817, S. 60; *[Weissen-Becker]*, Christen und Juden, 1819, S. 38, 48–52.

126 *Arndt*, Blick aus der Zeit, 1814, S. 201.

127 Vgl. *Paalzow*, Bürgerrecht der Juden, 1803, S. 47 f., 98 f. und 111.

128 Vgl. *Anonymus*, Über die Juden, 11.5.1815.

Glaubens. Denn erst dann seien Juden nicht länger als eine spezifische Interessengemeinschaft zu erkennen und in der Lage, mit dem preußischen Staat in eine Beziehung zu treten und sich ihm unterzuordnen. Der staatliche Gegensatz in dieser Konzeption bot neben einer Intensivierung der Konversionsforderung zugleich eine neue Möglichkeit, Glaubens- und Gewissensfreiheit vordergründig zu gewähren, ohne den jüdischen Bevölkerungsanteil integrieren zu müssen. Die Verfechter der Konzeption von einem ›Staat im Staat‹ betonten, dass Juden nicht aufgrund religiöser Differenzen ausgegrenzt würden, vielmehr müsse ihnen religiöse, aber keine staatliche Toleranz entgegengebracht werden.

Nur für eine verschwindend kleine Minderheit nichtjüdischer Autoren war eine Zugehörigkeit von Juden als Juden zu Staat und Nation durchaus denkbar, insbesondere für die Befürworter einer gesamtdeutschen Einheit. Sie versuchten, in der Theorie von einem ›Staat im Staat‹ die lange Isolation und Konzentration von Juden auf ihre eigene Gemeinschaft nachzuvollziehen, wobei sie auch auf eine christliche Verantwortung für die jüdischen Verhältnisse eingingen.[129] Infolgedessen waren sie bereit, eine Akkulturation von Juden als ausreichend zu erachten, um sie zu einem Teil des Staates zu machen bzw. sie als solchen zu betrachten, und verlangten nicht zwingend eine Bekehrung.[130]

Trotz der durchaus massiven Betonung eines ›jüdischen Staates‹ in christlichen Publikationen, fanden sich bei jüdischen Autoren nur selten Versuche, diese Behauptung zurückzuweisen.[131] Die meisten Stellungnahmen ähnelten in ihrer Argumentation gegen einen jüdischen Staat den Aussagen, die Juden bereits gegen die Existenz einer jüdischen Nation vorgebracht hatten. Dabei betonten sie jedoch, dass die Staatskonstruktion eine neue Beschuldigung sei, durch die Christen ›gewaltsam‹ versuchten, Juden die Integration in den preußischen Staat zu versagen.[132]

129 Vgl. *Dr. Reis*, Emancipation der Juden, 10.9.1830; *Anonymus*, Einige die Juden betreffende Frage, 28.12.1816; *Krämer*, Die Juden, 1816, S. XI.

130 Vgl. *[Friedrich]*, Die Juden, 1816, S. 42; *Anonymus*, Ueber die Juden, 1815, S. 28–31 und *Lips*, Stellung der Juden, 1819, S. 83–91.

131 Vgl. *Von den jüdischen Glaubens-Genossen zu München*, Beleuchtung der Petition, 1819, S. 7–11; *Anonymus*, Werth der israelitischen Geschichte, 1834; *Anonymus*, Character des Judenthums, 21.–22.4.1817 und *Anonymus*, Ein Sohn Israels, 20.7.1818.

132 Vgl. *Heß*, Über den im allgemeinen Anzeiger der Deutschen befindlichen Aufsatz, 3.7.1815.

2.2 Der ›christlich-germanische‹ Nationalismus – die Verknüpfung von Staat und Christentum

Immer noch und immer wieder wurde der Verweis auf einen ›christlichen Staat‹ herangezogen, um den Ausschluss von Juden zu legitimieren – bis zu seiner theoretischen Fundierung um 1840 konnten jedoch nur sehr oberflächlich Beweise für die Christlichkeit der Staaten angeführt werden. Ein besonderes Problem im Hinblick auf eine jüdische (Nicht-)Integration war die Verflechtung von Judentum und Christentum, die auf ähnliche Grundlagen zurückgeführt werden konnten und einen Ausschluss von Juden aus einer auf christlicher Sittlichkeit und Moral basierenden Staatsgemeinschaft erschwerten.

Die Bandbreite für die Legitimierung eines ›christlichen Staates‹ reichte in den 1820er Jahren von der Feststellung, dass es für einen solchen ausreichend sei, wenn die Mehrheit seiner Untertanen und Bürger dem Christentum angehörte, bis zu der Festschreibung einer christlichen Staatsreligion. In der Kontroverse um den ›christlichen Staat‹ dominierten bis 1840 die Gegner einer solchen Konstruktion, die versuchten ein christliches Staatsprinzip für die deutschen Staaten bzw. Preußen abzuwehren. Dabei erschienen ihre Stellungnahmen teilweise losgelöst von einer Argumentation für den ›christlichen Staat‹, denn es fanden sich nur wenige Publikationen, die das entsprechende Staatsprinzip ausführlich zu begründen versuchten.[133] Somit kämpften die Gegner des christlichen Staates gegen eine Konzeption, die zwar häufig ausgesprochen und instrumentalisiert, aber nicht theoretisch untermauert wurde.

Kritische Stimmen betonten, dass eine solche Konstruktion Gewissensfreiheit ausschließe und zu einer absoluten Intoleranz führe, durch die der Staat nicht den modernen Ansprüchen genügen könne. Mit ihrem weitgefassten Verständnis von Toleranz[134] konnten sie jedoch vor dem Hintergrund der politischen Entwicklungen kaum noch Gehör finden. In ihrer Argumentation beriefen sie sich insbesondere auf Lockes Schrift »Sendschreiben von der Toleranz«, in der der Autor eine Trennung von Kirche und Staat forderte.[135] In diesen Darstellungen geriet die Formulierung von einem ›christlichen Staat‹ zu einer Absurdität, da im Sinne des Naturrechts kein Staat auf das Evangelium, sondern

133 Eine der wenigen Ausnahmen stellt der Pfarrer Ludwig Pflaum dar, der sich in seiner Definition stark auf sittliche Reinheit und Erziehung berief. Als unabdingbares Element bestimmte er: »Ein christlicher Staat darf keine Gesetze geben, die straks gegen die christliche Religion streiten.« *Pflaum*, Abermals ein Bruderwort, 1818, Sp. 341.

134 Vgl. dazu *Krämer*, Die Juden, 1816, S. 75 und *Lips*, Stellung der Juden, 1819, S. 74; *ch.*, Replik an Sincerus, 24.11.1828.

135 Vgl. *Locke*, Herrn Johann Lockens Sendschreiben, 1710. So z. B. bei *Mendelssohn*, Ritualgesetze der Juden, 1819, S. 12; *Haza-Radlitz*, Bemerkungen eines Protestanten, 1824, S. 56 f. und *Krug*, Verhältniß verschiedener Religionsparteien, 1828a.

nur auf das Recht gegründet sein dürfe. Die Betonung des christlichen Charakters der Staaten machte deutlich, dass es zu einer intensiven Rekonfessionalisierung kam, getragen von politischer Romantik, konservativen Beamten und Publizisten. Das auf liberale Ansätze zurückgehende Konzept des Nationalismus bzw. einer ›deutschen Nation‹ konnte mit dem Christentum neu verknüpft werden, wodurch die nationale Konstruktion verstärkt Anhänger gewann. Die Bindung des Nationalismus an das Christentum machte ihn für größere Gruppen akzeptabel, wenn auch die Reichweite dieser Beziehung unterschiedlich definiert wurde. Gleichzeitig schienen die Gegner einer jüdischen Integration zunehmend überzeugt davon, dass allein der nationale Gegensatz für einen Ausschluss von Juden nicht ausreichend tragfähig sei und eine vollkommene Lösung von religiösen Differenzen eine jüdische Emanzipation nicht dauerhaft verhindern würde. Aus diesem Grund veranschaulicht die mit dem ›christlichen Nationalismus‹ verbundene Entwicklung die religiöse Rückbesinnung im Vormärz und zugleich die Schwäche einer ausschließlich auf nationalen Kriterien beruhenden Ausgrenzung.

Auffallend ist die Konzentration der Argumentation gegen eine jüdische Integration mit Verweis auf einen ›christlichen Staat‹ im Jahr 1816; sie war mit hoher Wahrscheinlichkeit an die Schriften von Rühs und Fries gebunden, die die Bezeichnung ›christlicher Staat‹ zwar nicht im Titel führten, in ihren Publikationen jedoch intensiv auf die Verbindung von Staat und christlicher Religion eingingen.[136] Zeitgleich wurde diese Idee im Umfeld der Burschenschaften aufgenommen und weiterentwickelt. In der Kontroverse um 1816 fand dabei keine grundlegende Debatte über die Berechtigung der Zuschreibung ›christlicher Staat‹ statt, vielmehr akzeptierte eine christliche Mehrheit die Bezeichnung unkritisch. Den ersten Publikationen zum ›christlichen Staat‹ von Rühs, Fries oder Arndt fehlte eine systematische Legitimation, sodass ihr Verweis auf die Christlichkeit des Staates zwar wahrgenommen, aber nur selten diskutiert wurde.

In der weitreichendsten Interpretation sollte das Christentum das gesamte Staatsleben in allen seinen Ebenen und Ausprägungen durchdringen. Das Christentum erlangte in dieser Konzeption die Rolle eines »Staatsheiligtums«[137]; die Kirche in einem so verstandenen Staat sei »nicht übergeordnet, weder unter- noch neben-geordnet; sie ist ingeordnet«[138] und somit die innere Kraft des Staates.[139] Ein Ausschluss von Juden aus der christlichen Staatsgemeinschaft basiere auf ihrem Glauben, dessen Erscheinungsformen und Äußerungen. Überdies qualifiziere nur eine Kombination aus gemeinsamer Geschichte, gemeinsamen

136 Zu den Äußerungen über den ›christlichen Staat‹ um 1816 vgl. in Auswahl *Schmidt-Phiseldeck*, Verhältnis der jüdischen Nation, 1816; *[Frank]*, Die Juden, 1816; *Diefenbach*, Jüdischer Professor, 1821; *Ewald*, Organisation der Israeliten, 1816; *Krämer*, Die Juden, 1816.

137 *W-ch*, Noch einige Worte, 4.9.1818, Sp. 2576.

138 *Jahn*, Deutsches Volksthum, 1810, S. 130.

139 Vgl. *Rühs*, Die Rechte des Christenthums, 1816, S. 7 f. und 80.

Sitten und der Tradition des christlichen Glaubens zur Teilhabe an ›christlicher Nation‹. Allein dadurch könnten die Einwohner zu einer wirklichen Volksgemeinschaft zusammengeführt und eine starke Nation garantiert werden.[140] Wenn die jüdische Minderheit gewillt sei, ihren Glauben an die Gegebenheiten der ›christlichen Staaten‹ anzugleichen, könnten sie integriert werden – eine solche Anpassung zwang zur Konversion, da ein ›christlicher Staat‹ nichts dulden oder fördern dürfe, was die christliche Religion in ihrem Lebensprinzip, ihrem Ansehen, ihrer Ausbreitung und ihrer Wirksamkeit stören könne.[141]

Eine noch engere Bindung gingen Nation und Christentum in der ebenfalls um 1816 aufkommenden Begrifflichkeit ›christlich-germanischer Staat‹ ein. Dieser Verknüpfung gelang es, zwei verschiedene Grundkomplexe abzudecken; zum einen die nationale und zum anderen die konfessionelle Gegenüberstellung von Juden und ›Germanen‹ bzw. Juden und Christen. Ihren Niederschlag fand die Distanzierung von Juden auch im Sprachgebrauch. Autoren dieser Auffassung bedienten sich bei der Abgrenzung eines radikaleren Vokabulars; Juden wurden als ›Plage‹, ›Verderben‹ und ›Ungeziefer‹ bezeichnet.[142] Die Ausgrenzung von Juden schien in dieser Konstellation zunehmend auch rassisch begründbar und führte zum ersten Auftreten des Frühantisemitismus. Der Frühantisemitismus kann über drei Merkmale charakterisiert werden, die ihn sowohl von der traditionellen Judenfeindschaft als auch vom modernen Antisemitismus unterscheiden.[143] Zum einen gewann er in der Welt der Gebildeten, die den Emanzipationsgedanken hervorgebracht hatten, zunehmend Raum, sodass sich in diesem Umfeld verstärkt antijüdische und antiemanzipatorische Tendenzen offenbarten. In diesem Zusammenhang machten die Ideen der Aufklärung Platz für die volle Ausprägung der ›politischen Romantik‹. Diese Entwicklung lieferte antijüdischen Haltungen neue, insbesondere nationale und kulturelle Rechtfertigungsmuster. Zum Dritten nahm, durch die stufenweise Besserstellung von Juden und ihren einsetzenden gesellschaftlichen und wirtschaftlichen Aufstieg, die Judenfeindschaft der unteren und mittleren Gesellschaftsschichten deutlich zu. Die Verfechter rassischer Begründungen begriffen das jüdische Volk als ein fremdes, asiatisches Volk, das seiner Art nach nicht in Europa, sondern in Palästina beheimatet sei.[144] Germanen hingegen seien ein »uraltes, reines, ungemischtes Volk«, das sich aufrichtig und tüchtig »mit treuem Sinn und hellen Geist«[145]

140 Vgl. *Wolfart*, Preußen in seinen religiösen Verhältnissen, 1839, S. 174.

141 Vgl. *Rühs*, Die Rechte des Christenthums, 1816, S. 9 und *Von einem Laien*, Die Juden, August 1819.

142 Zur Charakterisierung von Juden nutzte Arndt bspw. Begriffe wie »umherschweifend«, »auflauernd«, »knechtisch«, »listig«, »gaunerisch«. Vgl. *Arndt*, Blick aus der Zeit, 1814, S. 196.

143 Zur folgenden Charakterisierung vgl. *Berding*, Moderner Antisemitismus, S. 42 f.

144 Vgl. *[Gottfried]*, Luthers und v. Herders Stimmen, 1817, S. 21 und 29 f; *Anonymus*, Bekehrung der Juden, o. J., S. 142–152.

145 *Arndt*, Ansichten und Aussichten, 1814, S. 89.

gegen Not und Zufall gewehrt habe. Besonders die darin imaginierte ›Reinheit‹ sollte erhalten und nicht durch die Integration von Fremden aufgebrochen werden[146] – eine Vermischung mit der jüdischen Rasse sei eine Schande für das echte Germanentum,[147] bedinge Unheil und Pest.[148] In diesem Zusammenhang rückte die Frage von Mischehen unter rassischen Aspekten in den Blickpunkt. Hatte noch wenige Jahre zuvor die Überzeugung dominiert, dass nichts einer Angleichung und Verähnlichung zwischen Juden und Nichtjuden mehr entgegenkomme als gemischte Ehen, offenbarte sich unter national-rassischen Vorzeichen eine völlig geänderte Auffassung. Zum einen existiere ein natürlicher und verständlicher Widerwille auf beiden Seiten, andererseits könne die Frage, in welcher Religion die Kinder aus solchen Ehen zu erziehen seien, zu keiner befriedigenden Lösung kommen.[149] Eine Vermischung mit Juden wurde als politischer, staatlicher, moralischer und sittlicher Selbstmord interpretiert, und auch wenn Juden theoretisch als Deutsche verstanden werden könnten, wäre ihre Herkunft nicht die des germanischen Stammes und sie dürften nie als ›germanische Deutsche‹ akzeptiert und gleichgestellt werden. Die Gegenüberstellung der Attribute ›germanisch‹ und ›jüdisch‹ implizierte eine völkische Andersartigkeit, die über die bisher dominierenden religiösen und nationalen Gegensätze hinausging. In dieser rassischen Perspektive wurden die Begriffe ›deutsch‹ und ›germanisch‹ mit variierenden Schwerpunkten synonym verwandt.[150] So gelangte bspw. Rühs bei seinem Versuch einer Kategorisierung volkstümlicher Eigentümlichkeiten zu folgender Hierarchie:[151] 1. Abstammung, 2. Körperliche Eigenschaften (Gestalt, Bildung etc.), 3. Bürgerliche Verfassung und Gesetzgebung (in Deutschland auf Grundlage des germanischen Rechts), 4. Ruhm und Tadel der Geschichte, 5. Sprache und 6. Lebensart, Sitten und Nahrungsmittel.

Christliche Autoren hofften, durch die zusätzliche Etablierung rassischer Unterschiede einen noch stärkeren Gegensatz zwischen Juden und Nichtjuden zu belegen und dadurch den jüdischen Akkulturationsbemühungen entgegenzutreten,[152] denn die jüdische Gesetzgebung stehe in einem unüberwindlichen Gegensatz zur germanischen Freiheitsliebe, wie auch die germanische Mentalität für Juden niemals verständlich werden könne.

146 Die Reinheit des deutschen Volkes zeige sich Arndt zufolge an der »Gestalt der Leiber«, die »bei allen diselbe: trotzige und blaue Augen, goldgelbe Haare, große und nur zum Angriff kräftige Leiber«. ebd.

147 Vgl. *Feldmann*, Mein Schlusswort über Juden, 30.5.1831, Sp. 1969; *Arndt*, Blick aus der Zeit, 1814, S. 191 f.

148 Vgl. *Arndt*, Blick aus der Zeit, 1814, S. 188 f.

149 Vgl. *Feldmann*, Mein Schlusswort über Juden, 30.5.1831, Sp. 1969.

150 Bereits Fichte hatte in seinen Reden an die deutsche Nation betont, dass die Germanen echte Religiosität besessen und zu den Vorboten der neuen Zeit gehört hätten. Vgl. *Fichte*, Reden an die deutsche Nation, 1828, S. 256.

151 Für das Folgende vgl. *Rühs*, Die Rechte des Christenthums, 1816, S. 25 ff.

152 Vgl. ebd., S. 26, ähnlich auch *Dresch*, Ansprüche der Juden, 1816, S. III.

»Ganz fremd und unverständlich war ihnen, ist ihnen bis auf den heutigen Tag, und muß ihnen, so lange sie der Mosaischen Gesetzgebung unterthänig sind, die Germanische Freysinnigkeit, und die eigenthümliche und charakteristische Manier derselben bleiben.«[153]

Wenn auch der germanisch-rassische Bezug nur bei einer Minderheit christlicher Autoren instrumentalisiert wurde, erfuhr er doch eine breite Akzeptanz, was dazu führte, dass sich die Begriffe ›germanisch‹, ›Rasse‹ oder ›Stamm‹, zur Verdeutlichung der existierenden Gegensätze, in zahlreichen Schriften wiederfanden, ohne dass sie eine nähere Bestimmung erfuhren.[154] Der ›christlich-germanische Nationalismus‹ führte in seiner Folge zu zwei verschiedenen Entwicklungen. Zum einen erhöhte er die Attraktivität des Konzepts der Nation und des Nationalismus nochmals, zum anderen brachte er eine dreifache Exklusion von Juden aus dieser national-religiös-rassischen Gemeinschaft hervor.

Nur wenige christliche Publizisten waren um eine Schwächung der rassischen Ausgrenzung von Juden bemüht; sie sprachen sich dahingehend aus, dass in Preußen keine germanische Nation offensichtlich sei und auch nicht alle Deutschen aus dem germanischen Stamm »mit rothen Haaren und hellblauen Augen«[155] hervorgegangen sein könnten. Im Unterschied zu einem so verstandenen »engherzigen Patriotismus«[156] beriefen sie sich auf einen übergeordneten, echten Weltbürgersinn, der jedem Menschen Achtung entgegenbringen solle, unabhängig von seiner »Abstammung, Sitte, Sprache und Bildung«[157], und betonten damit die Gemeinsamkeiten zwischen Judentum und Christentum, zwischen Deutschen / Germanen und Juden.[158]

In jüdischen Äußerungen war die Widerlegung einer germanisch-rassischen Grundlage der deutschen Staaten kein wichtiger Aspekt. Zwar verneinten sie die enge Verknüpfung zwischen Germanentum, christlicher Religion und Staatlichkeit und beriefen sich in ihren Gegenentwürfen auf ein Staatsmodell nach französischem Vorbild, in dem nicht die Religionszugehörigkeit, sondern allein die Bereitschaft zur Befolgung der Gesetze Grundlage des Staates sei;[159] eine detaillierte und differenzierte Auseinandersetzung erfolgte aber nur in Ausnahme-

153 *Anonymus*, Fragmente Geist und Wirkung, 1820, S. 77.

154 Vgl. bspw. *Sauerwein*, Beleuchtung der Judenemancipation, 1831, S. 6; *Von einem monarchisch gesinnten Volksfreunde*, Verbesserung der Juden, 14.2.1831, S. 629; *Y.X.Z.*, Beförderung der Humanität, 2.9.; 5.9.1831, Sp. 3260; *Stark*, Wesen des Judenthums, 1816, S. 29; *Anonymus*, Bürgerliche Verbesserung, 24.1.–28.1.1817, S. 177; *Dezius [Lemann]*, Bürgerliche Verhältnisse des Juden, 1830, S. 75 und *Kacadeus*, Der reiche Moyses, 1819, S. 5.

155 *Reis*, Emancipation der Juden, 1831, S. 11

156 Ebd.

157 *Henckel Donnersmarck*, Darstellung der bürgerlichen Verhältnisse, 1814, S. XV.

158 Vgl. *Ewald*, Der Geist des Christenthums, 1817, S. 5.

159 Vgl. *Ascher*, Die Germanomanie, 1815, S. 196f.

fällen. Auch die Übernahme der Begriffe ›Rasse‹ oder ›Stamm‹ in jüdische Verlautbarungen offenbarte eine unkritische Wahrnehmung.[160] Wie bereits in der vorangegangenen Debatte ragte der jüdische Publizist Saul Ascher hervor, der die deutschtümelnden Fanatiker[161] Rühs und Fries in seiner Schrift »Germanomanie« verspottete und gleichzeitig grundlegende Probleme des zeitgenössischen Judentums offenlegte. Ascher sah in den Publikationen von Rühs und Fries den Versuch, die ideologische und politische Teilung Deutschlands aufzuheben, was auch einer Einigung zwischen Katholiken und Protestanten bedürfe. Nach seiner Einschätzung nutzten beide Autoren den Hass und Neid auf Juden, um zu einer solchen Koalition zu gelangen. Er selbst wandte sich ausdrücklich gegen das Christentum als alleinige Grundlage der ›Deutschheit‹, wie es von Rühs propagiert wurde. Rühs wurde in Aschers Betrachtungen zum Sinnbild des Rückschritts und der Restauration – und damit zum ›Germanomanen‹ par excellence.[162] Doch auch Ascher hatte »keine andere Antwort auf die Romantik als die, daß er erneut die Ideale der Aufklärung formulierte«[163]. Mit diesen versuchte er, die Bestrebungen der Professoren Rühs und Fries zu entlarven und sich ihnen entgegenzustellen, denn seiner Meinung nach ergab es keinen Sinn »in Deutschland einen Urstaat, ein Urvolk und eine Ursprache zu erhalten und aufzustellen«[164], denn:

»Wir sind, dem Himmel sei Dank! so weit gekommen, daß wir die Menschen nicht in Stämme und Rassen einteilen und von der Verschiedenheit in der menschlichen Gattung folgern. Die menschliche Gattung wird jetzt durch den Namen Menschheit in staatsrechtlicher Hinsicht nach ihrem ganzen Umfange aufgefaßt …«[165]

Eigenheiten und Betonung der Nationalität wirkten in Aschers Augen dem Fortschritt des menschlichen Geistes entgegen, denn der höhere Standpunkt, den der menschliche Geist über die Idee von Religion durch den Fortschritt der neueren Philosophie erreicht habe, müsse auch dem Judentum eine edlere Basis zugestehen.[166] Ascher versuchte deutlich zu machen, dass Denker wie Rühs und vor allem Burschenschaftler einen »Kreuzzug gegen die Vorrechte der Vernunft und der Freiheit«[167] beginnen wollten, der sich nicht nur »gegen die Franzosen allein, sondern gegen alle Nationen«[168] richte.

160 Vgl. *Wolf/Salomon*, Charakter des Judenthums, 1817, S. 198; *Anonymus*, Ein Sohn Israels, 20.7.1818, S. 488.
161 Vgl. *Ascher*, Die Germanomanie, 1815, S. 31.
162 Vgl. ebd., S. 229 ff.
163 *Meyer*, Mendelssohn bis Zunz, S. 165.
164 *Ascher*, Die Germanomanie, 1815, S. 213.
165 Ebd., S. 214.
166 Vgl. ebd., S. 225.
167 *Ascher*, Die Wartburgs-Feier, 1818, S. 15 f.
168 Ebd., S. 17.

Ascher nahm innerhalb der jüdischen Stimmen erneut eine Sonderstellung ein. Sehr viel aktiver waren jüdische Autoren bei dem Versuch, ihre nationale Verbürgerlichung unter Beweis zu stellen und zu zeigen, dass weder nationale noch religiöse Hindernisse einer vollständigen Übernahme aller Bürgerpflichten im Wege stünden.

2.3 Der nationale Jude

Theoretisch boten Nationalismus und die Besinnung auf ein gemeinsames Vaterland für Juden eine neue Möglichkeit der Identifikation mit den Gegebenheiten des preußischen Staates. Die Konstruktion eines gemeinsamen Vaterlands bzw. das Streben nach diesem gestattete ihnen von Beginn an, sich durch die Akzeptanz gemeinsamer Ziele mit Nichtjuden zu verbinden und für die Realisation der damit verbundenen Hoffnungen zu kämpfen. Eine solche Verschmelzung war jedoch nur möglich, wenn Juden grundsätzlich als Angehörige des deutschen Vaterlandes akzeptiert wurden, die an seinem Schicksal Anteil nahmen und ein reges Interesse am Wohlergehen des preußischen bzw. deutschen Vaterlandes hatten. Aus diesem Grund bemühten sie sich intensiv, ihre Treue und ihren Patriotismus unter Beweis zu stellen, um dadurch einer Emanzipation näherzukommen. Sie hofften, durch Aufopferung und Ergebenheit ein Vaterland zu gewinnen, das ihnen eine gesicherte Heimat und Stätte für eine menschenwürdige Existenz werden könnte.

Dabei erkannten sie die vor allem im Begriff des Patriotismus enthaltene, erhöhte Identifikation mit ihrer Umwelt. Aus Frankreich übernommen, umfasste der Begriff Patriotismus die Liebe zum Vaterland als Land der Herkunft, die Wertschätzung und Verehrung einer gemeinschaftlichen Lebensform und Kultur, zugleich aber auch eine emotionale Haltung außerhalb politischer und staatstheoretischer Kategorien.[169] Andererseits entwickelte sich der deutsche Patriotismus im Vormärz zu einem neuen Hindernis für eine jüdische Integration. Bereits in der vorangegangenen Kontroverse hatten die Liebe zum Vaterland und der patriotische Geist einen hohen Stellenwert im bürgerlichen Tugendkanon eingenommen, im Zusammenwirken mit dem Nationalismus wurde die bisher erfolglose Emanzipation von Juden nun auf ein fehlendes Nationalbewusstsein zurückgeführt. Die Zeit der napoleonischen Kriege hatte Juden jedoch die Möglichkeit geboten, ihre Treue gegenüber dem Vaterland unter Beweis zu stellen; in diesem Zeitraum verwandelte sich ihre Untertanenloyalität zum Teil in einen

169 Vgl. *Lindner*, Patriotismus deutscher Juden, S. 14. Nach Hegel bedeutete Patriotismus das Zutrauen in den Staat und seine Institutionen und umfasste dabei nicht nur Aufopferung und bloße Meinung, sondern sollte ebenso in die Gesinnung der Untertanen Eingang finden. Vgl. *Hegel*, Grundlinien der Philosophie, 1821, § 268.

aktiven Patriotismus,[170] was zu einer weitreichenden Beteiligung jüdischer Freiwilliger an den Befreiungskriegen führte.

Die zahlenmäßige Beteiligung an den Kriegen wurde aufseiten von Juden als eine Prüfung für die Erfüllung ihrer staatsbürgerlichen Pflichten angesehen. Je mehr Juden sich freiwillig meldeten, desto stärker erschienen ihnen der Beweis ihrer patriotischen Gesinnung und ihre Treue gegenüber Herrscher und Nation. Der Juden häufig gemachte Vorwurf einer Sympathie für Napoleon und dessen Heere sollte durch eine massive Teilnahme jüdischer Kriegsfreiwilliger entkräftet werden. Die Zahl der Freiwilligen betrug in den Jahren 1813/1814 rund 400 Personen, was bei einer jüdischen Gesamtbevölkerung von rund 31.000 einen Anteil von 1,3 Prozent ergab.[171] Erst mit dem preußischen Wehrgesetz vom 3. September 1814 wurden alle männlichen Bewohner vom 20. Lebensjahr an, ohne Berücksichtigung der religiösen Zugehörigkeit, zum Militärdienst verpflichtet.[172] Betrachtet man die Gesamtzahlen für die Kriegsjahre 1813 bis 1815, so ergibt sich ein noch eindeutigeres Bild. Mit 731 Juden wurden mehr als zwei Prozent der jüdischen Minderheit zum Dienst für das Vaterland herangezogen.[173] Die jüdische Kriegsbeteiligung stellte die Rabbiner vor die Aufgabe, zu diesem Problemkomplex Stellung zu beziehen, da die Religionsvorschriften mit den geänderten Anforderungen in Einklang gebracht werden mussten. Die Auseinandersetzung mit dieser Frage innerhalb der jüdischen Gemeinschaft führte zu dem fast einstimmigen Ergebnis, dass jüdische Soldaten die Speisegesetze nicht zu beachten hätten und auch die traditionelle Form der Gebete nicht zur Anwendung kommen müsse.[174] Im Zweifelsfall sollten die Religionsvorschriften unbeachtet bleiben, ehe es zu einer Kollision zwischen Dienst und Glauben käme.

Während der Befreiungskriege fanden in den meisten jüdischen Gemeinden Feiern, Gebete und Gottesdienste statt, die häufig eine Kollekte zur Ausrüstung jüdischer Freiwilliger beinhalteten. Gleichzeitig kam es im Umfeld der jüdischen Gemeinden zu patriotischen Aufrufen, ›Gut und Blut‹ für das Vaterland zu geben und für ›Gott, König und Vaterland‹ in den Krieg zu ziehen.[175] Einzelne jüdische Kaufleute, aber auch Vereine leisteten bedeutende Zahlungen, die nicht nur

170 Vgl. *Lindner*, Patriotismus deutscher Juden, S. 55.

171 Vgl. *Offenburg*, Das Erwachen, S. 61.

172 Vgl. *Craig*, Die preußisch-deutsche Armee, S. 56–112 und *Neugebauer*, Handbuch zur preußischen Geschichte, S. 356–369.

173 Vgl. *Schoeps*, Das Gewaltsyndrom, S. 26. Die Angaben zu den Freiwilligen variieren in den einzelnen Quellen erheblich. Eindeutige Aussagen sind nur schwer zu treffen, da bei der Einstellung der Soldaten gewöhnlich nicht nach dem Religionsbekenntnis gefragt wurde und jüdische Freiwillige aus Angst vor Diskriminierungen kein Interesse daran hatten, ihre Religionszugehörigkeit offen zu bekennen. Zusätzlich existieren keine Angaben über die Anzahl der jüdischen Mediziner und Helferinnen, die während der Befreiungskriege aktiv waren.

174 Vgl. *Fischer*, Judentum, S. 38.

175 Vgl. Saalschütz (Vizerabbiner von Königsberg), zitiert nach *Fischer*, Judentum, S. 38.

jüdischen Soldaten zugutekamen,[176] während jüdische Publizisten begeistert zu einer Teilnahme an den Kämpfen aufforderten. Innerhalb der Kontroverse verdeutlichte sich der jüdische Patriotismus in Formulierungen wie ›Feld der Ehre‹, ›Tod für das Vaterland‹ oder ›Kampf Davids gegen Goliath‹.[177]

Auch nach 1815 blieben auf jüdischer Seite die Bestrebungen nach einer aktiven Einbeziehung in die Militärpflicht sehr intensiv. Juden legten großen Wert auf ihre Eignung zum Militärdienst und forderten die Ausweitung der allgemeinen Militärpflicht auf ihre Glaubensgenossen, da es ihnen über diesen Weg möglich schien, die Einhaltung bürgerlicher Pflichten und ihren Patriotismus unter Beweis zu stellen. Mit der Wahrnehmung militärischer Pflichten verknüpften Juden die Hoffnung auf eine Erweiterung ihrer bürgerlichen Rechte.[178] Trotz der politischen und öffentlichen Skepsis ließen sich Juden in ihrem ›deutschen Nationalgefühl‹ nicht mehr beirren.[179] Ihre nationale Begeisterung blieb bestehen und zeigte sich bspw. am Jahrestag der Völkerschlacht bei Leipzig darin, dass auch sie feierlich christliche Choräle mitsangen und sich des Sieges ›deutscher Waffen‹ erinnerten.[180]

Der jüdische Patriotismus offenbarte am deutlichsten die Änderungen in den Überzeugungen und Ansichten preußischer Juden. Sie betrachteten sich immer stärker als Angehörige einer deutschen bzw. preußischen Nation, während ihre Zugehörigkeit zum Judentum auf eine rein religiöse Verbindung reduziert wurde. In ihren Publikationen brachten sie wiederholt zum Ausdruck, dass sie über kein anderes Vaterland verfügten als den preußischen Staat.[181] Diese Entwicklung spiegelte sich in nahezu allen Bereichen des jüdischen Lebens wider. In Religionslehrbüchern wurde zu Vaterlandsliebe und Treue gegenüber dem Monarchen und den Gesetzen, Liebe zur Verfassung und zu den staatlichen Einrichtungen und den allgemeinen Sitten aufgefordert.[182] Juden verstanden sich als ›Eingeborene‹, die zum Wohlergehen ihres deutschen Vaterlandes in jeder Hinsicht beitragen wollten. Ihr noch sichtbarer Zusammenhalt untereinander beruhe ausschließlich auf religiösen Gemeinsamkeiten, doch in bürgerlichen Fragen, den Sitten, der Sprache und der politischen Verfassung seien keine Un-

176 Eine kleine Auflistung von Spendern und Spendensummen findet sich ebd., S. 39.

177 Vgl. dazu unter anderem *Steinmann*, Jünglinge der jüdischen Nation, 1813; *Asch*, Der heilige Verein, 1813; *Kley/Günsburg*, Deutsche Synagoge, 1817.

178 Vgl. *Hellwitz*, Organisation der Israeliten, 1819, S. 36f.; *Hess*, Freimüthige Prüfung, 1816, S. 47; *Johlson*, Unterrricht in der Mosaischen Religion, 1819, S. 160 und *Wolf/Salomon*, Charakter des Judenthums, 1817, S. 47.

179 Vgl. *Richarz*, Eintritt der Juden, S. 151.

180 Vgl. *Mosse*, Jüdische Intellektuelle, S. 29f.

181 Vgl. in Auswahl *Riesser*, Börne und die Juden, 1832, S. 19; *Hess*, Freimüthige Prüfung, 1816, S. 5; *Anonymus*, An die Christen, 1819, S. 22; *[Börne]*, Actenmäßige Darstellung des Bürgerrechts, 1816, S. V und *Johlson*, Unterrricht in der Mosaischen Religion, 1819, S. 160.

182 Vgl. *Brenner*, Vom Untertanen zum Bürger, S. 262.

terschiede zu Nichtjuden vorhanden.[183] Infolgedessen forderten jüdische Publizisten ihre christliche Umwelt auf, ihnen ihr ›gefühltes Vaterland‹ endlich zuzugestehen.[184] Permanent betonten sie ihre Treue und Ergebenheit gegenüber Fürst und Vaterland,[185] machten zugleich aber auch die Grenzen ihres Patriotismus deutlich, der für die jüdische Mehrheit nicht dazu führen sollte, religiöse Ansichten und Verankerungen vollständig aufzugeben. Reformbereitschaft ließen sie erkennen, solange die Grundlagen des Judentums dadurch nicht infrage gestellt würden. Jüdische Intellektuelle, die deutsche Schulen und Universitäten besucht hatten, schmerzte der Vorwurf einer eigenständigen Nationalität besonders, da sie sich intensiv bemühten, an deutscher Kultur und deren Geistesleben teilzunehmen. Sie wollten den Gegensatz zwischen Deutschtum und Judentum nicht anerkennen, der nur auf einer religiösen, nicht jedoch einer nationalen Differenz beruhe. Sie wehrten sich gegen den Vorwurf einer eigenständigen Nationalität, da ihnen bewusst war, dass ein solcher nationaler Gegensatz einer politischen und gesellschaftlichen Integration unüberwindliche Hindernisse in den Weg stellte. Jüdische Reformer versuchten zudem, jüdisch-nationale Aspekte sowohl aus ihrer religiösen Praxis als auch aus der öffentlichen Wahrnehmung zu verbannen.[186] Dabei spielte der Gedanke einer jüdischen Nationalität für das preußische Judentum auch in der Praxis keine wesentliche Rolle. Jüdische Autoren sprachen nicht zu ›Juden‹, sondern zu ›Deutschen‹ und identifizierten sich als werdende Bürger mit dem deutschen bzw. preußischen Vaterland. Um gegen das nichtjüdische Konzept von einer ›jüdischen Nation‹ argumentieren zu können, benötigten jüdische Publizisten jedoch ein vermittelndes Konzept, wodurch die deutsche Nation auch zur Grundlage einer jüdischen Identität werden konnte, ohne dass Juden die eigene Religion dafür hätten aufgeben müssen. Vor diesem Hintergrund definierten sie die jüdische Gemeinschaft als eine Glaubens- oder Religionsgemeinschaft.[187]

Der jüdische Patriotismus erfasste dabei nicht nur Reformwillige; auch orthodoxe Juden bewiesen in vielen Fällen eine loyale Haltung. Anhänger der Orthodoxie sahen in ihrer Gemeinschaft mehrheitlich ebenfalls eine religiöse Verbindung ohne staatliche oder nationale Komponenten, wenn auch die Idee der

183 Vgl. *Hess*, Freimüthige Prüfung, 1816, S. 82.

184 »[…] gebt uns das Vaterland, dem wir durch Geburt, Sitte und Liebe angehören.« *Auerbach*, Das Judenthum, 1836, S. 67.

185 Vgl. *Creizenach*, Vorläufige Bemerkungen, 1831, S. 21 und 28 und *Cohen*, Lage der Juden, 1832, S. 50 und 90; ebenso *Riesser*, Gleichstellung der Juden, 1831, S. 94.

186 Erst in den 1860er Jahren entstanden Vereine, die sich ernsthaft mit der Rückkehr und Kolonisation Palästinas beschäftigten und dadurch eine Rückbesinnung auf die nationale jüdische Existenz ausdrückten. Vgl. *Katz*, Juden und Judentum, S. 173.

187 Vgl. *Hellwitz*, Organisation der Israeliten, 1819, S. 62; *Hess*, Freimüthige Prüfung, 1816, S. 55; *Riesser*, Gleichstellung der Juden, 1831, S. 59 und *Anonymus*, Werth der israelitischen Geschichte, 1834.

›jüdischen Nation‹ eine starke Identifikationsmöglichkeit für Juden untereinander bot.[188] Denn der Einzelne konnte durch die jüdische Tradition mit ihren Symbolen und Lehren an die Gemeinschaft gebunden werden; aus diesem Grund beharrte ein kleiner Teil von Orthodoxen auf der Überzeugung, Juden und Judentum seien gleichermaßen ein Volk, sie wollten dieses jedoch rein geistig, ohne Zusammenhang zu irdischen, staatlichen und politischen Verhältnissen verstanden wissen, damit könne das Judentum nicht als eine Nationalreligion definiert werden.[189] Auf der anderen Seite kann und muss jüdische Treue auch als ›passiver Loyalismus‹ gedeutet werden, denn wenn Juden ihren Lebensunterhalt sichern wollten, mussten sie sich »einer loyalistischen, den Behörden genehmen politischen Haltung befleißigen«[190]. Der jüdische Patriotismus hatte somit nicht nur idealistische, sondern auch pragmatische Ursachen; dennoch muss er in dieser Intensität als Ausdruck eines neu entwickelten staatsbürgerlichen Selbstbewusstseins verstanden werden.[191] Es existierte ein Gefühl für die Notwendigkeit, sich den jeweiligen Staatsgesetzen, unter Bewahrung religiöser Traditionen, unterzuordnen.

In den jüdischen publizistischen Äußerungen wurde zur Charakterisierung der jüdischen Gemeinschaft mehrheitlich die Eigenbezeichnung ›Volk‹ verwandt, während der Begriff der ›jüdischen Nation‹ kaum genutzt wurde. Dabei offenbarte sich, dass die Begriffe ›Volk‹ und ›Nation‹ nicht ähnlich synonym verstanden wurden wie in nichtjüdischen Publikationen. Juden versuchten vielmehr, klare Definitionen für beide Begriffe zu finden. Bei ihnen wurde zwischen ›Nation‹ und ›Volk‹ differenziert, während diese Bezeichnungen in der nichtjüdischen Publizistik nahezu gleichbedeutend gebraucht wurden.[192] Fraglich ist, wie stark die Verwirrungen in der Öffentlichkeit durch die verschiedene Verwendung bzw. das unterschiedliche Verständnis beider Begriffe bei Juden und Nichtjuden waren. ›Nation‹ war in jüdischen Äußerungen eng an eine eigene Sprache, eine politische Verfassung, Grund und Boden, politische Gesetze und einen Gesetzgeber gebunden. Alle diese Bedingungen erfüllte die jüdische Gemeinschaft ihrer Meinung nach nicht, weshalb die Bezeichnung ›jüdische Nation‹ nicht der Realität entspreche. In Hinblick auf ein ›jüdisches Volk‹ waren

188 Vgl. *Katz*, Aus dem Ghetto, S. 33 f. Noch in Friedländers Schriften um 1790 fanden sich starke Spuren von einem Verständnis des Judentums als Nation, gleichzeitig versuchte er, neue Ansätze zu finden; so sprach er von Preußen als seinem ›Vaterland‹ und von einem neuen Heimatgefühl. Vgl. *Friedländer*, Reform der Jüdischen Kolonien, 1793, S. 13, 38, 93, 109 und 177.

189 Vgl. *Wolf/Salomon*, Charakter des Judenthums, 1817, S. 199.

190 *Toury*, Die politische Orientierung, S. 23.

191 Vgl. *Lindner*, Patriotismus deutscher Juden, S. 15.

192 Abweichend davon diagnostiziert J. Katz, dass Juden sich in der Selbstbetrachtung mehrheitlich als Nation und nicht als Volk verstanden, beide Begriffe jedoch auch bei ihnen in einem ähnlichen Sinn gebraucht wurden. Vgl. *Katz*, Entstehung der Judenassimilation, S. 14.

die Ansichten deutlich kontroverser. Ein großer Teil jüdischer Autoren charakterisierte die jüdische Gemeinschaft als ›Volk‹, ohne eine nähere Begründung anzuführen. Bei ihnen wirkten traditionelle Zuschreibungen weiter.[193] Das Verständnis als ›Volk‹ schien ihnen dabei keine so problematische Distanz aufzubauen wie der Begriff der ›Nation‹. Sie waren überzeugt, ›jüdisches Volk‹ und ›deutsche Nation‹ schlössen sich nicht aus und könnten miteinander in Übereinstimmung gebracht werden. Andererseits unterlag das jüdische Verständnis von ›Volk‹ starken Veränderungen. Bis zum Beginn der Haskalah hatten sich Juden als eigenständiges Volk verstanden, wobei sie sich über ihre Sprache, Herkunft (Abstammung), Sitten und Gewohnheiten und zugleich über die Konzentration in einem bestimmten Territorium, zumeist dem Ghetto, definierten. Infolge der Haskalah, der Öffnung der Ghettos und der einsetzenden Akkulturationsbemühungen entfielen zwei der zugrunde liegenden Kriterien, und auch kulturell kam es zu einer immer stärkeren Annäherung an das ›deutsche Volk‹. Da sich ein großer Teil der jüdischen Minderheit dem deutschen Volk aufgrund der fehlenden Emanzipation dennoch nicht zugehörig fühlte, suchten diese Juden weiterhin Halt innerhalb ihrer eigenen Gemeinschaft, die sie begrifflich als ›Volk‹ fassten. In Bezug auf die Frage, ob dieses Selbstverständnis als ›Volk‹ noch gerechtfertigt sei, herrschte innerhalb der jüdischen Gemeinschaft eine dauerhafte Kontroverse. Reformjuden begriffen sich meist als Angehörige des ›deutschen Volkes‹, während sich Orthodoxe und Neo-Orthodoxe so lange als ›jüdisches Volk‹ verstanden wissen wollten, bis sie als eine Religionsgemeinschaft in einem anderen Volk aufgegangen und von diesem akzeptiert seien.[194] Nur von einer Minderheit jüdischer Autoren wurde die meist unspezifische Bezeichnung von Juden als Volk kategorisch abgelehnt.[195]

Die Hinwendung zum preußischen bzw. deutschen Vaterland in all seinen Ausprägungen war einer der wichtigsten Wandlungsprozesse innerhalb des Judentums. Vaterlandsliebe wurde zu einem religiösen Gebot erklärt und nahm eine entscheidende Position in den jüdischen Moral- und Wertvorstellungen ein, zugleich verstanden als die vielversprechendste Möglichkeit für eine Emanzipation. Die damit verbundene ›Entnationalisierung‹ erfasste mit zeitlicher Verzögerung nahezu alle preußischen Juden, wenn auch mit unterschiedlicher

193 Vgl. *Gesprochen von einem Glaubensgenossen der Juden [Birkenstein]*, Erziehungswesen der Juden, 1827, S. 9 und 23; *Wolf/Salomon*, Charakter des Judenthums, 1817, S. 47 und 207 und *Wolff*, Wieder Juden, 1819, S. 44.

194 Die Entscheidung darüber, welchem ›Volk‹ sich der einzelne Jude zurechnete, war ausschließlich individuell, da er für sich beurteilen musste, ob ihm die Gemeinsamkeiten mit dem ›deutschen Volk‹ ausreichten, um sein ursprüngliches ›Volk‹ hinter sich zu lassen. Juden, die sich dem deutschen Volk zugehörig fühlten, hatten sich in den meisten Fällen deutlich von ihren Glaubensgenossen distanziert, was eine Lösung vom ›jüdischen Volk‹ mit sich brachte. *Dr. Steinheim*, Was knüpft den Juden, 17.1.; 22.1.; 29.1.; 7.2.1839, S. 37–39.

195 Vgl. *Hess*, Freimüthige Prüfung, 1816, S. 55 und *Johlson*, Unterricht in der Mosaischen Religion, 1819, S. 145.

Intensität. Die Versuche zur Überwindung einer angeblich eigenständigen jüdischen Nationalität legten zugleich die Krise des Judentums im 19. Jahrhundert offen. Die lange bewahrte Einheit des religiösen Lebens zerbrach und führte zu einer Lösung des einzelnen Juden aus seinen bisherigen Bindungen.[196] Aus dieser Entwicklung resultierte eine Schwäche der jüdischen Gemeinschaft; das Judentum wandelte sich zunehmend zu einer Konfession, und das ›Jüdischsein‹ beschränkte sich auf die Religionszugehörigkeit. Die Auseinandersetzung mit dem Vorwurf der Nationalabsonderung brachte für eine Minderheit deutscher Juden eine Identitätskrise mit sich. Sie verneinten ihre Zugehörigkeit zu einer ›jüdischen Nation‹ und verloren dadurch zugleich einen Teil ihres Wesens, auch wenn die Identifikation mit Preußen und Deutschland stetig wuchs. Durch diese Entwicklungen kam es zu einer zunehmend ›deutschen Nationalisierung‹ der deutschen Judenheit, verbunden mit einer ›Entfremdung‹ von der eigenen religiösen Gemeinschaft, ihrer stabilisierenden und identifikatorischen Kraft.[197] Die ›Entnationalisierung‹ des Judentums nahm ihren Anfang somit in dem Juden gemachten Vorwurf, sich nicht mit der preußischen bzw. deutschen Nation zu identifizieren. Ihr ›Deutschsein‹ wurde infrage gestellt und brachte eine Bewegung innerhalb des Judentums hervor, die versuchte, die jüdische Verankerung in der jeweiligen Nation und ihre Treue gegenüber dem Staat unter Beweis zu stellen.

Innerhalb dieses Prozesses mussten Juden eine Antwort auf die Frage finden, ob es ein Judentum außerhalb der jüdischen Gesetzestreue geben könne. Sie waren genötigt, für ihre Glaubensgemeinschaft einen neuen Existenzgrund zu finden, nachdem ein Großteil überkommener Grundlagen nach und nach weggebrochen war. Verbunden damit war die Suche nach einer religiösen Ideologie, die dem Zeitgeist entsprach und das Judentum erhalten konnte, obwohl die jüdische Lebensform infrage gestellt wurde.[198] An die Stelle der nationalen und religiösen Enge traten eine Verbindung von Judentum und Menschentum und eine neue kosmopolitische Weite.[199] In dieser Konzeption war es möglich, Jude zu sein, ohne jüdisch zu leben. Das Judentum als religiöse Gemeinschaft sollte zu einer reinen Geistigkeit geführt werden, die keine nationalen Bindungen und Begrenzungen mehr aufwies. Eine solche ›Entnationalisierung‹ erforderte verschiedene Anpassungen an die gesellschaftlichen und kulturellen Gegebenheiten im preußischen Staat.

Wichtig für den Prozess der ›Entnationalisierung‹ waren die jüdischen Versuche, Deutschland bzw. Preußen als Vaterland darzustellen und alle Anklänge an die Zugehörigkeit zu einer anderen Nation, zu einem anderen Staat zum Ver-

196 Vgl. *Kampmann*, Deutsche und Juden, S. 184.
197 Vgl. *Offenburg*, Das Erwachen, S. 83.
198 Vgl. *Klatzkin*, Grundlagen des Nationaljudentums, S. 534.
199 Vgl. ebd.

stummen zu bringen. In diesem Zusammenhang kam es zu einer eigenständigen jüdischen Definition von ›Vaterland‹. Ihr ›Vaterland‹ sahen Juden in dem Land, in dem sie geboren waren und lebten. Dabei verorteten jüdische Autoren die Nationalität in der Sprache, den Gefühlen, der Erinnerung, den Hoffnungen und einem gemeinsamen Streben und Wirken.[200] Die Treue gegenüber diesem Land wurde zur religiösen Pflicht erklärt.[201] Das jüdische Nationalgefühl trug ausschließlich weltbürgerliche Züge, denn für ihre Integration als Juden mussten sie jede Dominanz einer bestimmenden Religion wie auch rassische Begründungen für die Nation ablehnen.

Problematischer als die Anpassung an deutsche ›Nation‹ und deutschen ›Nationalismus‹ war für die jüdische Gemeinschaft eine Identifikation mit dem deutschen ›Volksgeist‹. Dieser war an verschiedene, vor allem religiöse Faktoren gebunden, die Juden von Beginn an ausschlossen und kaum Möglichkeiten für eine Übernahme offenließen. Trotz ihrer intensiven Bemühungen um Aufnahme in ›deutsche Nation‹ gelang es Juden kaum, ihre Zugehörigkeit zu Deutschland bzw. Preußen gegenüber Nichtjuden glaubhaft zu machen. Erschwert wurden ihre Bestrebungen durch die starke emotionale Komponente nationaler Zugehörigkeit, die sich einer logischen Argumentation häufig weitgehend entzog. Juden fühlten sich zugehörig, aber nicht aufgenommen, während Christen Juden weiterhin als einen Fremdkörper empfanden.

Nur zwischen einer Minderheit von Juden und Christen kam es, unter dem Dach gemeinsamer nationaler Ziele, zu einem Dialog. Im Vordergrund ihrer Interessen stand die Ablehnung der Zersplitterung Deutschlands in Einzelstaaten, der Adelsherrschaft und des absolutistischen Systems. Im Unterschied dazu waren sie bestrebt, eine souveräne Nation mit einer liberalen Staatsbürgergemeinschaft zu errichten, zum Teil befürworteten sie auch ein parlamentarisches System. Die beteiligten Juden waren bestrebt, diese allgemeinen Interessen mit der Emanzipation der jüdischen Minderheit zu verbinden. Sie hofften, mit der Verwirklichung liberaler Prinzipien gleichzeitig die gesellschaftliche und politische Integration von Juden zu realisieren. Entscheidend für die Verwirklichung ihrer Interessen war, das Judentum in eine säkulare Konfession umzudeuten.

200 Vgl. *Riesser*, Börne und die Juden, 1832, S. 20 f. und *Johlson*, Unterrricht in der Mosaischen Religion, 1819, S. 160.

201 Vgl. *Fischer*, Judentum, S. 99.

3. Zentrale Argumentationslinien – Variationen der ›bürgerlichen Verbesserung‹ – Die Grenzen der Toleranz?

Hatte Dohm unter ›bürgerlicher Verbesserung‹ von Juden ihre gesellschaftliche, soziale und politische Befähigung zur Integration unter staatlicher Verantwortung gesehen, gingen die Vorstellungen über notwendige Anpassungsleistungen zunehmend auseinander. Immer stärker variierten die Integrationskonzepte und Anforderungen, sodass sich bis 1829 kein mehrheitlich akzeptiertes Modell herausbilden konnte. Das diffuse Nebeneinander erschwerte es Juden, entsprechende Maßnahmen zu ergreifen, und auch wenn zunächst der ›Entnationalisierung‹ der Vorzug gegeben wurde, war dies allein nicht ausreichend, um Aufnahme zu finden. Überkommene Vorstellungen bspw. der Gleichberechtigung, Separierung oder Duldung blieben in immer neuen Variationen erhalten und wurden zeitgleich ergänzt um vor allem bürgerliche und kulturelle Anforderungen; auf der anderen Seite erlebte zwischen 1813 und 1829 die Forderung nach einer Bekehrung bzw. Konversion einen neuen Höhepunkt, während sich gebildete Juden verstärkt einer Identitätskrise gegenübersahen.

3.1 Der bürgerlich-kultivierte Jude

Im Hinblick auf die Frage nach der Integration von Juden in das Bürgertum muss zwischen der politisch-rechtlichen und der gesellschaftlich-kulturellen Dimension unterschieden werden – da sich beide gegenseitig bedingten, kann und darf eine solche Trennung nicht kategorisch sein.

Das traditionelle Stadtbürgertum wurde Mitte des 18. Jahrhunderts durch die Vergesellschaftung der Mittelschichten zum Bürgertum erschüttert.[202] Diese Entwicklung konnte neue Schichten in das Bürgertum sozialisieren und es über seine ursprüngliche sozialstrukturelle Basis hinaus ausweiten. Gleichzeitig beinhaltete dieser Prozess die Option eines Ausschlusses aus dem Bürgertum, sodass mit einer ›Verbürgerlichung‹ auch eine ›Entbürgerlichung‹ bestimmter Gruppierungen einhergehen konnte. Die Sozialstruktur des Bürgertums wurde zunehmend heterogener, sodass von einer Vergesellschaftung unterschiedlicher Bürgertümer auszugehen ist. Mitglieder des Bürgertums beriefen sich auf ihr Recht zur politischen Teilhabe und Partizipation. Dadurch gelang es Bürgerlichen während der Reformzeit, einen maßgeblichen Einfluss geltend zu machen und das adlige Monopol, bspw. auf eine Anstellung im Staatsdienst, aufzubrechen.[203]

202 Für das Folgende vgl. *Lepsius*, Soziologie des Bürgertums; S. 81–87.
203 Vgl. *Brakensiek*, Staatliche Amtsträger, S. 139 ff.

Die neu verbürgerlichten Gruppen besaßen zwar nicht den rechtlichen Status der Stadtbürger, teilten sich mit diesen jedoch Lebensweise, Interessen und Denkungsart – dabei ging die bislang aufrechterhaltene Homogenität des Stadtbürgertums zunehmend verloren.[204] Andererseits suggerierte die Zugehörigkeit zum Bürgertum Einheitlichkeit, auch wenn es sich hauptsächlich mithilfe einer Negativdefinition vor allem gegen die Unter- und Oberschichten abgrenzte.[205]

Die Begriffe ›Bürger‹ und ›Bürgertum‹ beziehen sich im Folgenden zunächst auf die politisch-rechtliche Gemeinschaft der ›Bürger‹ im preußischen Staat. Ausgehend vom Stadtbürgertum entwickelte sich ein bürgerlicher Stand, der innerhalb der Städte durch Rechte und Privilegien herausgehoben war. Die traditionelle Stadtbürgerschaft basierte auf einer sehr kleinen bürgerlichen Oberschicht, dem Klein- und Mittelbürgertum, das handwerklich oder kaufmännisch tätig war.[206] Der Stand der Stadtbürger zeichnete sich durch ein spezifisches Recht und eine besondere Lebensführung aus und war bestrebt, die ihm gewährten Privilegien gegen die städtischen Unterschichten, aber auch gegen die staatliche Bürokratie zu verteidigen.[207] Diese Rechte bestanden bspw. in einem eigenen Gerichts-, Heirats-, Kleider- und Verhaltensrecht.[208] Die frühbürgerlichen Freiheitsrechte umschlossen dabei keine subjektiven Personenrechte, sondern blieben an den sozialen Verband gebunden.[209] Ende des 18. Jahrhunderts lebte das traditionelle Stadtbürgertum in einer ständischen Erstarrung und orientierte seine Interessen eher auf die Sicherung des Status quo als auf modernisierende Entwicklungen.[210] Traditionsbewusst versuchte das Stadtbürgertum, seine innere Geschlossenheit zu bewahren, wurde aber zugleich, durch eine reformorientierte Gesetzgebung und die Modernisierung von Staat und Gesellschaft, aus seiner Tradition herausgehoben.[211]

Besonders aussagekräftig in Bezug auf das politische Verständnis von Bürger bzw. Staatsbürger war das ALR. Dieses beinhaltete die Idee eines allgemeinen und gleichen Staatsbürgerrechts, das sich an die Mitglieder, Einwohner und Bürger des Staates richtete. Der achte Titel des zweiten Teiles setzt sich in 85 Paragraphen mit der Stellung des ›Bürgers‹ auseinander. In den §§ 1–2 wird als Bürger definiert, wer durch seine Geburt weder dem Adel noch den Bauern zuzurechnen sei, seinen Wohnsitz in der Stadt und dort das Bürgerrecht erworben

204 Vgl. *Kocka*, Bürgertum und Bürgerlichkeit, S. 23 ff.

205 So war das Bügertum bspw. nicht aristokratisch, nicht geistlich, nicht ländlich, nicht militärisch und keine Unterschicht. Vgl. ebd., S. 42.

206 Vgl. *Wehler*, Deutsche Gesellschaftsgeschichte, Bd. 1, S. 182 f.

207 Vgl. *Kocka*, Bürgertum und Bürgerlichkeit, S. 22.

208 Vgl. *Wehler*, Aus der Geschichte lernen, S. 162.

209 Vgl. *Wehler*, Deutsche Gesellschaftsgeschichte, Bd. 1, S. 179.

210 Vgl. ebd., S. 203.

211 Vgl. *Wehler*, Aus der Geschichte lernen, S. 242.

habe[212] – eine traditionelle Sichtweise, die sich stark an der Stadtbürgerschaft orientierte. Der preußische Staat verstand ›Bürger‹ zudem nicht als politisch Agierende, sondern beließ auch den rechtlich bessergestellten ›Bürger‹ im traditionellen Verständnis eines Untertanen – eine Emanzipation zum politischen Bürger war erst durch weitere Zugeständnisse des Staates möglich.[213] Zusätzlich differenzierte das ALR den Bürgerstand in drei verschiedene Kategorien mit spezifischen Rechten – die privilegierten Examinierten, die gewöhnlichen Einwohner und die Schutzverwandten.[214] Eine strenge Trennung zwischen ›Bürger‹ und ›Staatsbürger‹ im Hinblick auf ihre rechtliche Dimension erfolgte nicht. Für sie galten gleichermaßen das Privat- und Strafrecht und die verbürgten Grundrechte; dadurch konnten die ständischen Privilegien des Stadtbürgertums allmählich außer Kraft gesetzt werden.[215] Die preußischen Behörden und insbesondere Minister Eichhorn strebten in den Folgejahren eine Aufhebung der privilegierten Rechtsstellung des Stadtbürgers an, denn nur durch eine solche Maßnahme könne eine moderne, einheitliche, staatsbürgerliche Gemeinschaft erzielt werden.[216]

Juden wurden im ALR nicht als Bürger betrachtet, sondern als Angehörige einer religiösen Gemeinschaft. Mit der Einführung der Städteordnung von 1808 war im Unterschied dazu die Konstituierung einer eigenverantwortlich handelnden Bürgerschaft beabsichtigt gewesen. Es gelang der Stein'schen Ordnung jedoch nicht, den Gegensatz zwischen ›Stadtbürgern‹ und ›Schutzverwandten‹ aufzuheben. Gleichzeitig wurde das Bürgerrecht zunehmend zu einem ausschließlich politischen Recht, das zur Wahl der Gemeindeorgane berechtigte.[217] Juden erhielten durch die Erklärung, dass die Erlangung des Bürgerrechts unabhängig von Geburt, Stand und Religion sein sollte, theoretisch das aktive und passive Wahlrecht und die Möglichkeit, das Bürgerrecht zu erlangen, wodurch die Städteordnung die weitreichendste Regelung der jüdischen Rechtsverhältnisse in den deutschen Staaten darstellte – praktisch wurde diese Bestimmung jedoch durch die jüdischen Separatgesetze, wie bspw. die im Edikt von 1812 festgeschriebenen Vorbedingungen, aufgehoben.

Die Frage der Aufnahme von Juden als politische Bürger spiegelte sich innerhalb der publizistischen Debatte vor allem in den Betrachtungen zur Beteiligung von Juden an Staatsämtern und an der Landesverteidigung wider. Nur

212 Vgl. ALR, 2. Teil, Tit. 8, §§ 1 und 2. Ursprünglich war eine deutlich engere Definition beabsichtigt gewesen, die das Bürgerrecht an die Ausübung bestimmter Berufe koppeln sollte. Dieser Entwurf konnte jedoch nicht durchgesetzt werden. Vgl. *Koselleck*, Preußen, S. 88.

213 Vgl. *Riedel*, Bürger, S. 703.

214 Vgl. ALR, 2. Teil, Tit. 8, §§ 3–6.

215 Zu diesen Maßnahmen gehörte die Aufhebung der Schranken des Grundbesitzererwerbs und des Verbots für Adlige, einen bürgerlichen Beruf auszuüben.

216 Vgl. *Riedel*, Bürger, S. 705.

217 Vgl. *Riedel*, Bürger, S. 705.

wenige christliche Autoren waren bereit, Juden mit den Bürgerrechten auch das Recht auf die Ausübung staatlicher Ämter zukommen zu lassen. Selbst Frühliberale schreckten vor einer solch weitreichenden Einbeziehung häufig zurück. Nur eine Minderheit betonte, dass gleiche Pflichten auch vollkommen gleiche Rechte bedingen sollten, zu denen sie auch das Recht auf ein staatliches Amt hinzurechneten.[218] Auch hier wurde als Ausschlusskriterium die Christlichkeit des Staates instrumentalisiert, denn Aufrichtigkeit, Ehrlichkeit und die aktive Förderung des Christentums seien die hauptsächlichen Aufgaben des Beamten. Juden könnten die damit einhergehenden Leistungen nicht erbringen, da ihre religiösen Gesetze sie an einer gewissenhaften Ausübung dieser Pflichten hindern würden.[219]

Belebt wurden die öffentlichen Auseinandersetzungen über die politische Stellung von Juden meist im Vorfeld bzw. nach Erlass eines entsprechenden Gesetzes. Dabei nahmen bürgerliche Beamte eine besondere Mittelposition ein. Sie waren einerseits Staatsdiener und mit den internen Abläufen teilweise gut vertraut, auf der anderen Seite verstanden sie sich selbst als Teil bürgerlicher Öffentlichkeit, an deren Auseinandersetzungen sie teilnahmen. In ihrer Funktion als Staatsdiener agierten bürgerliche Beamte als Vermittler; verstärkt durch einen Informationsvorsprung. Diese personelle Verknüpfung führte zu starken Wechselwirkungen; so nahmen bürgerliche Beamte in mancher Hinsicht öffentliche Vorschläge auf oder überprüften die Tragfähigkeit behördlicher Konzepte zunächst in einer öffentlichen Auseinandersetzung. Durch diese gegenseitige Beeinflussung erschien die Regierungspolitik für die Teilnehmer an Öffentlichkeit zunehmend transparenter.[220]

In der allgemeinen Kontroverse dominierte über den gesamten Zeitraum die Frage, ob Juden anders denn als ›Fremde‹ wahrgenommen werden könnten und welche Konsequenzen aus diesem, von der Mehrheitsmeinung abweichenden Judenbild gezogen werden müssten. Konnte der Staat Juden als Juden und als Bürger akzeptieren, oder ging eine solche Annahme über das Vorstellungsvermögen christlicher Autoren hinaus? Ebenso beinhaltete die Auseinandersetzung um

218 Vgl. *Lips*, Stellung der Juden, 1819, S. 83–91 und *Krämer*, Die Juden, 1816, S. 72.

219 Vgl. *Rühs*, Ansprüche der Juden, 1816, S. 34 und *Anonymus*, Verhältnisse Frankfurt, 1825, S. 94.

220 Bestes Beispiel hierfür ist der preußische Beamte Karl Streckfuß, der in den 1830er Jahren eine entscheidende Rolle in der publizistischen Kontroverse einnehmen sollte. Andere in der Kontroverse aktive Beamte waren bspw. der Jurist Christian Friedrich Koch (*Koch*, Die Juden im preußischen Staate, 1833) oder Leo Victor Felix Reichsgraf Henckel von Donnersmarck (*Henckel Donnersmarck*, Darstellung der bürgerlichen Verhältnisse, 1814). Zudem ist zu vermuten, dass insbesondere die in den Zeitschriften häufig erscheinenden Nachrichten über neue Beratungen zur Judengesetzgebung innerhalb der unterschiedlichen deutschen Regierungen auf Mitteilungen von Beamten zurückgingen. Vgl. z. B. *Anonymus*, Landtags-Angelegenheiten, 22.5.1822; *Anonymus*, Miscellen, 5.9.1820; *Anonymus*, Landtags-Angelegenheiten, 18.6.1823; *Anonymus*, Abschied für die Ständeversammlung, 14.9.1825.

das Verständnis von Juden als Bürger die Frage nach der inhaltlichen Ausgestaltung des Bürgerbegriffes und damit der jeweils eigenen Verortung der Autoren in der Konzeption ›des Bürgers‹. Aus diesem Grund soll zunächst darauf eingegangen werden, welche Bedingungen im Verständnis christlicher Autoren den Menschen zum Bürger machten, und im Anschluss die Positionierung von Juden in diesen Konzepten hinterfragt werden, da eine Inklusion bzw. Exklusion von Juden aus der Bürgergemeinschaft nur möglich war, wenn zuvor eine grundlegende Einigung über die inhaltliche Dimension des politischen ›Bürgerbegriffes‹ existierte.[221]

Bei dieser Betrachtung muss theoretisch unterschieden werden zwischen den Begriffen ›Bürger‹ und ›Staatsbürger‹. Als Staatsbürger wurden die gesetzlichen Mitglieder des Staates begriffen, die über Rechte und Pflichten dem Staat gegenüber verfügten, während ›der Bürger‹ weder dem Adel noch dem Bauernstand angehörte und Mitglied einer Stadtgemeinde – somit ein ›Ortsbürger‹ – war. In der publizistischen Auseinandersetzung über die Frage nach der Stellung der jüdischen Minderheit wurde eine solche Differenzierung hingegen kaum angestrebt. In der absoluten Mehrzahl der Fälle handelte es sich in der begrifflichen Zuschreibung um die Frage der jüdischen Staatsbürgerschaft, eine Beschäftigung mit der Ortsbürgerschaft fand hingegen nicht statt.

Über den Begriff des ›Staatsbürgers‹ sollte eine bürgerliche Identität erzeugt werden, gleichzeitig blieb die Frage nach dem Ein- bzw. Ausschluss aus dem Staatsbürgertum bis in die zweite Hälfte des 19. Jahrhunderts unbeantwortet.[222] Ebenso waren Komponenten des ›Stadtbürgers‹ in der Konzeption des ›Staatsbürgers‹ aufgrund der fehlenden begrifflichen Differenzierung mit enthalten. Der Begriff ›Bürger‹ blieb ständisch verankert, war zugleich jedoch in der Lage, die ständischen Grenzen zu überwinden.[223] Ende des 18. Jahrhunderts beinhaltete das Verständnis von ›Bürger‹ die Liebe zum Staat und den Stolz auf das Vaterland, was auch dessen Verteidigung beinhaltete.[224] Nach dieser Auffassung sollten ›Bürger‹ sich treu und redlich gegen ihre Mitbürger verhalten,[225] den Gesetzen des Staates Folge leisten und durch ihren Fleiß den Reichtum des Staates mehren helfen.[226] Religiöse Bezüge wiesen diese Stellungnahmen nur in Einzelfällen auf. Die Zugehörigkeit des ›Bürgers‹ zu einer bestimmten Religion wurde

221 Die Bestimmung des Inhalts wird anhand der zeitgenössischen Publikationen nachvollzogen. Für die inhaltliche Dimension der verschiedenen ›Bürgerverständnisse‹ vgl. *Koselleck/Spree/Steinmetz*, Drei bürgerliche Welten?, S. 24f.

222 Vgl. ebd., S. 26.

223 Vgl. ebd., S. 23.

224 Vgl. *Michaelis*, Bürgerliche Verbesserung der Juden, 1783, S. 41–44 und *Dohm*, Bürgerliche Verbesserung der Juden, 1781, S. 86.

225 Vgl. *Kosmopolit [Grattenauer]*, Verfassung der Juden, 1791, S. 38.

226 Vgl. *Dohm*, Bürgerliche Verbesserung der Juden, 1781, S. 86.

abgelehnt; bei Schleiermacher fand sich bspw. der Hinweis, dass ein ›Staatsbürger‹ nicht notwendigerweise Christ zu sein habe, solange die verschiedenen Religionsgemeinschaften ihre Gesetze den Staatsgesetzen unterzuordnen bereit seien.[227]

Erst zu Beginn des 19. Jahrhunderts formte sich die inhaltliche Bestimmung des Bürgerbegriffes näher aus. Grundsätzliche Einigkeit herrschte unter christlichen Autoren über die Pflichten des Bürgers;[228] diese bestanden darin, dem Staat nützlich zu sein, sein Volk und das Vaterland zu lieben und sie gegen Angriffe von außen und innen zu verteidigen. Ebenso sei der Staatsbürger verpflichtet, den staatlichen Gesetzen zu gehorchen und seine privaten Interessen diesen unterzuordnen. Neben den Bürgerpflichten fanden sich weitere moralisch-sittliche Voraussetzungen. Zu ihnen gehörte die Forderung nach einer ehrlichen, treuen und guten Gesinnung, einer angemessenen Bildung und einer religiösen Moral.[229] Für das Verständnis vom Juden als ›Bürger‹ oder ›Nichtbürger‹ waren zwei Punkte in der Definition des Bürgerbegriffes entscheidend. Diese betrafen die Frage der Zugehörigkeit zur christlichen Religion als eine entscheidende Voraussetzung für den Status als ›Bürger‹ und die Überlegung, ob Bürgerrechte den Bürgerpflichten vorausgehen sollten oder erst die vollständige Erfüllung der Pflichten zum Erhalt von Rechten befähige.

Eine Minderheit frühliberaler Autoren hielt die vollständige Erfüllung bürgerlicher Pflichten erst für möglich, wenn der Betreffende auch in den Genuss bürgerlicher Rechte kam. In diesem Zusammenhang betonten sie, dass Juden zunächst emanzipiert und gleichberechtigt werden müssten, um bürgerliche Pflichten wahrnehmen zu können.[230] Gleichzeitig ließen sie die Überzeugung erkennen, dass Juden die Bürgerpflichten bereits erfüllten und die Erteilung von Rechten nun eine zwingende Notwendigkeit sei.[231] Die jüdische Religion begriffen die Befürworter einer Aufnahme von Juden nicht als Hindernis, denn diese müsse der Staat unberücksichtigt lassen, solange sie nicht den herrschenden Staatsgesetzen entgegenstehe.[232] In ihrer Überzeugung dominierte der Versuch,

227 Vgl. *[Schleiermacher]*, Briefe bei Gelegenheit, 1799, S. 36 und 46.

228 Vgl. bspw. *Hundt-Radowsky*, Judenspiegel, 1819, S. 71, 77 und 135; *Arndt*, Blick aus der Zeit, 1814, S. 189 ff.; *Krämer*, Die Juden, 1816, S. 8 f.

229 Vgl. dazu unter anderem *Buchholz*, Moses und Jesus, 1803, S. 173 ff.; *Dezius [Lemann]*, Bürgerliche Verhältnisse des Juden, 1830, S. 75 ff. und *L. W.*, Nachtrag über die Judenverhältnisse, 1.–2.10.1819.

230 Vgl. *Ewald*, Organisation der Israeliten, 1816, S. 83; *Buchholz*, Actenstükke Zustand Israeliten, 1815, S. 78; *Henckel Donnersmarck*, Darstellung der bürgerlichen Verhältnisse, 1814, S. 1.

231 Vgl. z. B. *Anonymus*, Character des Judenthums, 21.–22.4.1817; *Fürchtegott Leberecht Christlieb*, Warum versagt ihr den Juden, 1816, S. 81 und 98; *Lips*, Stellung der Juden, 1819, S. 148 und *Reis*, Emancipation der Juden, 1831, S. 12.

232 »Der Glaube ist die Hülle, das Kleid; die That und die Thatkraft stempeln zum würdigen Menschen, zum würdigen Bürger.« *Reis*, Emancipation der Juden, 1831, S. 25.

zu belegen, dass Juden ausreichende Verbesserungen und Anpassungen durchlaufen hätten, um den Status als Bürger bewilligt zu bekommen. Sie seien bereits würdige Bürger, denn »ihre Religion ist Gott und Vaterland [sie] sind Bürger des Landes, sind Deutsche«[233] Somit erkannte ein kleiner Teil der christlichen Debattenteilnehmer ein Missverhältnis zwischen den realen Leistungen von Juden und den daraus resultierenden Rechten, denn erst wenn Juden die Rechte der Bürger gewährt würden, könnten sie als Menschen und Bürger den ihnen zustehenden Platz einnehmen; und auch Christen kämen nicht länger umhin, den Mitbürger im Juden anzuerkennen.[234] Einzelne Autoren gingen so weit, Juden bereits zu vollen Staatsbürgern zu erklären, denen nur die Ausübung ihrer Rechte durch die religiös dominierende Mehrheit versagt sei. Diese Position beinhaltete eine grundlegende Kritik an der staatlichen Judenpolitik, entscheidend blieb die Abkoppelung des Staatsbürgertums vom christlichen Glauben. Inwieweit Juden ihren jüdischen Eigenarten entsagen sollten, wenn auch nicht ihrer religiösen Überzeugung, wurde von der Mehrheit der betreffenden Autoren nicht gesondert ausgeführt. Auch unter der Bedingung einer Lösung des Bürgertums vom christlichen Glauben blieben jedoch Möglichkeiten für einen Ausschluss von Juden bestehen, insoweit als die nationalen Elemente des Bürgertums betont wurden.

National-konservative Publizisten hingegen forderten von Juden die vollständige und uneingeschränkte Übernahme der Bürgerpflichten, bevor sie rechtliche Ansprüche gegenüber dem preußischen Staat geltend machen könnten.[235] Um den Hinweis auf die Erfüllung der Bürgerpflichten durch Juden zu entkräften, waren sie bestrebt, den bürgerlichen Pflichtenkatalog beständig zu erweitern bzw. zu verfeinern. Andererseits verfügten sie mit der Verpflichtung auf eine ›religiöse Moral‹ über ein tragfähiges und dauerhaftes Ausgrenzungsinstrument. Sie banden die Erfüllung von Bürgerpflichten an eine christliche Gesinnung, wodurch sie zu ›christlichen Pflichten‹ wurden und von Juden als Juden nicht übernommen werden konnten,[236] wie auch die religiösen Pflichten und Vorschriften von Juden eine Erfüllung der staatlichen Verantwortlichkeiten als Bürger unmöglich machten.[237] Parallel dazu wurden moralische und charakterliche Mängel herangezogen – Mut und Opferbereitschaft seien bei Juden nur unzureichend ausgeprägt, da sie aufgrund ihrer religiösen Gebote und Vorschriften schlechtere Menschen seien, die sich infolgedessen nicht zum ›Bürger‹

233 Ebd., S. 9 ff. Ähnlich auch bei *Lips*, Stellung der Juden, 1819, S. 25 und 74 f.; *Krämer*, Die Juden, 1816, S. 40 und 73.

234 Vgl. *Lips*, Stellung der Juden, 1819, S. 75 und 172.

235 Vgl. *Arndt*, Blick aus der Zeit, 1814, S. 189.

236 Vgl. *Frohlich*, Judenthums und Juden, 14.–15.7; 17.–18.7.1817 und *Fichte*, Berichtigung der Urtheile, 1793, S. 283.

237 Vgl. *Hundt-Radowsky*, Neuer Juden-Spiegel, 1828, S. 5 f.; *Paulus*, Die jüdische Nationalabsonderung, 1830, S. 106.

eignen würden.[238] Bemerkenswert ist die Tatsache, dass zwar die jüdische Nationalität zu einem Ausschlusskriterium stilisiert, in der zeitgenössischen Debatte jedoch die Zugehörigkeit zur Gruppe der Staatsbürger kaum über die Begriffe ›Volk‹ oder ›Abstammung‹ definiert wurde, sondern über kulturelle und sittlich-moralische Gemeinsamkeiten. Doch auf beiden Ebenen bestand die Möglichkeit eines Ausschlusses von Juden. In der Argumentation der Mehrheit standen dabei die politisch-rechtliche und die soziale Dimension des Bürgerbegriffes gleichberechtigt nebeneinander; da jüdische Mängel in beiden Bereichen offensichtlich seien, könne eine Emanzipation nicht befürwortet werden. Diese Auffassung entsprach der realen rechtlichen Situation von Juden im preußischen Staat, denn obwohl das Edikt von 1812 Juden als ›Staatsbürger‹ bezeichnete, waren sie in ihren rechtlichen Kompetenzen keineswegs als ›Bürger‹ anerkannt. Einfacher und auch von der preußischen Regierung häufig genutzt war hingegen der Verweis, dass der preußische Staat ein christlicher Staat sei, was eine Aufnahme von Juden unmöglich werden ließ. Mehrheitlich konstruierten öffentliche Stimmen somit ein Bürgertum, dessen zwingende Bestandteile die christliche Religion, die Fähigkeit und der Wille, alle Kräfte auf den Erhalt der Gemeinschaft auszurichten, und eine nur theoretische Gleichberechtigung ihrer Bürger waren.[239] Diese Struktur ließ die Zugehörigkeit von Juden zum preußischen Bürgertum unmöglich werden, sofern sie sich nicht zu christlichen Grundsätzen bekennen wollten – ein tragfähiges politisches Bürgertum war infolgedessen ausschließlich in einer christlichen Gemeinschaft und unter Christen realisierbar.[240]

Zu Beginn des 19. Jahrhunderts wurden die gesellschaftlich-kulturelle Definition und daran anknüpfend die Frage nach der Selbstverortung des Bürgertums komplexer; da es nicht länger einer spezifischen Rechtsstellung unterlag, bildete das Bürgertum keinen Stand im vollen Sinne des Wortes mehr.[241] An dieser Stelle soll die Positionierung des Bürgertums gegenüber dem preußischen Staat untersucht werden, auch wenn diese Analyse es notwendig macht, zu pauschalisieren und verschiedene Differenzen innerhalb des Bürgertums nicht zu berücksichtigen.

In den letzten Jahrzehnten des 18. Jahrhunderts entstand eine Bewegung, die versuchte, dem aufgeklärten Absolutismus ein alternatives Herrschafts- und Gesellschaftsmodell entgegenzusetzen. Besonders in der frühliberalen Publizistik kristallisierte sich die ›Utopie einer bürgerlichen Gesellschaft‹ heraus.[242] Diese

238 Vgl. *Michaelis*, Bürgerliche Verbesserung der Juden, 1783, S. 42–48; *Kosmopolit [Grattenauer]*, Verfassung der Juden, 1791, S. IV; *Dresch*, Ansprüche der Juden, 1816, S. 33 f.; *Bünau*, Was ist anzufangen, 13.10.1821; 19.8.1822.

239 Vgl. *Frohlich*, Judenthums und Juden, 14.–15.7; 17.–18.7.1817.

240 Vgl. ebd.

241 Vgl. *Kocka*, Das lange 19. Jahrhundert, S. 117.

242 Für das Folgende vgl. *Wehler*, Deutsche Gesellschaftsgeschichte, Bd. 1, S. 236 f.

beschrieb den Wunsch eines Zusammenwachsens heterogener Schichten unter dem Dach gemeinsamer Bildungserfahrungen mithilfe einer umfassenden Integrationsideologie. Grundsätzlich beabsichtigte die Zielutopie die Schaffung einer Gesellschaft bestehend aus rechtlich gleichen Individuen, die sich durch Besitz und Bildung auszeichnen sollten, freier wirtschaftlicher Konkurrenz unterlagen, besitzindividualistisch ausgerichtet waren und politische Handlungsfähigkeit beweisen sollten. Weitere Ziele waren die Herstellung einer rechtsstaatlichen Ordnung, politischer Freiheit und nationalstaatlicher Einheit. Das neue Gesellschaftsmodell sollte prinzipiell allen offenstehen und war als eine freie Assoziation freier Staatsbürger gedacht. Diese Zielutopie stellte ein Orientierungsmodell dar, das gleichzeitig umfangreiche individuelle Verheißungen beinhaltete; es versprach Selbstständigkeit und persönliche Selbstvervollkommnung.[243] Grundlegend für die Realisation dieser Utopie war die prinzipielle Offenheit des Entwurfes, der ständig erweitert bzw. verfeinert wurde und dem eigenen Anspruch nach nicht die Hervorbringung einer segmentierten oder geschlossenen Gesellschaft anstrebte.[244] Dieser prozessuale Charakter war eine wichtige Bedingung für die Akzeptanz des neuen Gesellschaftsmodells, denn er enthielt das Versprechen einer veränderten Zukunft, die sich durch permanente Modifikationen nach den Wünschen ihrer Mitglieder formen sollte.[245] Einen weiteren und entscheidenden Bestandteil dieses neuen Sozialmodells bildete die Verwirklichung der Menschen- und Bürgerrechte,[246] während zugleich die Lösung von Konflikten nicht länger in der Hoheit des Staates verbleiben, sondern einem freien, ungehinderten und öffentlichen Meinungsaustausch unterliegen sollte.[247]

Maßgebend für die Realisation der Zielutopie war der Anspruch, ›bürgerliche Interessen‹ als universalisierbar anzusehen. Durch diese Grundannahme entstand das »emanzipatorische Pathos«[248] dieses Sozialmodells. Den großen Reiz der Zielutopie bildete die Tatsache, dass theoretisch jeder, dem der Aufstieg gelang, in den Genuss aller Vorzüge und Rechte bürgerlicher Gesellschaft kommen konnte.[249] Das Erwartungsmodell setzte dabei besonders auf die Öffnung der bisher strikt abgeschlossenen Stadtgesellschaft und die Überwindung der Berufsstände, denn nur dadurch würde es dem einzelnen Individuum ermöglicht, sich durch Talent, Bildung oder Besitz auszuzeichnen und eine selbstständige und freie Existenz zu begründen – der privilegierte Bürgerstand sollte sich somit zu einem allgemeinen Bürgerstand entwickeln.[250]

243 Vgl. *Hettling*, Bürgerliche Kultur, S. 327.
244 Vgl. *Wehler*, Deutsche Gesellschaftsgeschichte, Bd. 1, S. 237.
245 Vgl. *Hettling*, Politische Bürgerlichkeit, S. 13.
246 Vgl. *Wehler*, Geschichte und Zielutopie, S. 248.
247 Vgl. *Wehler*, Deutsche Gesellschaftsgeschichte, Bd. 1, S. 237.
248 Ebd., S. 238.
249 Vgl. *Wehler*, Geschichte und Zielutopie, S. 250.
250 Vgl. *Fehrenbach*, Bürgertum und Liberalismus, S. 16f.

Die Zielutopie enthielt das Versprechen, gegensätzliche Strukturmerkmale in hervorragender Weise zu verbinden, gleichzeitig aber ein Ideal zu schaffen, dem sich alle Bürger verpflichtet fühlen konnten. Somit versprach ›Bürgerlichkeit‹ ein kulturelles System, das dem Einzelnen ein Ziel vermittelt, das es anzustreben gilt, und erst innerhalb dieses Entwurfes würde sich der Einzelne zum Bürger entwickeln.[251]

Gleichzeitig wies die Konzeption von Beginn an Schwächen auf, die sich in ihrer detaillierteren Ausprägung zu einem Hemmnis auf dem Weg der Verwirklichung bürgerlicher Gesellschaft erweisen sollten. Das größte Hindernis für eine durchgreifende Umsetzung der Zielutopie war der grundlegende Ausschluss ganzer sozialer Gruppen, sodass der beabsichtigten Offenheit bereits durch die Ausgrenzung von bspw. Juden und Frauen widersprochen wurde.[252] Zwar existierten Integrationskonzepte, doch forderten sie von den zu Integrierenden umfangreiche Anpassungen. Die tendenzielle innere Einheit bürgerlicher Gesellschaft musste durch eine scharfe Abgrenzung gegenüber ›Nichtbürgerlichen‹ und mit rigorosen Distanzierungsmechanismen realisiert und ›erkauft‹ werden.[253] Eine weitere Problematik war der Versuch, das Konfliktpotential innerhalb bürgerlicher Gesellschaft zu begrenzen; dies sollte insbesondere durch strenge Moral- und Wertvorstellungen erreicht werden. Im Unterschied zu anderen Gesellschaftsentwürfen erkannten die Verfechter der bürgerlichen Zielutopie im Laufe der Zeit Schwächen an ihrer Konzeption und strebten eine adäquate Auseinandersetzung an. Es gelang ihnen, ihre eigenen Kritiker zu generieren, Defizite aufzuzeigen und Änderungen durchzusetzen.[254] Bürgerliche Gesellschaft nutzte somit ihre Möglichkeiten zur Selbstkorrektur, worin wahrscheinlich ein weiterer Grund für ihr enormes Integrationspotential lag.

Dieses neue Modell wirtschaftlicher, sozialer und politischer Ordnung, das sich besonders vom Absolutismus, den geburtsständischen Privilegien und der klerikalen Dominanz zu distanzieren suchte,[255] entwickelte sich bereits im Vormärz zu einer Ideologie. Diese verschleierte die sozialen Ungleichheiten eher, als sie aufzuheben, wie auch der politische Status des Bürgers zunehmend stärker von seinem ökonomischen und sozialen Zustand abhängig wurde, als dies ursprünglich intendiert gewesen war. Trotz ihrer grundlegend starken Attraktivität erwuchsen aus der Zielutopie verschiedene Strömungen, die sich in unterschiedlichem Umfang liberalen oder demokratischen Forderungen verpflichtet fühlten. Vor diesem Hintergrund muss die Kontroverse um die Integration von Juden in bürgerlicher Hinsicht gedacht werden.

251 Vgl. *Hettling*, Bürgerliche Kultur, S. 322 ff.
252 Vgl. *Wehler*, Geschichte und Zielutopie, S. 250.
253 Vgl. *Wehler*, Deutsche Gesellschaftsgeschichte, Bd. 1, S. 238.
254 Vgl. ebd., S. 239.
255 Für das Folgende vgl. *Kocka*, Bürgertum und Bürgerlichkeit, S. 29–33.

Prinzipiell war eine Einbeziehung von Juden in den neuen bürgerlichen Gesellschaftsentwurf möglich; im Sinne der theoretischen Offenheit bürgerlicher Gesellschaft hätte eine jüdische Integration angestrebt werden müssen. Dennoch wurde die Aufnahme von Juden mehrheitlich und von Beginn an abgelehnt, und nur sehr wenige Publizisten waren gewillt, die Offenheit der Zielutopie auch auf Juden anzuwenden. Augenscheinlich hatte die theoretische Offenheit bürgerlicher Gesellschaft Grenzen und beanspruchte, entgegen ihrer vollmundigen Verlautbarungen, erneut eine relativ strenge Exklusivität, um den Kreis der Anspruchsberechtigten nicht unbegrenzt wachsen zu lassen. Diese Ausschließlichkeit widersprach der Zielutopie, konnte zugleich jedoch mit ihr in Einklang gebracht werden, indem ein Moral- und Wertesystem installiert wurde, dessen Erfüllung zu einem der wichtigsten Zugangskriterien auf dem Weg zur Realisierung der Utopie werden sollte.

Ein entscheidender Aspekt in der Auseinandersetzung über die Integrationsmöglichkeiten von Juden war der utopieimmanente Wunsch nach freier wirtschaftlicher Konkurrenz. In dieser Forderung wurde eine Möglichkeit für die freie Betätigung des Einzelnen gesehen, doch sollte sie in den Augen vieler Autoren nicht so weitreichend sein, dass auch Juden diese Option zur Verfügung gestellt würde. Eine wirtschaftliche Konkurrenz von Juden wurde kritisch betrachtet, und die Nichteinbeziehung von Juden in das neue Gesellschaftsmodell bot eine Gelegenheit, die Startbedingungen von Juden in Hinblick auf eine Beteiligung an freier Wirtschaft zu verschlechtern oder sich selbst dadurch einen Vorteil zu schaffen.[256] Denn blieben Juden weiterhin in ihren wirtschaftlichen Beschränkungen befangen, bot dies Nichtjuden eine gute Chance, der befürchteten jüdischen Wirtschaftsmacht und ihrer internen Verflechtung entgegenzuwirken. Diese grundsätzlichen Bedenken gegenüber einer zu intensiven Nutzung wirtschaftlicher Freiräume durch Juden dominierten in vielen Fällen den Grundsatz der Menschen- und Bürgerrechte, meist abhängig davon, in welchem Bereich der betreffende Autor seinen argumentativen Schwerpunkt setzte. Fand er ihn im Bereich der idealistischen, moralischen und sozialen Komponenten der Utopie, was gleichbedeutend war mit einer Befürwortung der Menschen- und Bürgerrechte, der Gleichberechtigung und der Chancengleichheit aller, gelangte er meist zu der Forderung, Juden ohne Bedingungen und Rücksichten auf die verschiedenen wirtschaftlichen, aber auch religiösen Partikularinteressen

256 Bspw. wurde in den Forderungen nach einer Berufsfreiheit für Juden der Handel explizit ausgenommen. Vgl. dazu *Anonymus*, Verfassung Juden, 1815, S. 23; *[Friedrich]*, Die Juden, 1816, S. 31; *Anonymus*, Emilie oder Mornay, 1817, S. 188. Infolge dieser Betrachtungen entspann sich eine explizite Kontroverse über den jüdischen Handel, sein Nütz- und Schädlichkeit (z. B. *Golp*, Verhältnis Juden zu Christen, 1818; *Leinhard*, Hausierhandel der Juden, 20.2.1823; *Franzius*, Blick auf die Juden, 27.12.1826; *Von einem Laien*, Verhältniß Juden zu Christen, November 1819; *Anonymus*, Jüdisches Volk, 29.9.1818), die sich in die Auseinandersetzung um eine allgemeine Handelsfreiheit einreihte.

einen gleichberechtigten Zugang zu eröffnen.[257] Im Unterschied dazu versagten diejenigen Autoren Juden eine Aufnahme, die den Schwerpunkt der bürgerlichen Gesellschaftskonzeption in ihrer wirtschaftlichen und politischen Ausrichtung erkannten. Sie glaubten nicht, dass eine Einbeziehung der jüdischen Minderheit ihren Interessen entgegenkäme und lehnten eine Emanzipation von Juden ab.[258] Die mehrheitlich getragene antijüdische Argumentation basierte auf einem Zusammenspiel von religiösen, wirtschaftlichen und politischen Vorbehalten, die eine enge Verbindung eingingen und nur schwer voneinander zu trennen waren. Zahlreiche zeitgenössische Beobachter richteten sich gegen die jüdischen Wirtschaftsaktivitäten und sahen in der Gewährung weitreichender Rechte für Juden eine nicht einzuschätzende Gefahr; denn sollten Juden alle Rechte erwerben, führe dies bald dazu, dass sie den gesamten Handel in ihren Händen konzentrierten und zu einem ›Monopol ihrer Nation‹ machen würden.[259] Der preußische Staat könne durch eine solche Entwicklung in seiner Existenz nachhaltig gefährdet werden, denn erhielten Juden neben ihrem Geld durch Ämter auch noch politische Macht würden sie sich bald über Christen erheben und diese unterdrücken.[260] Die zeitgenössischen Stimmen äußerten eine latente ›Angst‹ vor jüdischer Konkurrenz, die auch aus der Tatsache resultierte, dass Juden den neuen Wirtschaftsmethoden deutlich aufgeschlossener und zuversichtlicher gegenüberstanden als viele Christen. Die jüdische Bereitschaft, die sich bietenden Chancen und Möglichkeiten nicht nur für eine wirtschaftliche, sondern gleichermaßen für eine gesellschaftliche Statusverbesserung zu nutzen, wurde als Gier und Machtstreben ausgelegt.[261] Während ein Teil jüdischer Unternehmer mit seiner Betätigung die Hoffnung verband, als gleichberechtigt wahrgenommen und aufgenommen zu werden, bewirkten Einzelerfolge das Gegenteil und führten zu einer Belebung des christlichen Bildes von Juden als ›geldgierigen Zerstörern‹ der christlichen Ordnung.

Eine weitere Ebene der Kontroverse um die jüdische Integration war die Frage nach dem Stellenwert des Christentums bzw. christlicher Grundsätze innerhalb der Zielutopie. Eine christlich-bürgerliche Mehrheit blieb davon überzeugt, dass dem Glauben eine wichtige, stabilisierende Funktion zukomme, und er besonders

257 So bei *Lips*, Stellung der Juden, 1819, S. 83–91; *Henckel Donnersmarck*, Darstellung der bürgerlichen Verhältnisse, 1814, S. 19f.; *Krämer*, Die Juden, 1816, S. 72; *Albanus*, Charakteristik der Israeliten, 1818, S. 94.

258 Vgl. *[Holst]*, Verhältniß Juden zu Christen, 1818, S. 206; *Anonymus*, Miscellen, 15.4.1820; *Anonymus*, Aus Berlin, 4.12.1818 und *Anonymus*, Jüdisches Volk, 29.9.1818.

259 Vgl. *[Weissen-Becker]*, Christen und Juden, 1819, S. 83–85; *Anonymus*, Verfassung Juden, 1815, S. 23.

260 Vgl. *[Holst]*, Verhältniß Juden zu Christen, 1818, S. 206; *Leinhard*, Hausierhandel der Juden, 20.2.1823; *[Jucho/Gering]*, Rechts-Verhältniße der Juden, 1816, S. 6f.

261 Vgl. *Hundt-Radowsky*, Judenspiegel, 1819, S. 59 und *[Jucho/Gering]*, Rechts-Verhältniße der Juden, 1816, S. 7.

für die Wert- und Moralvorstellungen prägend sei. Ob dieser Glaube zwingend auf einer christlichen Grundlage basieren sollte, war hingegen durchaus umstritten. Es konnte ausreichend sein, wenn die jeweilige Religion mit den herrschenden Staatsgesetzen nicht in Widerspruch geriet,[262] während gleichzeitig in den deutschen bzw. europäischen Staaten ein christliches Bekenntnis als notwendig erachtet werden konnte. Dabei kamen religiöse Überlegungen in der Zielutopie nicht direkt zum Tragen; ihre Bedeutung erhielt die Frage der religiösen Verortung durch die Konstruktion von christlich geprägten Normen und Werten. Daneben bot die Variabilität der Zielutopie Christen die Möglichkeit, den Forderungskatalog beliebig zu erweitern oder zu verändern.

Positiv für die jüdische Minderheit war hingegen die Kritikfähigkeit bürgerlicher Gesellschaft. Christliche Publizisten erkannten teilweise Schwächen der Zielutopie und versuchten sie an die herrschenden Zustände anzupassen. Durch diese Fähigkeit wurde die Debatte über die Judenintegration am Leben gehalten und zu einem bestimmenden Element bei der Konstruktion und Ausformung bürgerlicher Gesellschaft. An Hand der ›Judenfrage‹ konnten bürgerliche Vorstellungen geprüft und angepasst werden, wobei der Ausschluss von Juden nicht grundsätzlich war, sondern eher einem Wunsch entsprang. Die damit verbundene Hoffnung auf eine dauerhafte Distanzierung von Juden sollte jedoch nicht unter allen Umständen gegen die eigenen Ideale durchgesetzt werden, sodass eine geringe Chance auf eine jüdische Integration erhalten blieb.

In der ersten Hälfte des 19. Jahrhunderts definierte sich bürgerliche Gesellschaft hauptsächlich über die Elemente Bildung, Geselligkeit und bürgerliche Kultur. Weitere Bestandteile waren eine spezifische Ausgestaltung des Alltags, der Sitten und der Lebensanschauung.

Dabei entzieht sich die dadurch konstruierte ›Bürgerlichkeit‹ einer eindeutigen Kategorisierung oder einer festen soziologischen Zuordnung.[263] So bezeichnet Bürgerlichkeit insbesondere den sozial bestimmten und kulturell geformten Habitus, einhergehend mit der Schaffung einer sozialen Identität. In der Bürgerlichkeit vermittelte sich ein bürgerliches Selbstverständnis und Selbstbewusstsein, aus dem sich im Folgenden ein Identitätsmodell entwickeln konnte,[264] repräsentiert durch Sprachformen, Normen und spezifische Symbolsysteme.[265] Ein Element dieses Prozesses war die allmähliche Lösung aus christlich-religiös bestimmten Strukturen, die durch eine Betonung von Bildung ersetzt wurden. Zu diesen Werten gesellten sich liberale Tugenden, so bspw. Toleranz, Konflikt-

262 Vgl. *Albanus*, Charakteristik der Israeliten, 1818, S. 94; *Buchholz*, Actenstükke Zustand Israeliten, 1815, S. 78 und *Ewald*, Organisation der Israeliten, 1816, S. 83.

263 Vgl. *Kaschuba*, Deutsche Bürgerlichkeit, S. 93.

264 Vgl. ebd., S. 101.

265 Vgl. *Lepsius*, Soziologie des Bürgertums, S. 97.

und Kompromissfähigkeit, Freiheitsliebe und Autoritätsskepsis.[266] Bürgerliche Werte zielten auf die Bildung der Persönlichkeit und erstreckten sich zugleich auf eine umfassende Regulierung des menschlichen Handelns.[267] Mithilfe dieser Inhalte entwickelte sich ›Bürgerlichkeit‹ zu einer symbolischen Ordnung. Sie beanspruchte für sich, ein für alle Menschen gleichermaßen gültiges Wertesystem zu installieren – auch wenn die Träger von Bürgerlichkeit keineswegs bereit waren, jeden an ihrer Gemeinschaft teilhaben zu lassen, sondern nur diejenigen, die bestimmten gesellschaftlichen und moralischen Ansprüchen genügten, die wiederum nur unzureichend definiert werden konnten.[268] Im Verlauf des 19. Jahrhunderts differenzierten sich neue bürgerliche Werte und Leitvorstellungen aus. Die Weiterentwicklung von Bürgerlichkeit erfolgte dabei in Kaffeehäusern und Lesegesellschaften, im Berufsleben, in geselligen Zusammenkünften und ebenso in der öffentlichen Kontroverse. Die Vielzahl von Werten und Tugenden bedingte die Problematik des Begriffs ›Bürgerlichkeit‹; er wurde durch die ständige Erweiterung seiner Inhalte zunehmend unscharf und konnte je nach Verständnis auf verschiedenste Bereiche und soziale Gruppen Anwendung finden. Zugleich konnte ›Bürgerlichkeit‹ nur so lange eine Gemeinschaft schaffen und erhalten, wie ›Bürgerliche‹ in der Lage waren, sich gegen andere Gruppen abzugrenzen. Der Wertekonsens trug dazu bei, die wachsende Gruppe von Bürgerlichen in ein kulturelles Geflecht einzubinden. Dabei blieb dieser Konsens modifizierbar, wodurch langfristige Integrationen möglich waren.[269] Doch dominierte die Vorstellung, dass der Mensch die ihm eigene Menschlichkeit erst durch Bürgerlichkeit erlange;[270] nur als Bürger unter Bürgern sei der Einzelne in der Lage, den Menschen im Naturzustand hinter sich zu lassen und zu einem sozialen Wesen zu werden; so stünden auch die bürgerlichen Werte und Tugenden im Dienst einer höheren Erfüllung des Menschen.[271] Gerade ›Bürgerlichkeit‹ wirkte als ein entscheidender Antrieb für den sozialen Aufstieg[272] – beispielhaft kann dieser Prozess an der ›Verbürgerlichung‹ preußischer Juden nachvollzogen werden.

Bei Integrationsgegnern erfolgte auch im Hinblick auf die Vorstellung von ›Bürgerlichkeit‹ eine Anbindung an die Nation;[273] wichtigster Bezugspunkt von Bürgerlichkeit und Bürgertugend wurde das deutsche Vaterland.[274] Man attestierte Juden ›eigentümliche Tugenden‹, die zwar nicht in allen Fällen schlecht

266 Vgl. *Kocka*, Bürgertum und Bürgerlichkeit, S. 44 f.
267 Vgl. *Hettling/Hoffmann*, Einleitung, S. 14.
268 Vgl. ebd., S. 17.
269 Vgl. *Hodenberg*, Fluch des Geldsacks, S. 103 f.
270 Vgl. *Riedel*, Bürgerlichkeit und Humanität, S. 21.
271 Vgl. *Tenbruck*, Bürgerliche Kultur, S. 274.
272 Vgl. *Vierhaus*, Aufstieg des Bürgertums, S. 65.
273 Vgl. *[Holst]*, Verhältniß Juden zu Christen, 1818, S. 235.
274 Vgl. *Bünau*, Was ist anzufangen, 13.10.1821; 19.8.1822.

seien, jedoch den Anforderungen von Bürgerlichkeit nur teilweise entsprächen, was dazu führe, dass Juden in Sittlichkeit und Tugend hinter Christen deutlich zurückstünden.[275] Andere Autoren sprachen Juden jegliche Moralität ab, vielmehr störten sie die Moral christlicher Bürger, da Ehrlichkeit, Treue und Rechtschaffenheit für sie keine Werte darstellen würden. Wenn Juden eine Moral zugestanden wurde, verwiesen nichtjüdische Autoren wiederholt darauf, dass die jüdische Moral der bürgerlichen Gesellschaft entgegengesetzt sei und darauf abziele, den christlichen Menschen zu unterdrücken.[276] Aus der Tatsache der unzureichenden bzw. fehlenden Moralität zogen nichtjüdische Autoren die Schlussfolgerung, dass Juden nur schlechte Bürger und Menschen sein könnten. Ihre Moralität mache sie treulos und falsch gegen Christen und enthebe sie der menschlichen und der bürgerlichen Gemeinschaft. Nur selten folgte aus der Diagnose mangelnder Moralität der Wunsch und die Hoffnung, positiv auf eine Besserung jüdischer Tugenden und Werte hinzuwirken. Erreicht werden sollte eine solche durch Arbeit und ehrlichen Verdienst, Bescheidenheit, Einsicht und Bildung.[277] Eine Minderheit nichtjüdischer Publizisten war bereit, die jüdischen Tugenden mit den bürgerlichen Tugenden gleichzustellen. So würden auch Juden über Mitleid und Menschenliebe verfügen, seien ein sittliches Volk, das seinerseits viel zur moralischen Besserung von Christen beitrage;[278] ihrer Aufnahme in die bürgerliche Gemeinschaft stünden aus diesem Grund keine Hindernisse entgegen.[279]

Frömmigkeit spielte im bürgerlichen Wertsystem trotz Säkularisierung und zunehmender Entkirchlichung noch immer eine große Rolle. Sie entwickelte sich zu einer bürgerlichen Frömmigkeit und fand ihren Ausdruck in einem »inneren Zustand des Menschen«[280]. Die christlich verankerte Frömmigkeit blieb eine Notwendigkeit zur höheren Legitimierung moralischer Werte. Aus dieser Konstruktion entwickelte sich eine Tugend- oder Bildungsreligion, durch die die christliche Religiosität in Einklang mit bürgerlichen Werten und selbstverantwortlichem Handeln gebracht werden sollte.[281] Infolgedessen waren und blieben bürgerliche Tugenden religiös sanktioniert und sozial kontrollierbar, was eine Verbürgerlichung vor allem des protestantischen Christentums begünstigte.[282]

275 Vgl. *Arndt*, Ansichten und Aussichten, 1814, S. 134; *Dresch*, Ansprüche der Juden, 1816, S. 34–36.

276 Vgl. *[Weissen-Becker]*, Christen und Juden, 1819, S. 44, 56, 83; *P. H. L.*, Versuch einer Berichtigung, 1816, S. 520–524; *W. F.*, Die Juden betreffend, 29.6.1816.

277 Vgl. *Sensburg*, Hindernisse Verbesserung der Juden, 1821, S. 6.

278 Vgl. *Anonymus*, Lobschrift Juden, 1815, S. 8f. und 20.

279 Positive jüdische Eigenschaften waren Uneigennützigkeit, Edelmut, Selbstverleugnung und wahre Vaterlands- und Menschenliebe. Vgl. *Anonymus*, Verfassung Juden, 1815, S. 6f. und 22; *Krug*, Verhältniß verschiedener Religionsparteien, 1828a, S. 191.

280 *Habermas*, Rituale des Gefühls, S. 169.

281 Vgl. ebd., S. 170.

282 Vgl. *Maurer*, Biographie des Bürgers, S. 207.

Religionslehre und Sittenlehre verschmolzen, und die Unterweisung im Christentum wurde zu einer Anleitung zum sittlichen Handeln.[283]

Bürgerliche und christliche Moral erschienen auch in der publizistischen Kontroverse nahezu deckungsgleich. Juden hingegen besäßen keine ›religiöse Moral‹, aus der sich eine bürgerliche entwickeln könne; vielmehr verfügten sie ausschließlich über religiöse Vorschriften. Verblieben sie im Glauben ihrer Väter, würden ihre moralischen Fähigkeiten weiter abstumpfen. Setze man andererseits die jüdische Moral ungereinigt der christlichen gleich, würde das Christentum herabgewürdigt werden.[284] Dieser religiösen Argumentation und der Verknüpfung zwischen religiöser und bürgerlicher Moral konnten sich nur sehr wenige nichtjüdische Autoren entziehen, indem sie versuchten, die Verantwortung für die moralischen und sittlichen Schwächen von Juden in den jahrhundertelangen Unterdrückungen und der Härte vergangener Zeiten zu finden.[285]

Besonders Bürgerlichkeit wirkte gleichwohl auf Juden anziehend, im Unterschied zu ›bürgerlicher Gesellschaft‹ gab es in der Bürgerlichkeit einen mehr oder weniger genau definierten Anforderungskatalog, der realisiert werden konnte, um als gleichberechtigter Bürger in die Gemeinschaft aufgenommen zu werden. Werten wie Leistung, Arbeit, Ordnung und Sparsamkeit, Fleiß und Reinlichkeit glaubten Juden gerecht werden zu können, ohne dabei ihrem eigenen Glauben entsagen zu müssen. Zunächst schienen diese bürgerlichen Werte ohne Probleme auf Juden anwendbar; in der detaillierteren Auseinandersetzung wurde hingegen offensichtlich, dass bürgerliche Tugenden und bürgerliche Sittlichkeit eng mit einer christlichen Perspektive verbunden blieben. Alle Tugenden und Werte konnten auf einen christlich-religiösen Ursprung zurückgeführt werden, was insbesondere durch Prediger auch proklamiert und sanktioniert wurde.[286] Dieser Zusammenhang ermöglichte es, Juden aus Bürgerlichkeit auszugrenzen, denn auch wenn sie sich in Werten und Tugenden nichtjüdischen Bürgern verähnlichten, könnten sie nie die christliche Fundierung ebendieser Werte verstehen und anerkennen.[287]

Zeitgleich entwickelten sich durch den Prozess der Verbürgerlichung, basierend auf einem kulturellen Austausch, Homogenisierungstendenzen. Zu diesen gehörten bspw. gemeinsame Bildungserfahrungen, Verkehrs- oder Heiratsverbindungen. Bürgerliche Kultur ermöglichte die Überwindung ständischer Zusammenschlüsse und regionaler Milieus und konnte einen neuen Rahmen für gesellschaftliche Interaktionen schaffen. Durch die beginnende Vereinheit-

283 Vgl. ebd., S. 234–237.

284 Vgl. *P. H. L.*, Versuch einer Berichtigung, 1816, S. 520.

285 Vgl. *K…g*, Verbesserung der Juden, 24.4.1831. Der betreffende Autor betrachtete die jüdische Emanzipation als eine moralische Anforderung an Christen.

286 Vgl. *Maurer*, Biographie des Bürgers, S. 376.

287 Vgl. z. B. *[Weissen-Becker]*, Christen und Juden, 1819, S. 44, 56 und 83.

lichung und zugleich durch die Außenabgrenzung näherten sich verschiedene ›bürgerliche Gesellschaften‹ einander an. Diejenigen, die aus der neu entstehenden Gemeinschaft ausgeschlossen waren, blieben hingegen in einem »kulturellen Ghetto«[288] gefangen.

Als Voraussetzung einer Integration war die Einbeziehung von Juden in eine kulturelle Verbürgerlichung von entscheidender Wichtigkeit. Dabei muss die Frage beantwortet werden, ob Juden in ein neues, kulturelles Ghetto gerieten oder in nichtjüdische bürgerliche Gesellschaft Aufnahme fanden. Es stellt sich somit die Frage, wie tolerant bürgerliche Gesellschaft auf der praktischen Ebene war.

Die kulturelle Definition bürgerlicher Gesellschaft kann die Einordnung von Randgruppen und zugleich die begriffliche Unschärfe des Bürgerbegriffes erklären.[289] Bürgerliche Kultur konnte eine Einheit im Prozess der Verbürgerlichung herstellen; sie war dabei nicht nur Parole, sondern vielmehr auch objektives Phänomen in Form der Übertragung von Kulturnormen. Durch eine kulturelle Verbürgerlichung gelang es, Interessengemeinsamkeiten herzustellen, die durch gemeinsame Sprache, bürgerliche Bildungswelt und Alltagskultur getragen wurden. Bürgerliche Kulturmuster fanden sich in allen Lebensbereichen und wirkten als Bindeglied zwischen den verschiedenen Gruppen, Teilkulturen, Berufen und Konfessionen – nicht aber zwischen Religionen!

Zwar erschien bürgerliche Kultur zunächst als politisch und weltanschaulich offen, denn sie konnte sowohl demokratisch-liberale als auch konservative Interessen tragen,[290] gleichzeitig tat sie sich aber schwer, ein wirklich tolerantes Verhalten zu praktizieren. Daraus resultierte, dass insbesondere Juden in der gesellschaftlichen Wirklichkeit kaum einbezogen wurden.[291] Nach nichtjüdischer Mehrheitsmeinung leisteten Juden keinen nützlichen Beitrag für bürgerliche Gesellschaft und deren Entwicklung. Vielmehr würden sie beabsichtigen, ihre Integration nur zur Verwirklichung egoistischer Interessen zu nutzen.[292] Ein großer Teil christlicher Debattierer hielt Juden aufgrund ihrer religiösen Zugehörigkeit für unfähig, Bildung und Kultur in sich aufzunehmen. Eine andere Interpretation betonte, dass die Absonderung und Ausschließung von Juden, die in ihren Zeremonialgesetzen verankert sei, zu einem grundlegenden Mangel an Kultur führe, der nicht zu beseitigen sei.[293] Nach Überzeugung vor allem christlich-bürgerlicher Theologen blieb der christliche Glaube die höchste Stufe der Kultur,

288 Vgl. *Tenbruck*, Bürgerliche Kultur, S. 277.

289 Für das Folgende vgl. *Nipperdey*, Kommentar, S. 145.

290 Vgl. *Langewiesche*, Frühliberalismus und Bürgertum, S. 73.

291 Vgl. *Schoeps*, Deutsch-jüdische Symbiose, S. 30.

292 Vgl. *Dezius [Lemann]*, Bürgerliche Verhältnisse des Juden, 1830, S. 77f.

293 Vgl. *Rühs*, Die Rechte des Christenthums, 1816, S. 66; *Rühs.*, Ansprüche der Juden, 1816, S. 24–28; *Fries*, Gefährdung des Wohlstandes, 1816, S. 13; *[Frank]*, Die Juden, 1816, S. 5; *Paulus*, Vorwort des Herausgebers, 1817, S. XVI.

denn erst das Christentum habe eine sittliche, bürgerliche und wissenschaftliche Vervollkommnung und damit ›Kultur‹ hervorgebracht, die zur Basis ›bürgerlicher Gesellschaft‹ habe werden können.[294] Aufgrund dessen sei in keinem Fall die Integration von Juden zusammen mit ihrer jüdischen Kultur möglich.[295]

Die Vorschläge zur Hebung jüdischer Kultur waren vielfältig, betrafen jedoch hauptsächlich die Überwindung der jüdischen Religion und wurden als jüdische Aufgabe unter Kontrolle und Aufsicht des Staates verstanden.[296] Die Überzeugung, dass Juden samt ihrer jüdischen Kultur Aufnahme in bürgerliche Gesellschaft finden müssten und zur Erweiterung dieser beitragen könnten,[297] blieb eine Minderheitenmeinung.

Von jüdischer Seite her wurde wiederholt betont, dass in der nichtjüdischen Gesellschaft, insbesondere von Theologen, die Überzeugung verbreitet würde, ›bürgerliche Gesellschaft‹ basiere auf christlichen Grundsätzen. Eine solche Interpretation mache ›bürgerliche Gesellschaft‹ jedoch zu einer »Taufanstalt«[298], da Juden nur Zutritt erhielten, wenn sie sich zum christlichen Glauben bekennten. Andererseits sahen sie im Entstehen ›bürgerlicher Gesellschaft‹ als Gegengewicht zur Staatlichkeit die Chance, zu einem Ausgleich zwischen Religion und Leben zu gelangen. Erst innerhalb ›bürgerlicher Gesellschaft‹ könnten die modernen Forderungen an den Menschen mit den Forderungen der Religion in Übereinstimmung gebracht werden. Entgegen dieser Hoffnung erkannten jüdische Publizisten, dass Juden vielfach absichtlich von der Teilhabe an der kulturellen Entwicklung ausgeschlossen würden. Obwohl sich Juden in der Bildung befleißigten und Kultur erworben hätten, sei die bürgerliche Gemeinschaft noch zu keiner Aufnahme bereit und verwehre Juden aufgrund ihrer religiösen Überzeugungen eine Integration.[299]

Aus der Sphäre kultureller Aktivität ragte das Theater als Ort kultureller Verbürgerlichung heraus. In diesem Raum wurde eine kulturelle Gemeinschaft geschaffen, die allen entsprechend Wohlhabenden zugänglich war. Der Eintritt gegen Geld machte Kultur zur Ware und damit zunehmend zweckfrei. Gebildete und wohlhabende Juden betätigten sich intensiv in diesem kulturellen Raum. Sie wurden zu Theater- und Konzertbesuchern, nahmen an Lesungen teil, fanden sich in Vereinen und Lesegesellschaften und betrieben nachdrücklich ihre kulturelle Verbürgerlichung. Dieses Bemühen preußischer Juden um Bildung und Kultur rief bei vielen Nichtjuden Skepsis hervor. Das intensive Streben nach

294 Vgl. *Paulus*, Die jüdische Nationalabsonderung, 1830, S. 148.
295 Vgl. *Frey [Cunow]*, Die Juden, 1831, S. 13.
296 Vgl. *Hundt-Radowsky*, Judenspiegel, 1819, S. 192–204; *[Weissen-Becker]*, Christen und Juden, 1819, S. 84–99; *Anonymus*, Über die Juden, 11.5.1815; *Anonymus*, Bürgerliche Verbesserung, 24.1.–28.1.1817 und *Rühs*, Ansprüche der Juden, 1816, S. 3.
297 Vgl. *Lips*, Stellung der Juden, 1819, S. 74.
298 *Börne*, Briefe aus Paris, Brief 14, S. 66.
299 Vgl. *Hess*, Freimüthige Prüfung, 1816, S. 90.

Angleichung und Aufnahme in bürgerliche Gesellschaft erschien ihnen unheimlich und weckte alte Vorurteile. Juden versuchten hingegen zu belegen, dass ihre Bemühungen um Kultur und Bildung zweckfrei seien bzw. nur idealistische und selbstverwirklichende Ziele verfolgten.

Die christliche Sicht auf die jüdischen Kulturbestrebungen lässt sich dabei kaum in der Kontroverse, sondern sehr viel stärker anhand des literarischen Judenbildes nachvollziehen.

Ein Beispiel für die literarisch-öffentliche Auseinandersetzung mit dem jüdischen Streben nach kultureller Angleichung war das Stück »Unser Verkehr« von Karl Borromäus Alexander Sessa.[300] Sessa machte sich in seiner Posse über fehlgeschlagene jüdische Angleichungen lustig und setzte die Integrationsversuche und Assimilationsbemühungen von Juden an eine deutsche Kultur dem Spott der Zuschauer aus.[301] Er nutzte gängige Stereotype, polemisierte und zeigte offen den ›neuen Typ‹ des assimiliert-kultivierten Juden. Der Held seines Stückes, der junge Jude Jakob, wird von seinem Vater in die Welt geschickt, um – gemäß dem herrschenden Vorurteil – Geld zu machen. Jakob will sich dafür jedoch nicht dem Handel verschreiben, sondern sucht eine leichtere Möglichkeit, den Wünschen seines Vaters zu entsprechen. Als assimilierter Jude erklärt Jakob, »Ä Kaufmann handelt mit seinen Wooren, ä Schenie mit seinen Tälente! … ich bin doch aufgeklärt – ich hob doch gar nix Jüdisches an mer!«[302], und offenbart so den Widerspruch zwischen seinem Selbstbild und seinem wirklichen Wesen. Letztendlich entdeckt Jakob nach einer erfolglosen Brautwerbung und einem verpassten Lotteriegewinn, dass es keinen anderen Weg zum Reichtum gibt als den Handel. Er schließt an das Publikum gewandt mit dem Satz: »Meine Herrn! hoben Se nix zu schacher?«[303]. So wurden im ›Gewand der Literatur‹ Angriffe gegen Juden geführt. Im Zentrum standen Gier und Geldsucht von Juden, die nach einer mühelosen persönlichen Bereicherung streben. Der Inhalt bot zusätzlich großen Raum für schauspielerische Leistungen, die besonders vom Schauspieler Wurm

300 *Sessa*, Unser Verkehr, Berlin 1815. Dantine glaubt, hinter Sessa den Mörder des Judenfreundes von Kotzebue, Karl Sand, einen evangelischen Theologen zu entdecken; diese Ansicht wird jedoch nur bei ihm vertreten. (Vgl. *Dantine*, Frühromantik, S. 192.) Neubauer hingegen macht Karl Borromäus Alexander Sessa nicht als Pseudonym aus, sondern identifiziert einen Breslauer Augenarzt gleichen Namens als Verfasser. (Vgl. *Neubauer*, Auf Begehr, S. 314.)

301 Weitere, ähnlich gelagerte Stücke waren *Solbrig*, Die Judenschaft, 1819; *Märtens*, Jakobs Kriegsthaten, 1816; *Kacadeus*, Der reiche Moyses, 1819. Ebenso großer Beliebtheit erfreute sich die Legende vom ewigen Juden, die vor allem zwischen 1813 und 1829 in zahlreichen literarischen Neubearbeitungen und unter unterschiedlichen Vorzeichen publiziert wurde. Vgl. dazu *Corneliano*, Geschichte des Ewigen Juden, 1821; *Croly/Kaiser*, Salathiel, 1829; *Croly/Storch*, Der ewige Jude, 1829; *Dudulaeus*, Der ewige Jud, 1795; *Göschel*, Ueber Göthe's Faust, 1824 und *Klingemann*, Ahasver, 1827.

302 *Sessa*, Unser Verkehr, 1815, S. 16f.

303 Ebd., S. 104.

genutzt wurden. Er hatte sich seine Gestik und Mimik angeblich bei Berliner Juden abgeschaut und nutzte sein ›Talent‹ zur Verunglimpfung von Juden.[304]

Sessas Posse war bereits im Februar 1813 unter dem Titel »Die Judenschule« unter dem Pseudonym Samson Eidechs am Breslauer Theater uraufgeführt, dort aber nach nur zwei Aufführungen durch den Zensor vom Spielplan gestrichen worden.[305] Bis zur nächsten Aufführung, unter dem Titel »Unser Verkehr«, standen Sessa noch einige Schwierigkeiten bevor. So stoppte Hardenberg im letzten Moment die Uraufführung in Berlin am 1. Juli 1815. Er begründete diesen Schritt damit, dass er »es für sehr unanständig halte, wenn religiöse Begriffe, welche der Staat duldet, und sich mithin seines Schutzes zu erfreuen haben, auf der Bühne lächerlich gemacht und verächtlich dargestellt werden.«[306] Als besonders problematisch beurteilte Hardenberg die Aufrechterhaltung von Ruhe und Ordnung, denn er befürchtete, bedingt durch die Aufführung, Unruhen gegen Juden. Infolge dieser Entscheidung kam es zu Tumulten im Theater, das Publikum verlangte mehrere Tage, die Aufführung zu sehen, sodass der öffentliche Druck gegen das Verbot stieg. Auch Zeitungen griffen in die Diskussion um das Verbot ein und steigerten die schon vorhandene Unruhe durch Auszüge.[307]

Hardenberg genehmigte daraufhin eine Fassung Brühls, aus der alles Anstößige gestrichen worden war und betonte, dass das Stück nicht länger judenfeindlich sei.[308] Am 2. September 1815 kam es in Berlin zur Aufführung; das Stück beherrschte die Theatersaison 1815, es drang bis zu den unteren Volksklassen vor und wurde daraufhin in Kassel, Frankfurt am Main, Bremen, Königsberg, Hamburg, Breslau, Köln und anderen Städten erfolgreich aufgeführt. Vor allem in Gegenden mit einer größeren jüdischen Einwohnerschaft wurde es »enthusiastisch aufgenommen«[309], es dominierte aber besonders das kulturelle Leben in Berlin. Das Aufsehen um das Stück machte es bekannt und ermöglichte zahlreiche Auflagen und Übersetzungen der Textfassung.[310] Außerdem wurde es häu-

304 Zu Wurm vgl. *Voß*, Jüdische Romantik, 1817, S. 291–300 und *Neubauer*, Auf Begehr, S. 321, 325 f.

305 Vgl. *Neubauer*, Auf Begehr, hier: S. 314. Annegret Brammer spricht davon, dass es bereits 1812 zu Aufführungen gekommen war, die jedoch beim Publikum wenig Anklang gefunden hatten und sich aufgrund dessen nicht etablieren konnten. Vgl. *Brammer*, Judenpolitik und Judengesetzgebung, S. 91.

306 Hardenberg, zitiert nach *Hübscher*, Die Königleichen Schauspiele, S. 142.

307 Es erschienen unter anderem *Qr.*, Den 6ten December, 23.12.1815; *Rt.*, Ohne Titel, 15.9.1815; *Schütz*, Ueber die Posse, 4.11.; 6.11.1815. Sie alle äußerten sich negativ über Juden und lasteten das Verbot einem massiven jüdischen Einfluss auf die preußische Regierung an. Auch über die Aufführungen in anderen Städten berichteten die kulturellen Zeitschriften, z. B. *Anonymus*, Korrespondenzen und Notizen, 18.3.1822.

308 Vgl. *Hübscher*, Die Königleichen Schauspiele, S. 143.

309 *Pfaff*, Regierungen und Staaten, 1819, S. 145.

310 Eichstätt spricht von 13 verschiedenen Auflagen, erschienen an fünf Druckorten, und einer dänischen Übersetzung. Die jüngste Ausgabe erschien 1936 in Breslau. Vgl. *Eichstätt*, Bibliographie Judenfrage, S. 57 f.

fig zitiert, sodass »der Titel »Unser Verkehr« zu einem Schlagwort nicht nur im zeitgenössischen Literaturbetrieb«[311] wurde.

Von jüdischer Seite war der Widerstand gegen das Stück groß; Michael Heß ging, ebenso wie Ludwig Börne,[312] auf die Wirkung und den Inhalt des Stückes ein und verurteilte es:

»Ein Stück wie die Posse: Unser Verkehr, welches nicht bloß durch die Darstellung lächerlicher Eigenthümlichkeiten gewisser Juden belustigen – darüber wird sich kein Jude beklagen – sondern ihn als lasterhaft darstellen und verunglimpfen will, sollte daher von jeder guten Bühne verbannt seyn. Eben die Begierde des Berliner Publicums nach jenem Stücke beweist, wie schädlich solche Darstellungen, sie mögen auch das ungereimteste Zeug enthalten, der wahren Aufklärung sind.«[313]

Jüdische Stimmen wurden in dieser Auseinandersetzung jedoch kaum wahrgenommen, oder man unterstellte ihnen, getroffen von den wahren Schilderungen des Stückes für das Verbot und die damit einhergehende Zensur verantwortlich zu sein.[314]

Nur eine anonyme Schrift setzte sich bereits 1815 kritisch mit der Posse auseinander.[315] Der christliche Verfasser lobte die feste Nationalität der Juden und bezeichnete das Judentum wiederholt als »Vatervolk«[316] des Christentums. Für ihn überwogen die Gemeinsamkeiten zwischen Juden- und Christentum, da Juden »uns für unser Christenthum selbst unentbehrlich« sind, denn »gäbe es keine Juden, so müßten wir für unsre Religion uns Juden machen oder selbst solche werden.«[317] Sessas Stück beurteilte der Autor als von einem undankbaren Verfolgungsgeist durchzogen,[318] dessen Ursache er in dem überholten christlichen Hass gegen Juden zu erkennen glaubte. Dieser Hass, so der Verfasser, resultiere weder aus der Moral noch aus der Religion – womit ihm jegliche Legitimation fehle.[319] Des Weiteren höre man »mehrere Stimmen gegen die Juden, als gegen die Christen; eben, weil mehr Christen da sind, als Juden«[320] – er rief vor diesem Hintergrund ausdrücklich zu einer Verständigung zwischen den beiden Religionen auf.[321]

311 *Neubauer*, Auf Begehr, S. 320. Vgl. z. B. *Anonymus*, Rechte des Christenthums, 1817, S. 437 ff.

312 Vgl. *Börne/Rippmann/Rippmann*, Sämtliche Schriften, Bd. 1, S. 415–421.

313 *Hess*, Freimüthige Prüfung, 1816, S. 64.

314 Vgl. *Anonymus*, Rechte des Christenthums, 1817, S. 437.

315 Vgl. *Anonymus*, Ueber die Juden, 1815. Weitere Kritiken finden sich bei *Anonymus*, Preußen, 1.6.1816; *[Friedrich]*, Die Juden, 1816, S. 12 f.

316 *Anonymus*, Ueber die Juden, 1815, S. 9.

317 Ebd., S. 28 f.

318 Vgl. ebd., S. 11 f.

319 Vgl. ebd., S. 20 f.

320 Ebd., S. 27.

321 Vgl. ebd., S. 6.

3.2 Der bekehrte Jude

Eine immer offensivere Befürwortung fand, mit unterschiedlichsten Begründungen, die aktive Missionierung von Juden. Nach einer Schwäche der christlichen Missionstätigkeit infolge von Aufklärung und zunehmender gesellschaftlicher und politischer Modernisierung erhielt sie nach der Niederlage gegen Napoléon, bedingt durch eine religiöse Erneuerung, einen neuen Auftrieb. Erst durch die Bekehrung von Juden könne die Weltherrschaft des Christentums verwirklicht und das göttliche Gebot erfüllt werden.[322] In dieses Ziel integriert war nicht nur die Hinführung von Juden zum christlichen Glauben, sondern ebenso die Anpassung ihrer Sprache, ihres Aussehens, ihrer nationalen Zugehörigkeit und ihrer bürgerlichen Stellung an die christliche Mehrheit.[323] Es erschienen erneut Erweckungs- und Bekehrungsschriften, und letztendlich gipfelte die Bekehrungsinitiative in der Gründung der »Gesellschaft zur Beförderung des Christenthums unter den Juden« im Jahr 1822. Getragen wurde die Intensivierung der Bekehrungsforderungen, auch in der Öffentlichkeit, von christlichen Theologen, Beamten, aber auch Akademikern.[324]

Mit nur wenigen Ausnahmen finden sich in nahezu allen Texten dieses Zeitraums direkte oder indirekte Bekehrungsforderungen, -wünsche oder -hoffnungen – wenn sich auch nur noch wenige Publikationen ausschließlich diesem Thema widmeten.[325] Völlig unabhängig davon, ob die betreffenden Autoren ihren argumentativen Schwerpunkt eher auf die politisch-nationale oder die kulturell-bürgerliche Ebene legten, hofften sie alle, Juden dem Judentum zu entfremden und dem Christentum anzunähern:

»... sollen den Israeliten gleiche Rechte mit andern Staatsbürgern gegeben werden, so müssen sie wie andere Staatsbürger gebildet seyn: d.h. in unserem Fall ... christlich und deutsch: hieraus folgt aber die Unmöglichkeit des Vorschlages von selbst, so lange die Juden Juden bleiben, oder mit anderen Worten, weder Christen noch Deutsche werden wollen.«[326]

322 Vgl. *Anonymus*, Unterricht und Bekehrung der Juden, 1815, S. 8, 11 und 19.

323 Vgl. *Arndt*, Blick aus der Zeit, 1814, S. 190.

324 Zu ihnen gehörten unter anderem der Historiker Friedrich Rühs, der Jurist Georg Leonhard von Dresch, der Hauptvertreter des theologischen Rationalismus, der evangelische Theologe Heinrich Eberhard Gottlob Paulus, der Pfarrer und Prediger Johann Jacob Kromm sowie der badische Beamte Carl Ernst Graf von Benzel-Sternau.

325 Vgl. *Maclawiczek*, Jesus, der Messias, 1813; *Reinhold*, Bekehrung der Juden, 1823; *B.*, Die Judenbekehrer, 1824; *Leonhardt*, Ausbreitung des Christenthums, 1820. Zudem setzte sich eine Zeitschrift unter anderem die Missionierung von Juden zum Ziel; die »Monatsschrift für Bibelverbreitung und Mission«, herausgegeben von Heinrich Vietheer, erschien zwischen 1822 und 1830 in neun Ausgaben.

326 *Rühs*, Die Rechte des Christenthums, 1816, S. 6.

War in den Jahren nach 1780 eine ›Entjudung‹ meist ausreichend, genügte nun nicht länger ein ›entjudeter‹ oder ›nationalisierter‹ Jude. Gleichzeitig konnte die Hoffnung auf ein Ende des Judentums und eine Bekehrung von Juden die zahlreichen Verständigungsschwierigkeiten zwischen den divergierenden Integrationskonzepten in den Hintergrund drängen. Die christliche Klammer war in der Lage, die variierenden Vorstellungen zum Umgang mit der jüdischen Minderheit in einer großen und absoluten Mehrheitsmeinung mit unterschiedlicher Vehemenz zusammenzufassen – Juden sollten sich taufen lassen! So bildete nicht nur bei konservativen Theologen die Taufe die Antwort auf die ›moderne Judenfrage‹, sondern bei nahezu allen öffentlich agierenden christlichen Autoren wurde letztendlich der Wunsch zum Ausdruck gebracht, auf einem mehr oder weniger direkten Weg, Juden dem Christentum zuzuführen. Die Variationen einer Hinführung zum christlichen Glauben müssen hauptsächlich im Hinblick auf ihre Methoden voneinander unterschieden werden. Dabei standen sich erstens die offensive Bekehrung in Form von Zwang oder mithilfe von Bekehrungsschriften und Predigten und zweitens eine indirekte Bekehrung durch Erziehung und ›bürgerliche Verbesserung‹ gegenüber, die sich jedoch vielfältig überlagerten.

Vor allem national-konservative Autoren verstanden eine Taufe als einzige Möglichkeit einer jüdischen Emanzipation.[327] Eine Gleichberechtigung ohne Taufe stellte bei ihnen keine Option dar, da ein solcher Schritt eine Untergrabung des christlichen Lebens darstellen würde. Sie befürworteten weiterhin eine offensive Missionstätigkeit und schufen zu diesem Zweck entsprechende Vereine und Stiftungen. Bevorzugt wurden allgemeine Bekehrungsanstalten, die einen allmählichen Übertritt erleichtern sollten.[328] Nur ein reines Christentum galt ihnen als tragfähige Basis bürgerlicher Gemeinschaft, bei deren Schaffung auch Zwangsmaßnahmen legitim erschienen.

»Ja, meine hochgeehrten Herren! man kann, darf und soll sie zu ihrem Heile nöthigen, wenn sie es nicht freiwillig erkennen wollen, und sie zwingen, zu uns herein oder ganz aus jeder Verbindung mit uns hinaus zu gehen.«[329]

Dies offenbarte gleichfalls den Glauben an die Unterlegenheit des Judentums gegenüber dem christlichen Glauben und ging einher mit einer massiven Abwertung des jüdischen Glaubens und der jüdischen Gläubigen.[330] Christen wurden als die »Herren im Hause«[331] bezeichnet, denen sich Juden anzupassen und un-

327 Vgl. *Anonymus*, Bedenken bei dem 16ten Artikel der Bundesacte, 7.3.1818.
328 Vgl. *Rühs*, Ansprüche der Juden, 1816, S. 3 und 37.
329 *Cocles [Benzel-Sternau]*, Anti-Israel, 1818, S. 34.
330 Vgl. *Dresch*, Ansprüche der Juden, 1816, S. 33.
331 *Hundt-Radowsky*, Judenspiegel, 1819, S. 14.

terzuordnen hätten. Der Glaube an die christliche Dominanz konnte dabei auf eine starke Kontinuität verweisen. Er erfuhr kaum Abschwächungen oder Veränderungen trotz der zeitgenössischen Kritik am Christentum und seinen Ausprägungen. Bedingt durch die Romantik kam es zu einer neuen Hochschätzung christlicher Überzeugungen; diese Neubesinnung bezog sich sowohl auf innere christliche Werte wie auch auf den gelebten Glauben.

Für einen anderen Teil der Debattierer war die Taufe allein hingegen nicht in der Lage, die »hässlichen jüdischen«[332] Eigenarten zu beseitigen. Dadurch wurde die Konversion nur zu einem Teilaspekt der Umgestaltung von Judentum und Juden, die zusätzlich zu einem Glaubenswechsel ihre Unverschämtheit, ihre Anmaßung, ihre Unsittlichkeit und ihre gemeine Grundgesinnung ablegen sollten.[333] Andererseits sahen diese Autoren eine so enge Verbindung zwischen den jüdischen Eigenheiten und dem Judentum, dass sie hofften, mit einer Beseitigung der einen den Untergang des anderen zu erreichen. Die Verantwortung dafür legten sie in die Hände der jüdischen Minderheit, die sich den Christen angleichen sollte. Um den Erfolg ihrer Anpassung letztendlich zu belegen, forderten sie von Juden die christliche Taufe, nach einer intensiven religiös-christlichen Unterweisung. In dieser Konzeption wurde die Angst vor einem opportunistischen Glaubenswechsel deutlich, der nicht aus wirklicher Überzeugung, sondern aus Eigennutz oder anderen »niederen Absichten«[334] erfolgen würde.

Eine weitere Möglichkeit der Bekehrung sah man in einer konsequenten christlichen Bildung und Erziehung aller jüdischen Kinder mithilfe der christlichen Kirchen.[335] Ähnlich wie bei Dohm kam in dieser Konzeption der Bildung und Erziehung ein hoher Stellenwert zu, die jedoch nicht nur in politischer Hinsicht gute, sondern christliche Bürger hervorbringen sollten.[336] Von diesem Mittel versprach man sich einen größeren und dauerhafteren Erfolg als von der Bekehrung Einzelner.[337] Zwangsmittel lehnte diese Meinungsgruppe ausdrücklich ab – einen alternativen Weg der Integration jedoch ebenfalls.[338]

Eine dritte Gruppe betonte trotz der Vorbehalte gegenüber einem pragmatischen Glaubenswechsel die Hoffnung, dass, wenn sich Juden einmal zum Christentum bekennten, ihre jüdischen Eigenarten bald verschwinden würden. So sei, auch bei nicht überzeugten Konvertiten, ein positiver Anfang gemacht, denn wenn auch die erste Generation noch nicht vollkommen vom Judentum gelöst sei, würden ihre Kinder und Kindeskinder bald keinerlei Erinnerungen an den Glauben ihrer Väter haben, wenn sie ohne eine jüdisch-religiöse Unterweisung

332 *Meyer*, Gegen Ludwig Börne, 1831, S. 13.
333 Vgl. ebd.
334 *Hundt-Radowsky*, Judenspiegel, 1819, S. 8.
335 Vgl. *H.*, Christen und Israeliten, 2.–3.7.1832, S. 630–632.
336 Vgl. *Kromm*, Moses und Jesus, 1816, S. 21 und 54.
337 Vgl. *Anonymus*, Preußen, 2.7.1824.
338 Vgl. *Rühs*, Ansprüche der Juden, 1816, S. 2 ff.

zwischen Christen aufwüchsen. Zu diesem Zweck wurde der ›Lohn‹ der Konversion, die Gleichberechtigung, besonders stark instrumentalisiert; sollte eine christliche Belehrung nicht ausreichende Erfolge zeitigen, hofften sie, den jüdischen Wunsch nach Integration für ihr Ziel nutzen zu können. Entsprechend häufig finden sich Hinweise in der öffentlichen Kontroverse, dass erst nach einer Konversion Juden volle Rechte für sich beanspruchen dürften.[339]

In christlichen Publikationen regte sich kaum Widerspruch gegen diese massiven Bekehrungsversuche; und wenn, dann nicht aufgrund der Überzeugung einer freien Religionsausübung, sondern vielmehr wegen der Befürchtung, dass ein solcher Schritt nur »Judenchristen« hervorbringe, die dem Staat schlechte Bürger sein würden.[340] Nur einzelne Autoren versuchten zu beweisen, dass ein Glaube, der anderen aufgezwungen werde, kein christlicher Glaube und keine legitime Staatsreligion sein könne. Nach Überzeugung Fürchtegott Leberecht Christliebs sollte ein Staat jedem Menschen, der in ihm lebte, die Möglichkeit eröffnen, sich frei zu entfalten, glücklich zu werden und seine Bedürfnisse zu befriedigen, solange damit keinem anderen Menschen geschadet würde.[341] In diesem Verständnis fand sich die Betonung einer Glaubensfreiheit, die sich nicht nur auf die christlichen Konfessionen im Staat, sondern auf alle Religionen erstrecken sollte – eine so weitreichende Interpretation stellte in christlichen Publikationen eine absolute Ausnahme dar[342] und wurde meist von höheren Beamten und Juristen vertreten, während jüdische Autoren eine Aufnahme als Juden nur unter diesem Vorzeichen anstreben konnten.[343] Auf der anderen Seite fanden sich Autoren, die eine Konversion ablehnten, da auch durch einen solchen Schritt Juden nie aufhören würden, Juden zu sein, denn ein solcher Wandel sei unmöglich:

> »Nein, die Juden können, wollen und sollen nicht Christen werden; sie sollen bleiben, was sie sind; ihr Glaube ist nicht unser Glaube, ihre Hoffnung ist nicht unser Himmel, ihr Vaterland ist nicht unser Vaterland.«[344]

339 Vgl. *Anonymus*, Verfassung Juden, 1815, S. 22–24; *Hundt-Radowsky*, Judenspiegel, 1819, S. 15; *Dresch*, Ansprüche der Juden, 1816, S. 43.

340 Vgl. *[Friedrich]*, Die Juden, 1816, S. 37. Ebenso bei *Albanus*, Charakteristik der Israeliten, 1818, S. 119–121.

341 Vgl. *Fürchtegott Leberecht Christlieb*, Warum versagt ihr den Juden, 1816, S. 73–78 und S. 98. Trotz dieser tendenziell weitreichenden Forderung fügte auch Christlieb Ausnahmen und Beschränkungen – seinen Worten nach »Vorsichtsmaßnahmen« – ein. Diese gestalteten sich wie folgt: Bürger sollten nur Juden werden, die mindestens zwanzig christliche Leumundszeugen anführen könnten, sie dürften keine andere Sprache als Deutsch sprechen, und alle Religions- und Handelsbücher seien in deutscher Sprache zu verfassen. Vgl. ebd., S. 98–101.

342 Vgl. *Anonymus*, Lobschrift Juden, 1815, S. 28–31; *Buchholz*, Actenstükke Zustand Israeliten, 1815, S. 57; *ders.*, Aufnahme der jüdischen Glaubensgenossen, 1816, S. 52; *Krämer*, Die Juden, 1816, S. 8 und 72 f. und *Lips*, Stellung der Juden, 1819, S. 10, 83–91.

343 Vgl. *Ascher*, Die Germanomanie, 1815, S. 214 und 225.

344 *[Gottfried]*, Luthers und v. Herders Stimmen, 1817, S. 38.

Gespalten war die Meinungsgruppe der Bekehrungsbefürworter im Hinblick auf die Bereitschaft, Juden als Juden ohne gleiche Rechte zu akzeptieren. Ein Teil bestritt die Möglichkeit eines Miteinanders von Juden und Christen und beließ der jüdischen Minderheit nur die Wahl zwischen der Taufe und dem Verlassen des Landes. Die Mehrheit hingegen war bereit, Juden als Juden zu akzeptieren, auch wenn sie nicht zur Annahme christlicher Wahrheiten bereit seien, solange sie keine Rechte in christlich geprägten Staaten beanspruchten. In diesem Fall sollten sie in ihrer Verstocktheit verharren, ohne Ansprüche gegenüber dem preußischen Staat oder die Option auf eine Aufnahme in die bürgerliche Gemeinschaft; denn wer die Gnade des Christentums ablehne, könne nicht auf die Gnade des Staates und der Mitmenschen hoffen. Die Ablehnung der Taufe durch Juden wurde von diesen Autoren als Beweis für die Blindheit und Verstocktheit der jüdischen Minderheit, für ihre menschliche und sittliche Unreife verstanden.[345] Ebenso verdeutliche ein solches Verhalten die noch bestehende Macht und Dominanz des Judentums, das den Juden in seiner freien Entwicklung hemme und ihn seiner Menschlichkeit beraube. Eine Befreiung des Juden als Mensch sei hingegen nur durch eine Konversion möglich, da nur das Christentum und nicht die Vernunft den Menschen freimache.

Als Haupthindernis bei ihren Bestrebungen erkannten sie das orthodoxe Judentum, das dazu führe, dass Juden nicht bereit seien, von ihren verderblichen Lehren und insbesondere vom Rabbinismus abzulassen.[346] Aus diesem Grund müsse der preußische Staat darauf hinwirken, alle Rabbiner zu entmachten und die mit ihnen in Verbindung stehende fremde Gesetzgebung mit ihrer Wurzel auszurotten.[347] Als Beweis für diese Theorie führten sie an, dass sich Juden durch ihr Festhalten an ihrer eigenen Religion erfolgreich gegen eine Vermischung mit ihrer christlichen Umwelt zur Wehr gesetzt hätten.[348] Im weiteren Umfeld diskutierten sie auch die Rolle und Bedeutung religiöser Reformen im Judentum, diese wurden jedoch als nicht zielführend abgelehnt.[349]

Die christlichen Bekehrungsversuche und massiven religiösen Einwirkungen auf den jüdischen Glauben führten innerhalb der jüdischen Gemeinschaft zu zwei grundsätzlich verschiedenen Reaktionen; auf der einen Seite zu einer langsamen Verähnlichung des Judentums mit dem protestantischen Glauben, auf der anderen Seite zu einer Rückbesinnung auf die jüdischen Gemeinden und deren Stärkung. Aufgrund dieser Entwicklung kam es zu einer Spaltung der jüdisch-

345 Vgl. *Arndt*, Blick aus der Zeit, 1814, S. 197; *Anonymus*, Über die Juden, 11.5.1815, Sp. 1309–1312.

346 Vgl. *Hartmann*, Untersuchung bürgerliche Freiheit, 1783, S. 37 f. und *U. V. W. X.*, Ein Wort für Israeliten, 9.10.1812.

347 Vgl. *Paulus*, Die jüdische Nationalabsonderung, 1830, S. 11 und 68 f.

348 Vgl. *Dresch*, Ansprüche der Juden, 1816, S. III und 33.

349 Vgl. *Maclawiczek*, Jesus, der Messias, 1813, S. V; *Anonymus*, Verfassung Juden, 1815, S. 22.

religiösen Minderheit. Glaubensübertritte hingegen blieben eine Ausnahme, auch wenn nicht nur die Anzahl, sondern der soziale Status der Konvertiten von Bedeutung war. Nicht länger traten diejenigen zum Christentum über, die am Rande der jüdischen Minderheit standen, sondern Angehörige, die der Mitte entstammten. Die Mehrzahl jüdischer Konvertiten stammte aus der Gruppe wohlhabender Gebildeter, die sich in gesellschaftlicher und politischer Hinsicht ›verbürgerlichen‹ wollten. Besonders die fehlenden beruflichen Perspektiven führten viele jüdische Akademiker zur Taufe, wodurch sie, entsprechend christlichen Zusagen, alle Hindernisse zu beseitigen glaubten.[350] In der Mehrzahl der Fälle waren diese Konversionen jedoch nicht in einer religiösen, sondern allein in einer sozialen Entscheidung begründet. Infolgedessen bestand die Gefahr, dass, auch wenn der Umfang der Taufbewegung nicht übermäßig war, gerade die intellektuelle und wirtschaftliche jüdische Elite verloren ging.[351] Nicht nur das persönliche Interesse begünstigte bei diesem Personenkreis eine Konversion; die Angehörigen dieses Kreises hatten sich allmählich von der jüdischen Gemeinschaft und ihrer Gemeinde gelöst und sahen sich in ihren Anschauungen und Lebensgewohnheiten von diesen durch eine »tiefe Kluft«[352] getrennt und fühlten sich deutlich stärker zu bürgerlichen Christen hingezogen, deren Bildung und Habitus sie aufgenommen hatten. Eine weitere Ursache für eine Konversion waren wirtschaftliche Aspekte, denn einem Teil derjenigen Juden, die sich aufgrund ihrer wirtschaftlichen Leistungsfähigkeit eine Angleichung an christliche Konventionen leisten konnten, erschien es als zu langwierig, auf eine formal-rechtliche Gleichberechtigung durch den preußischen Staat zu warten.[353]

Doch auch wenn führende Juden konvertierten, konnten ihre Handlungen nie eine Vorbildwirkung auf die jüdische Gemeinschaft ausüben, und die von Christen erhoffte Bekehrungswelle blieb aus. Zentrum der jüdischen Taufbewegung in Preußen war Berlin, das im ersten Drittel des 19. Jahrhunderts mehr als ein Drittel aller jüdischen Konvertiten beheimatete. Insgesamt blieb die Zahl getaufter Juden mit rund einem Prozent zwischen 1800 und 1847 jedoch relativ gering.[354] Für den Zeitraum von 1800 bis 1846 ergibt sich eine Gesamtzahl von 4.412 jüdischen Übertritten zum Christentum, die in offiziellen Unterlagen erfasst wurden.[355] Gleichzeitig waren mit einer Taufe bei Weitem nicht alle Hindernisse beseitigt. Zwar konnten auf der rechtlichen Ebene weitere Einschränkungen und Zurücksetzungen nicht länger legitimiert werden, aber

350 Vgl. *Strenge*, Juden im preußischen Justizdienst, S. 60. Bereits für jüdische Studenten war die Taufe das einfachste Mittel, um Anfeindungen und Diskriminierungen entgehen zu können. Vgl. *Richarz*, Eintritt der Juden, S. 160.

351 Vgl. *Rürup*, Kontinuitäten und Diskontinuitäten, S. 398.

352 *Samter*, Judentaufen, S. 6.

353 Vgl. *Brammer*, Judenpolitik und Judengesetzgebung, S. 19.

354 Vgl. *Klatzkin*, Encyclopaedia Judaica, Bd. 2, Sp. 1222 ff.

355 Vgl. *Toury*, Geschichte der Juden, S. 53.

die erhoffte gesellschaftliche Anerkennung errangen nur wenige konvertierte Juden.[356]

Grundsätzlich einig waren sich jüdische Intellektuelle dabei in der Ablehnung der behördlichen und gesellschaftlichen Missionierungsversuche. Sie betonten, dass die begonnenen Reformen nicht gleichbedeutend mit einer Umwandlung des Judentums in einen christlichen Glauben seien und kein aufgeklärter, toleranter Mensch als Bedingung für die Aufnahme in Staat und Gesellschaft von Juden die Taufe verlangen könne.[357] Insbesondere der preußische Staat würde durch eine solche Handlung keine treuen und loyalen Untertanen gewinnen. Die führenden Vertreter der jüdischen Reformbewegung forderten die christliche Mehrheit dazu auf, sich entsprechend den Grundsätzen ihres Glaubens auch gegenüber Juden ehrlich und liebevoll zu verhalten und das Judentum als die Wurzel des eigenen Glaubens anzuerkennen. Ihnen erschienen die massiven Konversionsforderungen als dem Geist der Zeit nicht entsprechend.[358]

Jüdische Stimmen versuchten, die negativen Folgen einer jüdischen Konversion aufzuzeigen und ihre Glaubensgenossen zu überzeugen, dass eine solche Handlung ein Schritt in die falsche Richtung sei, der zu keiner wirklichen Emanzipation, unter Anerkennung der Menschen- und Bürgerrechte, führen würde. Für sie entsprach die Konversion einer Lüge, sofern sie nicht aufgrund der Anerkennung der christlichen Lehren, sondern ausschließlich aus dem Wunsch heraus durchgeführt wurde, den »anderen Bürgern an Rechten gleich zu sein«[359]. Sie lobten in diesem Zusammenhang die Standhaftigkeit der niederen Stände, die sich allen Versuchen einer Missionierung entgegenstellten, da bei ihnen eine »festere, aufrichtigere religiöse Gesinnung«[360] zu finden sei als bei den Gebildeten, die um ihres persönlichen Vorteils willen eher zu einer Konversion bereit seien. Ebenso beklagten sie die Zwiespältigkeit der preußischen Regierung, die bisher immer die moralische und sittliche Reife von Juden vor einer rechtlichen Gleichstellung gefordert habe, im Hinblick auf die Taufe jedoch einen Schritt belohne, der genau die gegenteilige Haltung zum Ausdruck bringe.[361]

356 »Der mit Hilfe der christlichen Taufe emanzipierte und sich assimilierende Jude, der ein Deutscher wurde und doch angeblich keiner war, ist als eine Art neuer Inkarnation des ewigen Juden zum negativen Leitbild, zum abzulehnenden Gegenbild des wahren Mythos vom frommen, kirchlich-arglosen christlichen Deutschen geworden.« *Dantine*, Frühromantik, S. 187.

357 Vgl. *Anonymus*, Der Jude, 1834, S. 9.

358 Vgl. *Beer*, Die freie christliche Kirche, 1848, S. 39.

359 *Riesser*, Gleichstellung der Juden, 1831, S. 67.

360 *Riesser*, Verhältnisse der jüdischen Unterthanen, 1867, S. 121.

361 Vgl. *Cohen*, Lage der Juden, 1832, S. 40.

3.3 Der jüdische Deutsche

Entscheidend für das jüdische Selbstverständnis als ›Fremde‹, ›Einheimische‹, ›Bürger‹, ›Deutsche‹, ›Preußen‹ oder ›Juden‹ war die Frage nach der eigenen Identität. Aus dem intensivierten Kontakt zwischen Juden und Deutschen bzw. Christen innerhalb bürgerlicher Kultur konnte eine neue jüdische Identität hervorgehen,[362] die sich aus traditionellen Elementen und Anpassungen bzw. Adaptionen an die Mehrheitsgesellschaft zusammensetzte. Gleichzeitig steigerte die ungelöste Frage der jüdischen Identität das jüdische Interesse an einem Dialog über diesen Gegenstand. Der Begriff ›Identität‹ soll im Folgenden deskriptiv verstanden werden; er beinhaltet Wertvorstellungen und Verhaltensmuster, Erziehungsmethoden, aber auch die Berufsstruktur[363] der Frage nach der Attraktivität bürgerlicher Gesellschaft als Zielutopie und der damit einhergehenden Moral- und Wertvorstellung. Traditionell basierte jüdische Identität vor allem auf der mosaischen Religion als Zentrum ihrer Existenz. Sie durchdrang alle Lebensbereiche wie auch die jüdischen Religionsvorschriften, zum Teil eine Besonderheiten der jüdischen Minderheit bedingten;[364] dabei wurde eine Gruppenidentität vermittelt, deren Übernahme mehrheitlich unbewusst erfolgte.[365] Somit war die Wahrnehmung von Juden als Kollektiv keine christliche Eigentümlichkeit, vielmehr mussten auch Juden erst ein individuelles Selbstverständnis entwickeln, das sie aus der ›Ghettogemeinschaft‹ heraushob und ihnen eine eigenständige und personenbezogene Existenz zugestand.

Durch die beginnende Emanzipation, das Aufbrechen der Ghettos und die Vermischung jüdischer und nichtjüdischer Lebenswirklichkeit wurde jüdische Identität nicht länger nur religiös definiert, sondern entwickelte einen vielschichtigen, hybriden Charakter.[366] Zeitgleich hörte sie auf, selbstverständlicher Teil eines kulturellen, ethnischen und religiösen Ganzen zu sein.[367]

Zunehmend ließen Juden eine Bereitschaft erkennen, sich dem Staat und seinem jeweiligen Herrscher unterzuordnen, und dies nicht länger nur aus pragmatischen Gründen, sondern weil es zu einem Wandel in ihrem Selbstverständnis kam.[368] Als werdende Bürger waren sie gewillt, sich mit dem Staat, in dem sie lebten, als ihrem Vaterland zu identifizieren. Diese Entwicklung brachte für die Gruppe aufgeklärter und akkulturierter Juden eine Identitätskrise mit sich, da sie sich weder in der deutschen noch in der traditionell jüdischen Kultur

362 Vgl. *Jensen*, Gebildete Doppelgänger, S. 37.
363 Vgl. *Meyer*, Jüdische Identität, S. 122 f.
364 Vgl. *Schimpf*, Emanzipation und Bildungswesen, S. 1.
365 Vgl. *Volkov*, Deutsche Juden, S. 122.
366 Vgl. *Lässig*, Jüdische Wege, S. 665.
367 Vgl. *Meyer*, Jüdische Gemeinden, S. 129.
368 Vgl. *Brenner*, Vom Untertanen zum Bürger, S. 261.

vollkommen heimisch fühlen konnten. Sie versuchten diesen Konflikt dadurch zu entschärfen, dass sie sich parallel in zwei Kulturen verorteten. Nach außen trachteten sie danach, das Bild zu vermitteln, Deutsche zu sein, während ihre jüdische Identität immer tiefer in das Privatleben abgedrängt wurde und sich nicht länger öffentlich zeigte. Diese Spaltung galt ihnen als einzige Möglichkeit, ihr ›Jude-Sein‹ zwischen angestrebter Integration und Gruppenidentität zu bewahren, und dies in einer Form, die sowohl von Juden als auch von Nichtjuden akzeptiert werden konnte. Ein kleiner Teil preußischer Juden strebte danach, ›jüdische Deutsche‹ zu sein, dies im Spannungsfeld zwischen der teilweisen Bewahrung der traditionellen jüdischen Identität und der Integration in die nichtjüdische Gesellschaft. Entscheidungen darüber, welche Elemente zu bewahren waren und welche abgelegt werden konnten, wurden dabei nicht nur in der intellektuellen Debatte, sondern vor allem in Alltagssituationen beständig neu getroffen.[369] Die beginnenden Religionsreformen zur Angleichung an das protestantische Vorbild verdeutlichten diesen Wandel im eigenen Selbstverständnis.[370] Akkulturierte jüdische Intellektuelle wie bspw. Eduard Gans und Leopold Zunz begaben sich auf die Suche nach einer ›neuen jüdischen Identität‹, die es wert sein könnte, gegen die fortwährenden Angriffe von außen verteidigt zu werden.[371] Sie waren bei diesem Versuch insofern erfolgreich, als es ihnen gelang, die jüdische Geschichte zu einem lebendigen Bestandteil des modernen Judentums zu machen. Zu den neuen Glaubensformen gehörte bspw. die Aufnahme eines förmlichen Glaubensbekenntnisses oder der Konfirmation in den Kanon der religiösen Gebräuche.

Prinzipiell erschien die Zielutopie bürgerlicher Gesellschaft diesem Teil der jüdischen Minderheit als attraktiv, da sie ihnen theoretisch die Möglichkeit eröffnete, Aufnahme in die nichtjüdische Gemeinschaft zu finden. Wenn auch auf dem Weg dorthin zahlreiche Angleichungen erforderlich waren, glaubte dieser Teil an eine positive Entwicklung durch die neue Orientierung. Obwohl die Zielutopie nicht die Forderung nach einer vollständigen Emanzipation bisher ausgegrenzter sozialer Gruppen beinhaltete, enthielt sie die Hoffnung auf eine offenere Gesellschaft, als es die Ständegesellschaft bisher gewesen war. Die eigene Verortung in diesem neuen Konzept brachte aber deutlich mehr Schwierigkeiten mit sich – und dies nicht nur für den einzelnen Juden als Individuum, sondern vor allem für die religiöse Gemeinschaft.

Grundsätzlich wurde für akkulturierte Juden die Zielutopie gleichermaßen handlungsleitend, doch gelang es nicht, über die Parallelität der damit verbundenen Grundüberzeugungen einen Zusammenschluss bzw. ein gemeinsames Eintreten für die entsprechenden Ziele zu realisieren. Das einzige, aber entschei-

369 Vgl. *Schimpf*, Emanzipation und Bildungswesen, S. 3.
370 Vgl. *Meyer*, Jüdische Gemeinden, S. 129.
371 Vgl. *Meyer*, Jüdisches Selbstverständnis, S. 138.

dende Hindernis blieben religiöse Differenzen. Juden waren gewillt, Aufnahme als Menschen, als Deutsche und als Juden zu finden, d. h., sie waren nur in Ausnahmefällen bereit, ihre religiösen Überzeugungen auf dem Altar[372] ›bürgerlicher Gesellschaft‹ zu opfern, während Christen genau dies von ihnen verlangten. Somit verfolgten sie grundlegend dieselbe Utopie, interpretierten diese jedoch in religiösen Zusammenhängen grundverschieden, wodurch erneut parallele Strukturen zwischen Juden und Nichtjuden befördert wurden.

Der beginnende Identitätswandel unter akkulturierten deutschen Juden wurde dabei in besonderem Maß durch Zuschreibungen von außen bedingt. Juden waren bemüht, die christliche Zuschreibung des ›Fremden‹ zu widerlegen, und wehrten sich besonders gegen den Glauben an eine jüdische Nation. Als erfolgversprechendstes Mittel erschien ihnen eine strikte Trennung zwischen Religion und Nationalität. Ebenso betonten jüdische Publizisten, dass Juden nicht erst vor wenigen Jahren nach Preußen eingewandert, sondern bereits viele Jahrhunderte ansässig seien und in dieser Zeit Sitten, Kultur, Bildung und deutsche Wertvorstellungen in sich aufgenommen hätten.[373] Besonders nachhaltig wandten sich Juden gegen den Vorwurf, sie selbst würden sich als eine besondere, bessere Nation begreifen und der deutschen Kultur ablehnend und feindlich gegenüberstehen. In ihren Publikationen machten jüdische Autoren deutlich, dass ihr größter Wunsch die Akzeptanz ›des Juden als Mensch‹ sei und ihr Schwerpunkt somit auf der Verwirklichung und Durchsetzung der Menschen- und Bürgerrechte innerhalb bürgerlicher Gesellschaft liege.[374]

Jüdische Autoren konstruierten vor dem Hintergrund von Nationalismus und bürgerlicher Gesellschaft zwei Kategorien, den ›Menschen‹ und den ›Bürger‹, die sie strikt voneinander getrennt sehen wollten. ›Bürger‹ sei der Mensch, indem er sich den staatlichen Gesetzen unterordne und den Staat über sein »thun und lassen«[375] entscheiden ließ. Im Empfinden, Wollen und Denken sei er jedoch Mensch und genieße die damit verbundenen, vor allem religiösen Freiheiten.[376] Sie übernahmen somit in weiten Teilen das christliche Verständnis vom ›Bürger‹, waren jedoch nicht bereit, die christliche Religion zu einem unabding-

372 Das Bild des ›Altars der Nation‹ bzw. ›bürgerlicher Gesellschaft‹ wird dabei nahezu ausschließlich von Juden, in unterschiedlichsten Kombinationen, als Beleg für ihre Opferbereitschaft verwandt. Vgl. *Hess*, Freimüthige Prüfung, 1816, S. 78; *Anonymus*, Character des Judenthums, 21.–22.4.1817, Sp. 1125; *Auerbach*, Das Judenthum, 1836, S. 67; *[Jacoby]*, Klage eines Juden, 1837, S. 61; *Wolf/Salomon*, Charakter des Judenthums, 1817, S. 208.

373 Vgl. *Hess*, Freimüthige Prüfung, 1816, S. 55 f.; *[Weil]*, Sendschreiben an Gabriel Riesser, 1832, S. 13.

374 Vgl. bspw. *Simonssohn*, Juda, 1817, S. 16; *Wolf/Salomon*, Charakter des Judenthums, 1817, S. 47 f.; *Hess*, Freimüthige Prüfung, 1816, S. 80; *Ascher*, Die Germanomanie, 1815, S. 214 f., 231 f.

375 *Simonssohn*, Juda, 1817, S. 16; ähnlich: *Riesser*, Gleichstellung der Juden, 1831, S. 93 f.

376 Vgl. *Heinemann*, Religions-Lehre der Israeliten, 1829, S. 31–35; *Hellwitz*, Organisation der Israeliten, 1819, S. 61 f.; *Wolf/Salomon*, Charakter des Judenthums, 1817, S. 47–50.

baren Bestandteil zu machen. Trotz eines ähnlichen Bürgerbegriffs kam es zwischen christlichen und jüdischen Debattenteilnehmern zu keinem Dialog oder nur zu einem einseitigen, da Juden die an sie gerichteten Forderungen aufnahmen und eine Anpassung an die christlichen Ansprüche anstrebten, während christliche Autoren nicht bereit waren, ihren christlich geprägten Bürgerbegriff aufzugeben. Beide Vorstellungen existierten nebeneinander, ohne dass eine Verständigung erfolgte.[377] Dennoch versuchten jüdische Autoren, ihre Ansprüche auf das Bürgerrecht deutlich zu machen und gleichzeitig ihre Glaubensgenossen dazu aufzufordern, den vom Staat gestellten Aufgaben gewissenhaft nachzukommen, um dadurch ihre »Treue und Anhänglichkeit«[378] unter Beweis zu stellen.[379] Die Mehrzahl dieser Publikationen hatte noch immer einen bittenden Charakter, sie appellierten an das Wohlwollen und die Menschenliebe der Monarchen und wollten dadurch eine Erweiterung bürgerlicher Rechte von Juden erwirken. Zunehmend agierten auch die jüdischen Gemeinden als Wortführer der Interessen ihrer Mitglieder und forderten offensiv die Erteilung von Rechten für ihre Glaubensgenossen, insbesondere infolge der Bundesversammlung.[380] Auf diese auch der Öffentlichkeit zugänglich gemachten Schriften erfolgten im Unterschied zu vielen anderen Publikationen jüdischer Autoren meist umfangreiche nichtjüdische Reaktionen.[381]

Aufgeklärte und assimilierte Juden verstanden sich als Bürger. Wenn ihnen auch nicht alle Rechte bewilligt wurden, war ihr Selbstverständnis das eines preußischen bzw. deutschen Bürgers. Ein solches Selbstverständnis wurde von der christlichen Mehrheit abgelehnt bzw. verneint. Auch akkulturierte Juden galten ihr weiterhin als Juden und nicht als deutsche Bürger jüdischen Glaubens. Dieser Widerspruch zwischen der Selbst- und der Fremdwahrnehmung war für einen Teil der davon betroffenen Juden nur dadurch zu lösen, dass sie sich nicht nur nominell, sondern vollständig von der Religion ihrer Väter distanzierten und den Weg der Taufe gingen, um Selbst- und Fremdwahrnehmung deckungsgleich werden zu lassen. Die Mehrheit der traditionell Lebenden, d. h. hauptsäch-

377 Vgl. *Wolf/Salomon*, Charakter des Judenthums, 1817, S. 144; *Cohen*, Lage der Juden, 1832, S. 79.

378 *Johlson*, Unterrricht in der Mosaischen Religion, 1819, S. 164f.; *Simonssohn*, Juda, 1817, S. 14–34; *Wolf/Salomon*, Charakter des Judenthums, 1817, S. 44f.

379 Vgl. *Johlson*, Unterrricht in der Mosaischen Religion, 1819, S. 164f.; *Simonssohn*, Juda, 1817, S. 14–34; *Wolf/Salomon*, Charakter des Judenthums, 1817, S. 44f.

380 Vgl. z. B. *Israelitische Gemeinde zu Frankfurt am Main*, An die Hohe Deutsche Bundes-Versammlung, 1816. Diese Schrift wurde auch in unterschiedlichen Zeitschriften und Journalen (in Auszügen) einer größeren Öffentlichkeit bekannt gemacht, vgl. z. B. *Anonymus*, Frankfurt, 26.6.1816; *Anonymus*, Deutschland, 26.6.1816; *Anonymus*, Gutachten Israelitische Gemeinde, 1817; *Oser*, Dibere Haberith, 1819.

381 Vgl. *Anonymus*, Verteidigung beurkundete Rechte, 1817; *Rapp*, Versuch einer rechtlichen Prüfung, 1817; *Anonymus*, Verhältnisse der israelitischen Gemeinden, 1826; *Anonymus*, Gebete der Israeliten, 1819; *Anonymus*, Aufklärung der Juden, 13.9.1820.

lich Landjuden, war hingegen nicht in einem Identitätsproblem befangen. Für sie blieb das Judentum selbstverständlicher Bestandteil ihrer Existenz, ohne dass dadurch ein Widerspruch zu ihrem ›gefühlten‹ gesellschaftlichen Status entstand. Andererseits wurden gerade die traditionell lebenden Juden für Christen zum Beweis ›jüdischer Verstocktheit‹.

Die Problematik einer ›doppelten Identität‹ entwickelten nur diejenigen Juden, die sich der deutschen Kultur zugehörig fühlten, dort aber keine Aufnahme fanden. Dabei war die Auseinandersetzung um die Frage der Zugehörigkeit für die jüdischen Debattenteilnehmer, die meist von dem Identitätskonflikt betroffen waren, eine stark emotionalisierte Problematik, die nur bedingt die rechtliche Dimension oder die Verwirklichung politischer Gleichberechtigung in den Vordergrund stellte. Vielmehr beinhaltete die Kontroverse darüber, ob Juden Bürger seien oder nicht, die Frage nach Heimat und Zugehörigkeit, die Juden für sich in einem positiven Sinne beantworteten, während vonseiten christlicher Autoren nicht nur jede rechtliche, sondern auch emotionale Bindung von Juden an ein deutsches Vaterland bestritten wurde.[382]

Die Verbürgerlichung preußischer Juden konnte vor diesem Hintergrund nicht, wie erhofft, zu einer Fortsetzung jüdischer Identität mit anderen Mitteln werden. Obgleich Angleichungen erfolgten, blieb die jüdische Identität erhalten und sichtbar, auch wenn Juden ihre ›neue Identität‹ mit den Strukturen deutscher Gesellschaft in keinem Gegensatz befangen glaubten.[383]

Die ›neue jüdische Identität‹ gebildeter und akkulturierter Juden kann dabei als Parallelbürgertum charakterisiert werden.[384] Sie hatten sich der Mehrheitskultur angeglichen und maßgebliche Elemente aus ihr übernommen; dennoch verfügten sie über separate jüdische Traditionsbestände. Gleichzeitig entstand durch das Fehlen einer jüdischen Emanzipation die Notwendigkeit, innerhalb einer eigenen Gemeinschaft Halt zu finden. Auch wenn Juden durchaus Beziehungen zu Nichtjuden unterhielten, blieb ihr Hauptaugenmerk auf die eigene Gruppe gerichtet. Innerhalb dieser entstanden die Voraussetzungen, eine ›deutsch-jüdische Identität‹ auszuformen, die diverse Parallelen zur deutschen Gesellschaft aufwies, aber trotz einiger Verbindungen streng von dieser getrennt blieb.

Eine Aufnahme von Juden in das deutsche Bürgertum, ohne eine Überarbeitung der jüdischen Identität, war nicht möglich, da in diesem Fall die ›klassischen‹ Vorurteile nicht aufgehoben bzw. widerlegt werden konnten. Doch auch die ›neue jüdische Identität‹ ließ neue Stereotype entstehen. Vor allem die zahl-

382 Vgl. in Auswahl *[Gottfried]*, Luthers und v. Herders Stimmen, 1817, S. 35; *Hundt-Radowsky*, Neuer Juden-Spiegel, 1828, S. 6; *[Holst]*, Verhältniß Juden zu Christen, 1818, S. 213; *Stark*, Wesen des Judenthums, 1816 und *Bünau*, Was ist anzufangen, 13.10.1821; 19.8.1822.

383 Vgl. *Maurer*, Minderheit in Deutschland, S. 177 f.

384 Für das Folgende vgl. *Sorkin*, The Transformation, S. 5 f.

reichen Erfolge der jüdischen Akkulturation erweckte mehr Angst und Abwehr als Anerkennung. Diese Ablehnung beeinflusste das Entstehen paralleler Strukturen besonders stark, da eine Integration trotz Anpassungen versperrt schien, was wiederum von Beginn an die Möglichkeiten einer kulturellen und sozialen Integration limitierte.[385] Davon betroffen war nur eine aktiv-assimilationsbereite, an Reformen und Integration interessierte jüdische Minderheit, die trotz aller Probleme von der Richtigkeit des einmal eingeschlagenen Weges überzeugt blieb.[386]

Die Mehrheit preußisch-orthodoxer Juden lehnte Anpassungen an die christlich geprägte Lebenswirklichkeit hingegen vehement ab, da diese eine solche Entwicklung als Verrat am Glauben ihrer Väter empfanden. Sie machten sich die bürgerliche Zielutopie nicht zu eigen und waren eher bereit, weiterhin in bedrückenden Umständen zu leben, als für ein vages Versprechen der Gleichberechtigung tradierte Glaubensinhalte und Überzeugungen aufzugeben. Damit waren sie ebenfalls dem konservativen Spektrum zuzurechnen, auch wenn sich ihr Konservatismus hauptsächlich auf den Bereich der Religion erstreckte. Ihr Beitrag zur publizistischen Debatte war sehr begrenzt; zwar äußerten sie sich zum Teil zu den beginnenden Religionsreformen, an der allgemeinen Debatte über Emanzipation und bürgerliche Stellung von Juden in Preußen beteiligten sie sich im betreffenden Zeitraum aber nicht.

4. Konsequenzen

4.1 Die preußische Judenpolitik

Die jüdischen publizistischen Reaktionen auf das Edikt von 1812 begannen mit einer anonym erschienenen Veröffentlichung von David Friedländer, in der er den Gedanken vertrat, dass ohne eine Reform von Schule und Synagoge die kommende Generation die bürgerrechtlichen Vorteile nicht in vollem Umfang nutzen könne.[387] Insbesondere, so Friedländer, sei es wichtig, sich von der hebräischen Sprache als der Sprache des Gebetes zu lösen. Eine ebenso entscheidende Aufgabe sah er in der Beseitigung aller Bindungen an die nationaljüdische Vergangenheit und aller mit ihr verbundenen Elemente. Gleichzeitig offenbarte er seine Begeisterung über die Regelungen des Edikts, denn »wie viele Hindernisse sind schon blos durch einige gesetzliche Bestimmungen des Edicts vom 11ten März d. J. aus dem Weg geräumt.«[388] In der Sulamith erschienen 1812 zwei

385 Vgl. *Richarz*, Juden, S. 72.
386 Vgl. *Friedländer*, Verfolgung der Juden, 1820, S. 9.
387 Vgl. *[Friedländer]*, Organisation der Judenschaften, 1812, S. 3 ff.
388 Ebd., S. 28.

Artikel, die sich mit der gesetzlichen Neuregelung auseinandersetzten. Beide begrüßten die neuen Bestimmungen, denn das Edikt sei in der Lage, die Verhältnisse der Israeliten zu mildern und zu bessern,[389] wodurch für Juden in Preußen eine neue, glücklichere Zeit beginnen, alte Vorurteile überwunden und Juden eine sichere Existenz geschaffen werden könnte.[390] Um das in sie gesetzte Vertrauen zu rechtfertigen, forderten jüdische Publizisten ihre Glaubensgenossen auf, moralische und kirchliche Verbesserungen in Angriff zu nehmen, ihre Gesetze, Formeln und Gebete den Umständen der Zeit anzupassen, um sich dadurch bürgerlicher Gesellschaft anzunähern.[391] Im selben Atemzug betonten Juden ihre Treue und Ergebenheit gegenüber ihrem preußischen Vaterland, zu dessen Wohl sie ihre gesamten physischen und geistigen Kräfte einzusetzen bereit seien.[392]

Juden erkannten den offensichtlichen Fortschritt an, der durch das Edikt erzielt worden war. Selbst strenggläubige Juden nahmen die Aufhebung der rabbinischen Gerichte ohne Widerstand hin. Auch in ihren Schriften fanden sich keine Stimmen, die auf die Gefahren von Assimilation und Säkularisierung für das Judentum hingewiesen hätten.[393] Liberale jüdische Kreise beurteilten das Edikt auch noch Jahre später als Ergebnis echter Toleranz.[394] Zwar wurde an einigen Punkten Kritik geübt, in den zahlreichen an den König und Hardenberg gerichteten Dankschreiben legten Juden jedoch Wert auf ihre neue Stellung als Bürger und artikulierten ihren Stolz, nun in Würde von ihrem Vaterland aufgenommen worden zu sein.[395] Wichtig war jüdischen Autoren die prinzipielle Einbeziehung in das Militär; obwohl keine endgültige Regelung über die Handhabung dieser Entscheidung getroffen war, sahen Juden in der Militärpflicht, der sie nun zumindest theoretisch ebenfalls unterlagen, einen untrüglichen Beweis für ihre Anerkennung als Staatsbürger. In den folgenden Jahrzehnten blieb das Edikt in jüdischer Lesart Vorbild für alle weiteren Bemühungen auf dem Weg zu einer vollständigen Gleichberechtigung; Kritik erfuhr ausschließlich die Ausführung seiner Bestimmungen und damit verbunden, die mangelnde Umsetzung zugestandener Rechte.

Im Unterschied dazu waren die öffentlichen Stellungnahmen von christlicher Seite geprägt durch Verlautbarungen des preußischen Adels und seine Opposition nicht nur gegen das neue Judengesetz, sondern gegen den gesamten Re-

389 Vgl. *Anonymus*, Bürgerliche Verbesserung der Israeliten, 1812, S. 54. Im Anhang dieses Artikels findet sich ein vollständiger Abdruck des Edikts.

390 Vgl. *Inspektor Naumann*, Verbesserung der kirchlichen Verfassung, 1812, S. 382.

391 Vgl. ebd., S. 396.

392 Vgl. ebd., S. 383. Zur Bedeutung der Treue im nationalen Kontext vgl. auch *Frevert/Schreiterer*, Treue.

393 Vgl. *Fischer*, Judentum, S. 28.

394 Vgl. *Schoeps*, Das Gewaltsyndrom, S. 25.

395 Vgl. *[Friedländer]*, Organisation der Judenschaften, 1812, S. 27f.

formkomplex von Stein und Hardenberg. Mit der Abschaffung adliger Privilegien, der Einziehung geistlicher Güter und der Gewerbefreiheit sah sich diese Gesellschaftsgruppe in ihren überkommenen Vorrechten beschränkt. Ein besonders vehementer Kritiker der gesetzlichen Neuregelung war Junker von der Marwitz.[396] Er sprach sich ausdrücklich gegen eine gleichberechtigte Einbeziehung von Juden in staatliche Rechte und Pflichten aus, beschuldigte Juden eines eigenständigen Nationalcharakters und bezeichnete sie als staatsfeindlich und heuchlerisch. Bei von Marwitz wurde »die Unzufriedenheit einer durch die finanzielle Krisis und den Verlust ihrer Privilegien bedrohten Klasse«[397] deutlich, die sich von Beginn an gegen Juden richtete. Eine Gleichberechtigung von Juden erschien dem Adel als Beleidigung seiner bisher herausragenden Stellung in Staat und Gesellschaft. Aus diesem Grund bezeichnete von der Marwitz Juden als Werkzeuge, mit denen die Position des Adels untergraben werden solle.[398]

Aus nichtadligen Kreisen fanden sich nur wenige Stellungnahmen zum Edikt von 1812, und selbst diese gingen nur selten auf die grundlegende Haltung der preußischen Regierung zur Frage der jüdischen Emanzipation ein, sondern beschäftigten sich größtenteils detailliert mit den Änderungen gegenüber der bisherigen Judengesetzgebung. Als ein positiver Effekt der Neuregelung wurde die Rechtsvereinheitlichung beurteilt.[399] In dieser Hinsicht fand das Edikt durchaus Zuspruch von christlicher Seite; desgleichen erhofften sich christliche Autoren von einer Aufnahme von Juden in den Bürgerverband eine Verbesserung und Veredelung der jüdischen Minderheit, ohne diese jedoch inhaltlich näher zu bestimmen.[400]

Das relativ geringe Ausmaß der öffentlichen Kontroverse um die gesetzliche Neuregelung war verschiedenen Ursachen geschuldet. Innerhalb der preußischen Regierung wirkte ein aufgeklärtes Staatsrechtsdenken nach, während sich die bereits öffentlich artikulierende neue Judenfeindschaft noch nicht mehrheitlich durchgesetzt hatte. Die entstehende bürgerliche Öffentlichkeit bildete kein Forum für eine Diskussion über die Regierungspolitik; für die Erfüllung einer solchen Funktion war ihre Wirksamkeit noch zu stark beschränkt. Zugleich verfügte ›bürgerliche Öffentlichkeit‹ noch nicht über ein ausreichendes Selbst-

396 Zu von der Marwitz vgl. *Frie*, Friedrich August Ludwig und *Buttlar*, Die politischen Vorstellungen.

397 *Kampmann*, Deutsche und Juden, S. 139.

398 Zitiert nach *Meusel*, Friedrich August Ludwig, Bd. 2, Teil 2, S. 3–22. Hinsichtlich dieser Problematik hatte sich von Marwitz bereits 1811 gegen den Grunderwerb durch Juden ausgesprochen. Vgl. *Kampmann*, Deutsche und Juden, S. 138.

399 Vgl. *Henckel Donnersmarck*, Darstellung der bürgerlichen Verhältnisse, 1814, S. VII f.

400 Vgl. ebd., S. 1 f., *U. V. W. X.*, Ein Wort für Israeliten, 9.10.1812, Sp. 2810 und 2812 f. und von Bricewitz, Artikel aus Berlin, in: Minerva 1812, zitiert nach *Brammer*, Judenpolitik und Judengesetzgebung, S. 68 f.

bewusstsein, um den preußischen Behörden und ihren Beamten entgegentreten zu können und Änderungen oder Verbesserungen von staatlichen Entscheidungen offensiv zu fordern. Dennoch enthüllte die Kontroverse um das Edikt den Einflussverlust traditioneller Eliten. Der Adel versuchte, gegen das Reformpaket der preußischen Regierung aktiv zu werden, verfügte aber nicht länger über einen so maßgeblichen Einfluss, als dass er es bereits auf Regierungsebene hätte verhindern oder beeinflussen können.

Direkte Kritik an der neuen Judengesetzgebung wurde öffentlich kaum geübt, gleichzeitig polarisierte die Neuregelung bei Weitem nicht so stark wie bspw. die Schriften Grattenauers oder später Rühs'. Das Edikt beruhte auf dem kleinsten gemeinsamen Nenner. auch wenn Hardenberg einige weiter reichende Regelungen durchgesetzt hatte, betrafen diese mehrheitlich den wirtschaftlichen und nicht den politischen oder gesellschaftlichen Bereich. Dennoch schuf erst das Edikt von 1812 eine gemeinsame Grundlage für die Auseinandersetzung über die Judenemanzipation in Preußen, sowohl auf Regierungsebene als auch in der Öffentlichkeit und ebenso zwischen beiden.

Neue Impulse erhielt auch die preußische Judenpolitik durch die Beratungen auf dem Wiener Kongress und innerhalb der deutschen Bundesversammlung. Neben den politisch-territorialen Entscheidungen kam es auf dem Wiener Kongress, auch unter dem Eindruck der permanenten und intensiven öffentlichen Kontroverse, zu Beratungen über die Stellung von Juden in den deutschen Staaten. Deutlich wurde auch hier die Zunahme restaurativer Stimmen, deren Wunsch es war, alle Spuren der französischen Herrschaft zu beseitigen. Die unter französischem Einfluss erlangten Rechte von Juden galten als Bevormundung, sodass sich eine Mehrheit der Abgeordneten darüber einig war, dass eine einheitliche Lösung der jüdischen Problematik für Deutschland erstrebenswert sei; über den Inhalt einer solchen Regelung herrschten jedoch starke Differenzen. Es kristallisierten sich, ähnlich der publizistischen Debatte, zwei antagonistische Lager heraus. Auf der einen Seite fanden sich diejenigen, die bereit waren, Juden weitgehende Rechte nach Vorbild der preußischen Emanzipationsgesetzgebung zuzugestehen, und auf der anderen Seite die Befürworter einer Rückstufung jüdischer Rechte auf das Niveau vor der französischen Besatzung. Als Vertreter einer rechtlichen Besserstellung traten der österreichische Staatschef Metternich und der preußische Abgesandte Hardenberg auf. Hardenberg befürwortete die Übertragung des preußischen Edikts von 1812 auf ganz Deutschland, denn die jüdischen Freiwilligen hätten mit ihrem Blut ihr Einstehen für das deutsche Vaterland unter Beweis gestellt.[401] Jedoch bestanden die Territorialstaaten auf ihrer Souveränität und damit ihren spezifischen Judengesetzen. Diese Gegensätze waren nicht zu überwinden, sodass die Diskussion durch einen Kompromiss auf

401 Vgl. *Hardenberg*, Schreiben Jüdische Glaubensgenossen, Jan. 1815.

Grundlage des kleinstmöglichen gemeinsamen Nenners beendet wurde,[402] während Juden zeitgleich öffentlich der versuchten, wenn auch erfolglosen Einflussnahme auf Metternich und Hardenberg beschuldigt wurden.[403]

»Die Juden, die man allenthalben findet, fehlen auch am Bundestage nicht. Sie sind vorzüglich entschiedene Anhänger der Aufklärung und des großen Zeitgeistes, die Meisten, ohne Zweifel, seit dem sie berechnet haben, daß bey der Sache etwas für sie heraus kommen könne ...«[404]

Der Bundestag in Frankfurt wurde beauftragt, eine einheitliche Regelung zu erarbeiten. Bis zu diesem Zeitpunkt sollten Juden die ihnen von den jeweiligen Staaten verliehenen Rechte behalten.[405] Durch den Art. 16 der Bundesakte erhielten die Staaten die Möglichkeit, den Zustand des Ancien Régime wiederherzustellen.[406] Diese Einigung war der Tatsache geschuldet, dass sowohl Preußen als auch Österreich auf dem Wiener Kongress zu einer Regelung der jüdischen Rechtsverhältnisse gelangen wollten, während die meisten anderen Kongressteilnehmer eine dezidierte Entscheidung über die jüdischen Rechte am liebsten weit von sich geschoben hätten.[407] Den Wünschen Hardenbergs und Metternichs wurde somit zwar entsprochen, ihrem eigentlichen Ziel, der Rechtsvereinheitlichung, aber nicht.

Auf diese Entwicklung hatten auch jüdische Petitionen, Bittschriften und sogar jüdische Delegationen auf dem Wiener Kongress keinen Einfluss. Ein Grund hierfür lag in der Uneinigkeit der jüdischen Minderheit, nicht nur in Preußen, sondern in allen deutschen Staaten. Während Frankfurter Juden sich um den Er-

402 Ausführlicher zu den Verhandlungen über die ›Judenfrage‹ in Wien: *Baron*, Die Judenfrage; *Kampmann*, Deutsche und Juden, S. 140ff.; *Brammer*, Judenpolitik und Judengesetzgebung, S. 71 ff. und *Hortzitz*, ›Früh Antisemitismus‹, S. 22ff.

403 Vgl. *Rühs*, Die Rechte des Christenthums, 1816, S. 41.

404 *Anonymus*, Vom Rhein, 4.12.1816.

405 Wichtig in diesem Zusammenhang war die Formulierung dieses Passus. Zunächst hatte die Formulierung vorgesehen, dass den Juden die bestehenden Rechte »in den Staaten« gewährt bleiben sollten, was für die französisch besetzten Gebiete ein Fortbestehen der Emanzipation bedeutet hätte. Um dies zu verhindern, änderte man den Ausdruck dahingehend, dass Juden die »von den Staaten« gewährten Rechte behalten sollten, wodurch es möglich wurde, zu den Judengesetzen vor der französischen Besatzung zurückzukehren. Der Ausdruck wurde dahingehend interpretiert, dass die von den örtlichen Regierungen erlassenen Gesetze und nicht die napoleonischen gemeint seien. Besonders die Stadträte von Frankfurt am Main, Hamburg, Bremen und Lübeck hatten auf eine solche Regelung hingewirkt. Vgl. auch *Klüber*, Acten des Wiener Kongresses, 1815–1835.

406 Die Vertreter Sachsens, Bayerns und Hessens beharrten auf ihrer Ablehnung des Art. 16 und sprachen sich gegen seine Aufnahme in die Bundesakte aus, blieben jedoch in der Minderheit. So wurde es bspw. Lübeck möglich, Juden nach dem nun wieder geltenden Recht zu vertreiben und ein generelles Niederlassungsverbot für sie durchzusetzen. Vgl. *Herzig*, Jüdische Geschichte, S. 155 und *Erb/Bergmann*, Nachtseite der Judenemanzipation, S. 103ff.

407 Vgl. *Brammer*, Judenpolitik und Judengesetzgebung, S. 74.

halt der ihnen einmal gewährten Rechte bemühten, war der Vertreter der hanseatischen Juden bestrebt, eine einheitliche Regelung für ganz Deutschland zu befördern.[408] Juden verfügten auf dem Wiener Kongress über keine Gesamtrepräsentation, die bereit gewesen wäre, nicht nur im Namen einzelner Gemeinden, sondern für alle Juden in den deutschen Staaten die bürgerliche Gleichberechtigung zu fordern. Innerhalb der jüdischen Minderheit hatte sich zudem noch kein ausreichendes politisches Bewusstsein entwickelt, das auf einer Solidarität von Juden als ethnisch-religiöser Minderheit beruht hätte.[409] Das politische Klima innerhalb des Deutschen Bundes war in der Lage, Juden bereits gewährte Rechte wieder zu nehmen. Eine für Juden positive Entwicklung schien in dieser Situation unmöglich, und auch eine Vereinheitlichung der Judenpolitik innerhalb Deutschlands war aufgrund der zahlreichen Separatinteressen kaum realisierbar. Bedingt dadurch galten für Juden in den deutschen Bundesstaaten, entgegen der eigentlichen Absicht, zahlreiche, vollkommen heterogene Gesetze.

Eine weitere Entwicklung infolge des Wiener Kongresses war die »Heilige Allianz«, ein Bündnis zwischen Russland, Österreich und Preußen, entstanden 1815. Die Beteiligten bekannten sich zum Gottesgnadentum und bezeichneten das Christentum als Grundlage aller Herrschaften und politischen Ordnungen. Sie verpflichteten sich zum Schutz und zur gegenseitigen Unterstützung bei der Aufrechterhaltung dieser Ordnung gegen nationale oder bürgerliche Umwälzungen. Erstaunlich erscheint die religiöse Ausrichtung der Allianz, vor allem aufgrund der Tatsache, dass alle an der Gründung beteiligten Monarchen einer anderen Konfession angehörten.[410] Die Gründung der »Heiligen Allianz« offenbarte jedoch die restaurativen Tendenzen in ganz Europa, da es möglich war, ein Bündnis zu schließen, das sich ausdrücklich gegen demokratische Bestrebungen richtete und für die Erhaltung der Monarchie und ihre Bindung an die jeweilige christliche Kirche eintrat. Für die jüdische Minderheit in Preußen bedeutete dieses Bündnis die »vertraglich besiegelte Unterwerfung des staatlichen Lebens unter die christlichen Moralprinzipien«[411], die eine Ausweitung bürgerlicher Rechte für Juden immer unwahrscheinlicher werden ließ.

In Preußen kam es infolge des Wiener Kongresses zu einer gänzlich neuen Situation. Die umfangreichen Gebietsveränderungen bedingten entscheidende Umstrukturierungen der Wirtschafts- und Sozialstruktur. Im Zuge der Restauration nutzte auch Preußen die Möglichkeiten des Art. 16, indem es das Edikt von 1812 nicht auf die neu gewonnenen Provinzen ausdehnte[412] und sogar ver-

408 Vgl. *Baron*, Die Judenfrage, S. 135ff.

409 Vgl. *Graetz*, Judentum und Moderne, S. 272.

410 Der russische Zar Alexander I. war orthodox, Kaiser Franz I. von Österreich römisch-katholisch und Friedrich III. von Preußen evangelisch.

411 *Brammer*, Judenpolitik und Judengesetzgebung, S. 108.

412 Die neuen preußischen Gebiete waren im Westen die Rheinprovinz und die Provinz Westfalen; des Weiteren gelangte Preußen in den Besitz von Teilen Sachsens, des Herzogtums

suchte, die Gültigkeit des Ediktes (hinter dessen Regelungen man durch die Bundesbestimmungen nicht mehr zurückfallen durfte) einzuschränken bzw. zu unterwandern. Bereits 1816 wurde in Preußen offen über eine Revision des Edikts von 1812 nachgedacht und beraten, dessen Erlass nun als übereilter Schritt erschien. Besonders unermüdlich in diesen Bestrebungen erwies sich Innenminister Schuckmann, der während der entsprechenden Beratungen die restriktivsten Vorschläge einbrachte.[413] Die entsprechenden Beratungen endeten zunächst ergebnislos, allmähliche Einschränkungen der 1812 gewährten Rechte wurden damit nicht verhindert. Im Zusammenhang mit der Handhabung des Art. 16 der Bundesakte wurde zunehmend auch von den preußischen Behörden betont, dass infolge des Edikts von 1812 keine Besserung von Juden zu verzeichnen, sondern nur ihre Schädlichkeit deutlicher sichtbar geworden sei.[414] Für Juden führte die Entwicklung nach dem Wiener Kongress zu teilweise außergewöhnlichen Verhältnissen. Im Jahr 1816 galten in Preußen rund 31 verschiedene Judenverfassungen, teilweise sogar mehrere in einem Regierungsbezirk.[415] Sie unterlagen stark differierenden staatsrechtlichen Stellungen; diese reichten von emanzipierten Juden (zwischen Rhein und Elbe) bis hin zu Juden, die unter völlig unzeitgemäßen Regelungen lebten, so bspw. in Sachsen und den westpreußischen Gebieten. Dort bildeten Juden Schutzverwandte, unterlagen erheblichen Berufseinschränkungen und Sonderabgaben.

In der christlichen Öffentlichkeit traten infolge des Wiener Kongresses keine Stimmen auf, die für eine vollständige Integration von Juden aufgetreten wären. Vielmehr offenbarte sich eine neue Radikalität innerhalb der Überlegungen zum Umgang mit der jüdischen Minderheit in Preußen. Teilweise wurden Forderungen laut, die die erneute Einrichtung von Ghettos, eine spezifische Kennzeichnung oder Sonderabgaben verlangten.[416] Ein Zusammenleben mit Juden als Juden war in der Vorstellung dieser Meinungsgruppe nur möglich, wenn

Warschau, der Provinz Posen und der Stadt Danzig. Im Austausch gegen das Herzogtum Lauenburg erhielt es von Dänemark Schwedisch-Pommern mit Rügen. Auf der anderen Seite waren auch Gebietsverluste zu beklagen. Preußen verlor die Gebietsgewinne aus der dritten Polnischen Teilung; an Bayern gab es Ansbach und Bayreuth, an Hannover Ostfriesland, Hildesheim, Goslar und einen Teil des Untereichsfelds ab.

413 Vgl. *Bruer*, Geschichte der Juden, S. 334.

414 Vgl. *Erb/Bergmann*, Nachtseite der Judenemanzipation, S. 41 f.

415 In der Provinz Preußen (Ost- und Westpreußen) kamen 3 Ordnungen zur Anwendung, in Brandenburg 4, in Pommern 2, in Schlesien 3, in Posen 1, in Sachsen 7, in der Rheinprovinz 4 und in Westfalen 7. Vgl. *Freund*, Zur Judenfrage, 1843/44, S. 7 ff.

416 Vgl. *Anonymus*, Bürgerliche Verbesserung, 29.1.–1.2.1817; *Anonymus*, Bürgerliche Verbesserung, 24.1.–28.1.1817; *Rühs*, Ansprüche der Juden, 1816, S. 33. Bestätigt sahen sich die Autoren in ihren Forderungen durch die 1814 und 1825 in Rom wieder eingeführte Ghettoisierung und Kennzeichnung von Juden, über die umfassend in den zeitgenössischen Zeitschriften berichtet wurde (vgl. *Anonymus*, Italien, 11.8.1814; *Anonymus*, Rom, 31.10.1825; *Anonymus*, Rom, 1.8.1814; *Anonymus*, Italien, 1825).

beide Lebensbereiche vollständig getrennt blieben. Für die politische Ablehnung einer jüdischen Gleichberechtigung wurde nach dem Wiener Kongress auch die ›Stimme des Volkes‹ instrumentalisiert, der Fürsten und Regenten Gehör schenken sollten, um Unruhen in der Bevölkerung zu vermeiden.[417]

Auf der Ebene der preußischen Judenpolitik wurde die Besinnung auf christliche Werte und Traditionen nachvollzogen, der zeitweiligen gesetzlichen Liberalisierung folgten zügig Einschränkungen. In den meisten Fällen gab es nur halbherzige Versuche, die Bestimmungen des Edikts von 1812 umzusetzen; die Jahre nach 1815 waren geprägt von Einschränkungen und Abschwächungen bereits gewährter Rechte. Ebenso blieben viele in Aussicht gestellte Neuregelungen in Ansätzen stecken. Mit dieser Praxis gelang es den preußischen Regierungsvertretern und der preußischen Bürokratie bis 1830, das Edikt von 1812 faktisch zu revidieren. Eine restriktive Auslegung des Gesetzes und provisorische Bestimmungen realisierten eine schrittweise Außerkraftsetzung. Der restaurative Kurs der preußischen Behörden zeigte sich nach 1815 auch in der Besetzung der entscheidenden Ministerien. Kircheisen als Justizminister, Innenminister Schuckmann und Polizeiminister Wittgenstein können alle als ›judenfeindlich‹ eingestuft werden und waren bestrebt, eine Politik zu betreiben, die eine weitere jüdische Integration erschwerte. Die Entscheidungen der preußischen Regierung berührten dabei immer wieder den Kern der jüdischen Staatsbürgerschaft und minderten die Bedeutung des Edikts von 1812 nachhaltig. Insbesondere die Beschäftigung von Juden im Staatsdienst wurde als Prüfstein ihrer staatsbürgerlichen Anerkennung gesehen, sodass jüdische Bestrebungen häufig auf die Aufnahme in diesen Bereich zielten. In den Jahren nach 1812 gelang es jedoch nicht, die Gleichstellung und Anerkennung von Juden auf diesem Gebiet zu verwirklichen.

Nichtsdestotrotz versuchte Hardenberg, in Vorbereitung des Bundestages 1817 in Frankfurt, über verschiedene Gesandte Einfluss auf andere deutsche Staaten auszuüben und diese für die Idee einer einheitlichen Judengesetzgebung auf der Grundlage des preußischen Emanzipationsediktes zu gewinnen. Hardenbergs Initiative brachte jedoch nicht den gewünschten Erfolg, und so wurde der preußische Legionsrat, der im Dezember 1817 zum Deutschen Bundestag reiste, vom Innenminister dahingehend instruiert, dass, sollte der Versuch zu einer einheitlichen Regelung der Judengesetzgebung gemacht werden, darauf zu achten sei, dass diese nicht in Staatsämter und in landesständische Versammlungen aufgenommen werden müssten, da Juden den Geist dieser Institutionen verderben würden.[418] Der Bundestag bemühte sich nur halbherzig um die Erfüllung des in Art. 16 der Bundesakte gemachten Versprechens. Über vorbereitende Kommis-

417 Vgl. *P. H. L.*, Versuch einer Berichtigung, 1816, S. 532; *Frohlich*, Judenthums und Juden, 14.–15.7; 17.–18.7.1817; *Anonymus*, Verfassung Juden, 1815, S. 4 f.

418 Vgl. *Strenge*, Juden im preußischen Justizdienst, S. 25.

sionssitzungen gelangte er nicht hinaus, was auch der Organisation und Struktur des Deutschen Bundes geschuldet war. Des Weiteren offenbarten sich Probleme bei der Umsetzung des Art. 16. Da der Deutsche Bund über keine wirksamen Zwangs- und Kontrollmöglichkeiten verfügte, bestand für viele Staaten die Verpflichtung nur auf dem Papier, sodass in einem Teil der deutschen Staaten nicht einmal der Minimalkonsens des Wiener Kongresses realisiert wurde.

Nach 1817 und ersten ergebnislosen Beratungen über eine Neuorganisation der Judengesetzgebung in Preußen stagnierte die politische Auseinandersetzung mit Juden bzw. beschränkte sich diese auf die zunehmende Abschwächung bereits gewährter Rechte. Bedingt durch dieses Verhalten wurde der Widerspruch zwischen der politisch-rechtlichen und gesellschaftlich-wirtschaftlichen Position von Juden immer offensichtlicher. Politische Entscheidungen zu Änderungen in der rechtlichen Stellung der jüdischen Minderheit wurden im Zeitraum zwischen 1815 und 1830 eher spontan getroffen. Die Mehrzahl der Beschlüsse fiel aufgrund von Einzelfällen, die an die Regierung herangetragen wurden.[419] Preußen entwickelte sich in den Jahren nach den Befreiungskriegen zu einem »klassischen Staat der Restauration«[420]; im Umkreis des Königs setzte sich eine konservative Bürokratie durch, während ein reformorientiertes Beamtentum in die Defensive geriet.

Mit der Restauration gewannen erneut Prinzipien die Übermacht, die sich gegen die politische Gleichberechtigung von Juden wandten. Zu den politischen Leitideen der Restauration gehörte zunehmend die Vorstellung von einem ›christlichen Staat‹; so wurden religiöse Überzeugungen wieder intensiver in politische Überlegungen integriert.[421] Unter gebildeten Juden und reformorientierten Beamten und Politikern weckte die stagnierende Emanzipationspolitik Unzufriedenheit. Ihrer Meinung nach zeigten sich jüdische Assimilationsfortschritte bereits deutlich, und diese sollten nun zu entsprechenden Erweiterungen der rechtlichen Möglichkeiten für Juden führen. Der fehlende Fortschritt belegte zeitgleich, dass die bisherigen gesetzlichen Regelungen zugunsten von Juden sich nicht auf einen breiten Konsens hatten berufen können, sondern an einzelne Personen gebunden waren, von deren Einfluss und Macht abhängig blieben.

419 Diese Entwicklung begann mit einer Entscheidung im Jahr 1820, in der untersagt wurde, Juden als Feldmesser einzusetzen, da diese ›öffentliche Beamte‹ seien. 1822 wurde ihnen die Bekleidung akademischer Lehr- und Schulämter untersagt und seit 1827 auch die Position der Auktionskommissare als Staatsamt betrachtet. All diese Ämter und Positionen verschlossen sich Juden nach und nach. Vgl. *Jersch-Wenzel*, Rechtslage und Emanzipation, S. 47.

420 *Nipperdey*, Deutsche Geschichte 1800–1866, S. 334.

421 Vgl. *Erb/Bergmann*, Nachtseite der Judenemanzipation, S. 57 f.

4.2 Hep Hep

Die sich verstärkenden antijüdischen Stimmungen in der Öffentlichkeit und unter den politischen Entscheidungsträgern bedingten sich gegenseitig und führten im Sommer und Herbst des Jahres 1819 neben anderen Faktoren zu gewalttätigen Ausschreitungen in weiten Teilen Deutschlands wie auch in den Niederlanden und Polen. Die Pogrome richteten sich, ausgehend von Würzburg, gegen Juden, ihre Häuser, Geschäfte und Synagogen und verbreiteten sich unter der Bezeichnung Hep-Hep-Unruhen über ganz Deutschland.[422] Am stärksten betroffen waren Juden im Königreich Bayern, dem Großherzogtum Baden und in den freien Städten Würzburg und Frankfurt. Anlass der Unruhen bildete ein öffentlich ausgetragener Streit zwischen dem Rechtspraktikanten Theodor Scheuring und dem liberalen Würzburger Professor Sebald Brendel. Zwischen ihnen entbrannte eine heftige Auseinandersetzung über die Frage der jüdischen Emanzipation, wodurch die öffentliche Stimmung aufgeladen wurde.[423] Als der liberale Abgeordnete Wilhelm Joseph Behr, Professor für Staatsrecht in Würzburg, am 2. August 1819 von Beratungen über die Judenemanzipation aus München zurückkehrte, wurde er mit den Rufen »Hep Hep« empfangen.[424] Studenten bezichtigten ihn der Bestechlichkeit, und es kam zu allgemeinen Protestkundgebungen. Die zunächst von Studenten initiierten Proteste griffen auf Handwerker, Arbeitslose, Bauern und Bürger über, die sich an den folgenden Tumulten beteiligten.[425] Es kam zu Plünderungen und Verwüstungen jüdischer Geschäfte, Übergriffen auf Personen, die auch zu Todesfällen führten, und Brandanschlägen auf Synagogen. In Würzburg war es kaum möglich, die öffentliche Ordnung wiederherzustellen; trotz des Einsatzes von militärischer Gewalt und der Ausweisung der ansässigen jüdischen Familien, die in umliegenden Dörfern Schutz suchen mussten, kehrte erst nach zwei Wochen wieder Ruhe in der Stadt ein.[426] Aus Würzburg berichteten die Zeitschriften folgendermaßen:

»Wir haben zwei schreckenvolle Tage erlebt: Schon lange herrschte hier eine dumpfe Unzufriedenheit über die bedeutende Vermehrung der hiesigen Juden, von welchen

422 Zu den Hep-Hep-Unruhen vgl. *Rohrbacher*, Gewalt im Biedermeier; *Katz*, Die Hep-Hep Verfolgungen; *Rohrbacher*, Hep-Hep-Krawalle.

423 Vgl. *Graetz/Brann*, Geschichte der Juden, S. 334.

424 Vgl. *Berding*, Moderner Antisemitismus, S. 43. Vgl. ausführlich zur Ursache und zum Ablauf der Krawalle in Würzburg *Katz*, Vom Vorurteil, S. 100–103.

425 In Bezug auf die Träger der Unruhen gibt es verschiedene Ansichten; auf der einen Seite wird die Meinung vertreten, die Unruhen seien hauptsächlich von Studenten initiiert worden, auf der anderen, so besonders bei Katz, werden die Beteiligten vor allem im Kleinbürgertum gefunden, das sich aufgrund der wirtschaftlichen Situation gegen Juden als Konkurrenten richtete.

426 Vgl. *Battenberg*, Das europäische Zeitalter der Juden, S. 123.

in der Vorzeit gar keine hier geduldet waren, die endlich, wie der Ausbruch eines Vulkans, in eine volle Empörung gegen dieselben ausbrach. Große Volksmassen stürmten am 3. Die Häuser der hiesigen Juden, rissen unter wildem Geschrei ihre Aushängeschilder und Handlungsfirmen herunter, zertrümmerten solche, warfen Thüren, Fenster und Läden ein, und da sich mehrere der Juden zur Wehr setzten, so wurden sie durch Prügel sehr mißhandelt. ... Nun flüchten die Juden in Schaaren zur Stadt hinaus, was einen erschütternden Anblick gewährte, indem man sich von dem Heulen und Wehklagen derselben, auf ihrer Flucht, kaum einen Begriff machen kann.«[427]

Die Unruhen griffen in den folgenden Tagen auf die verschiedensten Gebiete über und zeigten dort einen ähnlichen Verlauf.[428] Dabei standen in Frankfurt am Main, Karlsruhe, Darmstadt und zahlreichen süddeutschen Städten wirtschaftliche Motive im Vordergrund. Stets griffen die örtlichen Behörden nur zögernd und halbherzig ein und gewährten den ansässigen Juden einen nur unzureichenden Schutz.[429] Eine Ausnahme bildete Heidelberg, dort eilten Professoren und Studenten den bedrängten Juden zu Hilfe. Aufgeheizt durch Flugblätter, Reden und Proklamationen dauerten die Tumulte in Deutschland mehrere Wochen an. Ihre Träger agierten mit gängigen Vorurteilen und Stereotypen und legitimierten Gewalt gegen Juden durch deren Gefährlichkeit für Christen – als Beweis für die jüdische Schädlichkeit wurde insbesondere der Vorwurf des Christusmordes neu instrumentalisiert,[430] der in der öffentlichen Kontroverse hingegen in keiner Publikation aufgegriffen wurde.

Der Ruf »Hep« oder »Hepp«[431] kann auf unterschiedliche semantische Wurzeln zurückgeführt werden. Einerseits könnte er aus der Abkürzung des Kreuzfahrerrufes »Hierosolyma est perdita« (Jerusalem ist verloren)[432] entstanden sein. Andererseits bezeichnete der Begriff »Hep« im süddeutschen Raum auch einen Zuruf an Ziegen, mit denen Juden aus verschiedenen Gründen in Zusammenhang gebracht wurden. Zunächst war der Ziegenbock das Sinnbild des Teufels, mit dem Juden identifiziert wurden, andererseits könnte es eine Verspottung der bei Juden üblichen Spitzbärte gewesen sein, die denen der Ziegen glichen. Eine weitere Erklärung besagt, der Begriff »Hep« setze sich aus den Namen

427 *Anonymus*, Vermischte Nachrichten, 13.8.1819.

428 Vgl. *Hortzitz*, ›Früh Antisemitismus‹, S. 54f.; *Katz*, Vom Vorurteil, S. 103–105;

429 Für das Folgende vgl. *Berding*, Moderner Antisemitismus, S. 69.

430 Vgl. Anonymus, Brüder in Christo, Flugschrift 1819, abgedruckt in: *Sterling*, Judenhaß, S. 171. Ein anderes Flugblatt aus Kreuznach äußerte sich folgendermaßen: »*Kreuzenacher! Das Vehmgericht hat beschlossen: Daß auf den langen Tag alle Juden aus Teutschland gejagt werden sollen. Es erwartet daß die Stadt Kreuznach dabey nicht zurück bleibt. Hep Hep*« *Ministerium des Inneren*, Beschimpfung und Verfolgung, 1819–1846, S. 64.

431 Die unterschiedliche Schreibweise zwischen Hep und Hepp liefert nur geringe Hinweise über die Herkunft des Begriffes, gleichzeitig kann auch keine eindeutige Präferenz für eine der beiden Schreibweisen nachgewiesen werden; beide Varianten werden in der zeitgenössischen Publizistik ungefähr gleichmäßig verwendet.

432 Vgl. *Katz*, Vom Vorurteil, S. 102.

der größten Judenfeinde zusammen: Haman, Esau und Pharao.[433] Es könnte ebenso eine Aufforderung zum Sprung bzw. zum Davonlaufen oder Davonjagen gewesen sein.[434] Der Ausruf »Hep Hep« war dabei nicht an die Unruhen von 1819 gebunden, sondern in Würzburg bereits seit längerer Zeit in Gebrauch; neu war die Übernahme der Formulierung in anderen Teilen Deutschlands.[435] Als Anfeuerungsruf zur kollektiven Erhebung gegen Juden verselbstständigte er sich und wurde über Würzburg hinaus zu einem Kampfruf, der die Mehrheit der Krawalle gegen Juden begleitete.[436]

Bei der Analyse der Konflikte muss betrachtet werden, inwieweit sich diese vor dem Hintergrund aktueller sozialer Notlagen entzündeten. Ebenso muss die Frage beantwortet werden, ob ein Zusammenhang zwischen antijüdischen Aggressionen und gesellschaftlichen Problemen hergestellt werden kann. Gleichermaßen fraglich ist, in welchem Umfang das Verhalten der Behörden, Regierungen und der Polizei zu einer Eskalation der Situation beitrug bzw. eine solche verhindern konnte. Wahrscheinlich ist, dass nur eine gegen Juden gerichtete Unzufriedenheit in der Lage war, einen solchen Grad zu erreichen, dass sie sich in gewalttätigen Ausbrüchen entlud – fraglich bleibt, ob die Behörden bei einer öffentlichen Feindschaft gegen andere Gruppen eher und massiver eingeschritten wären.[437] Einen Grund für die Massivität der Ausschreitungen sahen zeitgenössische Autoren zudem in der publizistischen Debatte, in der antijüdische Überzeugungen und Standpunkte verbreitet wurden.[438]

Die Bedeutung dieser drei Elemente – erstens der Zusammenhang zwischen den Unruhen und allgemeinen sozialen Konflikten, zweitens das Verhalten der Regierungen bzw. der Polizei und drittens der Beitrag der öffentlichen Kontroverse – kann am Beispiel Preußens überprüft werden. In Preußen entwickelten die Ausschreitungen keine so breite Wirkung wie in den süddeutschen Ländern. Zwar waren auch hier einzelne Gemeinden betroffen, dennoch blieb es im Vergleich zu Baden oder Bayern verhältnismäßig gewaltfrei. Unter den preußischen Gemeinden, in denen es zu Tumulten kam, finden sich unter anderem Danzig, Grünberg, Königsberg, Breslau, Koblenz, Hamm und Dormagen.[439] Erste Anzeichen für Unruhen zeigten sich Mitte August in der Rheinprovinz. Die Proteste

433 Vgl. *Lewin*, Geschichte der badischen Juden, S. 193.

434 Vgl. *Erb/Bergmann*, Nachtseite der Judenemanzipation, S. 219.

435 Vgl. *Rohrbacher*, Gewalt im Biedermeier, S. 95.

436 Vgl. *Battenberg*, Das europäische Zeitalter der Juden, S. 123.

437 Vgl. *Katz*, Vom Vorurteil, S. 105.

438 Vgl. *Anonymus*, Korrespondenz und Notizen, 22.10.1819; der Verfasser dieses Beitrages kritisierte zugleich auch Stimmen, die bedingungslos für eine Integration von Juden eintraten. Zudem erließen die Mehrzahl der betroffenen Städte Rede- und Publikationsverbote. Vgl. *Anonymus*, Frankfurt, 20.8.1819.

439 In Dormagen gestaltete sich die Situation dabei grundlegend anders, denn dort kam es zu einer Ritualmordbeschuldigung, die Unruhen nach sich zog. Vgl. *Rohrbacher*, Hep-Hep-Krawalle.

äußerten sich zunächst nur in einzelnen Ereignissen, so in der Beleidigung eines Juden und Proklamationen, die zur Vertreibung von Juden aufriefen. Erst Mitte September kam es zu gewaltsamen Ausschreitungen, so in Enger und Hamm in Westfalen, in Danzig und der Rheinprovinz. Insgesamt gelangten die Hep-Hep-Unruhen mit deutlicher Verzögerung nach Preußen und bezogen sich ab Mitte Oktober mehrheitlich auf den Ritualmordvorwurf in Dormagen.[440] Besonders erstaunlich war das Ausbleiben von Unruhen in Berlin und Posen, die von den Ereignissen offenbar kaum berührt wurden. Die einzigen verwertbaren Hinweise vonseiten der preußischen Behörden finden sich in den Unterlagen des Geheimen Preußischen Staatsarchivs, so ein Bericht aus Posen vom 4. September 1819 über Gewalttätigkeiten gegen Juden in Lissa und vom 9. September über einzelne Unruhen in Köln.[441]

Der wohl entscheidende Grund für die verhältnismäßig geringen Ausschreitungen in Preußen war das zügige Eingreifen der Behörden, die dem Ausbruch von Krawallen durch Ordnungsmaßnahmen zuvorkamen. Dabei basierten diese Maßnahmen nicht ausschließlich auf der Absicht, Juden zu schützen. Der wichtigere Faktor für die massiven Bemühungen war die Angst der preußischen Regierung vor geheimbündlerischen Umtrieben, liberalen Entwicklungen und revolutionären Ideen. Es scheint andererseits fraglich, ob es zu einem solchen Einschreiten gekommen wäre, wenn ›nur‹ antijüdische Pogrome befürchtet worden wären, denn diese beurteilten die Behörden häufig als weniger schwerwiegend, und aus diesem Grund bestand für sie keine dringende Notwendigkeit, tätig zu werden.[442] Die preußischen Behörden waren über die Vorgänge und Geschehnisse in Würzburg und Bayern offenbar gut informiert und versuchten frühzeitig ein Übergreifen der Gewalt zu verhindern.[443] Das Königlich Preußische Polizeipräsidium verfügte in einem Publicandum vom 30. September 1819, dass, um die »allgemeine Ruhe und Sicherheit zu erhalten«[444], folgende Maßnahmen zu befolgen seien. Hauswirte wurden verpflichtet, bei entstehendem Lärm ihre Häuser zu verschließen, Eltern, Schullehrer und Herrschaften mussten verhindern, dass die ihnen Unterstellten die Volksmassen vergrößerten, im gleichen Sinne sollten Handwerker ihre Gesellen überwachen. Wer diesen Anordnungen nicht Folge leistete, riskierte Leib- und Geldstrafen, wie auch

440 Vgl. *Rohrbacher*, Gewalt im Biedermeier, S. 114–118.

441 Vgl. *Ministerium des Inneren*, Beschimpfung und Verfolgung, 1819–1846, S. 15 und 18.

442 Vgl. *Rohrbacher*, Gewalt im Biedermeier, S. 276 f.

443 Vgl. *Ministerium des Inneren*, Bekehrung der Juden, 1822–1844; die Beobachtung der Ereignisse in Bayern findet sich in Gesandtschaften (Residenturen) und (General-)Konsulate, Antijüdische Ausschreitungen, August – November 1819 unter dem Titel »Antijüdische Ausschreitungen in Würzburg, Maßnahmen des Deutschen Bundes zur Unterdrückung revolutionärer Aktionen und Bewegungen«.

444 Publicandum vom 30. September 1819 vom Königl. Pr. Polizei-Präsidium in: *Ministerium des Inneren*, Beschimpfung und Verfolgung, 1819–1846, S. 46.

diejenigen, die Schreie oder Lärm auf den Straßen verursachten, mit Strafen zu rechnen hatten.[445]

Zeitgleich schien allein die antijüdische Publizistik in Preußen nicht ausreichend für eine Aufladung der Öffentlichkeit bis hin zu gewaltsamen Ausschreitungen. Während in Baden und Bayern die Landtagsberatungen über die Emanzipation von Juden wohl maßgeblich zu den Unruhen beitrugen, kam es in Preußen, trotz der auch dort zirkulierenden Schriften oder der Aufführung des Theaterstückes »Unser Verkehr«, zu keiner so starken antijüdischen Ausrichtung der allgemeinen Stimmungslage. Wahrscheinlich auch aufgrund der Tatsache, dass die preußische Regierung nicht beabsichtigte, Juden weitere Rechte zu gewähren, was durch ihr Verhalten infolge des Wiener Kongresses und die beginnende Einschränkung der Emanzipationsgesetzgebung deutlich geworden war. Infolgedessen schienen allein wirtschaftliche und soziale Spannungen nicht in der Lage, gewalttätige Ausschreitungen gegen die jüdische Minderheit entstehen zu lassen, sodass davon ausgegangen werden muss, dass nur durch das Zusammenwirken verschiedener Faktoren Pogrome wie in Baden und Bayern erwachsen konnten.

Erst die Unruhen bewirkten in den meisten deutschen Staaten einen Rückschritt bzw. eine Verzögerung in der Emanzipationsgesetzgebung.[446] Preußen fühlte sich infolge der Ereignisse in seiner restaurativen Politik bestätigt. In keinem Fall begann diese Entwicklung jedoch erst mit den Hep-Hep-Unruhen, vielmehr erscheint es erstaunlich, wie unabhängig die behördlichen Beratungen und Diskussionen von der öffentlichen Stimmung waren, da die Ausschreitungen keinen offensichtlichen Nachhall in ministeriellen Entscheidungen fanden.[447] Die Hep-Hep-Unruhen dienten in den folgenden Jahren ausschließlich wiederholt als Vorwand, die Judenemanzipation zu verzögern, unter anderem mit Verweis auf die ›öffentliche Meinung‹ und die Gefahr von öffentlichen Unruhen.

Antijüdische Übergriffe bildeten für die in Deutschland lebenden Juden eine neue Erfahrung. Waren sie bisher auch einem latenten, verbalen Antijudaismus ausgeliefert gewesen, hatte es doch kaum gewalttätige Übergriffe gegeben. Dabei stellten die Hep-Hep-Unruhen den Höhepunkt der antijüdischen Ausschreitungen im Vormärz dar. Bis 1848 ereigneten sich wiederholt punktuelle gewalttätige

445 Vgl. Publicandum vom 30. September 1819 vom Königl. Pr. Polizei-Präsidium in: ebd., S. 46 f.

446 So verschob Bayern die angedachte Gesetzgebung in die 1830er Jahre, und die Frankfurter Juden mussten in ihrem Streit mit dem Senat Rückschläge hinnehmen.

447 Auch für Nürnberg und Frankfurt ließen sich keine grundlegenden Änderungen in der Judenpolitik nach den Unruhen ausmachen. Die kurzzeitige Ausweisung von Juden aus Würzburg wurde nach dem Ende der Krawalle wieder rückgängig gemacht. Vgl. *Rohrbacher*, Gewalt im Biedermeier, S. 154.

antijüdisch geprägte Ausschreitungen.[448] Davon betroffen waren hauptsächlich die süddeutschen Staaten, von denen auch die Hep-Hep-Krawalle ihren Ausgang genommen hatten. In Preußen kam es zu verhältnismäßig wenig gewaltsamen Tumulten; so wurde 1830/1831 und 1844 Breslau zum Schauplatz von Unruhen, und 1847 richteten sich die ›Hungerkrawalle‹ in Berlin auch gegen Juden.[449]

Die Wirkung der Übergriffe auf die publizistische Auseinandersetzung war nur gering. Abgesehen von Flugschriften und Anschlägen, die sich auch nach 1819 wiederholt fanden und in denen auf die Hep-Hep-Unruhen Bezug genommen wurde, kam es nur zu einer oberflächlichen zeitgenössischen Analyse der Ereignisse,[450] obwohl eine umfangreiche und detaillierte Berichterstattung in den süddeutschen Zeitungen erfolgte. Einzelne Publikationen verurteilten die Verfolgung und Vertreibung von Juden und wiesen auf die damit verbundenen Gefahren hin; sie forderten eine menschliche Behandlung, verbunden mit dem Hinweis, dass Judenverfolgungen bald auch »Menschenverfolgungen«[451] nach sich ziehen würden. Für sie war ein solches Verhalten in keinem Fall mit christlichen Grundsätzen zu vereinbaren.[452] Ein anonymer Autor betonte ausdrücklich, dass der gegen Juden laut werdende Hass keinen Bezug zum Fanatismus offenbare, vielmehr sei es nur »eine und dieselbe Quelle der Unzufriedenheit, woraus diese und andere bedenkliche Symptome der Zeit herfließen«; diese Quelle sah der Autor in dem »Unrecht von Oben, welches Unrecht von Unten ruft«[453]. Er gab die Schuld für die Ausschreitungen somit den »schlechten Staatsdienern«[454], die schlechte Juden hervorgebracht hätten, und stellte damit einen deutlichen Zusammenhang zwischen der politischen Situation von Juden und den Unruhen her. Andere Autoren wiesen darauf hin, dass die Krawalle die unsichere und traurige Lage der Israeliten in Deutschland unter Beweis gestellt hätten, und forderten die deutsche Bundesversammlung auf, das darin offensichtlich werdende Problem schnell und zeitnah zu lösen.[455] Die Nachrichten der periodischen Presse waren mehrheitlich ebenfalls vom Glauben an die Unrechtmäßigkeit der Ausschreitungen dominiert;[456] so finden sich keine

448 Eine Übersicht der antijüdischen Ausschreitungen zwischen 1800 und 1850 bietet *Hortzitz*, ›Früh Antisemitismus‹, S. 54–60.

449 Vgl. ebd., S. 54–60.

450 Zu den wenigen Schriften gehörten *Voß*, Die Hep Heps, 1819; *Kacadeus*, Der reiche Moyses, 1819; *Philopatros [Bergk]*, Die Stimme des Volcks, 1819; *Philalethes [Simon]*, Beleuchtung der Stimme, 1819; *Anonymus*, Das Judenthum, 1819 und *Künneth*, Christen gegen Juden, 1819.

451 *Voß*, Die Hep Heps, 1819, S. 48. Diese Formulierung legt nahe, dass Juden nur mit Einschränkungen als ›Menschen‹ begriffen wurden.

452 Vgl. ebd., S. 9, 11 und 14.

453 *Anonymus*, Tagesneuigkeiten, 5.9.1819, S. 1667.

454 Ebd., S. 1668.

455 Vgl. *Anonymus*, Auftritte gegen Juden, 10.9.1819, S. 727.

456 Vgl. *Anonymus*, Korrespondenz und Notizen, 22.10.1819.

Artikel, die eine Berechtigung der Pogrome konstatierten. Nur in den unmittelbar von Unruhen stark betroffenen Gebieten äußerten sich Stimmen, die ihre Zufriedenheit über die Ereignisse zum Ausdruck brachten; so habe der »Übermuth der Juden die Züchtigung überall verdient, und nur hin und wieder erhalten«[457]. Doch selbst von Emanzipationsgegnern wurde der ›Erfolg‹ der Pogrome infrage gestellt, denn die »Mißhandlungen einzelner Juden werden nicht dazu beitragen, die Zahl oder die Rechte von Juden zu vermindern«[458]. Ein wirksameres Mittel glaubten sie in der Verhinderung der Einwanderung fremder Juden und der Steuerung der jüdischen Berufsstruktur und damit in staatlichen Maßnahmen zu erkennen.[459] Erstaunlich ist die Tatsache, dass in preußischen Zeitschriften nahezu keine Berichterstattung über die Unruhen erfolgte. Sie wurden nicht erwähnt und spiegelten sich auch in den Korrespondenzberichten der verschiedenen Zeitungen nicht wider. Anscheinend war die preußische Zensur in der Lage, entsprechende Berichte und Schilderungen zügig zu verbieten und dadurch eine Aufladung der allgemeinen Stimmung zu verhindern.[460] Auch jüdische Stellungnahmen gelangten kaum in die öffentliche Wahrnehmung oder fanden sich erst mit deutlichem zeitlichem Abstand. Es lässt sich keine Schrift eines jüdischen Autors ausmachen, der die Folgen der Hep-Hep-Unruhen für die jüdische Gemeinschaft schilderte; die jüdischen Publikationen um 1819 enthielten keine ausdrücklichen Bezüge auf die Unruhen des Jahres.[461] Ursächlich dafür war die Tatsache, dass Juden in den Jahren 1819 und 1820 nur eine Zeitschrift zur Verfügung stand, in der eine zeitnahe Auseinandersetzung hätte stattfinden können; in der 1820 erschienenen »Sulamith« bezog hingegen kein Artikel Stellung zu den Ausschreitungen des vergangenen Jahres, ebenso wenig enthielten die Berichte aus den verschiedenen Ländern und Staaten Hinweise auf antijüdische Unruhen. Grundlegend in den späteren jüdischen Betrachtungen nach 1820 war die Frage, welches Verhalten für Juden nach den Ausschreitungen angeraten sei – die Beantwortung fiel dabei durchaus unterschiedlich aus. Eine Gruppe befürwortete eine schnelle und umfangreiche Assimilation, um dadurch antijüdischen Protesten vorzubeugen und tradierte Stereotype und Vorurteile ad absurdum zu führen. Die andere Seite forderte einen engeren Zusammenschluss der jüdischen Gemeinschaft, um Angriffe abwehren zu können – damit verbunden

457 *Anonymus*, Coblenz, 16.8.1818, S. 452.

458 *Anonymus*, Judenverfolgung, 14.–15.9.1819, Nr. 219, Sp. 1747.

459 Ebd., Nr. 219, Sp. 1748.

460 Die Zensurakten der preußischen Regierung lassen ihre Handlungen leider nur erahnen und nicht detailliert nachvollziehen, da sie sich hauptsächlich mit der Umsetzung der Karlsbader Beschlüsse und nicht mit einzelnen zensierten Schriften, Mitteilungen oder Artikeln auseinandersetzen und für die Zeit um 1819 keine Zensurlisten existieren. Vgl. *Ministerium des Inneren*, Censur-Anwendung, 1819–1844 und *Ministerium des Inneren*, Censur-Anwendung, 1844–1849.

461 Vgl. *Wolff*, Wieder Juden, 1819.

war ein verstärkter Rückzug auf die eigene Gemeinschaft und eine Abschwächung der Assimilationsbereitschaft.

4.3 Die Karlsbader Beschlüsse und ihre Auswirkung auf die Emanzipationsdebatte

Die Zensur wurde im aufgeklärten Absolutismus zu einem intensiv genutzten Mittel, um aufkommende politische Bewegungen, insbesondere den Liberalismus, zu kontrollieren und die Machtposition des Monarchen zu festigen. Im Laufe des 19. Jahrhunderts kam es zu Veränderungen im Verständnis der Zensur; war sie zuvor als grundsätzlich rechtmäßig und notwendig angesehen und aufgrund dessen nicht hinterfragt worden, begriff die stärker werdende Öffentlichkeit Zensur zunehmend als unrechtmäßig, sodass zensorische Maßnahmen verstärkt einer differenzierten gesetzlichen Rechtfertigung bedurften. Zensur als »Projekt zur Beeinflussung der öffentlichen Meinung«[462] bemühte sich im Vormärz um eine zentrale Kontrolle des Informationsflusses und der damit verbundenen Meinungsbildung. Bei der Auseinandersetzung mit der Zensur muss zwischen politischer und kirchlicher Kontrolle unterschieden werden, denn beide Institutionen versuchten gegen missliebige Äußerungen vorzugehen. Für die Debatte über die jüdische Frage war nur die politische Kontrolle von Bedeutung, da in diesem Zusammenhang kaum Schriften veröffentlicht wurden, die die Lehren der christlichen Kirchen grundsätzlich infrage stellten. Auch wenn sich verschiedene Autoren in der Beschäftigung mit der Judenemanzipation indirekt auch mit dem Christentum auseinandersetzen mussten, offenbarte sich dabei weder umfassende Kritik an den christlichen Lehren, noch gab es nachhaltige Forderungen nach ihrer Einschränkung oder gar Beseitigung. Aus diesem Grund kann keine religiöse Zensur innerhalb der Kontroverse um die jüdische Emanzipation beobachtet werden. Zeitgleich wurde die Zensur zudem immer stärker in den Händen des Staates konzentriert.

Die Regierungen verfügten für die Überwachung öffentlicher Meinung nicht nur über die Möglichkeit der Zensur, sie versuchten parallel dazu, durch die Herausgabe von Amtsblättern und Staatszeitungen die Meinungsbildung direkt zu beeinflussen. Von der vorbeugenden, negativen Zensur sollte zu einer aktiven Meinungsbildung übergegangen werden. Eine solche ›regierungstreue‹ Zeitschrift war die »Allgemeine Preußische Staatszeitung« (1819–1843). Sie beinhaltete amtliche und behördliche Bekanntmachungen, politische Veröffentlichungen aus den Provinzen und dem In- und Ausland;[463] die Informationen waren vereinheitlicht und wurden von zentralen Stellen verfasst. Ihre versuchte

462 *Schömig*, Politik und Öffentlichkeit, S. 361.
463 Vgl. ebd., S. 365.

Etablierung belegt, dass Öffentlichkeit als selbstständiges Element wahrgenommen wurde, an das der Staat appellieren musste, um glaubwürdig bleiben zu können.[464] Die Preußische Staatszeitung versuchte, der öffentlichen Meinung die ›richtige Beurteilung‹ der innen- und außenpolitischen Entwicklungen zu vermitteln, war in diesem Bestreben aber nur mäßig erfolgreich, denn sie entsprach nicht den Interessen der Leserschaft und ihre Verbreitung blieb trotz einer vielfältigen und umfangreichen Förderung gering.[465]

Die Lenkung der öffentlichen Meinung durch die Regierungen wurde zusätzlich durch die Tatsache erschwert, dass frühliberale Bewegungen eine ihrer wichtigsten Forderungen in der Herstellung der Pressefreiheit sahen. Für sie war Pressefreiheit gleichbedeutend mit der Freiheit der Stimme des Volkes, und sie verwahrten sich gegen alle Versuche staatlicher Behörden, diese zum Verstummen zu bringen;[466] Entsprechend intensiv nutzten sie die Möglichkeiten der periodischen Presse. Die Gegner einer absoluten Freiheit des gesprochenen und geschriebenen Wortes bezogen sich bei ihrer Ablehnung hingegen auf Hegel, der der öffentlichen Meinung skeptisch gegenüberstand und bezweifelte, dass sie einen Einfluss auf die Staatsführung haben sollte. Aufgrund ihrer Beliebigkeit und Flüchtigkeit sprach sich Hegel gegen die Freiheit der Presse aus. Bei ihm war die Freiheit, ›zu schreiben, was man will‹, identisch mit der Freiheit, ›zu tun, was man will‹, und solche Handlungsweisen könnten nicht positiv auf das Zusammenleben in einem Staat wirken.[467] Die dadurch hervorgerufenen Ausschweifungen müssten vielmehr durch bestrafende polizeiliche Gesetze und Anordnungen zum Wohle der inneren Sicherheit verhindert werden.[468]

Vor diesem Hintergrund wurden auf der Karlsbader Ministerialkonferenz vom 6. bis zum 31. August 1819 verstärkte und gemeinsame Maßnahmen zur Überwachung liberaler und nationaler Tendenzen in Deutschland gesucht und beschlossen. Anlass für die Konferenz unter Leitung Metternichs war die in Deutschland und Europa verbreitete Furcht vor neuen revolutionären Entwicklungen und Unruhen. Als konkreter Auslöser fungierte die Ermordung von August Kotzebue durch den Studenten und Turner Karl Ludwig Sand.[469] Die Vereinbarungen wurden von der Frankfurter Bundesversammlung in einem Eilverfahren am 20. September bestätigt. Auch wenn sie tief in die Rechte der einzelnen Mitgliedstaaten eingriffen, bot sich nun erstmals die Chance, zu einer einheitlichen Regelung zu gelangen, wodurch zahlreiche ›Lücken‹ auch in den Zensurgesetzen der einzelnen Staaten geschlossen werden sollten. Die Karlsbader

464 Vgl. *Koselleck*, Preußen, S. 413 ff.
465 Für die Staatszeitungen vgl. *Schömig*, Politik und Öffentlichkeit, S. 372–381.
466 Vgl. *Schneider*, Pressefreiheit, S. 224.
467 Vgl. *Hegel*, Grundlinien der Philosophie, 1821, § 319.
468 Vgl. ebd.
469 Zur Ermordung Kotzebues vgl. *Simon*, Kotzebue; *Brückner*, ...bewahre uns Gott und *Williamson*, August von Kotzebue.

Beschlüsse setzten sich aus vier Einzelgesetzen – der Exekutionsordnung,[470] dem Universitätsgesetz,[471] dem Preßgesetz und dem Untersuchungsgesetz[472] – zusammen, die in ihrer Gesamtwirkung die Entfaltung einer unabhängigen, öffentlichen Meinung nachhaltig erschwerten bzw. verhinderten. An dieser Stelle sollen die Folgen des Preßgesetzes für die Entwicklung der öffentlichen Kommunikation und insbesondere für die Emanzipationsdebatte untersucht werden. Die Initiatoren des Gesetzes hatten beabsichtigt, bedeutsame politische Fragen von der öffentlichen Tagesordnung zu verdrängen, um zu verhindern, dass sich bürgerliche Gesellschaft politisch formierte, und um die Verbreitung neuer geistiger Strömungen durch die Unterbindung der öffentlichen Kommunikation zu begrenzen.[473]

Das wichtigste Element des neuen Preßgesetzes bzw. der »Provisorischen Bestimmungen hinsichtlich der Freiheit der Presse«[474] war die Verbindlichkeit der Vorzensur für alle Werke unter zwanzig Bogen (320 Seiten) und sämtliche Periodika sowie die nachträgliche Repressivzensur für Bücher. Dabei usurpierte der Bundestag die absolute Zentralgewalt und machte die einzelnen Bundesstaaten zu Exekutivorganen. Jedes Mitglied des Bundes wurde verpflichtet, eine Zensur durchzuführen, in der die Interessen aller Bundesstaaten berücksichtigt werden sollten. Der Begriff ›Zensur‹ erschien im gesamten Gesetz nicht, sondern wurde mit der Bezeichnung ›vorgängige Genehmhaltung‹ umschrieben. Als Mittel zur Durchsetzung wurden Untersuchungs- und Unterdrückungsgewalt verfügt. In Bezug auf Zeitschriften durften unliebsame Passagen geändert oder vollkommen gestrichen werden;[475] dabei unterlag bei einem Verstoß gegen das Preßgesetz nicht nur die jeweilige Ausgabe der Zensur, sondern es konnte das weitere Erscheinen ohne Rechtfertigung und ohne Recht auf Berufung eingestellt werden.[476] Ebenso bestand die Möglichkeit, Verbote von der Bundesversammlung

470 Mit der Exekutionsordnung wurde der Bund in die Lage versetzt, auf Bundesebene getroffene Beschlüsse mit militärischen Mitteln in den einzelnen Mitgliedstaaten durchzusetzen.

471 Das Universitätsgesetz richtete sich gegen studentische Vereinigungen und missliebige Professoren. Wer geheimen Verbindungen angehörte oder bereits aufgefallen war, sollte der Universität verwiesen werden. In der Folgezeit wurden die Universitäten streng überwacht, Burschenschaften verboten und anscheinend oppositionelle Professoren entlassen. Vgl. *Huber*, Deutsche Verfassungsgeschichte, S. 739–742.

472 Das Untersuchungsgesetz bestimmte die Einrichtung einer zentralen Untersuchungsbehörde in Mainz zur Aufklärung revolutionärer Umtriebe. Vgl. *Huber*, Deutsche Verfassungsgeschichte, S. 746–749. Die Mainzer Zentral-Untersuchungskommission existierte von 1819 bis 1828, ihre Nachfolgerin war von 1833 bis 1842 die Frankfurter Bundeszentralbehörde. Vgl. *Löw*, Die Frankfurter Bundeszentralbehörde.

473 Vgl. *Schneider*, Pressefreiheit, S. 244 und Preßgesetz vom 20. September 1819, § 3.

474 Abgedruckt bei *Huber*, Deutsche Verfassungsgeschichte, S. 91 ff.

475 Vgl. Preßgesetz vom 20. September 1819, § 6.

476 Für den Redakteur zog ein solches Einschreiten ein Berufsverbot von fünf Jahren nach sich. Vgl. Preßgesetz vom 20. September 1819, § 7.

auf Vorschlag und nach Vorarbeit der Pressekommission zu erlassen. Das Preßgesetz wurde zunächst auf fünf Jahre befristet – sein Außerkrafttreten war für den 20. September 1824 vorgesehen –, 1824 wegen der ›unermüdlichen Tätigkeit‹ der ›Friedensstörer‹ verlängert und galt formal bis 1848.[477] Das Karlsbader Preßgesetz beseitigte die Pressehoheit der einzelnen Länder, d. h., die Regelungen der Staaten wurden durch das Bundesgesetz ergänzt bzw. überlagert. 1834 kam es zu Zusatzbestimmungen, den sogenannten Geheimen Wiener Beschlüssen; durch diese Maßnahmen erfolgte eine Verschärfung der Karlsbader Gesetze, was dem deutschen Bund eine noch umfassendere Kommunikationskontrolle ermöglichte.[478]

In Preußen war bis zu diesem Zeitpunkt eine Zensurfreiheit zwar nicht gesetzlich verankert gewesen,[479] der preußische Monarch hatte es jedoch 1798 abgelehnt, die Zensurverordnung über Flugschriften zu erneuern.[480] Das preußische Zensurwesen beruhte mehr auf dem Ermessen der Behörden als auf detaillierten gesetzlichen Bestimmungen.[481] Die Verantwortlichkeiten und Strafen für Presseverbrechen und -vergehen waren im ALR im 20. Titel des 2. Teils geregelt;[482] diese Bestimmungen wurden nun durch die Karlsbader Beschlüsse überlagert. Am 18. Oktober 1819 wurde das Zensuredikt von 1788 im Sinne der aktuellen Vorgaben erneuert.[483] Anschließend unterlagen praktisch alle Schriften der Zensur, als kontrollierende Behörde wurde das Ober-Zensur-Kollegium in Berlin eingerichtet, das im Dezember 1819 seine Arbeit aufnahm.[484] Verschiedene Kompetenzstreitigkeiten erschwerten die Arbeit der Kommission, denn sowohl Innen- als auch Außenministerium, aber auch das Kultusministerium erließen häufig willkürlich Verbote, sodass das Wirken der Zensur-Kommission bis 1824 als unstetig charakterisiert werden muss.[485] Um dieser Entwicklung entgegenzuwirken, erließ Staatskanzler Hardenberg im Januar 1820 eine ausführliche Instruktion für Zensoren; sie enthielt unter anderem Anweisungen für die

477 Vgl. *Koszyk*, Deutsche Presse, S. 57.

478 Vgl. *Greiling*, Presse und Öffentlichkeit, S. 470 f. und *Blumenauer*, Journalismus, S. 30 f.

479 Zur preußischen Zensurpolitik zwischen 1789 und 1815 vgl. *Hofmeister-Hunger*, Pressepolitik und Staatsreform, S. 256–273.

480 1792 und 1794 war es zur Verschärfung der Zensur gekommen, die sich jedoch nur auf Revolutionsliteratur bezog. Vgl. ebd., S. 73.

481 Vgl. *Koszyk*, Deutsche Presse, S. 39.

482 Vgl. §§ 620–624, Strafen für Schmähschriften und §§ 625–627, Strafen für nachlässige Zensoren.

483 Im Unterschied zu der strikten Verwirklichung der Karlsbader Beschlüsse in Preußen, Österreich, Baden und Nassau versuchten Bayern, Württemberg und Sachsen-Weimar sich den Regelungen zu widersetzen; sie handhabten die Vorgaben des Bundes deutlich liberaler.

484 Der Zensurkommission gehörte neben dem Berliner Historiker Friedrich von Raumer unter anderen Justizrat Sack an.

485 Vgl. *Koszyk*, Deutsche Presse, S. 59.

Beobachtung von Zeitschriften. Die wechselhaften Entwicklungen machten es nun in regelmäßigen Abständen notwendig, diese Hinweise zu aktualisieren und den gegebenen Verhältnissen anzupassen. 1825 wurde die Zensurgebühr in Preußen wieder eingeführt, wodurch sich eine zusätzliche Einnahmequelle für die Monarchie ergab, sich gleichzeitig die Herausgabe, insbesondere von Zeitungen, jedoch wirtschaftlich erschwerte.[486]

Die strenge Umsetzung der Karlsbader Beschlüsse im preußischen Herrschaftsgebiet war dabei unterschiedlichsten Entwicklungen geschuldet, die einem Teil der deutschen Staaten als Gefahren erschienen. Zu Beginn des 19. Jahrhunderts offenbarten sich Tendenzen durch die ›die Deutschen‹ aus einem »Volk von Nicht-Lesern zu einem Volk von Lesern«[487] wurden. Die ›Leserevolution‹ zog nicht nur quantitative,[488] sondern auch qualitative Änderungen nach sich. Nach Schätzungen stieg die Lesefähigkeit zwischen 1800 und 1870 von 25 auf 75 Prozent und erhöhte sich mit der Einführung der allgemeinen Schulpflicht weiter.[489] Hatte sich die Lektüre bis zu diesem Zeitpunkt auf einfache religiöse Schriften oder die Bibel beschränkt, erweiterte sich das Spektrum im ausgehenden 18. Jahrhundert. War Lesen bisher ein Vorrecht des Hofes und des Klerus gewesen, vergrößerte sich die Gruppe der Leser deutlich; nachvollziehbar wurde diese Entwicklung auch an der Buchproduktion. Sie wuchs zwischen 1801 und 1821 um 28 Prozent und zwischen 1828 und 1845 nochmals um 153 Prozent,[490] dabei erhöhte sich vor allem der Anteil deutschsprachiger Bücher an der Gesamtzahl.[491] Nach und nach ergriff diese ›Leserevolution‹ auch die ländliche Bevölkerung und die städtischen Unterschichten. Aus diesem Grund wurden auch die Lesegesellschaften von den Zensurbehörden streng kontrolliert; obwohl sie sich nicht explizit politisch betätigten, trugen sie doch zu einer Politisierung der Öffentlichkeit bei. Ein Verbot bzw. die Auflösung einer Lesegesellschaft in Preußen ist allerdings nicht bekannt. Dabei gab es für die staatliche Verdächtigung der Lesevereine durchaus gute Gründe, denn sie dienten zum Teil als Sammelbecken für einen politischen Austausch, dem andere Ausdrucksmöglichkeiten versagt blieben.[492]

486 Zeitungen mussten seit 1822 einen Zeitungsstempel aufweisen, der pro Exemplar einen Taler betrug; die zusätzliche Zensurgebühr betrug pro Zeitungsbogen fünf Silbergroschen. Vgl. ebd., S. 60.

487 *Nipperdey*, Deutsche Geschichte 1800–1866, S. 587.

488 Zur Alphabetisierung vgl. *Engelsing*, Analphabetentum und Lektüre.

489 Vgl. *Tenbruck*, Bürgerliche Kultur, hier: S. 270. Einschränkend muss hinzugefügt werden, dass man nur als Analphabet galt, wenn man seinen Namen nicht schreiben und lesen konnte. Vgl. *Engelsing*, Analphabetentum und Lektüre, S. 96.

490 Vgl. *Nipperdey*, Deutsche Geschichte 1800–1866, S. 588.

491 Die Anzahl der deutschen Titel stieg von 4.000 im Jahr 1826 auf über 10.000 im Jahr 1841. Vgl. *Engelsing*, Analphabetentum und Lektüre, S. 90 und 93.

492 Vgl. *Ormrod*, Bürgerliche Organisation, S. 135.

Die Zensur in Preußen erfasste alles, was den Anschein von revolutionärer Bewegung erweckte oder auch nur ›Missvergnügen‹ hervorrief. Besonders Zeitschriften waren massiv betroffen, denn sowohl die Herstellung als auch der Druck einer Zeitschrift war von behördlichen Genehmigungen abhängig; zusätzlich benötigten sie eine Erlaubnis zum Postvertrieb. Diese besondere Ausrichtung auf Periodika verdeutlicht die zunehmende Wahrnehmung von Öffentlichkeit als Faktor der Meinungsbildung und -beeinflussung, denn vor allem Journale waren fähig, zeitnah und umfangreich auf alle politischen Tagesfragen zu reagieren. Durch die gesetzlichen Regelungen konnte die preußische Zensur nun auf den Inhalt und das Absatzgebiet der Zeitschriften Einfluss nehmen; die Zensur erschwerte im Folgenden nicht nur die politische Kommunikation, sie hemmte gleichermaßen die Entwicklung eines unabhängigen und kritischen Zeitungswesens.[493] Einzelstudien belegen die quantitativen und qualitativen Veränderungen der zeitgenössischen Publizistik in diesem Umfeld; sowohl die Anzahl politischer Schriften als auch die Darstellung aktueller Themen in den Journalen gingen erheblich zurück.[494] Dennoch gab es Möglichkeiten, eine Zensur zu umgehen. Einige typische Ausweichformen[495] waren die Verlegung des Herausgabeortes in ein anderes politisches Territorium,[496] die Fortführung einer Zeitung unter einem anderen Namen oder die Anonymität des Verlagsortes und der Autoren.[497]

Durch die neue Zensurpolitik mit ihren strengen Maßstäben verschwand ein großer Teil der aktuellen politischen Debatten aus den Zeitschriften und Journalen. Zunehmend waren von dieser Entwicklung auch Bücher politischen Inhalts betroffen. Erkennbar wurden die Folgen der Zensur in der Debatte um die ›Judenfrage‹ an einem deutlichen Rückgang der Artikel, in denen auf den aktuellen Stand der jüdischen Emanzipation eingegangen wurde. Auf dem Büchermarkt dominierten bspw. historische Abhandlungen über Juden und Judentum. In diesen offenbarten sich zwar wiederholt Anklänge an die zeitgenössische Entwicklung, aber eine kritische Auseinandersetzung war zunächst kaum mehr möglich.

Bedingt dadurch schwächte sich die publizistische Debatte über die Integration von Juden nachhaltig ab, konnte aber in keinem Fall zum Verstummen

493 Vgl. *Blumenauer*, Journalismus, S. 24.

494 Für die Zeitungen kann das gut untersuchte Beispiel der »Augsburger Allgemeinen Zeitung« herangezogen werden, in der sich immer weniger politische Meldungen aus Deutschland und Österreich fanden. Vgl. *Blumenauer*, Journalismus und *Funk*, Die Verfassungsfrage.

495 Für die folgende Auflistung vgl. *Gerth*, Bürgerliche Intelligenz, S. 69.

496 Die preußische Zensur wurde erst im Januar 1844 auf im Ausland gedruckte Schriften ausgedehnt. Vgl. *Ministerium des Inneren*, Censur-Anwendung, 1819–1844, Bd. 1, S. 241.

497 Ein Beispiel für die erfolgreiche Umgehung der Zensur war die Schrift von *Hartwig Hundt-Radowsky*, »Der Judenspiegel«; Hundt-Radowsky, der aufgrund seiner Schrift mit Verfolgung rechnen musste, verließ Preußen, während seine Publikation verboten wurde. Dennoch wurden innerhalb weniger Wochen rund 10.000 Exemplare seines Judenspiegels verkauft. Cannstadt und Reutlingen wurden zu den offiziellen Druckorten.

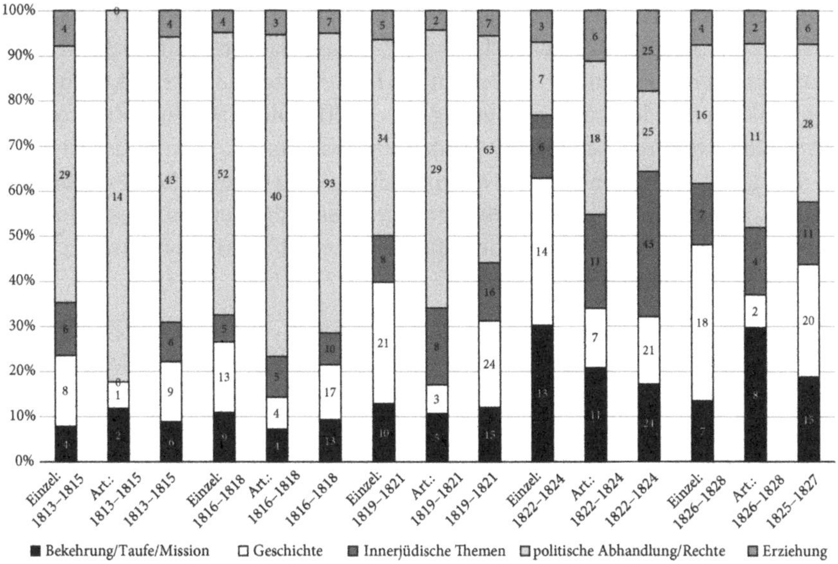

Graphik 9: Thematische Ausrichtung der Schriften zwischen 1813 und 1827 (prozentualer und absoluter Anteil)

Eigene Darstellung.

gebracht werden. Dabei existierte kein dezidiertes Verbot, wie im Schriftenstreit um 1803, das sich gegen Schriften ›zugunsten oder -ungunsten von Juden‹ gerichtet hätte; vielmehr berührte die ›Judenfrage‹ immer auch politische Überlegungen, bot umfassende Möglichkeiten, sich mit der zeitgenössischen Regierungspolitik, aber auch der Gegenüberstellung von bürgerlicher Gesellschaft und Staat zu befassen, und rückte dadurch wiederholt ins Blickfeld der Zensoren. Im Verzeichnis des »Allgemeinen Repertoriums der neuesten in- und ausländischen Literatur« erschienen seit 1821 monatliche Verzeichnisse der jeweils verbotenen Schriften, unter denen sich wiederholt Schriften aus dem Umfeld der Judenemanzipation finden.[498] Die Hoffnung auf öffentliche Meinung als

498 Vgl. *Anonymus*, Bücherverbote, 1823; *Anonymus*, Censurangelegenheiten und Bücherverbote, 1823. Sehr häufig wurde das Erscheinen von Zeitschriften verboten, so bspw. des Oppositionsblattes (*Anonymus*, Bücherverbote und Bestrafungen, 1820). Von einem Verbot betroffen war auch der 2. Jahrgang der von Ascher herausgegebenen Zeitschrift »Der Falke«. Vgl. *Anonymus*, Bücher-Verbote, 1819. Die Unterlagen des GStA belegen zudem, dass zahlreiche Schriften nicht zur Veröffentlichung gelangten und als handgeschriebene Manuskripte nie zum Druck kamen. Zu ihnen gehört bspw. die Schrift von Nathan Reiß, »Was haben die Juden noch vom Reste des neunzehnten Jahrhundert für die Verbesserung ihrer bürgerlichen Verhältnisse zu hoffen« aus dem Jahr 1821. Die betreffenden Schriften werden in der folgenden Betrachtung der Debatte nicht aufgenommen, da sie nicht in die Öffentlichkeit gelangten. Gleichzeitig können keine genauen Angaben über die Anzahl der verbotenen bzw. nicht

positiver Faktor für das Fortschreiten der jüdischen Integration, wie sie sich in zahlreichen Schriften ausgedrückt fand,[499] musste dadurch enttäuscht werden. Auf der anderen Seite äußerten sich ebenso Befürworter dieser restriktiven Pressepolitik, da nur der Staat weise genug sei, die öffentliche Meinung angemessen zu lenken, wodurch gefährliche Tendenzen, insbesondere von jüdischer Seite verhindert werden könnten,[500] was ein Beitrag in der »Königlich Preußischen Staats-, Kriegs- und Friedens-Zeitung« gegen den jüdischen Publizisten Johann Jacoby vom Juni 1831 belegt, in dem die Grenzen publizistischer Tätigkeit deutlich aufgezeigt wurden:

»Der wohlbekannte Verfasser des Aufsatzes in Nr. 118 des Hesperus ist als Schriftsteller, sowie nach seiner amtlichen Stellung hieselbst mit den Zensureinrichtungen in Preußen genau bekannt. Er weiß sehr wohl ... daß weder ihm noch der Redaktion der hiesigen Zeitung das Recht zusteht, die Maßregeln der Zensurbehörde zu beurteilen oder wohl gar, wie es hier geschieht, zu bekritteln.«[501]

Diese Einschätzung wurde ergänzt um die Aussage:

»Einer Zeitungsredaktion steht es nicht zu, das Publikum für besondere Ansichten zu gewinnen; dem Urteil desselben muß nicht vorgegriffen werden, die Resultate der Begebenheiten werden solches leiten ...«[502]

Gleichzeitig ermöglichte die Beruhigung der öffentlichen Kontoverse der jüdischen Gemeinschaft, auf eigenständige Journale hinzuarbeiten, da in diesem Bereich zahlreiche zeitintensive Genehmigungsverfahren und Prüfungen zu durchlaufen waren. In den Unterlagen des preußischen Innenministeriums finden sich verschiedene Anträge jüdischer Publizisten auf die Herausgabe von Zeitungen, aber auch Monographien, so bspw. von Jeremias Heinemann.[503] In den Jahren nach 1830 sollten diese jüdischen Bemühungen Früchte tragen und Juden in die Lage versetzen, stärker an der öffentlichen Debatte teilzunehmen.

genehmigten Schriften gemacht werden, da sich diese in den unterschiedlichsten Akten finden, so bspw. in den Unterlagen des Innenministeriums, des Kultusministeriums, aber auch in denen des Außenministeriums, soweit es Publikationen aus anderen Ländern betraf, sowie in den Akten der Zensurbehörde.

499 Vgl. *Görres*, Die teutschen Zeitungen, 1814; *P. H. L.*, Versuch einer Berichtigung, 1816, S. 512.

500 Vgl. *Corneliano*, Geschichte des Ewigen Juden, 1821, S. 161.

501 Zitiert nach *Silberner*, Johann Jacoby Briefwechsel, S. 29.

502 Zitiert nach ebd., S. 30.

503 Vgl. Schreiben von Heinemann an den Minister des Innern vom 3. Oktober 1821, in: *Ministeriums der geistlichen, Unterrichts- und Medicinal-Angelegenheiten*, Verhältnisse der Juden, 1821–1884, S. 2.

4.4 Die Beförderung des Christentums unter den Juden

Die christlichen Missionsbemühungen gegenüber dem Judentum konnten auf eine lange Tradition zurückblicken. Christen waren bemüht gewesen, durch verschiedene (Zwangs-)Mittel auf eine Konversion der jüdischen Minderheit hinzuwirken. Traditionell entsprangen die jüdischen Konversionen jedoch nicht diesem Zwang, sondern eher der materiellen Not bzw. dem Hoffen, durch einen solchen Schritt Teil der christlichen Gesellschaft werden zu können. Die bisherigen Konvertiten entstammten mehrheitlich der Gruppe der jüdischen Bettler, Kleinhändler und Trödler. Einen anderen Teil der jüdischen Minderheit, der die Zugehörigkeit wünschte, bildeten die Hofjuden, die durch einen intensiven Kontakt mit der christlichen Gesellschaft eher einer Assimilation zugeneigt waren. Sie selbst ließen sich in den meisten Fällen nicht taufen, erst ihre Kinder und Enkel vollzogen diesen Schritt.[504]

Sowohl preußische Behörden als auch die öffentliche Mehrheitsmeinung konnten sich nach 1815 keine jüdische Emanzipation mehr vorstellen, die nicht in einer Taufe münden würde. Vor diesem Hintergrund war die preußische Religionspolitik gegenüber der jüdischen Minderheit darauf ausgerichtet, eine Erziehung zur Taufe zu verwirklichen. In der Verknüpfung von Emanzipation und Taufe glaubte man ein wirkungsvolles Mittel gefunden zu haben, um das Ende des Judentums zu realisieren, wenn nicht physisch, dann zumindest geistig und kulturell. Dabei gab man sich auf christlicher Seite selten Illusionen über die Motivation der jüdischen Konvertiten hin, dennoch hofften die Verfechter einer solchen Lösung auf eine spätere Wirkung der Konversion auf die Nachkommenschaft;[505] nur wenige aufgeklärte preußische Politiker wie bspw. Humboldt waren nicht gewillt, noch länger auf eine Taufe hinzuwirken, da sie das Christentum und dessen Dogmen als historisch-kulturellen Faktor begriffen.[506] Juden hingegen betrieben keine Missionstätigkeit für ihren Glauben, da sie der Überzeugung anhingen, dass ihre Religion kein missionarischer Glaube sei; unabhängig davon hätten sie von keinem deutschen Staat die Erlaubnis für Missionstätigkeiten erhalten. Bis 1848 schwankte die preußische Regierung zwischen einem ausgesprochenen Verbot der Konversion zum Judentum und der

504 Weiter in der Öffentlichkeit präsent blieben Berichte von zum Christentum konvertierten Juden, in denen sie ihren Weg zur Anerkennung des christlichen Glaubens schilderten und damit auch auf andere Juden einwirken wollten. Vgl. z. B. *Cleve*, Der Geist des Rabbinismus, 1823). Auch von christlicher Seite wurde über die Bekehrungsgeschichten von Juden berichtet. Vgl. *Anonymus*, Entwurf von Statuten, 1822; *Anonymus*, Bekehrung einiger Israeliten, 1818; *Dr. Johannsen*, Bekehrung der Kinder Israels, 1823; *Marheineke*, Ueber die Bekehrung, 1820.

505 Vgl. *Elbogen/Sterling*, Geschichte der Juden, S. 205.

506 Vgl. *Katz*, Aus dem Ghetto, S. 122.

Aberkennung der politischen Rechte der Proselyten. Friedrich Wilhelm III. machte es sich zu einer persönlichen Aufgabe, Übertritte von Christen zum Judentum zu verhindern. Dieses Interesse wurde jedoch nicht durch ein abschließendes Verbot unterstrichen. In den meisten Einzelfällen verweigerten die Behörden eine Genehmigung;[507] nichtsdestotrotz legte eine Kabinettsordre vom Dezember 1834 die formalen Kriterien für Konversionen zum Judentum fest.[508]

Die aktive Missionierung von Juden konnte hingegen deutliche Fortschritte verzeichnen. Am 9. Februar 1822 erteilte König Friedrich Wilhelm III. der in Berlin entstandenen »Gesellschaft zur Beförderung des Christenthums unter den Juden«,[509] deren Gründung von ihm selbst angeregt worden war, seine landesherrliche Genehmigung. Der Monarch erklärte sein völliges Einverständnis mit den Absichten des Vereins, dessen Satzungen auf den »löblichen Endzweck« abzielten, die Nachkommen Abrahams, »die noch immer irregehend in der Wüste und durch Blendwerk getäuscht … durch Belehrung … der Wahrheit zu gewinnen«[510], und sollte auch in den folgenden Jahren die Tätigkeit der Gesellschaft mit großem Interesse verfolgen und wiederholt Begünstigungen aussprechen;[511] ebenfalls wollte er regelmäßig über die Erfolge der Gesellschaft informiert werden.

Diese Maßnahme war symptomatisch für die preußische Regierungspolitik, die nun offensiv auf eine ›Christianisierung‹ von Juden hinwirken wollte.[512] Die Gesellschaft sollte Übertritte zum Christentum fördern bzw. aufklärend und überzeugend auf eine Konversion von Juden hinwirken. Unterstützung erfuhr die Gründung durch den britischen Gesandten in Berlin, Sir George Rose, der zusammen mit Beamten des Militär- und Justizdienstes und einigen Theologen die Gesellschaft nach dem Vorbild der »London Missionary Society« und der Frankfurter Gesellschaft ins Leben rief.[513] Der Gesellschaft standen aktive preu-

507 Vgl. *Ministerium des Inneren*, Übertritt, 1814–1882; *Anonymus*, Dürfen Christen, 22.1.1819.

508 Vgl. *Fischer*, Judentum, S. 92. Ein Verzeichnis über die Anträge von Christen, zum Judentum konvertieren zu dürfen, findet sich in: *Ministerium des Inneren*, Übertritt, 1814–1882, unpag.

509 Zu den Gründungsmitgliedern und den Statuten vgl. *Friedrich Wilhelm*, Allerhöchste Bestätigung, 1823 und *Weichert*, Berliner Judenmission.

510 Friedrich Wilhelm III., zitiert nach *Friedrich Wilhelm*, Allerhöchste Bestätigung, 1823, S. 117 und 121.

511 So erhielt die Gesellschaft bereits kurze Zeit nach ihrer Gründung die Portofreiheit bei der Post, die wenige Wochen später auf ihre Tochtergesellschaften ausgeweitet wurde.

512 Vgl. *Fischer*, Judentum, S. 94.

513 Die »Londoner Gesellschaft zur Bekehrung der Juden« wurde 1808 gegründet, sie baute eine bischöfliche Kapelle, in der Predigten für Juden gehalten wurden, gründete Schulen für jüdische Kinder und verteilte christliche Religionsschriften in hebräischer Übersetzung. (Vgl. *Baur*, Geschichte der christlichen Kirchen, S. 662.) Über die Tätigkeit der vielfältigen englischen Missionsgesellschaften wurde auch in der deutschen Öffentlichkeit umfangreich berichtet, z. B. bei *Leonhardt*, Ausbreitung des Christenthums, 1820.

ßische Generale vor,[514] und sie verfügte über eine große Zahl einflussreicher Förderer, z. B. den Oberkonsistorialrat und Hofprediger Theremin und die »Evangelische Kirchenzeitung«, die sie durch Anzeigen und Aufsätze unterstützte.[515]

Die Hauptaufgabe der Gesellschaft lag in der offenen Missionierung preußischer Juden. Zu diesem Zweck engagierte sie Missionare, die mithilfe der Städte und Gemeinden, von denen sie Informationen über die Synagogen und die ansässigen Juden erhielten, die Judenbekehrung vorantreiben sollten. Nach ihrer Satzung verfolgte die Gesellschaft einen »rein christlichen Zweck ... ohne alle irdischen Nebenabsichten«[516] und machte es sich zur Aufgabe, die ›Wahrheit‹ unter Juden zu verbreiten.[517] Dabei wollte sie bei der Gewinnung von Proselyten nicht auf finanzielle Anreize zurückgreifen, sondern allein durch Belehrung überzeugen.[518] Die Missionare waren angewiesen, durch Unterredung mit Juden, durch Predigten und Verteilung religiöser Schriften die Aufmerksamkeit von Juden zu wecken und sie zum Nachdenken anzuregen, damit auch sie erkennen mögen, dass Jesus Christus der wahre Messias sei.[519] Zu ihren Tätigkeiten gehörte des Weiteren die Erstellung von Gutachten für ausländische Juden, die es diesen erleichtern konnten, Konzessionen zu erlangen oder eine Tätigkeit aufzunehmen. Das ›Bekehrungsverfahren‹ selbst zielte darauf ab, Juden, die an einem Religionsunterricht interessiert waren, durch die Vermittlung der Gesellschaft an fähige Lehrer zu verweisen.[520] Die Verteilung religiöser Schriften bilde den Boden, um den religiösen Zustand der jüdischen Minderheit zu heben und sie in die Lage zu versetzen, ein lebendiges Christentum anzuerkennen.[521] Die Gesellschaft selbst machte sich keine Illusionen über ihren Erfolg, denn es könne nicht leicht sein, die »eingewurzelten Empfindungen bei den Juden auf einmal zu zerstören«.[522]

Die Erfolge der Gesellschaft können anhand ihrer Rechenschaftsberichte nachvollzogen werden; inwieweit eine Konversion jedoch auf ihr Wirken zurückzuführen war, bzw. welche anderen Überzeugungen Juden zu diesem Schritt motivierten, kann dabei nicht differenziert werden. Zu diesen anderen Gründen

514 Zu ihnen gehörte zwischen 1822 und 1832 der Kriegsminister Karl Ernst Job-Wilhelm von Witzleben.

515 Vgl. in Auswahl *Coudard*, Gesellschaft zur Beförderung des Christenthums, 16.4.; 19.4.1828; *Anonymus*, Abrahams Nachkommen, 5.4.1828; *Anonymus*, Jahresbericht Bibelgesellschaft, 5.11.; 8.11.1828 und *Anonymus*, Missions-, Tractat- und Bibelgesellschaften, 16.12.; 30.12.1829.

516 *Friedrich Wilhelm*, Allerhöchste Bestätigung, 1823, S. 117 f.

517 Vgl. ebd.

518 Vgl. ebd.

519 Vgl. *Coudard*, Gesellschaft zur Beförderung des Christenthums, 16.4.; 19.4.1828, Nr. 31, S. 247.

520 Vgl. *Anonymus*, Bericht der Gesellschaft, 1824, S. 6.

521 Vgl. *Anonymus*, Bericht der Gesellschaft zur Beförderung des Christenthums, 1826, S. 7.

522 *Anonymus*, Bericht der Gesellschaft, 1824, S. 4.

gehörten neben den finanziellen und gesellschaftlichen Anreizen auch der Wunsch, den gesetzlichen Berufsbeschränkungen für Juden zu entgehen. Fraglich bleibt, ob die Taufe in jedem Fall das, wie Heine es formulierte, ›Entréebillet zur europäischen Kultur‹ war oder ob auch nach einer Taufe Schranken, Vorurteile und Misstrauen weiterbestanden.

Seit 1833 weitete die Gesellschaft ihren Tätigkeitskreis aus und beschäftigte sich nicht mehr nur mit dem Unterricht von Juden in der christlichen Religion. Sie schuf 1834 die erste Freischule; gleichzeitig hatte sich die Anzahl der von der Gesellschaft unterhaltenen Missionare mithilfe der Londoner Muttergesellschaft deutlich erhöht, sodass in fast allen preußischen Provinzen Missionare stationiert waren.[523] Diese Erweiterung trug offensichtlich Früchte, denn für die Jahre 1833 bis 1835 finden sich in den Jahresberichten erstmals Angaben zur Anzahl der unterrichteten Juden, die sich nach der Unterweisung in der ›christlichen Heilslehre‹ taufen ließen. So konvertierten 1833 14 Juden,[524] 1834 18 Juden[525] und 1835 13 Juden.[526] Für das Jahr 1838 wurde zudem das Geschlecht der Konvertiten unterschieden; es ließen sich »8 Juden und 14 Jüdinnen«[527] taufen. Die Schwächen der Missionstätigkeit blieben dennoch offenbar – 1839 waren von achtzig unterrichteten Juden nur acht bereit, sich der Taufe zu unterziehen.[528] Neben ihrem missionarischen und aufklärerischen Dienst mussten sich die Mitglieder der Gesellschaft um die Finanzierung ihrer Organisation bemühen. Obwohl sie von staatlicher Seite eine starke Unterstützung erfuhren, waren sie gleichermaßen auf Spenden aus der Bevölkerung angewiesen.[529] Doch ebendieses, von der Bevölkerung geforderte Engagement erschien bereits im zweiten Jahr des Bestehens als nicht ausreichend, sodass sich im Jahresbericht 1824 die Klage findet, dass die »christlichen Mitbrüder nicht denjenigen Antheil an der Bekehrung des Volks Gottes erwiesen, den wir von ihnen zu wünschen uns gedrungen fühlen«[530]. Im Jahr 1833 erneuerte der König seinen Befehl, wonach den Missionaren der Berliner und der Londoner Gesellschaft keinerlei Hindernisse in den Weg gelegt werden sollten, die sie bei der Ausführung ihrer Tätigkeit hindern könnten.[531] Des Weiteren versprach er einen persönlichen Beitrag von 300 Talern im Jahr.

523 Vgl. *Anonymus*, Israelitische Kultur, 1834, S. 12 ff.

524 Vgl. ebd., S. 11.

525 Vgl. *Anonymus*, Gesellschaft zur Beförderung des Christenthums, 1835, S. 8.

526 Vgl. *Anonymus*, Gesellschaft zur Beförderung des Christenthums, 1836, S. 6.

527 *Anonymus*, Gesellschaft zur Beförderung des Christenthums, 1839, S. 11.

528 Vgl. *Anonymus*, Gesellschaft zur Beförderung des Christenthums, 1840, S. 14.

529 Vgl. *Anonymus*, Bericht der Gesellschaft, 1824, S. 8.

530 *Anonymus*, Bericht der Gesellschaft zur Beförderung des Christenthums, 1825, S. 11. Für alle Mitglieder der Gesellschaft war ein Jahresbeitrag von einem Taler festgeschrieben. Vgl. *Anonymus*, Preußen, 28.6.1823.

531 Vgl. Reskript des Innenministeriums vom 7. März 1828, zitiert nach *Fischer*, Judentum, S. 90.

In der Beurteilung der Gesellschaft fällt zunächst die Symbiose mit dem Monarchen auf. Die Gesellschaft mit ihren Zielen und Interessen entsprach den Wünschen sowohl Friedrich Wilhelms III. als auch seines Nachfolgers, wodurch sie namhafte Unterstützer erhielt und die Missionsbewegung in unterschiedlichen gesellschaftlichen Kreisen salonfähig machen konnte.[532] Andererseits wurde die Gesellschaft vor allem von christlicher Seite kritisch betrachtet und der Proselytenmacherei beschuldigt. Um diesem Vorwurf zu entgehen, lehnte die Gesellschaft eine materielle Unterstützung der Konvertiten ab. Als dauerhaft prekär erwies sich das Fehlen eines umfassenden Konzeptes, bestehend aus Fürsorge, Unterricht, Diakonie und Seelsorge.[533] Wohl auch aus diesem Grund verwahrte sich die Gesellschaft gegen den Versuch einer Erfolgsbeurteilung, mit der Begründung, dass eine Arbeit in Glaubensfragen nicht messbar sei. Ihr eigentlicher Misserfolg war jedoch nicht die geringe Zahl der Konvertiten, sondern vielmehr ihr unzureichendes Verständnis des zeitgenössischen Judentums. Die Missionare beschäftigten sich nicht mit Juden als Juden; die Zurückweisung der Missionierung durch die jüdische Minderheit wurde nicht kritisch hinterfragt, sodass ›Mängel‹ im missionarischen Konzept, das sich nicht in die zeitgenössischen politischen und sozialen Strukturen einzufügen verstand, nicht behoben werden konnten.

Involvierte Pfarrer und Theologen ließen ihre Sympathie für die Gesellschaft in die publizistische Kontroverse um die Stellung von Juden in Preußen einfließen und betonten, dass, auch wenn keine schnellen Fortschritte zu erwarten seien, Geduld und Glaube zum Erfolg führen würden.[534] Zudem versuchten sie, die Berechtigung aktiver Missionierungsbemühungen aus geschichtlichen Quellen herzuleiten,[535] und diskutierten die anzuwendenden Methoden.[536] Deutlich auffälliger waren aber die kritischen öffentlichen Stimmen, die sowohl den Erfolg und die Intention als auch den unzeitgemäßen Charakter der Gesellschaft kritisierten und ihre Hoffnung zum Ausdruck brachten, dass dem Zeitgeist eher entsprechende Methoden, entweder die Bekehrung oder die Akzeptanz von Juden als Juden,[537] etabliert würden. Besonders aktiv im Hinblick auf diese Fragestellung war der Philosoph Wilhelm Traugott Krug, der sich mit seinen Schriften[538]

532 Diese Tatsache zeigte sich im Komitee der Gesellschaft, in dem Adel und Militär, konservative Bürger und Theologen vertreten waren. Vgl. *Schrenk*, ›Seelen Christo zuführen‹, S. 92–110.

533 Vgl. ebd., S. 328–357.

534 Vgl. *Leonhardt*, Ausbreitung des Christenthums, 1820, S. 178; *Anonymus*, Juden und Judenbekehrung, Juny 1822; *Anonymus*, Mission der Christen, 1839.

535 Vgl. *Bengel*, Alter der juedischen Proselytentaufe, 1814; *Reinhold*, Bekehrung der Juden, 1823; *Schneckenburger*, Alter der jüdischen Proselyten-Taufe, 1828.

536 Vgl. *B.*, Die Judenbekehrer, 1824.

537 Vgl. Erster Brief Friedländers, in: *Krug*, An die Verehrer, 1823, S. 11–17.

538 Vgl. *Krug*, Geschichte der Proselytenmacherei, 1827; *Krug*, Darstellung des Unwesens, 1822; *Krug*, Geschichte der Proselytenmacherei, 1827.

direkt an die deutsche Bundesversammlung bzw. die Regenten der Staaten richtete und sich im Besonderen gegen die Aktivitäten der römisch-katholischen Kirche aussprach. Zunächst nahm er ausschließlich Bezug auf Missionsbemühungen zwischen den unterschiedlichen christlichen Konfessionen.[539] Diese störten den häuslichen, bürgerlichen und kirchlichen Frieden, verleiteten zu Falschheit und Heuchelei[540] und stünden damit der Glaubens- und Gewissensfreiheit entgegen. Trotz seiner umfassenden Auseinandersetzung mit Fragen aktiver Missionierung und seiner Rolle als Verfechter der Glaubensfreiheit erschienen Juden in seinen Publikationen zunächst nur am Rand; erst 1828 weitete er seine Betrachtungen auch auf die umfassenden und augenscheinlichen Missionierungsversuche der christlichen Kirchen Juden gegenüber aus. Angeregt durch Kontroversen im englischen Parlament über die Emanzipation der Katholiken und der Juden gelangte er erst in einem zweiten Schritt zu der Überzeugung, dass auch Juden ein Recht auf ihre individuellen Überzeugungen zukommen sollte, und ließ in seiner Darstellung das Judentum zu einer Religionspartei unter vielen werden. Er verzichtete dabei ausdrücklich auf einen einheitlichen Glauben im Staat.[541] In dieser weitreichenden Interpretation der Glaubensfreiheit, verbunden mit einer nachdrücklichen Ablehnung des Gewissenszwangs und der offensiven Missbilligung jeglicher Bekehrungsversuche, ohne dabei die Moralität oder Staatstreue von Juden grundlegend zu diskutieren oder zu belegen, nahm Krug innerhalb der Kontroverse eine Sonderstellung ein.

Angesichts der mehrheitlichen Befürwortung einer Bekehrung von Juden erscheint der kritische Umgang mit der Bekehrungs-Gesellschaft in öffentlichen Stellungnahmen überraschend – Kritik erfuhren dabei jedoch nur selten die Ziele, sondern vielmehr die Methoden und ausbleibenden Erfolge; dies nicht nur in der Öffentlichkeit. So lassen sich durchaus Hinweise finden, dass die ausgesandten Missionare in ihrer Tätigkeit bei Weitem nicht immer auf Gegenliebe stießen und insbesondere mit örtlichen Pfarrern in Konflikt gerieten, die ihre Mittel und Methoden nicht billigten.[542] Andererseits finden sich in allen zeitgenössischen Zeitungen wiederholt kurze Notizen und Hinweise auf Taufen von Juden; ein solches Ereignis erfuhr somit auch in der Öffentlichkeit Beachtung und erschien immer noch herausgehoben genug, um darüber zu berichten.

539 Vgl. *Krug*, Darstellung des Unwesens, 1822.

540 Vgl. *Krug*, Geschichte der Proselytenmacherei, 1827, S. 201 ff.

541 Vgl. *Krug*, Verhältniß verschiedener Religionsparteien, 1828a und *Krug*, Verhältniß verschiedener Religionsparteien, 1828b.

542 Vgl. *Königliches Consistorium zu Schlesien*, Wirksamkeit der Missionarien, 2.7.1833.

4.5 Reform und Judentum

Aufgrund von Diskriminierung und Ausgrenzung erschien das jüdische Leben auch außerhalb der Ghettos zunehmend als ein Ghetto, dem nur die Mauern fehlten. Der Verlust der Einheit von Kultur, Religion und Nationalität im Judentum lockerte die Beziehungen von Juden zu ihrem Glauben. Die Taufe war das einfachste Mittel, um dieser Situation und der damit verbundenen Krise zu entgehen. Diesem Dilemma wirkte zunehmend das reformierte Judentum entgegen, das eine Alternative zur strengen jüdischen Orthodoxie bot und die Identifikation mit dem jüdischen Glauben wieder erhöhen konnte.

Die nach den napoleonischen Kriegen einsetzende Besinnung auf christliche Werte und Praktiken zwang einen Teil der jüdischen Minderheit in Deutschland, aber vor allem in Preußen, über die Inhalte und die Bedeutung ihres Glaubens zu debattieren. Es kam zu einer Auseinandersetzung mit den eigenen religiösen Wurzeln und zum Beginn einer jüdischen Reformbewegung, die bald zu tiefgreifenden Veränderungen in der jüdischen Lebenswelt führen sollte.[543] Erste Reformbestrebungen innerhalb des Judentums reichten bereits in das 18. Jahrhundert zurück und waren durch die Haskalah bedingt worden. Die Reformbewegung artikulierte die Überzeugung, dass das traditionelle Judentum mit den Zeitumständen und ihren Anforderungen nicht mehr zu vereinbaren sei und aufgrund dessen Änderungen an überkommenen Glaubensinhalten und -formen vorgenommen werden müssten. Dabei können unter ›Reformbewegung‹ verschiedene Prozesse verstanden werden; zum einen eine Bewegung in der religiösen Ausformung des Judentums und nicht der gesamten Judenheit, um dessen religiösen Charakter zu betonen,[544] zum anderen eine umfassende Tendenz, die nicht nur religiöse Neuerungen beinhaltete.[545] In jedem Fall zielten Reformen auf eine Angleichung an die nichtjüdische Mehrheit. Zunächst entwickelte sich eine neue Strömung innerhalb des Judentums, die sich unter anderem darin äußerte, dass in privaten Häusern jüdische Gottesdienste abgehalten wurden, in denen reformierte Überzeugungen ein erstes Forum fanden. Von der jüdischen Mehrheit erfuhr diese Form jedoch Ablehnung, ebenso äußerten sich Rabbiner und jüdische Gemeinden dieser Entwicklung gegenüber kritisch. Für die ersten Jahre des 19. Jahrhunderts kann keinesfalls von einer geschlossenen jüdischen Reformbewegung gesprochen werden, andererseits wurden die prägenden Elemente der folgenden Entwicklung erkennbar. Bereits die verbale

543 Zur jüdischen Reformbewegung vgl. *Behm/Lohmann/Lohmann*, Jüdische Erziehung; *Wiener*, Jüdische Emanzipation; *Brämer*, Judentum; *Meyer*, Antwort auf die Moderne; *ders.*, Jüdische Gemeinden; *Lässig*, Jüdische Wege, S. 113–276; *Lowenstein*, The Pace of Modernisation.

544 Vgl. *Meyer*, Response to Modernity, S. 109 f.

545 Vgl. *Toury*, The Revolution.

Unterscheidung innerhalb der jüdischen Gemeinden verdeutlichte dies. ›Die Neuen‹ waren stärker akkulturiert, verfolgten die religiösen Vorschriften weniger streng und befürworteten eine Überarbeitung des traditionellen Judentums. ›die Alten‹ hingegen hielten an den Traditionen und Geboten fest.[546] Diese Trennung war keineswegs konsequent, denn häufig kam es zu Überschneidungen und Parallelen, sodass nur eine grobe Differenzierung zwischen reformorientierten und reformskeptischen Juden möglich ist.

Der stärker werdende externe Druck auf die jüdische Religionsgemeinschaft, den jüdischen Glauben zu modernisieren bzw. aufzugeben und dem Christentum beizutreten, intensivierte die Reformbemühungen während des Vormärz. Ein besonderes Anliegen der Reformer war die Überarbeitung der gottesdienstlichen Praxis. Die Reformtempel in Berlin, Hamburg oder Leipzig entzogen sich zunehmend dem klassischen Rabbinismus und schufen einen deutsch-jüdischen Gottesdienst, dessen Hauptelement die Einführung einer deutschsprachigen Predigt war.[547] Die allmähliche Lösung von der ›heiligen Sprache Gottes‹ und der damit verbundenen Tradition bedeutete für die jüdische Gemeinschaft in Preußen einen weitreichenden Schritt, hin zu einer umfassenden Assimilation. Doch auch unter umgekehrten Vorzeichen wurde diese Änderung notwendig; ein großer Teil der jüdischen Minderheit beherrschte nur noch die jeweilige Landessprache und verstand die ›Predigten‹ in hebräischer Sprache nicht länger.[548] Die deutsche Predigt blieb innerhalb der jüdischen Gemeinschaft dennoch stark umstritten;[549] der Einzug des Deutschen in die Synagoge verlieh dieser Sprache in den Augen orthodoxer Juden eine gewisse Heiligkeit, andererseits änderte sich damit der Stil, der in der Synagoge gehaltenen Vorträge. Sie entwickelten sich mehr und mehr zu Predigten nach protestantischem Vorbild. Zunächst waren deutsche Predigten in den Synagogen an konkrete Anlässe gebunden, so bspw. patriotische Feiern. Nach und nach gingen sie jedoch vollständig in den regulären Gottesdienst ein. Ziel dieser Reformen war es, den jüdischen Gottesdienst ästhetisch ansprechender zu gestalten, um nicht länger einen Anlass für Spott und Verachtung zu bilden.[550] Diese und andere Anpassungen stießen dabei nicht nur bei reformorientierten Juden auf Interesse; auch konservative Juden erklärten ihre Bereitschaft, gewisse Änderungen in Angriff zu nehmen, sollten sich damit weitere Übertritte von Juden zum Christentum verhindern und die Außenwirkung der jüdischen Religion verbessern

546 Vgl. *Meyer*, Jüdische Gemeinden, S. 127.

547 Vgl. *Lindner*, Patriotismus deutscher Juden, S. 135. In einigen Reformsynagogen kam es zu deutlich weiter reichenden Änderungen; deutsche Lieder zogen in den Gottesdienst ein, und in einigen Ausnahmefällen fand die Orgel einen Platz in der Synagoge. So weitreichend waren die Anpassungen vor allem an den protestantischen Ritus jedoch nur selten.

548 Vgl. ebd., S. 139; zeitgenössisch *Auerbach*, Israeliten, 1818.

549 Vgl. *Kley/Günsburg*, Deutsche Synagoge, 1817.

550 Vgl. *Graupe*, Entstehung des Judentums, S. 208.

lassen. Im Zusammenhang mit der Gottesdienstreform führten zahlreiche Synagogen eine Synagogenordnung ein, deren inhaltliche Ausgestaltung sehr verschieden ausfiel. Die Ordnungen beabsichtigten, die offensichtlichen Unterschiede zwischen Synagoge und Kirche abzuschwächen und dem jüdischen Gottesdienst einen ruhigeren Charakter zu geben.[551] Außerdem verfolgten die überarbeiteten jüdischen Gebetsbücher in deutscher Sprache das Ziel, eine Angleichung an den Protestantismus zu realisieren. Das Hamburger Gebetsbuch von 1818 enthielt keine Gebete mehr, die sich auf Zion oder die Rückkehr in das Heilige Land bezogen. Wie an den verschiedenen Gebetsbüchern kann die Entwicklung der jüdischen Religionsreformen auch an der Zeitschrift »Sulamith« nachvollzogen werden. Die in der »Sulamith« vermittelten Reformbestrebungen dürfen zwar nicht als repräsentativ für das zeitgenössische preußische Judentum angenommen werden, dennoch verdeutlicht sie die grundlegenden Entwicklungen und die verschiedenen Etappen der damit verbundenen Diskussion.[552] Bereits in der zweiten Ausgabe war ein Artikel mit dem Titel »Gallerie schädlicher Mißbräuche, unanständiger Convenienzen und absurder Ceremonien unter den Juden«[553] enthalten, in dem sich Fränkel gegen die absoluten Vollmachten der Rabbiner aussprach und Vorschläge unterbreitete, wie eine zeitgemäße Anpassung des Judentums gestaltet werden könnte. Die Sulamith berichtete im Folgenden ausführlich und regelmäßig über Reformbestrebungen von Juden anderer Länder und debattierte die Möglichkeiten und Grenzen einer Anpassung des Judentums an die Zeit.[554] Relativ bald betrafen die Überlegungen zur Reformierung des Judentums nicht mehr nur die äußere Erscheinungsform des Glaubens, sondern richteten ihr Augenmerk auf konkrete Inhalte. Die Neuerungen erfassten damit deutlich kontroversere Themen als die deutsche Predigt. Zu dauerhaften Streitpunkten wurden der Messiasglaube, der Zeitpunkt des Sabbats, die Einhaltung der Zeremonialgesetze, der Umfang und Einfluss des Rabbinismus und der Zionsgedanke.[555]

551 Vgl. *Meyer*, Jüdische Gemeinden, S. 127.

552 Vgl. *Grossert*, Sulamith, S. 5 ff. Allein der Gebrauch der deutschen Sprache und Schrift in einer für Juden geschriebenen Zeitschrift belegt die grundsätzliche Einstellung ihres Herausgebers David Fränkel.

553 Vgl. *Fränkel*, Gallerie schädlicher Mißbräuche, 1807.

554 Vgl. z. B. *Richter*, Nutzen und Schaden, 1817; *Weil*, Moralische Erziehung, 1817; *Kley*, Die Israelitische Freyschule, 1820; *Anonymus*, Kultus-Einrichtungen der Israeliten, 1820; *Anonymus*, Höchstverordnete Konfirmation, 1820; *Anonymus*, Gottesdienst, 1824; *Anonymus*, Neue Schul- und Synagogen-Einrichtung, 1817 und *Anonymus*, Beiträge Konfirmation, 1817.

555 Zu den stärksten innerjüdischen Kritikern des Rabbinismus wurde Elias Birkenstein, dessen Publikationen auch in der nichtjüdischen Öffentlichkeit durchaus Beachtung erfuhren. Vgl. *Von einem Weltbürger [Birkenstein]*, Geist des Judenthums, 1818, S. VI f.; *Birkenstein*, Verbesserung der Juden, 1822; *Gesprochen von einem Glaubensgenossen der Juden [Birkenstein]*, Erziehungswesen der Juden, 1827, S. 57 f. Ähnlich auch bei *Wolff*, Wieder Juden, 1819, der sich jedoch 1823 wieder dem traditionellen Judentum zuwandte. Vgl. *Anonymus*,

Ein besonderer Konfliktpunkt war die Einführung der Konfirmation nach protestantischem Vorbild.[556] Zum ersten Mal wurde eine jüdische Konfirmation, als individuelle Feier des 13. Geburtstages, 1803 in der jüdischen Schule in Dessau begangen.[557] Sie entwickelte sich in den folgenden Jahren zu einem kollektiven Ereignis, bei dem Juden ein formales Bekenntnis ihrem Glauben gegenüber ablegten, obwohl ein solches traditionell nicht vorgesehen war. Besonderer Widerstand formierte sich gegen die Feier der Konfirmation in der Synagoge. Da sie aber keinen Verstoß gegen das jüdische Gesetz darstellte, hielt sie in den meisten reformierten Gemeinden Einzug. Ein weiteres Ziel der Reformer war die gleichberechtigte Einbeziehung jüdischer Frauen in das religiöse Leben; so schloss die Konfirmation bald Mädchen ein, wie auch jüdische Frauen in die Predigten miteinbezogen wurden.

Innerhalb der jüdischen Auseinandersetzung standen sich immer drei Meinungsgruppen gegenüber: erstens die Befürworter einer vollständigen Abschaffung des jeweiligen religiösen Elements, zweitens die Vertreter einer unterschiedlich weitreichenden Abschwächung und Relativierung und drittens die Gegner jeglicher Änderungen oder Anpassungen. In den Kontroversen besonders aktiv war der im November 1819 als Reaktion auf die Hep-Hep-Unruhen gegründete »Verein für Cultur und Wissenschaft der Juden«, auch als Herausgeber der »Zeitschrift für die Wissenschaft des Judenthums«, in der 1823 umfangreich über die unterschiedlichen Reformbestrebungen berichtet wurde.[558] Der Verein, der sich bereits 1824 wieder auflöste, war erstmals in der Lage, reformbereite Juden unter der gemeinsamen Zielsetzung, der Suche nach dem Kern des Judentums, zu bündeln. Die Mehrheit seiner Mitglieder agierte auch in der publizistischen Kontroverse und äußerte sich sowohl zur Frage von Reformen als auch zur Stellung von Juden in der christlichen Umwelt.[559]

Fraglich blieb, inwieweit die Reformbewegung eigenem Bemühen entsprang, oder ob sie hauptsächlich durch die von außen herangetragenen Anpassungsforderungen gestützt und initiiert wurde. Die Debatten belegen, dass es den

Deutschland, 17.11.1823. Zur Kontroverse um die Zeremonialgesetze vgl. z. B. *D. F.*, Sendschreiben A. Wolfssohn, 1828. Alle diese Punkte wurden von jüdischer Seite entweder isoliert oder in den unterschiedlichsten Kombinationen betrachtet, einhergehend mit mannigfachen Reformvorschlägen. Vgl. *Riesser*, Send-Schreiben an Glaubensgenossen, 1819; *Behr*, Lehrbuch der mosaischen Religion, 1826; *Anonymus*, Schreiben eines Israeliten, 6.5.1819; *Cohen*, Jüdischer Gottesdienst, 1819.

556 Vgl. *Anonymus*, Religions-Bekenntniss für Israeliten, 1813; *Stern*, Die Konfirmation der Israeliten, 1829.

557 Für das Folgende vgl. *Meyer*, Jüdische Gemeinden, S. 129.

558 Vgl. *Bendavid*, Ueber den Glauben, 1823; *ders.*, Gesetz, 1823; *Zunz*, Grundlinien Statistik, 1823.

559 Zu den publizistisch aktiven Mitgliedern gehörten bspw. Isaac Lewin Auerbach, Isaac Marcus Jost, Leopold Zunz, Michael Beer, Lazarus Bendavid, Joseph Johlson, Jakob Pinhas, Gotthold Salomon und Israel Jacobson.

Reformern gelang, externe Einflüsse zu internen Notwendigkeiten umzudeuten und sie nahezu vollständig losgelöst von äußeren Zwängen zu analysieren.[560] Ihr Ziel waren die Modernisierung des Judentums und seine Integration in die Glaubensgemeinschaft, wofür die Unterschiede zu anderen Religionen abgeschwächt und es gleichzeitig von allem nicht rational fassbaren Ballast befreit wurde.[561] Bis auf wenige Ausnahmen erstrebte die jüdische Reformbewegung aber keine grundlegende Erneuerung, sondern eine Versöhnung des religiösen Systems mit bürgerlichen Normen.[562] Reformen fanden besonders in den größeren Städten, in denen der Kontakt zur nichtjüdischen Umwelt umfassender war, zahlreiche Anhänger;[563] reformorientierte Juden entstammten hauptsächlich der wohlhabenden und gut gebildeten jüdischen Oberschicht. Dennoch muss betont werden, dass nur eine Minderheit von Juden durch die Reform erfasst wurde, die jüdische Mehrheit stand diesen Bestrebungen weitgehend fern, erst nach der Jahrhundertmitte war sie in der Lage, größere Teile der jüdischen Bevölkerung zu involvieren.[564]

Orthodoxe Rabbiner sträubten sich gegen jegliche Änderungen, unabhängig davon, ob diese von außen an sie herangetragen oder innerhalb der jüdischen Gemeinschaft laut wurden. Sie hatten sich gegen die staatlichen Eingriffe in ihre Autonomierechte ausgesprochen, standen ihrem allmählichen Machtverlust jedoch relativ hilflos gegenüber. In der weltlichen Bildung erkannten sie die Tendenz, die traditionelle Ordnung weiter zu zerstören und zu schwächen. Infolgedessen versuchten sie, alle Riten zu bewahren, auch diejenigen, die Juden von der restlichen Bevölkerung isolieren mussten.[565] Die Vertreter der Alt-Orthodoxie waren zu keinerlei Zugeständnissen bereit; auch wenn sie erkannten, dass sich gewisse Elemente des jüdischen Glaubens bereits überlebt hatten, hielten sie mit Macht an ihnen fest.

Relativ schnell wurde bei diesen anfänglichen Reformbemühungen deutlich, dass eine Spaltung des deutschen Judentums, in eine reformierte und eine orthodoxe Fraktion, drohte.[566] Diese erste Reformphase basierte noch nicht auf ausgearbeiteten Ideologien, die den Bestrebungen nach Veränderung zugrunde gelegen hätten, und auch die Trennung zwischen orthodox und reformiert war nicht grundlegend. Erst in den 1830er Jahren entstand ein akademisch gebildetes

560 Vgl. *Gotzmann*, Eigenheit und Einheit, S. 218.

561 Vgl. *Schoeps*, Das Gewaltsyndrom, S. 28.

562 Vgl. *Lässig*, Jüdische Wege, S. 261. Ob man bei der Analyse der Reformen so weit gehen sollte, die Intention dieser Bewegung nahezu ausschließlich in der Umwandlung des Judentums in eine bürgerliche Religion bzw. Konfession zu sehen, erscheint fraglich.

563 Für Berlin kann davon ausgegangen werden, dass rund ein Viertel der dortigen Juden sich den reformierten Gottesdiensten anschloss. Vgl. *Meyer*, Jüdische Gemeinden, S. 132.

564 Vgl. *Graupe*, Entstehung des Judentums, S. 229.

565 Vgl. *Meyer*, Jüdische Gemeinden, S. 104.

566 Die Differenzen innerhalb der jüdischen Gemeinschaft wurden auch in der Öffentlichkeit wahrgenommen: vgl. z. B. *Anonymus*, Berlin, 9.2.1824.

Rabbinat, das fähig war, neue theoretische Begründungen für den Fortbestand eines modernisierten Judentums und der jüdischen Gemeinden zu artikulieren.[567] Die Reformbestrebungen beschränkten sich bis zu diesem Zeitpunkt auf wenige große Gemeinden. Am bekanntesten wurde die reformierte jüdische Gemeinde Berlin, in der Reformer wie Samuel Holdheim und Joseph Lehmann predigten; aber auch in Hamburg,[568] Frankfurt am Main[569] und Wien konnten sich reformierte Synagogen etablieren.[570] In den Jahren nach 1830 zerfiel die Reformbewegung in verschiedene Strömungen, die sich in den Rabbinerkonferenzen der 1840er Jahre zu verständigen suchten.[571]

Die Kontroverse innerhalb des Judentums agierte nicht ausschließlich innerhalb der jüdischen Gemeinden, sondern trug ihre Anliegen auch in die allgemeine Öffentlichkeit. Dennoch blieb es eine Debatte zwischen Juden, und nur wenige Nichtjuden waren bereit, die beginnende Reformbewegung wahrzunehmen und sich kritisch, aber sachlich mit ihr auseinanderzusetzen. Mehrheitlich erfolgte von christlicher Seite nur ein Verweis darauf, dass auch ein reformiertes Judentum weder mit staatlichen noch mit bürgerlichen Anforderungen vereinbar sei. Zudem offenbarten sie ein grundlegend abweichendes Verständnis von den Inhalten einer innerjüdischen Reform, da sich ihre Vorschläge und -wünsche mehrheitlich auf den politischen (Aufhebung der Gemeindeautonomie), und wirtschaftlichen Bereich (Änderung der Berufsstruktur) konzentrierten, einhergehend mit der Forderung nach einer Überarbeitung der jüdischen Bildungsanstalten.[572] Im religiösen Bereich wurde die Entfernung des Talmuds,[573] die Verlegung des Sabbats auf den Sonntag, die Abschaffung der Zeremonialgesetze oder die Aufgabe der Messiashoffnung grundlegend befürwortet, dies jedoch verbunden mit der Intention, über einen solchen Zwischenschritt Juden dem christlichen Glauben zuzuführen, indem alles spezifisch Jüdische aus dem Judentum entfernt werden sollte.[574] Ein weiterer Punkt war die Abschwächung des Rabbinismus, dessen Kritik einherging mit einer allgemeinen Ablehnung des Mystizismus.[575] Reform wurde in dieser Auslegung schnell zu

567 Vgl. *Meyer*, Jüdische Gemeinden, S. 134.

568 Zur Entwicklung der Hamburger Reformgemeinde vgl. *Herzig*, Juden in Hamburg.

569 Für die Frankfurter Reformgemeinde vgl. auch *Lässig*, Jüdische Wege, S. 251 ff.

570 Vgl. *Schoeps*, Das Gewaltsyndrom, S. 29 f.

571 Vgl. *Kampmann*, Deutsche und Juden, S. 186.

572 Vgl. *[Weissen-Becker]*, Christen und Juden, 1819, S. 98 f.; *ϕ.*, Jurisprudenz, Dezember 1818.

573 Vgl. *R. Antitalmudist*, Mosaismus, 29.11.1828; *Mombert*, Kellerquellenbad, 1828.

574 In diese Richtung zielte auch die Mehrzahl der Rezensionen zur jüdischen Reformpublizistik. Vgl. z. B. *Paulus*, Rede Einweihung Synagoge, 1826; *mcr.*, Jüdische Literatur, Dezemberg 1818; *Paulus*, Friedländer über Verbesserung, 1820; *Anonymus*, Israelitische Literatur, 1821; *Anonymus*, Schriften Israelit, 1821.

575 Vgl. *Anonymus*, Warnungsgründe, 1829; *Oheb Ammo*, Ueber den Rabbinismus, 4.12.1828; *Cleve*, Der Geist des Rabbinismus, 1823; mit diesen Publikationen setzten sich Juden intensiv auseinander, z. B. *Zūṭrā*, Des Sutro Widerlegung, 1824.

›Reformation‹.[576] Nur sehr wenige christliche Autoren waren bereit, dezidiert religiöse Reformen innerhalb des Judentums zu befürworten, was zudem eine relativ weitreichende Kenntnis der religiösen Inhalte voraussetzte. Bspw. forderte J. B. Graser folgende Überarbeitungen: erstens die Vorstellung der Juden von Gott als barmherzig und gütig zu allen, zweitens die Deutung der göttlichen Lehre und nicht nur eine äußerliche Gottesverehrung und drittens die Hebung des Bildungsstandes jüdischer Priester.[577] Eine Würdigung der jüdischen Reformbemühungen durch christliche Autoren erfolgte sehr begrenzt,[578] sodass die jüdischen Versuche, die sittlich-moralische Verfassung ihrer Glaubensgenossen durch eine Anpassung religiöser Grundsätze und die Aufnahme der deutschen Sprache zu verbessern, nur selten positiv wahrgenommen wurden.[579]

Einig waren sich die christlichen Reformbefürworter jedoch darin, dass unabhängig davon, welcher Ausrichtung die Überarbeitung des Judentums folgen sollte, diese erst unter staatlicher Überwachung und Kontrolle erfolgversprechend sei. Außerdem sollte den Behörden dadurch eine Möglichkeit gegeben werden, die entsprechenden Reformversuche zu überwachen und in ihrem Interesse zu beeinflussen. Eine Reform des Judentums unter jüdischer Regie, die eine rechtliche Gleichstellung ermöglichen würde, erachtete lediglich eine Minderheit für realisierbar.

Trotz der teilweisen Übereinstimmung zwischen christlichen und jüdischen Vorstellungen von Reformen innerhalb der jüdischen Gemeinschaft, so bspw. bei der Aufnahme der deutschen Sprache, erscheinen alle dazu publizierten Schriften eher losgelöst; sie nahmen zudem nur selten aufeinander Bezug. Die christliche Forderung nach einem deutschsprachigen Gottesdienst[580] findet sich neben Beschreibungen erster deutschsprachiger Predigten in den Synagogen.[581] Dies akzentuiert die unterschiedliche Wahrnehmung in der öffentlichen Auseinandersetzung; während Juden die Wünsche, Vorstellungen und Anregungen christlicher Autoren wahr- und aufnahmen, gelang es ihnen nicht, ihre Erfolge und Anpassungen in einer ähnlichen Form auch öffentlich zu vermitteln, was wiederum ein Hinweis auf das Agieren in unterschiedlichen ›Öffentlichkeiten‹ sein kann. Jüdische Schriften gelangten nur selten über den eigenen Kreis hinaus, und insbesondere die jüdischen Zeitschriften mit ihrer durchaus

576 Bereits im Titel erkennbar bei *Anonymus*, Juden-Reformation, 1819; *Anonymus*, Einige Gedanken, 1831; *Anonymus*, Griechen und Juden, 1822.

577 Vgl. *Graser*, Das Judenthum, 1828, S. 124–128.

578 Vgl. *Anonymus*, David Friedländer's Kampf, 28.–29.2.1820; *Anonymus*, David Friedländer's Kampf, 20.4.; 22.4.1820.

579 Vgl. *mcr.*, Jüdische Literatur, Dezemberg 1818.

580 Vgl. *Hundt-Radowsky*, Neuer Juden-Spiegel, 1828, S. 198.

581 Vgl. *Anonymus*, Aus Hamburg, 4.12.1818; *Anonymus*, Judenreform, 25.8.1821 und *Anonymus*, Israelitische Culturanstalten, 1823.

aktuellen Kontroverse wurden von der christlichen Mehrheit nur in Ausnahmefällen wahrgenommen.

Eine andere Ebene bildete die Haltung der preußischen Regierung zu den beginnenden Reformen. Aufgrund zahlreicher Klagen von orthodoxen Juden, zunächst der Berliner Gemeinde, bald aber auch aus anderen Landesteilen, und nach einer langwierigen Regierungsuntersuchung kam es am 9. Dezember 1823 zu einer Kabinettsordre, die jegliche liturgische Neuerungen im Judentum verbot. Ein weiterer Grund für diesen Regierungserlass war die Angst preußischer Behörden, sektiererische Tendenzen unter Juden könnten ähnliche Bestrebungen bei Christen wecken.[582] Die Ordre bestimmte, dass der Gottesdienst nur in traditioneller Art und Weise abgehalten werden dürfe, um unter preußischen Juden keine Sekten entstehen zu lassen. Juden sollte Gottes Wort im ›Judendeutsch‹ verkündet werden, damit den Gebildeteren unter ihnen das Judentum recht veraltet erscheine.[583] Durch diesen Beschluss wurde die Reformbewegung zunächst abrupt gestoppt. Die Haltung der traditionellen Orthodoxie erfuhr eine staatliche Legitimation, wobei die preußische Regierung die Möglichkeit einer Integration ihrer jüdischen Untertanen durch eine reformierte Praxis kaum betrachtete. Diese staatliche Maßnahme erhellt, dass insbesondere Friedrich Wilhelm III. nicht daran interessiert war, Christen und Juden einander näherzubringen. Gleichzeitig kann das reformfeindliche Edikt auch dahingehend gedeutet werden, dass preußische Behörden hofften, durch eine solche Regelung reformwillige Juden eher zu einer Konversion zu bewegen. Es erscheint möglich, dass die Judenpolitik Preußens darauf abzielte, reformierte jüdische Gemeinden, sofern sie keine rechtliche Anerkennung oder staatliche Unterstützung erhielten, in eine Existenzkrise zu stürzen, um zu erreichen, dass sich ein großer Teil preußischer Juden dem Christentum zuwenden würde.[584] Der Grund für diese Hoffnung lag in der staatlichen Auffassung von Juden begründet, die nicht als ›Religionspartei‹ anerkannt, sondern nur als »Trümmer eines aufgelösten Volkes«[585] angesehen wurden. In Preußen achtete man darauf, dass sich die jüdischen Reformbestrebungen möglichst nicht etablieren konnten; am 25. Mai 1829 erging ein weiteres Reskript, das die jüdische Konfirmation untersagte,[586] und 13 Jahre später wurde verfügt, dass Juden kein Recht hätten, ihre Rabbiner Prediger oder Geistliche zu nennen.[587] Erst seit Mitte der 1840er Jahre wurden der jüdischen Reformbewegung in Preußen von staatlicher Seite keine weiteren Hindernisse in den Weg gelegt.

582 Vgl. *Meyer*, Jüdische Gemeinden, S. 112.
583 Vgl. *Samter*, Judentaufen, S. 29.
584 Vgl. ebd.
585 *Brann*, Die schlesische Judenheit, S. 26.
586 Vgl. *Samter*, Judentaufen, S. 30.
587 Vgl. ebd.

V. Posen als Herausforderung (1830–1839)

1. Rahmenbedingungen

In den 30er Jahren des 19. Jahrhunderts kam es in den deutschen Staaten zu einer Gesetzgebungswelle, die auch den rechtlichen Status von Juden berührte.[1] Eine preußische Besonderheit bildete die ungleiche Verteilung von Juden auf die Provinzen;[2] hier bestimmte Friedrich Wilhelm III. mit seinen Überzeugungen nahezu die gesamte erste Hälfte des 19. Jahrhunderts. Als junger Monarch hatte er Juden skeptisch, reserviert und abwartend gegenübergestanden, da er sich bereits in seiner Jugend dem Christentum eng verbunden fühlte und dies auch öffentlich zum Ausdruck brachte. Dennoch sprach er sich gegen einen Religionszwang oder eine Staatsreligion aus, geriet mit dieser Überzeugung jedoch wiederholt in Konflikt mit seiner Auffassung vom Christentum als wichtigstem Pfeiler staatlicher Macht und bürgerlicher Ordnung.[3] Ein solches Bekenntnis ließ sich nur schwer mit religiöser Toleranz vereinbaren, was die Unentschiedenheit der preußischen Judenpolitik veranschaulicht.

Die Julirevolution 1830 in Frankreich hatte den endgültigen Sturz der Bourbonen und die erneute Etablierung einer bürgerlichen Regierung zur Folge. Nach Deutschland gelangten Berichte über die Ereignisse der Julirevolution auf verschiedenen Wegen; auch wenn die Zensurbehörden der einzelnen Länder bestrebt waren, Korrespondenzartikel weitgehend zu verhindern, gestaltete sich die Handhabung in den deutschen Ländern sehr verschieden, sodass wiederholt Berichte in den Zeitungen zu finden waren. Einen besonderen Nachrichtencharakter hatten Ludwig Börnes Briefe aus Paris, in denen er über die Folgen der Julirevolution berichtete. Aus seinen Betrachtungen leitete Börne die Forderung nach einer deutschen Revolution ab und wies auf die aus den Ereignissen resultierenden positiven Folgen insbesondere für französische Juden hin.[4] Diese Revolution wirkte auf einen großen Teil Europas, liberale Bewegungen erlebten einen Aufschwung; in einigen deutschen Staaten kam es ebenfalls zu Unruhen,

1 Vgl. *Barthold*, Die preußische Judenemanzipation, S. 135.

2 Der Anteil der jüdischen Minderheit betrug in den einzelnen Provinzen: Ostpreußen 0,3 Prozent, Westpreußen 2,0 Prozent, Posen 6,4 Prozent, Brandenburg 0,7 Prozent, Pommern 0,5 Prozent, Schlesien 0,9 Prozent, Sachsen 0,3 Prozent, Westfalen 1,0 Prozent und Rheinland 1,0 Prozent. In der Gesamtmonarchie machten Juden 1,2 Prozent der Bevölkerung aus. Vgl. *Anonymus*, Landes- und Ortskunde, 7.1.1830.

3 Vgl. *Anonymus*, Glaubens-Bekenntniß Friedrich Wilhelms III., 1837.

4 Vgl. *Börne*, Briefe aus Paris, 14. Brief vom 17. November 1830, S. 66.

die erst durch Zugeständnisse wie bspw. Verfassungsversprechen besänftigt werden konnten.[5] In den süddeutschen Landtagen wurden infolge der Julirevolution Stimmen laut, die sich für eine vollständige jüdische Emanzipation aussprachen. Dadurch konnte die Frage der rechtlichen Gleichstellung in Baden und im Rheinland deutlich vorangetrieben werden, während in Bayern und Württemberg keine weiteren Schritte erfolgten.[6] Preußen, ebenso wie Österreich, blieb von stärkeren Auswirkungen der Julirevolution verschont, am Rhein kam Preußen jedoch mit der belgischen und in Posen mit der polnischen Revolution unmittelbar in Berührung.[7] Die preußische Regierung bemühte sich, ein Übergreifen der Revolution in Kongresspolen auf die Provinz Posen zu verhindern, zumal der polnische Kampf um eine neue Konstituierung der eigenen Nation auch in Preußen zu einem Symbol wurde und zu einer öffentlichen ›Polenbegeisterung‹ führte. Seit 1831 entstanden Geldsammlungen und Unterstützungsvereine,[8] die trotz staatlicher Verbote nicht vollständig unterdrückt und zu einem Sammelbecken liberaler Ideen werden konnten und gleichermaßen in der Öffentlichkeit Ausdruck fanden[9] – auch auf die Rolle und Stellung der jüdischen Minderheit in Polen wurde dabei Bezug genommen; das sich artikulierende Meinungsspektrum blieb vielfältig und mehrdeutig, denn es ließen sich durchaus Parallelen zwischen der jüdischen und der polnischen Geschichte ausmachen, zumal der jüdischen Minderheit teilweise eine aktive und positive Beteiligung an den revolutionären Bestrebungen attestiert wurde.[10] Auf der anderen Seite galten Juden als eine ›Gefahr‹ für den polnischen Freiheitskampf.[11] In

5 Vgl. ausführlicher zu den Protestbewegungen infolge der Julirevolution in den deutschen Staaten *Rohrbacher*, Gewalt im Biedermeier, S. 158 ff.

6 Vgl. ebd., S. 25.

7 Der Novemberaufstand 1830–1831 hatte die Unabhängigkeit Polens von Russland zum Ziel und wurde von Kadetten, Aristokraten und Intellektuellen getragen, fand in den unteren Schichten jedoch kaum Unterstützung. Infolge der Unruhen wurde der Zar als König Polens ab- und die bisher gültige Verfassung außer Kraft gesetzt.

8 Vgl. *Der Polenverein*, Aufruf an die Rheinbaiern, 1.2.1832 oder *V-th*, An Deutschlands Frauenvereine, 17.6.1831. Ein anderes Beispiel ist die Zeitschrift »Der Scharfschütze«, die bis zu ihrer 35. Ausgabe vom 27. August 1831 auf dem Titel das Motto »Religiöse und kirchliche Freiheit für Alle! Politische und bürgerliche Freiheit für Alle!« führte, dieses dann in »Auf! Auf! Nach Polen! So ruft's in ächt teutscher Brust!« änderte und seit der 39. Ausgabe vom 24. September 1831 bis zum Jahresende auf jedem Titel den Ausspruch »Noch ist Polen nicht verloren! In uns lebt sein Recht!« abdruckte.

9 Bspw. befasste sich Hartwig Hundt-Radowsky ausführlich mit der polnischen Revolution, deren Berechtigung er ausdrücklich betonte. Vgl. *Hundt-Radowsky*, Polen in seiner Erhebung, 1831; *ders.*, Polen und seine Revolution, 1831. *»Treu und heilig, wie einst die Israeliten ihr, dem Tempeldienste, geweihetes Opferfeuer, bewahrten Viele der Edlern unter den Polen den Vorsatz, die Selbstständigkeit ihres, von räuberischen Nachbarstaaten zerrissenen Vaterlandes herzustellen, und eine Nation, die einer solchen Idee fähig ist, ist auch fähig und werth, sie auszuführen.«* ebd., S. 1.

10 Vgl. *N-*, Polen, 5.7.1831; *Anonymus*, Polens gegenwärtiger Zustand, 1832.

11 Vgl. *Anonymus*, Romane, 16.5.1831; *Anonymus*, Zustand Polens, 1832, S. 169 ff.

Preußen selbst kam es nur zu kurzzeitigen, lokal begrenzten Tumulten im Jahr 1830, so bspw. in Köln, Aachen oder Jülich. Diese wurden hauptsächlich durch Lohnkürzungen und Preiserhöhungen ausgelöst und richteten sich, wie auch die Berliner ›Schneiderrevolte‹, weder direkt noch indirekt gegen Juden.[12]

Die vielfältigen Unruhen reaktivierten das demokratische Denken in Preußen und lösten es aus der Erstarrung, in der es sich seit dem Wiener Kongress befunden hatte.[13] Einen Höhepunkt der demokratischen Bewegung bildete das Hambacher Fest 1832, bei dem rund 20.000 ›Patrioten‹ für politische Freiheit und nationale Einheit demonstrierten. Verbunden damit war die Gründung des »Deutschen Preß- und Vaterlandsvereins«,[14] in dem sich Publizisten und Intellektuelle für die Durchsetzung der Pressefreiheit aussprachen. Dabei schien es innerhalb dieser Bewegung zunächst keine religiösen Schranken zu geben, sodass Christen und Nichtchristen gleichberechtigt teilnehmen und als Redner fungieren konnten.[15] Andererseits wurde die Frage der Einbeziehung von Juden in politische Freiheit und nationale Einheit nicht ausdrücklich thematisiert, wenn auch die Grundstimmung Juden gegenüber deutlich positiver wirkte als noch auf dem nahezu ausschließlich von Burschenschaftlern getragenen Wartburgfest von 1817.

Infolge dieser Ereignisse, die von den deutschen Regierungen als »höchst beklagenswert«[16] angesehen wurden, kam es durch einen Beschluss der Bundesstaaten vom 5. Juni 1832 über »Maßregeln zur Aufrechterhaltung der öffentlichen Ruhe und gesetzlichen Ordnung« zu einer neuen Periode von Demagogenverfolgungen.[17] Zensoren wurden angewiesen, die Berichterstattung aus dem Ausland besonders sorgfältig zu prüfen, damit keine Informationen nach Deutschland gelangen würden, die zum Aufstand reizen könnten. Gleichzeitig offenbarte die erneute Verschärfung der Maßnahmen die Nutzlosigkeit bisheriger Kontrollen; viele Zeitschriften hatten ihren Druckort ins Ausland verlagert, sodass eine unmittelbare Unterdrückung nicht möglich war und der Deutsche Bund sich auf Einfuhrverbote beschränken musste, die jedoch kaum zu überwachen waren. Von dem neuen Gesetz betroffen waren nicht nur Publikationen; so untersagte

12 Vgl. *Mieck*, Preußen, S. 193.

13 Bspw. wurden die Burschenschaften wieder aktiver in ihrer politischen Betätigung. Sie verstanden sich zunehmend als Teil des politischen Liberalismus und versuchten die damit verbundenen Ziele aktiv anzustreben. Vgl. *Heither/Gehler/Kurth u. a.*, Blut und Paukboden, S. 48–53.

14 Vgl. hierzu *Foerster*, Preß- und Vaterlandsverein.

15 Ludwig Börne gehörte zu den Ehrengästen des Hambacher Festes; zudem konnten bisher rund zwanzig in der Kontroverse aktive Publizisten als Teilnehmer ausgemacht werden, die jedoch keinesfalls immer zugunsten einer rechtlichen Besserstellung von Juden auftraten. Zu ihnen gehören bspw. Ludwig Frey, Friedrich Siegmund Jucho, Georg Friedrich Kolb und Johann Wilhelm Sauerwein.

16 *Anonymus*, Verhandlungen der Stände-Versammlung, 1833, S. 35.

17 Für das Folgende vgl. *Schneider*, Pressefreiheit, S. 261 f.

Art. 3 der Maßregeln die Bildung politischer Vereine, Volksversammlungen und öffentliche politische Reden.[18] Auch diesen Maßnahmen gelang es nicht, liberale und nationale Meinungsäußerungen vollkommen zum Schweigen zu bringen. Am Jahrestag des Hambacher Festes 1833 kam es bspw. zu erneuten Demonstrationen und Unruhen. Der Höhepunkt der Unterdrückung potentieller politischer Unruhen und Proteste fand sich in den »Geheimen Wiener Beschlüssen« von 1834. Zwar erlangten diese nie offizielle Gesetzeskraft, dennoch fühlten sich die beteiligten Bundesstaaten an sie gebunden.[19] Sie schärften den Regierungen ein, für die Position als Zensor nur Männer mit erprobter Gesinnung zuzulassen, Zensurlücken sollten geschlossen und Zensoren streng überwacht werden, außerdem fanden sich Bestimmungen gegen die Redefreiheit in den Landtagen.[20]

Besonders nachhaltig wirkte die französische Julirevolution auf preußische Juden, die die aus Frankreich kommenden Impulse aufnahmen und sich von »unterwürfigen Bittstellern« in »stolze und mutige Kämpfer«[21] für ihre Rechte verwandelten. Ludwig Börne und besonders Gabriel Riesser und Johann Jacoby etablierten in ihren Schriften ein selbstbewusstes jüdisch-publizistisches Auftreten und wollten die ihnen ›zustehenden‹ Rechte nicht länger nur erbitten. Gleichzeitig integrierten sie die Frage der jüdischen Emanzipation in einen größeren, nationalen und politischen Zusammenhang. Im Zusammenhang mit liberalen Ideen ließen auch christliche Autoren ihre Bereitschaft erkennen, den Menschen im Juden wahrzunehmen.

Vor diesem Hintergrund sah sich die preußische Regierung verschiedensten Herausforderungen gegenüber – zu einem zentralen Element gehörte die Frage nach der Weiterführung der bisherigen Judenpolitik bzw. die Suche nach neuen Ansätzen und Lösungen für die problematische und variierende Position von Juden in den preußischen Provinzen. Die Analysen der preußischen Regierungsvertreter bewegten sich zwischen zwei verschiedenen Möglichkeiten. Auf der einen Seite sollte es Juden überlassen bleiben, durch weitere Assimilationsbemühungen eine rechtliche Gleichstellung anzustreben, auf der anderen Seite artikulierten sich Stimmen, denen die bereits geleisteten Angleichungen ausreichend erschienen und die der Überzeugung anhingen, dass die rechtliche Vollendung der Emanzipation die noch bestehenden Unterschiede aufheben werde. Die staatliche Unentschiedenheit bei der Integration von Juden verdeutlichte jedoch die »Unfähigkeit der preußischen Bürokratie, innerhalb der bestehenden gesetzlichen Zwänge und zwischen den Interessen verschiedener politischer und

18 Vgl. Die »Zehn Artikel« vom 5. Juli 1832. Abgedruckt in: *Huber*, Dokumente Verfassungsgeschichte, S. 134f.

19 Vgl. *Schneider*, Pressefreiheit, S. 264.

20 Die Geheimen Wiener Beschlüsse finden sich abgedruckt bei *Huber*, Dokumente Verfassungsgeschichte, S. 123ff.

21 *Dubnow*, Geschichte des jüdischen Volkes, S. 43.

sozialer Gruppen einen brauchbaren Kompromiss für die gesamte Monarchie zu finden.«[22] Infolgedessen blieben die Jahre nach der Julirevolution auf staatlicher Seite durch ein Festhalten an der restaurativen Politik gekennzeichnet. Wiederholt stellte sich, bspw. vor dem Hintergrund von Gebietsveränderungen, zwar die Frage nach einer Rechtsvereinheitlichung in der Monarchie, die damit verbundenen Beratungen verliefen jedoch ergebnislos und konnten zu keinem Abschluss gebracht werden.

Eine Vielzahl preußischer Beamter der unterschiedlichsten Ministerien beschäftigte sich dennoch intensiv mit Entwürfen zu einer neuen, einheitlichen Judenordnung. Unter den zahlreichen Ausarbeitungen fand sich 1830 der Plan von Karl Streckfuß.[23] Er teilte Juden in zwei Klassen ein; in der ersten fanden sich diejenigen jüdischen Untertanen, die sich bereits angeglichen hatten und dadurch für eine Aufnahme in den Staat bereit seien. Ihnen sollten alle bürgerlichen Rechte und Pflichten zukommen. Die zweite Klasse, weiterhin nicht zu Anpassungen fähig, könne im Unterschied dazu aufgrund ihrer Fremdartigkeit nicht integriert werden. Streckfuß legte seinen Entwurf Innenminister Friedrich von Schuckmann zur Beurteilung vor. Dieser sprach sich jedoch deutlich gegen den Streckfuß'schen Vorschlag aus und bezeichnete die Ausarbeitung als »irrig« und »verfehlt«, »unpraktisch und unvollkommen«[24].

Ende des Jahres 1830 ging von Staatsminister Brenn eine neue Initiative aus, die abermals eine Vereinheitlichung der jüdischen Rechtsverhältnisse beabsichtigte und nun auf den Streckfuß'schen Vorschlag zurückgriff.[25] Zwar hatte Schuckmann die betreffenden Pläne bereits verworfen, doch Brenn bewertete die Trennung von Juden in ›jüdische Staatsbürger‹ und ›Schutzjuden‹ als Grundlage für eine prinzipielle Revision der bestehenden Judenordnungen wohlwollend. Ein Hauptkriterium für den Status als Staatsbürger bildete eine besonders qualifizierende Erwerbstätigkeit.[26] Zu den weiteren Bedingungen zählten ein unbescholtener Ruf, die Beherrschung der deutschen (in Posen auch der polnischen) Sprache, die Anpassung des äußeren Aussehens an die Umwelt, die Annahme fester Familiennamen und der verpflichtende Besuch von öffentlichen bzw. christlichen Schulen.[27] Diese umfassenden Voraussetzungen schlossen einen großen Teil der jüdischen Minderheit aus der staatlichen Gemeinschaft

22 *Fischer*, Judentum, S. 78.

23 Streckfuß' Entwurf findet sich in: *Ministerium des Inneren*, Juden-Ordnung, 1830–1834, S. 7–141.

24 Schuckmann, Promemoria den vom Herrn Geheimen Ober-Regierungs-Rath Streckfuß vorgelegten Entwurf einer Juden-Ordnung betreffend, in: *Ministerium des Inneren*, Juden-Ordnung, 1830–1834, S. 142.

25 Vgl. *Staatskanzleramt*, Akten Stellung der Juden, 1812–1831, S. 141 ff.

26 Zu diesen gehörten eine Beschäftigung in der Wissenschaft oder Kunst, im Großhandel, in den Fabriken, in Handwerk oder Ackerbau, Viehzucht und Gärtnerei. Vgl. ebd., S. 76 f.

27 Vgl. ebd., S. 76 f.

aus, unter Umständen konnten auch Juden betroffen sein, denen nach dem Edikt von 1812 bereits bürgerliche Rechte zugestanden worden waren. Gleichzeitig sollten die von Brenn für die ›jüdischen Staatsbürger‹ vorgesehenen Rechte mit Abstand nicht so weitreichend wie in der Regelung von 1812 sein; insbesondere blieben Juden von allen politischen Rechten ausgeschlossen.[28] Dominierend in Brenns ›Zwei-Klassen-Modell‹ waren die pädagogischen Aspekte; diese spiegelten sich deutlich in der Berufsumschichtung und der Erziehung wider.[29] In die gleiche Richtung zielten die Überlegungen zur Einbeziehung jüdischer Rekruten in die allgemeine Militärpflicht; hier sah Brenn eine freiwillige dreijährige Dienstzeit vor, die zum Erwerb der Staatsbürgerschaft führen sollte.[30] Außerdem beabsichtigte er, die Kontrolle der jüdischen Gemeinden zu verbessern; sein Entwurf unterstellte sie einer behördlichen Aufsicht, die eine bessere Beobachtung interner Abläufe ermöglichen sollte.[31] Alle diese Maßnahmen dienten der indirekten Beförderung einer Konversion zum christlichen Glauben.

Die Begutachtung der Brenn'schen Vorschläge innerhalb der preußischen Ministerien erfolgte nur sehr zögerlich. Am stärksten votierte das Kultusministerium gegen den Entwurf, da es in den jüdischen Eigentümlichkeiten ein unüberwindbares Hindernis sah;[32] dennoch beurteilte Kultusminister Freiherr vom Stein zum Altenstein die grundlegende Teilung von Juden in zwei Klassen als ein geeignetes Mittel zur Besserung. Gesetzgebungsminister Freiherr von Kamptz hingegen äußerte Bedenken in Hinblick auf die Vereinbarkeit einer solchen Gesetzgebung mit dem Art. 16 der Bundesakte und beabsichtigte die Einteilung in zwei Klassen durch eine generelle rechtliche Beschränkung der jüdischen Minderheit zu ersetzen. Schuckmann, der den Entwurf bereits unter dem Verfasser Streckfuß abgelehnt hatte, wie auch Finanzminister Maaßen und Justizminister Mühler wandten sich gegen die Vorschläge Brenns. Die Differenzierung zwischen Juden schien ihnen mehr Probleme mit sich zu bringen als zu lösen; sie sprachen sich für eine gesamtstaatliche Judenordnung auf Grundlage des Edikts von 1812 aus. Brenn konnte durch diese unterschiedlichen Stellungnahmen zunächst nicht von seiner Absicht abgebracht werden, musste seine Pläne jedoch endgültig aufgeben, als der Minister für auswärtige Angelegenheiten, Ancillon, die Verbindlichkeit der Bundesakte für die alten Landes-

28 Vgl. ebd., S. 76 und 166 ff.

29 Vgl. ebd., S. 190 und 205 f.

30 Vgl. ebd., S. 147, 197 und 222 ff.

31 Vgl. ebd., S. 191 ff.

32 Das Votum des Ministeriums unter Altenstein (Kultusministerium) findet sich in: ebd., S. 286–327; Votum des Ministeriums von Maaßen (Finanzministerium), in: *Justizministerium*, Judenordnung, 1830–1834, S. 129–152; Votum des Ministers Mühler (Justizministeriums) in: ebd., S. 29–56; Votum des Gesetzgebungsministers Kamptz in: *Staatskanzleramt*, Akten Stellung der Juden, 1832–1838, S. 128–164 und Votum des Ministers Schuckmann (Ministerium des Innern), in: ebd., S. 217–232.

teile bestätigte,[33] – wenn auch die Anwendung des Entwurfs auf die neu gewonnenen Provinzen nicht ausgeschlossen sei.

1834 wurden die Beratungen auf Drängen Friedrich Wilhelms III. erneut aufgenommen, und auch dieses Mal zeichnete Innenminister Brenn für die Ausarbeitung der neuen Ordnung verantwortlich. In seiner umfassenden Denkschrift nahm er in keinem Abschnitt auf die öffentliche Auseinandersetzung über die Judenemanzipation Rücksicht und schloss von Beginn an eine Ausweitung rechtlicher Kompetenzen für Juden aus.[34] Sein erneuter Versuch unterlag dabei ausdrücklich den Bestimmungen des Art. 16 der Bundesakte; so durfte er die 1812 erteilten Rechte in den alten Provinzen nicht antasten.[35] Nach langwierigen Verhandlungen zwischen den verschiedenen Ministerien verliefen auch diese ergebnislos, und die Beratungen zu einer Judenordnung für die gesamte Monarchie wurden beendet. Nachdem die 1820er Jahre von allmählichen Einschränkungen bereits gewährter Rechte gekennzeichnet waren, setzte sich diese Entwicklung nun auch in den 1830er Jahren fort. Innerhalb der revidierten Städteordnung von 1831 kam es zum endgültigen Ausschluss von Juden von allen kommunalen Ämtern; 1833 fügte ein Zirkularreskript Schulzenämter hinzu, da mit diesen obrigkeitliche Funktionen verbunden seien.[36] In den folgenden Jahren entschied die preußische Regierung nur über Detailfragen, so bspw. 1836 über die Frage der jüdischen Eidesleistungen[37] oder über jüdische Eheschließungen.[38] Erst 1838 begannen erneute Beratungen über die Regulierung des Judenwesens. Der Monarch äußerte die Absicht, die für Juden in den alten Provinzen geltenden Rechte von 1812 gemäß Art. 16 der Bundesakte nicht weiter zu beschränken und Juden in den neu gewonnenen Landesteilen ähnliche Rechte zuzugestehen.[39] Zu diesem Zweck sollte eine entsprechende Kommission gebildet werden. Ein Gesetz, die gesamte Monarchie betreffend, wurde mit der Begründung, Ausschreitungen gegen Juden vermeiden zu wollen, abgelehnt.[40]

Die relative Unentschlossenheit der preußischen Ministerien spiegelt sich auch im Verlauf der publizistischen Kontroverse in den Jahren zwischen 1830 und 1839 wider. Bedingt durch die zunächst intensiven Beratungen im Vorfeld der Separatverordnung für Posen und einhergehend mit der ›Vorab-Publikation‹ des Entwurfs durch Karl Streckfuß ist ein rasanter Anstieg sowohl der Einzel-

33 Vgl. Denkschrift Brenns vom 11. Februar 1834, in: *Ministerium des Inneren*, Juden-Ordnung, 1830–1834, S. 205ff.

34 Vgl. Denkschrift Brenns vom 11. Februar 1834 in: ebd., S. 205–231.

35 Zu den Beratungen nach 1834 vgl. *Brammer*, Judenpolitik und Judengesetzgebung, S. 219–250.

36 Vgl. *Kampmann*, Deutsche und Juden, S. 167.

37 Vgl. Sitzung des Staatsministeriums am 30. Januar 1836, in: *Kocka/Neugebauer*, Acta Borussica, Bd. 2, Nr. 257.

38 Vgl. Sitzung des Staatsministeriums am 20. Februar 1836, in: ebd., Nr. 263.

39 Vgl. Sitzung des Staatsministeriums am 23. Oktober 1838, in: ebd., Nr. 410.

40 Vgl. Sitzung des Staatsministeriums am 23. Oktober 1838, in: ebd., Nr. 410.

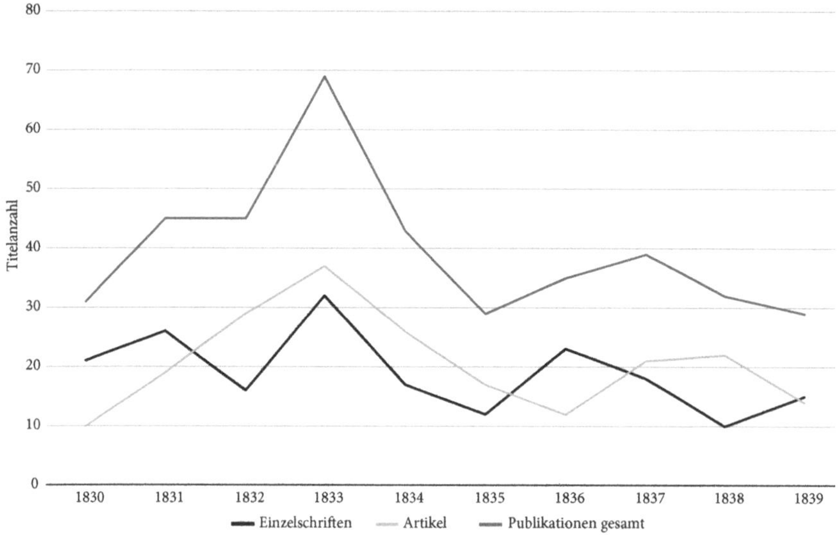

Graphik 10: Anzahl der Publikationen zwischen 1830 und 1839

Eigene Darstellung.

publikationen als auch der Zeitschriftenartikel erkennbar. Die unterschiedlichsten Meinungsgruppen nutzten die Möglichkeit, sich vor einer definitiven Entscheidung der Regierung zu den Planungen zu äußern, was unter Umständen auch zur Beschränkung der Regelung auf Posen geführt haben könnte. Nach der Publikation des neuen Gesetzes für Posen 1833 und in Verbindung mit der deutlich geringeren Aktivität auf legislativer Ebene ließ auch die Anzahl der Veröffentlichungen deutlich nach, einhergehend mit einer Verschärfung der Zensurbestimmungen des Deutschen Bundes, die insbesondere in Preußen intensiv für ein Verbot von Schriften genutzt wurden, in denen unter Umständen die zeitgenössische preußische Regierungspolitik in den Fokus genommen werden konnte. Erkennbar wird an der Kontroverse um die Stellung von Juden, dass die Zeitschriften einer deutlich stärkeren Überwachung unterlagen, da sich diese erst mit einem Jahr Verzögerung wieder ähnlich intensiv in die Debatte einbringen konnten und zwischen 1835 und 1837 die Anzahl der Artikel der periodischen Presse geringer als die Anzahl der Einzelpublikationen war. In dieser Handhabung der Zensurbestimmungen werden das wachsende Bewusstsein, auch der preußischen Behörden, für die Bedeutung der periodischen Presse im Hinblick auf die (politische) Meinungsbildung wie auch deren Vorzüge im Hinblick auf Aktualität und Reichweite erkennbar.

Markant im betrachteten Zeitabschnitt ist die zunehmende Etablierung einer ›eigenständigen‹ jüdischen Öffentlichkeit, bei deren Entstehung jüdische Zeit-

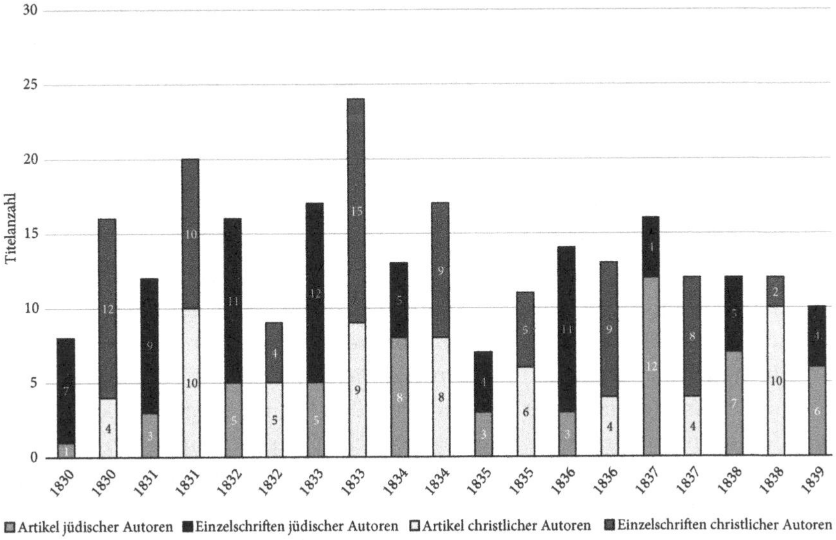

Graphik 11: Aktivitäten jüdischer und christlicher Autoren

Eigene Darstellung.

schriften eine herausragende Position einnahmen. Bedingt wurden die verstärkten Bemühungen um öffentliche Verständigungsmöglichkeiten durch die Hochphase jüdischer Reformbewegungen, die immer dringender den Wunsch verspürten, ihre Interessen in einem größeren Forum als dem der eigenen Gemeinde debattieren zu können. Auf der anderen Seite nutzten vermehrt auch jüdische Reformgegner und -skeptiker die Möglichkeit einer öffentlichen Vermittlung, sodass es auf beiden Seiten zu einer Intensivierung der publizistischen Aktivitäten kam. Ergänzend traten jüdische Autoren immer selbstbewusster und fordernder auf und waren nicht mehr generell bemüht, ihre ›jüdische Identität‹ hinter Pseudonymen oder anonym erscheinenden Schriften zu verbergen.

1.1 Posen als Sonderfall

Das Gebiet der späteren preußischen Provinz Posen unterlag im Hinblick auf seine politische Zugehörigkeit zahlreichen Änderungen. Infolge der zweiten polnischen Teilung erhielt Preußen Großpolen, das westliche Masowien, Danzig und Thorn; die beiden ersten Regionen wurden zur neuen Provinz Südpreußen, Danzig und Thorn hingegen Westpreußen angegliedert.[41] Die jüdische Bevöl-

41 Vgl. *Kemlein*, Die Posener Juden, S. 48.

kerung Preußens erhöhte sich dadurch von 37.000 auf 224.000 – achtzig Prozent der jüdischen Untertanen Preußens lebten in den neu gewonnenen Territorien.[42] Zunächst fand auf sie das Reglement von 1750 Anwendung, wodurch die Autonomie der bestehenden jüdischen Gemeinden geschwächt werden sollte. Vor dem Hintergrund der allgemeinen Kontroverse um die bürgerliche Verbesserung der preußischen Juden und bedingt durch erneute Gebietsveränderungen im Zuge der dritten polnischen Teilung[43] erschienen die jüdischen Untertanen der neuen Provinzen als so rückständig, dass bereits 1797 ein Separatgesetz, das General-Juden-Reglement für Süd- und Neuostpreußen erlassen wurde.[44] Es gestand den dortigen Juden den Status von geschützten Untertanen der preußischen Monarchie zu und strebte eine bürgerliche Besserung von Juden an;[45] sie erhielten Schutzbriefe und wurden verpflichtet, feste Familiennamen anzunehmen.[46] Ihre Berufsfreiheit und ihre Freizügigkeit unterlagen starken Reglementierungen; so durften sie ohne behördliche Genehmigung ihren Wohnort nicht wechseln oder Grundstücke erwerben.[47] Als massivster Einschnitt wurde die Aufhebung der Gemeindeautonomie, verbunden mit dem Ende einer eigenständigen Gerichtsbarkeit und dem Zwang zur Errichtung öffentlicher Schulen, empfunden – was entsprechende Proteste vonseiten der jüdischen Gemeinden nach sich zog.[48] Durch den Frieden von Tilsit verlor Preußen bis auf den nördlichen Teil Westpreußens und das Ermland alle durch die polnischen Teilungen gewonnenen Gebiete.

Von besonderer Bedeutung für die jüdische Minderheit in der späteren preußischen Provinz Posen waren die Städte Lissa und Posen. Dort lebten Juden seit dem 12. Jahrhundert wie auch in anderen Städten relativ isoliert in separaten Vierteln, die aber nicht von außen auferlegt waren. In Posen wurde die Anzahl der zur Verfügung stehenden Häuser für Juden durch den Magistrat bestimmt, was zu einer Überbevölkerung des jüdischen Viertels führte und zahlreiche Konflikte zwischen jüdischer Gemeinde und Magistrat mit sich brachte. Zudem sahen sich die jüdischen Gemeinden einer relativ vehementen antijüdischen Haltung der katholischen Kirche gegenüber.[49] Aus einer im 16. Jahrhundert

42 Ihr Anteil an der Gesamtbevölkerung betrug 2,4 Prozent. Vgl. *Brammer*, Judenpolitik und Judengesetzgebung, S. 29.

43 Durch die dritte polnische Teilung erhielt Preußen zusätzlich Nordmasowien mit Warschau, Ciechanow und Pultusk, Podlasien und einen Teil von Litauen, südlich der Memel, die zur Provinz Neuostpreußen zusammengefasst wurden.

44 Vgl. ausführlicher zur Situation von Juden in preußisch-polnischen Gebieten *Kemlein*, Die Posener Juden, S. 25–200 und *Guesnet*, Polnische Juden, S. 177–251.

45 Vgl. *Bloch*, Culturbestrebungen, S. 211.

46 Vgl. General-Juden-Reglement, Kap. 1, §§ 11–12. Abgedruckt in: *Rönne*, Verhältnisse der Juden, 1843, S. 292–302.

47 Vgl. General-Juden-Reglement, Kap. 2, § 1. Abgedruckt in: ebd.

48 Vgl. *Bloch*, Judenwesen.

49 Vgl. *Mahler*, Antisemitism in Poland.

blühenden, einflussreichen und großen jüdischen Gemeinde in Posen wurde infolge zahlreicher Beschränkungen, aber vor allem vielfältiger Sonderabgaben und Leistungen im Laufe des 18. Jahrhunderts eine verarmte und handlungsunfähige Gemeinde.[50] In Lissa hingegen begünstigte die Konzentration von Juden auf unterschiedliche Bereiche des Tuchhandels eine Etablierung jüdischer Händler, die eine herausgehobene ökonomische Stellung einnahmen.[51] Im Polen des 17. Jahrhunderts entwickelte sich zudem ein Zentrum des aschkenasischen Judentums, das stark dem traditionellen Talmudismus verpflichtet war.[52] Unter preußischer Herrschaft wurde in diesem Gegenmodell zum preußischen Judentum sowohl von der preußischen Regierung als auch in den preußischen, mittlerweile teilweise reformierten jüdischen Gemeinden eine massive Problematik gesehen. Zwar waren polnische Juden keineswegs von den Entwicklungen innerhalb der jüdischen Minderheit in den deutschen Staaten abgeschlossen, doch führte ihre sehr viel stärkere traditionelle Verankerung zu einer mehrheitlichen Ablehnung sowohl der Haskalah als auch der Reformversuche innerhalb der deutschen Judenheit.[53] Infolgedessen blieb das jüdische Leben auf Thora und Talmud ausgerichtet, »ihre Identität war ausschließlich religiös bestimmt« und es »war im jüdischen Selbstverständnis gar nicht erstrebenswert, sich mit anderen Dingen als der eigenen Religion zu beschäftigen«, auch »das Schulwesen war ganz auf die Vermittlung der jüdischen Tradition des Lernens eingerichtet«[54]. Der Kontakt zwischen Juden und Nichtjuden beschränkte sich meist auf wirtschaftliche und geschäftliche Angelegenheiten, während beide Gruppen in sozial vollkommen voneinander getrennten Sphären agierten. Hinzu kam eine auch nach außen sichtbare Unterscheidung zwischen Juden und Nichtjuden; die Mehrheit Posener Juden war mit ihrer traditionellen Kleidung und durch den Gebrauch des Jiddischen deutlich von ihrer Umgebung zu unterscheiden. Diese traditionelle Verankerung Posener Juden wurde in der deutsch-jüdischen Öffentlichkeit als ›Rückständigkeit‹ wahrgenommen[55] und spielte bei der Frage der jüdischen Zuwanderung aus den preußischen Ostgebieten und der Ausweitung des Edikts von 1812 eine entscheidende Rolle.[56]

50 Vgl. *Kemlein*, Die Posener Juden, S. 30 f.

51 Vgl. *Lewin*, Geschichte der Juden, S. 46 f.

52 Vgl. *Graupe*, Entstehung des Judentums, S. 122.

53 Vgl. *Holzer*, Akkulturation der Juden; *ders.*, Die galizischen Juden. Andererseits hatte aber auch der Chassidismus bei den Posener Juden nicht Fuß fassen können.

54 *Kemlein*, Die Posener Juden, S. 42.

55 Vgl. *Anonymus*, Schreiben aus Schwerin, 1834; *Friedländer*, Verbesserung der Israeliten, 1819; *Dietrich*, An den Herausgeber, 1817; *Spieker*, Lage der Juden, 1808 und *Anonymus*, Chassidismus, 6.2.; 13.2.1841. Allerdings wurden die Fortschritte vor allem in den Bildungsbestrebungen der Posener Juden positiv gewürdigt. Vgl. dazu *Anonymus*, Nachrichten Posen, 1825; *Kz.*, Posen, 1841; *Anonymus*, Judenwesen Posen, 13.6.; 20.6.1840.

56 Vgl. *Anonymus*, Verstattung der Juden, 14.5.1836; *Anonymus*, Übersiedlung der Juden, 27.5.1837 und *Anonymus*, Organisation des Judenwesens, 31.3.1835.

1.2 Die preußische Provinz Posen

Mit den auf dem Wiener Kongress beschlossenen Gebietsveränderungen erhielt Preußen einen Teil Südpreußens zurück und schuf daraus die Provinz Posen.[57] Diese war überwiegend agrarisch geprägt, und ihre rund eine Million Einwohner waren mehrheitlich (58 Prozent) polnischer Muttersprache. Posen stellte die preußische Provinz mit dem höchsten Judenanteil dar.[58] Diese territoriale Veränderung durchbrach die weitgehende ethnische und religiöse Homogenität Preußens. Nicht nur die nationale Zugehörigkeit der polnischen Bevölkerungsgruppe in Posen, sondern auch ihre Verankerung im katholischen Glauben stellte die preußischen Behörden vor neue Herausforderungen.[59] Die bisherigen Konzepte von Nation wurden vor dem Hintergrund von Sprach- und Glaubensunterschieden vor neue Fragen nach ethnischer, sozialer, religiöser und kultureller Inklusion gestellt. Im Hinblick auf die Konstruktion einer preußischen Nation musste die Stellung der polnischen Minderheit thematisiert werden, was andererseits der relativ großen Gruppe von Juden in Posen eine gänzlich andere Stellung zukommen ließ; sie waren in diesem Fall nicht mehr die einzige erkennbare Minderheit. Der preußische Staat hatte sich auf dem Wiener Kongress jedoch verpflichtet, das ›Volkstum‹ der polnischen Untertanen zu bewahren und auch die vor allem wirtschaftlichen Kontakte zu Polen nicht grundlegend zu unterbinden.[60] Sie unterlagen damit zunächst keinerlei Einschränkungen. Erst nach der polnischen Novemberrevolution kam es vonseiten der preußischen Regierung, aus Furcht vor einem Übergreifen liberaler Revolutionsbestrebungen, zu einer allmählichen Verdrängung von Polen aus öffentlichen Ämtern und damit einhergehend zu einer rechtlichen Schlechterstellung der polnischen Bevölkerungsteile. Infolge dieser Maßnahmen gerieten sie in eine zunehmend sichtbar werdende Minderheitenposition, die sich unter Verweis auf die von ihnen ausgehenden Gefahren verstärkt der jüdischen Sonderstellung annäherte, sodass ähnlich der ›jüdischen Frage‹ eine ›polnische Frage‹ beantwortet werden musste.[61]

Die Posener Juden konzentrierten sich dabei vor allem auf die Städte Posen und Lissa. Die Anzahl der jüdischen Gemeinden in Posen um 1800 wird auf siebzig geschätzt,[62] wobei allein in Lissa rund 3.700 Juden lebten und damit vierzig

57 Die ehemaligen Netzdistrikte um Deutsch Krone und Flatow gingen an die Provinz Westpreußen.

58 Zur Situation der Juden vor der preußischen Herrschaft vgl. *Bruer*, Geschichte der Juden, S. 140–164.

59 Für die Minderheitenproblematik in den preußischen Ostprovinzen vgl. *Hagen*, Germans.

60 Für das Folgende vgl. *Streiter*, Die nationalen Beziehungen, S. 12 f. und S. 53–59.

61 Vgl. *Trzeciakowski*, Nationalitätenpolitik Preußens; *Gosewinkel*, Einbürgern und Ausschliessen, S. 263–277.

62 Für die folgenden Angaben vgl. *Kemlein*, Die Posener Juden, S. 41 f.

Prozent der Gesamtbevölkerung jüdisch waren. In Posen lebten rund 3.000 Juden und in weiteren acht großen Gemeinden jeweils rund 1.000 Juden. Die dadurch bedingte deutliche Erhöhung des jüdischen Bevölkerungsanteils in Preußen brachte in Hinblick auf die Judenpolitik die Frage auf, ob das Edikt von 1812, das nur für die geringe Zahl der in den preußischen Stammlanden lebenden Juden gedacht war, auf die neu gewonnenen Gebiete ausgedehnt werden sollte. Eine besondere Schwierigkeit wurde in der Anwendung auf die Provinz Posen gesehen; nicht nur dass in diesem Gebiet eine große Zahl Juden lebte, gleichzeitig erschienen diese Juden preußischen Behörden als noch rückständiger und isolierter als ihre übrigen Glaubensgenossen. Eine Ausweitung der gesetzlichen Bestimmungen von 1812 wurde als nicht sinnvoll erachtet. Zudem befürchtete die preußische Regierung ein massives Einströmen Posener Juden in die alten preußischen Provinzen; eine solche Abwanderung sollte ebenfalls verhindert werden.

In einem ersten Schritt bestimmte das Okkupationspatent vom 15. Mai 1815 die Beibehaltung der bisher geltenden Ordnung für Posen. Begründet wurde diese Entscheidung mit der Tatsache, dass der größte Teil der jüdischen Bevölkerung nicht ansässig und ohne Gewerbe sei, was eine gleichberechtigte Einbeziehung bzw. eine Ausweitung des Edikts von 1812 vorerst unmöglich mache.[63] Die jüdische Bevölkerung Posens verblieb im Status von Schutzverwandten. Da es in den Jahren nach 1815 innerhalb der preußischen Regierung wiederholt Überlegungen zu einer neuen allgemeinen Judenordnung für die gesamte Monarchie gab, hätte die jüdische Minderheit Posens in eine solche miteinbezogen werden können. Doch die Situation in Posen erschien dringlicher, weshalb man bestrebt blieb, die Verhältnisse der Provinz Posen zunächst durch eine Sondergesetzgebung zu regeln.[64] In den Unterlagen des GStA findet sich ein erster Entwurf für eine Judenordnung für die Provinz Posen im März 1824. Dieser verfolgte die Absicht, Juden ihrer »verderblichen Eigenthümlichkeiten zu entwöhnen«[65], den christlichen Untertanen Schutz gegen die jüdische Bedrückung und den jüdischen Wucher zu gewähren, und Juden gewisse, nicht näher definierte bürgerliche Rechte zuzugestehen.[66] Diesen Entwurf lehnte der Preußische Staatsrat für das Innere im selben Jahr mit der Begründung ab, dass eine separate

63 Ausführliche Betrachtungen und Analysen über die Anwendbarkeit des Edikts von 1812 auf Posen finden sich in: *Justizministerium*, Posen Verordnungen, 1815–1833; *Ministerium des Inneren*, Juden Posen, 1815–1819. Besonders ablehnend äußerte sich der Oberpräsident des Großherzogtums Posen Joseph Zerboni di Sposetti. Vgl. Sposetti, Publicandum die alttestamentarischen Glaubensgenossen im Großherzogthum Posen betreffend, vom 15. Juli 1815 in: *Justizministerium*, Judenwesen Posen, 1837–1867, S. 3.

64 Für die Beratungen der preußischen Regierung vgl. *Brammer*, Judenpolitik und Judengesetzgebung, S. 141–146 und S. 168–180 und *Ministerium des Inneren*, Verordnung vom 1. Juni 1833, 1833–1846.

65 *Justizministerium*, Judenwesen Posen, 1837–1867, S. 66a.

66 Vgl. ebd., S. 66a.

Ordnung für Posen nicht notwendig sei, »weil auch zwischen christlichen Unterthanen in verschiedenen Provinzen, nicht unterschieden wird«[67] und die Feindlichkeit von Juden nicht größer sei als in anderen Landesteilen. Die daraus resultierende unsichere Rechtsstellung von Juden in Posen bildete 1827/1828 einen Schwerpunkt des Posener Provinziallandtags.[68] Die Mehrheit der Abgeordneten erachtete eine Ausweitung des Edikts von 1812 trotz der herrschenden Zustände als nicht sinnvoll, zumal Juden nicht bestrebt seien, sich der Mehrheitsbevölkerung anzugleichen und insbesondere ihre berufliche Orientierung zu überdenken. Es gelang, einen detaillierten Plan auszuarbeiten, der den Umgang mit der jüdischen Minderheit in den kommenden Jahren strukturieren sollte, bis eine zufriedenstellende gesetzliche Regelung gefunden sei. Betrachtet man die Vorschläge des Posener Provinziallandtages im Vergleich zu den Landtagen der übrigen Provinzen, so waren dessen Äußerungen zum einen der Sonderstellung Posens innerhalb Preußens geschuldet; und zum anderen ließ sich durchaus eine Bereitschaft zu einer jüdischen Emanzipation unter gewissen Voraussetzungen erkennen, was in zahlreichen anderen Provinzen mit einer zahlenmäßig deutlich geringeren jüdischen Minderheit nicht der Fall war. Eine Gleichberechtigung der bereits ansässigen Juden sollte unter verschiedenen Bedingungen gewährt werden; dazu zählten die Annahme fester Stammesnamen, der Gebrauch der deutschen und polnischen Sprache durch die Rabbiner und Religionslehrer und die Überwachung der Freizügigkeit. Die Vorstellung von einer Emanzipation umfasste dabei erstens eine freie berufliche Betätigung, die auch den Erwerb von Grundstücken einschloss (wobei die Anzahl der im Handel tätigen Juden begrenzt und eine Anstellung als Beamte auf kommunaler Ebene ausgeschlossen blieb), zweitens die Einbeziehung in alle militärischen Pflichten und drittens die Behandlung der Judensynagogen als Korporationen. Trotz der intensiven Auseinandersetzung mit der jüdischen Problematik nahmen die Provinziallandtage eine nur beratende Position ein, sodass der preußische Monarch Friedrich Wilhelm im Dezember 1828 versichern konnte, die Erklärung der Stände über die bürgerlichen Verhältnisse der Juden »bei der weitern Berathung der Sache in Erwägung«[69] zu ziehen.

Zeitgleich übte Preußen auf junge Posener Juden eine besondere Anziehungskraft aus, denn trotz Restauration und umfangreicher Pressezensur galt es ihnen als ein Land der Aufklärung und weitreichenderer Handlungsoptionen als ihre Heimat. Sie waren bestrebt, sich zu assimilieren; dieser Prozess vollzog sich bei ihnen schneller und akzentuierter als bei Juden in anderen Teilen Deutsch-

67 Gutachten der Abtheilung des Königlichen Staatsraths für das Innere, Handel und Gewerbe, für die Justiz und für die Finanzen über den Entwurf einer Juden-Ordnung für das Großherzogthum Posen, die Landstriche Culm und Michelau und die Stadt und das Gebiet Thorn, in: ebd., S. 55 f.

68 Für das Folgende vgl. *Laubert*, Die Judenfrage, S. 34–36.

69 *Friedrich Wilhelm*, Landtage zur Berathung, 1829, S. 55.

lands und Preußens,[70] wobei ihre Identifikation mit der preußischen bzw. deutschen Nation kontinuierlich zunahm. In den Auseinandersetzungen zwischen der preußischen Regierung und der polnischen Bevölkerung gerieten sie jedoch zwischen verschiedene Interessenlagen. Eine Annäherung an Preußen wurde von polnischer Seite feindlich betrachtet und von Preußen nur dann akzeptiert, wenn es Juden zur Stärkung der preußischen Position in Posen benötigte.[71]

Dieser Fall trat 1830 ein, als infolge der Novemberrevolution in Polen ein Aufstand der polnischen Bevölkerung in Posen befürchtet wurde. Wohl auch um Juden auf die Seite Preußens zu ziehen bzw. ihre Anbindung an den preußischen Staat zu stärken, kam es 1833 zur Neuregelung der jüdischen Rechtsverhältnisse in Posen, unter Rückgriff auf den Entwurf für die Gesamtmonarchie aus dem Jahr 1830. Ende des Jahres 1832 erfolgte die Gründung einer Sonderkommission, die sich mit dem Zustand Posener Juden auseinandersetzen und einen Entwurf für eine Neuregelung ausarbeiten sollte. Ihr gehörten unter anderem der Oberpräsident der Provinz Posen, Flottwell, Innenminister Brenn, Finanzminister Maaßen, des Weiteren Mühler, Grolmann und Kamptz an.[72] Sie erarbeiteten nach Einigung über das Ziel, Juden zu erziehen, eine Besserung unter ihnen anzuregen und sie bei ›guter‹ Führung in die Gemeinschaft der Staatsbürger zu integrieren, verschiedene Entwürfe. Die größten Unstimmigkeiten ergaben sich aus der Frage der Einbeziehung von Juden in den Militärdienst. Im Gegensatz zu den Verhandlungen über eine Judenordnung für gesamt Preußen waren die Beratungen für Posen deutlich konstruktiver und griffen erstmals wieder die positiven Bestimmungen des Ediktes von 1812 auf, die jedoch nicht in die neue Ordnung aufgenommen wurden.[73] Am 31. Januar 1833 erging eine Promemoria der Immediat-Kommission für die Angelegenheiten der Provinz Posen.[74] Diese bezeichnete den Militärdienst als wichtiges Bildungsmittel für jüdische Untertanen und drückte die Hoffnung aus, Juden würden dadurch ihre lästigen Eigenarten ablegen und sich weniger von der übrigen Bevölkerung absondern. Doch bereits in der Staatsministeriumssitzung vom 26. Februar 1833 behielt sich der Kronprinz Änderungen an der im Entwurf vorgesehenen Militärpflicht vor.[75] In einem separaten Votum des Kronprinzen, betreffend die Militärpflicht der Juden im Großherzogthum Posen vom 12. März 1833,[76] wandte er sich dann aus-

70 Vgl. *Wenzel*, Jüdische Bürger, S. 160.

71 Vgl. *Jersch-Wenzel*, Juden in Preußen, S. 437 ff. und 445.

72 Eine aktive Beteiligung von K. Streckfuß ist aus den Akten des GStA nicht ersichtlich; es kann aber nicht ausgeschlossen werden, dass er mit den inhaltlichen Beratungen der Kommission vertraut war oder von dieser direkt einbezogen wurde.

73 Vgl. detailliert zu den Beratungen *Kemlein*, Die Posener Juden, S. 96–109.

74 Abgedruckt in: *Fischer*, Judentum, S. 212–214.

75 Vgl. Sitzung des Staatsministeriums am 26. Februar 1833, in: *Kocka/Neugebauer*, Acta Borussica, Bd. 2, Nr. 106.

76 Abgedruckt in: *Fischer*, Judentum, S. 214 f.

drücklich gegen die Ausdehnung der Militärpflicht auf Posener Juden. In seiner Begründung betonte er, dass ein solcher Schritt nicht gerechtfertigt sei, da die jüdischen Untertanen sich bisher nur als schlechte Soldaten erwiesen hätten; ebenfalls seien sowohl ihre religiöse als auch ihre Haltung gegenüber dem Staat als bedenklich einzustufen. Friedrich Wilhelm III. hingegen befürwortete die Aufnahme von geeigneten jüdischen Freiwilligen und den gänzlichen Erlass des bisher zu entrichtenden Rekrutengeldes. Speziell an der ablehnenden Haltung in Hinblick auf die Einbeziehung von Juden in die allgemeine Militärpflicht zeigt sich die Stagnation der preußischen Judenpolitik seit 1812, die in dieser Frage trotz der in Aussicht gestellten Regelung keine Fortschritte verzeichnen konnte. Noch deutlicher wird die restaurative Haltung vor dem Hintergrund der unter nationalen Vorzeichen geführten öffentlichen Kontroverse der Jahre nach 1815, denn auch hier wurde durch die Konstruktion einer eigenständigen und feindlichen jüdischen Nationalität eine Einbeziehung in den deutschen Staat ausdrücklich abgelehnt, die ihren wirkungsmächtigsten Ausdruck eben in der Verteidigung des Vaterlandes finde.

Die »Vorläufige Verordnung wegen des Judenwesens im Großherzogthum Posen« trat am 1. Juni 1833 in Kraft.[77] In Hinblick auf die bürgerlichen Verhältnisse teilte sie Juden in zwei Klassen ein. Eine solche Differenzierung war bereits in den Beratungen 1816 in Betracht gezogen, 1823 jedoch ausdrücklich abgelehnt worden.[78] Mit einer Unterteilung der jüdischen Minderheit standen die preußischen Vertreter keineswegs allein da. Die 1833 erlassene hessische Regelung beinhaltete ebenfalls eine Zwei-Klassen-Einteilung,[79] eine ähnliche Art der Differenzierung von Juden fand sich im 1828 erlassenen Judengesetz in Württemberg. Dort wurde die Teilung in zwei Klassen nicht ausdrücklich verfügt, dennoch sollten nur diejenigen Juden bürgerliche Rechte erhalten, die sich vom Schacher lösen und nützlichen Gewerben nachgehen würden.[80] Die im Vorfeld erfolgten Beratungen wie auch die Erfolge und Misserfolge dieser Regelungen wurden in der Öffentlichkeit intensiv thematisiert und könnten durchaus eine Vorbildfunktion für andere Staaten entwickelt haben.[81]

In der Provinz Posen fanden sich nun auf der einen Seite naturalisierte Juden, denen ein entsprechendes Patent ausgestellt wurde, sobald sie den Anforderun-

77 Vgl. *Freund*, Emanzipation der Juden, S. 246.

78 Vgl. *Kemlein*, Die Posener Juden, S. 91–93.

79 Vgl. *Jersch-Wenzel*, Rechtslage und Emanzipation, S. 52.

80 Vgl. *Weber*, Entwicklung der Judenemanzipation, S. 130 f.

81 Vgl. in Auswahl *Anonymus*, Tagesgeschichten, 2.6.1828; *Bayer*, Schreiben aus Bayern, 8.3.1828; *Pinhas*, Bürgerliche Verhältnisse der Israeliten, 1832; *Anonymus*, Großherzogthum Hessen, 3.3.1833; *Anonymus*, Israeliten Oberhessen, 18.1.1831; *Anonymus*, Auswärtiges, 30.8.1832; *Riesser*, Kritische Beleuchtung ständischer Verhandlungen, 1833; *Anonymus*, Emancipation der Juden, 18.2.1833 und *Anonymus*, Juden- und ander Ordnungen, 9.3.1833.

gen entsprachen und für eine Erteilung von Rechten als reif erachtet wurden.[82] Auf der anderen Seite standen diejenigen, die für die Erlangung von Rechten als noch nicht ausreichend gebessert erschienen. Naturalisierte Juden wurden ihren Glaubensgenossen in den alten Provinzen weitgehend gleichgestellt, d. h., sie erhielten die im Edikt von 1812 gewährten Rechte, unterlagen dabei aber zusätzlichen Einschränkungen. Sie durften keine Staatsämter, auch keine Kommunalämter, übernehmen, ihren Wohn- und Aufenthaltsort nicht frei wählen und konnten die mit dem Erwerb von Rittergütern verbundenen Rechte nicht wahrnehmen. Zusätzlich blieben sie, bis zu einer endgültigen Bestimmung, vom Heeresdienst ausgeschlossen, mit der Option eines freiwilligen Eintritts. Für nichtnaturalisierte Juden bot der Militärdienst nach drei Jahren ebenfalls die Chance, die Stellung privilegierter Juden zu erlangen. Nichtnaturalisierte Juden hingegen durften vor dem 24. Lebensjahr nicht heiraten und waren in der Regel auf die Städte beschränkt,[83] in denen sie jedoch keine Bürgerrechte wahrnehmen konnten.[84] In Bezug auf ihre berufliche Tätigkeit unterlagen sie zahlreichen Einschränkungen; ihnen waren der Handel mit kaufmännischen Rechten und das Hausieren verboten, während das Schankgewerbe gesonderter Genehmigungen bedurfte. Nicht nur in bürgerlicher Hinsicht traten neue Bestimmungen in Kraft, besonders in den Bereich der religiösen Organisation der jüdischen Gemeinden griff die Verordnung ein. Die preußische Regierung beabsichtigte durch eine umfassende Erziehung und Besserung auf das religiöse Leben einzuwirken. Den jüdischen Gemeinden wurde der Status einer vom Staat geduldeten Religionsgemeinschaft zuerkannt, in Hinblick auf ihre Vermögensangelegenheiten erhielten sie jedoch die Rechte von Korporationen,[85] die Wahlen der Vorsteher und Vorsitzenden sollten zudem von Regierungsbeauftragten überwacht werden. Eine freie Verwaltung der Gemeinden war nicht länger möglich. Auch griff die neue Regelung massiv in den Bereich der Schulbildung ein; der Religionsunterricht galt als verpflichtend für jüdische Kinder sowohl in jüdischen als auch in christlichen Schulen. Dabei gestaltete sich dieser jüdische Religionsunterricht nicht mehr nach traditionellen Vorgaben, sondern er ähnelte sehr stark einem protestantischen Unterricht.[86]

82 Dazu zählten der Gebrauch der deutschen oder polnischen Sprache, die Annahme fester Familiennamen, ein bürgerlicher Beruf oder das Erbringen besonderer patriotischer Leistungen für den preußischen Staat. Als Hürde erwies sich der Nachweis der Ansässigkeit in Posen seit 1815; diese Regelung sollte einer Zuwanderung aus den russisch-polnischen Gebieten zuvorkommen.

83 Eine Ansässigkeit auf dem Land war ihnen nur gestattet, wenn sie einen Bauernhof erwarben und diesen selbst bewirtschafteten oder wenn sie sich als Dienstboten bei christlichen Bauern verdingten.

84 Vgl. *Freund*, Emanzipation der Juden, S. 247.

85 Vgl. *Brammer*, Judenpolitik und Judengesetzgebung, S. 172.

86 Vgl. *Meyer*, Jüdische Gemeinden, S. 124.

Ziel der Neuordnung war es, Juden zu erziehen und sie an den preußischen Staat zu binden. Durch die Trennung von Juden in zwei Klassen sollte ein besonderer Anreiz für eine umfassende Assimilation geschaffen werden, da Posener Juden in ihrer Entwicklung als rückständig und in religiösen Fragen als besonders traditionsverhaftet beurteilt wurden. Dabei berücksichtigten die Verfasser der Ordnung nicht, dass in Posen besonders viele jüdische Handwerker lebten und auch jüdische Bauern ansässig waren,[87] Juden somit keineswegs nur im Handel agierten, mit dem ihre vorgebliche Schädlichkeit in Verbindung gebracht wurde.

Posener Juden betrachteten die Verordnung zunächst positiv, sie veranstalteten feierliche Prozessionen und zogen mit einem »prächtig gebundenen, auf einem Samtkissen gebetteten Exemplar des ›allergnädigsten‹ Erlasses«[88] durch die Judengasse, als symbolische Manifestation ihrer Vaterlandsliebe und Treue gegenüber dem Monarchen. In der Öffentlichkeit fanden sich Einschätzungen der Posener Judenordnung hingegen nur selten, die eigentliche Auseinandersetzung hatte bereits im Vorfeld des Inkrafttretens stattgefunden. Erst in der Kameralistischen Zeitung von 1835 erschienen eine Auflistung Posener Juden und ihre Einteilung in verschiedene Kategorien.[89] Außerdem erläuterte der Autor, dass in Posen Naturalisierungskommissionen gebildet worden seien, die Namensverzeichnisse sowohl der zu naturalisierenden als auch der mit Duldungszertifikaten zu versehenden Juden ausarbeiten würden. In der Aufrechnung des Autors wurden seit der Einführung der neuen Ordnung für die 48.840 israelitischen Untertanen »3.779 Naturalisations-Patente und 7.794 Duldungs-Certifikate für Familienväter ausgefertigt, und drei nicht recipirte Israeliten aus dem Lande verwiesen«[90]. Eine umfassende Beschäftigung mit den Konsequenzen der Regelung erfolgte weder in der jüdischen noch in der nichtjüdischen Presse.[91]

Der Erfolg der Separatverordnung muss kritisch betrachtet werden. Der Anteil jüdischer Staatsbürger erhöhte sich zwar – so betrug die Zahl naturalisierter Juden 1846 etwa zwanzig Prozent[92] – doch Nichtnaturalisierte lebten unter weit schlechteren Bedingungen als zuvor, da ihnen viele Erwerbsmöglichkeiten verschlossen wurden. 1836 erfolgte eine neuerliche rechtliche Einschränkung, um den Wegzug von Juden aus dieser Provinz in andere Teile der Monarchie ein-

87 Vgl. *Elbogen/Sterling*, Geschichte der Juden, S. 198.

88 *Dubnow*, Geschichte des jüdischen Volkes, S. 48.

89 Vgl. *Anonymus*, Organisation des Judenwesens, 31.3.1835, S. 77.

90 Ebd., 31.3.1835, S. 78.

91 Ausnahmen bilden kameralistische Ausführungen zur Umsetzung des Gesetzes, vgl. hierzu *Anonymus*, Organisation des Judenwesens, 31.3.1835; *Anonymus*, Verstattung der Juden, 14.5.1836; *Anonymus*, Übersiedlung der Juden, 27.5.1837; *Anonymus*, Großherzogthum Posen, 1838. Eine intensivierte Beschäftigung mit der jüdischen Minderheit in Posen erfolgte erst wieder um 1840, vgl. hierzu *Kz.*, Posen, 1841; *Anonymus*, Judenwesen Posen, 13.6.; 20.6.1840 und *Streckfuß*, Öffentliche Zustände Posen, 1839.

92 Vgl. *Kampmann*, Deutsche und Juden, S. 190. Detaillierte Zahlen für die unterschiedlichen Kreise finden sich bei *Kemlein*, Die Posener Juden, S. 160–162.

zudämmen. Ein Wohnortwechsel ohne weitere Auflagen wurde nur noch naturalisierten Juden erlaubt, die »Handwerke, Fabrik-Geschäfte aller Art, eine Wissenschaft oder Kunst, oder auch Ackerbau betrieben haben«[93]. Im Handel tätigen Juden gestattete diese Regelung eine Niederlassung in anderen Provinzen hingegen nur, wenn sie den Nachweis erbringen konnten, dass sie bereits ein solides Handelsgeschäft mit festem Verkaufsplatz betrieben hatten – dabei war eine Umsiedlung generell nur in Provinzen möglich, in denen das Edikt vom 11. März 1812 Gültigkeit hatte.

1.3 Die Kontroverse im Umfeld der Posener Separatverordnung

Die Beratungen über eine Neuregelung der Verhältnisse von Juden in Preußen boten seit 1830 einen willkommenen Anlass für eine erneute, grundsätzliche Auseinandersetzung mit der Stellung von Juden. Insbesondere jüdische Autoren wurden aktiver und erschlossen sich vermehrt eigenständige Publikationsorgane, die in der Lage waren, ihre Argumente einem breiteren (jüdischen und nichtjüdischen) Publikum bekannt zu machen. Erstmals konnte in diesem Fall in der Öffentlichkeit, von jüdischen und nichtjüdischen Autoren, über einen Gesetzesentwurf und die mit ihm einhergehenden Beratungen diskutiert werden, bevor er in Kraft gesetzt wurde. Die Im Vorfeld stattfindende Diskussion war für Preußen, das über kein Parlament verfügte, ein absolutes Novum. Die Intensität der Kontroverse offenbarte erstens das nachdrücklich gewachsene Selbstbewusstsein bürgerlicher Gruppen und ihren Willen, sich an der politischen Meinungsbildung zu beteiligen, und zweitens die gesteigerte Wirkungsmacht bürgerlich dominierter Öffentlichkeit, die mit relativ hoher Wahrscheinlichkeit zur ausschließlichen Anwendung des Gesetzentwurfes auf die Provinz Posen beitrug.

Im Frühjahr 1833 erschienen in unterschiedlichen Medien Nachrichten, aus denen hervorging, dass an einer Neuordnung der jüdischen Rechtsverhältnisse gearbeitet werde.[94] Kurz darauf veröffentlichte die »Allgemeine Augsburger Zeitung« einen anonymen Beitrag, dessen Autor seine Überzeugung aussprach, dass in Preußen an einem neuen Judengesetz gearbeitet werde; die neue Ordnung solle bei den meisten Ministerien bereits Billigung gefunden haben und sei für die gesamte Monarchie angedacht.[95] Darauf folgten detaillierte Auszüge aus den neuen Bestimmungen, wobei der Autor insbesondere die Einteilung von Ju-

93 *Anonymus*, Verstattung der Juden, 14.5.1836, S. 309.

94 Vgl. in Auswahl *Anonymus*, Private Mittheilung, 4.2.1833; *Anonymus*, Preußen, 15.2. 1833; *Anonymus*, Emancipation der Juden, 18.2.1833; *Anonymus*, Berlin, 24.2.1833; *Anonymus*, Projekt Judenordnung, 3.3.1833; *Anonymus*, Juden- und ander Ordnungen, 9.3.1833.

95 Vgl. *[Streckfuß]*, Preußen, 15.–17.2.1833, S. 243.

den in zwei Klassen begrüßte. Vonseiten der preußischen Regierung folgte auf diese Publikation keine Entgegnung, die Regierungsvertreter schienen zunächst die Reaktionen auf den Artikel abwarten zu wollen. Ausgehend von dieser eher kurzen Notiz begann eine intensive öffentliche Debatte über Sinnhaftigkeit und Erfolgsaussichten des Entwurfes.

Das »Frankfurter Journal« äußerte sich positiv und bewunderte »Muth und Festigkeit und Vertrauen, besonders in unserer Zeit, wo man alle entschiedenen Schritte so gern vermeidet«[96]. Von ihm wie auch von anderen Zeitschriften wurde die Vorveröffentlichung der potentiellen Ordnung aufgenommen und einem großen Kreis von Lesern bekannt gemacht. Mehrheitlich betonten die Rezensionen, dass nicht länger die Religion Grund für den Ausschluss von Juden, sondern die preußische Regierung ausschließlich bestrebt sei, dem jüdischen Schacher Einhalt zu gebieten, um dadurch den Hass von Christen zu vermindern und die jüdische Abscheu vor körperlicher Arbeit zu bekämpfen. Allein in der »Frankfurter Ober-Postamtszeitung« fand sich ein umfangreicherer Artikel, der den Entwurf nachdrücklich ablehnte. Sein Verfasser sah Juden durch die neuen Bestimmungen aufgrund ihres Glaubens als »aufs tiefste erniedrigt«, ihr »physisches Dasein erschwert« und ihr geistiges Fortschreiten gehemmt, in keinem Fall sei die Regelung in der Lage, Hass und »religiösen Fanatismus«[97] zum Erlöschen zu bringen. Der Vorschlag, der bestrebt sei, »Herabwürdigung, Absonderung und Haß zu verewigen«[98], wurde als willkürlich und ungerecht beurteilt. Der Autor rief die preußische Regierung dazu auf, nicht durch Druck und Ausnahmegesetzgebungen die Stellung von Juden zu bestimmen, sondern sie durch die Erteilung gleicher Rechte und die Gewährung von Gerechtigkeit zu veredeln.[99]

Obwohl sich die preußischen Behörden nicht öffentlich äußerten, fand seit dem Erscheinen des ersten Artikels regierungsintern eine detaillierte Beobachtung der Reaktionen statt. Von Nagler schrieb am 20. Februar 1833 an Ancillon, dass die verschiedenen Publikationen einer »noch nicht definitiv beschlossenen« Ordnung den Gegnern Preußens die Gelegenheit böten, »Haß und Mißtrauen gegen unsere Regierung zu nähren und weiter zu verbreiten«[100]. Auf diese Feststellung folgte eine umfangreiche Dokumentation der thematisch relevanten Zeitungsbeiträge. Eine offizielle Entgegnung erfolgte am 2. März 1833 in der Preußischen Staatszeitung. Gleichzeitig begannen interne Ermittlungen, um den Verfasser des Artikels in der »Augsburger Allgemeinen Zeitung« ausfindig zu machen. Brenn äußerte sich jedoch dahingehend, dass der anonyme Autor kaum zu identifizieren sei, da es bei den Zeitungen üblich sei, anonym

96 *Anonymus*, Berlin, 18.2.1833.
97 *Anonymus*, Projekt Judenordnung, 3.3.1833.
98 Ebd.
99 Vgl. ebd.
100 Schreiben an Herrn Ancillon von Nagler vom 20. Februar 1833, in: *Preußische Gesandtschaft am Bundestag*, Vollziehung des Artikels 16, Aug. 1820–Okt. 1848, S. 36.

eingegangene Artikel nach der Veröffentlichung zu vernichten, um damit den Autor zu schützen – so hätten seine bisherigen Ermittlungen keinerlei Ergebnisse erzielt.[101]

Nachdem die preußische Regierung zu dem Entwurf Stellung bezogen hatte, erfolgten weitere öffentliche Reaktionen. Die »Augsburger Allgemeine Zeitung« veröffentlichte am 18. März 1833 den Hinweis, dass eine Schmälerung jüdischer Rechte in den alten preußischen Provinzen aufgrund des Art. 16 der Bundesakte nicht möglich sei, die Anwendung des Entwurfes auf die Provinz Posen jedoch durchdacht würde.[102] Bereits wenige Tage zuvor war in der »Didaskalia« ein Bericht erschienen, der sich dahingehend äußerte, dass der Entwurf zu einer Judenordnung für die preußische Monarchie vonseiten der preußischen Regierung als unwürdig beurteilt werde. Obwohl einzelne Gruppen versuchten, den Entwurf durchzusetzen, seien die preußischen Behörden nicht darauf eingegangen.[103] Kurze Zeit später veröffentlichte die »Augsburger Allgemeine Zeitung« abermals einen anonymen Artikel, in dem die auf preußischer Regierungsebene stattfindenden Beratungen und Argumentationen wiedergegeben wurden.[104]

Mit relativer Sicherheit kann Karl Streckfuß als Autor der in der »Augsburger Allgemeinen Zeitung« publizierten Beiträge bestimmt werden; inwieweit die Veröffentlichung mit Zustimmung seiner Vorgesetzten erfolgte, ist hingegen schwer nachzuvollziehen. Zwar wurde intern nach der ›undichten‹ Stelle gesucht; auch wenn Inhalt und Form die Autorenschaft Karl Streckfuß' nahelegten, wurde er ausdrücklich aber nie als Verfasser benannt, und die Ermittlungen wurden auf Befehl des Königs am 23. Juli 1833 eingestellt.[105] In der öffentlichen Kontroverse allerdings wurde Streckfuß zweifelsfrei als Verfasser der unterschiedlichen Mitteilungen identifiziert und seine Verbindung zu den betreffenden Schriften bereits unter dem Datum 25. Februar 1833 in der »Allgemeinen Zeitung Münchens« betont.[106] In diesem Zusammenhang finden sich durchaus Hinweise auf eine wohlwollende Aufnahme der Streckfuß'schen Publikationen durch die verantwortlichen Ministerien, da sie die beteiligten Behörden in die Lage versetzten, die öffentlichen Reaktionen zu prüfen.[107] Dies bot ihnen die Möglichkeit, negative Äußerungen im Vorfeld zu sondieren und gleichzeitig die öffentliche Meinung in ihrem Sinne zu beeinflussen, denn sie waren durchaus gewillt, in der Öffentlichkeit eine Mehrheit für die von ihnen beabsichtigten Maßnahmen zu gewinnen, um dadurch Widerstand, der bei einer fehlenden

101 Vgl. Schreiben Brenns, in: *Zivilkabinett*, Verhältnisse der Juden, 1823–1842, S. 44–45.
102 Vgl. *Anonymus*, Preußen, 8.3.; 18.3.1833.
103 Vgl. *Anonymus*, Juden- und ander Ordnungen, 9.3.1833.
104 Vgl. *[Streckfuß]*, Verhältniß der Juden, 3.–5.5.1833.
105 Vgl. *Zivilkabinett*, Verhältnisse der Juden, 1823–1842, S. 44–46.
106 Vgl. *Anonymus*, Berlin, 8.3.1833. Streckfuß selbst bekannte sich nie zu (s)einer Autorenschaft. Vgl. *Streckfuß*, Verhältniß der Juden, 1833, S. 1.
107 Vgl. *Brammer*, Judenpolitik und Judengesetzgebung, S. 206f.

vorherigen Auseinandersetzung möglich gewesen wäre, zu unterdrücken bzw. im Vorfeld durch eine publizistische Kontroverse zu entschärfen. Da sich infolge der Streckfuß'schen Veröffentlichung offensichtlich eine deutlich größere Gegenwehr formierte, als von der preußischen Regierung kalkuliert, versuchte sie die öffentliche Meinung durch Artikel in der »Preußischen Staatszeitung« wieder zu beruhigen. Karl Streckfuß publizierte seine Haltung und seinen Entwurf zu einer neuen Judenordnung 1833 nochmals in einer Monographie. Seine sowohl dort als auch in den Artikeln veröffentlichte Ordnung entsprach in großen Teilen der späteren Posener Regelung.

Die Dynamik der zu diesem Gegenstand erschienenen Publikationen ist durchaus beeindruckend. Die ersten Hinweise auf Beratungen in Preußen fanden sich Ende Februar 1833; auf den Buchmessen in Leipzig und Frankfurt im April des Jahres wurden bereits eine große Anzahl von Einzelpublikationen zu der neuen preußischen Judenordnung geführt, darunter die Schriften von Streckfuß, Jacoby, Ulmenstein, Riesser, Buchholz und Lessing[108] – die Neuordnung, in diesem Fall beschränkt auf die Provinz Posen, trat am 1. Juni 1833 in Kraft.

Streckfuß drückte mehrfach seine Überzeugung aus, dass eine Differenzierung von Juden notwendig sei, um der öffentlichen Meinung zu entsprechen, die sich seiner Interpretation nach eher skeptisch gegenüber einer jüdischen Gleichberechtigung äußerte.[109] Dabei ging er so weit, an die Hep-Hep-Unruhen zu erinnern, in denen sich die öffentliche Haltung gegen eine jüdische Emanzipation deutlich gemacht habe.[110] Der nationale Charakter der jüdischen Gemeinschaft stand in seinen Betrachtungen im Vordergrund; dieser habe sich trotz aller Gesetze, Verfolgungen und Einschränkungen erhalten und müsse demzufolge in den inneren jüdischen Eigentümlichkeiten begründet sein.[111] Gleichermaßen stünden die jüdischen Ritualgesetze einer wirklichen Akzeptanz des deutschen oder preußischen Vaterlandes entgegen; Juden könnten sich nicht als Einheimische betrachten, und auch die Hoffnung auf den Messias verhindere eine Vermischung und Integration.[112] Unabhängig von stattgefundenen Besserungen und dem Edikt von 1812, dessen positive Effekte Streckfuß anerkannte, seien die Akkulturationsbemühungen von Juden noch nicht ausreichend, um sie vollständig emanzipieren zu können.[113] Aufgrund seiner intensiven Beobachtung des zeitgenössischen Zustands der ›jüdischen Nation‹ in Deutschland kam er zu dem Schluss, dass sich diese »in zwei sehr ungleiche Klassen geteilt finde.«[114]

108 Vgl. *Anonymus*, Verzeichnis Bücher Oster- und Michaelmesse, 1833, S. 190, 404, 459, 465, 558 und 568.

109 Vgl. *Streckfuß*, Verhältniß der Juden, 1833, S. 5 und 8 f.

110 Vgl. ebd., S. 22.

111 Vgl. ebd., S. 12.

112 Vgl. ebd., S. 13 ff.

113 Vgl. ebd., S. 18 f.

114 Für das Folgende vgl. ebd., S. 22.

Die erste Gruppe habe sich Bildung angeeignet und mit ihren Haltungen und Handlungen die Achtung aller erworben, während sie ihre Religion nicht länger als Dogma betrachte und auch die Ritualgesetze kaum noch beachte. Sollten die Angehörigen dieser Klasse den letzten Schritt, die Konversion zum Christentum, in Angriff nehmen, seien sie von der übrigen Bevölkerung nicht mehr zu unterscheiden und dem Staate nützliche Untertanen. Die Angehörigen der zweiten Klasse hingegen seien im eigentlichen Sinne Juden, sie beharrten auf ihrer Absonderung und der Verachtung aller Nichtjuden. Eine Gleichbehandlung beider Gruppen sei zum Wohle des preußischen Staates vollkommen unmöglich. Grundlage des Streckfuß'schen Vorschlages wurde damit die Differenzierung der jüdischen Minderheit.[115] Besondere Privilegien sollten der ersten Klasse noch stärkere Anreize bieten, den Übertritt zum Christentum zu vollenden, bspw. die Erteilung möglichst umfassender Staatsbürgerrechte. Die zweite Klasse habe eine solche Behandlung nicht verdient und solle weiterhin unter beschränkenden Umständen leben, um ihr eine Distanzierung vom Judentum anziehend erscheinen zu lassen.

Im Anschluss an die Veröffentlichungen von Streckfuß kam es zu einer umfangreichen Debatte, die alle Fragen jüdischer Existenz im preußischen Staat berührte. Gleichzeitig bot die Streckfuß'sche Schrift, da sie nahezu vollständig der Posener Regelung entsprach, die Möglichkeit, sich mit der kurze Zeit später für Posen in Kraft getretenen Judenordnung auseinanderzusetzen und entsprechende Kritik oder Zustimmung zu äußern, ohne dabei direkt auf sie eingehen zu müssen, was unter Umständen zu einer Zensur geführt hätte.[116] Es erschienen ca. fünfzig Einzelpublikationen und rund vierzig Zeitschriftenbeiträge, ergänzt um zahlreiche Rezensionen, wobei die Kontroverse bis Ende des Jahres 1834 in nahezu ungebrochener Intensität anhielt. Herausragend in diesem Fall war die Beteiligung jüdischer Autoren.[117] Aus diesem Grund sollen im Folgenden zuerst die jüdischen Stimmen betrachtet werden.

115 Für das Folgende vgl. ebd., S. 28–30.

116 Um einen ersten Eindruck über den Umfang der Debatte um die Streckfuß'sche Schrift zu erhalten, vgl. die Auflistung der wichtigsten Artikel und Monographien: *Jost*, Sendschreiben an K. Streckfuss, 1833; *Jacoby*, Streckfuß Emancipation der Juden, 1833; *ders.*, Jüdische Verhältnisse, 1834; *Ulmenstein*, Gegenbemerkungen zu der Schrift Streckfuß', 1833; *Christianus [Grimmer]*, Emancipation der Juden, 1833; *Careé*, Befugnisse des Volks-Repräsentanten, 1833; *Auerbach*, Die Aufnahme Israels, 1833; *Lischka*, Recht, Glaube und Wahrheit, 1834; *Klüber*, Rechtsverhältnisse zwischen Christen und Juden, 1834; *Freystadt*, Das Recht der Juden, 1834; *Anonymus*, Emancipation der Juden, 1834; *[Lessing]*, Juden und öffentliche Meinung, 1833; *Buchholz*, Erwerbung politischer Rechte, 1833; *Jost*, Sendschreiben an Glaubensbrüder, 1834; *Philippson*, Über das Leben, 1834; *Buchholz*, Aufschlüsse und Vorschläge, 1834.

117 Die jüdische Beteiligung wurde von Juden selbst keineswegs unkritisch gesehen; so findet sich in einem Brief von Salomon Munk an John Meyer der Hinweis, eine abwartende Position einzunehmen, was für die Vervollständigung des Gesamtbildes der jüdischen Haltungen von Relevanz ist.

Jüdische Publizisten beriefen sich auf das Edikt von 1812 und kritisierten seine schrittweise Rückgängigmachung, was ihrer Meinung nach auch in der Posener Regelung deutlich wurde, da sich keine volle bürgerliche Gleichstellung von Juden finde. Insbesondere traten jüdische Autoren gegen die Instrumentalisierung traditioneller Vorurteile auf, da die christlichen Darstellungen ausschließlich »hundertmal Gesagtes und Widerlegtes«[118] beibehielten und die Fortschritte innerhalb der jüdischen Gemeinschaft nicht anzuerkennen bereit seien. Dabei identifizierten sie die Absicht christlicher Autoren und Regierungen, die Dominanz des Christentums nicht infrage zu stellen; der christliche Glaube solle der herrschende bleiben, im äußeren und inneren Leben und in den Gemütern.[119] Die jüdischen Untertanen hingegen könnten noch so gute Menschen sein, solange sie nicht gewillt seien, den religiösen Gegensatz durch eine Konversion zu überwinden, würde niemals ihre Anerkennung als Bürger erfolgen. Da der Staat jedoch einen ideellen Zweck verfolge, dürfe ihn die religiöse Orientierung seiner Untertanen nur interessieren, wenn diese dem Staatswohl entgegenstehe – eine direkte Verbindung zwischen Kirche und Staat sei unmöglich und nicht den zeitgenössischen Erfordernissen entsprechend.[120] Jüdisches und christliches Moralgesetz stimmten jedoch ausreichend überein, sodass vom Judentum kein Schaden für den Staat ausgehe, womit die Gründe für einen Ausschluss als illegitim erschienen.[121]

Erneut mussten sich jüdische Autoren 1833 mit dem Vorwurf einer eigenständigen jüdischen Nationalität auseinandersetzen. Dieser hatte in ihren Betrachtungen nun endgültig keinen Bezug mehr zur Realität, da Juden in dem Gefühl aufgewachsen seien, ›Deutsche‹ zu sein. Aus diesem Grund beanspruchten sie für sich alle mit der deutschen bzw. preußischen Nationalität verbundenen Rechte.[122] Außer der Ablehnung einer nationalen Verbindung zwischen Juden wurden kaum Versuche unternommen, die neuerlichen Vorwürfe detailliert

»Ihre Mitteilung in betreff der Posner Juden überrascht mich nicht. Für die Lage der Juden in Preußen ist keine Verbesserung von Seiten der Regierung zu erwarten. In England emanzipiert man die Katholiken nur aus Furcht, die jüdische Bill ist wiederrum durchgefallen. Vielleicht werden wir nun die Juden früher in Portugal als in England und Preußen frei sehen. Dagegen zu schreiben ist ganz unzweckmäßig; man hat genug für und wider die Juden geschmiert, dieser Stoff ist erschöpft. Es ist unter der Würde der Juden, ihr wohlgegründetes Recht jetzt noch in läppischen Flugschriften zu verteidigen. Uns bleibt jetzt nichts übrig, als gleich unseren Vätern im Mittelalter den Druck mit Ergebung zu ertragen, bis es der Gottheit gefällt, uns auf die eine oder andere Weise zu unserem Recht zu verhelfen [...]« Brief Salomon Munks an John Meyer, Paris 24. August 1833, zitiert nach *Kobler*, Juden und Judentum, S. 37.

118 *Riesser*, Verhältnisse der jüdischen Unterthanen, 1867, S. 100 f.

119 Für das Folgende vgl. ebd., S. 337–339.

120 Vgl. *[Lessing]*, Juden und öffentliche Meinung, 1833, S. 9.

121 Vgl. *Jacoby*, Streckfuß Emancipation der Juden, 1833, S. 14 und 73 f.

122 Vgl. *Riesser*, Verhältnisse der jüdischen Unterthanen, 1867, S. 366 f.

zu widerlegen.[123] Juden verstanden sich als Deutsche jüdischer Religion, wobei sich diese Verbindung für sie reibungslos und selbstverständlich gestaltete.[124] Bei ihnen wurde der Kampf um die eigene Gleichberechtigung nun gleichbedeutend mit der Befreiung der Gesamtgesellschaft aus der überkommenen Ordnung, was einen nahezu bedingungslosen Fortschrittsglauben jüdischer Debattenteilnehmer verdeutlicht.

Offenkundig wurde, dass Juden fordernder als bisher auftraten, sie verlangten eine bedingungslose und vollständige Emanzipation und die Gleichstellung auf Grundlage allgemeiner Menschenrechte.[125] Da sie alle mit dem Bürgerrecht verbundenen Verpflichtungen zu erfüllen in der Lage seien, könne eine weitere Ausgrenzung nicht legitimiert werden. Doch erst wenn die ›bürgerliche Scheidewand‹ durchbrochen sei, entstehe eine Möglichkeit für die Verständigung zwischen Juden und Christen.[126] Noch verbleibende Unterschiede zur Mehrheitsbevölkerung könnten dann durch eine teilweise Reformierung des Judentums beseitigt werden.[127]

Die Einteilung von Juden in zwei Klassen empfanden jüdische Autoren als kränkende Ungerechtigkeit. Aus diesem Grund lehnten sie die Posener Regelung als inhuman ab, da sie der Trennung von Staat und Religion und der fundamentalen Gleichheit und Glaubensfreiheit aller Bürger widerspreche.[128] Infolgedessen verlangten sie die Ausweitung des Edikts von 1812 auf alle preußischen Provinzen.[129] Im Posener Gesetz offenbarte sich für sie der »alte Kastengeist«[130], und solange dieser Bestand habe, sei ein Ende der Absonderung unmöglich, wodurch die Gleichberechtigung von Juden absichtlich verzögert würde.[131] Sie betonten ihre Hoffnung, dass dieser auch in der Öffentlichkeit missbilligte Entwurf nicht zur Ausführung kommen werde.[132] Um die Widersinnigkeit des Gesetzes deutlich zu machen, schlugen jüdische Autoren eine analoge Unter-

123 Vgl. *Jacoby*, Jüdische Verhältnisse, 1834, S. 52–57 und 86; *Jost*, Sendschreiben an K. Streckfuss, 1833, S. 86f.; *Riesser*, Verhältnisse der jüdischen Unterthanen, 1867, S. 31 und 306f.

124 Vgl. *Riesser*, Verhältnisse der jüdischen Unterthanen, 1867, S. 367; *Jost*, Sendschreiben an K. Streckfuss, 1833, S. 46f.

125 Vgl. Riesser, Verhältnisse der jüdischen Unterthanen, 1867, S. 377.

126 Vgl. *Jost*, Sendschreiben an K. Streckfuss, 1833, S. 98; *[Lessing]*, Juden und öffentliche Meinung, 1833, S. 55; *Riesser*, Verhältnisse der jüdischen Unterthanen, 1867, S. 14f., 22, 116–120 und 198.

127 Vgl. *Jost*, Sendschreiben an K. Streckfuss, 1833, S. 32 und *[Lessing]*, Juden und öffentliche Meinung, 1833, S. 42 und 47f.

128 Vgl. *Jacoby*, Streckfuß Emancipation der Juden, 1833, S. 255–265; *[Lessing]*, Juden und öffentliche Meinung, 1833, S. 66.

129 Vgl. *Riesser*, Verhältnisse der jüdischen Unterthanen, 1867, S. 35.

130 *[Lessing]*, Juden und öffentliche Meinung, 1833, S. 62.

131 Vgl. ebd., S. 62 und 66.

132 Vgl. *Jacoby*, Stellung der Juden, 1833, S. 256 und *Anonymus*, Juden- und ander Ordnungen, 9.3.1833.

scheidung von Christen hinsichtlich ihres Verhaltens vor.[133] In der ersten Klasse fänden sich die ›wirklichen‹ Christen, die sich durch Bildung und Menschenliebe auszeichnen, Juden als Menschen anerkennen und für ihre Gleichstellung plädieren würden. Die zweite Klasse hingegen offenbare einen Mangel an Geistes- und Herzensbildung, hasse und verachte ohne Unterschied und mache Juden alle menschlichen Rechte streitig. Der zeitgenössische Judenhass wurde als ein künstliches Gebilde empfunden, geschaffen, um Juden weiter ausgrenzen zu können;[134] überwindbar durch Bildung von Mensch und Volk. Die einzig mögliche staatliche Antwort auf die ›Judenfrage‹ lag für die jüdischen Autoren in der Gewährung freier Religionsausübung[135] und der Herstellung demokratischer Verhältnisse, unter Berücksichtigung der Grundsätze von Humanität, Gewissensfreiheit und Gerechtigkeit.[136]

Die christlichen Fürsprecher einer jüdischen Gleichberechtigung erkannten in der projektierten Judenordnung ebenfalls Widersprüche, da sie Juden, die seit Jahrhunderten im Land lebten, als Fremde behandelte, nur um sie dadurch zu einer Konversion zu bewegen.[137] Die zur Legitimation genutzten Vorwürfe betrachteten sie als unzulässig, da alle jüdische Verderbtheit aus der christlichen Behandlung resultiere, während Juden bemüht seien, ihre Geisteskultur zu verbessern und zu entwickeln[138] – gleichzeitig seien die jüdischen Eigenarten für ihr Verhältnis zum Staat grundlegend unerheblich.[139] Im Umkehrschluss könne Preußen nicht erwarten, dass Juden sich mit den Interessen eines Staates identifizierten, der ihnen keine Rechte gewähre. Erst nach einer Gleichberechtigung könne man von ihnen verlangen, alle ihre Kräfte in den Dienst des Staates zu stellen.

»Wer sich aber nach der Freiheit sehnt, ist zur Freiheit reif; wen die Kette schmerzet, den wird die Freiheit besser machen und edler.«[140]

In der Argumentation dieser Autoren fanden sich nicht länger Hinweise auf nationale Ausgrenzungsmechanismen; vielmehr versuchten sie, die offensichtlichen religiösen Differenzen zwischen Juden und Christen abzuschwächen, indem sie sich bemühten, die Frage nach dem Verhältnis von Religion und Staat

133 Für das Folgende vgl. *Jacoby*, Streckfuß Emancipation der Juden, 1833, S. 24.

134 Vgl. *Jacoby*, Jüdische Verhältnisse, 1834, S. 1–3; *Riesser*, Verhältnisse der jüdischen Unterthanen, 1867, S. 346–350; *Weill*, Erwiderung auf zwey Fragen, 20.9.1834, Sp. 3094.

135 Vgl. *Jost*, Sendschreiben an K. Streckfuss, 1833, S. 32 und 88ff.; *Jacoby*, Streckfuß Emancipation der Juden, 1833, S. 13f.

136 Vgl. *Jacoby*, Jüdische Verhältnisse, 1834, S. 17f.; *Anonymus*, Emancipation der Juden, 1834, S. 28f. und 40.

137 Vgl. *Ulmenstein*, Gegenbemerkungen zu der Schrift Streckfuß', 1833, S. 7–12.

138 Vgl. *Lischka*, Recht, Glaube und Wahrheit, 1834, S. 8; *Richter*, Nachtrag der Redaktion, 1834, S. 149.

139 Vgl. *Ulmenstein*, Gegenbemerkungen zu der Schrift Streckfuß', 1833, S. 24 und 30.

140 *Lischka*, Recht, Glaube und Wahrheit, 1834, S. 14f.

zu beantworten. Dabei gelangten sie zu einem ähnlichen Ergebnis wie jüdische Autoren, indem sie eine strenge Trennung beider Bereiche befürworteten[141] – die Streckfuß'sche Charakterisierung des preußischen Staates als christlich lehnten sie ab.[142] Diese Betrachtungen führten die betreffenden Publizisten zu der Forderung nach unbeschränkten, wenn auch nicht bedingungslos gewährten Rechten für Juden, unter häufiger Bezugnahme auf die Grundsätze von Toleranz, Humanität und Gerechtigkeit.[143] Zunehmend seltener banden sie ihre Voraussetzungen dabei an die Hoffnung auf eine Bekehrung. In diesem Sinne lehnten sie das Posener Judengesetz ab, da es durch seine Bestimmungen erneut eine Verknüpfung von Staat und Christentum herstelle und die Sonderstellung von Juden betone. Eine weitere Parallele zu den jüdischen Verlautbarungen bildete, wie auch in den vorangegangenen Zeitungsnachrichten, der Verweis auf Art. 16 der Bundesakte, wobei betont wurde, dass der Entwurf keinesfalls auf die gesamte preußische Monarchie Anwendung finden dürfe, da dies einen deutlichen Rückschritt hinter die im Edikt von 1812 zugesicherten Rechte bedeute.[144]

Die deutlich größere Gruppe der Gegner einer jüdischen Integration war mit der Regelung für Posen ebenfalls nicht zufriedenzustellen. Ihr erschienen die christlichen Rechte in der neuen Gesetzgebung nicht ausreichend geschützt, wenn auch die Unterscheidung in zwei Klassen durchaus Zustimmung fand.[145] Diese Meinungsgruppe verblieb in ihrem Verständnis von Juden als fremdem Volk mit selbstsüchtigen Zwecken, ohne Bezug zu dem Land, in dem sie lebten, und betonte wiederholt die damit einhergehende Gefahr für den Bestand der Staaten.[146] Aus diesem Grund dürften Juden keine politischen Rechte erhalten; solange sie sich als Fremde / Nation verstünden, sollten sie auch wie Fremde behandelt werden.[147] In dieser Sichtweise hinderte ihr Glaube Juden daran, gute Bürger zu werden; ausgehend davon solle jedes preußische Judengesetz bestrebt

141 Vgl. *Ulmenstein*, Gegenbemerkungen zu der Schrift Streckfuß', 1833, S. 16 und 32; *Anonymus*, Über Staatsreligion, 25.5.1833, S. 126; *Richter*, Nachtrag der Redaktion, 1834, S. 143.

142 Vgl. *Krug*, Henotikon, 1836, S. 83–86; *Haas*, Staatsbürgerrecht der Juden, 1837, S. 205 und *Anonymus*, Die jüdische Frage, 1838, S. 377.

143 Vgl. *Anonymus*, Über Staatsreligion, 25.5.1833, S. 128; *Ulmenstein*, Gegenbemerkungen zu der Schrift Streckfuß', 1833, S. 52 f.; *Lischka*, Recht, Glaube und Wahrheit, 1834, S. 6.

144 Vgl. *Anonymus*, Berlin, 24.2.1833; *Anonymus*, Preußen, 18.3.1833; *Riesser*, Verhältnisse der jüdischen Unterthanen, 26.4.–7.5.; 17.5.–27.8.; 13.9.1833, S. 189; *Ulmenstein*, Gegenbemerkungen zu der Schrift Streckfuß', 1833, S. 29 und *Anonymus*, Preußen, 8.3.; 18.3.1833.

145 Vgl. *Hartmann*, Gleichstellung Juden, 1834, S. 197 f.

146 Vgl. *Dezius [Lemann]*, Bürgerliche Verhältnisse des Juden, 1830, S. 75 f; *Anonymus*, Zwey Fragen die Juden betreffend, 6.9.1834, Sp. 2919 f.; *J. P.*, Die Juden betreffend, 25.9.1834, Sp. 3154 f.; *Hendewerk*, Emancipation der Juden, 1834, S. 139.

147 Vgl. *Koch*, Die Juden im preußischen Staate, 1833, S. 166 f.; *J. P.*, Die Juden betreffend, 25.9.1834, Sp. 3155; *Anonymus*, Emancipation der Juden, 18.3.1834, S. 86. Dennoch findet sich die Formulierung von einem ›Staat im Staate‹ deutlich seltener. Zu den Verfechtern dieser Auffassung gehören *J. P.*, Die Juden betreffend, 25.9.1834, Sp. 3155; *Anonymus*, Emancipation der Juden, 1.3.1835, S. 774.

sein, das Judentum zu reinigen, die jüdischen Sitten zu veredeln und damit letztendlich auf eine Bekehrung zum Christentum zielen.[148] Die Posener Regelung weise in diesem Bereich besondere Schwächen auf, da sie nicht ausreichend auf eine Abkehr vom Judentum hinwirke. Gleichzeitig waren diese meist konservativen Autoren bestrebt, deutlich zu machen, dass Rechte Vertrauen voraussetzten. Dieses könne sich nur allmählich entwickeln und ihm dürfe nicht durch Gesetze oder ›liberale Tendenzen‹ vorgegriffen werden.[149] Mit der Intention, dem Christentum im Staat zu neuer Blüte und größerer Bedeutung zu verhelfen, forderte ein Teil dieser Debattierer, das Christentum zur Staatsreligion zu erklären[150] – wodurch Juden als Juden eine Integration endgültig unmöglich würde. Zur Begründung ihres Ansinnens akzentuierten sie die Rolle des christlichen Glaubens als unerschöpfliche Quelle politischer Weisheit und Wahrheit, seine belebende Wirkung auf alle Glieder des Staates und seine Bedeutung zur Befestigung und Heiligung aller Rechte und Institutionen.[151] Nach dieser Darstellung konnten religiöse, aber auch menschliche Toleranz erst dann gewährt werden, wenn diese Wirkung des Christentums auf den Staat nicht mehr infrage gestellt würde.[152]

Trotz der intensiven Dokumentation der öffentlichen Stimmen durch die preußischen Ministerien kann ihr Einfluss auf die weiteren Beratungen und Entscheidungen nur vermutet werden. Grundlegend ist es vorstellbar, dass vor diesem Hintergrund der zunächst für die gesamte Monarchie angedachte Vorschlag in seiner Anwendung auf die Provinz Posen beschränkt wurde, da die dortigen Zustände dringend einer Regulierung bedurften und zugleich die Möglichkeit erkannt wurde, den Erfolg einer Einteilung von Juden in zwei Klassen zunächst in einem begrenzten Rahmen zu prüfen. Andererseits bestanden nur sehr geringe Chancen, die Neuregelung auch auf die preußischen Provinzen auszuweiten, in denen das Edikt von 1812 Gültigkeit hatte, da dies einen Rückschritt hinter die Regelung bedeutet hätte, die nur schwer mit Art. 16 der Bundesakte vereinbar gewesen wäre – auch wenn die Optionen zur Durchführung einer solchen Maßnahme von der preußischen Regierung intensiv geprüft wurden.[153] Gleichzeitig erschienen die preußischen Ministerien gewillt, eine allgemeine, für

148 Vgl. *Dezius [Lemann]*, Bürgerliche Verhältnisse des Juden, 1830, S. 84.

149 Vgl. *Buchholz*, Erwerbung politischer Rechte, 1833, S. 356.

150 Vgl. *Hendewerk*, Emancipation der Juden, 1834, S. 129; *Hartmann*, Gleichstellung Juden, 1834, S. 178.

151 Vgl. *Anonymus*, Über Staatsreligion, 25.5.1833, S. 126–128, S. 127 und *Hendewerk*, Emancipation der Juden, 1834, S. 129 und 136; *Anonymus*, Emancipation der Juden, 1838, S. 128; *Reiche*, Rezension Görtz, 9.7.1836, S. 446; *Anonymus*, Emancipation der Israeliten, 10.9.1836, S. 224.

152 Vgl. *Anonymus*, Über Staatsreligion, 25.5.1833, S. 128.

153 Vgl. Schreiben von Nagler an Müller vom 16. März 1833, in: *Preußische Gesandtschaft am Bundestag*, Vollziehung des Artikels 16, Aug. 1820–Okt. 1848, S. 60–61.

alle deutschen Bundesstaaten gültige Regelung abzuwarten und keine weiteren separaten Schritte zu unternehmen.

Sollte die öffentliche Auseinandersetzung um Streckfuß in der Lage gewesen sein, die neue Gesetzgebung auf Posen zu beschränken, könnte dies als schlüssigster Beweis für die bereits existierende Wirkungsmacht öffentlicher Meinung und (bürgerlicher) Öffentlichkeit angesehen werden, unabhängig davon, ob sie von den Regierungen als ›Machtfaktor‹ anerkannt wurden oder nicht. Darüber könnten die entsprechenden Zensurakten und die Dokumentation der Kontroverse durch die preußischen Behörden Aufschluss geben. Augenscheinlich wurden keine Zensurmaßnahmen für die betreffenden Schriften ergriffen. Im Umfeld der öffentlichen Debatte, vor allem in liberalen oder jüdischen Äußerungen, fanden sich keine Verweise auf eine Zensur bzw. Einschränkungen durch sie. Ebenso enthalten die Unterlagen der Zensurbehörde keine Hinweise auf Schriften, die schon im Vorfeld verboten worden wären.[154] Gleichzeitig nutzte man die Preußische Staatszeitung intensiv, um die Kontroverse zu steuern und ›Fehler‹ in der öffentlichen Darstellung zu berichtigen. Zunächst wurden die unterschiedlichen Beiträge in den Tageszeitungen beobachtet; größere Skepsis entstand, als die relativ kurzen Notizen zahlreiche und umfangreiche Schriften nach sich zogen. Das Anwachsen der Kontroverse schürte neuerliche Bedenken gegen ein Übergreifen auch auf andere Gegenstände preußischer Politik.[155] Infolgedessen bemühten sich Regierungsvertreter, die Brisanz der Kontroverse zu entschärfen, indem Müller Nagler im März 1833 anwies, in unterschiedlichen Medien zu betonen, dass »für jetzt nur von den Vorarbeiten zu einer Juden-Ordnung, keineswegs aber von dem nahe bevorstehenden Erscheinen eines diesfälligen Gesetzes selbst die Rede sein kann.«[156] Weitere Schritte erfolgten nicht, obwohl sich innerhalb dieser Auseinandersetzung häufig kritische Bezüge auf aktuelle politische Entscheidungen oder die der preußischen Regierung unliebsamen Grundsätze von Liberalität und Humanität widerspiegelten.[157] Offenbar scheinen jedoch keine Bedenken gegenüber der öffentlichen Meinung in diesem Bereich bestanden zu haben; man fürchtete demnach keine Herausbildung einer regie-

154 In einer Auflistung der verbotenen Schriften in den Jahren 1830 bis 1838 finden sich weder Einzelschriften zum betreffenden Thema, noch waren an der Debatte beteiligte Autoren vertreten. Auf der anderen Seite wurden alle Gesuche um Genehmigung von Schriften (auch von Juden) im Umfeld der Kontroverse mit nur geringen Änderungen gestattet. Vgl. bspw. Antrag von Jost auf Genehmigung seiner Schrift vom 7. Juni 1833, in: *Ministeriums der geistlichen, Unterrichts- und Medicinal-Angelegenheiten*, Verbesserung der Verhältnisse der Juden, 1830–1834, S. 92). Im Unterschied zu dieser beobachtenden und abwartenden Haltung der preußischen Behörden ging die preußische Zensur zeitgleich massiv gegen die Publikationen von Heine und Börne als Vertretern des »Jungen Deutschlands« vor.

155 Vgl. Schreiben von Nagler an Ancillon vom 31. Oktober 1833, in: *Preußische Gesandtschaft am Bundestag*, Vollziehung des Artikels 16, Aug. 1820–Okt. 1848, S. 75.

156 Schreiben Müllers an Nagler, 16. März 1833, in: ebd., S. 61a.

157 Vgl. Schreiben von Nagler an Ancillon vom 9. März 1833, in: ebd., S. 57.

rungskritischen Mehrheitsmeinung in Preußen, die vehement für Änderungen in der Behandlung von Juden hätte eintreten können. Diese Überzeugung war dabei nicht vollkommen unbegründet, denn von Juden drohte weder die Gefahr von Aufständen noch ein politisches Eingreifen, da sie von jeglicher aktiven politischen Beteiligung ausgeschlossen waren und eine (gewaltsame) Erhebung ihre Gleichberechtigung weiter verzögert hätte.[158] Zusätzlich waren konservative Überzeugungen in der Debatte unübersehbar dominant, und diese sprachen sich, im Sinne der preußischen Regierung, stark und nachhaltig für einen weiteren Ausschluss von Juden aus und begründeten ihre Haltung durchaus regierungskonform, sodass bei der Frage der Judenemanzipation keineswegs von einer Gefährdung der Regierungspolitik durch die öffentliche Meinung gesprochen werden kann. Andererseits erschien die Mehrzahl der betreffenden Artikel und Schriften nicht innerhalb des preußischen Regierungsbereiches, was eine Zensur schwieriger werden ließ, auch wenn das Vordringen nach Preußen durchaus beeinflusst werden konnte. Mehr Sorgen als um die öffentliche Meinung im eigenen Staat machten sich die Regierungsvertreter Preußens um die »üble Gesinnung, welche in Süddeutschland über unser Vaterland vorwaltet.«[159] Selbst die Nachricht, dass das preußische Staatsministerium den Vorschlag abgelehnt habe, könne die Gemüter nicht beruhigen.[160] Bedenken bestanden hier vor allem gegenüber der Verbreitung interner Informationen im Ausland, denn obwohl bei der Frage der bürgerlichen Stellung von Juden keine weitreichenden Konsequenzen befürchtet werden mussten, erschien die Möglichkeit, dass Regierungsberatungen nach außen dringen konnten, durchaus besorgniserregend.[161] Aus diesem Grund findet sich die Mehrzahl der Stellungnahmen zur öffentlichen Berichterstattung in den Unterlagen des Ministeriums für äußere Angelegenheiten. Somit betrafen die Beobachtungen der preußischen Regierung nicht innen-, sondern vielmehr außenpolitische Fragen und standen dabei nur in einem indirekten Zusammenhang mit dem diskutierten Gegenstand.

Erst die Kombination der Bedenken der preußischen Regierung gegenüber erstens einer Verbreitung interner Informationen im Ausland, zweitens einer kritischen Berichterstattung über die preußische Politik, drittens Vorwürfen einer Nichteinhaltung des Art. 16 der Bundesakte und viertens einer zahlenmäßig relativ geringen Ablehnung des Gesetzesentwurfs, wenn auch durch unterschiedliche Motive getragen, könnte somit zur regionalen Beschränkung der

158 Nur in Posen offenbarten sich Regierungsbedenken gegenüber der jüdischen Haltung. Im Zusammenhang mit dem polnischen Aufstand befürchtete die preußische Regierung eine jüdisch-polnische Auflehnung in Posen nach polnischem Vorbild. Wahrscheinlich war die Neureglung der rechtlichen Stellung der Posener Juden als Reaktion auf diese mögliche Gefahr zu verstehen, um Juden dadurch erneut auf die Seite Preußens zu ziehen.

159 Schreiben Naglers an Ancillon vom 26. Februar 1833, in: ebd., S. 46a.

160 Vgl. Schreiben Naglers an Ancillon vom 3. März 1833, in: ebd., S. 54a–55a.

161 Vgl. Schreiben Naglers an Ancillon vom 23. Februar 1833, in: ebd., S. 44a–44b.

angedachten Judenordnung geführt haben. Offiziell begründet wurde die Begrenzung des neuen Gesetzes auf Posen mit der Dringlichkeit der dortigen Zustände, die eine zeitnahe Anpassung zwingend erforderlich mache.

In den folgenden Jahren setzte die preußische Regierung, wenn auch schleppend, die Beratungen zu einem gesamtstaatlichen Judenedikt fort; sie konnte in diesem Bereich jedoch erst 1847 zu einem Ergebnis gelangen. Im Hinblick auf Posen erschien der Erlass von 1833 ebenfalls nicht zufriedenstellend, insbesondere die Freizügigkeit naturalisierter Juden wurde von der preußischen Regierung skeptisch betrachtet und mehrmals eingeschränkt.[162] Gleichzeitig stellte die Erteilung von Naturalisationspatenten eine organisatorische Herausforderung dar, da zunächst von Naturalisations-Kommissionen Namensverzeichnisse angelegt werden mussten, um für jeden Angehörigen der jüdischen Minderheit eine Prüfung seines Status durchführen zu können.[163]

In der Öffentlichkeit hingegen wurde nach der intensiven Kontroverse im Umfeld der Posener Regelung eine deutliche Abschwächung der Debatte offensichtlich. In den Jahren nach 1833 erschienen deutlich weniger Beiträge, die sich mit dem Erfolg oder Misserfolg der versuchten Unterscheidung von Juden in zwei Klassen auseinandersetzten. Offensichtlich gerieten Posener Juden zunehmend aus dem Blickfeld.[164]

2. Zentrale Argumentationslinien

2.3 Die Bezeichnung Israelit

Im Umfeld der Julirevolution versuchten vor allem liberale Nichtjuden sich von traditionellen Vorurteilen zu lösen und ein neues ›Judenbild‹ entstehen zu lassen, das »Sinn für Wissen und Kunst, für Erhabenes und Gutes«[165] beinhalten sollte. Juden seien einer Emanzipation fähig, da sie nicht länger ein fremdes Volk darstellten, sondern vielmehr in ihrer Umwelt aufgegangen seien. Innerhalb dieser Äußerungen wurden die Bedeutung und Bestimmung der jeweiligen Religion und ihr Einfluss auf den Einzelnen in den Hintergrund gedrängt, denn der Glaube sei nur »die Hülle, das Kleid«[166], das auf die Gewährung von Toleranz keinen Einfluss habe. Auch stünden die religiösen Bestimmungen des Judentums einer Erfüllung bürgerlicher Pflichten nicht entgegen.

162 Vgl. *Anonymus*, Verstattung der Juden, 14.5.1836 und *Anonymus*, Übersiedlung der Juden, 27.5.1837.

163 Vgl. *Anonymus*, Organisation des Judenwesens, 31.3.1835.

164 Eine der wenigen Ausnahmen ist der folgende Beitrag: *Anonymus*, Zustände Posen, 24.7.1838.

165 *Reis*, Emancipation der Juden, 1831, S. 9.

166 Ebd., S. 25.

Der wohl deutlichste Ausdruck dieses ›neuen Judenbildes‹ war die Etablierung des Begriffes ›Israelit‹ im Unterschied zu der bisher mehrheitlich verwandten Bezeichnung ›Jude‹ bzw. die differenziertere Verwendung der unterschiedlichen Begriffe in spezifischen Zusammenhängen. Zwar war die Bezeichnung ›Israelit‹ auch in den Jahren zuvor für die jüdische Minderheit genutzt worden, doch etablierte sich nun ein neues Verständnis im Hinblick auf seine inhaltliche Ausrichtung. In dieser ›neuen‹ Zuschreibung wurde die zunehmend erforderliche Differenzierung zwischen nationaler und religiöser Zugehörigkeit offensichtlich; diese Unterscheidung war vor allem der ethnischen Heterogenität der Provinzen Posen und Westpreußen geschuldet. Die zeitgenössischen Bevölkerungsstatistiken unterschieden nicht mehr nur zwischen ›Deutschen‹, ›Polen‹ und ›Juden‹, sondern ebenso zwischen ›Katholiken‹, ›Protestanten‹ und ›Israeliten‹.[167] Das beinhaltete eine neue Wahrnehmung von Juden, die nun nicht länger als homogene Gemeinschaft, sondern als Angehörige einer Nation und / oder einer Religion verstanden wurden, was seinen semantischen Niederschlag in der intensiven Verwendung der Bezeichnung ›Israelit‹ zur Charakterisierung der religiösen Zugehörigkeit fand. Diese Verschiebung reflektieren bereits die Titel der Publikationen; so stieg der Anteil derjenigen Beiträge, die den Begriff ›Israelit(en)‹ oder ›israelitisch‹ im Titel führten, in den 1830er Jahren an.

Deutlicher als an dieser reinen Auszählung ist jedoch bereits an den Überschriften und Titeln der Beiträge zu erkennen, dass eine zunehmende Differenzierung im Hinblick auf den Gegenstand der Betrachtungen stattfand. Behandelten die Publikationen eine Auseinandersetzung mit der politischen / rechtlichen Stellung von Juden, bevorzugten die Autoren die Bezeichnung ›Jude‹ oder ›jüdisch‹, während Schriften, die sich mit der religiösen Position der jüdischen Minderheit, deren Bildung oder Sittlichkeit auseinandersetzten, verstärkt den Terminus ›Israelit(en)‹ oder ›israelitisch‹ verwandten.[168] Diese begriffliche Trennung hatte bei jüdischen Autoren bereits Mitte der 1820er Jahre und vor dem Hintergrund der unter nationalen Vorzeichen geführten Kontroverse eingesetzt. Schon zu diesem Zeitpunkt hatten sie gefordert, stärker zwischen Juden als erstens Angehörigen einer Nation und zweitens Angehörigen einer Religionsgemeinschaft zu unterscheiden. Da sie sich selbst als Deutsche mosaischen Glaubens verstanden, bevorzugten sie die Bezeichnung ›Israelit‹. Die damit einhergehenden Bemühungen schienen in den 1830er Jahren zunehmend Früchte zu tragen, als nicht mehr zwingend auf eine weitgehend homogene preußische Nation verwiesen werden konnte, da durch die entsprechenden Gebietsveränderungen weitere nationale und religiöse Gemeinschaften in das Blickfeld rücken

167 Vgl. *Andree / Chodźko / Malte-Brun*, Polen, 1831, S. 212 f.

168 Vgl. bspw. *Anonymus [Buchholz]*, Erwerbung politischer Rechte, 1833; *Christianus [Grimmer]*, Emancipation der Juden, 1833; *Rosenfeld*, Stunden der Andacht, 1833 und *Saalschütz*, Grundlage zu Katechisationen, 1833.

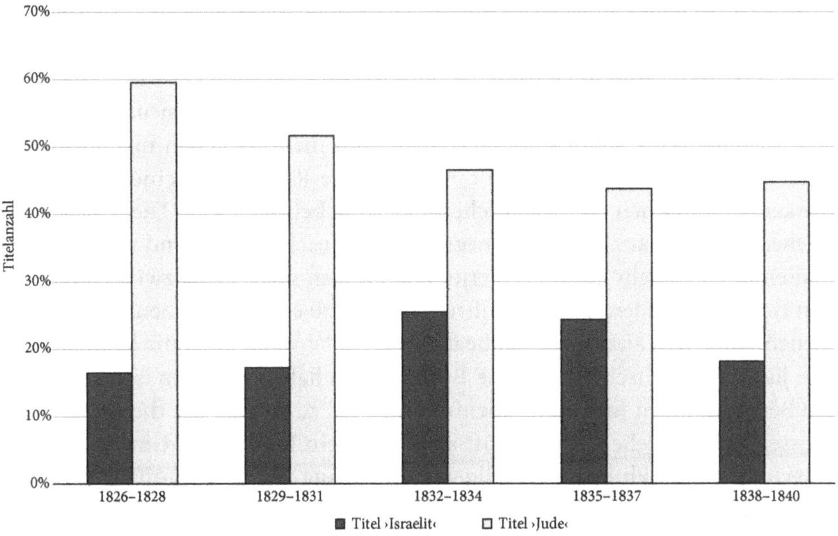

Graphik 12: Prozentualer Anteil von Titeln mit den Begriffen ›Jude‹ oder ›Israelit‹ an allen Publikationen zwischen 1826 und 1840

Eigene Darstellung.

mussten. Die Kontroverse unter dem neuen Schlagwort ›Israelit‹ war zugleich keine preußische Besonderheit; auch in anderen deutschen Staaten, die sich zeitgenössisch mit der Frage der jüdischen Integration und Rechtsstellung auseinandersetzten, wie bspw. in Württemberg oder Sachsen, nahm der Begriff ›Israelit‹ einen immer größeren Raum ein.

Insbesondere aufseiten jüdischer Autoren erfolgte eine intensive Auseinandersetzung mit der begrifflichen Fassung ihrer eigenen Gemeinschaft und ihres Glaubens. Ein weiterer Grund, die Bezeichnung Israelit zu bevorzugen, war der moralische Ballast, den die Zuschreibung ›Jude‹ mit sich führte; dazu rechneten sie bspw. den Spott- und Schmähcharakter, der dieser Bezeichnung innewohne, und verlangten in öffentlichen Verhandlungen, Akten und Verzeichnissen den Begriff ›Israelit‹ zu nutzen.[169] In diesem Zusammenhang erfolgten Versuche, beide Begriffe theologisch herzuleiten und zu belegen, dass die Bezeichnung ›Jude‹, abgeleitet von der Provinz Juda, keinesfalls für die Bezeichnung der mosaischen Gemeinschaft genutzt werden dürfe, da sie auch in der heiligen Schrift nur selten vorkomme. Andererseits betonte die Herkunft des Wortes ›Israel‹ die kämpferische Position ihres Glaubens, was jüdische Theologen zu der Forde-

169 Vgl. *Hellwitz*, Organisation der Israeliten, 1819, S. 32 f.

rung an ihre Glaubensgenossen führte, den Namen ›Israeliten‹ stolz zu tragen[170] und entsprechend seiner Bedeutung aufzutreten: »Israeliten sind wir, denn wir haben gekämpft, und noch ist der Kampf nicht zu Ende!«[171] Der Begriff wurde damit zu einem auch nach außen vermittelten Zeichen des neuen jüdischen Selbstbewusstseins, denn im Unterschied zum mehrheitlichen nichtjüdischen Verständnis betrachteten jüdische Autoren ihre Religion als eine Konfession, die keine politischen oder staatlichen Elemente beinhaltete.[172] Die relativ weitreichende Akzeptanz der neuen begrifflichen Zuschreibung fand sich gleichermaßen in den Titeln jüdischer Periodika, die sich nicht mehr zwingend an Juden richteten, sondern bereits in ihrem Namen zu erkennen gaben, dass sie den ›neuen Israeliten‹ anzusprechen beabsichtigten,[173] wenn auch die herausragenden jüdischen Zeitschriften keine Bedenken zu haben schienen, selbstbewusst die Bezeichnungen Jude und Judentum im Titel zu tragen, wie die von Gabriel Riesser herausgegebene Zeitschrift »Der Jude: ein Journal für Gewissens-Freiheit« und Ludwig Philippsons »Allgemeine Zeitung des Judenthums: ein unpartheiisches Organ für alles jüdische Interesse in Betreff von Politik, Religion, Literatur, Geschichte, Sprachkunde und Belletristik« veranschaulichen.

Ähnliche Versuche einer detaillierten Begriffsbestimmung erfolgten zeitgleich in christlich-theologischen Lexika, die als Juden die »Bekenner der mosaischen Religion«[174] oder »das gesamte israelitische Volk seit seiner Rückkehr aus dem babylonischen Exil«[175] bezeichneten, während die Benennung ›Israeliten‹ deutlich späteren Ursprungs sei;[176] sie erfuhr zwar eine kurze Berücksichtigung, hatte aber keine eigenständigen Einträge. Um die Berechtigung der Bezeichnung ›Israeliten‹ entspann sich im Folgenden eine separate Auseinandersetzung. Die Ablehnung der Bezeichnung ›Jude‹ erschien konservativen Autoren in der Scham gebildeter Juden angesichts der jüdischen Vergangenheit begründet.[177] In seiner Erwiderung betonte A. Weill hingegen, dass es Juden grundlegend gleich-

170 Vgl. Predigt ›Der Name Israel‹, in: *Hirsch*, Friede, Freiheit und Einheit, 1839, S. 75–88.

171 *Salomon*, Jude, oder Israelit?, 1834, S. 370.

172 »Der Israelit ist nicht mehr Mitglied einer israelitischen Nation, sondern nur eines israelitischen Glaubens.« *Hellwitz*, Organisation der Israeliten, 1819, S. 62.

173 Zu ihnen gehörten bspw. »Zion, religiöses Erbauungsblatt für Israeliten«, das »Israelitische Predigt- und Schulmagazin«, »Die Synagoge: eine jüdisch-religiöse Zeitschrift zur Belehrung und Erbauung für Israeliten« und »Der Israelit des neunzehnten Jahrhunderts: eine Wochenschrift für die Kenntniß und Reform des israelitischen Lebens, besonders in religiöskirchlicher Beziehung«.

174 Art. Jude, in: *Neudecker*, Lexicon der Religions- u. christlichen Kirchengeschichte, 1837, Bd. 2, S. 449.

175 Art. Juden, in: *Winer*, A – K, 1833, S. 751.

176 Vgl. Art. Jude, in: *Neudecker*, Lexicon der Religions- u. christlichen Kirchengeschichte, 1837, S. 450.

177 Vgl. *Anonymus*, Zwey Fragen die Juden betreffend, 6.9.1834.

gültig sei, mit welchem Namen sie bedacht würden, wenn er auch einräumte, dass die Bezeichnung ›Jude‹ viel Verachtung und Hass in sich führe.[178]

Im weiteren Verlauf der allgemeinen Kontroverse wurde häufig allein durch die begriffliche Verwendung der beiden Bezeichnungen ›Israelit‹ oder ›Jude‹ offensichtlich, ob es sich bei den betreffenden Autoren um Integrationsbefürworter oder Gegner handelte. Die Befürworter weitreichenderer Rechte für Juden nutzten den Begriff ›Israelit‹, um zu verdeutlichen, dass die jüdische Minderheit in religiöser Hinsicht nicht der Mehrheitsgesellschaft entsprach. Da sie in dieser Verschiedenheit aber kein Problem erkannten, eröffnete die neue Begrifflichkeit eine Möglichkeit, Juden als Deutsche, aber zugleich als Angehörige der mosaischen Religion zu charakterisieren – in diesem Bestreben nutzten sie in ihren Schriften konsequent die Bezeichnung Israelit.[179] Auf der anderen Seite verblieben diejenigen Autoren, die in ihren Publikationen mit dem Begriff ›Jude‹ ausdrücklich die Verknüpfung zwischen nationalen und religiösen Inhalten betonten. Teilweise übernahmen sie zwar die Bezeichnung ›Israelit‹, verwandten sie nun jedoch synonym zu dem Begriff ›Jude‹, sodass sie auch unter dieser semantischen Neuausrichtung Israeliten als ein Volk, eine Nation definierten, das sich in einer feindlichen Stellung zu den christlichen Staaten befinde.[180]

2.2 Emanzipation als Beziehungskonzept

Die sich in den begrifflichen Umschreibungen artikulierenden Versuche, zu einem differenzierteren Judenbild zu gelangen, schlugen sich ebenso in den seit 1830 diskutierten und präferierten Beziehungskonzepten nieder. In der zeitgenössischen Kontroverse rückte die Forderung nach einer aktiven Missionierung und Bekehrung von Juden in den Hintergrund;[181] die damit einhergehenden Ziele und Absichten verschwanden aber keineswegs, sondern wurden nun unter dem Begriff der Assimilation in ein neues Gewand gekleidet und damit weniger offensiv in der Debatte artikuliert. Deutlich vielfältiger und in ihrer Aufnahme und massiven Verbreitung von größerer Bedeutung war die Vorstellung von einer Emanzipation, die in den publizistischen Äußerungen in den

178 Vgl. *Weill*, Erwiderung auf zwey Fragen, 20.9.1834.

179 Vgl. z. B. *Anonymus*, Emancipation der Israeliten, 1837.

180 Vgl. *Anonymus*, Emancipation der Israeliten, 10.9.1836.

181 So enthielten nur noch sehr wenige Schriften eine offensiv vorgetragene Forderung nach einer jüdischen Massenbekehrung. Obwohl solche Publikationen nicht vollkommen verschwanden, wurden sie in der öffentlichen Kontroverse immer weniger beachtet, wie auch kaum noch Berichte von Judentaufen oder Erfahrungsberichte von Proselyten publiziert wurden. Zu den wenigen Ausnahmen gehören bspw. *Hausmeister*, Winke und Mittheilungen, 1834; *Nellessen*, Taufe einer Juden-Familie, 1831; *Schulze*, Lehrbuch bei Judenbekehrung, 1837 und *Verus*, Judenbekehrung, 16.7.1834.

späten 1820er Jahren aufkam, die folgenden Jahre dominierte und in unzähligen Schattierungen zunächst in der Lage war, divergierende Beziehungskonzepte zu bündeln und unter einem gemeinsamen Schlagwort zu diskutieren. Dennoch blieben die Vorstellungen von den Voraussetzungen und der Reichweite einer Emanzipation stark verschieden, sodass zwar unter einem gemeinsamen Begriff über dasselbe Thema diskutiert wurde, was jedoch keinesfalls zur Folge hatte, dass sich ein mehrheitlich akzeptiertes Handlungsmodell durchsetzen konnte. Damit einher ging in der öffentlichen Kontroverse die endgültige Abkehr vom Konzept ›bürgerlicher Verbesserung‹. Eine meist von Juden präferierte Konzeption bildete die Forderung nach einer sofortigen und bedingungslosen Gleichstellung.

Der Begriff ›Emanzipation‹ beinhaltete in seiner ursprünglichen Bedeutung einen Rechtsakt, bei dem ein erwachsener Sohn durch das ›mancipium‹ aus der väterlichen Gewalt in die Freiheit entlassen wurde.[182] Im 17. und 18. Jahrhundert kam es zu einer Erweiterung dieser ursprünglichen Definition. Unter ›Emanzipation‹ wurde nun nicht mehr ausschließlich die Gewährung von Freiheit(en) verstanden, vielmehr konnte sie auch eine Selbstbefreiung zum Ziel haben. Gegen Ende des 18. Jahrhunderts und im Zusammenhang mit der Aufklärung erfolgte abermals eine Begriffstransformation; danach umfasste der Begriff die verschiedensten Bereiche, so bspw. die Befreiung aus rechtlichen, sozialen, politischen und ökonomischen Abhängigkeiten. Noch immer dominierte die rechtliche Ebene, verstanden als Loslösung aus Abhängigkeitsverhältnissen, wenn auch seit der Französischen Revolution die politische Bedeutungsebene verstärkt wurde. Ende des 18. Jahrhunderts beinhaltete ›Emanzipation‹ die Auflehnung gegen jegliche Form von Fremdbestimmung sowie das Erlangen von Selbstständigkeit und Mündigkeit und wurde zum Schlagwort für das Streben nach ›bürgerlicher Integration‹ verschiedener gesellschaftlicher Gruppierungen. Zeitgleich bezeichnete ›Emanzipation‹ aber auch die staatlichen Bemühungen um eine rechtliche Egalisierung der Untertanen.

Eine der größten Schwächen und gleichzeitig ein Grund für die Beliebtheit des Begriffs ›Emanzipation‹ lag in seiner inhaltlichen Vielschichtigkeit, denn es konnte sowohl ein punktueller Rechtsakt als auch ein Prozess darunter verstanden werden. Sie konnte gewährt oder erkämpft werden und verfügte somit über eine aktive und eine passive Dimension. Ebenfalls war nur sehr unzureichend definiert, wie weitreichend die mit einer Emanzipation verbundene Gleichstellung sein sollte.[183]

182 Zur Begriffsgeschichte vgl. *Grass/Koselleck*, Emanzipation, S. 153–197; speziell zur Judenemanzipation vgl. auch *Rürup*, Emanzipation und Antisemitismus Studien; *Katz*, Jewish Emancipation; *Bein*, Die Judenfrage, Bd. 1, S. 196–201 und Bd. 2, S. 136ff.

183 Vgl. *Grass/Koselleck*, Emanzipation, S. 168.

Als Initialzündung für die Debatte über die jüdische Emanzipation wirkte die 1828 veröffentlichte Schrift von Wilhelm Traugott Krug »Über das Verhältniß verschiedener Religionspartheien zum Staate und über die Emancipation der Juden«.[184] Krug war der erste Publizist, der den Ausdruck ›Emanzipation‹ in den Titel seiner Schrift aufnahm. Zeitgleich formulierte auch Heinrich Heine die große Aufgabe der Zeit als die »Emanzipation der ganzen Welt«, worin er die Lösung vom »Gängelband der Bevorrechteten«[185] verstand. Infolge dieser Schriften begann in den 1830er Jahren eine intensive Auseinandersetzung um die verschiedenen Vorstellungen einer Emanzipation von Juden und die damit einhergehenden Forderungen an jüdische Minderheit, Staat und Gesellschaft. In diesem Zeitraum kann vor allem in der öffentlichen Auseinandersetzung eine »Emanzipationsfrage«[186] ausgemacht werden, die die Kontroverse um die ›bürgerliche Verbesserung‹ ablöste.[187] Die ›Emanzipationsfrage‹ bezog sich dabei auf die gleiche Problematik, bot aber neue und vielfältige Lösungsvorschläge an. Sie suchte nach einer Antwort darauf, ob eine gleichberechtigte Einbeziehung von Juden als Juden in ›bürgerliche Gesellschaft‹ möglich sei. Zwei weitere Tendenzen gaben der »Emanzipationsideologie«[188] Auftrieb. Zum einen sollte die wirtschaftliche, aber vor allem soziale Belastung, als die Nichtjuden Juden empfanden, beseitigt werden; zum anderen kamen die Aktivitäten reformorientierter Juden den Emanzipationsbefürwortern entgegen und bestärkten sie in ihren Bestrebungen.[189]

Grundlegend unterscheiden lassen sich die christlichen Teilnehmer an der Emanzipationsdebatte in Befürworter und Gegner. Eng verbunden war die Haltung zur Emanzipation mit dem jeweiligen Verständnis von Glaubens- und Gewissensfreiheit, auch wenn zu keinem Zeitpunkt der Auseinandersetzung unter Emanzipation eine bedingungslose Gleichstellung verstanden wurde. Die Gruppe der Befürworter war bestrebt, eine vollständige Integration der jüdischen Minderheit zu realisieren, wobei die Mittel und Wege von einer vorbehaltlichen Einbeziehung bis hin zu einer intensiven Umwandlung bzw. einer Auflösung der jüdischen Religionsgemeinschaft als Vorbedingung reichten. In den unterschiedlichen Emanzipationsvorstellungen lag der inhaltliche Schwerpunkt auf religiösen, bürgerlichen und sittlichen Elementen, während eine rechtlich-

184 Die abgewandelte Form ›Emanzipierung‹ fand sich erstmals in einer Ludwig Börne zugeschriebenen Schrift aus dem Jahr 1816, stellt aber eine einmalige Ausnahme dar. Vgl. *[Börne]*, Actenmäßige Darstellung des Bürgerrechts, 1816, S. XII.

185 *Heine*, Reisebilder, o. J., S. 348.

186 *Rürup*, Emanzipation und Antisemitismus Studien, S. 98.

187 Zwischen 1828 und 1847 trugen 48 Monographien und 57 Artikel die Bezeichnung ›Emanzipation‹ im Titel.

188 Zum Begriff der ›Ideologie der Emanzipation‹ vgl. *Sorkin*, The Transformation, S. 4 ff., 86 und 122 f.

189 Vgl. *Berding*, Moderner Antisemitismus, S. 21 f.

politische Emanzipation mehrheitlich ans Ende eines langwierigen Prozesses gestellt wurde. Die Gegner der Emanzipation begriffen einen solchen Schritt im Unterschied dazu als eine vollkommen unzulängliche Maßnahme, um die Problematik der jüdischen Existenz einer Lösung zuzuführen. Diese Ablehnung des Emanzipationsbegriffes und der mit ihm verbundenen unterschiedlichen Konzepte wurde jedoch nur von einer zahlenmäßig kleinen Gruppe verfochten.

Die Befürworter einer bedingungslosen Emanzipation stellten ebenfalls eine absolute Minderheit dar und konnten weder auf die öffentliche Debatte noch auf staatliche Entscheidungen Einfluss ausüben. Nur von ihnen wurde eine Emanzipation von Juden trotz oder mit ihrer Religion in Betracht gezogen.[190] Sie blieben der Dohm'schen Vorstellung von ›bürgerlicher Verbesserung‹ auch unter der geänderten Begrifflichkeit treu, unter Verweis auf die Tatsache, dass eine solche kleine Zahl von Juden niemanden, und vor allem keinen Staat, um sein Christentum bringen würde.[191] Eine vollständige und bedingungslose Emanzipation sei hingegen notwendig, um Juden auf eine höhere Stufe von Bildung und Zivilisation zu heben und sie aus ihrer Opferrolle zu befreien.[192] Doch auch dieser Bereitschaft waren Grenzen gesetzt; selten gingen die betreffenden Debattierer in ihren Forderungen so weit, Juden auch den Zugang zu Ämtern und obrigkeitlicher Gewalt eröffnen zu wollen.[193] Aus ihren Betrachtungen entwickelten sie die Frage, nicht ob Juden, sondern ob Christen zu einer jüdischen Emanzipation bereit und gewillt seien, ihre alten Vorurteile abzulegen.[194] Denn nur durch eine Emanzipation könnten Juden und Christen miteinander verschmelzen, gegenseitige Liebe und Vertrauen entstehen lassen, die zwingende Notwendigkeiten für die freie Entfaltung des menschlichen Geistes seien.

Die Mehrheit der Emanzipationsbefürworter konnte sich hingegen nicht vollständig von religiösen Vorurteilen lösen und war nur dazu bereit, »den Juden als Menschen, nicht jedoch als Juden zu emanzipieren«[195], d.h., ihr Entgegenkommen erstreckte sich nicht auf die jüdische Religionsgemeinschaft. Eine dritte Gruppe von Emanzipationsbefürwortern war nur nach einer ganzheitlichen Umgestaltung von Juden und Judentum bereit, diesen mit rechtlichen Zu-

190 Vgl. *Lips*, Stellung der Juden, 1819, S. 10; *Krämer*, Die Juden, 1816, S. 72; *Reis*, Emancipation der Juden, 1831, S. 21–28 und *Krug*, Die Politik der Juden, 1832, S. 21.

191 Vgl. *Krug*, Die Politik der Juden, 1832, S. 40.

192 Vgl. *K…g*, Verbesserung der Juden, 24.4.1831, Sp. 1533f.; *H.*, Christen und Israeliten, 2.–3.7.1832, S. 631; *A.M. [Kölle]*, Lösung der jüdischen Frage, 1838, S. 251f.; *Reis*, Emancipation der Juden, 1831, S. 7; *Krug*, Die Politik der Juden, 1832, S. 67f.; *Ulmenstein*, Gegenbemerkungen zu der Schrift Streckfuß', 1833, S. 7–14; *Lischka*, Recht, Glaube und Wahrheit, 1834, S. 18f.; *Haas*, Staatsbürgerrecht der Juden, 1837, S. 195 und *Anonymus*, Emancipation der Israeliten, 1837, S. 12–14.

193 Eine Ausnahme stellten *Beauchè*, Untersuchung, 1831, S. 14f.; *Ulmenstein*, Gegenbemerkungen zu der Schrift Streckfuß', 1833, S. 30f. und *Krug*, Henotikon, 1836, S. 44 dar.

194 Vgl. *Anonymus*, Was steht in Deutschland, 1831, S. 18.

195 *Schoeps*, Deutsch-jüdische Symbiose, S. 81.

geständnissen entgegenzukommen.[196] Emanzipation wurde in ihrem Verständnis zu einem Äquivalent für die nicht mehr zu verwirklichende Vertreibung und damit zu einer neuen Möglichkeit, die bisherige jüdische Existenz zu beenden.[197] In jedem Fall verstanden sie unter ›Emanzipation‹ eine Emanzipation der Juden vom Judentum, und sie bildeten unter den Emanzipationsbefürwortern eine deutliche Mehrheit. In ihren Darstellungen wurde die Emanzipation zu einem geschichtlichen Entwicklungsprozess, dessen Endpunkt eine vollständige Gleichstellung sein könnte, sofern Juden sich vom Judentum abwenden würden. Der ›Preis‹ einer so verstandenen Emanzipation,[198] die Aufgabe ihrer kulturell-religiösen Identität, dabei durchaus bewusst. Eine wirkungsvolle und für die deutschen Staaten erfolgversprechende Emanzipation sei erst erreicht, wenn Juden keine Juden mehr seien.[199] Diese Bestrebung wandte sich insbesondere gegen das Judentum als Kollektividentität. Der »Fluch des ewigen Juden«[200] sollte durch eine Emanzipation endgültig gebrochen werden.

Die wenigen christlichen Autoren, die sich grundsätzlich gegen eine Emanzipation aussprachen, ließen sich auch innerhalb der Kontroverse nicht von den positiven Effekten für Staat und Gesellschaft überzeugen. Sie wiesen auf die unabsehbaren Folgen für die christliche Gemeinschaft hin, da die Einbeziehung von Juden, auch wenn diese ihrer Religion entsagten, für die deutschen Staaten und ihre Untertanengemeinschaft schädlich sei.[201] Weder Emanzipation noch Konversion könnten den jüdischen Sonderstatus beseitigen, ihre Verbindungen untereinander aufbrechen oder ihre Schädlichkeit für Staat und Gesellschaft vermindern. Um ihre Ablehnung nachdrücklicher zu machen, betonten die betreffenden Autoren verstärkt den christlichen Charakter der deutschen und europäischen Staaten und kontrastierten diesen mit der ›jüdischen Nationalität‹, um dadurch die Fremdheit von Juden zu unterstreichen.[202] Besonders kritisch betrachteten sie das wachsende jüdische Selbstbewusstsein;[203] die jüdi-

196 Vgl. *Buchholz*, Aufschlüsse und Vorschläge, 1834.

197 Vgl. *Maurer*, Minderheit in Deutschland, S. 9. Allerdings verschwand die Vorstellung von einer möglichen Ausweisung / Vertreibung aller Juden nicht vollständig aus der Öffentlichkeit. Vgl. bspw. *Frey [Cunow]*, Die Juden, 1831, S. 25; *Sauerwein*, Beleuchtung der Judenemancipation, 1831, S. 11.

198 Vgl. *Anonymus*, Die jüdische Frage, 1838, S. 382.

199 »Es gibt nur eine Emancipation für dich: die heißt Untergehen in anderen Völkern«. *Sauerwein*, Beleuchtung der Judenemancipation, 1831, S. 11. Ähnlich auch bei *[Korn]*, Der staatspapierene Mil[s]chjude, 1836, S. 117; *Streckfuß*, Verhältniß der Juden, 1833, S. 95–115 und *Γερμανός*, Juden als Juden, 17.7.1845.

200 *Bein*, Die Judenfrage, Bd. 1, S. 198.

201 Vgl. *Anonymus*, Emancipation der Juden, 1.3.1835; *Cruiger [Hagen]*, Neueste Wanderungen, 1832, S. 1–20; *Frey [Cunow]*, Die Juden, 1831, S. 10 und 25 f.; *Feldmann*, Mein Schlusswort über Juden, 30.5.1831, Sp. 1967 und *Anonymus*, Emancipation der Juden, 18.3.1834, S. 85.

202 Vgl. *Hundt-Radowsky*, Die Juden, 1830, S. 25; *Koch*, Die Juden im preußischen Staate, 1833, S. 166 f.; *Paulus*, Die jüdische Nationalabsonderung, 1830, S. 2–22.

203 Vgl. *Anonymus*, Die staatsbürgerliche Gleichheit, 25.8.1832.

schen Verlautbarungen wurden als übertrieben und unaufrichtig kritisiert, die vollkommen verkehrte Vorstellungen von einer Emanzipation und ihren Folgen zu verbreiten beabsichtigten.

Nahezu alle christlichen Emanzipationskonzepte machten die Aufnahme von Juden in den Staats und Untertanenverband von einer Konfessionalisierung des Judentums abhängig; so blieb die jüdische Religion das Haupthindernis der Emanzipation. Die unterschiedlichen Emanzipationsvorstellungen konnten sich nicht von religiösen Forderungen und Vorurteilen lösen, gleichzeitig erschien die inhaltliche Konkretisierung häufig als unzureichend, was eine Verständigung zwischen Juden und Nichtjuden über Mittel, Wege und Ziele der Emanzipation dauerhaft erschwerte. Zusätzlich brachten die christlichen Emanzipationswünsche für Juden zahlreiche Schwierigkeiten mit sich, denn von ihnen wurde eine doppelte Emanzipation gefordert. Zum einen sollten sie sich als Juden vom Judentum emanzipieren, zum anderen eine Annäherung an ein nichtjüdisches Bürgertum anstreben, dessen Konturen sich permanent veränderten.

Juden verwandten den Begriff ›Emanzipation‹ ebenfalls, sie betonten in ihm vor allem die rechtlichpolitische Dimension in der Hoffnung auf eine Gleichstellung nach dem Prinzip der Gleichheit aller Bürger vor dem Gesetz.[204] Die jüdische Interpretation beinhaltete in diesem Sinn die Forderung nach gleichen staatsbürgerlichen und politischen Rechten und Pflichten, die ihnen bisher vorenthalten worden waren. Auf gesellschaftlicher Ebene umfasste ›Emanzipation‹ für jüdische Autoren eine soziale Annäherung an und eine Integration in die bestehende nichtjüdische Gesellschaft wie auch die Anerkennung des »irdischen Wertes des Menschen«[205]. Im Mittelpunkt ihrer Darstellungen standen die eigene Bereitschaft und Fähigkeit zur Emanzipation, wobei sie teilweise zu weitreichenden Anpassungen bereit waren, um ihren Wunsch nach Aufnahme in ›bürgerliche Gesellschaft‹ zu realisieren. Verbunden mit einem deutlich selbstbewussteren Auftreten von Juden, begannen sie Kritik an christlichen Äußerungen zu üben, da diese den moralischen und sittlichen Zustand des zeitgenössischen Judentums nicht ausreichend kennen und berücksichtigen würden.[206] Ihrer Überzeugung nach hatte der jüdische Glaube keinen so weitreichenden Einfluss auf das jüdisch-bürgerliche Leben, wie von christlichen Autoren häufig behauptet. Andererseits bemängelten sie die Einmischung der Staaten in Religions-, Unterrichts- und gemeinschaftliche Angelegenheiten der jüdischen Gemeinden, ohne dafür die versprochene rechtliche Gleichstellung zu realisieren.[207] Das jüdische Verständnis von ›Emanzipation‹ entsprach damit weitgehend der Dohm'schen

204 Vgl. *Wyrwa*, Juden, S. 8.

205 *Jacoby*, Jüdische Verhältnisse, 1834, S. 16f.

206 Vgl. *Heß*, Epistel der Hebräer, 1831, S. 6, 12f. Auch Creizenach führte in seinem Text aus, dass die Ritualgesetze nicht an der Übernahme der Bürgerpflichten hinderten. Vgl. *Creizenach*, Vorläufige Bemerkungen, 1831, S. 36ff.

207 Vgl. *Anonymus*, Israeliten Oberhessen, 18.1.1831, Sp. 243.

Definition von ›bürgerlicher Verbesserung‹ und betonte insbesondere die aktive Komponente des Begriffs, verstanden als Aufforderung, um die eigene Gleichberechtigung zu kämpfen. Gegen Ende der 1830er Jahre mehrten sich jedoch die jüdischen Stimmen, die nach einer generellen Überwindung jeglicher religiösen Dominanz verlangten, da eine wirkliche, menschliche Emanzipation nur möglich sei, wenn der Geist sich vom Druck der Religion befreie. In einer solchen Emanzipation sahen sie die einzige Chance zur Versöhnung der Religionen, einen Akt der Gerechtigkeit und den Triumph der Humanität.[208]

Eine Ausnahmestellung nahmen orthodoxe Juden ein; sie interpretierten ›Emanzipation‹ als einen Zwangsakt, der in ihren Augen mit den Grundlagen des jüdischen Glaubens nicht zu vereinbaren war, und verstanden das christliche Entgegenkommen und die vordergründige Bereitschaft zu einer rechtlichen Gleichstellung als einen Versuch, Juden zu einer Glaubensaufgabe bzw. zu einer Konversion zu ›verführen‹. Die Mehrheit orthodoxer Juden war infolgedessen nicht bereit, für die vage Hoffnung, weitreichendere Rechte zu erlangen, ihren Glauben zu modifizieren.[209] Stattdessen blieben sie bestrebt, die religiöse Geschlossenheit der jüdischen Minderheit zu erhalten. Ihren Überzeugungen konnten sie bis 1847 in der Öffentlichkeit jedoch kaum Ausdruck verleihen.

Das behördliche Verständnis von Emanzipation umfasste im Unterschied zur ›bürgerlichen Verbesserung‹ nicht mehr vorrangig die Befreiung aus rechtlichen und gesetzlichen Beschränkungen, sondern, bedingt durch die verstärkt restaurative Politik, eine Hinführung zu einem besseren, höheren Glauben. Für die Geschichte des Terminus ›Emanzipation‹ besonders interessant ist die Tatsache, dass bereits 1809 auf regierungsinterner Ebene und in Bezug auf das spätere Edikt von 1812 der Begriff ›Emanzipation‹ als Bezeichnung für die bürgerliche und politische Gleichstellung von Juden verwandt worden war.[210] Jedoch erst 1822 wurde er in einem Bericht des Staatsministeriums wieder aufgenommen – unter ›Emanzipierung‹ verstand man nun die Besserung des sittlichen Zustandes von Juden.[211] Bald trat der Ausdruck ›Emanzipation‹ jedoch wieder in den Hintergrund, und auf der behördlichen Ebene dominierten seit 1830 Bezeichnungen wie ›Naturalisation‹ oder ›Verbesserung‹.[212] Mit ihren Maßnahmen schlossen sich die deutschen Regierungen der christlichen Mehrheitsüberzeugung an, indem sie eine intensive religiöse, sittliche und bürgerliche Angleichung verlang-

208 Vgl. *Holdheim*, Fortschritte im deutschen Judenthum, 1840, S. IV f.; *Anonymus*, Reformbestrebungen und Emancipation, 1846, S. 224–228. Ebenso *Jacoby*, Jüdische Verhältnisse, 1834, S. 16 ff. und *Anonymus*, Für die Juden, 1836, S. 29 f.

209 Vgl. *Dr. J.*, Communismus und Socialismus, 19.1.1847.

210 Vgl. *Freund*, David Friedländer, S. 286–291.

211 Vgl. *Kocka / Neugebauer*, Acta Borussica, Bd. 1, Nr. 117.

212 Verbunden war diese erneute begriffliche Verschiebung mit einem Personalwechsel, da 1830 Gustav von Brenn das für die Judenproblematik federführende Ministerium der Polizei und des Innern von Schuckmann übernahm.

ten, der eine rechtliche Privilegierung nachgeordnet sein sollte. Letztendlich sollte durch verschiedene Maßnahmen und Verordnungen eine Konversion von Juden zum Christentum begünstigt werden[213] – eine Emanzipation, die nicht in einer Konversion mündete, erschien hingegen nur noch schwer vorstellbar. Dieser Intention folgten auch der preußische Versuch, Religionsreformen innerhalb des Judentums zu unterbinden, oder die Posener Judenordnung.

Die intensive Anwendung des Begriffes auf die problematische Stellung von Juden in Staat und Gesellschaft macht deutlich, wie stark die jüdische Sonderstellung wahrgenommen und nach einer Lösung gesucht wurde. Die ausführliche Analyse der zeitgenössischen Debatte zeigt jedoch auch, dass der Begriff ›Emanzipation‹ keineswegs nur kritisch und ablehnend zur Beurteilung der Integrationschancen verwendet wurde und als ›Modewort‹ bürgerlicher Bewegung und politisches Schlagwort ausschließlich ein »aggressives Potential«[214] entfaltet hätte. Eine solche Entwicklung kann erst für die Zeit nach 1840 belegt werden, zuvor befürwortete eine Mehrheit christlicher Autoren eine jüdische Emanzipation unter verschiedenen Bedingungen.

2.3 Assimilation / Akkulturation als Vorbedingung einer Emanzipation

Die Begriffe Assimilation und Akkulturation beschreiben eine Angleichung verschiedener Gruppen aneinander, auch wenn die Zielsetzung und die Intensität der Anpassung in beiden Konzepten stark variiert. Im Folgenden sollen jedoch nicht die jeweiligen Definitionen zugrunde gelegt, sondern vielmehr Akkulturation und Assimilation als Angleichung einer Minderheit an die Mehrheit verstanden werden, wobei der Begriff Assimilation für das christliche und der Begriff Akkulturation für das jüdische Verständnis dieses Prozesses verwendet wird, um dadurch die unterschiedlichen Vorstellungen von Art und Umfang einer ›Verähnlichung‹[215] deutlich werden zu lassen, wenn auch beide Gruppen meist den Begriff der ›Assimilation‹ nutzten.[216] Das christliche Verständnis von

213 Vgl. *Brammer*, Judenpolitik und Judengesetzgebung, S. 145; *Kocka/Neugebauer*, Acta Borussica, Bd. 1; *Fischer*, Judentum, S. 94 ff.

214 *Rürup*, Emanzipation und Antisemitismus Studien, S. 162.

215 Der Begriff ›Verähnlichung‹ ist den Quellen entnommen, beschreibt an dieser Stelle aber wohl am treffensten, was unter Akkulturation, Assimilation, Emanzipation, etc. verstanden wurde. Denn eine Integration wurde erst für möglich erachtet, wenn die jüdische Minderheit in vielfältigen Bereichen der christlichen Mehrheit ›ähnlich‹ geworden sei. Vgl. dazu: *Anonymus*, Verhandlungen, 4.5.1819, S. 613; *[Weissen-Becker]*, Christen und Juden, 1819, S. 104 und *A. M. [Kölle]*, Lösung der jüdischen Frage, 1838, S. 255.

216 Vgl. z.B. *Anonymus*, Werth der israelitischen Geschichte, 1834, S. 251. Andere Begriffe zur Umschreibung desselben Prozesses waren ›Amalgamierung‹ (vgl. *Anonymus*, Die jüdische Frage, 1838, S. 390; *Klüber*, Historisch-staatsrechtliche Lösungen, 1838, S. 55), ›Sym-

einer Assimilation war deutlich weitreichender als die jüdische Akkulturation, die sich vorrangig, wie bereits in den Jahrzehnten zuvor, auf eine Angleichung im Bereich von Sitten, Kultur und Bildung konzentrierte.

Die Vorstellung von einer Assimilation bzw. Akkulturation der jüdischen Minderheit an ihre Umwelt war keineswegs neu, doch wurde sie bisher mehrheitlich unter den Schlagworten ›Bekehrung‹ bzw. ›Konversion‹ oder ›bürgerliche Verbesserung‹ geführt. Die christliche Auffassung von einer Assimilation in den 1830er Jahren beinhaltete nun die Umkehr der Dohm'schen Forderung nach einer Gleichberechtigung vor einer Verbesserung. Vielmehr seien ein intensives Einwirken auf die religiösen und nationalen Gebräuche von Juden und die Beschränkung ihrer Rabbiner zwingend notwendig, um ihre nationale und religiöse Absonderung aufzubrechen, eine Verähnlichung hervorzubringen und sie letzten Endes ohne erkennbare Unterschiede in den Untertanenverband aufzunehmen.[217] Die dafür erforderlichen Anpassungsleistungen gingen nun unverkennbar über den formalen Übertritt zum Christentum hinaus, denn nur die Taufe erschien einer Vielzahl von Publizisten als nicht mehr ausreichend, um eine vollständige Assimilation in die Wege zu leiten. Bspw. würden Heine und Börne offenbaren, dass allein die Taufe keine wirksamen Änderungen bedinge, da eine wirklich ›deutsche Gesinnung‹ erst durch einen umfangreichen Prozess hervorgebracht werden könne.[218] Dadurch stiegen die von Juden zu erbringenden Voraussetzungen für eine Aufnahme in die bürgerliche Gemeinschaft deutlich an. In liberaler Auslegung der Assimilation sollte zwar nicht länger ein Druck zur Konversion aufgebaut werden, aber dennoch war vor allem die Abkehr von der vorgeblichen jüdischen Nationalität noch immer gleichbedeutend mit einer Distanzierung vom Judentum. Die Ausführung eines solchen Schrittes wurde Juden hier zwar freigestellt, sofern er jedoch nicht erfolge, sei auch keine Integration möglich. Auf der anderen Seite des Meinungsspektrums blieben in konservativen Publikationen religiöse Bedenken im Vordergrund, denn bisher sei keine ausreichende jüdische Bereitschaft, sich zu assimilieren und vom Glauben der Väter Abstand zu nehmen, zu erkennen.

Christliche Autoren richteten an die jüdische Minderheit zahlreiche Angleichungsforderungen, die verschieden umfangreich waren und vor einer Aufnahme in den Staatsverband erfüllt werden sollten; die Assimilationskonzepte befürworteten aber grundlegend den Eintritt von Juden in Staat und Gesellschaft.

pathie‹ (vgl. *Buchholz*, Aufschlüsse und Vorschläge, 1834, S. 215 f.) oder ›Verschmelzung‹ (vgl. *Buchholz*, Erwerbung politischer Rechte, 1833, S. 337; *Reis*, Emancipation der Juden, 1831, S. 23; *Creizenach*, Vorläufige Bemerkungen, 1831, S. 17; *Sacy*, Emancipation der Juden, 27.5.1837, S. 124; *Anonymus*, Die jüdische Frage, 1838, S. 380).

217 Vgl. *Anonymus*, Bruchstücke zur Geschichte, 1832, S. 823.

218 Vgl. *Meyer*, Gegen Ludwig Börne, 1831, S. 12. Eine ähnliche Schrift verfasste *Cruiger [Hagen]*, Neueste Wanderungen, 1832. Cruiger versuchte anhand der Schriften der betreffenden Autoren zu belegen, wie sehr sie Deutschland verachteten. Vgl. ebd., S. 1–20.

Problematisch an den nichtjüdischen Assimilationskonzepten war die Offenheit der Forderungen, bspw. nach einer »politischen Besserung«[219] oder Angleichung oder Aufnahme ›sittlicher Bildung‹[220]. Diese Formulierungen machten es Juden schwer, zu erkennen, welche Leistungen ihre christlichen ›Mitbürger‹ von ihnen verlangten und welche Maßnahmen sie ergreifen sollten. So konnte der Eindruck entstehen, dass eine Assimilation an Sprache, äußere Erscheinung, Sitten und Werte ausreichend sei, um Aufnahme zu finden; dass dies jedoch nicht genügte, hatten bereits die 1820er Jahre bewiesen. In alle Ansinnen spielte die religiöse Assimilation, als Basisanforderung, indirekt mit hinein, wenn auch nur wenige Integrationsgegner diesen Anspruch deutlich aussprachen.[221] Häufiger fanden sich Verweise auf die Schädlichkeit des Talmuds und der Rabbiner[222] und der Hinweis darauf, dass die Verantwortung für eine Assimilation nahezu ausschließlich in den Händen von Juden liege. Diese sollten ihre religiösen Lehrsätze überdenken und sie an die Notwendigkeiten der Staaten anpassen, in denen sie lebten,[223] um infolgedessen ihre absichtliche Absonderung von den herrschenden Gegebenheiten zu überwinden.[224] Eine weitere Ebene der von Theologen dominierten Stellungnahmen zur ›Schädlichkeit‹ des Judentums war die Verlegung des Sabbats auf den christlichen Sonntag, in diesem Fall nicht vor einem kameralistischen Hintergrund, sondern um ihnen die ›Verkehrtheit‹ ihrer Glaubensansichten deutlich zu machen.[225]

Einen neuen Schwerpunkt in dieser ›traditionellen‹ Argumentation bildete die Stellung der Rabbiner. Vor allem in Posen existierten zahlreiche streng orthodoxe, konservative jüdische Gemeinden, in denen die Stellung der Rabbiner unhinterfragt sehr herausragend war. Während in anderen jüdischen Gemeinden der preußischen Monarchie durch gesetzliche Regelungen, aber auch durch

219 *Anonymus*, Bedenken bei dem 16ten Artikel der Bundesacte, 7.3.1818, S. 439.

220 Die Redewendung von ›sittlicher Bildung‹ war von großer Relevanz, so bspw. bei *Anonymus*, Über die Juden, 11.5.1815, Sp. 1305–1312; *Von einem christlichen preußischen Beamten [Hippel]*, Vorwärts oder Rückwärts, 27.9.1842 und *Kosmopolit [Grattenauer]*, Verfassung der Juden, 1791, S. 22.

221 »Es giebt für die Juden nur eine Alternative: entweder sich den Christen zu assimiliren und Christen zu werden, oder einen besonderen Staat zu bilden und Juden zu bleiben.« *Anonymus*, Emancipation der Juden, 26.4.; 10.5.; 21.6.; 9.8.1845, Sp. 758. Ähnlich auch bei *X.x.*, Emancipation der Juden, 24.4.1845, Sp. 1497 f.

222 Vgl. *[Weissen-Becker]*, Christen und Juden, 1819, S. 44 f. und 48; *Von einem Weltbürger [Birkenstein]*, Geist des Judenthums, 1818, S. 71 und 79 f.

223 Vgl. *[Weissen-Becker]*, Christen und Juden, 1819, S. 44, 56, 84 und 98 f.; *Moser*, Die Juden, 1828, S. 33 und *Anonymus [Hayn]*, Juden ohne Nachtheil, 1803, S. 25 ff.

224 Vgl. *[Korn]*, Der staatspapierene Mil[s]chjude, 1836, S. 117 und *Anonymus*, Über die Juden, 11.5.1815, Sp. 1305–1312.

225 Vgl. dazu in Auswahl *Von einem monarchisch gesinnten Volksfreunde*, Verbesserung der Juden, 14.2.1831, S. 622; *VIII*, Verbesserung der Israeliten, 9.6.1832, S. 527; *Hartmann*, Gleichstellung Juden, 1834, S. 189–192; *Anonymus*, Sabbath der Juden, 9.10.; 12.10.; 16.10.; 19.10.; 16.11.; 23.11.; 18.12.; 21.12.1833.

die beginnenden Reformen die Autorität der Rabbiner durchaus kritisch gesehen wurde, hatte diese Entwicklung die Provinz Posen (noch) nicht erfasst. In diesem Zusammenhang fanden sich vermehrt Schriften, hauptsächlich christlicher Theologen, die auf die Stellung und ›Machtbefugnisse‹ der Rabbiner eingingen und eine kritische Auseinandersetzung bzw. ›Entmachtung‹ befürworteten, um ihren Einfluss auf die jüdischen Gemeinden nachhaltig zu schwächen. Besonders intensiv mit der ›Schädlichkeit‹ der Rabbiner setzte sich Heinrich Eberhard Gottlob Paulus auseinander. In allen seinen Schriften finden sich Hinweise und Warnungen, mit denen er vor allem die preußische Regierung von der Notwendigkeit einer Beschränkung des rabbinischen Einflusses überzeugen wollte. Für ihn stellten die jüdischen Rabbiner Glaubensdespoten dar, die jede freie intellektuelle Betätigung der jüdischen Gläubigen zu unterbinden bestrebt seien.[226]

»Deßwegen nur, weil überhaupt kein Staat eine andere Gesetzgebung und Gesetzvollstreckung zugeben darf, als seine eigene, so ist das allererste Nothwendige, daß jeder selbstständige Staat alle Rabbinen, welche keineswegs Lehrer der Religion sind, sondern nur der pharisäisch-talmudischen Gesetze kundig und deren Vollstrecker (also die geheimen Fortsetzer eines Staats im Staate) seyn wollen, abstelle und diese fremde Gesetzgeberei mit der Wurzel ausrotte.«[227]

Ihr Einfluss auf die Bildung der jüdischen Kinder und Jugendlichen mache alle Rabbinen zum entscheidenden Hindernis auf dem Weg zu einer Angleichung, die viele Juden gern vollziehen würden, wenn sie nicht durch Strafen davon zurückgehalten würden.[228] Um den Einfluss der Rabbiner zu schwächen, schlug Paulus der Regierung detaillierte Maßnahmen vor; dazu gehörten ihre staatliche Ausbildung und Überwachung und die Beseitigung des Talmuds als Grundlage der rabbinischen Irrlehren.[229] Zur Erreichung dieses Zieles nutzte Paulus sehr intensiv die von ihm herausgegebene Zeitschrift »Sophronizon«, in der er und andere Autoren bereits seit 1819 ähnliche Ansichten publizierten.[230] Ein weiterer Theologe, der massiv gegen den Rabbinismus anschrieb, war Anton Theodor Hartmann, der in seinen Publikationen die rabbinischen Gebräuche mit Götzendiensten gleichsetzte. Für ihn waren Rabbinismus und Aberglaube deckungsgleich, was ihn zu der Forderung führte, im Sinne der Veredlung des Menschen gegen beide intensiv vorzugehen, um Juden eine zeitgemäße Entwicklung zu ermöglichen.[231]

226 Vgl. *Paulus*, Die jüdische Nationalabsonderung, 1830, S. 102f.

227 Ebd., S. 11.

228 Vgl. ebd., S. 68f. Ähnlich auch bei *Anonymus*, Judenheit, 1837, S. 167f. und *Koch*, Die Juden im preußischen Staate, 1833, S. 164.

229 Vgl. *P.[aulus]*, Beantwortung der Frage, 1830, vor allem S. 93–98.

230 Vgl. z. B. *Anonymus*, Beispiel von Mißhandlung, 1831; *P.[aulus]*, Neue Versuche zur Civilisation, 1828; *Anonymus*, Warnungsgründe, 1829; *Alexander*, Rabbanistische Juden, 1824; *P.[aulus]*, Beantwortung der Frage, 1830.

231 Vgl. *Hartmann*, Gleichstellung Juden, 1834, S. 30–37.

Das hier verfochtene Assimilationskonzept war gleichbedeutend mit einer Bekehrung der jüdischen Gemeinschaft über den Zwischenschritt einer religiösen und nationalen ›Entjudung‹. Somit konnten Juden eine volle Integration nur unter den Bedingungen der religiösen Selbstaufgabe und des Bruchs mit der eigenen Tradition verwirklichen;[232] eine christliche Mehrheit erwartete nach Erfüllung der geforderten Anpassungsforderungen direkt oder indirekt die Auflösung des Judentums.

Trotz der offensichtlichen Anpassungsbemühungen eines Teils preußischer Juden waren sie im Unterschied zu den christlichen Wünschen nur in Einzelfällen bereit, die letzte Konsequenz der christlichen Assimilation, die Taufe, zu tragen. Gleichzeitig verstärkte die fehlende Konversionsbereitschaft den christlichen Verdacht, dass Juden noch nicht zur Assimilation bereit und fähig seien.[233] Eine Reflexion über die Legitimität und Realisierbarkeit der christlichen Ansprüche erfolgte hingegen nur selten. Die Betrachtung jüdischer Anpassungsbemühungen aus christlicher Perspektive legte offen, dass diese nicht als Leistungen wahrgenommen wurden. Vielmehr dominierten in christlichen Darstellungen Spott und Verachtung. Der Versuch, ›jüdische Identität‹ zumindest in Teilen zu bewahren, wurde zu einem deutlichen Zeichen für die jüdische Verstocktheit, während die umfangreichen Erwartungen von Christen zu Enttäuschungen auf beiden Seiten führten, in deren Folge auch die jüdische Akkulturationsbereitschaft schwand.[234] Tendenziell war die christliche Assimilationsvorstellung totalitär, denn sie ließ keinen Raum für abweichende soziokulturelle Identitäten und somit keinen Platz für das ›Anders-sein‹; gleichzeitig war sie so umfangreich, dass Juden ihr nicht entsprechen konnten, sodass der ›halb-assimilierte‹ Jude immer wieder zum Anlass neuer Ablehnungen werden konnte. Das christliche Assimilationskonzept intendierte nur in Ausnahmefällen eine gleichberechtigte Integration, denn eine solche hätte eine Vermischung von jüdischer und nichtjüdischer Lebenswirklichkeit beinhaltet; zu diesem Schritt waren nur einzelne christliche Autoren bereit. Besonders offenbarte sich diese Tatsache bspw. im Hinblick auf die Frage gemischter Ehen, durch die eine innerfamiliäre Verständigung und intensivere Kontakte hätten hergestellt werden können. Ein solcher Kontakt wurde nicht zur Erfahrung einer ›bürgerlichen‹ Mehrheit, sondern blieb ein absolutes Einzelphänomen. In der theoretischen Auseinandersetzung über die besten Möglichkeiten einer Assimilation nahm die ›bürgerliche Ehe‹ hingegen einen herausragenden Stellenwert ein. Eine Besonderheit der Diskussion um gemischte Ehen war die endgültige Etablierung rassischer Vorbehalte gegenüber der jüdischen Minderheit. Gegner von Ehen

232 Vgl. *Maurer*, Minderheit in Deutschland, S. 50.
233 Vgl. *Hortzitz*, ›Früh Antisemitismus‹, S. 52.
234 Vgl. *Erb/Bergmann*, Nachtseite der Judenemanzipation, S. 44.

zwischen Juden und Christen / Deutschen führten als zentrales Argument die rassische Verschiedenheit beider Gruppen an:

»Die Vermischung der Racen scheint mit der schwierigste aller Puncte. Denn … was mich betrifft, mir wäre es leid um diese neue Befleckung der echten germanischen Race.«[235]

Die Befürchtungen betrafen dabei eine ›Judaisierung‹ der christlichen Bevölkerung, sodass gemischte Ehen als Verstoß gegen die christlichen Lehren verstanden wurden.[236] In dieser Frage dominierten innerhalb der öffentlichen Kontroverse dennoch die Befürworter einer intensiven »Vermischung der Rassen«[237]. Hindernisse wurden zwar bei der jüdischen Minderheit erkannt,[238] die Regierungen jedoch aufgefordert, gegen die bewusste Absonderung entsprechende Maßnahmen zu ergreifen und gemischte Ehen zu befördern.[239] In den Augen dieser Mehrheit bildeten Ehen zwischen Juden und Christen, die einen sittlichen Fortschritt auf beiden Seiten bedingen[240] und aus gegenseitigem Hass die »süßeste Zärtlichkeit«[241] werden lassen sollten, die beste Möglichkeit der Assimilation.[242] Auf der anderen Seite der Befürworter fanden sich diejenigen Autoren, die durch gemischte Ehen das Judentum auf ›natürliche‹ Art und Weise zum Verschwinden bringen wollten, insbesondere indem sie die Erziehung der gemeinsamen Kinder im christlichen Glauben verpflichtend machen wollten.[243]

Der christlichen Assimilationsvorstellung entsprach auch die preußische Judenpolitik, die mit ihren Erziehungsgesetzen und dem Konzept einer stufenweisen Integration die Gewährung von Rechten an Anpassungsfortschritte koppelte. Diese Ausrichtung brachte das Problem mit sich, dass sich Juden dauerhaft bewähren mussten, da immer wieder neue Anforderungen an sie herangetragen wurden, deren Erfüllung einer Integration vorausgehen sollte, bzw. bereits gewährte Rechte jederzeit wieder entzogen werden konnten, wenn die Betreffenden ihre Angleichung nicht aufrechterhielten. Auch wurde durch die staatlichen

235 *Feldmann*, Mein Schlusswort über Juden, 30.5.1831, Sp. 1969.

236 Vgl. *Anonymus*, Emancipation der Israeliten, 10.9.1836, S. 224.

237 *Von einem monarchisch gesinnten Volksfreunde*, Verbesserung der Juden, 14.2.1831, S. 623.

238 Vgl. *[Korn]*, Der staatspapierene Mil[s]chjude, 1836, S. 125.

239 Vgl. *Y. X. Z.*, Aus welchen Gründen, 11.5.1831, Sp. 1764 f.

240 Besonders aktiv auf diesem Gebiet war Johann Gottfried Klüber, der sich in mehreren Publikationen ausschließlich diesem Gegenstand widmete. Vgl. *Klüber*, Ehe zwischen Juden und Christen, 10.2.1835; *ders.*, Mittel der Juden-Emancipation, 1839 und *ders.*, Historisch-staatsrechtliche Lösungen, 1838.

241 *Anonymus*, Emancipation der Juden, 1.3.1835, Sp. 774.

242 Ähnlich auch bei *Krug*, Die Politik der Juden, 1832, S. 53; *Ulmenstein*, Gegenbemerkungen zu der Schrift Streckfuß', 1833, S. 47 und *Krug*, Henotikon, 1836, S. 59.

243 Vgl. *Von einem monarchisch gesinnten Volksfreunde*, Verbesserung der Juden, 14.2.1831, Sp. 622.

Maßnahmen das Bewusstsein von einer jüdischen Sonderexistenz bestärkt, und die ›Judenfrage‹ blieb in der öffentlichen Wahrnehmung und Diskussion die Frage nach dem Ende und der Auflösung der jüdischen Separatexistenz. Spezifisch für die preußische Gesellschaft war die Erfahrung einer jüdischen Gemeinschaft, deren Mitglieder nicht als gleichberechtigte Individuen wahrgenommen wurden, woran auch die erfolgten jüdischen Anpassungen nichts ändern konnten. Der christliche Wunsch nach einer jüdischen Assimilation führte nicht zu ›jüdischen Deutschen‹ bzw., wie von einer christlichen Mehrheit gefordert, zu ›christlichen Deutschen‹, sondern, abweichend von den christlichen Wünschen, zu ›deutschen Juden‹. Diese waren noch immer als Juden erkennbar und bildeten weiterhin eine sozial und gesellschaftlich relativ isolierte, erkennbare und zugleich auf sich beruhende Gemeinschaft.[244] Diese Assimilationsproblematik konnte erst mit der fortschreitenden rechtlichen Emanzipation ihren Ausgangspunkt nehmen, denn durch die rechtliche Besserstellung war eine Angleichung an die Kultur und Gesellschaft der Umwelt theoretisch möglich geworden. Denn sowohl jüdische als auch nichtjüdische Autoren stimmten darin überein, dass die Mehrheit der jüdischen Bevölkerung, so wie sie aus den Ghettos herausgetreten war, nicht reif für eine bedingungslose Integration sei. Die christlichen Erwartungen an eine jüdische Assimilation erfüllten sich bis 1847 nicht, sodass eine vollständige soziale und rechtliche Integration von Juden von öffentlicher und staatlicher Seite weiter abgelehnt wurde.

Jüdische Autoren waren mehrheitlich nicht bereit, eine religiöse Assimilation und damit die Taufe[245] als unabdingbaren Bestandteil einer Angleichung zu akzeptieren, da sie überzeugt blieben, dass eine Akkulturation auch ohne Taufe weitreichend und nachhaltig genug sei, um in den preußischen Staat aufgenommen zu werden. Dass diese Auffassung nicht der preußischen Realität entsprach, offenbarte die fehlende Gleichberechtigung von Juden in Staat und Gesellschaft. Die christlichen Assimilationsforderungen führten auf jüdischer Seite zu zwei gegensätzlichen Prozessen. Auf der einen Seite wandte sich ein Teil der jüdischen Minderheit vom Glauben der Vorväter ab und band sich immer enger an eine deutsche Kultur, auch wenn er nominell noch dem Judentum angehörte. Auf der anderen Seite bedingte der massive christliche Druck eine Stärkung des innerjüdischen Zusammengehörigkeitsgefühls, das sich gegen die fortdauernden Angriffe auf die eigene Existenz verteidigen wollte. Die Mehrzahl jüdischer Religionsreformen verdeutlichte die Suche nach Alternativen zu den Konversionswünschen von Christen, denn Reformen wurden als Möglichkeit der Integration

244 Vgl. *Hortzitz*, ›Früh Antisemitismus‹, S. 52 und *Rürup*, Emanzipation und Antisemitismus Studien, S. 107.

245 Vgl. *Riesser*, Gleichstellung der Juden, 1831, S. 67; *Cohen*, Lage der Juden, 1832, S. 40; *Riesser*, Verhältnisse der jüdischen Unterthanen, 1867, S. 103 f.; *[Lessing]*, Juden und öffentliche Meinung, 1833, S. 150 und *B---*, Sind die Juden, 16.7.; 28.–29.7.1830, S. 715.

ohne Aufgabe der eigenen Identität und somit als Akkulturation verstanden.[246] Gleichzeitig gelang der Mehrheit preußischer Juden eine emotionale Akkulturation, indem diese sich an bürgerliche Wertvorstellungen anglichen und im Fühlen und Denken zunehmend verähnlichten, ohne dabei ihre Religionsgesetze verletzen zu müssen.[247] Sie verfochten damit, wie bereits in den Jahren zuvor, das Konzept ›kultureller Verbürgerlichung‹, von der religiöse Überzeugungen ausgenommen sein sollten. Vor diesem Hintergrund änderte sich die Argumentation jüdischer Autoren kaum, es wurde weiterhin die nationale und kulturelle Zugehörigkeit zur deutschen Nation postuliert, auf bereits geleistete Anpassungen verwiesen und die Rolle des Glaubens als private Entscheidung des Einzelnen, einhergehend mit der Ablehnung einer ›Entjudung‹[248] betont. Intensiver setzten sich jüdische Debattierer mit der Forderung nach der Beseitigung des Rabbinismus und des Talmuds auseinander und ließen in diesem Bereich durchaus divergierende Ansichten erkennen, wenn auch zahlreiche jüdische Autoren die christliche Unwissenheit vom Judentum betonten.[249] Insbesondere radikale jüdische Reformer befürworteten die Beschränkung der Rabbiner,[250] während ein anderer Teil Rabbiner als eine entscheidende Grundlage des jüdischen Glaubens begriff und in diesem Bereich keine Eingriffe akzeptieren wollte[251] – diese Differenzen spiegelten sich jedoch stärker in der Kontroverse über religiöse Reformen als über die Frage der Akkulturation wider. In gleichem Maß wurde die Instrumentalisierung rassischer Unterschiede und Vorbehalte von jüdischen Autoren nachdrücklich abgelehnt:

»... es ist eine wahrhaft bestialische Ansicht, die die Nationalität in der Race sucht, und nicht in der Gemeinsamkeit des Vaterlandes.«[252]

Völlig unbeachtet blieb in jüdischen Äußerungen die Frage gemischter Ehen, auch wenn gerade dieser Bereich für die christliche Assimilationsvorstellung erheblich war. Während jedoch das Konzept der Akkulturation auf jüdischer Seite vor allem in den 1820er Jahren thematisiert worden war, erhöhte sich die Attraktivität des Begriffes ›Emanzipation‹, während sich auch in den 1830er Jahren die Versuche praktischer Reformen und persönlicher Angleichungen intensivierten, die nun jedoch nicht mehr zwingend öffentlich reflektiert wurden.

246 Vgl. *Maurer*, Minderheit in Deutschland, S. 50.

247 Vgl. *Katz*, Entstehung der Judenassimilation, S. 6.

248 Vgl. *Heß*, Epistel der Hebräer, 1831, S. 15; *Riesser*, Gleichstellung der Juden, 1831, S. 31 f.; *Usiel [Hirsch]*, Briefe üder das Judenthum, 1836, S. 76 f.

249 Vgl. *Riesser*, Gleichstellung der Juden, 1831, S. 24; *Heß*, Epistel der Hebräer, 1831, S. 5 f.; *Pinner*, Israeliten in Sachsen, 1833, S. 121 und *Anonymus*, Emancipation der Juden, 30.6.1837, S. 98.

250 Vgl. *Cohen*, Lage der Juden, 1832, S. 86 und *Anonymus*, Der Jude, 1834, S. 14–20.

251 Vgl. *Riesser*, Gleichstellung der Juden, 1831, S. 84.

252 *Riesser*, Börne und die Juden, 1832, S. 20.

Die umfangreichen Bestrebungen, eine kulturelle Verähnlichung zu realisieren, führten endgültig zum Aufbrechen der Einheit von religiösem und gesellschaftlichem Leben der jüdischen Minderheit; wenn auch ein Teil preußischer Juden hoffte, eine Verbindung zwischen ihrem religiösen Dasein, in Form von Zeremonialgesetzen und Gebräuchen, und ihrem gesellschaftlichen Auftreten als Bürger in einer nichtjüdischen Umwelt etablieren zu können und damit eine Konfessionalisierung des Judentums zu realisieren.[253] Diese Gratwanderung gelang gleichwohl nur einer kleinen Gruppe und brachte zudem nicht die erhoffte Integration mit sich – der Versuch, durch eine Akkulturation ein ausgesprochenes Recht auf die Zugehörigkeit zum preußischen Staat zu erhalten, scheiterte.

In den stark variierenden Auffassungen von den Zielen einer Akkulturation / Assimilation offenbarte sich wiederum die Problematik des fehlenden Dialoges zwischen Juden und Nichtjuden, da es über die unterschiedlichen Konzepte und Wünsche zu keiner Verständigung kam. Juden versuchten, den von ihnen wahrgenommenen christlichen Wünschen zu entsprechen, erhielten aber nur sehr unzureichende Reaktionen auf die durchgeführten Anpassungen. Gleichzeitig gelang es der jüdischen Minderheit nicht, ihre Leistungen öffentlichkeitswirksam zu vermitteln, sodass diese häufig nur stark verzerrt in die christliche Wahrnehmung gelangten. Doch selbst wenn die Vermittlung der ersten Angleichungen gelang, blieb das gravierende Problem des Umfangs der religiösen ›Verähnlichung‹ bestehen. Wurde die Konversion zum Hauptbestandteil der Assimilation gemacht, war es für den größten Teil preußischer Juden unmöglich, dieser Anforderung zu entsprechen.

2.4 Gleichstellung als bedingungslose Emanzipation

Das weitreichendste Konzept der Emanzipation war die meist von Juden vertretene Forderung nach einer ›Gleichstellung‹. Der Begriff der ›Gleichstellung‹ umfasste dabei im Unterschied zur rein rechtlichen ›Gleichberechtigung‹ die vollständige Einbeziehung von Juden in alle politischen, sozialen und gesellschaftlichen Strukturen, vor dem Hintergrund, dass eine juristische Gleichberechtigung nicht zwingend zu einer faktischen Gleichstellung führen musste; zugleich beinhaltete der Begriff eine ausdrücklich fordernde Perspektive, insbesondere gegenüber den deutschen Regierungen. Um für ihr Bestreben Unterstützer zu finden, verbanden Juden die Forderung nach vollkommener Integration mit dem Streben nach demokratischen und liberalen Grundsätzen. Seit den 1830er Jahren agierten jüdische Autoren deutlich offensiver und konstatierten, dass sie und ihre Glaubensgenossen in ihrer Pflichterfüllung und insbesondere

253 Vgl. *Kampmann*, Deutsche und Juden, S. 184.

gegenüber der Finanzverwaltung gleichberechtigte Bürger seien, denen nur die damit verbundenen Rechte vorenthalten würden.[254] In der Verbindung mit liberalen Überzeugungen beinhaltete ›Gleichstellung‹ die Anerkennung und Akzeptanz der ›Andersartigkeit‹.[255] Um dies zu realisieren, beriefen sich ihre Verfechter verstärkt auf die allgemeinen Menschenrechte und das Naturrecht, die zu einer gleichen Behandlung aller Menschen im Staat ohne Ansehen konfessioneller Unterschiede führen sollten. Vorbedingung dafür war eine bürgerliche Gleichstellung aller Konfessionen im Staat, denn »wo diese fehlt, fehlt religiöse und politische Toleranz, fehlt das ganze freye politische Leben«[256].

Die Argumentation jüdischer Autoren für eine Gleichstellung beruhte auf drei verschiedenen Überzeugungen: erstens auf religiös-sittlichen und humanitären Gründen, zweitens auf dem Vorrang der Bürger- und Menschenrechte vor einem spezifischen Glaubensbekenntnis und drittens auf dem gemeinsamen Sieg gegen die napoleonischen Truppen als einigendem Band zwischen Juden und Nichtjuden.[257] In dieser argumentativen Ausrichtung wurde das Weiterbestehen traditioneller Vorurteile trotz des bereits Jahrzehnte andauernden Strebens und Diskutierens um eine rechtliche Besserstellung offenbar. Jüdische Autoren mussten sich noch immer gegen den Vorwurf religiöser Verderbtheit wehren, ihre Anerkennung als ›Menschen‹ fordern und ihre Zugehörigkeit und Treue gegenüber dem Vaterland unter Beweis stellen.

Dabei instrumentalisierten sie immer selbstbewusster die Mitschuld christlicher Regierungen und Bevölkerungen, denn erst die Jahrhunderte andauernde Unterdrückung habe Juden zu dem gemacht, was sie zeitgenössisch seien – der jüdische Glaube hingegen trage keine Verantwortung.[258] Infolge der beginnenden Reformen und der zunehmenden gesellschaftlichen Akzeptanz und Integration seien Juden zudem sowohl in sittlicher als auch in religiöser Hinsicht auf einer Ebene mit ihrer christlichen Umwelt.[259] Doch selbst unter der Annahme einer sittlichen Rückständigkeit sahen jüdische Debattierer keine hinreichenden Gründe für die Vorenthaltung von Rechten, denn auch Juden seien zuerst Menschen mit angeborenen Rechten, die der Staat in keinem Fall kränken dürfe, und erst danach Angehörige eines Glaubens.[260] In ihr Verständnis von Menschenrechten integriert war auch das Recht, ohne dem Mehrheitsglau-

254 Vgl. z. B. *[Börne]*, Actenmäßige Darstellung des Bürgerrechts, 1816, S. XI; *Anonymus*, Herr Geheimrath Wolfart, 1843, S. 4.

255 Vgl. *Graupe*, Entstehung des Judentums, S. 156.

256 *Reis*, Emancipation der Juden, 1831, S. 27.

257 Vgl. *Jersch-Wenzel*, Rechtslage und Emanzipation, S. 42.

258 Vgl. *Cohen*, Lage der Juden, 1832, S. 79 f.; *Jacoby*, Streckfuß Emancipation der Juden, 1833, S. 14 f.; *ders.*, Jüdische Verhältnisse, 1834, S. 51; *Anonymus*, Emancipation der Juden, 1834, S. 38 f.

259 Vgl. *Anonymus*, Emancipation der Juden, 1834, S. 33 f.

260 Vgl. *[Lessing]*, Juden und öffentliche Meinung, 1833, S. 61; *Riesser*, Gleichstellung der Juden, 1831, S. 93; *Cohen*, Lage der Juden, 1832, S. 101.

ben anzugehören, in einem Staat Staatsbürger sein zu können und als solcher Anerkennung zu finden.[261] Die jüdische Argumentation beruhte auf Glaubens-, Gewissens- und Religionsfreiheit,[262] einhergehend mit der dringlichen Forderung nach Toleranz, Vernunft und Gerechtigkeit.[263] Darin enthalten war ein sehr konkret definiertes Verständnis von ›Staatsbürgern‹. Während in zahlreichen anderen Schriften der Staatsbürgerbegriff meist noch synonym zu Untertan oder Bürger verwandt wurde, kristallisierte sich in jüdischen Publikationen eine klarere Definition heraus, die vor allem die Geburt im jeweiligen Land zum entscheidenden Kriterium machte, verbunden mit der vollständigen Erfüllung aller Bürgerpflichten.

»Die Anerkennung des Menschen im Staate als Mensch ist seine Anerkennung als Bürger; der Anspruch des Menschen an den Staat, dem er angehört, ist sein Anspruch an das Bürgerrecht. Dem Staate aber gehört der an, der in ihm geboren ist, nicht ihn aus freier Wahl zu seinem Aufenthaltsorte erkoren hat, der seinen Gesetzen gehorchen muß, ihn mit seinem Blute verteidigen muß …«[264]

Die auch für Preußen häufig proklamierte Einheit von Staat und Kirche und somit die Zugehörigkeit zu einem christlichen Glauben als einschränkende Voraussetzung für die Gemeinschaft der Staatsbürger wurde hingegen vehement verneint.[265] Jüdische Autoren waren bestrebt, die unterschwelligen und die offensichtlichen christlichen Bekehrungsabsichten deutlich zu machen und gleichzeitig zurückzuweisen.[266] Sie begehrten eine bedingungslose staatliche Neutralität in Glaubensfragen, da die Religion eine private Entscheidung des einzelnen Individuums sei. In ihren Betrachtungen kam es zu einer untrennbaren Verknüpfung zwischen der Frage religiöser Freiheit und der jüdischen Emanzipation. Kein Staat sei berechtigt, von seinen Untertanen eine bestimmende Religion zu fordern,[267] und erst wenn Christen Juden nicht mehr bekehren wollten,

261 »Jeder Mensch hat in seinem Vaterlande das Recht, Staatsbürger zu seyn, wenn er sich nicht durch Verbrechen dieser Stellung unwürdig macht und alle Pflichten eines Staatsbürgers erfüllt.« *Creizenach*, Vorläufige Bemerkungen, 1831, S. 28. Ähnlich auch bei *Pinner*, Israeliten in Sachsen, 1833, S. 174; *Willstätter*, Geschichte des Israelitischen Volkes, 1836, S. 188; *Jacoby*, Jüdische Verhältnisse, 1834, S. 107; *Usiel [Hirsch]*, Briefe üder das Judenthum, 1836, S. 81; *Anonymus*, Das neue Jahrhundert, 17.8.; 7.9.; 21.9.1839, S. 406.

262 Die Begriffe Glaubens-, Gewissens- und Religionsfreiheit wurden in den jüdischen Äußerungen vollkommen synonym verwandt. Vgl. *Riesser*, Gleichstellung der Juden, 1831, S. 51; *ders.*, Verhältnisse der jüdischen Unterthanen, 1867, S. 110 f.; *Anonymus*, Für die Juden, 1836, S. 29; *Weil*, Emancipation der Juden, 24.9.1831, Sp. 676; *Anonymus*, Das neue Jahrhundert, 17.8.; 7.9.; 21.9.1839, S. 450 und 478.

263 Vgl. *Zunz*, Die gottesdienstlichen Vorträge der Juden, 1832, S. IV; *Jost*, Sendschreiben an K. Streckfuss, 1833, S. 93; *Anonymus*, Emancipation der Juden, 1834, S. 28 und 35 f.

264 *Riesser*, Gleichstellung der Juden, 1831, S. 93.

265 Vgl. ebd., S. 67 f.; *Jacoby*, Jüdische Verhältnisse, 1834, S. 9–17 und 27–35.

266 Vgl. *Riesser*, Gleichstellung der Juden, 1831, S. 29.

267 Vgl. ebd., S. 51.

könne das Zeitalter wirklicher Toleranz beginnen,[268] denn in einem modernen Staat dürfe keine Religion gegenüber einer anderen privilegiert werden.[269] Trotz ihres Bezugs auf Toleranz und Menschenrechte fühlten sich jüdische Autoren verpflichtet, erneut zu verdeutlichen, dass ihr Wunsch nach Gleichstellung sich nicht aus materiellen Interessen speise, sondern in der Hoffnung verhaftet sei, ebenso frei wie die übrigen Untertanen zu werden, den Wohnort und den Beruf selbstständig zu wählen und sich an allen Belangen des preußischen Staates zu beteiligen.[270] Das deutlichste Kriterium für eine ›Gleichstellung‹ in Staat und Gesellschaft war für sie die Einbeziehung in den Staatsdienst; dies verdeutlichte die Definition vom Amt als politisches Recht.[271]

Eine weitere Argumentation blieb in den Äußerungen jüdischer Autoren der Kampf um das Vaterland als Land ihrer Geburt und Herkunft, dem sie treu ergeben seien,[272] in Kombination mit der ausdrücklichen Ablehnung einer eigenständigen jüdischen Nationalität.[273] Viele jüdische Autoren empfanden den Vorwurf fehlender Vaterlandsliebe als Kränkung, denn:

»Wir sind nicht eingewandert, wir sind eingeboren und, weil wir es sind, haben wir keinen Anspruch anderswo auf eine Heimat; wir sind entweder Deutsche oder wir sind heimatlos.«[274]

Nahezu alle Bestrebungen reformorientierter Juden waren infolge dieser Darstellungen auf das Ziel einer vollständigen Gleichstellung ausgerichtet, denn nur diese würde der jüdischen Minderheit ihr Selbstwertgefühl und ihre Menschenwürde wiedergeben und die Verschiedenheit in religiöser und politischer Hinsicht endgültig beenden.[275]

Auf christlicher Seite gehörten die Verfechter einer voraussetzungsfreien Emanzipation und somit ›Gleichstellung‹ einer verschwindend kleinen Minderheit an und fanden sich in Deutschland hauptsächlich im Umfeld des Frühlibe-

268 Vgl. *B---*, Sind die Juden, 16.7.; 28.–29.7.1830, Nr. 179, S. 715. Erstaunlich an dieser Publikation ist die Tatsache, dass ihre Verfasserin eine jüdische Frau war, deren Briefe ein Freund publizierte. Dies ist die einzige offensichtlich weibliche jüdische Stimme innerhalb der Auseinandersetzung bis 1847.

269 Vgl. *Riesser*, Gleichstellung der Juden, 1831, S. 51.

270 Vgl. *Francolm*, Worte eines Juden, 1840, S. 5.

271 Vgl. *Riesser*, Gleichstellung der Juden, 1831, S. 36–40; *ders.*, Verhältnisse der jüdischen Unterthanen, 1867, S. 41 und 197.

272 Vgl. *Riesser*, Gleichstellung der Juden, 1831, S. 69; *Jost*, Sendschreiben an K. Streckfuss, 1833, S. 61.

273 Vgl. in Auswahl *Creizenach*, Vorläufige Bemerkungen, 1831, S. 21; *Jacoby*, Jüdische Verhältnisse, 1834, S. 52–57; *Anonymus*, Der Jude, 1834, S. 31; *Anonymus*, Für die Juden, 1836, S. 3 und *Weil*, Das junge Deutschland, 1836, S. 8.

274 *Riesser*, Gleichstellung der Juden, 1831, S. 54.

275 Vgl. *Philippson*, Die Juden, 1838, S. 20.

ralismus.[276] In diesem Zusammenhang wuchs die Erkenntnis, dass die Integration von Juden nicht nur durch spezifische Verordnungen, sondern nur durch gesamtgesellschaftliche Veränderungen zu verwirklichen sei, und ordnete die Debatte um die Judenemanzipation in einen umfangreicheren Themenkomplex ein. Bei den betreffenden Publizisten sollte Juden die gleiche Behandlung durch das Gesetz und innerhalb der Gesellschaft zukommen,[277] verbunden mit der Aufhebung aller Ausnahmegesetze, denn nur durch eine solche Gleichstellung würde die Entwicklung und Bildung der jüdischen Minderheit nachhaltig befördert, was wiederum zum Wohle der gesamten Nation und des preußischen Staates beitrage.[278] In der jüdischen Religion erkannten sie kein Hindernis, wodurch sie sich als Verfechter eines konfessionsneutralen Staates zu erkennen gaben.[279] Aus diesem Grund könne und dürfe das jüdische Streben nach Gleichberechtigung nicht länger unterdrückt werden. Die Hoffnung auf eine bedingungslose Gleichstellung war ohne die Verbindung mit liberalen Überzeugungen nicht denkbar, denn nur vor diesem Hintergrund wurde in der Emanzipation von Juden die letzte Konsequenz einer umfassenden Glaubens- und Gewissensfreiheit gesehen, die allen Religionsparteien gleichermaßen zukommen sollte.[280] Diese strikte Forderung entwickelte sich insbesondere in den 30er Jahren des 19. Jahrhunderts und schien als eine staatliche Maßnahme realisierbar, die die eigentlichen Grundlagen des Staates dabei nicht berühren sollte. Nur eine liberale Minderheit war bereit, zu akzeptieren, dass auch ein strenggläubiger Jude alle Pflichten gegenüber dem Staat wahrnehmen könne, ohne dabei in einen Gewissenskonflikt zu geraten. Dieser Glaube ging mit einer Ablehnung des Christentums als Staatsreligion einher, denn keine Religion dürfe für sich beanspruchen, die allein seligmachenden Wahrheiten zu vertreten, und dadurch Verfolgung und Verachtung anderer Religionen rechtfertigen.[281] Seine religiösen Überzeugungen hingegen müsse der Mensch nur vor sich und seinem Gewissen verantworten.[282] Der individuelle Glaube rückte in den Hintergrund einer mindestens

276 Vgl. *Grab*, Der deutsche Weg, S. 43 f. »Gleichstellung der Rechte und Ansprüche Aller, Einheit der ganzen Nationalgesammtheit, Gleichheit vor dem Gesetz, Abschaffung aller zufälligen und beleidigenden Vorrechte, Entfernung jeglicher Art von Egoismus und Aristokratismus, Liberalität, Öffentlichkeit, Nationalität, das ist der Karakter, der Geist der Zeit, das sind ihre Forderungen an die Konstitutionen, die sie den Nazionen als Aegide hinhält.« *Lips*, Stellung der Juden, 1819, S. 10.

277 Vgl. *Krämer*, Die Juden, 1816, S. 72.

278 Vgl. *Lips*, Stellung der Juden, 1819, S. 76.

279 Vgl. *Anonymus*, Emancipation der Juden, 1841, S. 304.

280 Vgl. *Krug*, Über Gewissens- und Glaubensfreiheit, 1839, S. 46. »[...] gleiches Recht und gleiche Gerechtigkeit für alle, ohne Unterschied des Glaubens, den der Mensch nicht wählt, sondern mit der Geburt empfängt und der kein Maaßstab seiner moralischen Würdigkeit ist [...]« *Anonymus*, Preußen, 18.2.; 21.–23.2.1833.

281 Vgl. *Albanus*, Charakteristik der Israeliten, 1818, S. 121.

282 Vgl. *Dalberg*, Die Juden unter den Christen, 1828, S. 7.

konfessionsneutralen, teilweise auch deistischen Staats- und Gesellschaftsauffassung, beruhend auf Freiheit und Gleichheit. Die Ansichten zur Glaubens- bzw. Gewissensfreiheit variierten zwischen den verschiedenen Autoren jedoch sehr stark. Maßgebend war eine gemeinsame Vorstellung von ›allgemeiner Freiheit‹. Die Kernstücke einer solchen ›Freiheit‹ wurden im Vormärz vor allem in der Sicherheit von Person und Gütern, der Freiheit, zu denken, zu reden und zu schreiben, begriffen. Ebenfalls enthalten war die Befreiung von unautorisierter Herrschaft oder Unterdrückung. Entscheidend für dieses Freiheitsverständnis war die Idee eines individuellen, selbstbestimmten und selbstgeleiteten Handelns.[283] Was die Freiheit der Religion betraf, die über die drei christlichen Konfessionen hinausreichen sollte, konnte diese ebenfalls als ein Bestandteil der Menschenrechte verstanden werden. Mit den gleichen naturrechtlichen Prinzipien, aus denen sich die Glaubensfreiheit ableiten ließ, konnten jedoch auch mannigfache Einschränkungen in ihrer praktischen Anwendung begründet werden.[284] Bildeten Staat und Kirche hingegen eine Einheit, bestehe keine Möglichkeit für die Gewährung von Gewissensfreiheit.[285]

In der praktischen Umsetzung wurden jedoch die Dominanz christlicher Anschauungen und das Fehlen persönlicher Betroffenheit auch bei frühliberalen Autoren deutlich. Gleichzeitig erhofften sich auch die christlichen Befürworter einer vollständigen und bedingungslosen Aufnahme von Juden ein allmähliches Verschmelzen von Juden und Christen, wovon sie sich eine ›natürliche‹ Bekehrung der jüdischen Minderheit versprachen – in diesem Fall sei die völlige Gleichberechtigung die beste Form einer Bekehrung.[286]

3. Konsequenzen

3.1 Die Instrumentalisierung der öffentlichen Meinung

Am permanent wachsenden Umfang der Kontroverse und insbesondere in Preußen auch an der Auseinandersetzung mit der zeitgenössischen Regierungspolitik zur ›jüdischen Frage‹ manifestierten sich die zunehmende Bedeutung von Öffentlichkeit und ihre bewusste Instrumentalisierung. Bereits in der Antike

283 Vgl. *Goltermann*, Figuren der Freiheit, S. 150.

284 Vgl. *Schlumbohm*, Freiheitsbegriff und Emanzipationsbegriff, S. 29. So proklamierte das ALR eine vollkommene Glaubens- und Gewissensfreiheit, die sich jedoch nur auf den privaten Bereich erstrecken sollte. In äußeren und öffentlichen Belangen verblieb auch die Religion in staatlicher Aufsicht. Vgl. ALR, 2. Teil, Tit. 11, §§ 2 ff. Auch das Edikt von 1812 gelangte nicht zur Durchsetzung der Glaubensfreiheit.

285 Vgl. *Eisenberg*, Staat und Religion, 1844, S. 62 und 171.

286 Vgl. *Klüber*, Rechtsverhältnisse zwischen Christen und Juden, 1834, S. 37; *Reis*, Emancipation der Juden, 1831, S. 21–28; *[Streckfuß]*, Verhältniß der Juden, 3.–5.5.1833, S. 661–662.

waren die Vollbürger der Städte in der Lage gewesen, ihre Meinung auf den Marktplätzen (dem ›forum‹) öffentlich zu artikulieren. Im 18. und 19. Jahrhundert wurde das Äußern der öffentlichen Meinung zur ›Waffe‹ des Bürgertums, das versuchte, das Monopol der absolutistisch regierten Staaten und des Klerus auf die öffentliche Meinungsbildung zu brechen. Die Freiheit der Meinungsäußerung war untrennbar mit einer (politischen) Öffentlichkeit verbunden, die theoretisch jedem zugänglich sein sollte und den Kommunikationsbereich über den privaten Bereich hinaus erweiterte.[287] Bis zum Ende des 18. Jahrhunderts hatte sich in den deutschen Ländern keine kritische Öffentlichkeit herausbilden können, erst die Französische Revolution wurde zum Auslöser eines nachhaltigen Politisierungsschubes.[288] Im Vormärz erweiterten sich mit der endgültigen Etablierung einflussreicher, langlebiger und weitreichender Zeitschriften und Periodika die Foren öffentlicher Meinungsbildung, was zugleich Öffentlichkeit vergrößerte. Im Gegensatz zur offiziellen ›öffentlichen Meinung‹ begann sich ein eigenständiges ›bürgerliches Nachdenken‹ über verschiedenste Themengebiete herauszubilden, die meist eine spezifische gesellschaftliche Relevanz besaßen bzw. die bürgerliche Staatsauffassung oder die Stellung von Bürgern gegenüber den Staatsregierungen betrafen. Aus der öffentlichen Verständigung über diese Gegenstände konnten sich mehrheitlich akzeptierte Handlungsanweisungen, Haltungen und Einstellungen entwickeln, die in der Lage waren, die Grundlagen des geselligen Miteinanders und des gesellschaftlichen Austauschs zu prägen. Die öffentliche Auseinandersetzung mit gesellschaftlich und politisch relevanten Fragestellungen, die zunehmende Bedeutung des Bürgertums und liberaler Ideen ermöglichten es öffentlicher Meinung, sich zu einer »Opposition des dritten Standes gegen die Restaurationspolitik«[289] zu formieren.

Dabei sahen nicht alle Autoren in ›bürgerlicher Öffentlichkeit‹ bzw. der ›unkontrollierten‹ öffentlichen Meinung eine positive und nützliche Weiterentwicklung; insbesondere Hegel warnte vor den Gefahren und Unsicherheiten, die durch eine allgemeine, freie öffentliche Meinung, die nicht von den Regierungen dominiert oder kontrolliert werde, ausgehen könne. Für ihn offenbarte sich öffentliche Meinung als höchst ambivalentes Gebilde, das das ›Meinen‹ der Vielen vereine, wodurch zwangsläufig Wahrheit und Irrtum zu finden seien, weshalb sie zugleich geachtet und verachtet zu werden verdiene.[290] Für Hegel setzte sich öffentliche Meinung zusammen aus gesundem Menschenverstand und allgemeinen Vorurteilen, die weder qualitativ noch quantitativ genau zu unterscheiden oder zu bestimmen seien. Aus diesem Grund, und weil das Volk nicht wis-

287 Vgl. *Schneider*, Pressefreiheit, S. 11.

288 Dieser Entwicklung mussten drei Prozesse vorausgehen: 1. die Forderung und partielle Durchsetzung der politischen Freiheit, 2. ein räsonierendes Publikum und 3. eine reaktionäre Zensurpolitik. Vgl. ebd., S. 12.

289 *Tönnies*, Kritik der öffentlichen Meinung, S. 415.

290 Für das Folgende vgl. *Hegel*, Grundlinien der Philosophie, 1821, §§ 316–318.

sen könne, was gut für den Staat sei, wurden die Regierungen bei ihm nicht dazu verpflichtet, öffentliche Meinung als Korrektiv anzuerkennen, wie von zahlreichen Liberalen gefordert.

Erst im Vormärz entstand ein ›Gefühl‹ für öffentliche Meinung; zahlreiche Autoren erkannten, dass sie sich nicht mehr nur an den Regierungen, sondern desgleichen an den sich selbst für mündig erklärenden Bürgern orientieren konnten, denn im gleichen Maß, wie sich Teile des Bürgertums emanzipierten, schwand die Bedeutung einer öffentlich ›vorgegebenen‹ Meinung, die anerkannt werden musste. Aus der zunehmenden Politisierung Bürgerlicher resultierte eine deutliche Veränderung der entstehenden Öffentlichkeit. Diese neue Entwicklung war hauptsächlich das Resultat der Auseinandersetzungen zwischen Liberalismus und Konservatismus und brachte eine engere Verbindung zwischen einzelnen publizistischen Artikulationsformen und politischen Gruppierungen hervor.[291] Der private Innenraum wurde zur Öffentlichkeit ausgeweitet, und diese forderte zunehmend eine Einbeziehung in politische Entscheidungen.[292] Andererseits musste erst ein allgemein tragbares Verständnis von ›öffentlicher Meinung‹ gefunden werden. Auch vor diesem Hintergrund bildete die Kontroverse um die Stellung der jüdischen Minderheit einen wichtigen Prüfstein, der unterschiedlichste Auffassungen hervorbrachte und zur Diskussion stellte.

Das wichtigste Medium öffentlicher Meinung im Vormärz waren Zeitungen, Zeitschriften und Periodika, die zum Teil bestimmte Absichten und Ziele verfolgten oder ›dem Bürger‹ Möglichkeiten boten, seine Ansichten und Überzeugungen zu artikulieren. Die Presse wirkte im Prozess der Meinungsbildung als Multiplikator bzw. Verstärker; sie war ein Mittel, um Meinungen der Öffentlichkeit bekannt zu machen, gegen Angriffe zu verteidigen und Kontroversen entstehen zu lassen.[293] Die publizistischen Organe intensivierten politische und gesellschaftliche Auseinandersetzungen und bekamen im Vormärz neue Aufgaben zugewiesen. Nach liberaler Auffassung sollte sich die Publizistik an den gesellschaftlichen und öffentlichen Belangen orientieren und zur wirklichen Repräsentantin und Stimme des Volkes werden, denn sie allein habe die Möglichkeit, gegenüber den Regierungen Probleme anzusprechen und Änderungsforderungen zu artikulieren, die nicht ungehört verhallen könnten.[294] Die Hauptaufgabe der Periodika sahen vor allem Liberale in der Begründung politischer Kultur, der Bildung öffentlicher Meinung, der Angleichung der nationalen Sitten und der Betrachtung gemeinschaftlich relevanter Angelegenheiten.

291 Vgl. *Fischer*, Handbuch der politischen Presse, S. 49, 182 f.
292 Vgl. *Koselleck*, Kritik und Krise, S. 41.
293 Vgl. *Tönnies*, Kritik der öffentlichen Meinung, S. 91, 136 f.
294 Vgl. *Schneider*, Pressefreiheit, S. 220–224.

Es gelang ›öffentlicher Gesellschaft‹, sich als Pendant zur Obrigkeit zu etablieren und eine Sphäre zu repräsentieren, die frei von Herrschaften und Zwängen war. Sie war bestrebt, eine Beteiligung an der politischen Entscheidungsgewalt zu fordern, um die bisher strenge Trennung zwischen ›Bürgertum als Gesellschaft‹ und dem König, dem Beamtentum und dem Heer als staatlichen Entscheidungsträgern abzuschwächen.[295] Besonders in den 1830er Jahren entwickelte sich im Hinblick auf die Stellung von Juden im preußischen Staat eine Auseinandersetzung um die Frage nach der Haltung öffentlicher Meinung. In Bezug auf diesen Gegenstand beanspruchten dabei sowohl konservative als auch liberale Autoren öffentliche Meinung für sich. ›Wer‹ bzw. ›was‹ als öffentliche Meinung oder als Öffentlichkeit von Juden und Nichtjuden begriffen wurde, kann nicht zweifelsfrei herausgearbeitet werden, da unterschiedlichste Definitionsversuche die Kontroverse durchzogen.[296] Deutlich wurde, dass jeder Autor Öffentlichkeit im eigenen Sinne interpretierte und sie zur Begründung und Bestätigung seiner Argumentation nutzte und auch nutzen konnte. Aufgrund der Tatsache, dass die preußische Regierung vor öffentlicher Meinung zugunsten von Juden keine Bedenken zu haben schien und durch zensorische oder andere beschränkende Maßnahmen kaum in die Auseinandersetzung eingriff, wird der Eindruck erweckt, dass sie nicht befürchtete, eine öffentliche Mehrheit könne sich für eine Emanzipation von Juden aussprechen. Dennoch verfügte die preußische Regierung durchaus über ein Sensorium für die mit ›öffentlicher Meinung‹ einhergehenden ›Gefahren‹, was durch zahlreiche Gesetzgebungsmaßnahmen zur Steuerung ›bürgerlicher Öffentlichkeit‹, vorgeblich um ähnlichen Entwicklungen, wie sie sich in der französischen Julirevolution, aber auch in den Hep-Hep-Unruhen offenbart hatten, bezeugt wird. Besondere Beachtung erfuhr dabei die literarische Strömung des »Jungen Deutschland«. Sie gehörte im weiteren Sinne zu den Protestbewegungen der 1830er Jahre und wurde von den bundespolitischen Unterdrückungs- und Zensurmaßnahmen erfasst. Die Vertreter des »Jungen Deutschland«[297] wandten sich gegen die restaurative Entwicklung und erhoben ihre Stimmen für demokratische Freiheitsrechte. Besonders stark gegen das »Junge Deutschland« schrieb Wolfgang Menzel an; er charakterisierte

295 Vgl. *Habermas*, Strukturwandel und Öffentlichkeit, S. 22.

296 Vgl. bspw. die Definition von Gabriel Riesser: »Die öffentliche Meinung ist das Gewissen der Nation, sie ist jenes allgemeine, gleiche Bewusstsein des Rechts, jener lebendige, uneigennützige Eifer für das Recht, welche die Zerrissenheit der Selbstsucht und aller Zwiespalte beherrscht und auflöst.« *Riesser*, Verhältnisse der jüdischen Unterthanen, 1867, S. 240; bei einem anonymen Juden heißt es: »Was ist die öffentliche Meinung? Es gibt keine öffentliche Meinung! Sie findet sich nicht vor, sie muß gebildet werden [...]« *Anonymus*, Emancipation der Juden, 1834, S. 26. Und Karl Streckfuß schreibt: »[...] daß die Provinzialstände in dieser Beziehung ein weit zuverlässigeres Organ der öffentlichen Meinung sind, als es eine allgemeine Deputierten-Kammer seyn würde [...]« *Streckfuß*, Verhältniß der Juden, 1833, S. 6.

297 Zu ihnen gehörten neben Heinrich Heine und Ludwig Börne unter anderem Karl Gutzkow, Heinrich Laube, Ludolf Wienbarg und Theodor Mundt.

das »sogenannte junge Deutschland« als »ein junges Palästina«[298]. Einen ähnlichen Eindruck hinterließ die neue literarische Strömung in konservativ-christlichen Kreisen; so fand sich häufig der Vorwurf einer projüdischen Haltung, belegt durch die herausragenden Vertreter der Gruppe. Hinter den schlechten Schriftstellern und ihrer schlechten Literatur stehe

»... eine Gesellschaft von belletristischen Schriftstellern, von denen einige durch ihre Geburt dem Judenthume, andere durch Verwahrlosung ihrer Erziehung dem falschen Heidenthume der modernen Zeit angehören ...«[299]

Diese enge Verknüpfung zwischen »Jungem Deutschland« und einer positiven Haltung gegenüber der Judenemanzipation war nicht von Beginn an intendiert gewesen. Sicher befürworteten die Anhänger dieser literarischen Strömung eine Emanzipation von Juden in Verbindung mit den von ihnen verfochtenen, allgemeinen Idealen einer menschlicheren Gemeinschaft; ein zwangsläufiger Zusammenhang wurde aber nur von ihren Gegnern konstruiert.[300] Ihr provozierender Aufklärungseifer und die Schriften ihrer Gegner führten dazu, dass alle Schriften des »Jungen Deutschland« im Dezember 1835 durch einen Bundesbeschluss mit der Begründung verboten wurden, dass ihre Publikationen gotteslästerlich und amoralisch seien.[301] In der ›jüdischen Öffentlichkeit‹ begann

298 *Menzel*, Unmoralische Literatur, 23.10.; 26.10.1835, S. 440.

299 *Anonymus*, Schlechte Literatur, 21.11.1835, S. 278.

300 Auch die Kritiker des »Jungen Deutschland« wurden kritisiert:
»Schon dachte man, das alte Gift sey allmählig in der Schaale versiecht, und der kleine Rest sey kaum hinreichend, den Juden diese oder jene kleine Freude zu vergällen; [...] – da kommt plötzlich, wie aus den Wolken, ein mephistophelischer Federgeselle, und lehrt in einer Laune von Vereinigung, Zerstörung und Wuth über das aufkeimende gute Werk der Emancipation die etwas paradoxe, aber doch feindliche Lehre: Das ›junge Deutschland‹ sey im Schooße des Judenthums geboren; Gutzkow, Wienbarg, Mundt und Laube hätten, statt an der kastalischen Quelle, ihre Weisheit an der Brust einer Jüdin eingesogen, und das Feuer dieser orientalischen Säfte sey den jungen Männern so arg in Blut und Nerv gedrungen, daß sie, wie von Furien getrieben, die Herrschaft des ›Fleisches‹ gepredigt hätten; auch habe in jener Muttermilch sich noch eine Spur des Wermuths befunden, mit welchem seit zwei Jahrtausenden das jüdische Volk von seinen christlichen Brüdern gefüttert werde, und dieser Billionstheil Bitterkeit habe bei diesen Männern die heftigsten Antipathieen gegen das Christenthum hervorgerufen, und aus diesen Antipathieen sey die Zweiflerin ›Wally‹ entstanden, und noch andere unsittliche und unnationale Geburten!!!« Eduard Reis, Moderner Judenhaß, zitiert nach *Estermann*, Politische Avantgarde 1830–1840, S. 329.

301 »Nachdem sich in Deutschland in neuerer Zeit, und zuletzt unter der Benennung ›das junge Deutschland‹ oder ›die junge Literatur‹, eine literarische Schule gebildet hat, deren Bemühungen unverholen dahin gehen, in belletristischen, für alle Classen von Lesern zugänglichen Schriften die christliche Religion auf die frechste Weise anzugreifen, die bestehenden socialen Verhältnisse herabzuwürdigen und alle Zucht und Sittlichkeit zu zerstören: so hat die deutsche Bundesversammlung – in Erwägung, daß es dringend nothwendig sey, diesen verderblichen, die Grundpfeiler aller gesetzlichen Ordnung untergrabenden Bestrebungen durch Zusammenwirken aller Bundesregierungen sofort Einhalt zu thun [...]« *Meyer*, Corpus Juris Confoederationis, S. 328.

daraufhin eine emsige Tätigkeit, um eine Identifizierung der nach Emanzipation strebenden Juden mit den Mitgliedern des »Jungen Deutschland« zu vermeiden.[302] Mit dem Versuch des Deutschen Bundes, eine gesamte literarische Gruppe zu unterdrücken, wurde absolutes Neuland betreten,[303] viele Vertreter des »Jungen Deutschland« verließen daraufhin die deutschen Staaten und emigrierten vor allem nach Frankreich, woraufhin die Gruppe aufgrund der erschwerten aktiven Beschäftigung mit den deutschen Entwicklungen zerfiel.

Abgesehen von diesen Maßnahmen erfolgten jedoch nur punktuelle Eingriffe, wohl aufgrund der Tatsache, dass keine eindeutig akzeptierte Mehrheitsmeinung existierte, die sich für oder gegen eine Integration von Juden aussprach. Für beide Positionen ließen sich größere oder kleinere öffentlich agierende Gruppen finden, die die verschiedensten Maßnahmen befürworteten oder ablehnten. Dabei kam es jedoch zu keinem einheitlichen Auftreten einer dominierenden Gruppe. Erstaunlich ist diese Tatsache im Hinblick auf die jüdische Beteiligung, da ein einheitlicheres Auftreten ihre Position gestärkt hätte. Doch auch sie waren sich nicht schlüssig darüber, ob sich Öffentlichkeit für oder gegen sie aussprach, und aufgrund dessen eher skeptisch, diese stärker für ihre Anliegen zu instrumentalisieren, da ein solches Vorgehen mit dem Risiko verbunden war, dass sich ebendiese öffentliche Meinung plötzlich gegen sie wenden und ihre Bestrebungen zunichtemachen könnte; und dennoch fügte gerade die in den 1830er Jahren entstehende ›jüdische Öffentlichkeit‹ öffentlicher Meinung eine neue Nuance hinzu.

3.2 Die Voten der Provinzialstände als ›öffentliche Meinung‹

Bereits Mitte der 1820er Jahre hatte die preußische Regierung bei den Provinzialständen um Stellungnahmen zur jüdischen Emanzipation gebeten – doch erst durch die Streckfuß'sche Schrift gelangten diese in die öffentliche Wahrnehmung, da Streckfuß die Äußerungen der Stände seiner Publikation anfügte.

Die Provinziallandtage, als ›Ersatz‹ für das verhinderte Parlament eingerichtet, stellten einen Kompromiss zwischen altständischen, konstitutionellen und bürokratischen Verfassungsvorstellungen dar, blieben dabei jedoch weitgehend einflusslos.[304] Provinziallandtage bzw. Provinzialstände wurden am 5. Juni 1823 angeordnet,[305] in den Jahren 1824 bis 1827 wurden sie gewählt; zuerst in Brandenburg, zuletzt in Posen.[306] Preußen manifestierte mit dieser Entschei-

302 Vgl. *Philippson*, Correspondenzen, 30.8.1838, 1838, S. 422.

303 Vgl. *Schneider*, Pressefreiheit, S. 266.

304 Vgl. *Nipperdey*, Deutsche Geschichte 1800–1866, S. 335.

305 Zu den Provinziallandtagen vgl. *Obenaus*, Anfänge des Parlamentarismus; *Stephan*, Provinzialstände und *Schubert*, Die preußischen Provinziallandtage, 1843–1846.

306 Vgl. *Huber*, Deutsche Verfassungsgeschichte, S. 171.

dung die Praxis, nicht als ein einheitlicher Staat aufzutreten, sondern sich aus verschiedenen Provinzen zusammenzusetzen, die unterschiedlichen Verfassungen unterlagen. Dabei sollten die Landtage keine Repräsentanten, aber Interessenvertreter sein, die es den Ständen ermöglichten, ihre Belange zu artikulieren. Die Kompetenzen der Ständeversammlungen waren stark beschränkt, in den meisten Fällen traten sie als Beratungsorgane, vor allem für gesamtstaatliche Gesetzesvorhaben, auf.[307] Sie setzten sich aus Vertretern des Adels, des Bürgertums und des bäuerlichen Grundbesitzes zusammen, wobei für die Sitzverteilung ein Schlüssel vorgeschrieben war. Dieser besagte, dass die Hälfte der Sitze dem ritterschaftlichen, ein Drittel dem städtischen und ein Sechstel dem bäuerlichen Grundbesitz vorbehalten waren.[308]

In Bezug auf die jüdische Gleichberechtigung vertraten die Landtage mehrheitlich die Meinung, dass Juden aufgrund ihrer Religion nicht in der Lage seien, die mit bürgerlichen Rechten verbundenen Pflichten zu erfüllen. Fraglich bleibt, in welchem Umfang die Stellungnahmen der Provinzen die Entwicklung einer einheitlichen Judengesetzgebung beeinflussten[309] oder ob sie von der preußischen Regierung nur instrumentalisiert wurden, wenn sie ihrer Auffassung entsprachen. In den Äußerungen des zuerst zusammengetretenen Landtages von Brandenburg fand sich eine Zusammenstellung der Vorwürfe gegen Juden, die von den übrigen Ständeversammlungen aufgenommen wurde. Mehrheitlich brachten sie ihre Enttäuschung über die fehlenden Erfolge des Edikts von 1812 zum Ausdruck und forderten teilweise seine vollkommene Aufhebung, da es keine Assimilation bewirkt habe. Die Landtage setzten im Unterschied dazu große Hoffnung auf die Einführung einer jüdischen Militärpflicht, deren erzieherisches Potential sie als vielversprechend beurteilten.[310] Innerhalb der jeweiligen Vorschläge zeigten sich die Heterogenität Preußens und die aufgrund der unterschiedlichen Größe der jüdischen Minderheit innerhalb der Provinzen variierende Betroffenheit. Provinzen mit einem relativ geringen Anteil jüdischer Einwohner waren eher zu rechtlichen Zugeständnissen bereit.[311] Bspw. betonte der Provinziallandtag von Westfalen die Schädlichkeit von Juden und griff bei seiner Begründung auf alte Vorurteile und Stereotype zurück. Er befürwortete die Verbesserung des religiösen und sittlichen Zustandes der jüdischen Minder-

307 Vgl. *Nipperdey*, Deutsche Geschichte 1800–1866, S. 335 f.

308 Vgl. *Huber*, Deutsche Verfassungsgeschichte, S. 171.

309 Vgl. *Fischer*, Judentum, S. 79.

310 Vgl. Stellungnahme des Landtags von Brandenburg, in: *Streckfuß*, Verhältniß der Juden, 1833, S. 54–57.

311 Nach amtlicher Zählung im Jahr 1831 lebten in der Provinz Posen 70.000 (6,7 Prozent), in der Rheinprovinz 26.000 (1,2 Prozent), in Schlesien 24.000 (1 Prozent), in Preußen 21.000 (1 Prozent), in Westfalen 14.000 (1,1 Prozent), in Brandenburg 11.000 (0,7 Prozent), in Pommern 6.200 (0,7 Prozent) und in Sachsen 5.000 (0,4 Prozent) Juden. Vgl. *Zedlitz-Neukirch*, Der preussische Staat, 1835, S. 374.

heit und schlug dafür folgende Mittel vor: den Unterricht durch geprüfte und genehmigte Schullehrer, die Einführung deutscher Gesang- und Gebetbücher und die Reinigung des jüdischen Religionssystems von talmudischen Satzungen. Zusätzlich forderten die westfälischen Stände unter anderem die Aufhebung des bereits gewährten Bürgerrechts für Juden, ein Verbot des Grunderwerbs, die Führung der Handelsbücher in deutscher Sprache, die Einschränkung der Handelserlaubnis und ein Verbot der Aufnahme fremder Juden.[312] Ähnlich gestalteten sich auch die Wünsche der Rheinprovinz; ausdrücklich lehnte diese die Übernahme von Staatsämtern durch Juden ab.[313] Schlesien hingegen berief sich auf die positive Wirkung einer staatlich kontrollierten Erziehung von Juden; des Weiteren befürworteten die schlesischen Stände eine Begrenzung der jüdischen Einwanderung durch strenge Maßregeln.[314] Auch Pommern, in dessen Gebiet verschiedene Judengesetze in Kraft waren, sprach sich gegen eine Ausdehnung des Edikts von 1812 auf die gesamte Provinz aus, da sie die alten, noch geltenden Gesetze für die Begrenzung der jüdischen Schädlichkeit als günstiger beurteilten.[315] Preußen hingegen plädierte für eine Verschärfung der geltenden Bestimmungen, um den jüdischen Handel einzudämmen.[316] Posen schloss sich den verschiedenen Forderungen an und betonte ebenfalls die zwingende Notwendigkeit einer rechtlichen Beschränkung jüdischer Untertanen.[317]

Streckfuß begriff öffentliche Meinung, als in den Ständevoten ausreichend und legitim vertreten. In seinen Augen waren die Stände unabhängig; gleichzeitig sprächen sie sich als Vertreter des Volkes eindeutig gegen die Emanzipation von Juden aus.[318] Für eine Mehrheit eher konservativer Autoren und die preußische Regierung schien öffentliche Meinung in den Ständeversammlungen ausreichend repräsentiert und zugleich leicht zu kontrollieren. Aufgrund dieser Tatsache sahen sie keine Notwendigkeit, ihren Untertanen umfangreichere Beteiligungsmöglichkeiten zuzugestehen. Für diese Position ließ sich auf Hegel verweisen, der sich ebenfalls für die Stände als Repräsentanten öffentlicher Meinung ausgesprochen hatte.[319] Nach liberaler Anschauung hingegen bilde-

312 Vgl. Westphalen, in: *Streckfuß*, Verhältniß der Juden, 1833, S. 44–47.
313 Vgl. Rheinprovinz, in: ebd., S. 47–50.
314 Vgl. Schlesien, in: ebd., S. 52–54.
315 Vgl. Pommer, in: ebd., S. 57–59.
316 Vgl. Preußen, in: ebd., S. 59–63.
317 Vgl. Posen, in: ebd., S. 63–64.
318 Vgl. Posen, in: ebd.
319 »Die Öffentlichkeit der Ständeversammlung ist ein großes, die Bürger vorzüglich bildendes Schauspiel, und das Volk lernt daran am meisten das Wahrhafte seiner Interessen kennen. […] erst hier [in der Ständeversammlung, A. P.] entwickeln sich Tugenden, Talente, Geschicklichkeiten, […] aber dennoch ist die Öffentlichkeit das größte Bildungsmittel für die Staatsinteressen überhaupt. In einem Volke, wo diese stattfindet, zeigt sich eine ganz andere Lebendigkeit in Beziehung auf den Staat als da, wo die Ständeversammlung fehlt oder nicht öffentlich ist.« Vgl. *Hegel*, Grundlinien der Philosophie, 1821, § 315.

ten die Provinziallandtage keinesfalls eine repräsentative Öffentlichkeit, da in ihnen weite Teile der preußischen Bevölkerung keine Berücksichtigung erfuhren. Der limitierte Zugang sei dabei offensichtlich dem Versuch geschuldet, bisher ausgegrenzten gesellschaftlichen und sozialen Gruppen die Beteiligung am Staat weiterhin vorzuenthalten. Aus diesem Grund befürwortete eine liberale Minderheit eine Form von Öffentlichkeit, die allen Interessierten gleichermaßen offenstehen sollte.[320]

Betrachtete die preußische Regierung die Äußerungen der Provinzialstände als Verlautbarung öffentlicher Meinung, so konnte sie sich sicher sein, dass in Bezug auf die staatliche Judenpolitik keine oder nur sehr geringe Einwände zu erwarten wären und vielmehr eine restriktivere Behandlung gefordert werden würde. Tatsächlich verhinderten die Aussagen der Stände eine Weiterentwicklung der gesellschaftlichen und politischen Emanzipation von Juden, denn der preußische Monarch und die Ministerien erstrebten nach 1833 nicht länger einen einheitlichen Rechtsstatus für alle Juden des Staates und stützten sich dabei auf die Meinungen der Provinzialstände. Diese ließen in ihren Äußerungen deutlich erkennen, dass sie zu der Gruppe ›öffentlicher Meinung‹ zu rechnen waren, die eine Emanzipation von Juden als Juden ablehnte und den schnellstmöglichen Übertritt von Juden zum Christentum wünschte.[321]

Diejenigen Autoren, die in den Verlautbarungen der Ständeversammlungen öffentliche Meinung ausreichend repräsentiert glaubten, konnten problemlos dafür eintreten, dass die preußische Regierung diese Öffentlichkeit anerkannte und nicht gegen deren Überzeugungen handelte.[322] Andere Autoren, die sich gegen die Emanzipation von Juden aussprachen und öffentliche Stimmen zugunsten einer solchen außerhalb der Provinzialstände wahrnahmen, sprachen Letzteren die Legitimation und Bedeutung ab, denn der weise Regent könne und dürfe nicht einem äußeren Zwang unterliegen, der darin bestehe, den Ansichten ›Ungebildeter‹ als öffentlicher Meinung zu folgen.[323]

Unter Nichtjuden fanden sich wenige Diskussionsbeteiligte, die einer ›allgemeinen Öffentlichkeit‹ eine größere Wichtigkeit und eine ausschlaggebendere Bedeutung für gesellschaftliche Entwicklungen zuerkannten als den Provinziallandtagen. Nur in Ausnahmen sprachen sich Einzelne gegen das Verständnis der Provinzialstände als öffentliche Meinung aus.[324] Im Fall einer Beteiligung gebildeter, bürgerlicher Mittelschichten glaubten sie ein für Juden sehr viel günstigeres Ergebnis zu erreichen; eine wahrhaft öffentliche Meinung sahen sie jedoch erst dann realisiert, wenn auch die Betroffenen in der Öffentlichkeit ihre Wün-

320 Vgl. *Welcker*, Pressfreiheit, 1830.

321 Nur die Provinz Sachsen, die den geringsten Judenanteil in Preußen besaß, befürwortete eine künftige Gesetzgebung auf der Grundlage des Ediktes von 1812.

322 Vgl. *Streckfuß*, Verhältniß der Juden, 1833, S. 5f.

323 Vgl. *Löffler*, Gesetzgebung der Presse, 1837, S. 68.

324 Vgl. *Ulmenstein*, Gegenbemerkungen zu der Schrift Streckfuß', 1833, S. 51.

sche artikulieren könnten und mit ihren Überzeugungen gleichberechtigt wahrgenommen würden;[325] einhergehend mit der Brechung überkommener Machtverhältnisse und der gleichberechtigten Integration aller Bevölkerungsgruppen in die öffentliche Meinungsbildung und politische Entscheidungsfindung.

Der Auffassung, dass die Provinzialstände die Repräsentation der öffentlichen Meinung seien, widersprachen vor allem jüdische Publikationen. Für sie bestanden die Äußerungen der Provinzialstände in einer »wilden Vermengung … partikulärer, selbstsüchtiger, feindseliger Meinungen und Bestrebungen«[326]. In diesem Zusammenhang forderten Juden eine öffentliche Meinung, die frei von persönlichen Neigungen und Abneigungen sei und in der alle Personen und Stände ihre Meinung vertreten könnten.[327] Die Provinzialstände hingegen seien ein unzulässiges Organ öffentlicher Meinung, da sie keine Deputiertenkammer darstellten und somit nicht die öffentliche Meinung der Nation repräsentieren dürften.[328] Für jüdische Publizisten setzte sich öffentliche Meinung aus verschiedenen Elementen zusammen, zu denen sowohl die Presse als auch verschiedene Gesellschaften zählen würden.[329] Eine solche Öffentlichkeit stehe der Judenemanzipation entweder nicht kritisch gegenüber, oder aber der Grund für eine Ablehnung der Emanzipation sei in der irregeleiteten Gesetzgebung zu finden.[330] Doch nur durch eine ›wirkliche öffentliche Meinung‹ könne der Weg zu einem humanen Staatsgebilde eröffnet werden. Liberale Juden verstanden eine solche Öffentlichkeit und ihre Meinungsäußerungen als »Volksbewaffnung«[331] und als die eigentliche Macht im Staat, der sich die Regierungen zu beugen hätten,[332] und forderten die Schaffung einer solchen.[333]

3.3 Jüdische Öffentlichkeit als neues Element ›öffentlicher Meinung‹

Eine erweiterte Möglichkeit für öffentliche Artikulation erhielten Juden durch die vermehrte Begründung eigenständiger jüdischer Zeitungen, Zeitschriften und Periodika.[334] Seit 1835 kam es zu einer regelrechten Gründungswelle, sodass Juden im Unterschied zu den vergangenen Jahrzehnten thematisch unterschiedlich ausgerichtete Publikationsmöglichkeiten zur Verfügung standen, in

325 Vgl. ebd., S. 51 f.; *Reis*, Emancipation der Juden, 1831, S. 18; *[Lessing]*, Juden und öffentliche Meinung, 1833, S. 5 f.

326 *Riesser*, Betrachtungen über die jüdischen Unterthanen, 1834, S. 239.

327 Vgl. ebd., S. 252.

328 Vgl. *Jacoby*, Jüdische Verhältnisse, 1834, S. 103.

329 Vgl. ebd., S. 94.

330 Vgl. ebd., S. 58 und 92 ff.

331 *Labuhn*, Ludwig Börne, S. 30.

332 Vgl. *Jost*, Sendschreiben an K. Streckfuss, 1833, S. 13–17.

333 Vgl. *Anonymus*, Emancipation der Juden, 1834, S. 26.

334 Zur jüdischen Presse vgl. *Poll/Maier*, Jüdische Presse, S. 163–176.

denen sie ihre Interessen zeitnah und mit größerer Reichweite vertreten konnten. In diesem Umfeld erweiterten sich die Möglichkeiten einer Verständigung innerhalb der jüdischen Minderheit insbesondere über Fragen der Religionsreformen. Dabei richteten sie sich jedoch nicht nur an ihre Glaubensgenossen, sondern wollten auch die nichtjüdische Bevölkerung informieren und forderten diese teilweise zur Beteiligung auf.[335] Vorausgegangen waren diesen neuen Erzeugnissen der periodischen Presse nur wenige Journale, die sich meist explizit an ein jüdisches Publikum gerichtet hatten; zu ihnen gehörten bspw. der noch in hebräischer Sprache publizierte »Ha-Meassef« und die zu diesem Zeitpunkt noch immer (wenn auch unregelmäßig) erscheinende »Sulamith« sowie die von Jeremias Heinemann herausgegebene »Jedidja«.

Jüdische Zeitschriften versuchten, verschiedene Bereiche abzudecken und Foren für die differierenden jüdischen Interessen zu schaffen. Problematisch an dieser Entwicklung war die teilweise sehr kurze Lebensdauer der Periodika; die Mehrzahl bestand nur wenige Jahre und konnte somit keine Kontinuität herstellen. Für eine gewisse Zeit verlieh die »kraftvolle jüdische Presse« der heterogenen und in religiösen Fragen zerstrittenen deutschen Judenheit jedoch ein neues »Gefühl der Stärke und Solidarität«[336]. Zeitschriften eröffneten der jüdischen Minderheit in Deutschland ein wichtiges Forum für den innerjüdischen Informations- und Meinungsaustausch; sie fungierten als Motoren des Sprachwandels und stellten gleichzeitig ein Erziehungsmedium dar.[337]

Dabei lassen sich die jüdischen Zeitschriften in fünf Kategorien einteilen.[338] Zum einen wollten sich die akademisierten Juden für ihr Wissen ein eigenes Forum schaffen; zu den Zeitschriften mit dieser Ausrichtung gehörten die »Zeitschrift für die Wissenschaft des Judenthums«, die »Wissenschaftliche Zeitschrift für jüdische Theologie«, die »Israelitischen Annalen« und die »Zeitschrift für die religiösen Interessen des Judenthums«. Eine andere Zielrichtung war die Auseinandersetzung mit Umfang und Reichweite religiöser Reformen, was vor allem vom »Israelitischen Predigt- und Schulmagazin«, vom »Sabbath-Blatt« und von der »Synagoge« angestrebt wurde. Für liberale Prämissen und die politische und gesellschaftliche Emanzipation trat z. B. Riessers »Der Jude« ein, während die traditionelle Orthodoxie sich im »Treuen Zions-Wächter« ein Publikationsorgan schuf. Eine weitere Gruppe von Periodika legte ihr Hauptinteresse auf die aktuelle Berichterstattung, so bspw. »Das Füllhorn« und die »Allgemeine Zeitung des Judenthums«. Von herausragender Bedeutung für die Frage der bürgerlichen Stellung von Juden waren die »Allgemeine Zeitung des Judentums«

335 »Besonders angenehm würde es der Redaktion seyn, wenn sich dieses Blatt auch einer liebevollen Teilnahme von Seiten menschenfreundlicher Christen zu erfreuen haben würde.« *Anonymus*, Vorwort des Redakteurs, 1.1.1835, S. 3.

336 *Meyer*, Jüdisches Selbstverständnis, S. 161.

337 Vgl. *Lässig*, Jüdische Wege, S. 468 f.

338 Für die folgende Einteilung vgl. ebd., S. 452–461.

(1837–1922), die »Wissenschaftliche Zeitung für jüdische Theologie« (1835–1839 und 1844–1847), »Das Füllhorn« (1835–1836), die »Zeitschrift für die religiösen Interessen des Judenthums« (1844–1846), »Der Israelit des neunzehnten Jahrhunderts« (1839–1848) und »Der Jude« (1832–1835).

Die kontinuierlichste und am weitesten verbreitete Zeitung war die von Ludwig Philippson gegründete »Allgemeine Zeitung des Judenthums« (AZJ).[339] Sie bestand zwischen 1837 und 1922 und nahm aufgrund dieser langen Erscheinungsdauer eine besondere Stellung innerhalb der jüdischen Periodika ein. Philippson verstand seine Zeitschrift als »Organ für alle jüdischen Interessen« im deutschen Sprachraum, wobei besonders der Kulturberichterstattung ein großer Raum gegeben wurde. Im Unterschied zu den religiösen Zeitschriften bemühte sich Philippson um die Schaffung eines lebendigen jüdischen Bewusstseins, und es gelang der AZJ, das Gefühl entstehen zu lassen, in einer »neuen jüdischen Welt«[340] zu leben. Dabei lag ein Hauptaugenmerk der AZJ auf dem Kampf um die vollständige rechtliche Gleichstellung von Juden in den verschiedenen deutschen Staaten.[341] Hervorstechend waren der Verbreitungsraum und die Auflage der AZJ; so erreichte sie mit einer Auflage von 1.600 Exemplaren[342] auch Juden in Osteuropa, die sich anhand der Artikel ein Bild vom ›deutschen Judentum‹ formten. Auch gelang es ihr, sowohl von Juden wahrgenommen zu werden, für die die jüdische Religion kein integraler Lebensbestandteil mehr war, als auch zum Teil von der nichtjüdischen Öffentlichkeit. Trotz einer grundlegenden reformerischen Orientierung war die AZJ eine zusammenführende Kraft, die das Selbstbewusstsein deutscher Juden stärkte und ihnen ein Gefühl von Einheit vermittelte.[343] Weniger ausgleichend trat Gabriel Riessers »Der Jude« auf; in dieser Zeitschrift stand ausdrücklich der Kampf um die bürgerliche Gleichstellung von Juden und die vollständige Umsetzung der allgemeinen Menschenrechte im Vordergrund, wie bereits der Untertitel »Periodische Blätter für Religions- und Gewissens-Freiheit« verdeutlichte. In seiner Ankündigung thematisierte Riesser dabei insbesondere die Bedeutung der periodischen Presse in der Zeit:

> »Eine Zeit, die reich an Ereignissen, reicher an Hoffnungen, bedarf rascher Organe für ihren rasch wechselnden Inhalt, und diese Organe giebt die periodische Presse.«[344]

In dieser bewussten Instrumentalisierung offenbarte Riesser ein durchaus neues Verständnis von Zeitungen und Zeitschriften, die in seinen Augen nicht länger ausschließlich belehren und unterhalten sollten, sondern vielmehr im Sinne

339 Zu der AZJ und ihrem Begründer Ludwig Philippson vgl. *Philippson*, Ludwig Philippson, S. 243–291.

340 *Meyer*, Jüdisches Selbstverständnis, S. 161.

341 Vgl. *Philippson*, Ludwig Philippson, S. 246.

342 Dies betrifft die Auflage für das Jahr 1845. Vgl. *Lässig*, Jüdische Wege, S. 479.

343 Vgl. *Meyer*, Jüdisches Selbstverständnis, S. 162.

344 *Riesser*, Ankündigung, 10.4.1832, S. 1.

politischer Journale zu bewussten Instrumenten der Meinungsbildung und damit zu demokratischen Elementen werden sollten. Riessers Bestreben war es, mit ihrer Hilfe zu einem zeitgemäßen und lebendigen Judentum beizutragen, das es wert sei, bewahrt zu werden.

»Das Füllhorn« sah seine Aufgabe seit 1835 darin,

»... auf die Israeliten und ihre Verhältnisse in religiöser und bürgerlicher Beziehung nützlich zu wirken, ohne dabei das Angenehme und Unterhaltende auszuschließen.«[345]

Der Inhalt sollte sich zusammensetzen aus Nachrichten aus der israelitischen Vor- und Jetztwelt, der Widerlegung und Berichtigung falscher Ansichten über Juden und Judentum, belletristischen Aufsätzen nützlichen Inhalts, Vorschlägen zur Verbesserung des Mangelhaften und Schädlichen in bürgerlicher und religiöser Beziehung, Anzeigen von Schriften über und von Juden und Verordnungen in Bezug auf Israeliten.[346] Dabei offenbarten sich in dieser Zeitschrift bereits durchaus ökonomische Erwägungen, denn nach Einschätzung des Redakteurs könne eine Zeitschrift mit einer Ausrichtung auf ein spezifisches Publikum nur am Markt bestehen, wenn sie auf alle Interessen dieses Publikums Rücksicht nehme. Im Unterschied dazu sah er das relativ schnelle Ende der »Wissenschaft des Judenthums« und des ›Juden‹ in ihrer Beschränkung auf ein zu kleines Publikum begründet. Die Zeitschrift verfolgte somit weniger idealistische Ziele, sondern war vielmehr ein wirtschaftliches Unternehmen.[347] Die »Zeitschrift für die religiösen Interessen des Judenthums«, gegründet 1844, versuchte ebenfalls die von außen an Juden herangetragenen Vorwürfe zu entkräften. Gleichzeitig beabsichtigte ihr Herausgeber Zacharias Frankel, die zunehmenden Differenzen zwischen orthodoxem und reformiertem Judentum zu überbrücken, um so zu einem lebensfähigen kritisch-konservativen Judentum zu gelangen. Im Unterschied dazu propagierte die »Wissenschaftliche Zeitung für jüdische Theologie« seit 1835 eine grundlegende Erneuerung des traditionellen jüdischen Ritus; dabei beschäftigten sich die Einzelbeiträge mit den wesentlichen Themen jüdischer Literatur- und Kulturgeschichte. Herausgegeben wurde sie von einem Verein von Gelehrten um Abraham Geiger. Diese waren bestrebt, ihren Glaubensgenossen ein Judentum zu offerieren, das den Ansprüchen der Zeit genügen sollte, um so eine Abkehr der jüdischen Gemeinschaft von ihrem Glauben zu verhindern, ohne dabei auf die Grundinhalte des jüdischen Ritus und Glaubens verzichten zu müssen.[348] Eine ähnliche Zielrichtung verfolgte die Monatsschrift »Der Israelit des neunzehnten Jahrhunderts«; 1839 von Mendel Heß und Samuel Holdheim

345 *Die Redaktion*, Tendenz dieser Zeitschrift, 1.1.1836, S. 1.

346 Vgl. ebd., S. 1 f.

347 »Das Füllhorn« bestand zwischen 1835 und 1836.

348 Vgl. *Geiger*, Kampf der christlichen Theologen, 1835/36, Bd. 2, H. 3, S. 472 f. Die Zeitschrift erreichte im Jahr 1845 eine Auflage von 750 Exemplaren und war nach der AZJ das am weitesten verbreitete Periodikum. Vgl. *Lässig*, Jüdische Wege, S. 479.

gegründet, verstand sie sich als reformorientiertes, religiöses Blatt, das die Berechtigung der Reformen einer aufgeklärten Leserschaft vermitteln wollte. Die Zeitschrift umfasste aus diesem Grund hauptsächlich Betrachtungen über das israelitische Leben und den israelitischen Glauben. Die Herausgeber beabsichtigten, den religiösen Fortschritt zu befördern und gegen Hindernisse innerhalb des Judentums anzukämpfen.[349]

Diesen Publikationen gegenüber stand »Die Synagoge«, die in zwei Bänden zwischen 1837 und 1839 von L. Adler in Würzburg herausgegeben wurde. Ihr Untertitel versprach »Belehrung und Erbauung für Israeliten«, wobei Adler unmissverständlich in seinen »Bitten und Versprechungen ... an die lieben Leser und Leserinnen« betonte, dass er die Tugend und Frömmigkeit befördern wolle, und dass die Zeitschrift

»[a]lles, was nicht zum Wohle Israels, zur Erhaltung seiner Religion und zur Beförderung der Sittlichkeit und Tugend beiträgt, von sich ausschließt und ihm die Aufnahme in die Synagoge verweigert werden soll.«[350]

Trotz der vorgeblich ›überparteilichen‹ Ausrichtung wurde »Die Synagoge« eher zu einem Forum der Reformgegner. Doch erst der 1845 von Jakob Aaron Ettlinger begründete »Treue Zions-Wächter« schuf dem orthodoxen Judentum eine Plattform. Die Zeitschrift lehnte Reformen im Judentum kategorisch ab, und es gelang ihr, zu einem publizistischen Zentrum für die Neoorthodoxie zu werden. Sie verfügte über eine hebräische Beilage, in der religiöse Fragen diskutiert wurden und die eine Publikationsmöglichkeit für hebräische Literatur bot. Mit dem »Treuen Zions-Wächter« trat die jüdische Orthodoxie erstmals selbstbewusst an die Öffentlichkeit und entwickelte sich dadurch zu einem sichtbaren Element des jüdischen Selbstverständnisses.[351]

Durch die neue Möglichkeit einer schnellen Reaktion auf Schriften und Artikel verlagerte sich der Schwerpunkt der jüdischen Debattenteilnahme in den folgenden Jahren verstärkt in die jüdischen Zeitschriften. Ein weiterer Vorteil der Zeitschriften lag in ihrer schnelleren und einfacheren Verbreitung auch über Landesgrenzen hinweg. So wurde es bspw. möglich, dass sich Riessers in Altona erscheinende Zeitschrift in großem Umfang mit der Lage von Juden in Preußen auseinandersetzen konnte und hier auch eine entsprechende Verbreitung erfuhr.

Dennoch muss die Wirksamkeit der jüdischen Periodika infrage gestellt werden. Dass sie von einem jüdischen Publikum wahrgenommen wurden, kann nicht bezweifelt werden, inwieweit sie jedoch auch nichtjüdische Leser erreich-

349 Vgl. *Meyer*, Jüdisches Selbstverständnis, S. 164. Der »Israelit« hatte im Jahr 1845 eine Auflage von 500 Exemplaren.

350 *Adler*, Bitten und Versprechungen, 1837, S. 7.

351 Vgl. *Meyer*, Jüdisches Selbstverständnis, S. 164. Eine Besonderheit stellte die Zeitschrift »Zion« dar. Von Michael Creizenach und Isaak Markus Jost herausgegeben, war sie eine gelehrte religiöse Zeitschrift in hebräischer Sprache.

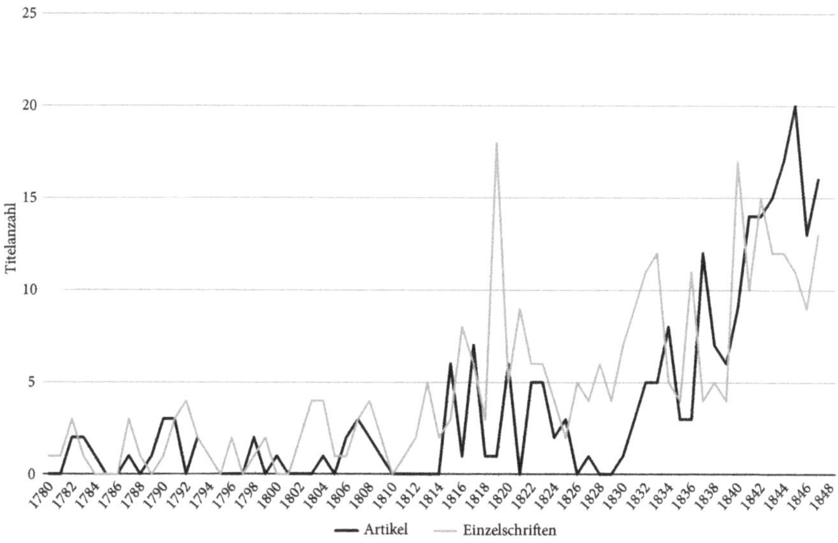

Graphik 13: Aktivitäten jüdischer Autoren zwischen 1780 und 1848

Eigene Darstellung.

ten, erscheint trotz der häufig artikulierten Adressierung auch an gebildete und tolerante Christen fraglich. Dadurch bestand die Gefahr, ein wichtiges Ziel der meisten Zeitschriften, die Aufklärung von Nichtjuden über das Judentum, nicht realisieren zu können, und auf der anderen Seite die Problematik, dass die jüdischen Stimmen in der allgemeinen Kontroverse um diesen Gegenstand gleichbleibend selten von christlichen Debattierern wahrgenommen wurden, da beide Gruppen nun in unterschiedlichen ›Teilöffentlichkeiten‹ agierten. Dabei ermöglichte gerade diese Form einer spezifisch jüdischen Öffentlichkeit einen Einblick in den jüdischen Alltag und in das jüdische Verständnis der Lebenssituation in den deutschen Staaten,[352] der in einer ›allgemeinen Öffentlichkeit‹ nur schwer realisierbar gewesen wäre.

Andererseits unterlagen auch die jüdischen Zeitschriften und Periodika wirtschaftlichen Zwängen, womit ihre teilweise nur geringe Lebensdauer und ihre relativ späte Etablierung auf dem Markt begründet werden können. Zeitschriften waren für einen Verlag nur bei ausreichendem Absatz lukrativ; während

352 »Unser Leben im bürgerlichen Verbande sieht im Ganzen ziemlich trübe aus […] so zeigt sich doch meistens noch immer eine engherzige Gesinnung, und trotz der Gewerbefreiheit gestattet man in Danzig einem jüdischen Schneider nicht die Ausübung seines Berufes. […] Die neuesten Maßregeln der hohen Behörden sind freilich auch nicht sonderlich geeignet, diese gegenseitige Spannung aufzuheben, sowie sie auch dem Fortschritte der Juden entgegenwirken.« *Anonymus*, Nachrichten, 1837, S. 158f.

Einzelpublikationen häufig von den Verfassern mitfinanziert wurden, war dies bei Zeitschriften kaum möglich. Von den durchaus zahlreichen Zeitschriftenprojekten, die von jüdischen Publizisten für ein mehrheitlich jüdisches Publikum konzipiert wurden, konnte nur die AZJ auf eine beeindruckende Erfolgsgeschichte verweisen, was wohl unter anderem ihrem Herausgeber, aber auch ihrer Ausrichtung auf ein nicht ausschließlich jüdisches Publikum und ihrer breiten inhaltlichen Palette zu verdanken war.

Christliche Gegner einer jüdischen Integration sahen im Unterschied dazu in der periodischen Presse kein vorteilhaftes Mittel,[353] bzw. sie betonten die von der vorgeblich jüdischen Instrumentalisierung der Presse ausgehenden Gefahren. Jüdische Zeitschriften predigten ihrer Meinung nach einen ›platten Liberalismus‹, und sie brachten, wenn auch noch christliche Journale überwogen, ihre Bedenken gegen eine vollständige Übernahme ›öffentlicher Meinung‹ durch Juden zum Ausdruck. Für diese Autoren belegte vor allem die in christlichen Zeitschriften artikulierte Befürwortung einer jüdischen Emanzipation die beginnende Übernahme dieser Journale durch Juden, da »die öffentliche Stimme, welche uns aus allen Zeitungen entgegentönt, ganz anders klingt, als diejenige, die wir aus der Gesellschaft, und zwar aus allen Klassen der christlichen Einwohner, vernehmen.«[354] Aus diesem Grund wandten sie sich ausdrücklich gegen die häufig von jüdischen Autoren geforderte Pressefreiheit. Es entstand eine verstärkte Gleichsetzung von jüdischer Presse und Liberalismus, während zugleich die publizistische Presse als Ausdruck öffentlicher Meinung negiert wurde.

3.4 Die Spaltung der deutschen Judenheit

Um vor dem Hintergrund der in den 1830er Jahren diskutierten Beziehungskonzepte Fortschritte verzeichnen zu können, wurden die bereits begonnenen Reformen innerhalb des deutschen Judentums weiter vorangetrieben, wobei die Differenzen zwischen Reformbefürwortern und -gegnern nun zu einer endgültigen Spaltung führten. Liberale Juden richteten nicht länger nur Forderungen und Wünsche an die jeweiligen Staaten, sondern in gleichem Maß an ihre Glaubensgenossen, da sie eine zwingende Notwendigkeit für Anpassungen erkannten und überzeugt davon waren, dass ein traditionelles Judentum mit seinen Geboten und Gebräuchen niemals Aufnahme finden könne.[355] Die Schwerpunkte dieser Bestrebungen wurden in der Anpassung an das bürgerliche Bildungskonzept gesehen; Intention dieses Prozesses war der ausdrückliche Wunsch, als gleichberechtigte Bürger des preußischen Staates akzeptiert zu werden.

353 Vgl. *Anonymus*, Joel Jacoby's Schriften, 1841, S. 195.
354 *Streckfuß*, Verhältniß der Juden, 1833, S. 1 und 3.
355 Vgl. *Anonymus*, Werth der israelitischen Geschichte, 1834.

Juden zeigten ihre Bereitwilligkeit, Angleichungen vorzunehmen, was sich in den Religionsreformen, der Übernahme der deutschen Sprache und Lebensweise auch nach außen offenbarte. Gleichzeitig war eine jüdische Mehrheit nicht gewillt, für eine Integration ihren Glauben vollkommen aufzugeben. Aus diesem Grund müssen die jüdischen Angleichungsbemühungen nahezu ausschließlich als Akkulturation verstanden werden. Denn dies implizierte kein vollständiges Aufgehen in der Mehrheitskultur, sondern beinhaltete den Versuch, einen Teil der eigenen, jüdischen Tradition in die deutsche Kultur einfließen zu lassen.[356] So fanden aufseiten der jüdischen Minderheit eine Akkulturation an die deutsche Sprache, die Übernahme von Gewohnheiten und Verhaltensweisen, die Aufnahme eines bürgerlichen Bildungsideals und sittlicher Normen statt, die jedoch zugleich durch Bestände aus der jüdischen Tradition ergänzt wurden. Durch diesen Prozess entstanden zahlreiche Parallelen zu nichtjüdischen Gegebenheiten, ohne dass jedoch Juden und Nichtjuden miteinander verschmolzen wären; vielmehr bestanden zwei ähnliche Sphären nebeneinander.

Nur wenige jüdische Autoren interpretierten die unzureichend formulierten christlichen Emanzipationsvoraussetzungen in dem Sinne, in dem sie gemeint waren. Dennoch erkannte eine Mehrheit, dass alle Angleichungen, die nicht auf eine Konversion zum christlichen Glauben hinausliefen, sinnlos wären, denn nur durch diesen Schritt würde sich die christliche Umwelt vom jüdischen Integrationswillen überzeugen lassen.[357] Ein Teil jüdischer Autoren gab sich nicht der Illusion hin, dass eine Akkulturation ausreichend sein könnte, und dennoch versuchten diese Autoren, ihre Angleichungskonzepte zu legitimieren und gegen christliche Bekehrungsforderungen zu verteidigen und zu etablieren, auch wenn sie dabei nur unzureichende Erfolge verzeichnen konnten.

Innerhalb der jüdischen Reformbewegung entwickelten sich verschiedene Strömungen, die zwar alle ein ähnliches Ziel verfolgten, dabei aber in ihrer Ausrichtung und Reichweite sehr unterschiedlich waren. Beabsichtigt war eine Anpassung des zeitgenössischen Judentums an die geänderten Umstände – wie diese Angleichung erreicht werden könnte und welchen Umfang sie haben sollte, blieb aber stark umstritten.[358] Assimilationsbereite Juden lösten sich zunehmend von den Zeremonialgesetzen und wollten das Judentum als bloße Konfession verstanden wissen, besonders sprachen sie sich gegen die nationalen Komponenten jüdischer Tradition aus. Auf der anderen Seite waren orthodoxe Juden bemüht, das ›klassische‹ Judentum so weit wie möglich zu schützen und zu erhalten.

Staatliche Eingriffe der preußischen Regierung in die Reformversuche wurden von Juden, sowohl von orthodoxen als auch von reformorientierten, abge-

356 Vgl. *Meyer*, Vorwort, S. 9–14.
357 Vgl. *Anonymus*, Ein Sohn Israels, 20.7.1818.
358 Vgl. dazu *Schoeps*, Religionsreformer A. Bernstein S. 325–346.

lehnt, da Bedenken bestanden, solche Beeinflussungen würden nur darauf ausgerichtet sein, das Judentum zu einer christlichen Religion zu machen.[359] In der jüdischen Presse hingegen wurde umfassend und intensiv über die Frage religiöser Reformen debattiert; ein großer Teil jüdischer Zeitschriften richtete sein Hauptaugenmerk auf diese Problematik.[360] Zahlreiche Publikationen betrachteten die Entwicklung innerhalb des Judentums, die immer deutlicher einer Spaltung von Reformorientierten und Orthodoxen entgegenging, jedoch auch kritisch. So wiesen Artikel in jüdischen Periodika darauf hin, dass die religiösen Reformen zwar notwendig seien, aber ebenso die Gefahr mit sich brächten, dass das Judentum Festigkeit, Stabilität und Zusammenhalt verlieren könne.[361] In den 1830er Jahre erkannten jüdische Autoren in den unterschiedlichen Strömungen jedoch noch keine unüberwindbaren Gegensätze, die einer Vermittlung bedurft hätten. Vielmehr blieben sie der Überzeugung, dass in einer Vielzahl von Gemeinden Änderungen allmählich, gemeinsam und einvernehmlich integriert würden.[362] Andererseits prognostizierte bspw. Gabriel Riesser:

> »In 100 Jahren wird sich wahrscheinlich aus den vernünftigen Elementen des Judenthums und des Christenthums eine kirchliche Vernunftreligion gebildet haben, zu welcher sich meine Nachkommen dann bekennen werden.«[363]

Die unterschiedlichen Reformrichtungen können differenziert werden in: eine fortschrittlich-liberale (Abraham Geiger), eine gemäßigt-historische (Ludwig Philippson), eine neuorthodoxe (Samson Raphael Hirsch) und eine radikalreformistische (Samuel Holdheim), wobei die Grenzen zwischen diesen verschiedenen Gruppierungen durchaus nicht trennscharf zu ziehen waren.[364] Die Kontroverse zwischen diesen Auffassungen nahm einen großen Teil der jüdischen Öffentlichkeit ein und berührte immer auch Gegenstände der jüdischen Emanzipation.

Geiger und Holdheim waren bestrebt, die politisch-nationale Komponente des Judentums von seinem religiösen Kern getrennt zu sehen. Das bedeutete unter anderem eine Anpassung der jüdischen Gebräuche wie Ehescheidung, Beschneidung, Heirat oder Sabbatruhe an die zeitgenössischen Gegebenhei-

359 Vgl. *Hirsch*, Die Reform im Judenthum, 1844, S. 5.

360 Allein in der AZJ erschienen zum Themenkomplex religiöser Reformen 1838 (unter Vernachlässigung der Rubriken »Correspondenzen, Auszüge, Repliken« und »Zeitungsnachrichten«) 1 Leitartikel, 13 umfangreiche Beiträge in der Rubrik »Theologie« und 1 Beitrag in der Rubrik »Pädagogik«.

361 Vgl. *Anonymus*, Das neue Jahrhundert, 17.8.; 7.9.; 21.9.1839, Nr. 88, S. 450. Ebenso bei *Disraeli*, Geist des Judenthums, 1836.

362 Vgl. *[Riesser]*, Angelegenheiten der Juden, 22.1.; 29.1.1833.

363 Ebd., S. 196. Eine ähnliche Auffassung findet sich bspw. auch bei *[Lessing]*, Juden und öffentliche Meinung, 1833, S. 47 f.

364 Vgl. *Hortzitz*, ›Früh Antisemitismus‹, S. 48.

ten. Geiger distanzierte sich in seinen Schriften von der Vergangenheit,[365] auch wenn sie Gegenstand seiner Forschungen blieb, um sie in den Entwicklungsprozess miteinzubeziehen. In der Praxis sollte nur bestehen bleiben, was der Lösung zeitbedingter Aufgaben zuträglich schien, sodass die Tradition pragmatischen Erwägungen weichen musste.[366] Samuel Holdheim[367] unterschied ebenfalls zwischen den nationalen und religiösen Bestandteilen des Judentums; dabei habe das religiöse Element eine fortwährende Bedeutung, während die nationalen Komponenten mit dem Ende der jüdischen Staatlichkeit ihre Relevanz verloren hätten. Bewahrt werden sollten nur die religiösen Teile; zu diesen zählte Holdheim die Erkenntnis Gottes und die göttlichen Gebote, die vor allem das sittliche Verhalten der Menschen beeinflussen würden. Beide Reformrichtungen lehnten die Autorität des Talmuds und den Gedanken an eine Rückkehr nach Palästina vehement ab. Für die Neudefinition des Judentums als Konfession erachtete Holdheim es zudem für erforderlich, die separierenden Aspekte des Judentums aufzuheben; zu diesen rechnete er bspw. die Speise- und Sabbatgesetze, das Verbot von Mischehen und die Beschneidung.[368] In diesem Zusammenhang fanden sich durchaus auch jüdische Stimmen, die, ähnlich den christlichen Autoren, eine Beschränkung der Autoritäts- und Machtbefugnisse der Rabbiner forderten.[369]

Der Führer der Neoorthodoxie, Samson Raphael Hirsch,[370] hingegen versuchte, die jüdische Tradition neu zu verankern, denn die Lehren des Judentums seien zeitlos und stellten einen unabänderlichen Wert dar; gleichzeitig bildeten in seiner Überzeugung Juden keine Nation, sondern eine Religionsgemeinschaft. Die Thora blieb bei ihm Mittelpunkt des jüdischen Lebens, denn sie stehe außerhalb der Geschichte und hindere Juden nicht an der Erfüllung staatsbürgerlicher Pflichten.[371] Das Judentum bedürfe dennoch der Reform; diese solle eine Erziehung und Erhebung mit und zu der Thora anstreben.[372] Eine Emanzi-

365 Eine Auswahl der Schriften Geigers: *Geiger*, Der Hamburger Tempelstreit, 1842; *ders.*, Rabbinisches Gutachten, 1842; *ders.*, Lehr- und Lesebuch, 1845; *ders.*, Versammlung deutscher Rabbiner, 1846.

366 Vgl. *Graupe*, Entstehung des Judentums, S. 219.

367 Für Holdheims religiöse Ansichten vgl. *Holdheim*, Geschichte der Dogmatik, 1838; *ders.*, Fortschritte im deutschen Judenthum, 1840; *ders.*, Autonomie der Rabbinen, 1843; *ders.*, Mosaische Religion, 1844; *ders.*, Beschneidung, 1844 und *ders.*, Reform der jüdischen Ehegesetze, 1845.

368 Vgl. *Gotzmann*, Nation und Religion, S. 254f. Vgl. dazu *Cohen*, Lage der Juden, 1832, S. 86; *[Lessing]*, Juden und öffentliche Meinung, 1833, S. 46.

369 Vgl. *Anonymus*, Der Jude, 1834, S. 10 und 14–20.

370 Zu Hirsch vgl. auch *Klugmann*, Rabbin Samson Raphael Hirsch; *Grünewald*, Eine jüdische Offenbarungslehre; *Nauen*, Diverging Conceptions; *Rosenblüth*, Samson Raphael Hirsch. Für seine Entwürfe zu einer Religionsreform vgl. *Usiel [Hirsch]*, Briefe üder das Judenthum, 1836; *Hirsch*, Versuche über Jissroel, 1837; *ders.*, Die Religion im Bunde.

371 Vgl. *Dubnow*, Geschichte des jüdischen Volkes, S. 94.

372 Vgl. *Usiel [Hirsch]*, Briefe üder das Judenthum, 1836, Brief 17.

pation befürwortete Hirsch in dem Sinne, dass durch die erweiterten politischen und rechtlichen Möglichkeiten auch mehr Raum zur Erfüllung der Gebote geschaffen werde. Neben der Neoorthodoxie kam der ›klassischen‹ Orthodoxie ein großer Stellenwert in der jüdischen Gemeinschaft zu. Diese traditionelle Form des Judentums dominierte vor allem in ländlichen Gebieten, die von der publizistischen Kontroverse und den Maßnahmen der Regierungen bei Weitem nicht so stark erfasst wurden wie die Städte. Diese Strömung konnte oder wollte sich in den verschiedenen Debatten kaum Gehör verschaffen, wodurch die Mehrheit preußischer Juden keine Stimme erhielt, auch wenn selbst diese Gemeinden immer stärker am allgemeinen kulturellen und gesellschaftlichen Leben teilnahmen.[373] Widerstand gegen die Modernisierungen innerhalb des Judentums fand sich auf jüdischer Seite nichtsdestotrotz in vielfältigen Formen, so z. B. in der literarischen Tätigkeit Joel Jacobys.[374]

Unabhängig von ihrer jeweiligen Ausrichtung befürworteten die Vertreter der unterschiedlichen reformorientierten Glaubensverständnisse eine Emanzipation und eine (begrenzte) Akkulturation von Juden. Besonders lehnten sie den Vorwurf einer eigenständigen jüdischen Nationalität ab, denn Juden seien nur über die Religion miteinander verbunden. Die jüdische intellektuelle Elite erkannte, dass eine Emanzipation nur schwer mit dem traditionellen Judentum zu vereinbaren war. Mit Ausnahme der Altorthodoxie waren Autoren aus diesem Umfeld bestrebt, durch eine Modernisierung des Judentums den neuen Herausforderungen entgegenzutreten, ihren Glauben zu ›reinigen‹ und die Grundlagen des ›wahren‹ Judentums ausfindig zu machen.[375]

Innerhalb dieses diffusen Prozesses schwächten sich die Bindungen an die jeweilige jüdische Gemeinde seit 1830 deutlich ab. Immer mehr jüdische Kinder kamen auf nichtjüdischen Schulen schon früh in Kontakt mit ihrer christlich dominierten Umwelt und erlebten eine frühzeitige Akkulturation. Gebräuche, die Juden von Nichtjuden separierten, verloren an Bedeutung, darunter vor allem die traditionellen Speisegebote. Zwar behielten die jüdischen Feiertage ihre Geltung, zusätzlich wurden aber auch nichtjüdische bzw. christliche Bräuche aufgenommen. Gleichzeitig ging die aktive Beteiligung an den jüdischen Gottesdiensten zurück, denn für eine wachsende Zahl deutscher Juden »hatte das Ausmaß der Säkularisierung einfach die Rolle der Religion in ihrem Leben auf ein Minimum reduziert«[376]. Die Spaltung des Judentums fand sich dabei nicht nur auf der Ebene der Intellektuellen und der religiösen Wortführer, vielmehr reichte sie tief

373 Vgl. *Herzig*, Jüdische Geschichte, S. 162. Eine der wenigen Ausnahmen bildet bspw. *Anonymus*, Rechte der jüdischen Glaubensgenossen, 1836, S. 1–20.

374 Vgl. dazu *Jacoby*, Bilder und Zustände, 1833; *[Jacoby]*, Klage eines Juden, 1837 und *Jacoby*, Harfe und Lyra, 1837.

375 Vgl. z. B. bei *Anonymus*, Werth der israelitischen Geschichte, 1834, S. 252; *Anonymus*, Judenheit, 1837, S. 165 ff.

376 *Meyer*, Jüdisches Selbstverständnis, S. 159.

in die Gemeinden hinein. Gesetzestreue und säkularisierte Juden unterhielten keine Kontakte; teilweise wurde sogar die wechselseitige Eheschließung unterbunden. In den Gemeinden nahmen die Differenzen stetig zu – einigend wirkten alleinig die gemeinsame soziale Wohlfahrt und die noch bestehende rechtlich-politische Ausgrenzung.

Die fehlende Geschlossenheit der jüdischen Gemeinschaft machte das Auftreten gegenüber den Regierungen problematisch, denn zahlreiche Bittschriften unterschiedlichster Ausrichtung erreichten die politischen Entscheidungsträger oder die Provinziallandtage. Die darin artikulierten jüdischen Wünsche reichten von einer vollständigen und bedingungslosen jüdischen Gleichstellung bis hin zu der Bereitschaft, eine rechtliche Rückstellung weiterhin zu akzeptieren, wenn im Gegenzug die Reformbewegung durch staatliche Maßnahmen unterdrückt würde. Durch die innerjüdische Kontroverse um religiöse Reformen und die daraus resultierende Spaltung der jüdischen Minderheit wurde in besonderem Maß offensichtlich, dass nicht alle Juden eine Emanzipation unter den gestellten Bedingungen für erstrebenswert erachteten bzw. ›Zielutopie‹ und ›das Projekt der Verbürgerlichung‹ nicht gleichermaßen verfolgten und deshalb nicht länger von ›einer‹ jüdischen Minderheit mit gleich gelagerten Interessen gesprochen werden konnte. Das Posener Gesetz trug dieser Entwicklung indirekt, wenn auch unter gänzlich anderen Vorzeichen Rechnung, indem es die jüdischen Untertanen in unterschiedliche Klassen einteilte. Die zunehmenden Differenzen innerhalb der jüdischen Minderheit wurden von ihrer Umwelt somit durchaus wahrgenommen, auch wenn sich weder christliche Publizisten noch die preußische Regierung sicher waren, wie diese Unterschiede innerhalb der Gesetzgebung über die rechtliche und/oder bürgerliche Stellung von Juden Berücksichtigung erfahren sollten.

Ein Teil christlicher Autoren erkannte die zeitgenössischen Entwicklungen innerhalb des Judentums, die eine unter Umständen irreversible Spaltung hervorbringen konnte. Eine andere Lesart betonte die Vorteile eines auch internen Kampfes um Emanzipation mit zwei unterschiedlichen Konsequenzen; erstens böten die jüdischen Reformen den Emanzipationsbefürwortern als Beleg für die Besserungsfähigkeit und den Besserungswillen der jüdischen Minderheit eine gute Argumentationsmöglichkeit,[377] denn »vielleicht … ist es für die allgemeine und religiöse Bildung der Juden, besonders der deutschen, nicht ohne großen Gewinn, daß ihnen die Emancipation so schwer wird.« Basierend auf ihren vielfältigen Anstrengungen könnten deutsche Juden die Emanzipation »klarer auffassen als irgend anderswo, und dadurch auch am meisten dazu beitragen, daß dieselbe eine vollständige werde«[378]; und zweitens hofften diese Autoren auf eine

377 Vgl. *Anonymus*, Die jüdische Frage, 1838, S. 378 f. oder *A. M. [Kölle]*, Lösung der jüdischen Frage, 1838, S. 252.

378 *Anonymus*, Art.: Juden, 1839, Sp. 1157.

Auflösung des Judentums durch die innere Uneinigkeit seiner Gläubigen, die infolge der Differenzen erkennen würden, dass der christliche Glaube der einzige sei. Für eine christliche Mehrheit bildeten die Religionsreformen einen erfolgversprechenden Ausgangspunkt, um eine Auflösung des jüdischen Glaubens und eine Überwindung des jüdischen Aberglaubens zu beginnen. Sie betrachteten die reformierten Juden in Hamburg oder Frankfurt bereits als »Christen unter jüdischer Form«[379]. Die christlichen Reformbefürworter bewerteten die »überwältigende Majorität der rabbinischen Juden«[380] als größtes Hindernis auf dem Weg zu einem anpassungsfähigen Judentum; ähnlich beurteilten sie die Rolle des neoorthodoxen Judentums, das jede freie Entfaltung von Juden behindere und ein Streben nach Emanzipation und bürgerlicher Verbesserung unmöglich mache. Doch nur mit einem Sieg der Reformrichtung könnten Juden Verbesserungen erwarten – sollte hingegen die Orthodoxie den Sieg erringen, gebe es für Juden nur ein weiteres Verharren in Bedrückung oder einen blutigen Kampf.[381] Dennoch zweifelten viele christliche Reformbefürworter an der Fähigkeit von Juden, diese Reformen in eine vernünftige Richtung zu lenken. Aus diesem Grund verblieben sie bei der Auffassung, dass Änderungen und Überarbeitungen nur unter staatlicher Aufsicht erfolgversprechend sein würden.[382]

379 *Köllner*, Rezension Schulze, 12.4.1838, S. 573; *Feldmann*, Mein Schlusswort über Juden, 30.5.1831, Sp. 1968.

380 *Anonymus*, Schriften über Juden, 15.9.; 18.9.; 20.9.; 22.9.; 25.9.1837, S. 378.

381 Vgl. *Anonymus*, Mission unter Juden, 30.5.1832; *Anonymus*, Verhältniß der Christen, 27.6.1832; *Anonymus*, Sollen die Juden, 12.7.1832; *Anonymus*, In Sachen der Juden, 16.–17.8.1832; *Anonymus*, Ohne Titel, 21.–22.8.1832; *Anonymus*, Die staatsbürgerliche Gleichheit, 25.8.1832; *Anonymus*, Juden-Emanzipation, 27.8.1832; *Anonymus*, Erwiderung, 24.9.1832; *Anonymus*, Rechtfertigung, November 1832; *Der Polenverein*, Aufruf an die Rheinbaiern, 1.2.1832; *Dr. Gründler*, Beantwortung einiger Fragen, 1832; *Dr. Jacoby*, Bürgerliche Stellung der Juden, 27.10.1832.

382 Vgl. *Frey [Cunow]*, Die Juden, 1831, S. 29 f.; *Klüber*, Historisch-staatsrechtliche Lösungen, 1838, S. 29 ff.; *Von einem monarchisch gesinnten Volksfreunde*, Verbesserung der Juden, 14.2.1831, Sp. 619; *Y. X. Z.*, Aus welchen Gründen, 11.5.1831, Sp. 1764.

VI. Der gescheiterte liberale Aufbruch (1840–1848)

1. Rahmenbedingungen – Der Thronwechsel

Am 7. Juni 1840 bestieg Friedrich Wilhelm IV., nach dem Tod seines Vaters, den preußischen Thron. Die jüdischen Gemeinden hatten in die allgemeine Landestrauer eingestimmt und ihre Verbundenheit zu dem verstorbenen Monarchen in verschiedenen Artikeln zum Ausdruck gebracht – dabei erinnerten sie besonders an die positiven Folgen des Edikts von 1812.[1] Eine Kondolenzaudienz der Ältesten der Berliner jüdischen Gemeinde fand am 18. Juli 1840 statt.[2] Der neue Monarch war ein exponierter Vertreter der »Politischen Romantik«, obwohl ihm der Ruf vorauseilte, über eine liberale Grundhaltung zu verfügen.[3] Die Hoffnung preußischer Juden auf gesellschaftliche und bürgerliche Fortschritte in der sie betreffenden Gesetzgebung fand ihren Ausdruck in zahlreichen Huldigungsfeiern für Friedrich Wilhelm IV., in denen sie ihre Glaubensgenossen aufforderten, treu und gottesfürchtig dem neuen König zu dienen.[4] Außerdem glaubten Liberale an eine Weiterentwicklung der staatlichen Modernisierung unter dem neuen Monarchen – sie hofften vor allem auf die Erfüllung des Verfassungsversprechens.

Doch noch auf dem Totenbett hatte Friedrich Wilhelm III. seinen Sohn vor der »so allgemein um sich greifenden Neuerungssucht« und zugleich vor der »zu weit getriebenen Vorliebe für das Alte«[5] gewarnt – diese Mahnung gab den Weg für den neuen Monarchen vor. Die Hoffnungen auf einen liberalen Aufbruch wurden bereits im Jahr 1840 im Keim erstickt; Friedrich Wilhelm IV. setzte den restaurativen Kurs seines Vaters fort. Die Aussöhnung mit den preußischen Katholiken, die Beendung der Demagogenverfolgung und die Entlassung zahlreicher politischer Gefangener aus der Haft blieben singuläre Ereignisse. Im Hinblick auf die Judenpolitik erfolgten im ersten Jahr seiner Regierung

1 Vgl. *Frst. [Dr. Saalschütz]*, Todtenfeier Synagoge, 1840, S. 178; *Francolm*, Worte eines Juden, 1840.

2 Vgl. *Anonymus*, Materialien zur Regierungsgeschichte, 1843, S. 5.

3 Vgl. *Jersch-Wenzel*, Rechtslage und Emanzipation, S. 53.

4 Vgl. *Zunz*, Vortrag zur Feier Friedrich Wilhelm IV., 1840, S. 7–11. Ähnlich bei *Geiger*, Festvortrag am Geburts- und Huldigungstage, 1840; *Liepmannssohn*, Das Ganze der gottesdienstlichen Feier, 1840.

5 *Wilhelm*, Das Testament Friedrich Wilhelm III., 1840, unpag.

zunächst nur Bestätigungen bereits geltender Edikte.[6] Die Überzeugungen des neuen Monarchen deckten sich grundsätzlich mit denen seines Vaters bzw. gingen in ihrer christlichen Ausrichtung darüber hinaus. Friedrich Wilhelm IV. charakterisierte sich offen als christlicher Machthaber und intensivierte die Zusammenarbeit mit der protestantischen Kirche; die dadurch begünstigte christliche Neubesinnung erreichte ihren Höhepunkt in Staat, Gesellschaft und Öffentlichkeit in der Theorie des ›christlichen Staates‹ von Friedrich Julius Stahl. Juden wurden aus einem solchen Staat aufgrund ihres Glaubens ausdrücklich ausgegrenzt und konnten in ihm nur als minder berechtigte Untertanen ohne Anspruch auf eine rechtliche Gleichbehandlung oder eine aktive Einbeziehung in die staatlichen Strukturen leben. Auch ihre teilweise umfangreichen Assimilations- und Akkulturationsleistungen, verbunden mit den offensichtlichen Religionsreformen, erschienen als nicht ausreichend, um in einem christlichen Staat eine Gleichstellung verwirklichen zu können. Zwar äußerten sich in der Öffentlichkeit auch Stimmen, die einer solch engen Verbindung von Staat und Religion kritisch bis ablehnend gegenüberstanden, diese konnten aber zu keinem Zeitpunkt eine Mehrheit auf sich vereinen; zumal sie neben der Trennung von Staat und Kirche meist einen Verfassungsstaat befürworteten, dem vor allem konservative Politiker und Publizisten, aber auch der Monarch nur Ablehnung entgegenbrachten.

Bei Friedrich Wilhelm IV. wurde die christlich-ständische Monarchie in Verbindung mit einem mittelalterlich geprägten Weltbild zur Grundlage seiner Judenpolitik. Eine Verschmelzung von Juden und Landeskindern in bürgerlicher Beziehung lehnte er ab.[7] Unter seiner Herrschaft kam es zur endgültigen Abkehr vom bisher dominierenden Erziehungsprinzip; vielmehr befürwortete er die ›korporative Ausgliederung‹ von Juden. Durch die Schaffung einer jüdischen Korporation sollten Juden eigene Vertreter wählen, aber nie als Vertreter von Christen tätig werden können. Bereits im November 1841 hatten sich die Ältesten der jüdischen Gemeinden Breslau, Berlin und Königsberg an Friedrich Wilhelm IV. mit einer Vorstellung der politischen und sozialen Zustände von Juden in den alten Provinzen gewandt, deren Berücksichtigung in künftigen Entscheidungen der Monarch versprach.[8] Für die Judenpolitik Friedrich Wilhelms IV. war jedoch die Kabinettsordre vom 13. Dezember 1841 exemplarisch; diese befürwortete die Einrichtung ›Jüdischer Korporationen‹ und die Beendigung der jüdischen Wehrpflicht und bedeutete damit die praktische Aufhebung des Edikts von 1812 bzw. seine Anpassung an die Bedürfnisse des ›christlichen

6 Vgl. *Anonymus*, Materialien zur Regierungsgeschichte, 1843, S. 18f. Ebenfalls interessant sind die Wiedereinsetzung von E. M. Arndt als Professor in Bonn und die Beendigung der polizeilichen Aufsicht über Jahn. Vgl. ebd., 1843, S. 5 und 11.

7 Vgl. *Justizministerium*, Judenordnung, 1835–1846, S. 121.

8 Vgl. *Anonymus*, Materialien zur Regierungsgeschichte, 1843, S. 46 und 48.

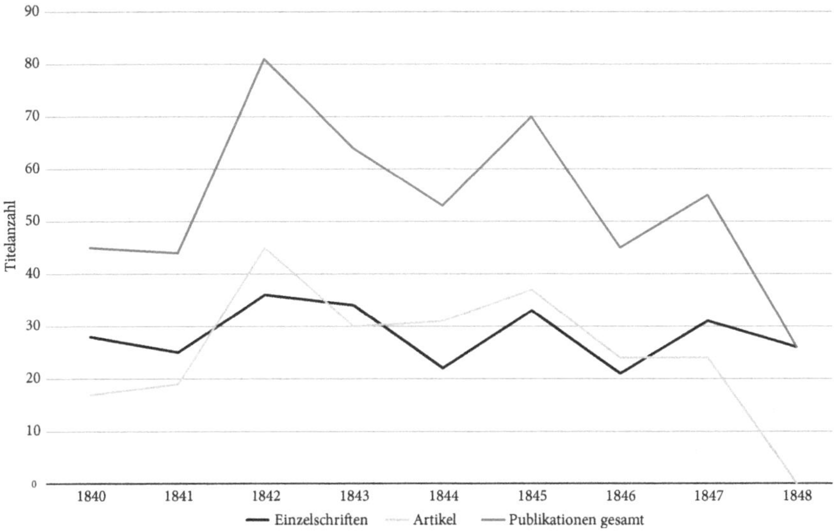

Graphik 14: Anzahl der Schriften zwischen 1780 und 1812

Eigene Darstellung.

Staates‹ – was den jüdischen Interessen zuwiderlief.[9] Die eigentlich für den engsten Beraterkreis konzipierte Ordre gelangte 1842 in die Öffentlichkeit[10] und führte zu einem publizistischen Aufschrei enttäuschter Juden und zu einem Höhepunkt der Kontroverse zwischen 1840 und 1847.

Ludwig Philippson verfasste eine Petition gegen die vorgesehenen Änderungen, der sich mehr als achtzig jüdische Gemeinden anschlossen.[11] Denn insbesondere die Einbeziehung in die allgemeine Wehrpflicht fungierte für Juden als Spiegel ihrer gesellschaftlichen und sozialen Akzeptanz, da dem Militär, nicht nur in Preußen, ein hoher Stellenwert zukam. Die gleiche Intention offenbarte sich in einem in der AZJ erschienenen Artikel Philippsons;[12] die beabsichtigte Modifikation der jüdischen Militärpflichtigkeit betrachtete er als Ausdruck des Zweifels an der jüdischen Befähigung, »dem Vaterlande als treue Glieder«[13] zu dienen.[14] Für eine jüdische Mehrheit bedeutete das Ende der allgemeinen jü-

9 Vgl. *Fischer*, Judentum, S. 157 und *Liebeschütz*, Judentum, S. 34.

10 Es erschienen anonym veröffentlichte Hinweise in *Anonymus*, Ohne Titel, 7.1.1842, S. 200f.

11 Vgl. *Dubnow*, Geschichte des jüdischen Volkes, S. 49.

12 Vgl. *Philippson*, Zeitungsnachrichten Magdeburg, 2.4.1842.

13 Ebd., S. 200.

14 »[...] wo Heer und Volk identisch sind, wo jedes Landeskind ohne Unterschied zugleich als Soldat geboren wird – da muß jede ausschließliche Stellung zum Heere auch eine ausschließliche Stellung zum Volke, zum Vaterlande bedingen.« Ebd.

dischen Militärpflicht zugleich das Ende der Zugehörigkeit zum preußischen Volk.[15] Ebenso sprachen jüdische Autoren sich gegen die Umwandlung der jüdischen Religionsminderheit in eine Korporation aus, denn da es keine eigenständige jüdische Nationalität mehr gebe, könne Juden dieser Status nicht aufgezwungen werden;[16] eine Korporation käme vielmehr einer erneuten Separierung von Juden mit anderen Mitteln gleich.[17]

Abermals analysierten jüdische Autoren die Vereinbarkeit von Judentum und Militärdienst, und auch Rabbiner befürworteten die volle Einbeziehung ihrer Glaubensgenossen in die Landesverteidigung; dies nicht nur in Preußen, sondern in zahlreichen deutschen und europäischen Staaten.[18] Jüdische Gemeinden richteten sich an den Monarchen und forderten die Verwirklichung ihrer Gleichberechtigung. Neben diesen Forderungen fanden sich wiederholt Bitten herausragender Israeliten um eine rechtliche und politische Gleichstellung ihrer Glaubensgenossen, so bspw. ein Bittschreiben von David Rothschild an Friedrich Wilhelm IV.[19] Doch nicht nur in Form direkter Petitionen brachten Juden ihre Wünsche zum Ausdruck, vermehrt kam es bspw. in den Synagogen zu Predigten, die die Liebe zum Vaterland und die Treue gegenüber dem Monarchen zum Gegenstand hatten.[20]

Der massive und einheitliche Protest verschiedenster jüdischer Gruppierungen, die alle ein gemeinsames Interesse an der Beibehaltung der Wehrpflicht zum Ausdruck brachten, aber auch die unterschiedlichen Standpunkte der involvierten Ministerien und die Auseinandersetzung mit der betreffenden Frage in der Öffentlichkeit führten schließlich dazu, dass das in der Ordre angestrebte Gesetz zunächst keine Geltung erlangte.[21] Am 5. Mai 1842 verkündete Innenminister Rochow den Repräsentanten der Berliner jüdischen Gemeinde, dass der König keine Verschlechterung, sondern eine Verbesserung der jüdischen Situation anstrebe, dabei müsse jedoch der christliche Charak-

15 Vgl. *Philippson*, Zeitungsnachrichten Magdeburg, 2.4.1842. Ähnlich bei *Krug*, Henotikon, 1836; *Riesser*, Besorgnisse und Hoffnungen, 1842, S. 467; *Jost*, Juden im Preußischen Staate, 1842, S. 46–49.

16 Vgl. *Philippson*, Leitender Artikel, 19.3.; 9.4.1842.

17 Vgl. *Jost*, Juden im Preußischen Staate, 1842, S. 30–33.

18 Vgl. *Landau*, Die Petition des Vorstandes, 1843; *Jost*, Nachträge Juden im Preussischen Staate, 1842, S. 7 f.; *Geiger*, Rabbinisches Gutachten, 1842.

19 Rothschild betonte die Treue und Ergebenheit der jüdischen Untertanen dem preußischen Vaterland gegenüber und sah den einzigen noch verbleibenden Unterschied zwischen jüdischen und nichtjüdischen Untertanen im jeweiligen Religionsbekenntnis. Gleichzeitig diagnostizierte Rothschild, dass eine vollkommene Angleichung nicht erfolgen könne, solange die staatlichen Gesetze Juden wiederholt als feindlich darstellten und nicht bereit seien, Juden in ihre Regierungen oder Staatsämter einzubeziehen. Abgedruckt wurde dieses Bittschreiben im Orient, *Rothschild*, Bittschreiben an Friedrich Wilhelm IV., 11.10.1842.

20 Vgl. *Zunz*, Vortrag zur Feier Friedrich Wilhelm IV., 1840; *Geiger*, Festvortrag am Geburts- und Huldigungstage, 1840; *Maier*, Israels Vergangenheit, 1840.

21 Vgl. *Jersch-Wenzel*, Rechtslage und Emanzipation, S. 54.

ter des preußischen Staates Berücksichtigung finden.[22] Seine Erklärung endete mit dem Hinweis, dass die preußische Regierung an einem neuen Judengesetz arbeite. Der Erregung der jüdischen Gemeinschaft konnte dieser Kommentar jedoch keinen Einhalt gebieten; so kam es weiterhin zu einer großen Zahl von Petitionen, Flugschriften und Artikeln, die die Frage der jüdischen Gleichberechtigung thematisierten. Die Äußerungen zugunsten einer rechtlichen Gleichstellung konnten aber keine neuen Argumente in die Debatte einbringen, auch wenn das Auftreten jüdischer Publizisten erstmals wieder Einigkeit gegenüber den Vorstellungen des Monarchen erkennen ließ.[23] Am 30. September 1845 verfügte das Staatsministerium, dass die Militärpflicht von Juden auf alle Landesteile ausgeweitet werde und jüdischen Soldaten nach zwölf Jahren Dienst »eine Anstellung auf Zivilämter ohne obrigkeitlichen Charakter nicht mehr zu versagen«[24] sei.

Im Unterschied zu dieser langwierigen Kontroverse war der preußische Monarch im Hinblick auf die Gewerbeordnung deutlich eher zu Zugeständnissen bereit. 1845 hob die allgemeine Gewerbeordnung alle noch bestehenden gewerblichen Beschränkungen auf, wodurch erneut ausschließlich die wirtschaftlichen Möglichkeiten jüdischer Untertanen begünstigt wurden.[25] Diese Regelung erfasste nun auch Juden in den neu erworbenen Provinzen, allerdings nur diejenigen, die ein stehendes Gewerbe betrieben.[26]

Friedrich Wilhelm IV. hielt an seiner Absicht fest, die jüdischen Rechtsverhältnisse einer grundlegenden (christlichen) Revision zu unterziehen; aus diesem Grund forderte er Informationen über die aktuelle Situation in den verschiedenen Landesteilen an, wozu am 1. April 1842 eine entsprechende Anordnung an sämtliche Provinzialregierungen erging.[27] Sie sollten sich zu folgenden Punkten äußern: erstens der beabsichtigten Bildung jüdischer Korporationen, zweitens der Freizügigkeit und Zulassung zum Schankgewerbe und drittens der Frage, ob eine Neuregelung des Judenwesens in der gesamten Monarchie oder nur in den neuen Landesteilen stattfinden sollte. Des Weiteren verlangte der Monarch viertens eine Darlegung der rechtlichen und sozialen Zustände der jüdischen Untertanen in den jeweiligen Bezirken.[28] Zusätzlich äußerten sich die Provinziallandtage 1845 zu diesen Fragen.[29]

22 Vgl. *Dubnow*, Geschichte des jüdischen Volkes, S. 49.
23 Vgl. *Fischer*, Judentum, S. 161.
24 Sitzung des Staatsministeriums am 30. September 1845, in: *Kocka/Neugebauer*, Acta Borussica, Bd. 3, S. 248 f.
25 Vgl. *Samter*, Judentaufen, S. 28.
26 Vgl. *Brammer*, Judenpolitik und Judengesetzgebung, S. 321.
27 Vgl. *Ministerium des Inneren*, Vorbereitung, 1842–1844, S. 1–12.
28 Vgl. ausführlich zu den Stellungnahmen der einzelnen Regierungen *Brammer*, Judenpolitik und Judengesetzgebung, S. 274–304.
29 Zu den Beratungen der Provinziallandtage vgl. ebd., S. 304–319.

Die Voten der Landtage fielen sehr verschieden aus; so befürwortete die Rheinprovinz die völlige Gleichberechtigung von Juden auf Grundlage der Menschenrechte, während der preußische Landtag eine Gleichstellung nur in bestimmten Bereichen gewähren wollte und Brandenburg sich zu keiner Mehrheitsmeinung durchringen konnte. Insgesamt erschienen die Stellungnahmen nur halbherzig und waren erkennbar dem Versuch geschuldet, einer Vielzahl von Interessen und Meinungen gerecht zu werden. Am Ende der Beratungen stimmte die Mehrheit der Provinzen für die Einführung bzw. Beibehaltung des Edikts von 1812.[30] Die Beschlüsse der Ständeversammlungen hatten aber kaum direkte Folgen für die preußische Judenpolitik und blieben von Friedrich Wilhelm IV. grundlegend unbeachtet.[31]

Waren explizite Anklagen von Juden in den Jahren nach 1820 in der öffentlichen Kontroverse permanent zurückgegangen und zunehmend aus dem Sichtfeld verschwunden, belebte 1840 eine neue Ritualmordbeschuldigung eine Kontroverse, die sich zwar ebenfalls in die Debatte um die ›Judenfrage‹ einreihte, aber dennoch in ihrer Argumentation nicht ins Bild zu passen schien. Vereinzelt hatten auch während der Hep-Hep-Unruhen Blutbeschuldigungen eine Rolle gespielt, doch waren sie keinesfalls das entscheidende Moment für die Verfolgung von Juden im Jahr 1819.[32]

Ausgehend von der sogenannten Damaskusaffäre begannen sich seit 1840 erneut Stimmen Gehör zu verschaffen, die überlebt geglaubte Vorurteile neu begründeten und mit traditionellen Stereotypen gegen eine jüdische Integration auch in der publizistischen Öffentlichkeit agierten. Während es im Nahen Osten zu massiven, gewalttätigen Ausschreitungen kam, organisierten jüdische Gemeinden in Europa öffentliche Kundgebungen, um ihre Glaubensgenossen zu unterstützen; zugleich bewirkten sie eine Solidarisierung von Juden, was zu den einsetzenden Verständigungsversuchen zwischen den unterschiedlichen Reformrichtungen in Deutschland beitrug.

Der Nürnberger Professor Friedrich Wilhelm Ghillany publizierte 1842 sein umfangreiches Werk »Die Menschenopfer der alten Hebräer«[33]. Im Judentum, so schrieb er, werde ein vormosaischer Opferkult heimlich weitergeführt – das widersprach zwar allen religiösen Gesetzen, doch durch die Behauptung einer geheimen Praxis war jeder theologische Einwand von vornherein entkräftet.[34] Mehrheitlich sahen sich die Gegner einer jüdischen Gleichberechtigung durch

30 Vgl. *Liebeschütz*, Judentum, S. 34.

31 Vgl. *Ministerium des Inneren*, Entwurf, 1844–1847.

32 Eine der wenigen Ausnahmen in der ersten Hälfte des 19. Jahrhunderts stellten die Verfolgungen von Juden im Jahr 1819 in Dormagen dar, deren Ursache relativ zweifelsfrei in der Auffindung eines ermordeten Mädchens ausgemacht werden kann. Vgl. *Pflaum*, Abermals ein Bruderwort, 1818, S. 316.

33 Vgl. *Ghillany*, Die Menschenopfer, 1842.

34 Ähnlich argumentierte *Anonymus*, Vermischte Nachrichten, 1840.

die Ereignisse in Damaskus bestätigt und verstärkten ihre Bemühungen, die Schädlichkeit von Juden unter Beweis zu stellen[35] und zugleich die Zugehörigkeit deutscher Juden zum orientalischen Judentum zu belegen, wodurch die entsprechenden Schriften erneut rassische Ausgrenzungskriterien betonten.[36] – Diese vereinzelten Stimmen verstummten nach 1843 jedoch relativ bald.

Jüdische Publizisten bemühten sich, in theologischen Abhandlungen die Unhaltbarkeit des Vorwurfs zu belegen. Zu Ihnen zählte z. B. der Orientalist Lippmann Hirsch Loewenstein, der in einer intensiven Auseinandersetzung die Anschuldigungen auf unterschiedlichen Ebenen zu entkräften versuchte und dennoch seiner Hoffnung Ausdruck verlieh, dass diese und ähnliche Beschuldigungen nichts anderes seien

»als das letzte Aufflimmern der einst so verheerenden Flamme des Glaubenshasses, die krampfhaften Todeszuckungen des hinsiechenden und hinsterbenden Ungeheuers, des in seiner eigenen Wuth erstickten Fanatismus!«[37]

Hervorstechend in der publizistischen Auseinandersetzung mit der Damaskusaffäre war Heinrich Heine; in seiner Position als Korrespondent für die »Augsburger Allgemeine Zeitung« berichtete er in mehreren Artikeln über die Entwicklung im Orient, unterzog aber ebenso das zeitgenössische französische und deutsche Judentum einer Kritik.[38] Seine Arbeiten waren dabei deutlich mehr Meinungs- als Nachrichtenartikel, in denen er gegen die antijüdische Haltung der europäischen Öffentlichkeit und Bevölkerung anging. Heine beabsichtigte, die Unhaltbarkeit der Ritualmordvorwürfe zu belegen, untermauerte seine Berichterstattung mit ›seriösen Informationsquellen‹ und verurteilte ausdrücklich jede Form von (religiösem) Fanatismus.[39] Kritisch befasste er sich mit der französischen Judenheit, die sich in seinen Augen schon lange von ihrem Glauben emanzipiert hätte und nun nicht bereit sei, ihren Glaubensgenossen mit Solidarität und Humanität entgegenzutreten.[40]

Dass gerade Heines »journalistische Berichterstattung ein bahnbrechendes Dokument der Zeitgeschichtsschreibung ist und einen Meinungsumschwung zugunsten der verfolgten Juden hervorrief, kann nicht genug betont werden.«[41] Dabei musste Heine wiederholt gegen kritische Berichterstattungen in ande-

35 Vgl. *Anonymus*, Die Juden, 1840, S. 65; *Reichenbach*, Beweis aus der jüdischen Religion, 1841, S. 22 und 35; *Witt*, Juden-Frage, 1843, S. 11; *Wahrlieb [Marcard]*, Darf ein Jude, 1843, S. 11; *Anonymus*, Emancipation der Juden, 1841, S. 297.

36 Vgl. *Anonymus*, Die Juden, 1840, S. 14; *Fränkel*, Unmöglichkeit der Emanzipation, 1842, S. 127

37 *Loewenstein*, Damascia, 1841, S. 169.

38 Heines Artikel erschienen zwischen 1840 und 1848 und wurden 1854 als Buch unter dem Titel »Lutezia« gesammelt publiziert. Vgl. *Heine*, Lutezia

39 Vgl. *Heine/Kaufmann/Kaufmann*, Werke und Briefe, S. 285 ff.

40 Vgl. ebd., S. 292 ff.

41 *Bierwirth*, Meilenstein, S. 74.

ren Zeitschriften Position beziehen, so bspw. in der »Leipziger Zeitung«, die das »Urteil des deutschen Publikums irreleiten sollen«[42]. Dennoch blieben sowohl bei Heine als auch bei anderen jüdischen Autoren die politischen Maßnahmen der französischen und der britischen Regierung Hauptgegenstand der Auseinandersetzung.[43]

Insbesondere jüdische Zeitschriften berichteten intensiv über die Entwicklung der Ereignisse im Orient, zogen daraus Schlüsse für die Situation der europäischen Judenheit und waren bestrebt, ›unwahre‹ Berichte in anderen Medien zurückzuweisen.[44] In Einzelschriften versuchten jüdische Autoren hingegen, anhand ihrer religiösen Quellen zu belegen, dass ihre Religion keinesfalls Christenblut zu rituellen Handlungen benötige.[45] Andererseits grenzten sie sich ausdrücklich gegen orientalische Juden ab, sodass trotz der umfangreichen Solidaritätsbekundungen Grenzen aufrechterhalten wurden, um ähnlichen Vorwürfen zu entgehen.[46]

Ein weiterer Diskussionsgegenstand in diesem Umfeld war die Frage der jüdischen Separation, die Suche nach ihren Ursachen und Folgen. Integrationsgegner warfen der jüdischen Gemeinschaft vor, sich absichtlich und wissentlich von der Mehrheitsbevölkerung zu isolieren, wodurch sie ihre mangelnde Eignung zu einer Emanzipation belegt glaubten. Das damit angeblich einhergehende Verständnis als exklusive Religionsgemeinschaft definierten diese Publizisten als entscheidenden Hinderungsgrund gegenüber einer Integration.[47] Die entgegengesetzte Position wurde vor allem von jüdischen Debattanten eingenommen, die häufig ebenfalls eine noch bestehende Isolation der jüdischen Untertanen diagnostizierten, deren Gründe jedoch im exklusiven Charakter der christlich dominierten Gemeinschaft erkannten.[48] Die Lösung aus dieser Sonderstellung sahen sie in einer vollständigen und bedingungslosen Gleichberechtigung, Glaubens-

42 *Heine/Kaufmann/Kaufmann*, Werke und Briefe, S. 291.

43 Vgl. *Loewenstein*, Damascia, 1841.

44 Im »Orient«, von Julius Fürst herausgegeben, erschienen 1840 15 Beiträge, in der AZJ im selben Jahr 21 und im ersten Halbjahr des Jahres 1841 zehn Artikel, die sich mit den Ereignissen in Syrien, der internationalen Diplomatie und der Unterstützung verfolgter Juden im Orient auseinandersetzten.

45 Vgl. ****יונה, Der große Prozeß, 1841, S. 38–45.

46 Vgl. ebd., S. 44 f.

47 Vgl. in Auswahl *Anonymus*, Emancipation der Juden, 1841, S. 293; *Witt*, Judenemancipation, 1841, S. 7 f.; *Waller*, Judengesetz, 1842, S. 6; *Frantz*, Ahasverus, 1844, S. 39; *Klee*, Emancipation der Juden, 1847, S. 42 und *[Hundt-Radowsy]*, Die Naturgeschichte der Juden, 1848, S. 48.

48 Vgl. *Riesser*, Besorgnisse und Hoffnungen, 1842, S. 441; *Lowositz*, Erwägung einer Bedenken, 1841, S. 492; *Philippson*, Leitender Artikel, 19.3.; 9.4.1842, S. 166; *Rothschild*, Bittschreiben an Friedrich Wilhelm IV., 11.10.1842, S. 331. Zu den wenigen christlichen Autoren, die sich der jüdischen Sichtweise anschlossen, gehörten: *Anonymus*, Die Juden, 16.7.; 31.07.; 1.8.1842, Sp. 1579; *Pinoff*, Der Judenkampf, 1845, S. 5 und 12 und *Anonymus*, Reformbestrebungen und Emancipation, 1846, S. 226.

und Gewissensfreiheit,[49] während ihre Gegner weiterhin eine Konversion und somit ein Ende der jüdischen Religion favorisierten[50] – wenn auch die Reichweite dieser Forderungen divergent war. Die Kontroverse über diesen Punkt brachte in die grundlegende Debatte ebenfalls keine neuen Perspektiven, Handlungsvorschläge oder Lösungsansätze ein.

Vor dem Hintergrund der Stagnation der preußischen Judenpolitik erreichte die öffentliche Debatte durch die Schriften von Bruno Bauer[51] und Karl Marx[52], die gleichzeitig den Begriff der ›Judenfrage‹[53] prägten, eine neue Ebene. Danach verschwand dieser Begriff nicht mehr aus der öffentlichen Auseinandersetzung, denn er bündelte die gesamte damit verbundene Problemlage. Bauer und Marx sprachen sich gegen jede religiöse Verankerung und Bindung des Menschen aus, unabhängig davon, welchem Glauben der Einzelne anhing. Doch auch sie waren mit einer solchen Konzeption nicht in der Lage, Juden als Juden zu integrieren, wenn diesen auch als Menschen, unter der Voraussetzung, dass ihr Glaube ausschließlich eine private Angelegenheit sei, alle grundlegenden Rechte zukommen sollten. Erst die Stellungnahmen der Junghegelianer brachten eine neue Perspektive in das traditionelle Judenbild ein, doch erreichte die damit einhergehende Kontroverse nur ein zahlenmäßig kleines Publikum, sodass sie an der grundsätzlichen Tendenz, der Rückbesinnung auf christliche Grundlagen, keine Änderungen erzielen konnten. Abgesehen von diesen Äußerungen kristallisierte sich in liberalen und demokratischen Kreisen eine zunehmende Bereitschaft heraus, Juden vollständig zu emanzipieren, wenn sie auch nur selten uneigennützigen Motiven entsprang; sie beinhaltete aber immer einen Widerstand gegen die noch existierende willkürliche Fürstenherrschaft. Nur noch eine Minderheit von Nichtjuden bestand auf der strikten und bedingungslosen Beibehaltung einer jüdischen Ausgrenzung. Basierend auf dieser grundlegenden

49 Vgl. *Riesser*, Besorgnisse und Hoffnungen, 1842, S. 453 f.; *Jost*, Juden im Preußischen Staate, 1842, S. 83 f.; *Kandidaten der jüdischen Theologie*, Eine deutsch-jüdische Kirche, 1845, S. 18; *Falkson*, Die Emanzipation der Juden, 1845, S. 6 und 31; *Stern*, Judenthum, 1843, S. 147.

50 Vgl. *Fränkel*, Unmöglichkeit der Emanzipation, 1842, S. VIII f.; *Sepp*, Der Antichrist, 1842, S. 24; *Fränkel*, Das Bekenntnis des Proselythen, 1841, S. 40; *X.x.*, Emancipation der Juden, 24.4.1845, Sp. 1498.

51 Vgl *Bauer*, Die Juden-Frage, 1842.

52 Vgl. *Marx*, Die Judenfrage Nr. I, 1845; *ders.*, Die Judenfrage Nr. II, 1845; *ders.*, Die Judenfrage Nr. III, 1845.

53 Die ›Judenfrage‹, geprägt durch Bauer und Marx, wurde in den 1840er Jahren zu einem Schlagwort, das den Begriff der ›Emancipation‹ ablöste. Die jeweiligen Antworten waren davon abhängig, in welchem Verhältnis der Betreffende zum ›christlichen Staat‹ stand. Gleichzeitig bedienten sich auch Juden dieses Begriffs; die ›Judenfrage‹ war bei ihnen die Frage nach der Rechts- und Gewissensfreiheit im Sinne der allgemeinen Menschen- und Bürgerrechte. Somit entstanden zwei grundsätzlich verschiedene ›Judenfragen‹, eine ›jüdische Judenfrage‹ und eine ›christliche Judenfrage‹; die Debatte unter dem gleichen Schlagwort verdeckte in vielen Fällen aber die daraus resultierenden Differenzen. Zur ›Judenfrage‹ vgl. *Rürup*, Emanzipation und Antisemitismus Studien; *Bein*, Die Judenfrage.

Änderung der öffentlichen Haltung konnte sich der erste Vereinigte Provinziallandtag nach umfangreichen Diskussionen auf eine Neuregelung der jüdischen Verhältnisse einigen, sodass 1847 ein neues Judengesetz für Preußen in Kraft trat. Die im Vorfeld der Gesetzgebung stattfindende Auseinandersetzung, die von nahezu allen jüdischen und nichtjüdischen Zeitungen aufgegriffen wurde, zwang die preußische Regierung häufig, ihre im Rahmen des ›christlichen Staates‹ agierende Judenpolitik (verstärkt auch gegenüber dem Ausland) zu rechtfertigen und in einzelnen Fällen zu revidieren. Entscheidend für die weitere Entwicklung war die sich bei vielen Debattenteilnehmern durchsetzende Überzeugung, dass ein Fortschritt in der ›Judenfrage‹ nicht von gesamtgesellschaftlichen und gesamtstaatlichen Veränderungen zu trennen sei. Diese Erkenntnis integrierte die ›Judenfrage‹ endgültig und dauerhaft in einen komplexen staatlichen und gesellschaftlichen Entwicklungsprozess und beendete die bis dahin vorherrschende, isolierte Betrachtung der ›jüdischen Problematik‹.

Unabhängig von der neuen begrifflichen Prägung, der Betonung einer zusätzlichen Dimension für die Auseinandersetzung mit der ›Judenfrage‹ durch Marx und der theoretischen Fundierung des ›christlichen Staates‹ durch Stahl kamen in den 1840er Jahren kaum neue Elemente in der öffentlichen Kontroverse zum Tragen. Die Frage der jüdischen Existenz schien zunehmend von allen Seiten beleuchtet und bot kaum noch Ansatzmöglichkeiten für neue Argumente, Forderungen oder Sichtweisen. In diesem Zusammenhang kann eine Stagnation der Kontroverse beobachtet werden; wenn auch noch immer zahlreiche Schriften publiziert und rezensiert wurden, ging kaum eine Schrift über das bisher Gesagte hinaus.

Noch immer hatte sich keine mehrheitlich akzeptierte Sicht auf die jüdische Minderheit durchgesetzt, sodass ihre Charakterisierung weiterhin ein breites Spektrum einnahm und von der Definition als politische Verbindung / Kooperation[54] über die von Juden präferierte Bestimmung als (gleichberechtigte) Religionspartei / Konfession[55] bis hin zu einem eigenständigen Volk[56] reichte, wenn auch das Verständnis von Juden als nationale Gemeinschaft zunehmend überwunden schien.

54 Vgl. in Auswahl *Witt*, Judenemancipation, 1841, S. 8; *Fränkel*, Unmöglichkeit der Emanzipation, 1842, S. 108.

55 Vgl. z. B. bei *Lowositz*, Erwägung einer Bedenken, 1841, S. 490; *Anonymus*, Emancipationsfrage, 17.4.; 1.5.; 8.5.1841, S. 142; *Philippson*, Leitender Artikel, 19.3.; 9.4.1842, S. 210; *Rothschild*, Bittschreiben an Friedrich Wilhelm IV., 11.10.1842, S. 330; *Stern*, Judenthum, 1843, S. 139.

56 So bei *Anonymus*, Die Juden, 1840, S. 15; *Wahrlieb [Marcard]*, Darf ein Jude, 1843, S. 4; *Frantz*, Ahasverus, 1844, S. 29; *[Hundt-Radowsy]*, Die Naturgeschichte der Juden, 1848, S. 13; *Anonymus*, Emancipation der Juden, 1841, S. 296; *Anonymus*, Äußerungen eines christlichen Gelehrten, 5.6.; 12.6.1842, S. 98; *Dr. Koch*, Verhältnisse der Juden, 1843, S. 252 und *Anonymus*, Die Judenfrage, 28.3.1843, S. 228.

Die Gefahren einer Integration ohne ausreichende vorherige Assimilation[57] blieben bei nichtjüdischen Debattanten mehrheitlich das Haupthindernis gegenüber einer Aufnahme von Juden in die Gemeinschaft der Untertanen und (Staats-)Bürger,

»... denn die Fragen: Über Gleichstellung der Juden und die Zulässigkeit des Selbstmordes drehen sich um eine und dieselbe Angel.«[58]

Zudem betonten die Gegner einer Aufnahme von Juden, dass ihrer Meinung nach Juden bereits weitreichende Rechte zukämen.[59] Eine weitere, von zahlreichen nichtjüdischen Publizisten betonte Befürchtung war die angeblich zunehmende Dominanz von Juden in Presse und Öffentlichkeit, durch die sie sich in ihren Ängsten bestätigt fühlten.[60]

Andererseits waren zahlreiche, zuvor diskutierte Elemente aus der Kontroverse verschwunden, so bspw. die Frage der gemischten Ehe als Mittel der Assimilation oder die Hoffnung auf eine Bildung und Erziehung von Juden zu Bürgern; unterschwellig vorhanden blieb immer die Hoffnung auf eine jüdische Bekehrung.[61]

Jüdische Autoren und Integrationsbefürworter resignierten zunehmend vor der Hartnäckigkeit der nichtjüdischen Ablehnung, deren Ursachen sie mehrheitlich in religiösen Vorurteilen und der grundlegenden Ausrichtung des preußischen Staates ausmachten.

»Die christlich-germanische Monarchie, das Ideal unserer Conservativen, das romantische Präservativ gegen die politische Bildung und Humanität unseres Jahrhunderts, kann keinen emanzipirten Juden brauchen.«[62]

Zeitgleich brachten sie ihre Hoffnung zum Ausdruck, dass einmal die Zeit kommen müsse, da der Mensch nicht länger nach seinem religiösen Bekenntnis beurteilt werde, sondern nach seinen Leistungen.[63]

In der Kontroverse zwischen 1840 und 1847 wurde endgültig offensichtlich, dass es nur zwei unterschiedliche Auffassungen für den Umgang mit der jüdi-

57 Vgl. *X.x.*, Emancipation der Juden, 24.4.1845, Sp. 1498.

58 *Witt*, Juden-Frage, 1843, S. 35.

59 Vgl. *Γερμανός*, Gründe gegen Ansprüche, 8.3.1845, Sp. 920; *Gautsch*, Emancipation der Christen, 29.3.1845, Sp. 1165.

60 Vgl. *Witt*, Juden-Frage, 1843, S. 5 und 27; *Wahrlieb [Marcard]*, Darf ein Jude, 1843, S. 5; *Anonymus*, Ziel des politischen Ringens, 1844, S. 115.

61 Vgl. z. B. *Fränkel*, Das Bekenntnis des Proselythen, 1841, S. 38; *Sepp*, Der Antichrist, 1842, S. 24; *Klee*, Emancipation der Juden, 1847, S. 43; *Γερμανός*, Juden als Juden, 17.7.1845, Sp. 2536 ff.; *Dr. Koch*, Verhältnisse der Juden, 1843, S. 244.

62 *Falkson*, Die Emanzipation der Juden, 1845, S. 11.

63 Vgl. *Maier*, Israels Gegenwart, 1842, S. 269. Ähnlich bei *Riesser*, Die Judenfrage, 1843/44, Bd. 3, S. 21–25; *Anonymus*, Beleuchtung des Aufsatzes, 4.4.; 11.4.1843, S. 106 und *Honigmann*, Das Judenthum, 15.12.; 22.12.1844, S. 401.

schen Minderheit gab. Die bis zu diesem Zeitpunkt zahlreichen Spielarten auf dem Weg zu einer vollständigen Emanzipation (Verbesserung, Erziehung, stufenweise Integration) verschwanden immer deutlicher aus der öffentlichen Kontroverse. Eine Lösung der ›Judenfrage‹ bestand nur in erstens der ›Vernichtung‹ der jüdischen Minderheit, entweder durch eine weitere Separierung und Isolierung bis hin zu Vertreibung und Ausweisung[64] oder durch ihre Konversion zum Christentum, und zweitens der bedingungslosen, vollständigen und sofortigen Aufnahme aller Juden als Menschen in den Untertanenverband.

2. Zentrale Argumentationslinien

2.1 Die Kontroverse um den ›Christlichen Staat‹

Der Gedanke eines ›christlichen Staates‹ fand sich bereits in der Auseinandersetzung um Friedrich Rühs 1816 und wurde von Karl Streckfuß 1833 erneut aufgegriffen. In den betreffenden Kontroversen nutzten christliche Autoren die Formulierung ›christlicher Staat‹ für eine Argumentation zum Ausschluss von Juden aus der staatlichen und infolgedessen auch aus der bürgerlichen Gemeinschaft, jedoch fand sich hinter dem Begriff lange Zeit kein ausgearbeitetes theoretisches Konzept. Dies änderte sich in den Jahren nach 1840 – in denen vermehrt nach einer Definition des ›Staates‹ und in diesem Zusammenhang auch des ›christlichen Staates‹ verlangt wurde. Bei Bruno Bauer war die Konzeption eines ›christlichen Staates‹ entscheidend für seine Argumentation, denn nur ein ›christlicher Staat‹ könne Juden ohne weitere Begründungen ausschließen.[65] Sein Bezug auf den christlichen Charakter des preußischen Staates schien keiner weiteren Rechtfertigung zu bedürfen, da für Bauer in der Überwindung jeglicher Religion der ›christliche Staat‹ nur eine Übergangsstufe darstellte. Erst die theoretische Begründung des ›christlichen Staates‹ durch Friedrich Julius Stahl ermöglichte eine detaillierte Auseinandersetzung wie auch eine strukturierte inhaltliche Füllung des zunächst nur vagen Begriffes – vor dem Hintergrund eines intensivierten öffentlichen und staatlichen Bezuges auf Christentum und Deutschtum. Aufseiten jüdischer Autoren wurde versucht, die Etablierung dieses Begriffes abzuwehren.

Immer schon und immer wieder wurde der Verweis auf einen ›christlichen Staat‹ herangezogen, um den Ausschluss von Juden legitimieren zu können – bis zu seiner theoretischen Fundierung konnten jedoch nur sehr wenige Beweise für

64 Besonders weitreichende Konzepte zu Ausweisung, Vernichtung und Isolation der jüdischen Minderheit präsentierten *Gautsch*, Emancipation der Christen, 29.3.1845, Sp. 1170 und *Anonymus*, Die Juden, 1842, S. 315–317.

65 Vgl. *Bauer*, Die Juden-Frage, 1842, S. 54.

die Christlichkeit der Staaten angeführt werden. Die meist konservativen Verfechter des christlichen Staatsgedankens beriefen sich auf ein ›christliches Wesen‹ des Staates, ohne dieses näher zu bestimmen bzw. bestimmen zu müssen.[66] Sie bestritten jegliche Gemeinsamkeiten zwischen Judentum und Christentum, denn nach ihrer Auffassung beruhten beide Religionen auf vollkommen verschiedenen Grundlagen, sodass das Christentum in keinem Fall ein weitergeführtes Judentum sein könne.[67] Diese Argumentation ermöglichte es ihnen, den Ausschluss von Juden zu fordern, denn wenn es gelänge, alle moralischen und sittlichen Parallelen zwischen beiden Glaubensrichtungen zu negieren, könnte die Ausgrenzung von Juden aus einem christlich definierten Staat möglich werden. Eine deutlich einfachere Bestimmung des ›christlichen Staates‹ bildete die häufig gemachte Aussage, dass der mehrheitliche Glaube der Untertanen eines Staates bzw. der Glaube des jeweiligen Monarchen seine religiöse Charakterisierung bedinge.[68]

Im Zusammenhang mit dieser Auseinandersetzung finden sich Versuche, zu einer allgemeinen Definition von Staat zu gelangen. Dabei muss zwischen einer eher liberalen und einer eher konservativen Auffassung unterschieden werden. Liberale und vor allem jüdische Autoren betonten die Gewährung von Menschenrechten, Freiheit und Sicherheit der Person und die Rechtssicherheit als Aufgaben des Staates:

»Der Staat ist ein Verein von Menschen unter äußern positiven Rechtsgesetzen, zur Erhaltung und Vertheidigung allgemeiner Menschenrechte, der Freiheit und der Sicherheit.«[69]

Währenddessen installierten konservative Publizisten eine deutlich engere Verknüpfung zwischen Staat und Religion, d. h. Christentum; sie sahen auch in diesem Bereich eine entscheidende staatliche Verantwortung:

»Der Staatsbegriff erhält seine Vertiefung nach der ethischen Seite erst durch Aufnahme des christlichen Elementes, indem der Staat ein christlicher wird, die Obrigkeit nach christlichen Principien ihr Regiment führt.«[70]

66 Vgl. dazu in Auswahl *Rühs*, Die Rechte des Christenthums, 1816, S. 10 f.; *W-ch*, Noch einige Worte, 4.9.1818, Sp. 2575 ff.; *Fürchtegott Leberecht Christlieb*, Warum versagt ihr den Juden, 1816, S. 69; *Pfaff*, Regierungen und Staaten, 1819 und *Streckfuß*, Verhältniß der Juden, 1833; *Fränkel*, Unmöglichkeit der Emanzipation, 1842, S. 110.

67 Vgl. *Anonymus*, Emancipation der Juden, 1841, S. 291 ff.

68 Vgl. *Kalb*, Kirche und Staat, 1.3.; 3.3.1842, S. 106; *Wolfart*, Emancipation der Juden, 1844, S. 6–12; *Wahrlieb [Marcard]*, Darf ein Jude, 1843, S. 6–9; *W-ch*, Noch einige Worte, 4.9.1818.

69 *Reichenbach*, Beweis aus der jüdischen Religion, 1841, S. 5.

70 *Anonymus*, Idee des protestantischen Staates, 2.5.1843, Sp. 557. Ähnlich auch bei *Kraus*, Das ethische Staatsprinzip, 1841.

Trotz der durchaus intensiven Auseinandersetzung über diesen Gegenstand seit 1816 stellte erst Edgar Bauer 1842 im Umfeld der Kontroverse über Bruno Bauer ausdrücklich die Frage: »... was ist der christliche Staat und was ist der Staat überhaupt«?[71] Der Junghegelianer Bauer beantwortete seine Frage mit dem Hinweis, dass in einem ›christlichen Staat‹ der Staat sich hauptsächlich auf das christliche Bekenntnis stütze und dadurch selbst zu einer Art Kirche werde; dabei erkenne der christliche Staat »nicht den Bürger als Bürger und als Menschen an, sondern als Christen.«[72] Eine solche Beschränkung des Staates lehnte er ab, da in seinem Staatsverständnis eine menschliche und keine religiöse Gesellschaft angestrebt wurde.[73] Im Folgenden verlangte Marx ebenfalls eine genauere Bestimmung der Staaten, denn in einem Staat, der sich zum Christentum bekenne und dieses als Staatsreligion verfüge, sah er keinen Staat der die Charakterisierung ›christlich‹ verdiene.[74] Denn ein wirklich demokratischer Staat bedürfe keiner Religion zu seiner politischen Vervollständigung; nur in einem schwachen Staat benötige die Herrschaft die Stütze der Religion.[75]

Doch erst ein zum Protestantismus konvertierter bayrischer Jude sollte in Preußen zu einer der führenden Persönlichkeiten in Fragen des Staatsrechts werden. Friedrich Julius Stahl, geboren als Friedrich Julius Jolson in Würzburg, wurde 1840 als Professor für Rechtsphilosophie nach Berlin berufen und dort zum herausragenden Vertreter des christlichen Staatsgedankens.[76] Obwohl Stahl seine grundlegenden Überzeugungen bereits in den 1830er Jahren publiziert hatte,[77] erlangten sie erst durch seine akademische Tätigkeit in Berlin einen starken Einfluss auf die preußische Monarchie. Schon 1835 hatte sich Feuerbach intensiv mit Stahls Konzeption auseinandergesetzt und insbesondere dessen christliche Fundierung kritisiert;[78] in der Öffentlichkeit hingegen intensivierte sich die Kontroverse erst zu Beginn der 1840er Jahre, belebt durch weitere Publikationen Stahls[79] und seine zunehmenden politischen Aktivitäten.

71 *Bauer*, Bruno Bauer, 1842, S. 24. Ähnlich, aber deutlich weniger beachtet findet sich diese Frage bereits in: *Anonymus*, Einige neue Broschüren, 1.5.; 8.5.1841.

72 *Bauer*, Bruno Bauer, 1842, S. 26.

73 Vgl. ebd., S. 27.

74 Vgl. Marx, Zur Judenfrage, S. 21.

75 Vgl. ebd.

76 Zu Friedrich Julius Stahl vgl. unter anderem *Müller*, Staatslehre; *Myoung-Jae*, Staat und Gesellschaft; *Füssl*, Professor in der Politik; *Nabrings*, Friedrich Julius Stahl; *Pyclik*, Friedrich Julius Stahl; *Wiegand*, Friedrich Julius Stahl.

77 Vgl. *Stahl*, Die Philosophie des Rechts, 1830; *ders.*, Die Philosophie des Rechts, 1833; *ders*, Die Philosophie des Rechts, 1837.

78 Vgl. *Feuerbach*, Kritiken des modernen Afterchristenthums, 1835.

79 Vgl. *Stahl*, Die Kirchenverfassung, 1840; *ders.*, Fundamente einer christlichen Philosophie, 1846; *ders.*, Über Kirchenzucht, 1845.

Stahl etablierte in seinen Werken die Überzeugung von einem ›christlichen Staat‹ und wurde zum Vordenker eines konservativen Staatsprinzips.[80] Bei ihm erfolgte die Legitimation der Staatsgewalt aus einer sittlichen Idee heraus; im Unterschied zu bisherigen Konzeptionen sollte sein Staat jedoch ein Rechtsstaat sein, wodurch er sich vom Absolutismus distanzierte.[81] Dennoch gelang es, durch den Bezug auf die Christlichkeit der Staaten zugleich den Gedanken der Vertragstheoretiker zurückzuweisen, denn Stahls Staat benötigte ein organisches Wachstum und keinen einmaligen konstitutionellen Akt.[82] Die Theorie des ›christlichen Staates‹ diente dabei im Wesentlichen als eine Abwehrmöglichkeit gegen die zunehmend geforderte Demokratisierung des Staates.[83] Stahl bekämpfte die Idee der Volkssouveränität und negierte den von der Aufklärung postulierten Vernunftstaat. Die vollkommene Ordnung verkörperte für ihn nur die Ordnung Gottes.[84] Dabei fasste Stahl den Staat als ein irdisches Reich Gottes auf, das alle Lebensbereiche durchdringen sollte. Der protestantischen Kirche kam in dieser Konzeption quasi die Rolle einer Staatskirche zu, auch wenn diese Tatsache nicht ausgesprochen wurde. Denn nur ein Staat, der auf dem christlichen Glauben beruhe, sei in der Lage, wirklich tiefsinnig und sittlich befriedigend zu bleiben. In ihm sollte das Verhältnis zwischen Obrigkeit und Volk durch Harmonie geprägt, zugleich aber ständisch strukturiert sein.[85] Im Unterschied dazu würden nichtchristliche Völker nur über knechtische Unterwerfung und eine Gesellschaft ohne alle Unterschiede verfügen, weil sie keinen Sinn für die »von Gott gesetzte Ökonomie der Lebenskreise«[86] hätten und den Menschen nicht in der ihm jeweils zukommenden Stellung beließen. Aus diesem Grund sollten die Regenten bestrebt sein, die Lossagung der Nation vom Christentum zu verhindern, um die Entwicklung zu einem demokratischen Staat zu unterbinden.[87] Stahls Schreckensszenario war ein genereller und umfassender Abfall von christlichen Überzeugungen, denn in diesem Fall existiere »keine geistige Macht mehr die man der Nivellirung entgegensetzen könnte«[88]. Er kam nach diesen Betrachtungen zu der Schlussfolgerung, dass die Christlichkeit eines Staates nicht in bloßer Duldung und Menschenliebe be-

80 Stahls Werke in Auswahl: *Stahl*, Die Philosophie des Rechts, 1830; *ders.*, Die Philosophie des Rechts, 1833; *ders.*, Die Philosophie des Rechts, 1837; *ders.*, Die Kirchenverfassung, 1840; *ders.*, Über Kirchenzucht, 1845; *ders.*, Das monarchische Prinzip, 1845; *ders.*, Der christliche Staat, 1847; *ders.*, Fundamente einer christlichen Philosophie, 1846; *ders.*, Revolution und Monarchie, 1848; *ders.*, Parteien.

81 Vgl. *Füssl*, Professor in der Politik, S. 31 ff.

82 Vgl. *Stahl*, Die Philosophie des Rechts, 1833, S. 67 ff.

83 Vgl. *Meyer*, Judentum und Christentum, S. 191.

84 Vgl. *Stahl*, Die Philosophie des Rechts, 1833, S. 66.

85 Vgl. *Stahl*, Der christliche Staat, 11.8.; 14.8.; 18.8.; 21.8.; 25.8.1847, S. 639.

86 Ebd., S. 640.

87 Vgl. ebd., S. 638.

88 Ebd., S. 644.

stehen könne, sondern seine inneren Eigentümlichkeiten ausmachen müsse. Dies betreffe die Gebundenheit an obrigkeitliche Anordnungen und ebenso die Bindung bürgerlicher Tugenden und Sitten an die Gebote Gottes.[89] Aus diesem Grund sei es zwingend notwendig, den christlichen Glauben im Volke zu nähren und zu festigen.

Der ›christliche Staat‹ zeichnete sich nach Stahl durch folgende Elemente aus:

»Christliche Motivation der Verfassung, christliche Principien, ja christliche Offenbarungsgebote als Norm der Gesetzgebung und Verwaltung, Bekenntniß zum Christenthum in den öffentlichen Akten, Schutz und Förderung der christlichen Kirche«[90].

Das Christentum sollte somit zur ›Leitkultur‹ und zur Grundlage des Staates werden. Nur ein Staat, der in der Lage sei, diesen Ansprüchen zu entsprechen, könne die bürgerlichen Zustände nach den wahren sittlichen Anforderungen gestalten und die Nation stärken.[91] Diese Konstruktion von einem ›christlichen Staat‹ wurde von der preußischen Regierung, aber vor allem von Friedrich Wilhelm IV. dankbar aufgenommen, denn auch ihm erschien ein religiös indifferenter Staat als die größte Gefahr für die Existenz der Monarchie.[92] Im Vergleich dazu gingen die Meinungen in der publizistischen Öffentlichkeit deutlich auseinander.

Stahls ›christlicher Staat‹ stand Juden grundlegend ablehnend gegenüber und schloss ihre Teilhabe aus, denn der Glaube an die Offenbarung des Neuen Testaments bildete eine grundlegende Bedingung für die Inanspruchnahme politischer Rechte. Der damit einhergehende Ausschluss aus der politisch-rechtlichen Gemeinschaft war jedoch nicht gleichbedeutend mit einer generellen Exklusion anderer Religionsgemeinschaften. Stahl war durchaus bereit, nichtchristliche Religionen anzuerkennen; so verfocht er bspw. den Grundsatz der Religionsfreiheit und der persönlichen Freiheit, deren Grenzen sich jedoch in rechtlichen und politischen Fragen fänden.[93] Gleichzeitig blieb die Dominanz der christlichen Religion keineswegs auf die politische und gesellschaftliche Ebene beschränkt, sondern wirkte weit in den privaten Bereich hinein; so bestand auch auf dieser Ebene kaum Platz für das Ausleben eines nichtchristlichen Glaubens.[94] Zwar war das Stahl'sche Konzept an sich nicht antijüdisch, diese Tatsache konnte jedoch nicht darüber hinwegtäuschen, dass man dem Konzept zufolge als Jude in einem als christlich verstandenen Staat keinen Anspruch auf einen gleichberechtigten Platz habe.

89 Vgl. ebd.
90 Vgl. ebd., S. 649.
91 Vgl. ebd.
92 Vgl. *Hahl*, Einstellung des deutschen Protestantismus, 1985, S. 152 ff. und 163 ff.
93 Vgl. *Stahl*, Die Philosophie des Rechts, 1833, S. 283 ff.
94 Vgl. *Battenberg*, Das europäische Zeitalter der Juden, Bd. 2, S. 130.

Trotz seiner ablehnenden Haltung gegenüber dem Judentum ließ sich Stahl auf keine Angriffe, Anschuldigungen oder Verunglimpfungen gegen diese Religion ein. Juden wurden in ihrer Religion von Stahl ernst genommen, an keiner Stelle seines Werkes beabsichtigte er eine Lösung der ›jüdischen Frage‹; vielmehr ging es ihm um das reine Prinzip, um die Frage, ob der Glaube oder Unglaube in einem Staat herrschend sein solle.[95] Er tolerierte das orthodoxe Judentum, während er das Reformjudentum kritisch betrachtete, da dieses keine soliden Grundsätze mehr aufweise. Dennoch erkannte er auch Vorzüge in den jüdischen Reformen, denn auch er war der Überzeugung, dass ein modernisiertes Judentum sich nicht lange behaupten könne und seine Anhänger bald zum Christentum konvertieren würden. In seiner Konzeption wurde die Bekehrung erneut zu einem wichtigen Beziehungskonzept für den Umgang mit der jüdischen Minderheit, da er es als eine christliche Pflicht verstand, Juden und Heiden dem Christentum zuzuführen.[96]

Stahl war einer der Ersten, die sich bei dem Versuch eines Ausschlusses von Juden aus der christlichen Gemeinschaft nicht auf überkommene Vorurteile und Bedenken beriefen und die Mängel aufseiten von Juden suchten, sondern ausschließlich aufgrund des Charakters des preußischen Staates eine Ausgrenzung befürworteten. Alle vorangegangenen Vertreter eines ›christlichen Staates‹ hatten diesen nur zu einem Argument unter vielen für die Ausschließung von Juden gemacht.

Als Universitätsprofessor gelang es Stahl, einen Kreis von Studenten an sich zu binden, der sich vollständig zu seinen Prinzipien bekannte – dadurch drang sein konservatives Gedankengut in die preußische Beamtenschaft ein.[97] Gleichzeitig war Stahls Position für Juden besonders nachteilig, da er als königlicher Berater und Angehöriger des Berliner Oberkirchenrates einen maßgeblichen Einfluss auf die Entscheidungen und Anschauungen Friedrich Wilhelms IV. geltend machen konnte.[98]

Trotz des großen Wirkungskreises der Auffassung von einem ›christlichen Staat‹ fanden sich neben Stahl nur sehr wenige Autoren, die mit der Konzeption und Ausgestaltung eines solchen in die publizistische Auseinandersetzung eingriffen. Seine Befürworter sahen sich offensichtlich nur selten gezwungen, ihre Auffassung zu verteidigen;[99] wohl auch, weil sie den preußischen Monarchen hinter sich wussten. Andererseits verblieb die Mehrheit der Verfechter eines ›christlichen Staates‹ bei einer unreflektierten Verwendung des Begrif-

95 Vgl. *Kampmann*, Deutsche und Juden, S. 195.

96 Vgl. *Stahl*, Der christliche Staat, 11.8.; 14.8.; 18.8.; 21.8.; 25.8.1847, S. 673.

97 Vgl. *Füssl*, Professor in der Politik, S. 111 f.

98 Vgl. *Battenberg*, Das europäische Zeitalter der Juden, S. 131.

99 Vgl. *Frantz*, Ahasverus, 1844, S. 36; *Reichenbach*, Beweis aus der jüdischen Religion, 1841, S. 5–21.

fes.[100] Auch kam es zu keiner Verstärkung des Gegensatzes durch eine Wiederbelebung der Auffassung von einem ›Staat im Staat‹.[101] Der Vorwurf einer spezifischen ›jüdischen Nation‹ blieb zeitgleich virulent in der Kontroverse, wurde aber nur selten eng an die Idee des ›christlichen Staates‹ gekoppelt, wohl auch, weil dieser nicht zwingend auf einer ›christlichen Nation‹ beruhen musste.[102] Vordergründig drehte sich die Konzeption des ›christlichen Staates‹ deutlich um die Suche nach einer zeitgemäßen Staatsdefinition und erst in einem zweiten Schritt um die Frage von Zugehörigkeiten; nichtsdestotrotz bot gerade diese Konzeption unbegrenzte Möglichkeiten für den Ausschluss alles als fremd Empfundenen.

Somit dominierten die Gegner der Stahl'schen Konzeption die öffentliche Diskussion zur Frage der jüdischen Integration; vor allem liberale Autoren erkannten in Stahl die Verkörperung der Restauration, da er versuche, die Errungenschaften der Aufklärung wieder aufzuheben und einen »Religionsstaat«[103] zu schaffen, der sich auf das Christentum und seine Prinzipien, nicht aber auf die Vernunft stütze. Ein Kernpunkt der Stahl'schen Theorie war die Frage einer christlichen Staatsreligion. Stahl selbst machte eine solche zur Bedingung des ›christlichen Staates‹, denn nur durch eine offizielle Festschreibung sei der Staat in der Lage, den christlichen Glauben zu seinem Zweck und zu seiner Angelegenheit zu machen und damit christlichen Grundsätzen zu entsprechen.[104] Eine solch feste Bindung wurde hingegen von einer Mehrheit christlicher Publizisten kritisch betrachtet und war teilweise auch nach konservativen Vorstellungen zu weitreichend, da sie den Staat in seinen Handlungs- und Weisungsvollmachten einschränke,[105] während sie für Liberale einen eindeutigen Einschnitt in die staatlichen Freiheiten bedeutete. Nach liberalen Vorstellungen sollte der Staat sich in religiösen Fragen unparteiisch verhalten und allen Religionsparteien den gleichen Schutz und die gleichen Rechte zukommen lassen, ohne einen bestimmten Glauben zu bevorzugen.[106] Nur mit einer solchen Haltung sei der Staat in der Lage, wirkliche Glaubens- und Gewissensfreiheit für alle seine Untertanen zu gewährleisten. Eine Staatsreligion hingegen beschränke die natürlichen Freiheiten des Menschen und würde dadurch zum ›kategorischen Imperativ der

100 Vgl. *Anonymus*, Emancipation der Juden, 1841, S. 298.

101 Einer der wenigen Autoren, die weiterhin der Theorie von einem ›Staat im Staate‹ anhingen, war: *Γερμανός*, Gründe gegen Ansprüche, 8.3.1845, Sp. 920. Ähnlich auch bei *Schirnding*, Juden in Österreich und Preußen, 1842, S. 74.

102 Vgl. dazu in Auswahl *Anonymus*, Emancipation der Juden, 1841, S. 292–296; *Anonymus*, Äußerungen eines christlichen Gelehrten, 5.6.; 12.6.1842, S. 98; *Dr. Koch*, Verhältnisse der Juden, 1843, S. 250 und *E. C. v. T.*, Geschichte der Juden, 1847, S. 514f.

103 *Freund*, Vorwort, 1843, S. V.

104 Vgl. *Stahl*, Der christliche Staat, 11.8.; 14.8.; 18.8.; 21.8.; 25.8.1847, S. 648.

105 Vgl. *Kalb*, Kirche und Staat, 1.3.; 3.3.1842, S. 106; *Marcard*, Möglichkeit der Juden-Emancipation, 1843, S. 26.

106 Vgl. *Vincke*, Rede 39. Sitzung des Landtages 1847, 1912, S. 113–116.

Intoleranz‹[107]. Ein Staat, der sich zu einer Staatsreligion bekenne, missachte die unterschiedlichen Aufgabenbereiche von Kirche und Staat;[108] gleichzeitig sei der Staat ein Abstraktum, welches sich nicht einer bestimmten Religion verschreiben könne.[109] Aus diesem Grund sprachen sich Liberale häufig für eine Emanzipation des Staates von den christlichen Kirchen aus.[110] Für sie erhob sich die Idee des Staates über die Grundidee des Christentums; auch wenn sie der christlichen Religion einen hohen Stellenwert zugestanden, forderten sie die Trennung von Staat und Kirche,[111] sodass die Christlichkeit des Staates höchstens in der Gesinnung seiner Untertanen erhalten bleiben würde.[112] Die Beschwörung eines solchen Staates sei eine Rückkehr in das Mittelalter und damit in die Barbarei der Ketzer- und Judenverfolgungen. Ein Teil der betreffenden Autoren glaubte, die Intention der Verfechter des christlichen Staatsprinzips allein im dadurch möglichen Ausschluss von Juden zu erkennen.[113] Doch nur wenn die Formulierung ›christlicher Staat‹ mit dem Sinn verbunden würde, »daß der Staat bei allen seinen Bürgern die Gesinnung der Liebe, Aufopferung, der Humanität«[114] voraussetze, könne seine Existenz gerechtfertigt werden; dieses Verständnis ermögliche ausdrücklich eine Integration von Juden.

Juden sahen in Stahl einen erklärten Feind, einen Christen mit jüdischen Wurzeln, der eine Theorie begründete, die ihnen von vornherein eine politische Gleichberechtigung versagte.[115] Die Begründung eines Zusammenhangs zwischen Staat und Christentum war nach jüdischer Ansicht ein Beweis dafür, dass Lüge, Narrheit und Bosheit in der Geschichte unsterblich seien, denn die neue Verknüpfung beabsichtige nichts anderes, als den bestehenden Ausschluss von Juden aufrechtzuerhalten. Die erneute Verstärkung des ›christlichen Staates‹ war in den Augen jüdischer Publizisten der Tatsache geschuldet, dass durch die Entwicklungen der neueren Zeit und vor allem bedingt durch liberale Ideen die alten Ausschlussmechanismen gegenüber Juden nicht länger wirksam seien.[116] Unter Bezugnahme auf die Stahl'sche Definition schlossen jüdische Publizisten die Christlichkeit des preußischen Staates aus, da das Christentum das Staatswe-

107 Für das Folgende vgl. *Eisenberg*, Staat und Religion, 1844, S. 31.

108 Vgl. *Sidori [Kaim]*, Geschichte der Juden, 1840, S. XV.

109 Vgl. *Kalb*, Kirche und Staat, 1.3.; 3.3.1842, S. 105–106.

110 Vgl. *Carové*, Germanische und Christliche Staatsprinzip, 1843, S. XXIV; *Fries*, Gefährdung des Wohlstandes, 1816, S. 67; *Klee*, Emancipation der Juden, 1847, S. 39 f.

111 Vgl. *Carové*, Germanische und Christliche Staatsprinzip, 1843, S. 52 f., 88 und 149; *Reichenbach*, Beweis aus der jüdischen Religion, 1841, S. 7; *G. P.*, Intoleranz und Toleranz, 1841.

112 Vgl. *Bauer*, Herr Dr. Hengstenberg, 1839, Sp. 1580.

113 Vgl. *Eisenberg*, Staat und Religion, 1844, S. 39 f.

114 Ebd., S. 71. Vgl. auch *Rudolph*, Judenemancipation, 1847, S. 12 f.

115 Vgl. *Meyer*, Judentum und Christentum, S. 193. Kritik an Stahl übte bspw. *Anonymus*, Emancipation der Juden, 1834, S. 11.

116 Vgl. *Philippson*, Leitender Artikel, 19.3.; 9.4.1842.

sen nicht dominiere und beide Elemente nie in eine vollkommene Übereinstimmung gebracht werden könnten.[117] Denn ein wirklich ›christlicher Staat‹ sei nur möglich in der Vereinigung der gesamten Christenheit zu einem geschlossenen Staatskörper, was den Verzicht auf gesonderte Sprachen, Sitten und Nationalitäten beinhalten würde.[118] In ihrem Verständnis konnte sich die Zuschreibung als christlich nur auf die Untertanengemeinschaft[119] und die sittlich-moralischen Grundlagen beziehen,[120] der Staat hingegen verdiene diesen Zusatz nur, wenn er wesentlich auf die Entwicklung und Erhaltung des Christentums ausgerichtet sei.[121] Infolge dieser Definition sei der preußische Staat ein christlicher »in demselben Sinne wie er ein europäischer, ein deutscher Staat«[122] sei.

Juden wehrten sich dagegen, eine Hierarchie zwischen den verschiedenen Glaubensbekenntnissen zu schaffen; durch die Festlegung einer Staatsreligion würde eine ausdrückliche Wertung vorgenommen. In ihrem Staatsverständnis erhielten die staatlichen Institutionen nur die Aufgabe, ihre Bürger nach außen zu schützen und ihnen die grundlegenden Menschen- und Bürgerrechte zu garantieren.[123] Ein solcher Staat solle sich von klerikalen und feudalen Fesseln befreien und nicht länger einen Anspruch auf religiöse Homogenität erheben;[124] durch einen solchen Schritt würde Preußen weder antichristlich noch antireligiös, sei aber in der Lage, als toleranter Staat eine neutrale Haltung gegenüber den verschiedenen Glaubensrichtungen einzunehmen.[125] Jüdische Autoren verlangten damit ausdrücklich eine vollkommene Trennung von Staat und Kirche.[126]

»Erst die neuere Zeit hat den richtigen Gesichtspunkt für die Duldung anderer Religionsbekenner aufgefunden: nicht von der Kirche, sondern vom Staate, neben welchem wohl jene einhergehen, in der er aber nicht aufgehen soll, muß das Recht anerkannt werden; und da der Staat nach seinem Organismus, seinen Gesetzen, seiner Verwaltung rein menschlich ist, so soll das Menschliche zur Anerkennung kommen, hat je-

117 »Das Christenthum will die Allgemeinheit, der Staat die Besonderheit [...]« *Stern*, Die Aufgabe des Judenthums, 1845, S. 225.

118 Vgl. ebd., S. 226.

119 Vgl. ebd., S. 225. Ähnlich äußerte sich Stern in einem Artikel: *Stern*, Judenthum, in: Zur Judenfrage, 1843. Dieser Artikel erschien im selben Jahr als Separatveröffentlichung: *Stern*, Das Judenthum, 1843.

120 Vgl. *Saalschütz*, Versöhnung der Confessionen, 1844, S. 88f.

121 Vgl. *Stern*, Die Aufgabe des Judenthums, 1845, S. 224f.

122 Ebd., S. 227.

123 Vgl. *Anonymus*, Herr Geheimrath Wolfart, 1843, S. 9.

124 Vgl. *Grattenauer*, Erklärung über meine Schrift, 1803, S. 202f. und 211–213; *Anonymus*, Reformbestrebungen und Emancipation, 1846, S. 332.

125 Vgl. *Stern*, Judenthum, 1843, S. 156.

126 Vgl. *Riesser*, Besorgnisse und Hoffnungen, 1842, S. 440; *Jost*, Juden im Preußischen Staate, 1842, S. 64; *Sidori [Kaim]*, Geschichte der Juden, 1840, S. XV; *Falkson*, Die Emanzipation der Juden, 1845, S. 21.

der Staatseinwohner als Ring in dieser um den Staat sich schließenden und ihn tragenden Kette seine Berechtigung, die von einem Glaubensbekenntnisse nicht abhängig gemacht werden kann.«[127]

Eine weitere Ebene der jüdischen Argumentation beschäftigte sich erneut mit der Widerlegung einer separat existierenden jüdischen Nation; dieser Vorwurf blieb in den nichtjüdischen Äußerungen präsent, ließ sich von jüdischen Publizisten jedoch deutlich besser und strukturierter widerlegen, als dem ›christlichen Staat‹ ein liberales Staatsverständnis gegenüberzustellen. Die eigene Zugehörigkeit zur deutschen Nation zu belegen, blieb entscheidender Bestandteil der jüdischen Argumentation – dies spiegelte sich in besonderer Weise innerhalb der Kontroverse über die jüdische Militärpflicht wider. Die entsprechenden Argumente verblieben dabei in den gleichen Mustern und Strukturen, die von jüdischen Autoren bereits seit 1815 vorgebracht worden waren.[128]

Bereits seit Dohm hatte die Debatte um die Emanzipation von Juden in Preußen nationale und religiöse Argumentationen beinhaltet, doch erst in den 1840er Jahren gingen mit der Legitimierung des christlichen Staatsgedankens nationale Distanzierungen mit religiösen Ausschlussbegründungen eine unauflösliche Verbindung ein. Gleichzeitig erfuhr der Nationenbegriff eine zunehmend emotionale Konnotation, die sich insbesondere in der Nutzung von Begrifflichkeiten wie ›Liebe‹ und ›Hass‹ auch in der publizistischen Kontroverse über die ›Judenfrage‹ niederschlug. Diese Emotionalität kann nach drei Aspekten differenziert werden: erstens das sogenannte Nationalgefühl, zweitens menschliche Emotionen wie bspw. Liebe und Hass und drittens die Emotionen, die von den Betreffenden als nationale Eigentümlichkeiten gewertet wurden.[129] Insbesondere ein religiöser Radikalismus erstrebte eine Aussöhnung zwischen Protestantismus und Katholizismus auf Basis der deutschen Nation und eines gemeinsamen christlichen Glaubens.[130] Die Kombination dieser emotionalen und religiös-radikalen Ausrichtung des Nationalismus bewirkte seinen hohen Stellenwert innerhalb der Kontroverse um die ›Judenfrage‹ und bei der Konstruktion ›bürgerlicher Religiosität‹.

127 *Dr. Frank Z.*, Sonderheft, 1846, S. 3.

128 Vgl. dazu in Auswahl *Riesser*, Besorgnisse und Hoffnungen, 1842, S. 438; *Jost*, Juden im Preußischen Staate, 1842, S. 19 f.; *Anonymus*, Emancipationsfrage, 17.4.; 1.5.; 8.5.1841, S. 142; *Philippson*, Leitender Artikel, 19.3.; 9.4.1842, S. 209 und *Stern*, Judenthum, 1843, S. 142.

129 Vgl. *Francois/Siegrist/Vogel*, Die Nation, S. 15.

130 Vgl. *Meyer*, Judentum und Christentum, S. 205.

2.2 Bürgerliche Religiosität

Vor dem Hintergrund einer christlichen Staatsauffassung, der ausgesprochenen Verankerung des preußischen Monarchen im christlichen Glauben und der mehrheitlichen öffentlichen Ablehnung einer engen Verknüpfung zwischen Staat und Christentum nahmen die Fragen der individuellen religiösen Verankerung des Einzelnen, deren Ausgestaltung, Ausprägung und Reichweite eine immer wichtigere Stellung innerhalb der Selbstverständigung des Bürgertums ein. Die Überlegungen zu ›bürgerlicher Religiosität‹ hatten dabei massive Auswirkungen auf die Konzeptionen zum Umgang mit der jüdischen Minderheit und berührten zugleich Fragen nach nationalen, politischen, gesellschaftlichen und religiösen Zugehörigkeiten.

Der Ausdruck ›bürgerliche Religiosität‹[131] umfasst dabei verschiedene Mehrdeutigkeiten; auf der einen Seite bezeichnet der Begriff die jeweilige Religion des Bürgers, wodurch zugleich der Eindruck erweckt wird, bürgerliche Religiosität sei von derjenigen anderer Gruppen verschieden; zugleich offenbart der Begriff auch die ›Bürgerlichkeit einer Religion‹, die keiner bestimmten Gruppe zuzurechnen war. Außerdem stellt sich die Frage, inwiefern das zeitgenössische Verständnis von Frömmigkeit als spezifisch ›bürgerlich‹ bezeichnet werden kann.

Bei der Betrachtung des Verhältnisses von Religion und Bürgertum fällt zunächst ein zunehmender Austausch zwischen den verschiedenen Konfessionen auf. Es entwickelten sich, auch vor dem Hintergrund der öffentlichen Kontroverse, Wechselwirkungen zwischen unterschiedlichen christlichen Bekenntnissen, aber ebenso zwischen Judentum und Christentum. Bedingt durch konfessionelle Gegensätze entstanden teilweise voneinander abweichende (bürgerliche) Wertvorstellungen, aus denen sich wiederum divergierende Effekte für die Konstruktion von ›Bürgertum‹ entwickelten.[132] Eine besondere Attraktivität übte der Protestantismus aus, der sich zunehmend zu einer ›bürgerlichen Religion‹ transformierte. Es entstand ein Glaube, der die traditionelle Kirchenfrömmigkeit überformte, denn vor allem Bürgerliche suchten nach einer religiösen Weltanschauung, in der es möglich sein sollte, religiöse Inhalte mit individuellen Erfahrungen und den zeitgenössischen Entwicklungen in Einklang zu bringen. Eine zusätzliche Schwierigkeit bestand innerhalb bürgerlicher Gesellschaft in der konfessionellen Vermischung dieser Gemeinschaft. Trotz der zunehmenden Verständigung zwischen den christlichen Bekenntnissen standen die noch

131 Vgl. dazu *Schlögl*, Katholische Kirche; *Dülmen*, Religion und Gesellschaft und *Schieder*, Religion.

132 Vgl. *Blaschke*, Bürgertum und Bürgerlichkeit, S. 49.

bestehenden Unterschiede einer erfolgreichen bürgerlichen Homogenisierung im Wege.[133]

Das Christentum hatte zweifelsohne seinen allumfassenden Einfluss auf das Leben der Menschen verloren, dennoch wurden christliche Erklärungsmuster beibehalten und ›traditionelle Feindbilder‹ bewahrt. Prägend für den Vormärz war die immer enger werdende Verknüpfung von Religions- und Sittenlehre; die Unterweisung in der christlichen Religion wurde dadurch zu einer Anleitung sittlichen Handelns, sodass Moralität nicht ohne christliches Wissen zu verstehen war. Gleichzeitig entwickelte sich in der ›bürgerlicher Gesellschaft‹ eine Vorstellung von der permanenten Verbesserung des Menschen, was zu einer ethisierten christlichen Religion, verbunden mit neuen Bildungsinhalten, führte.[134] Dennoch blieben auch für das Bürgertum die ihm innewohnenden moralischen Überzeugungen christlich orientiert und dominiert,[135] während Kirche als Institution in den Hintergrund trat. Dabei zogen sich nicht nur bürgerliche Gruppierungen von der Institution Kirche zurück, vielmehr verlief dieser Prozess in allen sozialen Gruppen ähnlich, wodurch der Eindruck erweckt wurde, es stünde eine Epoche bevor, in der Religion und Kirche kaum noch eine Bedeutung beanspruchen könnten. In diesem Zusammenhang erschienen auch die jüdischen Religionsreformen nicht mehr nur als eine Anpassung an staatliche und öffentliche Forderungen, sondern vielmehr als Element einer generellen gesellschaftlich-religiösen Neuausrichtung und zugleich als Adaption bürgerlicher Vorstellungen.

Neue, vor allem wissenschaftliche Erkenntnisse führten dabei nicht zu einer inhaltlichen Revision religiöser Grundbegriffe, sondern mehrheitlich zu ihrer Verwerfung. Bedingt dadurch kam es zu einem Rückgang kirchlicher Bindungen, die auch empirisch nachgewiesen werden können.[136] Gemeindemitglieder vernachlässigten ihre religiösen Pflichten, kritisierten die kirchliche Dogmatik und entzogen sich der Mitwirkung am christlichen Leben. In gleichem Maß ließ der Einfluss der Kirche auf das gesellschaftliche Leben und staatliche Institutionen nach. Dieser Rückgang begann bereits Mitte des 18. Jahrhunderts und wurde mehrheitlich durch sozioökonomische Faktoren bedingt, führte jedoch nicht zu einer generellen ›Entchristlichung‹.[137]

Für die erste Hälfte des 19. Jahrhunderts kann somit lediglich von einer Teilsäkularisierung gesprochen werden, die insbesondere das religiöse Verhalten vor allem bürgerlicher Gruppen betraf. Zunehmend wurde der Funktions-

133 Vgl. ebd., S. 42.

134 Vgl. *Maurer*, Biographie des Bürgers, S. 617.

135 Vgl. ebd., S. 618.

136 So kam es zu einem deutlichen Rückgang der Kirchenbesuche, der Teilnahme am Abendmahl oder auch an Kirchenwahlen. Vgl. dazu *Hölscher*, Datenatlas; *ders.*, Möglichkeiten und Grenzen, S. 39–59.

137 Vgl. *Hölscher*, Säkularisierungsprozesse, S. 244 f.

zusammenhang zwischen Religion und Kirche entflochten, gleichzeitig entwickelten sich Formen von ›Säkularreligionen‹, die sich meist an innerweltlichen Deutungssystemen orientierten, so Bildung, Kunst oder Wissenschaft.[138] Innerhalb geselliger Kontakte konnte mithilfe gemeinsamer Werte nach neuen Beziehungen von Gesellschaft und Religion gesucht werden. Die wachsende Entfernung von der Institution Kirche bestimmte das Profil bürgerlicher Religion im 19. Jahrhundert. Diese Entwicklung bildete den sozialgeschichtlichen Hintergrund für eine weltanschauliche Neuorientierung,[139] denn nur dadurch war eine Abstimmung und Koordinierung zwischen Religion und Wissenschaft möglich. Die praktische ›Entkirchlichung‹ verlief dabei innerhalb der verschiedenen sozialen Gruppen durchaus unterschiedlich und führte dennoch zu einer detaillierteren Differenzierung zwischen kirchlicher und weltlicher Sozialordnung, die es ermöglichte, sich der kirchlichen Ordnung zu entziehen, ohne damit zugleich die weltliche Ordnung zu gefährden.[140] Trotz dieser durchaus umfassenden ›Entkirchlichung‹ verstanden sich bspw. auch Bildungsbürger als religiös, ohne der traditionellen Frömmigkeit anzuhängen. Ihre Religiosität war zugleich religionskritisch; so richteten sie sich gegen die traditionellen religiösen Dogmen, den kirchlichen Widerstand gegenüber einer säkular-bürgerlichen Kultur und die Absolutheit christlicher Moralvorstellungen.[141]

Die durch romantische Ideen bedingte ›Rekonfessionalisierung‹ seit den 1820er Jahren hatte zu einer verstärkten Exklusion Andersgläubiger geführt, doch ist der Umfang der ›Rekonfessionalisierung‹ nur schwer zu bestimmen, da es gleichzeitig zu einer weiteren Säkularisierung vor allem auf staatlicher Ebene kam. Die intensivierte Rückwendung zur Religion in bürgerlichen Gruppierungen beschränkte sich dabei nicht nur auf konservative Gruppen, sondern offenbarte einen doppelten Charakter. In konservativer Sichtweise entsprang die Besinnung auf christliche Grundlagen dem Geist der Restaurationszeit; sie war antirevolutionär ausgerichtet und verneinte die Vormachtstellung von Vernunft und Subjektivität. Die Anhänger dieser Denkrichtung waren bestrebt, die Endlichkeit des Menschen zu betonen und seine Bindungen an Tradition, Tugend, Treue, Gehorsam und Glauben zu befördern.[142] Sie fanden sich sowohl im protestantischen als auch im katholischen Lager, wobei die Anhänger der Romantik häufiger dem Katholizismus zugeneigt waren.[143] Aus ihren Reihen rekrutierten sich die Befürworter des Obrigkeitsstaates mit seiner engen Verbindung von Thron und Altar. Ein Teil der Reformer, Liberalen und Modernisierer wandte

138 Vgl. *Schieder*, Religion, S. 16.

139 Vgl. *Hölscher*, Bürgerliche Religiosität, S. 199 ff.

140 Vgl. *Hölscher*, Die Religion des Bürgers, S. 598.

141 Vgl. ebd., S. 616.

142 Vgl. z. B. *Rühs*, Die Rechte des Christenthums, 1816, S. 9 ff.

143 Anhänger der Romantik waren dabei durchaus zu einer Konversion zum Katholizismus bereit, so beispielsweise Friedrich Schlegel und Adam Müller.

sich ebenfalls christlichen Überzeugungen zu; so stand der religiöse Liberalismus zunehmend gleichberechtigt neben dem religiösen Konservatismus.[144] Die Besinnung auf das Christentum erfolgte somit zunächst überkonfessionell und ohne neue Konflikte hervorzubringen. Zeichen dafür waren die zeitweise Zunahme der Kirchenbesuche oder die Ausweitung des religiösen Vereinswesens. Erst im Laufe des 19. Jahrhunderts entwickelten sich aus dieser Tendenz spezifische Spannungen, die in ihrer Folge zu offenen Konflikten anwachsen sollten.

Die entgegengesetzten Prozesse von ›Entkirchlichung‹ und ›Rekonfessionalisierung‹ wirkten nachhaltig und zugleich destabilisierend auf die religiöse Fundierung bürgerlicher Gesellschaft. Vor dem Hintergrund zahlreicher Unsicherheiten, vor allem innerhalb des bürgerlichen Selbstverständnisses in religiöser Hinsicht, erschien die Beantwortung der ›Judenfrage‹ besonders kritisch und zugleich stark emotional aufgeladen. Der Bürger der ersten Hälfte des 19. Jahrhunderts verstand sich nicht als Atheist, auch wenn die Bedeutung der christlichen Religion auf seine Lebenswelt permanent zurückgedrängt wurde. Die kirchliche Dominanz ging verloren, dennoch blieb der Bürger ein Gläubiger.

Christliche Grundsätze blieben für die Schaffung bürgerlicher Gemeinsamkeiten unabdingbar. Unabhängig davon, dass der christliche Glaube nicht länger als politische Religion verstanden wurde, kam ihm für das bürgerliche Selbstverständnis weiterhin eine entscheidende Funktion zu.

In den 1840er Jahren erfolgte aufseiten christlicher Autoren eine verstärkte Betonung der Menschlichkeit von Juden. Juden wurden nicht mehr ausschließlich über ihren Glauben definiert oder als Fremde verstanden, sondern vielmehr war ein größer werdender Teil nichtjüdischer Publizisten bereit, den Menschen im Juden anzuerkennen[145] und ihm die damit zustehenden Menschenrechte zu gewähren.[146] Erst hier erfolgte endgültig und von einer größeren Anzahl von Autoren getragen eine Überarbeitung und Anpassung des überkommenen Judenbildes an zeitgenössische Gegebenheiten, in denen sich ein relativ großer Teil der jüdischen Minderheit, nicht nur in Aussehen und Sprache, sondern auch durch Reformen, ihrer Umwelt angeglichen hatte. Gerade die volle Akzeptanz der jüdischen Religionsreformen durch diese Meinungsgruppe muss als großer Fortschritt im Umgang mit der jüdischen Minderheit verstanden werden, denn nicht länger hofften christliche Publizisten, auf diesem Weg zu einer ›Auflösung des Judentums‹ auf Umwegen gelangen zu können.[147]

Doch selbst innerhalb dieser Auffassung bot sich noch die Möglichkeit, zwischen ›guten‹ und ›schlechten‹ Menschen zu unterscheiden, was wiederum Aus-

144 Vgl. *Nipperdey*, Deutsche Geschichte 1800–1866, S. 405.

145 Vgl. *Klee*, Emancipation der Juden, 1847, S. 2.

146 Vgl. *Rudolph*, Judenemancipation, 1847, S. 4; *Pinoff*, Der Judenkampf, 1845, S. 19 f.; *Nauwerck*, Die Sache der Juden, 14.8.1842, unpag. und *Clemens*, Der Juden Sache, 1843, S. 7–11.

147 Vgl. *Von einem christlichen preußischen Beamten [Hippel]*, Vorwärts oder Rückwärts, 27.9.1842, S. 314–316.

wirkungen auf die Bereitschaft hatte, aus dem ›jüdischen Menschen‹ einen ›jüdischen Bürger‹ oder einen ›jüdischen Staatsbürger‹ werden zu lassen.[148] Deutlich umstrittener war die auf Menschen- und Naturrecht basierende Frage nach der Gewährung von Glaubens- oder Gewissensfreiheit. In großen Teilen knüpften nichtchristliche Autoren die Glaubensfreiheit nicht an die Menschen-, sondern an die Bürgerrechte, wodurch Juden eine freie Ausübung ihres Glaubens untersagt werden konnte, solange sie nicht durch das Gesetz den übrigen Bürgern gleichgestellt waren.[149] Eine wirklich tolerante Haltung gegenüber der jüdischen Minderheit, verstanden als ›Geste der Humanität‹,[150] deren Toleranz sich auch auf den jüdischen Glauben erstreckte, fand sich trotz ihrer Anerkennung als Menschen kaum.[151]

Die in dieser Auffassung enthaltene neue Sicht auf Juden und Judentum, aber ebenso auf die Rolle des Glaubens für die staatliche, nationale, bürgerliche und menschliche Gemeinschaft erfuhr eine besonders weitreichende Interpretation in den Schriften der Junghegelianer.

Die Frage religiöser Toleranz muss dabei unabhängig von der jeweiligen religiösen Beziehung beantwortet werden. Denn abseits der persönlichen religiösen Verankerung stellte sich diese Frage auch innerhalb ›bürgerlicher Gesellschaft‹. Es war durchaus denkbar, dass tief im Christentum verwurzelte Autoren sich für religiöse Toleranz, auch gegenüber Juden, aussprachen, während liberale Autoren teilweise deutlich weniger tolerant waren und eine Gleichberechtigung in religiösen Fragen ablehnten. Die Auslegung ›religiöser Toleranz‹ konnte sehr verschieden sein, die entsprechenden Konzepte reichten von ›beschränkter Duldung‹ bis zu ›vollkommener Freiheit‹. Dabei lassen sich drei Grundauffassungen unterscheiden, deren Übergänge fließend waren.[152] Es standen sich erstens konfessionelle Staatseinheit, zweitens konfessionelle Pluralität auf christlicher Basis und drittens religiöse Neutralität als Konzepte gegenüber.

Grundsätzlich fiel es ›bürgerlicher Gesellschaft‹ schwer, ein tolerantes Verhalten in religiösen Belangen zu praktizieren, was auf die generelle Problematik hinwies, Andersglaubende zu akzeptieren bzw. ihnen tolerant zu begegnen. Meist erstreckte sich Toleranz nur auf diejenigen, die sich den gleichen Wahrheiten verpflichtet fühlten und diese zu praktizieren bereit waren. In diesem Zusammen-

148 Vgl. *[Hundt-Radowsy]*, Die Naturgeschichte der Juden, 1848, S. III.

149 Vgl. *G. P.*, Intoleranz und Toleranz, 1841, S. 56 f.

150 Vgl. *Waller*, Judengesetz, 1842, S. 17; *Anonymus*, Die Juden, 16.7.; 31.7.; 1.8.1842, Sp. 1700.

151 Vgl. *Freund*, Umgestaltung der bürgerlichen Verhältnisse, 1842, S. 7; *Eisenberg*, Staat und Religion, 1844, S. 39, 62, 171; *Rudolph*, Judenemancipation, 1847, S. 4; *Honigmann*, Das Judenthum, 15.12.; 22.12.1844, S. 401; *Anonymus*, Reformbestrebungen und Emancipation, 1846, S. 224 f.; *Sidori [Kaim]*, Geschichte der Juden, 1840, S. 67; *König*, Kirche des Preußischen Staates, 1843, S. 51 f.

152 Für das Folgende vgl. *Schoeps*, Deutsch-jüdische Symbiose, S. 29.

hang offenbarte sich, dass die christlichen Kirchen bzw. das christliche Gedankengut ihren prägenden Einfluss auf Staat und Lebenswirklichkeit nicht verloren hatten. Religiöse Verankerungen blieben direkt oder indirekt prägend, auch für diejenigen, die sich öffentlich von ihrer christlichen Gebundenheit lossagten.

Bürgerlicher Gesellschaft gelang es trotz ihrer grundsätzlich liberal dominierten Ausrichtung nicht, überreligiöse Gemeinsamkeiten zu schaffen, durch die eine Integration Andersgläubiger möglich geworden wäre. Zwar wurde das Naturrecht rezipiert, aber kaum versucht, auf eine aktive Umsetzung hinzuwirken. Zugleich gelang es nur unzureichend, zu definieren, in welchem Umfang das Vorhandensein einer christlichen Frömmigkeit Bedingung für die Zugehörigkeit zu bürgerlicher Gesellschaft sein sollte. Mehrheitlich bildete Frömmigkeit eine Voraussetzung für einen ›wahren Bürger‹, doch waren die Meinungen darüber, ob eine christliche Ausrichtung dieser Frömmigkeit notwendig sei oder eine allgemeine Frömmigkeit ausreichen würde, geteilt.

Die Konzeption einer säkularen Kultur im Mittelpunkt der Selbstorganisation bürgerlicher Gruppierungen führte nur im Zusammenspiel mit liberalen Überzeugungen zu differenzierten kulturellen Deutungsmustern und sozialen Organisationsformen. Doch auch in den Äußerungen liberaler Autoren blieb christliche Religion ein grundlegender Faktor dieser Vergemeinschaftung. Der Umfang des christlichen Einflusses auf den einzelnen Bürger war dabei durchaus verschieden und reichte von einer freien, säkularisierten Frömmigkeit bis zu einem stark gebundenen Glauben.[153]

Grundsätzlich wurde aber bei allen Nichtjuden an der Universalität des Christentums festgehalten, denn vor allem dadurch hofften sie, eine gefestigte Untertanengemeinschaft aufrechterhalten zu können. Dem in Preußen dominierenden Protestantismus war es in gewissen Grenzen gelungen, sich der bürgerlichen Lebenswelt gegenüber zu öffnen und in Teilen bürgerlichen Denkweisen und Lebenswelten anzugleichen.[154] Strukturelle dogmatische Veränderungen innerhalb der protestantischen Kirche waren kaum festzustellen, doch kam es zu einem Wandel im protestantischen Erscheinungsbild allein dadurch, dass problematische Themen nicht mehr debattiert und Konfliktfelder umgangen wurden. Mithilfe der Betonung bürgerlicher Tugenden, auf Grundlage christlicher Werte und unter Vernachlässigung transzendentaler Überzeugungen konnte sich der Protestantismus den Anstrich einer ›bürgerlichen Religion‹ verleihen. Wie einflussreich religiöse Überzeugungen im Leben des einzelnen Bürgers waren, kann am besten an der jeweiligen Haltung gegenüber einer jüdischen Integration abgelesen werden.

153 Vgl. *Kuhlemann*, Bürgertum und Religion.

154 Dabei konnte der lutherische Protestantismus auf eine besondere, innere Affinität zum Bürgertum zurückgreifen. So waren seine Träger, sowohl durch ihre soziale Herkunft als auch durch ihre Mentalität, bereits Bürger. Vgl. *Maurer*, Biographie des Bürgers, S. 227.

2.3 Die Begründung der ›Judenfrage‹

Die ›Judenfrage‹ als einer der zentralen Begriffe des 19. Jahrhunderts entstand in dem Moment, als die zunehmend kontroverse Beschäftigung mit Juden und ihrer Stellung in Staat und Gesellschaft dazu geführt hatte, dass ›Emanzipation‹ als bevorzugtes Konzept für den Umgang mit Juden nicht länger ausreichte, um alle Facetten der Problematik, die durch das Zusammen bzw. Nebeneinanderleben von Juden und Nichtjuden entstanden waren, ausreichend zu beschreiben. Insbesondere Emanzipationsgegner suchten nach neuen Begrifflichkeiten, mit deren Hilfe sie die ihrer Meinung nach bestehenden Schwierigkeiten benennen konnten. Diese Problemlage veränderte und verschärfte sich, denn einerseits erfüllten ›jüdische Bürger‹ die mit dem Emanzipationsversprechen verbundenen Forderungen in immer größerem Umfang, andererseits erweiterten Nichtjuden ihren Forderungskatalog beständig, einhergehend mit der theoretischen Fundierung eines ›christlichen Staates‹. Dennoch gelang es den Emanzipationsgegnern weder, Juden dauerhaft und überzeugend von nichtjüdischen Gesellschaftsmitgliedern zu isolieren, noch sie in ihrem Sinn (durch eine Konversion) zu integrieren. Die Stimmen, die sich gegen eine Emanzipation von Juden aussprachen, häuften sich dabei spätestens seit Mitte der 1830er Jahre. Ihnen erschienen die Begriffe ›Emanzipation‹ und ›bürgerliche Verbesserung‹ als nicht mehr treffend genug für die Umschreibung der schwierigen Existenz von Juden unter, zwischen und neben Nichtjuden.

Der Begriff ›Judenfrage‹ wurde zu Beginn der 1840er Jahre von einem Gegner der jüdischen Emanzipation geprägt und von jüdischer Seite alsbald zur Beschreibung ihrer Selbstbefindlichkeit übernommen.[155] Das Problem, das sich hinter diesem Wort verbarg, war dabei deutlich älter, in seinem vollen Umfang aber nicht explizit bezeichnet worden.[156] Die umfangreichen Überlegungen zu einem Miteinander von Juden und Nichtjuden und die damit einhergehenden unterschiedlichen und sich zum Teil überlagernden Konzepte wurden seit Ende der 1830er Jahre unter der Bezeichnung ›jüdische Frage‹ subsumiert.[157] Am Beginn dieser Entwicklung standen zwei Artikel aus dem Jahr 1838;[158] sie vollzo-

155 Zur Begriffsgeschichte vgl. *Benz*, Die ›Judenfrage‹; *Weltsch*, Die deutsche Judenfrage; *Toury*, The Jewish Question; *Bein*, Die Judenfrage, Bd. 1, S. 1 ff. und Bd. 2, S. 3 ff. Zur Verwendung des Begriffes vgl. auch *Brammer*, Judenpolitik und Judengesetzgebung. S. 264–274; *Auerbach*, The Jewish Question; *Freund*, Die deutsche Judenfrage, S. 151–170.

156 Vgl. *Funkenstein*, Jüdische Geschichte, S. 153.

157 Innerhalb der Auseinandersetzung um die jüdische Emanzipation gebrauchte H. E. G. Paulus den Begriff 1831 als Erster. »Nach der Art unseres aufgeregten Zeitmoments [...] macht, so viel ich höre, eine kleine Schrift [...] für die jetzt in Bewegung gebrachte jüdische Frage einiges Aufsehen.« *Paulus*, Die jüdische Nationalabsonderung, 1830, S. 85.

158 Vgl. *Anonymus*, Die jüdische Frage, 1838 und *A. M. [Kölle]*, Lösung der jüdischen Frage, 1838.

gen bereits eine vorsichtige Ablösung von dem bisher dominanten Begriff der Emanzipation als Lösungskonzept und bezeichneten die Problematik jüdischer Existenz als ›jüdische Frage‹.

Beide Artikel betrachteten die ›jüdische Frage‹ als die Suche der Regierungen und Regierten nach einer Antwort darauf, ob die Emanzipation von Juden in die bestehenden ›christlichen Staaten‹ als günstig oder gefährlich beurteilt werden müsse und ob der Vernunft oder der Religion ein höherer Stellenwert zukommen solle.[159] Der Schwerpunkt der ›jüdischen Frage‹ fand sich hier in den Betrachtungen zur religiösen Verschiedenheit von Juden und Christen, anhand derer eine Beurteilung der Chancen und Folgen einer politischen und sozialen Integration von Juden erfolgen sollte.[160] Eine Lösung dieser Frage liege dabei im Interesse von Juden und Deutschen, denn Staat und Volk sollten bestrebt sein, die Kräfte von Juden zu ihrem Vorteil zu nutzen.[161] Trotz dieser gemeinsamen Definition fielen die Lösungsvorschläge sehr verschieden aus. Ein anonymer Autor sah eine temporäre Lösung der ›jüdischen Frage‹ in einer öffentlichen und privatrechtlichen Gleichstellung von Juden, die aber auf keinen Fall den Bereich des Politischen und des Religiösen beinhalten sollte. Eine solche Maßnahme würde auf jüdischer Seite Misstrauen und Ablehnung gegenüber Christen abbauen, was eine künftige Verständigung auf privater Ebene ermögliche.[162] Grundlegend beließ er der christlichen Religion einen hohen Stellenwert, sodass es ihm unmöglich erschien, Juden als Juden in einen christlichen Staat aufzunehmen.[163] Friedrich von Kölle hingegen bevorzugte eine abgestufte, aber vollständige Erteilung bürgerlicher Rechte und legte die damit verbundene »religiöse Befreiung« und »sociale Emancipation«[164] in die Hände von Juden, da eine solche Entwicklung nicht staatlich geboten werden könne.

Beide Artikel boten mit der Bezeichnung ›jüdische Frage‹ eine neue sprachliche Formel für die Problematik der jüdischen Sonderexistenz an. Dabei beschränkten sie sich inhaltlich weiterhin auf die Frage nach den Grenzen, Chancen, Möglichkeiten und Gefahren einer Integration von Juden in die bestehende Gesellschaft – neue Lösungsvorschläge verhandelten diese Aufsätze nicht.

Erst mit dem Gebrauch der Formulierung ›Judenfrage‹ durch Bruno Bauer und Karl Marx erreichten die Überlegungen zur jüdischen Separatexistenz eine neue Dimension.[165] Bauer veröffentlichte seine Artikel »Zur Judenfrage«[166] und

159 Vgl. *Anonymus*, Die jüdische Frage, 1838, S. 387.

160 Vgl. *A. M. [Kölle]*, Lösung der jüdischen Frage, 1838, S. 249–253.

161 Vgl. ebd., S. 253.

162 Vgl. *Anonymus*, Die jüdische Frage, 1838, S. 396.

163 Vgl. ebd., S. 387 ff.

164 *A. M. [Kölle]*, Lösung der jüdischen Frage, 1838, S. 257.

165 Der Begriff ›Judenfrage‹ fand sich zwischen 1740 und 1747 in den Titeln von 18 Einzelschriften und 22 Artikeln.

166 *Bauer*, Die Judenfrage, 17.–19.11.; 21.–26.11.1842 wurde danach als eigenständige Schrift veröffentlicht (*ders.*, Die Juden-Frage, 1842).

»Die Fähigkeit der heutigen Juden und Christen, frei zu werden«[167] in den Jahren 1842 und 1843. In seinen Abhandlungen verurteilte er die jüdische Religion und lehnte ihre Gleichberechtigung vehement ab. Den Begriff ›Emanzipation‹ rückte er im Vergleich zu den Schriften aus den 1830er Jahren deutlich in den Hintergrund. Auch wenn er für die ›Judenfrage‹ noch keine eindeutige Definition anbot, ließen seine Schriften erkennen, dass ›Emanzipation‹ und ›bürgerliche Verbesserung‹ nicht mehr ausreichten, um die entsprechende Problematik und ihre Lösungsdimensionen zu charakterisieren.[168] In seinen Artikeln wird erkennbar, dass er versuchte, den gesamten Problemkomplex jüdischer Existenz begrifflich zu fassen, den gegenwärtigen Zustand zu charakterisieren und erst danach verschiedene Lösungsvorschläge zu unterbreiten.

Infolge seiner Betrachtungen machte Bauer das Judentum für den christlichen Hass gegen die jüdische Religion verantwortlich, da das Christentum von diesem den »Eifer, die Ausschließlichkeit und die polemische Richtung gegen Alles, was ihr widerspricht«[169] übernommen habe. So sollten sich Juden zunächst von ihrer Religion emanzipieren, da sie eine erstarrte Tradition verkörpere und keinen Platz in einer ›neuen Gesellschaft‹ beanspruchen dürfe. Ein Nebeneinander beider Religionen erachtete er für unmöglich, denn da beide überzeugt seien, die absolute Wahrheit zu verkörpern, befänden sie sich in einem unüberwindbaren Gegensatz.[170] Parallel dazu bestritt Bauer die Berechtigung der jüdischen Forderungen nach Emanzipation wie auch die Fähigkeit der Christen, Juden zu emanzipieren, da sich Christen selbst in einem Abhängigkeitsverhältnis befänden.[171] Hinzu kam eine neue Interpretation von Religions- und Glaubensfreiheit, denn für Bauer bestand die Religionsfreiheit nicht in der Tatsache, dass allen Religionen gleiche Rechte zukommen sollten, vielmehr bedeutete sie für ihn Freiheit von Religion.[172] Erst die Realisation dieser Aufgabe könne eine wirkliche Gleichberechtigung von Juden und Christen als Menschen ermöglichen. Dies führte ihn zu seiner zweiten Betrachtungsebene: der Forderung nach einer allgemeinen menschlichen Emanzipation; denn nur wenn sich Menschen als Menschen emanzipierten, würden keine Unterschiede mehr zwischen ihnen bestehen.[173] Bauer befürwortete die Auflösung des Judentums, ordnete diesen Wunsch aber in die Forderung nach einem Ende aller Religionen ein.[174] Gleichzeitig beurteilte er unter dem Begriff ›Judenfrage‹ die Chancen und Mög-

167 Vgl. *Bauer*, Fähigkeit der Juden, 1843.

168 Vgl. *Brammer*, Judenpolitik und Judengesetzgebung, S. 273.

169 *Bauer*, Die Juden-Frage, 1842, S. 18.

170 Vgl. ebd., S. 16.

171 »Wer selbst nicht frei ist, kann auch Andern nicht zur Freiheit verhelfen. Der Knecht kann nicht emancipiren.« Ebd., S. 60.

172 Vgl. ebd., S. 68.

173 Vgl. ebd., S. 19f.

174 Vgl. *Bauer*, Fähigkeit der Juden, 1843, S. 57–60.

lichkeiten einer jüdischen Emanzipation und diagnostizierte, dass eine solche für Juden ungleich schwerer sei als für Christen, da sie sich aus einem niederen Glauben erheben und nicht nur ihrer Religion, sondern auch ihrer Nationalität entsagen müssten, um frei zu werden.[175]

Die publizistische Auseinandersetzung um die Aufsätze von Bauer eröffnete vollkommen neue Sichtweisen der Emanzipation von Juden, gleichzeitig wurde in dieser Debatte der Begriff ›Judenfrage‹ etabliert.[176] Die dadurch initiierte Auseinandersetzung drang jedoch nur bedingt in die öffentliche Wahrnehmung vor, da die Emanzipationsdebatte neben der Kontroverse um Bruno Bauer fortgeführt wurde – es kam somit zu einem Nebeneinander von zwei unterschiedlichen Begriffen und Kontroversen über denselben Gegenstand.

Besonders im preußischen Rheinland fanden sich die Frage der Judenemanzipation und die Haltung Bauers 1843 in einer umfangreichen Tagesdiskussion wieder, denn rheinische Bürger glaubten mit Bauers Argumentation ein Mittel gefunden zu haben, um sich selbst von der preußischen Vormachtstellung zu emanzipieren.[177] Vornehmlich in den Zeitschriften und Journalen intensivierte sich die Auseinandersetzung, aus denen wiederum die jüdischen Zeitungen hervorstachen. In nichtjüdischen Zeitschriften erschienen hingegen nur drei Artikel, deren Autoren Bauer zustimmten und keine Kritik an seinen Überzeugungen zum Ausdruck brachten.[178] Konservative Christen befürworteten die Analysen Bauers im Hinblick auf seine an Juden gerichteten Forderungen und die Zustandsbeschreibung der jüdischen Gemeinschaft. Sie gaben Juden die Verantwortung für ihre Emanzipation in die Hand und erachteten eine Gleichberechtigung nur dann für möglich, wenn Juden ihre nationalen Hoffnungen und ihren abschließenden Separatismus aufzugeben bereit seien, um dadurch »in Deutschland Deutsche, in Frankreich Franzosen«[179] zu werden.

Im Unterschied zu den jüdischen Reaktionen auf die Begriffe ›bürgerliche Verbesserung‹ und ›Emanzipation‹, die eher verhalten waren, erfolgte von jüdischer Seite eine massive Auseinandersetzung mit dem Begriff der ›Judenfrage‹ und vor allem Bauers Verständnis davon. Jüdische Autoren prognostizierten, dass Bauers Artikel nur die Vorläufer weiterer Angriffe auf die jüdischen Bemühungen um Integration sein würden. Dies erfordere ein sofortiges Entgegentreten, um zu zeigen, dass Bauer das Judentum einseitig beurteile.[180] Die ›Judenfrage‹ beinhalte nicht die Frage nach einer Lösung vom Judentum, sondern

175 Vgl. ebd., S. 60 f., 65 f. und 71.

176 Zur Publikation von Bauer können mehr als zwanzig direkte Entgegnungen ausgemacht werden.

177 Vgl. *Claussen*, Grenzen der Aufklärung, S. 93 f.

178 Vgl. *Gustav Julius*, Bruno Bauer, 1844; *Louis*, Wigand's Vierteljahresschrift, 1844 und *Köppen*, Broschüren über Judenfrage, 1845.

179 *Ghillany*, Die Judenfrage, 1843, S. 46.

180 Vgl. *Philippson*, Wider Bruno Bauer, 3.12.1842, S. 698.

nach »Freiheit und Recht ... Menschenglück und Unbeschränktheit der Überzeugung«[181]. In diesem Zusammenhang stellte die ›Judenfrage‹ nur einen Teilaspekt dar, grundlegend war die Durchsetzung religiöser Freiheit und Gleichheit vor dem Gesetz ohne Rücksicht auf das jeweilige Glaubensbekenntnis. Das bürgerlichpolitische Recht und das religiöse Bewusstsein sollten unabhängig, nebeneinander existieren dürfen; so liege die Lösung der ›Judenfrage‹ ausschließlich im Prinzip der Gewissensfreiheit. Juden betonten diesen Grundsatz und bestritten die Überzeugung Bauers, bei der ›Judenfrage‹ handle es sich ausschließlich um eine Frage der Religion.[182] Darin manifestierte sich erstmals ein völlig unterschiedliches Verständnis eines Begriffs bei jüdischen und nichtjüdischen Autoren.

Grundlegend für die weitere semantische Entwicklung waren die 1843 und 1844 veröffentlichten Schriften von Karl Marx, in denen er den Begriff ›Judenfrage‹ von Bauer übernahm.[183] Durch ihn wurde neben der religiösen, sozialen und politischen auch eine neuartige, explizit wirtschaftliche Komponente in die Debatte eingeführt. Betrachtet man die ›Judenfrage‹ als einen auf vier Ebenen differenzierten Gesamtkomplex (Religion, Politik, Gesellschaft und Wirtschaft), kann von der vollständigen Ausprägung der ›Judenfrage‹ erst seit der Marx'schen Schrift gesprochen werden, denn bis zu dieser Publikation war eine detaillierte Analyse der wirtschaftlichen Dimension nicht erfolgt. Marx verlagerte den Schwerpunkt der Auseinandersetzung mit dem Judentum von der religiösnational-gesellschaftlichen auf die ökonomische Ebene. Zwar hatte auch in den vorangegangenen Debatten die wirtschaftliche Stellung von Juden eine Rolle gespielt, doch waren die Betrachtungen dazu nur schwach ausgeprägt gewesen.[184] Marx hingegen konzentrierte die ›Judenfrage‹ auf die zunehmende Bedeutung von Juden für die einsetzende kapitalistische Umgestaltung. Religiöse Argumente gegen das Judentum fanden sich aus diesem Grund in einem nur geringen Umfang; ebenso erfuhren politische Ausgrenzungsmechanismen, so z. B. die Theorie von einer eigenständigen jüdischen Nation, bei ihm kaum Berücksichtigung. Er begründete diese Begrenzung der ›Judenfrage‹ damit, dass, selbst wenn sowohl das Christentum als Staatsreligion als auch das Judentum zum Verschwinden gebracht würden, Juden als kleine Wirtschaftselite identifi-

181 *Philippson*, Antibaueriana, 6.5.; 15.5.1843, S. 292

182 Vgl. *Riesser*, Die Judenfrage, 1843/44, Bd. 2, S. 20 f.

183 Die Schrift von Karl Marx ›Zur Judenfrage‹ erschien in Form von zwei separaten Aufsätzen, die sich mit den Positionen Bauers auseinandersetzten: *Marx*, Zur Judenfrage, 1844a; *ders.*, Zur Judenfrage, 1844b.

184 Mehrheitlich konzentrierten sich die Betrachtungen zur wirtschaftlichen Betätigung von Juden auf ihre vorgebliche Schädlichkeit, ausführliche Analysen finden sich hingegen nicht, wie auch die Änderung der jüdischen Berufsstruktur kaum noch thematisiert wurde. Vgl. dazu in Auswahl *[Liesching]*, Die Jeune Allemagne, 1836, S. 18 f.; *Frey [Cunow]*, Die Juden, 1831, S. 20 und 27; *J. P.*, Die Juden betreffend, 25.9.1834, Sp. 3154 und *Von einem monarchisch gesinnten Volksfreunde*, Verbesserung der Juden, 14.2.1831, S. 617.

zierbar bleiben würden.[185] Die religiöse Komponente der Marx'schen Schrift beschränkte sich auf eine allgemeine Religionskritik, wovon Juden und Christentum in gleichem Umfang betroffen waren. Im religiösen Bereich fanden sich für Marx keine Hindernisse, um eine gesellschaftliche und politische Integration zu realisieren, denn er bestritt die Vorherrschaft des Christentums als Staatsreligion und plädierte für eine vollständige Trennung von Staat und Religion.[186] Wenn dieser Schritt vollzogen sei, könne die ›wirkliche Emanzipation‹ des Menschen in Angriff genommen werden. Im Unterschied dazu musste eine politische Gleichberechtigung bei Marx nicht zwingend mit der Aufgabe der Religion einhergehen, da die Zugehörigkeit zu einem bestimmten Glauben nicht zur Vorbedingung einer rechtlichen Gleichberechtigung gemacht werden dürfe.[187] Ungleich umfangreicher als die religiösen und politischen Betrachtungen zur ›Judenfrage‹ waren in Marx' Publikationen die ökonomischen Analysen.

Für ihn hatten sich Juden bereits auf jüdische Art und Weise emanzipiert, indem sie die Herrschaft des Geldes hervorgebracht hätten und die Welt durch ihre kapitalistischen Organisationsstrukturen prägen würden. Da Juden diesen Geist auch auf Christen übertragen hätten, stelle sich die gesamte ›bürgerliche Gesellschaft‹ als vom Judentum durchwirkt dar, und nur unter dieser Bedingung habe der ›Geist des Judentums‹[188] seine volle Ausprägung erreichen können. Daraus leitete Marx eine ›Neudefinition‹ des Judentums ab, in der der Grund des Judentums der Eigennutz, der Kult der Juden der Schacher und der weltliche Gott der Juden das Geld waren.[189] In dieser Konzeption wurde deutlich, dass es bei Marx zwei verschiedene Formen des Judentums gab. Die erste Form, das religiöse Judentum, sah er in keinem Gegensatz zu den Gegebenheiten ›bürgerlicher Gesellschaft‹ befangen und erkannte keine Hindernisse auf dem Weg zu einer vollständigen Emanzipation. Die zweite und für Marx entscheidendere Form orientierte sich an den weltlichen Aspekten des Judentums; und hier sah er die eigentliche Gefahr, denn ›bürgerliche Gesellschaft‹ sei bereits vollkommen mit jüdisch-kapitalistischen Elementen durchsetzt und werde dadurch zu einem immer stärkeren Ausdruck des menschlichen (bzw. jüdischen) Egoismus.[190] Entscheidend bei der Etablierung dieser unterschiedlichen Betrachtungsebenen war die Tatsache, dass die ›Judenfrage‹, da sie nicht ausschließlich politisch sei, in keinem Fall durch eine politische Emanzipation gelöst werden könne, sodass sich im Gesamtkonzept der Marx'schen Theorie für die ›Judenfrage‹ nur eine Lösungsmöglichkeit anbot – die Auflösung der bestehenden Gesellschaft einschließlich

185 Vgl. *Dubnow*, Geschichte des jüdischen Volkes, S. 131 f.
186 Vgl. *Marx*, Zur Judenfrage, S. 20.
187 Vgl. *Haug*, Antisemitismus, S. 237.
188 Vgl. *Marx*, Zur Judenfrage, S. 43 ff.
189 Vgl. ebd., S. 42 und 47.
190 Vgl. ebd., S. 43.

ihrer kapitalistischen Wirtschaftsstrukturen. Nur durch eine solche Entwicklung könne die Beschränkung der Gesellschaft auf Geld und Schacher beendet werden.[191] Da diese wiederum Elemente des Judentums und die bestimmenden charakteristischen Merkmale von Juden darstellen würden, war bei Marx das Ende der kapitalistischen Gesellschaft gleichbedeutend mit der Emanzipation der Menschheit vom Judentum; so fand sich die Lösung der ›Judenfrage‹ erst in einer allgemeinen menschlichen Emanzipation.[192]

In Marx' Schrift finden sich somit zwei Aspekte – ein antikapitalistischer und ein antijüdischer. ›Bürgerliche Gesellschaft‹ erscheint bei ihm als eine vom Handel (Schacher) abhängige Ordnung, die von egoistischen Motiven dominiert wird. Sowohl Handel als auch Egoismus werden von Marx als jüdische Eigenschaften dargestellt. Er konzentrierte den Gehalt des Judentums auf eine wirtschaftliche Dimension und vernachlässigte den religiösen und kulturellen Inhalt; letztendlich präsentierte er ebenfalls ein Zerrbild.[193] Die Marx'schen Äußerungen zum Charakter des Judentums sind häufig als judenfeindlich gewertet worden, was sie ihrem Wortgehalt nach auch sind. Doch Marx verfolgte ein anderes Ziel als die Mehrheit judenfeindlicher und emanzipationskritischer Autoren, indem er nachzuweisen versuchte, dass die ›Judenfrage‹ erst in einer menschlich emanzipierten Gesellschaft verschwinden werde.[194] Nichtsdestotrotz befürwortete Marx die Forderung von Juden nach einer Gleichstellung im Sinn von Staatsbürgerschaft und Bürgerrechten, da ihre Aufnahme in den Staatsverband die private Entscheidung der religiösen Zugehörigkeit nicht berühre. Eine solche Integration habe, entgegen der Auffassung von Bauer, jedoch keinerlei Bezüge zu einer wirklichen, menschlichen Emanzipation. Vielmehr sei sie nur ein erster Schritt, denn die Emanzipation des Staates von jeder religiösen Bevormundung sei noch nicht gleichbedeutend mit der Emanzipation des Menschen von Religion.[195]

Marx' Schrift ›Zur Judenfrage‹ beabsichtigte keine Auseinandersetzung mit dem Juden bzw. Christentum, sondern vielmehr eine Charakterisierung ›bürgerlicher Gesellschaft‹ als kapitalistisch geprägte und somit jüdische Gesellschaft. Es gelang ihm dadurch, Egoismus und Eigennutz als ihre bestimmenden Merkmale herauszustellen, was aber nicht dem Ziel diente, Juden als Minderheit weiterhin ausgrenzen zu können. Vielmehr richtete sich Marx gegen die ökonomischen Funktionsweisen ›bürgerlicher Gesellschaft‹; indem er diese und das Judentum gleichsetzte, konnte er die vollständige Integration und Emanzipation von Juden in eben diese bürgerlichkapitalistische Gesellschaft fordern, da Juden

191 Vgl. ebd., S. 42 und 49.
192 Vgl. ebd., S. 42.
193 Vgl. *Dubnow*, Geschichte des jüdischen Volkes, S. 132.
194 Vgl. *Schoeps*, Das Gewaltsyndrom, S. 159.
195 Vgl. *Marx*, Zur Judenfrage, S. 26.

die bestimmenden Kriterien vollkommen erfüllen würden und es keine trennenden Faktoren gebe, die einen weiteren Ausschluss rechtfertigen würden.[196]

In seinen späteren Schriften schwächten sich die Anschuldigungen und Vorwürfe gegenüber Juden ab. Sein Interesse an der Judenfrage schien nach diesen Veröffentlichungen jedoch zurückzugehen, sodass sich in seiner Hauptschrift, dem »Kapital«, kaum Bezüge auf Juden fanden und er auch von ihrer wirtschaftlichen Bedeutung immer weniger überzeugt schien.[197]

Marx teilte viele antijüdische Vorurteile seiner Zeit, trat aber dennoch für eine Emanzipation von Juden ein; nicht, weil er für ihre gesonderte Existenz Verständnis gehabt hätte, sondern weil er keine schlüssigen Gründe für einen weiteren Ausschluss von Juden ausmachen konnte. Gleichzeitig stellte die jüdische Emanzipation eine Maßnahme gegen den angenommenen christlichen Staat dar.

Marx' Schrift hatte keine bedeutende Auswirkung auf andere Publizisten, und es kam nach ihrem Erscheinen auch zu keiner einheitlichen jüdischen Antwort auf seine Äußerungen, sondern zu einer Vielzahl unterschiedlicher Reaktionen.[198]

Im Umfeld der Junghegelianer entwickelte sich infolge der Schriften von Bauer und Marx eine auf einen kleinen Personenkreis konzentrierte, eigenständige Kontroverse, die sich nur schwer in die allgemeine öffentliche Auseinandersetzung um die ›Judenfrage‹ integrieren ließ. Die Junghegelianer bildeten eine Gruppierung deutscher Intellektueller, deren wichtigste Vertreter mittelbare oder unmittelbare Schüler Hegels gewesen waren. Zu ihnen gehörten unter anderem D. F. Strauss, Bruno und Edgar Bauer, L. Feuerbach, A. Ruge, K. Marx, F. Engels und F. Lassalle – bei ihnen schien die religiöse Herkunft erstmals keine Rolle zu spielen. Mehrheitlich äußerten sich diese Personen innerhalb unterschiedlich gelagerter Publikationen zur Frage der jüdischen Integration. In den 40er Jahren politisierten sich ihre Theorien zunehmend, wodurch sie in die kritische Wahrnehmung der deutschen Regierungen gerieten. Die Junghegelianer wiesen sowohl Religionen als auch gesellschaftliche Traditionen zurück und versuchten Gesellschaft nach neuen Prinzipien umzugestalten;[199] in diesem Verständnis enthalten war eine massive Religions- und Gesellschaftskritik, einhergehend mit der Ablehnung eines christlich verankerten Staates.[200] Sie beabsichtigten, den Menschen aus seiner religiösen Beschränktheit in die Freiheit zu führen.[201] Insbesondere Marx verlangte die Aufhebung aller Religionen und der Verknüpfung von Staat und Glauben. Dabei zerstöre die Emanzipation des

196 Vgl. ebd., S. 13 ff.

197 Vgl. dazu *Silberner*, Kommunisten zur Judenfrage, S. 29 ff.

198 Vgl. *Jacobs*, Sozialisten, S. 15.

199 Vgl. *Katz*, Aus dem Ghetto, S. 220.

200 Vgl. *Bauer*, Bruno Bauer, 1842, S. 24 ff. Ebenso bei *Strauß*, Die christliche Glaubenslehre, 1840/41.

201 Vgl. *Bauer*, Die Juden-Frage, 1842, S. 21.

Menschen von der Religion diese nicht, führe sie jedoch zurück in den Bereich des Privaten.[202] In einer solchen Konzeption war die gleichberechtigte Einbeziehung von Juden als Juden theoretisch möglich, doch sollten auch Juden ihre umfassende religiöse Verankerung aufgeben und sich nicht länger von religiösen Ansichten unterdrücken lassen. Die Auseinandersetzungen von Junghegelianern mit der ›Judenfrage‹ stellten nur einen Nebenschauplatz dar, der dennoch das Meinungsspektrum zu erweitern in der Lage war. Das wichtigste Publikationsorgan der Junghegelianer waren die 1838 von Ruge gegründeten »Hallischen Jahrbücher für deutsche Wissenschaft und Kunst«.[203]

Zeitnah auf die vorangegangenen Publikationen von Marx und Bauer reagierte Karl Grün. Er argumentierte insbesondere gegen den christlichen Staatsgedanken; für ihn bildete die Frage nach dem Verhältnis zwischen Judentum und Christentum nicht länger eine staatliche, sondern zunehmend eine rein theologische. Ein christlicher Staat habe nie existiert, da Weltlichkeit und Religion keine so enge Bindung eingehen könnten und Christus nie beabsichtigt habe, einen Staat zu gründen, sondern lediglich eine geistige Vereinigung von Menschen angestrebt habe.[204] Der Lösung der ›Judenfrage‹ im Sinne der Herstellung einer allgemeinen Freiheit kam bei ihm oberste Priorität zu, da erst unter dieser Voraussetzung und infolge der Überwindung von Religion »der Mensch materiell und geistig gedeihen«[205] könne.

Hermann Jellinek war innerhalb der Junghegelianer einer der wenigen, die sich über einen längeren Zeitraum der ›Judenfrage‹ zuwandten. Zunächst reagierte er 1843 mit einer im »Orient« erschienenen Rezension zur Schrift Bauers; er argumentierte ebenfalls für eine Emanzipation des Menschen von der Religion, in deren Zusammenhang die ›Judenfrage‹ einer Lösung zugeführt werden könne.[206] 1847, auf dem Höhepunkt der preußischen Beratungen zu einem neuen Judengesetz, konzentrierte Jellinek seine Überzeugungen nochmals in einer separaten Schrift, in der er betonte, dass die ›Judenfrage‹ nicht in der Frage bestehe, ob Juden zu einer Emanzipation bereit oder fähig seien, sondern vielmehr in der Forderung nach politischer Freiheit.[207] In diesem Zusammenhang unterzog er die bisherigen jüdischen Versuche, auf eine Emanzipation hinzu-

202 Vgl. ebd., S. 26.

203 Seit 1841 nannten sie sich »Deutsche Jahrbücher«, sie wurden jedoch 1843 verboten. (Vgl. *Bertschinger*, Vom Himmel auf die Erde, S. 7.) In diesem Journal spielte die ›Judenfrage‹ nur eine sehr untergeordnete Rolle; sieht man von Bauers Publikation »Die Juden-Frage« ab, beschäftigten sich nur drei weitere Artikel mit diesem Themenkomplex. Einen etwas größeren Stellenwert hatte die Frage nach der Trennung von Staat und Kirche bzw. die Auseinandersetzung mit dem ›christlichen Staat‹ (8 Beiträge).

204 Vgl. *Grün*, Die Judenfrage, 1844, S. 117 f.

205 Ebd., S. 150.

206 Vgl. *Jellinek*, Die Judenfrage, 20.6.; 4.7.1843, Sp. 689 f.

207 Vgl. *Jellinek*, Täuschung der Juden, 1847, S. 5 f. und 28 ff.

wirken, einer kritischen Betrachtung. Seiner Meinung nach sei der Versuch, die Emanzipationsfähigkeit von Juden unter Beweis zu stellen und insbesondere die Zeremonialgesetze und den Einfluss des Talmuds abzuschwächen, ein sinnloses Unterfangen; entscheidend sei vielmehr, ihre Befähigung zur Integration in eine politische Gemeinschaft zu belegen, in der religiöse Überzeugungen keinen Wert darstellen würden.[208]

Feuerbach setzte sich, noch vor den Schriften von Bauer und Marx, im Zusammenhang mit seiner Analyse des Christentums auch mit der jüdischen Religion auseinander.[209] Er übernahm die dreistufige Entwicklung vom Polytheismus zum Juden- bzw. Christentum von Hegel. In moralischen und humanen Belangen beurteilte er das Judentum als minderwertiger als polytheistische Religionen, denn diese seien im Unterschied zum Judentum offen für alles Schöne und Gute. Bei ihm wurde Jehova die projizierte Selbstsucht des israelitischen Volkes unter Ausschluss aller anderen Völker, woraus die absolute Intoleranz des jüdischen Glaubens ersichtlich würde. Die Besonderheiten der jüdischen Religion lagen für ihn in den Besonderheiten des jüdischen Volkes und bestünden demnach in Utilitarismus und Egoismus.[210] Sie hätten dazu geführt, das Judentum bis auf den heutigen Tag in seinen Eigentümlichkeiten zu erhalten, denn der jüdische Egoismus habe nur sich selbst zum Zweck, während Juden allem anderen gegenüber gleichgültig seien.[211] Feuerbachs Judenbild enthielt damit überkommene und zeitgenössische Vorurteile. In seiner Darstellung wurde die Minderwertigkeit des Judentums zu einer Voraussetzung. Gleichzeitig nutzte Feuerbach das Judentum als Negativfolie gegenüber der griechischen Antike. Zum Umgang mit der jüdischen Minderheit oder zu den Schriften von Bauer und Marx äußerte er sich hingegen nicht.

Keine der im Umfeld der Junghegelianer publizierten Schriften zur ›Judenfrage‹ setzte sich mit der von Marx betonten wirtschaftlichen Komponente auseinander. Diese Dimension konnte somit durch Marx zwar in die Auseinandersetzung eingebracht werden, wurde aber selbst in seinem engeren Umfeld keiner weitreichenderen Betrachtung unterzogen. Die ›Judenfrage‹ der 1840er Jahre blieb somit eine religiöse Frage, deren Lösung weiterhin in staatlichen Maßnahmen gesehen wurde.

Eine weitreichende Auseinandersetzung mit der Haltung der Junghegelianer gegenüber der ›Judenfrage‹ erfolgte in öffentlichen Stellungnahmen nicht; ihr

208 Vgl. ebd., S. 3, 26ff.
209 Zu Feuerbachs Verständnis des Judentums vgl. *Kohnt*, Ludwig Feuerbach.
210 Vgl. *Feuerbach*, Das Wesen des Christenthums, 1841, S. 168 und 450.
211 »Die Juden haben sich in ihrer Eigenthümlichkeit bis auf den heutigen Tag erhalten. Ihr Princip, ihr Gott ist das practischste Princip von der Welt – der Egoismus und zwar der Egoismus in der Form der Religion. […] Der Egoismus ist wesentlich monotheistischer, denn er hat nur Eines, nur Sich zum Zweck.« Ebd., S. 169.

»Widerwille gegen das Christenthum«[212] wurde im Unterschied dazu einer intensiven Kritik unterzogen.

Die neue begriffliche Fassung offenbarte ein geändertes Problembewusstsein. Solange »Juden von der Umwelt und von sich selbst als religiöse und nationale Gemeinschaft betrachtet wurden und als solche ihren legitimen Platz als Volk unter anderen Völkern einnahmen«[213], wurde ihre Position und Stellung nicht hinterfragt. Gleichzeitig erweckte der Begriff die Illusion, es gäbe nur eine einzelne Frage und eine dazugehörige Antwort, dabei war die ›Judenfrage‹ ein umfangreicher Komplex, und es existierten die verschiedensten Antwortmöglichkeiten.[214] Die Auseinandersetzung in den 1840er Jahren verdeutlichte immer stärker, dass die Distanz zwischen den Forderungen von Juden, Regierungsvertretern, Emanzipationsbefürwortern und -gegnern ein »nicht gekanntes Maß angenommen hatte«[215].

Zunächst wurde der Begriff der ›Judenfrage‹ vor allem von Linkshegelianern gebraucht, ging von diesen auf nichtjüdische Autoren über und wurde ab Mitte der 1840er Jahre auch intensiv von Juden genutzt. Bis zum Jahr 1880 konnte die ›Judenfrage‹ relativ ›wertneutral‹ verwendet werden, danach erfolgte durch das Aufkommen antisemitischer Strömungen eine Bedeutungsveränderung.[216] Rassenideologen wie Eugen Dühring, Stewart Chamberlain und Wilhelm Marr bedingten einen Wandel im Verständnis darüber, wie die ›Judenfrage‹ gelöst werden sollte und prägten dadurch auch eine ›neue‹ Bedeutung.[217] Diese neue Entwicklung kennzeichnete die endgültige Abkehr von der Emanzipation, sodass die ›Judenfrage‹ nicht mehr ausschließlich als die Frage nach der Integration von Juden in die nichtjüdische Gesellschaft verstanden werden konnte.

Im 20. Jahrhundert radikalisierte sich dieses ›neue‹ Verständnis weiter. Nun wurde unter der ›Judenfrage‹ ein existenzielles Problem verstanden, das in den Augen vieler Nichtjuden nur durch das Verdrängen der betreffenden Gruppe zu lösen war. Die Emanzipationskonzepte erschienen in diesem Zusammenhang obsolet. Nicht mehr Integration, sondern Separierung stand nun mehr und mehr im Mittelpunkt der ›Judenfrage‹.

Obwohl der Begriff von judenfeindlichen Kräften geprägt wurde und im Laufe der Entwicklung ein zunehmend negatives Bild vom Judentum vermittelte, wurde er auch auf jüdischer Seite ernst genommen und verbreitete sich insbesondere durch die zionistische Bewegung, die Ende des 19. Jahrhunderts entstand.[218]

212 *Anonymus*, Behandlungen des Neuen Testaments, 10.1.1843, Sp. 34.
213 *Bein*, Die Judenfrage, Bd. 1, S. 2.
214 Vgl. *Claussen*, Grenzen der Aufklärung, S. 88.
215 *Brammer*, Judenpolitik und Judengesetzgebung, S. 273.
216 Vgl. *Bein*, Die Judenfrage, Bd. 1, S. 3.
217 Vgl. *Marr*, Sieg des Judenthums.
218 Vgl. *Schoeps*, Das Gewaltsyndrom, S. 160.

Theodor Herzls Schrift »Der Judenstaat« (1896) trug den Untertitel »Versuch einer modernen Lösung der Judenfrage«.[219]

Für die Lösung dieses von Juden und Nichtjuden begrifflich gleich bezeichneten ›Problems‹ gab es auf jüdischer Seite verschiedene Vorschläge; sie reichten von der vollständigen Anpassung an die kulturellen und sozialen Verhältnisse der umgebenden Völker bis hin zu der Forderung nach der Gründung eines eigenständigen Staates, der Juden als selbstständige Nation neu formieren würde.

Unabhängig davon, von wem der Begriff benutzt wurde, bezeichnete er immer das Bewusstsein von der problematischen Existenz von Juden unter den Völkern.[220] Juden und Nichtjuden betrachteten dieses Problem von zwei vollkommen verschiedenen Standpunkten, auch wenn sie zu seiner Benennung und ›Definition‹ den gleichen Begriff verwandten. Dennoch änderte sich das Verständnis von den Inhalten der ›Judenfrage‹ im Laufe der Auseinandersetzung deutlich. Ausgehend von dem Konzept einer möglichen Emanzipation, die sich insbesondere auf religiöse, soziale und politische Fragestellungen konzentrierte, entstand der Begriff in dem Moment, als die Lösung der Frage nicht mehr unangefochten in der Durchsetzung bürgerlicher Gesellschaft und der Integration von Juden in diese gesehen wurde. Somit fand er seinen Ausgangspunkt in der Abkehr von den Prinzipien bürgerlicher Gesellschaft. Im 20. Jahrhundert hingegen konnte durch ihn der reale Ausschluss von Juden aus der bürgerlichen Gesellschaft gekennzeichnet werden.

2.4 Die ökonomische Dimension der ›Judenfrage‹

Der Beginn des 19. Jahrhunderts war geprägt von wirtschaftlichen Umwälzungsprozessen, die eine industriell-kapitalistische Entwicklung befördern sollten und eine aktive Wirtschaftspolitik hervorbrachten, die sich vorwiegend am Merkantilismus und teilweise bereits an der Freihandelslehre orientierte. Die Industrialisierung sah sich in Preußen verschiedenen Schwierigkeiten gegenüber, die hauptsächlich aus der traditionellen Wirtschaftsordnung resultierten und ihre Umsetzung verlangsamten.

Gewerbliche Unternehmer aber wurden sowohl für den Staat als auch für die durch die preußischen Reformen zunehmend von staatlicher Bevormundung befreite Wirtschaft immer bedeutender. Durch die Entwicklung des Bankwesens und die beginnende Industrialisierung erfuhr diese Tendenz eine erhöhte Relevanz, wenn auch erst in der zweiten Hälfte des 19. Jahrhunderts der

219 Vgl. *Herzl*, Der Judenstaat, S. 15f.
220 Vgl. *Bein*, Die Judenfrage, Bd. 1, S. 5.

industrielle Kapitalismus zum Durchbruch gelangte.[221] Wesentlich für den Erfolg und die zunehmende Akzeptanz aktiver Bürger auf wirtschaftlichem Gebiet war eine bürgerliche Leistungsethik, die Bestrebungen honorierte, die auf eigener Initiative beruhten und Leistungsbereitschaft offenbarten. Die Herkunft der Unternehmer war äußerst heterogen, auch wenn ein Aufstieg aus Unterschichten relativ unwahrscheinlich war, da das Eintreten in die sich modernisierende Wirtschaftsentwicklung ein Startkapital erforderte, das nur von wenigen aufgebracht werden konnte. Sie bildeten bis 1848 eine verhältnismäßig kleine Gruppierung, die untereinander starke Verflechtungen aufwies und sich mehrheitlich aus Familienverbänden rekrutierte. Markant war, dass innerhalb des Wirtschaftsbürgertums ethnischen und religiösen Minderheiten eine bedeutende Rolle zukam; so erwiesen sich Juden, Mennoniten, Calvinisten und Hugenotten als Träger und Förderer einer modernen Wirtschaftsentwicklung.

Traditionelle Eliten hingegen sahen in der neuen wirtschaftlichen Entwicklung, die massiv durch den Liberalismus getragen und vorangetrieben wurde, eine Bedrohung. Insbesondere der Pauperismus war in ihren Augen eine direkte Folge der Marktwirtschaft und des sich entwickelnden Maschinenwesens, das die existierenden Strukturen und Herrschaftsbedingungen untergrabe.[222] In dieser Darstellung rückten Juden erneut in den Fokus; wenn auch nicht in solcher Komplexität wie bei Karl Marx, charakterisierten zahlreiche nichtjüdische Publizisten Juden als Nutznießer der modernen Wirtschaftsentwicklung und reaktivierten damit erneut traditionelle Stereotype von Juden als Wucherern und Betrügern[223] und sprachen sich gegen eine Emanzipation von Juden, aber auch grundlegend gegen liberale Wirtschaftsprinzipien aus.[224] Dies wurde im Vorfeld der bürgerlichen Revolution von 1848 zu einem entscheidenden Argument gegen Juden.[225] Im Unterschied dazu bildete die ökonomische Betätigung ein Feld, in dem relativ vorurteilsfrei, wenn auch nicht kritiklos die Leistung des Einzelnen in den Vordergrund rückte; auch hier wurden Juden zu einem Prüfstein für die Tragfähigkeit und Akzeptanz neuer Funktionsmechanismen.

Die Einbeziehung von Juden in liberale Prinzipien wie wirtschaftliche Freiheit, Freihandel und freie Berufswahl gestaltete sich schwierig und unterlag in

221 Vgl. *Kocka*, Bürgertum und Bürgerlichkeit, S. 38.

222 Vgl. *Sterling*, Judenhaß, S. 105.

223 Vgl. dazu in Auswahl *Anonymus*, Ziel des politischen Ringens, 1844, S. 115; *Anonymus*, Sendschreiben des deutschen Michel, 1847, S. 33; *[Hundt-Radowsy]*, Die Naturgeschichte der Juden, 1848, S. 9; *Gautsch*, Emancipation der Christen, 29.3.1845, Sp. 1170; *X.x.*, Emancipation der Juden, 24.4.1845, Sp. 1497; *Anonymus*, Bildung der Deutschen, 7.6.1843; *Witt*, Der neue Jeremias, 1841, S. 8.

224 Vgl. *Chappuis*, Gewerbefreiheit und Güterzerstückelung, 1842, S. 9f.

225 Vgl. *Schmidt*, Bittschrift der Christensklaven, 1848, S. 1f.; *Oesterreicher*, Der deutsche Michel, 1848.

den 1840er Jahren einem besonderen Aushandlungsprozess, der einen Niederschlag im Gesetz von 1847 fand. Das sich emanzipierende Wirtschaftsbürgertum war durch das schnelle Aufstreben einzelner Juden und ihrer Familien verunsichert und aufgrund einer virulenten Konkurrenzangst nicht bereit, Juden einen Führungsanspruch, weder in wirtschaftlichen noch in politischen Belangen, zuzugestehen.[226] Diese Bedenken führten zu intensiven Versuchen, sich gegen ein Vordringen von ›Außenseitern‹ abzuschotten, und zugleich zu einer Erweiterung des Kreises der Debattanten. Insbesondere für liberale Gegner einer jüdischen Emanzipation spielten wirtschaftliche Vorbehalte eine entscheidende Rolle in der Kontroverse. Sie sprachen sich mit der Begründung, Juden würden alle lukrativen und einflussreichen Geschäfte an sich reißen, gegen eine jüdische Gleichberechtigung aus. Diese Haltung führte zu Widersprüchen. Einerseits wurde Gewerbefreiheit befürwortet, eine Anwendung auf Juden jedoch skeptisch betrachtet. Es muss somit davon ausgegangen werden, dass diese Meinungsgruppe nahezu ausschließlich aus materiellen Interessen gegen eine Integration der jüdischen Minderheit auftrat. In diesem Zusammenhang intensivierte sich die Kontroverse über eine vollständige Berufsfreiheit für Juden, in der nun eindeutig die Gegner dominierten;[227] von ihnen wurde erneut die Gefährdung der bestehenden Staaten in den Vordergrund gestellt, sollten Juden die Möglichkeit erhalten, wirtschaftliche und politische Macht in ihren Händen zu konzentrieren.[228] Einhergehend mit der engen Verbindung von Juden untereinander würde dies dazu führen, dass ein Jude dem anderen emporhelfen würde »und wir sehr bald die Kinder Israels auf unsern Schultern stehen sehen«[229]. Ergänzt um ihre fehlende Treue gegenüber Staat und Herrscher würden sie zugleich die »Herrn des Krieges und des Friedens«[230].

Nur eine Minderheit christlicher Publizisten befürwortete eine breite Einbeziehung von Juden in höhere Bildung[231] und die Öffnung des gesamten beruflichen Spektrums, auch unter Einbeziehung von Staatsämtern.[232] In ihren Darstellungen wurden Sparsamkeit, Wohltätigkeit und Nüchternheit zu besonderen jüdischen Tugenden, die der allgemeinen staatlichen Wohlfahrt zugutekommen

226 Vgl. *Strenge*, Juden im preußischen Justizdienst, S. 59.

227 Zu den wenigen Befürwortern einer unbegrenzt freien Berufstätigkeit unter Einbeziehung von Staatsämtern gehörten der Beitrag *Anonymus*, Die Juden, 16.7.; 31.07.; 1.8.1842 und die Publikation *Reé*, Aufruf zu einer rascheren Förderung, 1846, S. 29–32.

228 Vgl. *Dr. Koch*, Verhältnisse der Juden, 1843, S. 250f.; *Gautsch*, Emancipation der Christen, 29.3.1845, Sp. 1165; *Reichenbach*, Beweis aus der jüdischen Religion, 1841, S. 29f.; *Frantz*, Ahasverus, 1844, S. 41; *Wahrlieb [Marcard]*, Darf ein Jude, 1843, S. 14.

229 *Brand*, Judenfrage in Preußen, 1842, S. 27.

230 *Anonymus*, Correspondenz aus Paris, 2.7.1841, S. 508.

231 Vgl. *Anonymus*, Emancipation der Juden, 1841, S. 290f.

232 Einer der herausragenden christlichen Fürsprecher einer jüdischen Berufsfreiheit war Karl Streckfuß: *Streckfuß*, Verhältniß der Juden, 1843.

würden,[233] während die intensive Betätigung von Juden in Wissenschaft, Kunst und Industrie ihren Integrationswillen unterstreichen würde.[234]

Das Profitsystem der modernen Wirtschaft wurde andererseits insbesondere vom Kleinbürgertum mit dem überkommenen jüdischen Wucher gleichgesetzt, wodurch sich existierende Ängste vor einer jüdischen Integration erklären lassen. Zahlreiche Emanzipationsgegner agierten in ihren Darstellungen mit einer Mischung aus religiösen und wirtschaftlichen Stereotypen, die eine enge Verbindung eingingen und nur schwer voneinander zu trennen waren. Neu war die Gleichsetzung von Judentum und Kapitalismus, die Juden zu Symbolfiguren des ›verhassten‹ neuen Systems und zum Prototyp des ›Kapitalisten‹ werden ließ.[235] Erst in diesen Interpretationen rückten religiöse Vorbehalte in den Hintergrund, während eine neue Definition von Juden betont wurde:

»Ihr seid ächte Juden, eingefleischte Juden! Euer Gott ist das Geld.«[236]

Damit spielten im Hinblick auf die wirtschaftliche Betätigung antijüdische Vorurteile mit religiösem Ursprung kaum mehr eine Rolle. Zwar ließ sich der Vorwurf des Wuchers in seinem Ursprung theoretisch auf religiöse Überzeugungen zurückführen, doch wurde diese Tatsache kaum gegen Juden instrumentalisiert, bzw. kam dem Wucher zunehmend ein eigenständiger Charakter zu, der untrennbar mit Juden verbunden wurde.[237] Zugleich offenbarten die zeitgenössischen Stimmen eine latente ›Angst‹ vor jüdischer Konkurrenz, die auch aus der Tatsache resultierte, dass Juden den neuen Wirtschaftsmethoden deutlich aufgeschlossener und zuversichtlicher gegenüberstanden als viele ihrer christlichen Berufskollegen. Die jüdische Bereitschaft, die sich ihnen bietenden Chancen und Möglichkeiten nicht nur für eine wirtschaftliche, sondern auch für eine gesellschaftliche Statusverbesserung zu nutzen, wurden jedoch als Gier und Machtstreben ausgelegt. Während ein Teil der jüdischen Unternehmer mit seiner Betätigung die Hoffnung verband, als gleichberechtigt wahrgenommen und aufgenommen zu werden, bewirkten herausragende Einzelerfolge das Gegenteil und führten zu einer Belebung des christlichen Bildes von Juden als ›geldgierigen Zerstörern‹ christlicher Ordnung.

Das liberale wirtschaftliche Denken zu Beginn des bürgerlichen Zeitalters ermöglichte theoretisch die Eingliederung einer breiten jüdischen Schicht in das preußische Wirtschaftsleben. Die Abwehr von Juden richtete sich jedoch nicht allein gegen die gefürchtete Konkurrenz, sondern in gleichem Maß gegen

233 Vgl. ebd., S. 58 f.; *4 4 4*, Aus Frankfurt, 7.3.1841.

234 Vgl. *Wolfart*, Emancipation der Juden, 1844, S. 21.

235 Vgl. *Rürup*, Emanzipation und Antisemitismus Studien, S. 105. Zeitgenössisch: *Reichenbach*, Beweis aus der jüdischen Religion, 1841, S. 22 f.; *Marx*, Zur Judenfrage, S. 42 ff.

236 *Bary*, Emancipation des Menschen, 1843, S. 224.

237 Vgl. *Schroeter*, Die Zinsfrage, 1840, S. 1 ff.

den damit möglicherweise verbundenen sozialen Aufstieg und ihre kulturelle Assimilation.[238]

Die staatlich forcierte Durchsetzung liberaler Wirtschaftsprinzipien führte dennoch zur Integration und Aufnahme von Juden in diesem Bereich. Das Jahrzehnt zwischen 1840 und 1850 machte einen Teil der jüdischen Elite zum »homo oeconomicus«[239], auch wenn dies an ihrer Stellung als gesellschaftliche Außenseiter keine Änderungen hervorrief – dennoch war die Börse der erste Ort, an dem Juden eine vollständige Gleichberechtigung zuteilwurde.[240]

Die Kontroverse zeigte jedoch, dass, auch wenn Juden für ihre wirtschaftlichen Aktivitäten geschätzt wurden, dies keine gesellschaftliche Akzeptanz nach sich zog, bzw. sich eine solche auf den geschäftlichen Bereich beschränkte. Der wirtschaftliche Nutzen von Juden wurde gebilligt, ihre Tätigkeit aber mit Argwohn betrachtet.

3. Konsequenzen

3.1 Rabbinerversammlungen

Durch die unterschiedlichen Reformen innerhalb des Judentums, die von Gemeinde zu Gemeinde in ihrem Umfang und in ihrer Reichweite variierten, betonten Juden ihre nationale Zugehörigkeit zu Deutschland und Preußen, wie sie auch ihre Bereitschaft bezeugten, sich Staat und Herrscher unterzuordnen, wenn auch ein einheitliches Vorgehen deutlich überzeugender gewirkt hätte. Besonders stark wirkte sich das preußische Verbot von Religionsreformen aus, sodass bis 1847 die religiöse Akkulturation in den Augen von Nichtjuden unzureichend blieb. Gleichzeitig wurden die jüdischen Reformen nur von einer Minderheit von Nichtjuden wahrgenommen, die sie meist als deistische Tendenzen verurteilte.[241]

In den 1840er Jahren erschienen jüdische Publizisten zunehmend hoffnungsloser, da ihnen bewusst wurde, dass alle bisherigen Versuche und Bestrebungen, die Zuschreibung als ›fremd‹ zu entkräften, keinerlei Wirkung gezeigt hatten und auch die offensichtliche Akkulturation nicht ausreichte, um als gleichberechtigt akzeptiert zu werden. Sie erkannten, dass der ›Christ‹ den ›Juden‹ immer als einen Fremden ›empfinden‹ würde, solange er nicht der christlichen

238 Vgl. *Erb/Bergmann*, Nachtseite der Judenemanzipation, S. 240.
239 *Liebeschütz*, Judentum, S. 32.
240 Vgl. *Toury*, Eintritt der Juden, S. 163.
241 Vgl. *Anonymus*, Die Juden, 1840, S. 15; *Anonymus*, Joel Jacoby's Schriften, 1841, S. 194f.

Religion angehörte,[242] auch wenn dieser sich in Sitten und Gewohnheiten vollkommen angeglichen hätte; denn alles was nicht christlich sei, sei dem Christen fremd.[243]

Im Laufe der 1840er Jahre trat die jüdische Orthodoxie zunehmend aus ihrer Passivität heraus und versuchte sich in der Öffentlichkeit Gehör zu verschaffen; besonders hilfreich dabei war »Der treue Zions-Wächter«, der es ihr ermöglichte, ihre eigenen Positionen deutlicher zu definieren und sich gegen die Reformbewegungen auch verbal abzugrenzen. Die damit noch deutlicher werdende gegensätzliche Entwicklung im Judentum wurde von Juden und Christen wahrgenommen.[244]

Um die Spaltung im deutschen Judentum abzuschwächen und eine Verständigung zwischen den verschiedenen Reformrichtungen herbeizuführen, initiierte Ludwig Philippson die Rabbinerkonferenzen. Sie dienten in den Jahren 1844 bis 1846 der Konsolidierung und der gesellschaftlichen Etablierung der jüdischen Reformbewegung.[245] Philippson beabsichtigte eine Zusammenkunft von Rabbinern aller Richtungen und die Behandlung der dringendsten religiösen Probleme - auch hoffte er, in diesem Rahmen eine Einigung über die Richtung der Reformbewegung zu erzielen und einem einheitlichen Reformprogramm eine Legitimation zu verschaffen.[246] Eine weitere Intention der Versammlungen lag in dem Bestreben, eine Harmonisierung des Judentums mit seiner Umwelt zu verwirklichen. Doch entgegen diesen Absichten erschienen in Braunschweig, dem Ort der ersten Konferenz, nur 26, mehrheitlich junge Rabbiner, die den Reformen positiv gegenüberstanden.[247] Bedingt durch diese Konstellation befürwortete die Rabbinerversammlung extreme Umgestaltungen, was bei der orthodoxen Mehrheit zahlreiche Proteste hervorrief. Es konnte aber keine Verständigung darüber erzielt werden, worin das leitende Prinzip der Neuerungen bestehen sollte. Einig war man sich über die Notwendigkeit von Reformen und Anpassungen, um das Judentum lebendig zu halten und an die gegebenen Zeitumstände anzupassen. Die zwei Hauptstreitpunkte, auch der kommenden Versammlungen, bildeten die Frage nach dem Gebrauch des Hebräischen im Gottesdienst und der Sabbat, vor allem seine Verlegung auf den christlichen Sonntag. Dennoch kann dieses erste Zusammentreffen durchaus als Erfolg gewertet werden, denn erstmals wurde innerhalb des Judentums eine Verständi-

242 Vgl. *Philippson*, Stellung der Juden, 16.2.1846.

243 Vgl. *Philippson*, Leitender Artikel, 19.3.; 9.4.1842.

244 Vgl. *Sepp*, Der Antichrist, 1842, S. 24; *Carové*, Germanische und Christliche Staatsprinzip, 1843, S. XVIII f.; *Falkson*, Die Emanzipation der Juden, 1845, S. 10; *Stern*, Was ist geschehen?, 1847, S. 39.

245 Zu den Rabbinerkonferenzen vgl. *Gotzmann*, Eigenheit und Einheit, S. 219–222.

246 Vgl. *Schoeps*, Deutsch-jüdische Symbiose, S. 58.

247 Vgl. *Elbogen/Sterling*, Geschichte der Juden, S. 214.

gung über religiöse Inhalte angestrebt und öffentlich über die Probleme und Schwierigkeiten des zeitgenössischen Judentums debattiert.[248]

Im Unterschied zur ersten Versammlung nutzten Vertreter aller Strömungen die Möglichkeit einer Verständigung während der zweiten Konferenz 1845 in Frankfurt am Main.[249] Dort kam es zu einer grundsätzlichen Auseinandersetzung zwischen Zacharias Frankel und Abraham Geiger.[250] Frankel beabsichtigte, zunächst das Grundprinzip der Reformbewegung zu klären, was Geiger ablehnte – dem sich die Versammlung anschloss.[251] Danach konzentrierte sich die Kontroverse auf die Rolle der hebräischen Sprache im religiösen Gebrauch, worüber beide ebenfalls gegensätzlicher Meinung waren. Frankel unterlag bei der Abstimmung und verließ die Versammlung. Infolgedessen traten die Spannungen immer deutlicher zutage. Eine dritte Versammlung im Jahr 1846 in Breslau offenbarte, dass die Verständigungsbemühungen bereits an Anziehungskraft verloren hatten. Die Beratungen betrafen detaillierte Einzelfragen, ohne elementare Punkte zu behandeln.

Die Rabbinerversammlungen waren wohl der letzte Erfolg versprechende Versuch, ein einheitliches Vorgehen zu realisieren. Zwischen den Teilnehmern bestanden jedoch solch unversöhnliche Gegensätze, dass ihnen eine weitere Verständigung nicht länger erstrebenswert erschien.[252] Zahlreiche ideologische und praktische Fragen wurden diskutiert; so gab es umfangreiche Kontroversen über den Messiasglauben und die Hoffnung auf eine Rückkehr nach Palästina. Als Erfolge der Konferenzen können bspw. die Modernisierung der Liturgie, die Einführung der Orgel, die Modifikation bestimmter Gebete, die Etablierung eines neuen Erziehungskonzepts und die Gleichberechtigung der jüdischen Frauen angesehen werden.[253] Gleichzeitig manifestierte sich die endgültige Spaltung des Judentums, da die orthodoxe Richtung die Möglichkeit einer Verständigung mehrheitlich ablehnte. So blieb es den einzelnen Gemeinden bzw. Rabbinern überlassen, welche Teile der Tradition erhalten und welche reformiert werden sollten.[254] Nur aufgrund der unzureichenden Repräsentation der traditionellen jüdischen Orthodoxie hatte sich in den Konferenzen eine starke Bereitschaft zu einer gesellschaftlichen, politischen und sozialen Integration, auch im Bewusstsein der damit verbundenen religiösen Anpassung, artikuliert. Ein konkreter

248 Für den genauen Ablauf und die Verhandlungen auf den Versammlungen vgl. *Anonymus*, Protocolle der ersten Rabbiner-Versammlung, 1844; *Anonymus*, Protokolle Rabbiner-Versammlung, 1845–1847; *Anonymus*, Die Reform des Judenthums, 1846 und *Schiller*, Zweite Rabbinerversammlung, 1846.

249 Zur zweiten Rabbinerversammlung vgl. *[Stein]*, Die Rabbiner-Versammlung, 1846.

250 Zu Frankel und Geiger vgl. *Brämer*, Rabbiner Zacharias Frankel.

251 Zu Frankels religiösen Überzeugungen vgl. *Frankel*, Aufruf an alle Israeliten, 1838; *ders.*, Die Eidesleistung der Juden, 1840; *ders.*, Die Prüfung Israels, 1843.

252 Vgl. *Elbogen/Sterling*, Geschichte der Juden, S. 216.

253 Vgl. *Gotzmann*, Nation und Religion, S. 257 f.

254 Vgl. *Katz*, Entstehung der Judenassimilation, S. 180.

Handlungsplan für die Umsetzung von Reformen konnte auf den Versammlungen aber nicht erarbeitet werden, während gerade dieser Punkt für die jüdischen Stimmen in der Öffentlichkeit von entscheidender Relevanz war und blieb.[255] Dennoch: Sowohl reformorientierte als auch orthodoxe Teilnehmer sprachen sich einstimmig dafür aus, dass die Staatsbürgerpflichten den religiösen Geboten vorgelagert seien. Innerhalb der verschiedenen Reformrichtungen konnten sich die Vertreter auf den Grundsatz einigen, dass das Judentum eine Religionsgemeinschaft, aber keine Nation darstelle.

Die Beratungen der Rabbinerkonferenzen machten deutlich, wie nachhaltig die an Juden von außen herangetragenen Forderungen wirkten; so wollten die Treffen auch der nichtjüdischen Öffentlichkeit vor Augen führen, dass die an Juden gerichteten Wünsche Berücksichtigung erfuhren. Die Nachwirkungen der Konferenzen hielten noch einige Jahre an, wie die allmähliche Umsetzung ihrer Vorschläge in den einzelnen Gemeinden zeigt. Problematisch war hingegen, dass die Versammlungen nicht zu einer festen Einrichtung wurden, in denen zeitnah die gegenwärtigen Probleme hätten debattiert werden können.[256]

In der nichtjüdischen Öffentlichkeit erfuhren die Rabbinerkonferenzen kaum Beachtung. Die wenigen Hinweise oder Berichte nahmen keine einheitliche Beurteilung vor; die Einschätzungen reichten von der Charakterisierung der Versammlungen als wichtiger und lange überfälliger Schritt[257] bis hin zu ihrer Beurteilung als ›falscher Weg‹, der keinesfalls Fortschritte für die jüdische Minderheit bedingen würde.[258] Gerade hier wurde ersichtlich, wie weit der Erziehungsgedanke Dohms in den Hintergrund getreten war und dass ein reformiertes Judentum die Integrationsbereitschaft der christlichen Umwelt nicht erhöhte.

Zeitgleich wurde die jüdische Minderheit in den deutschen Staaten, aber vor allem in Preußen vor eine neue Herausforderung gestellt, die dem breiten Spektrum jüdischer Existenz eine neue Nuance hinzufügte – die einsetzende Einwanderung von Juden aus den östlichen preußischen Provinzen, aber auch aus Polen und Russland. Die Mehrzahl dieser Einwanderer stammte aus orthodoxen oder chassidischen Familien. Da der Chassidismus die traditionelle jüdische Gemeinschaft gestärkt und die Einflüsse der Haskalah geschwächt hatte, waren Konflikte, insbesondere mit reformorientierten deutschen Juden, kaum zu

255 Vgl. *Saalschütz*, Versöhnung der Confessionen, 1844, S. 92; *Stern*, Die Aufgabe des Judenthums, 1845, S. 35; *Kandidaten der jüdischen Theologie*, Eine deutsch-jüdische Kirche, 1845, S. 11–23; *Maier*, Israels Gegenwart, 1842, S. 262f.; *Hollander*, Religion und Emancipation, 9.3.; 23.3.; 30.3.1847.

256 Vgl. *Meyer*, Jüdisches Selbstverständnis, S. 175.

257 Vgl. *Anonymus*, Die erste Rabbinerversammlung, 1844, S. 318; Anonymus, Die Judenfrage, 28.3.1843, S. 228.

258 Vgl. *Fränkel*, Die Rabbiner-Versammlung, 1844, S. 34; Γερμανός, Juden als Juden, 17.7.1845, Sp. 2536.

vermeiden. In den Großstädten Preußens bildeten sich spezifische ostjüdische Wohnviertel; dort praktizierten ›Ostjuden‹ in kleinen Betstuben ihren Glauben, da ihnen die deutsche Form der Orthodoxie fremd war.[259] In rechtlicher Hinsicht bildeten ›Ostjuden‹ Ausländer, gehörten gleichzeitig aber der jüdischen Einheitsgemeinde an, die für sie umfänglich verantwortlich gemacht wurde. Aus dieser Zugehörigkeit entwickelten sich innerhalb der jüdischen Gemeinschaft zusätzliche Gegensätze. In den Augen assimilationsbereiter Juden behinderten die Zugewanderten den Integrationsprozess; zudem sahen Christen in ihnen eine neuerliche Gefahr,[260] denn ihrer Ansicht nach stellte diese Gruppierung mit ihrem ›reinen Judentum‹ eine besondere Bedrohung der nichtjüdischen Umwelt dar.[261]

Reformorientierte Juden standen der Zuwanderung äußerst skeptisch gegenüber. Da sie bisher bemüht gewesen waren, sich weitgehend zu akkulturieren und ihre Bereitschaft und Fähigkeit zu einer Emanzipation unter Beweis zu stellen, erschienen ihnen ›Ostjuden‹ als Angehörige des veralteten, von ihnen überwundenen Judentums. Teilweise hatte die nationale Identifikation mit der preußischen Gemeinschaft auch bewirkt, dass Juden die antijüdische Haltung ihrer Umwelt übernommen hatten, nur »daß sie zum Objekt ihrer Mißachtung das Ostjudentum machten, um sich selbst desto sicherer von diesem zu unterscheiden.«[262]

Innerhalb der jüdischen Minderheit entwickelten sich infolgedessen Bestrebungen, sich bewusst gegen Juden aus anderen, vor allem östlichen Ländern abzugrenzen. Zahlreiche jüdische Autoren sprachen sich gegen polnische Talmudgelehrte aus, auch wenn diese noch immer ein hohes Ansehen in der traditionellen jüdischen Bildungsvorstellung genossen, und stellten ihnen eine deutsche Bildung, charakterisiert als aufgeklärt und weltlich, gegenüber. Jüdische Intellektuelle beschimpften Rabbiner aus dem Osten als »slavische Amtsgenossen, deren Bildung bekanntlich weit hinter den Bedürfnissen unserer Zeit zurückgeblieben ist«[263], als »undeutsche Nachtvögel«[264], durch deren Äußerungen man sich nicht verwirren lassen solle. Positive jüdische Schilderungen und Betrachtungen über ›Ostjuden‹ erschienen nur selten, obwohl die Entwicklung der jüdischen Minderheit im Osten von einer Mehrzahl jüdischer Zeitschriften intensiv beobachtet und wohlwollend beurteilt wurde.[265]

259 Vgl. *Richarz*, Bürger auf Widerruf, S. 34.
260 Vgl. *Bruer*, Geschichte der Juden, S. 140.
261 Vgl. *Ein ehrlicher Deutscher*, Auch ein Wort, 19.–20.8.1847, Sp. 1845.
262 *Richarz*, Eintritt der Juden, S. 151.
263 *Anonymus*, Mannheim, 5.5.1845, S. 288.
264 *Dr. L. Marcus*, Schwerin, 7.7.1845, S. 431.
265 Vgl. *Dr. Lilienthal*, Russisch-Jüdische Skizzen, 18.8.; 25.8.; 1.9.; 8.9.; 15.9.; 22.9.1845; *Anonymus*, Juden in Rußland, 1834; 1843; *Anonymus*, Merkwürdige Mittheilungen, 1824; *Anonymus*, Montefiores Reise, 14.2.1843; *Anonymus*, Chassidismus, 6.2.; 13.2.1841; *Anonymus*, Cultur der Juden, 5.12.1840 und *Spieker*, Entsetzlicher Aberglaube, 1808.

Die negativen Einschätzungen der östlichen Glaubensgenossen offenbarten, »wie mit der nationalen Assimilation das Bewußtsein jüdischer Solidarität schwand.«[266] Preußische Juden trachteten nicht nur danach, nachzuweisen, dass sie in ihrem Verhalten, ihrer Bildung und ihren religiösen Gebräuchen der zeitgenössischen Entwicklung angepasst waren, sondern gleichzeitig waren sie bestrebt, deutlich zu machen, dass sie mit Juden des Ostens keine Gemeinsamkeiten mehr verbanden. Durch die Betonung dieses Gegensatzes sollten die eigenen Leistungen nochmals unterstrichen werden. Ein äußeres Zeichen für diese Bestrebungen war die konsequente Ablehnung der jiddischen Sprache.[267] Der Konflikt zwischen diesen beiden jüdischen Gruppierungen trat in Preußen besonders deutlich zutage, da nur in Preußen sowohl assimilierte als auch eine große Gruppe traditioneller Ostjuden zu finden waren.

3.2 Die Neuregelung der preußischen Judenpolitik 1847

Bereits im September 1845 waren Juden in allen preußischen Landesteilen verpflichtet worden, feste Familiennamen anzunehmen.[268] Ein solcher Passus war bisher in allen Gesetzesentwürfen seit 1812 enthalten gewesen und bedeutete nun den ersten Schritt hin zu einer Homogenisierung der jüdischen Rechtsverhältnisse in Preußen. Der Wunsch nach einer einheitlichen Regelung für Juden der gesamten Monarchie war Intention aller regierungsinternen Beratungen seit 1845.[269]

Die Diskussion eines ersten, vom Innenministerium verfassten Entwurfs stand unter erheblichem Zeitdruck, da der preußische Monarch das Konzept dem ersten Vereinigten Provinziallandtag vorzulegen beabsichtigte. Erste Debatten zu einem neuen Judengesetz fanden im Februar 1847 im Staatsministerium statt; dort wurde die Notwendigkeit einer »baldigen Regulierung der bürgerlichen Verhältnisse der Juden«[270] analysiert. Grundlegend sollte nach dem Prinzip verfahren werden, der jüdischen Religion weiterhin die Stellung einer geduldeten Religionsgemeinschaft zuzugestehen,[271] in privatrechtlicher Hinsicht waren hingegen Anpassungen intendiert. Die Bestimmungen zum Schul- und Kultuswesen wiesen starke Ähnlichkeiten zum Posener Edikt auf;

266 *Richarz*, Eintritt der Juden, S. 152.

267 Vgl. *Bruer*, Geschichte der Juden, S. 139 f.

268 Vgl. Sitzung des Staatsministeriums am 16. September 1845, in: *Kocka/Neugebauer*, Acta Borussica, Bd. 3, S. 246 f.

269 Vgl. ausführlich zu den behördlichen Auseinandersetzungen über das neue Judengesetz *Brammer*, Judenpolitik und Judengesetzgebung, S. 328–338.

270 Sitzung des Staatsministeriums am 2. Februar 1847, in: *Kocka/Neugebauer*, Acta Borussica, Bd. 3, S. 300 f.

271 Savigny äußerte Bedenken, da ein solches Gesetz die Grenzen der Duldung in einem christlichen Staat überschreiten würde, fand mit dieser Befürchtung jedoch keine Mehrheit. Vgl. Sitzung des Staatsministeriums am 2. Februar 1847, in: ebd.

so sollten jüdische Kinder einer allgemeinen Schulpflicht unterworfen werden und diese in den örtlichen Schulen wahrnehmen. Spezifisch jüdische Schulen bedurften einer staatlichen Genehmigung und erhielten den Status von Privatschulen. Trotz dieser Parallelen wurde Posen von Beginn an von der Geltung des Edikts ausgenommen.

Der Entwurf fand jedoch nicht die Zustimmung des Monarchen, denn dieser bestand auf der Aufrechterhaltung des engen Zusammenhangs zwischen religiöser und bürgerlicher Verfassung von Juden. Den Wünschen des Monarchen konnte entsprochen werden, indem Juden das aktive und passive Wahlrecht verwehrt bleiben sollte, auch wenn ihnen gestattet wurde, einen Vertreter ihrer Glaubensgemeinschaft in die Repräsentativorgane der Gemeinden zu entsenden.[272] Die Frage der Staatsämter wurde nicht thematisiert und gemischte Ehen blieben verboten.

Am 3. April gelang es dem Staatsministerium, einen Entwurf vorzulegen, der die Wünsche des Königs angemessen berücksichtigte und auch in den meisten anderen Punkten eine Verständigung ermöglichen konnte.[273] Grundsätzlich dehnte der Entwurf das Edikt von 1812 auf alle preußischen Provinzen aus, verhinderte durch eine Reihe von Einschränkungen aber eine volle jüdische Gleichberechtigung. Im März 1847 beschloss das Staatsministerium, seinen Vorschlag dem Vereinigten Landtag vorzulegen.[274]

Mit der Einberufung des Vereinigten Landtages versuchte Friedrich Wilhelm IV. den immer drängenderen Forderungen nach einer Verfassung entgegenzutreten.[275] Der Monarch bestimmte ein aus den Mitgliedern der Provinziallandtage zusammengesetztes Gremium, dem er eine von ihm ernannte Herrenkammer zur Seite stellte. Dieser Schritt bedeutete in keinem Fall ein Abrücken von seinen altständischen Verfassungsvorstellungen. Im April 1847 trat der Vereinigte Landtag erstmals zusammen. Friedrich Wilhelm IV. machte bereits in seiner Eröffnungsrede deutlich, dass er den Lehren der Verfassungsreformer kritisch gegenüberstand. Für ihn stellten sie den Versuch dar, das »natürliche ... Verhältnis zwischen Fürst und Volk in ein konventionelles, konstitutionelles zu verwandeln«[276]. Der preußische Monarch forderte die Delegierten auf, von liberalen Prinzipien Abstand zu nehmen, da diese dem Staat und den Kirchen schaden würden; eine öffentliche Volksvertretung erachtete er für

272 Vgl. Entwurf einer Verordnung die Verhältnisse der Juden betreffend, in: *Bleich*, Landtag in Berlin, 1847, Bd. 1, S. 232–241, § 15, S. 234.

273 Vgl. Sitzung des Staatsministeriums am 3. April 1847, in: *Kocka/Neugebauer*, Acta Borussica, Bd. 3, S. 310.

274 Vgl. Sitzung des Staatsministeriums am 16. März 1847, in: ebd., S. 308.

275 Zum Vereinigten Landtag vgl. auch *Gerhardt*, Landtag in Preußen; *Mommsen*, 1848 und *Obenaus*, Anfänge des Parlamentarismus.

276 *Hintze*, Die Hohenzollern, S. 525.

»undeutsch«[277]. Seine Abhandlung schloss mit der Feststellung, ein preußischer Monarch müsse im Einklang mit den Gesetzen Gottes handeln, er könne und dürfe jedoch nicht nach dem Willen der Mehrheit regieren.[278]

Nichtsdestotrotz verstanden sich die Mitglieder des Landtages nicht mehr nur als Provinzial- oder Ständevertreter, sondern als Delegierte der preußischen Monarchie.[279] Während der Versammlung offenbarte sich bei einer Mehrheit der Abgeordneten eine Abneigung gegen die Positionen und das Verhalten des Monarchen; dabei verschärfte sich die Kontroverse zwischen Delegierten und Friedrich Wilhelm IV. zusehends, wodurch eine effektive Arbeit erschwert wurde.[280]

Im Juni sollte die Versammlung über die Frage jüdischer Rechte beraten. Die Vorlage des Gesetzes gab einem ständischen Gremium in Preußen erstmals die Möglichkeit, über einen Gesetzesentwurf zu beraten. Bedeutung erhielten die Sitzungen auch dadurch, dass »die Judenfrage zum ersten Mal im Spannungsfeld zwischen der liberalen Staatsauffassung und der Idee des ›christlichen Staates‹ diskutiert wurde.«[281]

Bereits im Vorfeld waren insbesondere jüdische Stimmen laut geworden, die sich kritisch mit dem neuen Gesetzesentwurf auseinandersetzten. Moritz Veit publizierte eine vergleichende Analyse des aktuellen Entwurfs und des Edikts von 1812[282] und zeigte sich überzeugt davon, dass Religions- und Gewissensfreiheit nur wirksam werden könnten, wenn sie auch Juden ohne Einschränkung zugestanden würden.[283] Insgesamt betrachtete er die neue Verordnung als einen Rückschritt, da sie die Fortschritte des Edikts von 1812 beseitigen würde.[284] Preußische Juden versuchten, mit Bittschriften und Petitionen auf den Verlauf der Verhandlungen Einfluss zu nehmen, wie auch Artikel und Schriften die Meinungsbildung beeinflussen sollten. Die Mehrzahl dieser Publikationen berief sich auf eine liberale Grundordnung und war zugleich in einem patriotischen Ton formuliert. Besonders wehrten sich die jüdischen Gemeinden gegen den Gedanken der politischen Korporationen und die Konstruktion eines nun politischen Ghettos.[285] Der jüdische Protest war jedoch nicht so einstimmig und einheitlich wie in der Auseinandersetzung über die jüdische Wehrpflicht 1842. Auf den Verlauf der Kontroverse und die abschließende Entscheidung konnten er keinen Einfluss nehmen.

277 Ebd.
278 Vgl. ebd.
279 Vgl. *Nipperdey*, Deutsche Geschichte 1800–1866, S. 398 f.
280 Vgl. *Craig*, Die preußisch-deutsche Armee, S. 110.
281 *Hortzitz*, ›Früh Antisemitismus‹, S. 27.
282 Vgl. *Veit*, Entwurf der Verordnung, 1847.
283 Vgl. ebd., S. 6.
284 Vgl. ebd., S. 24 ff.
285 Vgl. *Anonymus*, Sendschreiben israelitischer Preußen, 1847, S. 43 ff.

Schon vor Beginn der Debatte forderten die Delegierten der Provinz Preußen und der Stadt Berlin die Abgeordneten auf, den vorliegenden Entwurf abzulehnen und sich für die vollständige Gleichberechtigung von Juden auszusprechen.[286] Sie argumentierten dabei sittlich, moralisch und historisch und traten dem Gedanken des ›christlichen Staates‹ ausdrücklich entgegen. Ebenso entsprach es nicht ihrer mehrheitlich liberalen Überzeugung, eine stark segmentierte Staatsgesellschaft, die einer fortschreitenden Entwicklung im Wege stehen würde, zu akzeptieren.[287]

Weder Befürworter noch Gegner konnten in den anschließenden Beratungen eine Mehrheit für ihre Position gewinnen; ein aufgrund der Unstimmigkeiten einberufener Ausschuss befürwortete die Weiterentwicklung der jüdischen Rechte auf Grundlage des Edikts von 1812. Die größten Konfliktthemen bildeten die Frage der Einbeziehung von Juden in Staatsämter, die Wahrnehmung ständischer Rechte und der juristische Status der jüdischen Gemeinden.[288] Emanzipationsbefürworter konnten in den rheinländischen Großbürgern, katholischen Geistlichen und dem ostpreußischen Hochadel gefunden werden, während Emanzipationsgegner sich aus der Gruppe der Protestantisch-Konservativen und Vertretern aus ländlichen Gebieten rekrutierten.[289]

Trotz zahlreicher Widersprüche plädierte abschließend ein großer Teil der Abgeordneten für die vollständige Emanzipation von Juden,[290] und auch die von Friedrich Wilhelm IV. besetzte Herrenkammer lehnte den Vorschlag der korporativen Ausgrenzung von Juden ab.[291] Die Kammern legten daraufhin einen Entwurf vor, der an das Edikt von 1812 anschloss. Im letzten Entwurf wurde die Herstellung von jüdischen Korporationen endgültig verworfen, die Abstimmung beider Kammern ließ dem Monarchen keine andere Wahl, als dieser Entscheidung zuzustimmen.[292]

Am 23. Juli 1847 trat das »Gesetz über die Verhältnisse der Juden«[293] in Kraft. Es versuchte, Juden in den ›christlichen Staat‹ einzubeziehen und dabei ihre re-

286 Vgl. *Brammer*, Judenpolitik und Judengesetzgebung, S. 345.

287 Vgl. *Herzig*, Jüdische Geschichte, S. 158. Beispielhaft dafür sei verwiesen auf die Rede des Freiherrn Georg von Vincke zugunsten der jüdischen Emanzipation. Vgl. *Vincke*, Rede 39. Sitzung des Landtages 1847, 1912.

288 Vgl. *Jersch-Wenzel*, Rechtslage und Emanzipation, S. 55.

289 Vgl. *Elbogen/Sterling*, Geschichte der Juden, S. 233.

290 Vgl. *Brammer*, Judenpolitik und Judengesetzgebung, S. 359. Die Annahme der vollständigen Gleichberechtigung scheiterte mit 185 zu 215 Stimmen. Vgl. *Elbogen/Sterling*, Geschichte der Juden, S. 234.

291 Vgl. *Brammer*, Judenpolitik und Judengesetzgebung, S. 365 ff. Vgl. ausführlich zu den Beratungen *Lindner*, Patriotismus deutscher Juden, S. 214–228 und *Brammer*, Judenpolitik und Judengesetzgebung, S. 345–368.

292 Vgl. *Lindner*, Patriotismus deutscher Juden, S. 214–228 und *Brammer*, Judenpolitik und Judengesetzgebung, S. 369.

293 Abgedruckt in: *Freund*, Emanzipation der Juden, Bd. 2, S. 501–520.

ligiösen und kulturellen Eigenarten zu berücksichtigen.[294] Das neue Gesetz ließ trotz des Wunsches nach Vereinheitlichung eine Ausnahme zu – die Provinz Posen; dort blieben alle Sonderrechte bestehen. Die Regelung bestand aus zwei Abschnitten; der erste betraf alle Landesteile außer Posen, der zweite nur die Provinz Posen.

Eine rechtliche Gleichberechtigung der jüdischen gegenüber den übrigen Untertanen war beabsichtigt, konnte durch die gesetzliche Neuregelung jedoch nicht erreicht werden. Sie blieb insofern hinter dem Edikt von 1812 zurück, als sie Juden nicht die Rechte von Staatsbürgern zugestand, sondern Juden »neben gleichen Pflichten auch gleiche bürgerliche Rechte mit Unseren christlichen Unterthanen«[295] einräumte. Das Gesetz verschloss Juden jeden Zugang zu mittelbaren und unmittelbaren Staatsämtern,[296] wenn ihnen auch, mit Ausnahmen, erlaubt wurde, akademische Lehrtätigkeiten wahrzunehmen. Ein weiterer Fortschritt war die generell gewährte Freizügigkeit und der unbeschränkte Erwerb von Grundbesitz – wobei die damit verbundenen ständischen Rechte nicht wahrgenommen werden durften.[297] Freizügigkeit und Gewerbefreiheit[298] standen im Vordergrund und betonten erneut die ökonomische Sicht auf die jüdische Minderheit.

Günstig wirkte sich das Gesetz auf den Status der religiösen Verfassung von Juden aus – die jüdische Gemeinschaft wurde nun zu festen Synagogengemeinden zusammengefasst; diese erhielten im Hinblick auf ihre Vermögensverhältnisse die Rechte einer juristischen Person und wurden von einem gewählten Vorstand geleitet.

Das Gesetz von 1847 stellte erneut nur einen halbherzigen Versuch zur Lösung der ›Judenfrage‹ dar – auch in dieser Regelung dominierte die Überzeugung der ›Ungleichheit‹ zwischen Juden und Christen. Relativ erfolgreich war die beabsichtigte Rechtsvereinheitlichung, die nur die Provinz Posen ausnahm.[299] Das Gesetz versuchte, zwischen den verschiedenen Interessen in Hinblick auf die ›Judenfrage‹ zu vermitteln, blieb jedoch eng an den preußischen Monarchen und dessen christliche Anschauungen gebunden. In diesem Zusammenhang gelang es nicht, eine Gesetzgebung zu initiieren, die dem gesellschaftlichen und sozialen Status der jüdischen Minderheit angemessen Rechnung getragen hätte. Die Glaubensunterschiede zwischen Juden und Christen blieben das entscheidende Hindernis auf dem Weg zu einer Emanzipation. Obwohl in

294 Vgl. *Baumgart*, Befürworter und Gegner, S. 176.
295 *Friedrich Wilhelm IV.*, Gesetz Verhältnisse der Juden, 1847, § 1.
296 Vgl. ebd., § 2.
297 Vgl. ebd., § 3.
298 Vgl. ebd., § 4.
299 Zu den Bestimmungen und Folgen der gesetzlichen Neuregelung für Posener Juden vgl. *Kemlein*, Die Posener Juden, S. 195–200.

der öffentlichen Kontroverse die Stimmen derjenigen zunahmen, die das Judentum nicht länger als Hindernis für bürgerliche Rechte verstanden, konnten sie keinen Einfluss auf die politischen Entscheidungen geltend machen. Der preußische Staat erschien christlicher als die öffentliche und gesellschaftliche Mehrheit, und diese konnte noch keinen ausreichenden Einfluss auf die staatliche Meinungsbildung ausüben, um grundlegende Änderungen in der preußischen Judenpolitik zu bedingen. Juden wurden infolgedessen nur zu Staatsbürgern »zweiter Klasse«[300].

Aufgrund der verschiedenen Mängel und enttäuschter Hoffnungen wurde die Neuregelung von Juden nur selten so euphorisch gefeiert wie von Sigismund Stern, der sie als Fortschritt feierte, denn endlich seien preußische Juden als jüdische Preußen anerkannt.[301] Andererseits waren Juden nicht mehr bereit, jede staatliche Gunstbezeigung dankend hinzunehmen, vielmehr strebten sie danach, eine rechtliche und politische Gleichstellung auch aktiv zu verfolgen; so fanden sich umfangreiche Stellungnahmen, die das neue Gesetz kritisch betrachteten. Dabei war die öffentliche jüdische Initiative deutlich geringer als zuvor – besonders die jüdische Presse beteiligte sich nur in einem sehr geringen Umfang an den Auseinandersetzungen. Jüdische Autoren kritisierten den der Neuregelung innewohnenden christlichen Staatsgedanken, denn allein dieser ermögliche eine umfassende Ausgrenzung von Juden aus allen staatlichen und gesellschaftlichen Bereichen.[302] Ihrer Ansicht nach wurde in dem neuen Gesetz der jüdische Glaube geschmäht, wie auch alle Regelungen nur darauf ausgerichtet seien, Juden zum Christentum zu bekehren.[303] Die Mehrheit jüdischer Debattanten interpretierte das Gesetz als einen deutlichen Rückschritt im Vergleich zum Edikt von 1812, da es vielen »aus dem Mittelalter überkommenen Mißverhältnissen mitten in unserer bürgerlichen Gesellschaft«[304] wieder einen breiten Raum gönne. Zugleich schienen jüdische Publizisten der andauernden Betonung des Menschentums mit unveränderlichen Rechten, unabhängig vom religiösen Bekenntnis[305] müde zu werden. Ihre Erwartung war enttäuscht worden, was zahlreiche jüdische Publizisten in resignierten Äußerungen betonten. Ihre Hoffnung auf eine vollständige Integration musste erneut auf eine unbestimmte Zeit verschoben werden, wenn sie auch von ihrem Ziel nicht abzugehen bereit waren und insbesondere in der Verwirklichung eines auf liberalen Prinzipien beruhenden Staates Chancen erkannten:

300 *Elbogen/Sterling*, Geschichte der Juden, S. 234. Dabei fand der Terminus ›Staatsbürger‹ im Gesetz von 1847 keine Anwendung auf Juden.

301 Vgl. *Stern*, Preußen, 1847, S. 68.

302 Vgl. *Philippson*, Wort an Israel, 5.7.1847, S. 418.

303 Vgl. ebd.; *Stern*, Was ist geschehen?, 1847, S. 6 f.

304 *Veit*, Entwurf der Verordnung, 1847, S. 25.

305 Vgl. *Philippson*, Wort an Israel, 5.7.1847, S. 417–420.

»Der deutsche Liberalismus will den Juden emancipiren; wir haben bewiesen, daß er emancipationsfähig ist, und darin liegt die ganze Zukunft der Juden. Eine andere Zukunft hat der Jude nicht.«[306]

Auf christlicher Seite wurde die neue Regelung der jüdischen Rechtsverhältnisse ebenfalls in nur geringem Umfang kommentiert. Mehrheitlich befürwortet wurde der Ausschluss der jüdischen Minderheit von Staatsämtern, da sie die damit verbundenen Anforderungen als Juden nicht erfüllen könnten.[307] Denn es sei notwendig, den Staat nach christlichen Grundsätzen zu organisieren, auch wenn dies nicht in allen Lebensbereichen gelingen könne.[308] Emanzipationsgegner forderten jedoch eine noch deutlichere Distanzierung von Juden, als religiöser und nationaler Minderheit. In ihren Augen waren die wenigen für Juden positiven Bestimmungen des Gesetzes von 1847 bereits zu weitreichend und gefährdeten die christlichen Fundamente des preußischen Staates.[309]

Nur für wenige Nichtjuden dominierte der Mensch die Religion, denn der Glaube sei ebenso wie politische Überzeugungen nur eine individuelle Ansicht.[310] Die Erfüllung der jüdischen Forderung nach Gleichberechtigung war in ihrer Überzeugung die Verwirklichung eines gerechten Anspruchs und kein Gnadenakt.[311] Somit setzten sie sich für eine deutliche Erweiterung der jüdischen Rechte im preußischen Staat ein und versuchten gleichzeitig die enger werdende Beziehung zwischen Staat und christlicher Kirche zu hinterfragen, indem sie die Christlichkeit des preußischen Staates leugneten. Ein solcher Staat entsprach nicht ihren politischen Zielen und stellte nicht nur für die Emanzipation von Juden, sondern auch für die Verwirklichung eines Verfassungsstaates ein entscheidendes Hindernis dar.

306 *Jellinek*, Täuschung der Juden, 1847, S. 33.

307 Vgl. *Klee*, Emancipation der Juden, 1847, S. 5.

308 Vgl. ebd., S. 36ff.

309 Vgl. *Anonymus*, Sendschreiben des deutschen Michel, 1847; *E. C. v. T.*, Geschichte der Juden, 1847; *Anonymus*, Toleranz!?, 1847, S. 18.

310 Vgl. *Rudolph*, Judenemancipation, 1847, S. 4f.; *Nauwerck*, Das preußische Religionspatent, 1847, S. 45.

311 Vgl. *Rudolph*, Judenemancipation, 1847, S. 12; *Nauwerck*, Das preußische Religionspatent, 1847, S. 51.

VII. Zusammenfassung

Die inhaltliche Dimension der ›Judenfrage‹ war erst Mitte des 19. Jahrhunderts voll entwickelt und bezeichnete die verschiedenen Ebenen des durchaus problematischen Kontaktes zwischen Juden und Judentum und ihrer nichtjüdischen Umwelt. Sie umfasste in unterschiedlichen Konstellationen politisch-rechtliche, soziale, gesellschaftliche, religiöse und wirtschaftliche Faktoren, die in ihrer Gewichtung innerhalb des Gesamtkomplexes divergent waren; aber nur durch das Zusammenwirken der verschiedenen Ebenen entstand die moderne ›Judenfrage‹.

Ihre Formulierung und die darauf folgenden Antworten beeinflussten das Verhalten von Juden und deren Assimilationsbestrebungen nachhaltig.[1] Denn in ihr enthalten waren vielfältige, von der christlichen Mehrheit definierte Anforderungen und Wünsche, denen sich die jüdische Minderheit beugen sollte, um in der staatlichen und bürgerlichen Gemeinschaft Aufnahme zu finden. Innerhalb der über siebzig Jahre andauernden Kontoverse über gesellschaftliche Position und politische Rechte von Juden unterlagen diese Erfordernisse wechselnden Transformationen, was zum einen politischen und gesellschaftlichen Entwicklungen, zum anderen der öffentlichen Auseinandersetzung und dem in ihr zunehmend ausformulierten bürgerlichen Selbstverständnis geschuldet war. Entscheidend für die Lösung der ›Judenfrage‹ war ihre Einbeziehung in staatliche und gesellschaftliche Modernisierungsprozesse und ihre Verortung innerhalb bürgerlicher Selbstfindung.

Auffallend war die unterschiedliche Schwerpunktlegung bei christlichen und jüdischen Autoren. Juden stellten die rechtliche ›Judenfrage‹ in den Vordergrund, in deren Folge die anderen Elemente gelöst werden könnten; parallel dazu versuchten die jüdischen Reformbewegungen, die politische und soziale ›Judenfrage‹ von der religiösen ›Judenfrage‹ zu lösen. Im Unterschied dazu war die Behandlung der ›jüdischen Frage‹ in christlichen Publikationen vielfältiger. So würden alle Elemente eine gleichberechtigte Betrachtung benötigen, denn nur durch eine solch gleichmäßige Auseinandersetzung bestehe die Möglichkeit, die moderne ›Judenfrage‹ einer dauerhaften Lösung zuzuführen. Andererseits gelang es christlichen Emanzipationsgegnern über ihre enge Verknüpfung von politischer und religiöser ›Judenfrage‹, eine weitreichende religiöse Angleichung bis hin zu einer Konversion zu fordern, ohne dabei die theoretische Religionsfreiheit infrage stellen zu müssen.

1 Vgl. *Arendt-Stern*, Aufklärung und Judenfrage, S. 65.

Für den Umgang mit der ›Judenfrage‹ existierten infolgedessen verschiedenste begriffliche Zuschreibungen, die das Zusammenleben zwischen Juden und Nichtjuden charakterisieren sollten. Die Lösung der ›Judenfrage‹ wurde nicht ausschließlich in einer ›Emanzipation‹ gesehen, und selbst wenn dieses Konzept bevorzugt wurde, beinhaltete es nicht zwingend eine gleichberechtigte Einbeziehung von Juden; vielmehr diskutierte die Mehrheit christlicher Konzeptionen die Möglichkeiten einer ›Auflösung des Judentums‹ als religiöse und soziale Gemeinschaft. Vor diesem Hintergrund fanden sich disparate Vorschläge zu ›bürgerlicher Verbesserung‹, ›Duldung‹, ›Entjudung‹, ›Emanzipation‹, ›Gleichstellung‹ und ›Gleichberechtigung‹, ›Assimilation‹ und ›Akkulturation‹, aber auch permanent zu ›Vertreibung‹, ›Bekehrung‹ und ›Missionierung‹. Die Vielzahl der Konzepte hatte tiefe Ursachen; zum einen die religionsähnliche Ideologie einer nationalen Identität und Loyalität, die in ihrer letzten Konsequenz zu einem modernen Nationalstaat führen sollte, verbunden mit einem Ausschluss ›fremder Elemente‹, zum anderen das jüdische Streben, nicht ausschließlich bürgerliche und politische Rechte zu erlangen, sondern auch schöpferisch an Staat und Gesellschaft beteiligt zu werden,[2] was von Nichtjuden häufig als umfassendes Machtstreben interpretiert wurde. Diese Vielfalt führte bei Juden zu einer massiven Verwirrung darüber, welches der unterschiedlichen Konzepte für ihr künftiges Verhalten bestimmend sein sollte. Die für sie vielversprechendste Lösung der ›Judenfrage‹ lag dabei zweifelsohne in einer kompromisslosen ›Gleichstellung‹. Doch egal mit welchem Begriff der entsprechende Prozess bezeichnet wurde, es ging in ihm für Juden in allen Fällen um eine (gleichberechtigte) Integration in Bürgertum und preußischen Staat, für Nichtjuden hingegen um eine Distanzierung von Juden oder deren Hinführung zum christlichen Glauben.

Die Entwicklung der publizistischen Debatte wurde entscheidend von den Maßnahmen der preußischen Regierung, dem Funktionswandel von Öffentlichkeit und dem Wechselspiel zwischen beiden geprägt.

Alle gesetzlichen Regelungen zwischen 1794 und 1847 offenbarten die behördliche Skepsis gegenüber einer Aufnahme von Juden als Bürgern. Zu lange waren Juden von bürgerlichen Rechten ausgeschlossen gewesen, als dass eine einzige grundlegende gesetzliche Neuerung ausgereicht hätte, um Vorurteile und Bedenken gegenüber einer Integration in das preußische (Staats-)Bürgertum zu überwinden. Gleichzeitig schienen preußische Behörden nur in Ausnahmefällen daran interessiert, den Status von Juden im Staat grundlegend zu überdenken; insbesondere die ›christliche Angst‹ vor einem Eindringen von Juden in politische und / oder wirtschaftliche Positionen und Machtstellungen offenbarte auch hier überkommene Stereotype – infolgedessen blieben Juden vor allem von einer aktiven politischen Partizipation ausgeschlossen. Bis 1847 gelang es nicht, Juden rechtlich zu Bürgern werden zu lassen. Behörden und insbesondere

2 Vgl. ebd., S. 74.

die preußischen Monarchen lehnten eine rechtliche Integration in ›das Staatsbürgertum‹ ab, auch wenn auf gesellschaftlicher Ebene ein Prozess zunehmender Annäherung begonnen hatte. Die rechtliche ›Verbürgerlichung‹ sollte der gesellschaftlich-sozialen nachgeordnet bleiben und erst am Ende einer erfolgreichen ›Assimilation‹ als ›Belohnung‹ gewährt werden. Der einzige, kurzlebige Versuch einer rechtlichen Heranführung von Juden an ›das Staatsbürgertum‹ war die Städteordnung von 1808. Juden drangen durch diese Regelung in das Hoheitsgebiet der Stadtbürger vor, indem sie wahlberechtigt und wählbar wurden. Die Städteordnung stellte jedoch eine zu kurzfristige Episode dar und konnte nicht durch weitere gesetzliche Bestimmungen untermauert und gefestigt werden. Vonseiten des preußischen Staates wurden Juden zwischen 1780 und 1847 nicht als Staatsbürger oder als Angehörige eines Bürgertums verstanden oder behandelt.

Die Presse im Vormärz entwickelte sich in Preußen aufgrund des fehlenden Parlaments zu einem wirksamen und selbstbewussten Instrument der Meinungsbildung. Sie war sowohl in der Lage, oppositionelle Meinungen zu organisieren, als auch die jeweilige Regierungspolitik nach außen zu rechtfertigen. Als Organ der Stimmungen, Leidenschaften und Triebkräfte ihrer Leserschaft war Öffentlichkeit fähig, ihr Publikum beständig zu vergrößern, es gleichzeitig zu organisieren und zu homogenisieren; außerdem formulierte Öffentlichkeit durchaus politische Ansprüche. Der preußische Staat erkannte diese neue Funktionsweise und war bestrebt, die massiven Versuche einer öffentlichen Mitsprache zu kanalisieren. Aus diesem Grund sollte durch Überwachung und Zensur auf die Überzeugungen des Publikums Einfluss genommen werden. Trotz dieser Eingriffe erschienen alle entscheidenden Fragen auf der öffentlichen Tagesordnung, Meinungen wurden kontrovers diskutiert, und auch die ›Judenfrage‹ beleuchtete die publizistische Auseinandersetzung von allen Seiten, wodurch sich ein Meinungspluralismus entwickeln konnte, der wiederum der ›Wahrheitsfindung‹ diente. Für das politische Handeln existierte keine bindende Wirkung von Öffentlichkeit, dennoch konnte sie keineswegs vollkommen ignoriert werden.

Innerhalb von Öffentlichkeit agierte eine Vielzahl von Privatpersonen, die mit ihren Publikationen in der Lage waren, politisch-gesellschaftliche und kulturelle Interessen- und Gesinnungsgemeinschaften, entstehen zu lassen, ohne dass diese eine feste (parteiliche) Organisation aufwiesen. Sie bildeten jedoch die unabdingbare Voraussetzung für deren Schaffung. Grundsätzlich stand publizistische Öffentlichkeit allen offen, doch wurden auch in diesem Bereich Ausschlussmechanismen erkennbar. An ihr beteiligten sich mehrheitlich Bürger, sodass die Öffentlichkeit des Vormärz deutlich bürgerlich geprägt war; wenn sie auch anderen Gruppierungen offenstand, nutzten Bürger die öffentlichen Artikulationsmöglichkeiten besonders intensiv für ihre Interessenvermittlung. Sie bildeten den Kern des lesenden und schreibenden Publikums. Mit ihrer Teilhabe an Öffentlichkeit verbanden sie die Hoffnung, dass publizistische Diskussionen ein verständigeres Denken und ein vernünftigeres Handeln hervorbringen könnten; das beinhaltete einen utopischen Glauben an die Kraft der Vernunft, die einen Lehr- und Lernprozess bei Regierten und Regierenden initiieren könne.[3] Aus dem Geflecht neuer Kommunikationsformen wie bspw. Zeitungen, Gesellschaften und Vereine entstanden neue öffentliche Strukturen, die quer zu absolutistischer Staatlichkeit und traditioneller Kirchlichkeit lagen.[4] Gleichzeitig war es durch diese Entwicklungen möglich, eine überregionale Öffentlichkeit entstehen zu lassen, wodurch eine umfangreiche Vernetzung zwischen unterschiedlichen Ebenen stattfinden konnte. Für Bürger wurde Öffentlichkeit zu einer entscheidenden Komponente der Selbstverortung, denn nur in ihr konnten sie sich in größerem Kreis über ihr eigenes Selbstbild verständigen. So unterlag vor allem die Definition des Bürgerbegriffes einem öffentlichen Aushandlungsprozess; er betraf bürgerliche Werte und Normen und sollte zu einer Antwort auf die Frage führen, was den Bürger zum Bürger macht. Traditionelle Eliten wie bspw. der Adel agierten hingegen kaum innerhalb von Öffentlichkeit. Im Laufe des Vormärz entwickelten sich dennoch mehrere parallele öffentliche Sphären, die von unterschiedlichen gesellschaftlichen Gruppen geprägt wurden und spezifische Publikationsorgane nutzten.

Behörden und die preußischen Regierungsvertreter gelangten nur sehr allmählich zu der Überzeugung, dass Öffentlichkeit einen Faktor bildete, der genutzt werden musste und konnte. Erst 1819 ging die preußische Regierung dazu über, die »Preußische Staatszeitung« für die Vermittlung von Entscheidungen und Beratungen zu instrumentalisieren. Zugleich versuchte sie über dieses Medium, eine Beruhigung allgemeiner öffentlicher Kontroversen zu realisieren, was mit der »Staatszeitung«, aufgrund ihres beschränkten Leserkreises, jedoch kaum gelingen konnte.

Durch die massive bürgerliche Forderung nach politischer Partizipation und Pressefreiheit war hingegen eine nichtstaatliche Öffentlichkeit ermöglicht worden,[5] die die notwendigen Prinzipien und Funktionen für eine politische Öffentlichkeit im Vormärz etablierte.[6] Diese bestanden in der Offenheit für alle und der mit ihr verbundenen Transparenzfunktion, d. h., verschiedene gesellschaftliche Gruppen sollten Themen von kollektiver Bedeutung debattieren können. Das zweite Prinzip bestand in Diskursivität, wodurch die Möglichkeit eröffnet wurde, eigene Meinungen in der öffentlichen Kontroverse gegebenenfalls zu revidieren. Das dritte grundlegende Merkmal politischer Öffentlichkeit war ihre maßgebliche Orientierungsfunktion, denn erst öffentliche

3 Vgl. *Vierhaus*, Aufstieg des Bürgertums, S. 72.
4 Vgl. *Lepsius*, Soziologie des Bürgertums, S. 90.
5 Vgl. *Kunisch*, Absolutismus und Öffentlichkeit, S. 47 f.
6 Für das Folgende vgl. *Neidhardt*, Öffentlichkeit, Öffentliche Meinung, S. 8 f.

Kommunikation schuf die Chance, öffentliche Meinungen entstehen zu lassen, die dann vom Publikum wahrgenommen werden konnten. Publizisten erkannten im Laufe des Vormärz ihren wachsenden Einfluss auf eine öffentliche Meinungsbildung; gleichzeitig waren sie sich jedoch auch bewusst, dass sie der staatlichen Zensur kaum etwas entgegensetzen konnten, sodass sie zunächst in einem relativ engen Rahmen agieren mussten. Andererseits beinhaltete die Diskussion politischer oder sozialer Probleme immer auch die Gefahren einer Verselbstständigung.

Um politisch wirksam zu werden, bedurfte bürgerliche Gesellschaft somit zwingend eines öffentlichen Diskurses, in den alle Themen aufgenommen wurden.[7] Die Entwicklungen von Öffentlichkeit und Bürgertum verknüpften sich auf dieser Grundlage stark miteinander. Öffentlichkeit beförderte die Entwicklung von Bürgertum und bot eine Möglichkeit für politische Artikulation, die innerhalb der politischen Strukturen des preußischen Staates keinen Raum fand. Im Bewusstsein um die Notwendigkeit eines politischen Meinungsaustauschs förderte Bürgertum wiederum die Ausweitung und Festigung (politischer) Öffentlichkeit. Die Konstituierung des Bürgertums wurde durch den öffentlichen Austausch über seine Bestandteile in der Öffentlichkeit beschleunigt, während in diesem Prozess Öffentlichkeit ausgedehnt werden konnte.

Dohms Schrift, initiiert durch eine Bitte Elsässer Juden, fachte die erste Diskussion an, die auch in die preußische Regierung hineingetragen wurde. Seine aufgeklärten Ideen fielen bei ebenfalls aufgeklärten preußischen Beamten auf fruchtbaren Boden, wenn auch ihre Überzeugungen erst im Edikt von 1812 einen Niederschlag fanden. Andererseits vollzog sich bereits um das Jahr 1803 eine konservativ dominierte Wende in der öffentlichen Kontroverse, verbunden mit einer Rückbesinnung auf christliche Werte und Praktiken. Der damit verbundene Schriftenkampf nahm ein solches Ausmaß an, dass preußische Behörden sich genötigt sahen, aus Angst vor einer emotionalen Aufladung von Öffentlichkeit und damit verbundenen Ausschreitungen einzugreifen. Dieses ›präventive Verhalten‹ offenbarte, dass sich die preußische Regierung durchaus der Wirkungsmacht einer öffentlichen Debatte bewusst war und sie die Gefahr einer öffentlichen Polarisierung erkannte. Gleichzeitig erwies sich jedoch auch, dass ein behördliches Verbot durchaus in der Lage war, eine öffentliche Auseinandersetzung für einen kurzen Zeitraum nahezu vollständig zu unterbinden.

Betrachtet man den Zusammenhang zwischen Öffentlichkeit und Regierungsmaßnahmen in Hinblick auf die ›Judenfrage‹ in den Jahren nach 1800, fällt zunächst auf, dass die Rückbesinnung auf das Christentum zuerst in der öffentlichen Sphäre stattfand und sich die Akteure dort zur Abwehr ›Fremder‹ und ›Anderer‹ auf christliche Werte besannen. Diese Entwicklung verstärkte sich im Umfeld der Befreiungskriege. Der damit einhergehende Wandel in der öffent-

7 Vgl. *Kunisch*, Absolutismus und Öffentlichkeit, S. 43.

lichen Wahrnehmung erfolgte umfassend und zügig, sodass liberale Stimmen zugunsten einer, wenn auch nur partiellen jüdischen Emanzipation zunehmend verstummten. Untrennbar verbunden war dieser Gesinnungswandel im Vormärz mit der politischen Romantik und einer christlich geprägten Innerlichkeit. Im selben Zeitraum blieben preußische Behörden und Ministerien noch durch liberale Beamte geprägt, was dazu führte, dass die Regierungspolitik deutlich liberaler erschien als die Mehrheit öffentlicher Stimmen. Allmählich erfolgte jedoch auch auf politischer Ebene eine konservative Wende. Spätestens seit den 1830er Jahren dominierten konservative Kräfte auch auf der Regierungsebene; ihr Einfluss offenbarte sich unter anderem im Entwurf eines Judengesetzes für die gesamte Monarchie, der mit seinen wenigen positiven Bestimmungen deutlich hinter dem Edikt von 1812 zurückblieb und die konservative Antwort auf die ›Judenfrage‹ darstellte. Andererseits kam es in den 30er Jahren, bedingt durch die französische Julirevolution, in der öffentlichen Kontroverse zu einem kurzzeitigen Erstarken liberaler Äußerungen. Aufgrund dieser Tatsache entwickelten sich im Vorfeld des geplanten neuen Judengesetzes massive Proteste, in deren Folge die Neuregelung auf die Provinz Posen beschränkt wurde und nicht, wie beabsichtigt, für die gesamte Monarchie Geltung erlangte. Das Judengesetz von 1847 hingegen war relativ ausgeglichen und weist auf einen Konsens zwischen öffentlichen und behördlichen Überzeugungen hin. Die neue Hochschätzung christlicher Grundlagen, Werte und Prägungen fand sich nun sowohl in der preußischen Regierungspolitik als auch Öffentlichkeit wieder und erschwerte die Integration von Juden nachhaltig. Grundsätzlich lassen sich in Hinblick auf die verstärkte christliche Rückbesinnung zwischen beiden Ebenen umfassende Parallelen ausmachen, wobei der Öffentlichkeit eine Vorreiterrolle zukam. Die Befreiungskriege hatten eine nationale und christliche Rückbesinnung angestoßen, die wahrscheinlich auch ohne öffentliche Verstärkung zu einer restaurativen Politik innerhalb preußischer Behörden geführt hätte. Durch die gleichzeitige Betonung des Christentums auch in der öffentlichen Auseinandersetzung wurde die damit verbundene Entwicklung jedoch deutlich verstärkt. Juden indes war es unmöglich, sich bedingungslos in die romantische und restaurative Entwicklung einzugliedern, denn die Verbürgerlichung von Juden als Juden auf gesellschaftlicher und sozialer Ebene wurde durch diesen Prozess nahezu unmöglich gemacht.

Das Wechselspiel zwischen publizistischer Kontroverse und preußischer Regierungspolitik offenbarte die zunehmende Wirkungsmacht von Öffentlichkeit, gleichermaßen jedoch auch ihre Grenzen. Besonders deutlich wurde der öffentliche Einfluss infolge der Julirevolution und im Vorfeld gesetzlicher Neuregelungen der Judenpolitik. Änderungen in den behördlichen Entscheidungen resultierten dabei jedoch kaum aus einer Akzeptanz öffentlicher Argumentationen, sondern eher aus der Angst vor Unruhen und Protesten. Das Entgegenkommen preußischer Behörden war somit selten weitreichend und betraf kaum grundlegende Überzeugungen. Desgleichen gelangte eine Vielzahl ›kleiner Maßnahmen‹ der preußischen Regierung nicht in die öffentliche Wahrnehmung, sodass Widerspruch nur schwer möglich war. Dabei reflektierte Öffentlichkeit allgemeine Tendenzen und Entwicklungen deutlich besser und schneller, während die Regierungsebene in dieser Hinsicht langsamer agierte. Andererseits gab es auf behördlicher Seite durchaus ernstzunehmende Versuche, Öffentlichkeit nicht zu dominant werden zu lassen und durch zensorische Maßnahmen, legitimiert durch die Karlsbader Beschlüsse, regulierend einzugreifen. In diesen Bestrebungen wurden die behördlichen Bedenken gegenüber Öffentlichkeit greifbar. Dennoch war das Regierungshandeln in Hinblick auf die Zensur zu keinem Zeitpunkt parteiisch. Von Verboten waren sowohl Schriften für als auch wider Juden betroffen, denn das Hauptaugenmerk der preußischen Regierung galt der Aufrechterhaltung von Ruhe, Ordnung und Sicherheit und weniger einer Steuerung öffentlicher Meinung zugunsten der staatlichen Position. In diesem Sinne waren nicht die Inhalte der Publikationen entscheidend, sondern im Vordergrund stand die Gefahr einer emotionalen Aufladung einer nicht nur publizistischen Öffentlichkeit. Spezifisch am Wechselspiel zwischen Öffentlichkeit und Regierung im Umfeld der ›Judenfrage‹ war die Möglichkeit einer Verbreitung und Etablierung liberaler Überzeugungen. Trotz dieses Zusammenhangs blieben die staatlichen Eingriffe in die publizistische Debatte relativ gering. Offensichtlich existierten innerhalb preußischer Behörden kaum Befürchtungen, dass in Hinblick auf die Frage einer jüdischen Integration liberale Überzeugungen eine Mehrheit gewinnen könnten. Diese Ansicht fand eine Bestätigung in dem Konsens zwischen nichtjüdischer Öffentlichkeit und preußischer Regierung darüber, dass Juden als Juden nicht integrierbar seien. Diese grundlegende Einigkeit verhinderte weitreichende und tiefgehende Konflikte zwischen beiden Ebenen. Auch existierten keine behördlichen Bedenken gegenüber einer Solidarisierung von Öffentlichkeit und jüdischer Minderheit; Juden allein waren hingegen keine quantitativ gefährliche Gruppe – anders gestaltete sich die gleiche Problematik innerhalb der Pauperismusdebatte.

Eine Beteiligung von Juden an der öffentlichen Meinungsbildung war erst durch die Aufnahme der deutschen Sprache sowohl in den jüdischen Bildungskanon als auch in den Alltagsgebrauch möglich geworden. Juden intensivierten ihre Versuche, sich an bürgerlichen Aushandlungsprozessen zu beteiligen, da auch ein Teil der jüdischen Gemeinschaft sich als Element ›bürgerlicher Gesellschaft‹ und als Bürger verstand. Die sich artikulierenden Juden waren in ihren Ansichten und Überzeugungen dabei liberalen Grundsätzen verpflichtet, da nur der Liberalismus eine Integration von ›jüdischen Bürgern‹ theoretisch ermöglichte. Andererseits blieb eine offene und allgemein zugängliche Öffentlichkeit eine kurze Episode. Zunehmend wurde der Zugang zu publizistischen Organen erschwert; Themen, die nicht von breitem Interesse zu sein schienen, wurden seltener aufgegriffen bzw. ausgeschlossen. Für Juden wurde der Weg zusätzlich begrenzt, indem sie als Nichtdeutsche, nicht als gleichberechtigte Dialogpartner verstanden wurden. Öffentlichkeit stand demnach nicht allen Gruppierungen und ihren spezifischen Interessen gleichermaßen offen, zunehmend kristallisierte sich vielmehr die Notwendigkeit von Teilöffentlichkeiten heraus. Dies gilt in besonderem Maß für jüdische Interessen. Die beginnende Debatte über den Umfang und die Reichweite jüdischer Religionsreformen fand in der christlich geprägten Öffentlichkeit keinen Raum, dadurch wurden Juden gezwungen, sich eigene Publikationsorgane zu schaffen. Für die Entwicklung einer ›neuen‹ jüdischen Identität, als Element preußischer bzw. deutscher Gesellschaft und Staatlichkeit, war eine Verständigung sowohl über religiöse Inhalte als auch über Formen und Umfang einer Akkulturation jedoch von immanenter Wichtigkeit. Da diese Interessen in der christlich dominierten Öffentlichkeit keinen Raum fanden, verlagerten sie sich in die seit den 1830er Jahren entstehende jüdische (Teil-)Öffentlichkeit. Christliche und jüdische Öffentlichkeit nahmen sich dabei nur einseitig wahr; Juden verfolgten intensiv die Entwicklungen und Äußerungen innerhalb christlich-bürgerlicher Öffentlichkeit, während Christen jüdischen Periodika und Publikationen mehrheitlich kritisch bis ablehnend gegenüberstanden und nicht an einer intensiven Auseinandersetzung interessiert schienen. Dadurch wurde erkennbar, dass Öffentlichkeit zwar einen Interessenausgleich zwischen verschiedenen Gruppierungen anstreben und ermöglichen konnte, marginale Positionen aber in den Hintergrund drängte, indem sie keine Aufnahme erfuhren; infolgedessen konnte zugleich der Eindruck erweckt werden, eine Homogenisierung der Interessen und Überzeugungen realisiert zu haben. Diese Handhabung offenbarte die Grenzen christlich-bürgerlich dominierter Öffentlichkeit, denn auch hier waren Juden als Gesprächspartner einschließlich ihrer jüdisch-religiösen Interessen kaum integrierbar.

Die in der publizistischen Kontroverse um die ›Judenfrage‹ stattfindenden argumentativen Schwerpunktverschiebungen hatten in allen Fällen Rückwirkungen auf die Wahrnehmung und Definition von Juden und Judentum, andererseits auf die jüdischen Haltungen und Handlungsoptionen. Idealtypisch differenziert werden können die Argumentationen nach einem nationalen und einem religiösen Muster, die sich innerhalb der Darstellung allerdings häufig verschränkten. Dennoch stellte sich die Frage, welche Legitimation sich innerhalb der Auseinandersetzung als dauerhafter und tragfähiger erwies, um eine Exklusion von Juden aufrechtzuerhalten bzw. eine Aufnahme von Juden zu verwirklichen.

Die nichtjüdische Definition von Juden im Vormärz betrachtete sie als Religionsgemeinschaft und als nationale Gemeinschaft. Diese Zuschreibung beruhte vor allem auf der kollektiven Wahrnehmung von Juden, die von christlicher Seite nur selten als Individuen begriffen wurden. In der Debatte um die ›Judenfrage‹ wurde zu keinem Zeitpunkt eine Integration von Juden als Individuen angestrebt, die in ihrer privaten Religionspraxis keinen Einschränkungen unterliegen sollten. Grundsätzlich ließ die Entwicklung der Auseinandersetzung jedoch den unterschiedlichen Intentionen geschuldeten Versuch erkennen, von einer rein religiösen Begründung für eine Ausgrenzung von Juden zu einer national fundierten Legitimation zu gelangen. Der Erfolg einer Verschiebung des jüdisch-nichtjüdischen Konfliktes von der Religion in die Politik bzw. hin zu einer Frage der Nationalität war jedoch keineswegs so groß, wie von seinen Verfechtern erhofft. Der komplexe religiöse Konflikt konnte auch durch eine nationale Sichtweise nicht überwunden werden.[8]

Dennoch war ein großer Teil nichtjüdischer Debattenteilnehmer seit 1800 bemüht, einen nationalen Gegensatz zwischen Deutschen und Juden zu konstruieren, der auch abseits religiöser Ausgrenzungsmechanismen tragfähig sein sollte. Vor dem Hintergrund von Säkularisierung und Humanismus erschien es notwendig, der bisher rein religiösen Distanzierung von Juden eine neue, säkulare Komponente hinzuzufügen bzw. entgegenzustellen. Nationale Differenzen, d. h. die Gegensätze zwischen jüdischer und deutscher Nation, offenbarten in dieser Hinsicht eine vielversprechende Möglichkeit und wurden entsprechend vehement vorgebracht, um dadurch die vordergründige religiöse Diffamierung in den Hintergrund zu drängen. Durch die Konstruktion einer jüdischen Nation schien es möglich, Juden in einen unüberwindlichen Gegensatz zum deutschen Staat und zu ›den Deutschen‹ zu setzen, sodass eine jüdische Integration in diesem Fall ausgeschlossen und zugleich ein massiver Zwang zur Assimilation ausgeübt werden konnten.

Dafür zwingend notwendig war zunächst die Konstruktion einer deutschen Nation; diese beinhaltete die Hoffnung, über heterogene Soziallagen hinweg sowohl eine emotionale als auch eine politische Gemeinschaft herzustellen. Dabei konnte ›deutsche Nation‹ im Vormärz weder auf eine politische Legitimation verweisen, noch konnte sie institutionelle Inhalte und eine feste ideologische Richtung präsentieren, wodurch sie zu einer ›politischen Unbekannten‹ wurde, die von allen politischen Richtungen gleichermaßen genutzt werden konnte, was zudem ein Zusammenwirken von Liberalismus und Konservatismus ermöglichte. Nation wurde unter Rückgriff auf die Tradition eines ethnischen Herrschaftsverbandes zu einem neuen Orientierungspunkt. Für die benötigte nationale Neuinterpretation der Vergangenheit, vor allem gegenüber Juden, mussten Nationalisten eine Traditionskontinuität herstellen. Diese beruhte auf christlichen und nur in Ansätzen rassischen Grundlagen.[9] Nach konservativer Lesart wurde ›Deutschtum‹ zu einer Formel für eine nationale Einheit unter Obhut des Christentums. In dieser Konstruktion bereits zwingend enthalten waren fremdenfeindliche Elemente, denn aus einer christlich-deutschen Gemeinschaft mussten Nichtchristen und Ausländer ausgeschlossen bleiben. Obwohl das

8 Vgl. *Sterling*, Judenhaß, S. 86.
9 Vgl. *Gramley*, Christliches Vaterland, S. 81–107.

Wunschbild einer harmonischen Koexistenz in einem nationalen Einheitsstaat zunächst von liberalen Ideen dominiert wurde, konnten konservativ-christliche Interpretationen des Nationalismus zunehmend Raum gewinnen. Für den deutschen Zusammenhang entscheidend war dabei die Tatsache, dass erst der Nationalismus das Streben nach einer einheitlichen deutschen Nation hervorbrachte.[10] Nationalismus war somit ein Ideensystem, eine Doktrin und ein Weltbild zur Schaffung, Mobilisierung und Integration eines Solidar- und zur Legitimation eines neuzeitlichen Herrschaftsverbandes.[11] Die Leitvorstellung von einer homogenen Nation führte dabei mehrheitlich zu einer harten Exklusionspraxis gegenüber nationalen und religiösen Minderheiten.

Zugleich mussten eine Definition und Begründung für eine jüdische Nation gefunden werden. Dabei bemühten sich christliche Emanzipationsgegner, ein als national empfundenes Judentum auf einen areligiösen Ursprung zurückzuführen, um sich vordergründig von der kritisierten religiösen Ausgrenzung zu distanzieren. Sie waren bestrebt, der jüdischen Nation neben der jüdischen Religion ein eigenes Gewicht zu verleihen und versuchten, die religiöse vollkommen von der nationalen Sphäre zu lösen, um Juden dadurch zu einem ›Volk im Volke‹, einem ›Staat im Staate‹ und einer ›Nation in der Nation‹ werden zu lassen. Zur Grundlage der Definition einer ›jüdischen Nation‹ wurden ihre isolierte Gemeinschaft, ihr fehlendes Aufgehen in der preußischen Umwelt und ihre ›nationalen‹, ebenfalls auf eine Isolation abzielenden Gesetze. Diese Faktoren bedingten in den Augen von Nichtjuden eine äußerlich wie auch sprachlich und an ihrem Verhalten zu erkennende nationale Gemeinschaft von Juden. In diesen Begründungen wurde offensichtlich, dass der Versuch einer ausschließlich nationalen Legitimation einer jüdischen Ausgrenzung, ohne Rückgriff auf religiöse Divergenzen, zwischen Juden und Deutschen nicht tragfähig sein konnte. Die Legitimation einer jüdischen Nation ohne einen Bezug auf Judentum als Religion bzw. eine nationale Diffamierung ohne die Zuhilfenahme religiöser Muster war nicht möglich, denn alle angeführten Kriterien verloren mit dem Wegfall religiöser Elemente ihre Basis. In keinem Fall wurde der jüdische Glaube als Haupthindernis für eine Emanzipation untragbar, zumal das Christentum zu einem integralen Bestandteil des Deutschtums gemacht werden konnte, sodass es gelang, religiöse Differenzen und Vorurteile in sich modernisierende Ausgrenzungslegitimierungen zu transformieren. Der religiöse Gegensatz zwischen Juden und Christen war dabei ausschließlich durch eine Christianisierung bzw. ›Entjudung‹ zu überbrücken; diese beinhalteten weitreichende Reformen innerhalb der religiösen Strukturen der jüdischen Gemeinschaft bis hin zur Konversion von Juden zum christlichen Glauben.

10 Vgl. *Dann*, Nation und Nationalismus, S. 90–124 und 207.
11 Vgl. *Etges*, Gefühls- und Interessensgemeinschaft.

Dennoch sahen Nationalisten in einer jüdischen Assimilation vorrangig eine ›Entnationalisierung‹ und keine ›Entjudung‹; Juden sollten sowohl die politischen als auch die sozialen Strukturen ihrer Umwelt übernehmen. Im Hinblick auf den jüdischen Nationalcharakter forderten nichtjüdische Autoren die Aufhebung der angeblich eigenständigen jüdischen Nationalität und die Umwandlung des Judentums als ›Nationalreligion‹ zu einer ›deutschen Konfession‹. Ebenso sollte die patriotische Gesinnung, die einen hohen Stellenwert innerhalb bürgerlicher Tugenden einnahm, von Juden aufgenommen werden. Ein Scheitern jüdischer Anpassung wurde von Nationalisten im Umkehrschluss häufig als ein Indiz für ein mangelndes Nationalgefühl angesehen.

Deutscher Nationalismus und der mit ihm verbundene Patriotismus boten für Juden, anders als von Integrationsgegnern beabsichtigt, Chancen und Hindernisse zugleich. Gelang es ihnen, ihre deutsche Gesinnung und nationale Zugehörigkeit unter Beweis zu stellen, fanden sich kaum noch Hindernisse auf dem Weg zu einer Integration; andererseits war bei einem Scheitern dieser Bestrebungen eine Aufnahme, auch als nichtreligiöser Jude, nicht länger möglich. Der Misserfolg einer nationalen Gegenüberstellung resultierte zum Teil auch aus den intensiven jüdischen Bestrebungen, den eigenen deutschen bzw. preußischen Patriotismus zu belegen. Juden integrierten sich in nationaler Hinsicht, was sich durch ihre freiwillige Beteiligung an den Befreiungskriegen belegen ließ und dazu führte, dass auch subjektiv die Idee des Nationalismus von Juden »ehrlich empfunden«[12] werden konnte.

Positiv auf eine nationale Angleichung wirkte gleichermaßen der Besuch deutscher Schulen und Universitäten. Durch sie intensivierte sich der Kontakt zu Nichtjuden, und es kam, in engen Grenzen, zu einer nationalen und kulturellen Integration. Andererseits waren eine solche Angleichung und die Aufnahme nationaler Prämissen zwingend notwendig, da infolge der Befreiungskriege Staat und Gesellschaft in Preußen deutlich nationalere Züge angenommen hatten, in deren Folge eine nationale Assimilation nicht länger zu umgehen war.[13] Nationale Integration war dabei häufig verbunden mit einer Vernachlässigung jüdischer Tradition und der mit ihr einhergehenden Religionsgesetze. Das jüdische Bekenntnis zu ›deutscher Nation‹ und ›deutschem Vaterland‹ prägte sich vor diesem Hintergrund immer deutlicher aus. Der Stellenwert der ›Liebe zum Vaterland‹ stieg in der Rangordnung auch jüdischer Tugenden und entwickelte sich von einer individuellen Leidenschaft zu einem kollektiven Enthusiasmus.[14] Juden nahmen an nationalen Belangen regen Anteil und fügten den patriotischen Geist in ihren ›Wertehimmel‹ ein. Um ihre Vaterlandsliebe unter Beweis

12 *Katz*, Entstehung der Judenassimilation, S. 170.

13 Vgl. *Richarz*, Eintritt der Juden, S. 150.

14 Vgl. *Volkov*, Verbürgerlichung der Juden, S. 124 f.

zu stellen, wurde sie von Juden biblisch belegt,[15] und sowohl jüdische Religionslehrer als auch orthodoxe Rabbiner sprachen sich dahingehend aus, dass der Dienst für das Vaterland über den religiösen Verpflichtungen zu stehen habe und in einem Konfliktfall diesen übergeordnet sei – Vaterlandsliebe wurde im Laufe des Vormärz zu einem ausdrücklichen Gebot des Judentums.

Infolge der Übernahme deutscher bzw. preußischer Identitätskonzepte durch Juden geriet die nationale Argumentation für eine Ausgrenzung in Legitimationsschwierigkeiten. Letztendlich ermöglichte sie keine Abkehr von religiösen Ausgrenzungsmechanismen, sodass der religiöse Gegensatz – auch unabhängig davon, dass er zur Begründung einer ›jüdischen Nation‹ benötigt wurde – tragfähiger blieb.

Daraus resultierte eine Neuausrichtung der Argumentationsstruktur um 1820, in der insbesondere der bürgerlichen Selbstverortung eine entscheidende Funktion im Wechselspiel zwischen Staat, Gesellschaft und Religion zukam. Von herausragender Bedeutung für die ›Judenfrage‹ war das Verhältnis von Bürgergesellschaft und Religion. Dieses wurde im Vormärz vielschichtiger und komplizierter. Bürgerliche Gruppierungen wollten sich von der kirchlichen Dominanz über ihre eigene Lebenswirklichkeit emanzipieren, jedoch ohne dabei die christliche Universalität grundlegend infrage zu stellen. Bürgerliche Gesellschaft war auf dieser Basis in der Lage, zu einer Homogenisierung christlicher Gläubiger über konfessionelle Grenzen hinweg zu gelangen. Vor allem dem protestantischen Glauben gelang es, einen großen Teil preußischer Bürger an sich zu binden, sich den geänderten Bedingungen anzupassen und sich selbst zu einer Art ›Bürgerreligion‹ zu transformieren.[16] Im Mittelpunkt dieser sich neu strukturierenden ›Bürgerreligion‹ stand nun nicht länger die Heilserwartung, sondern vielmehr die Intention, ein ›gutes Handeln‹ im Diesseits nach christlichen Normen zu befördern. Durchbrochen wurde diese Vereinheitlichung durch den weiter bestehenden Ausschluss von Juden.

Innerhalb ›bürgerlicher Religion‹ kam der Bildung eine entscheidende Bedeutung zu; Vernunft wurde zur Quelle und Richtschnur wahrer Religion.[17] Diese ›neuen‹ Formen von Religiosität führten zu einer starken Ausdifferenzierung der Glaubenspraxis, deren Vielfalt sich nur schwer fassen ließ. Entscheidend aber war, dass in keinem Fall atheistische oder freireligiöse Gruppierungen dominierten. Charakteristisch für ein ›bürgerliches Religionsverständnis‹ wurde vielmehr eine zunehmende Distanzierung von den Landeskirchen, kirchlichen Institutionen, traditionellen Formen der Frömmigkeit und im Gegensatz dazu die Suche nach neuen weltanschaulichen Begründungen. Verbunden war diese

15 »Suchet der Stadt Bestes, dahin ich euch habe führen lassen, und betet für sie zum HERRN; denn wenn's ihr wohlgeht, so geht's auch euch wohl.« Jeremia 29.7.

16 Vgl. *Maurer*, Biographie des Bürgers, S. 225–228.

17 Vgl. *Hölscher*, Bürgerliche Religiosität, S. 208.

Entwicklung mit einer ›Entkirchlichung‹, nicht aber mit einer ›religiösen Entfremdung‹. Zunehmend kam es zu einer Synthese von ›bürgerlicher Frömmigkeit‹, Wissenschaften, Lebensformen und politischer Programmatik.[18] ›Bürgerliche Religiosität‹ beinhaltete somit nicht die rechtliche Zugehörigkeit zu einer bestimmten Religionsgemeinschaft oder die ausschließliche Erfüllung religiöser Pflichten, sondern sie durchdrang alle Lebensbereiche und wurde zu einem integralen Bestandteil bürgerlichen Lebens. Dabei entwickelte sie sich mehrdeutig und prägte verschiedene Formen aus. Sie bezeichnete einerseits die Religion des Bürgertums und zum anderen die Bürgerlichkeit einer Religion. Aufklärer waren bemüht gewesen, das Christentum in wissenschaftlichen, moralischen, politischen und gesellschaftlichen Dimensionen zu bestimmen. Das beinhaltete eine kritische Reduktion auf das Wesentliche, verbunden mit einer Historisierung der Kirchengeschichte. Im Vormärz wurde dieses Denkkonzept als eine Emanzipation von religiöser Tradition verstanden. Somit wurde kein abgeschlossenes System angestrebt, sondern eine religiöse Praxis, die es dem Bürger ermöglichen sollte, sich im christlichen Glauben frei und selbstständig zu bewegen. Gleichzeitig schenkten Bürger neuen philosophischen Begründungen für die Legitimität des christlichen Glaubens große Aufmerksamkeit. Diese Hinwendung zu einer philosophischen Legitimation des Christentums beinhaltete gleichermaßen die Möglichkeit für eine erneute Abgrenzung gegen andere gesellschaftliche Gruppierungen, so bspw. die in Aberglauben verharrenden, ländlichen Unterschichten, deren ›Volksfrömmigkeit‹ als Widerspruch zum bürgerlichen Glauben begriffen wurde. Es kann davon ausgegangen werden, dass die theoretische Neuausrichtung der Legitimierung des Christentums zu einem prägenden bürgerlichen Phänomen wurde. In diese neuen religiösen Strukturen musste die Lösung der ›Judenfrage‹ integriert werden. Auf der anderen Seite ermöglichten Romantik und Restauration eine Rückwendung zur Religion. Problematisch gestaltete sich diese Situation für Staaten wie Preußen, die sich zu einem gewissen Teil von der institutionalisierten christlichen Religion distanziert und sich damit umfassendere Spielräume eröffnet hatten, andererseits in vielen Fällen noch auf die Unterstützung christlicher Kirchen für die Herrschaftslegitimation angewiesen blieben.

Die infolgedessen erhaltene und teilweise neu legitimierte Stärke christlicher Überzeugungen offenbarte sich vor allem darin, dass unabhängig davon, dass institutionelle Bindungen an das Christentum verloren gingen, die entscheidende Voraussetzung für eine jüdische Integration die Konversion bzw. ›Entjudung‹ blieb; obwohl auch nach einer Taufe nicht zwingend eine vollständige Gleichstellung erfolgen musste,[19] bestanden erst nach einem solchen Schritt

18 Vgl. ebd., S. 199.

19 Für die Untauglichkeit der Taufe argumentieren bspw. *Erb/Bergmann*, Nachtseite der Judenemanzipation, S. 49.

überhaupt Chancen für eine Aufnahme in Staat und Gesellschaft. Da jüdische Nation untrennbar an den jüdischen Glauben gebunden war, entfielen mit einer Konversion zudem auch die grundlegenden Elemente einer eigenständigen jüdischen Nationalität. Die Taufe konnte somit theoretisch sowohl den religiösen Gegensatz zwischen Juden und Christen als auch die nationale Gegenüberstellung von Juden und Deutschen überwinden.

Daraus resultierend waren religiöse und nationale Argumentation zur Abwehr einer jüdischen Gleichstellung nur schwer voneinander zu trennen. Nationale und protorassistische Aspekte zur Unterscheidung von Juden und Deutschen waren ohne den beständigen Bezug auf ein religiöses Judentum nicht haltbar, denn auch ein nationales Judentum konnte nicht ohne die jüdische Religion aufrechterhalten werden. Die Konzeption einer deutschen bzw. preußischen Nation band das Verständnis von Bürgertum zwar endgültig an eine deutsche Nationalität als Bedingung für die Zugehörigkeit zum Bürgertum; diese zwingende Voraussetzung wurde Mitte des 19. Jahrhunderts durch die Begründung eines christlich-germanischen Staates, dessen Konzept die Ausgrenzung von Juden bereits zwingend enthielt, ergänzt. Diese Entwicklung belegt, dass allein nationale Differenzen zwischen Juden und Deutschen nicht ausreichend sein konnten, um die gewünschte Distanzierung vom Judentum zu realisieren, denn es bestand die theoretische Option, Deutscher zu werden und in religiöser Hinsicht Jude zu bleiben. Das darin enthaltene integrative Potential des Nationalstaatsgedankens war jedoch nicht ausgeprägt genug, um Juden gleichberechtigt aufnehmen zu können. Religion blieb die einigende Klammer um Bürgertum und Nation, während der Bürgerbegriff keine ausreichende Kraft zur Überwindung religiöser und nationaler Differenzen entwickeln konnte. Vor diesem Hintergrund darf nicht von einer doppelten Ausgrenzung gesprochen werden; der Gegensatz zwischen Juden und Deutschen ließ sich vielmehr auf den Gegensatz zwischen Juden und Christen zurückführen, sodass die religiöse Exklusion bis 1847 nicht überwunden, sondern nur ergänzt und in engen Grenzen erweitert werden konnte.

Dabei blieb Bürgertum als Zielutopie und Prozess der maßgebliche Orientierungswert von Juden auf dem Weg zu einer gesellschaftlichen, politischen, rechtlichen und sozialen Emanzipation und damit zu ihrer Verbürgerlichung. Die Offenheit und Vielfalt des Bürgerbegriffes offerierte für Juden die Chance, sich an die entsprechenden Ansprüche anzugleichen und in letzter Konsequenz zu einer Integration zu gelangen; ebenso beinhaltete er jedoch auch die Gefahr, an den umfangreichen inhaltlichen Zuschreibungen zu scheitern bzw. neue Kriterien hervorzurufen, die eine gleichberechtigte Aufnahme in den Untertanenverband weiter verzögerten. Die Suche nach einem bürgerlichen Selbstverständnis wurde innerhalb der Kontroverse um die Stellung der jüdischen Minderheit besonders deutlich – und bot eine Möglichkeit, eine Antwort auf die Frage zu finden, was den Bürger zum Bürger macht?

An der Konstruktion von Bürgertum waren die unterschiedlichen sozialen Verankerungen auffallend. Eine soziale Verortung in der bürgerlichen Gemeinschaft allein war nicht ausreichend, um als Bürger Aufnahme zu finden. Entscheidend war somit die Definition von Bürgertum und Bürger als eine Kombination aus Sozialformation und Zielutopie.[20] Innerhalb der Versuche, Abgrenzung nach außen zu finden und zugleich Homogenität im Inneren herzustellen, distanzierte sich Bürgertum von traditionellen, durch den Adel geprägten Wertvorstellungen. Mithilfe einer Diskussion über gemeinsame Interessen und Vorstellungen wurde zum einen das bürgerliche Informationsbedürfnis befriedigt, zum anderen konnten sich Bürger auf die Suche nach einer Definition ihres eigenen Selbstverständnisses konzentrieren. Diese Form der Verständigung stärkte das politische und soziale Selbstbewusstsein, das sich jedoch in keinem Fall grundsätzlich gegen die traditionelle Ordnung richtete. Infolgedessen muss Bürgergesellschaft als eine emphatische Zielbezeichnung für einen neuen Daseinsentwurf verstanden werden, basierend auf Leistung, Arbeit, Bildung, Vernunft und Öffentlichkeit, individuell ergänzt durch Selbstreflexion, Individualisierung und Intimität.[21] Zeitgleich konnten Bürgerlichkeit, bürgerliche Gesellschaft und Bürgertum aber auch als ›Kampfbegriffe‹ verstanden werden, die sich gegen Adel, das absolutistische System, die ständischen Privilegien, die klerikale Gängelung und die obrigkeitsstaatliche Enge richteten.[22]

Bürger waren bemüht, sich bürgerlich zu emanzipieren und Zugang zu politischen Entscheidungen zu erhalten, wodurch sie sich selbst in eine Konkurrenz zum traditionell politisch dominierenden Adel setzten. In kultureller Hinsicht gelang es Bürgern, ihre Werte und Vorstellungen zügig auf eine Bevölkerungsmehrheit zu übertragen, im politischen Bereich hingegen trafen bürgerliche Interessen auf einen durchaus starken adligen Widerstand.

Dennoch wurden bürgerliche Werte für verallgemeinerbar erachtet, was dem Pathos des bürgerlichen Sozialmodells geschuldet war, das jedoch von Beginn an Schwächen offenbarte, denn große Gruppen blieben ausgegrenzt, so bspw. Ungebildete, Juden, Frauen und Besitzlose.[23] Nichtsdestotrotz initiierten Bürger einen Prozess, in dem bürgerliche Gesellschaft sich gegen Widerstände durchsetzen und zu einer eigenen Struktur gelangen musste. Dieser Prozess wurde im Vormärz mit Nachdruck vorangetrieben; auch wenn bürgerliche Gesellschaft zur Mitte des 19. Jahrhunderts noch nicht abschließend konstituiert war, formierte sich ein bürgerliches Ideal bzw. ein Ideal ›des Bürgers‹, dem sich zahlreiche Teilgruppen verpflichtet fühlten bzw. verpflichtet fühlen konnten. Bürger zu sein, hieß in dieser Konzeption auch, Bürger zu werden, was

20 Vgl. *Hettling*, Politische Bürgerlichkeit, S. 12.

21 Vgl. *Kocka*, Einleitung, S. 14.

22 Vgl. ebd., S. 13.

23 Vgl. *Wehler*, Aus der Geschichte lernen, S. 250.

bedeutete, das bürgerliche Ideal anzustreben, woraus eine Zielutopie hervorging, an der der Einzelne sein Leben orientieren konnte.[24] Diese Ausrichtung entwickelte vor allem für Juden eine große Attraktivität.

Eine jüdische Integration in die Sozialformation des Bürgertums wäre somit möglich, wenn zuvor eine Emanzipation des Bürgertums in der preußischen Monarchie erfolgen würde. Diese eigenen emanzipatorischen Interessen von bürgerlichen Gruppierungen betrafen dabei nicht nur den politischen Bereich, sondern ebenso Ökonomie und die kulturell-soziale Sphäre. Bürger strebten nach aktiver Mitbestimmung und Mitverantwortung im öffentlichen Leben und in den staatlichen Strukturen, von denen sie sich eine gesellschaftliche und politische Emanzipation versprachen. Bürgerliche Emanzipationsbestrebungen konzentrierten sich besonders auf die Teilhabe an der Staatsgewalt durch Aufnahme in die Beamtenschaft bzw. die Errichtung einer Volksvertretung und eine rechtlich-politische Gleichberechtigung. Infolge der staatlichen Umstrukturierungen und Modernisierungen um 1800 fanden sich Bürger zunehmend in maßgeblichen behördlichen Positionen, in denen es ihnen wiederum möglich war, Reformen in ihrem Sinne zu initiieren. Die Reformmaßnahmen in Preußen waren nach der Niederlage gegen Napoléon als indirekte Folgen von Französischer Revolution und Besatzung und den gesellschaftlichen Auswirkungen der Aufklärung unumgänglich geworden. Der Adel als dominierende Gruppierung im preußischen Staat erschwerte die beginnende staatliche Umgestaltung, da er den Verlust ständischer Privilegien befürchtete. Erst durch die hervorstechenden Politiker Stein, Hardenberg und Humboldt konnten Reformen vorangetrieben werden. Tatsächlich büßte der Adel infolge der Reformen ständische Vorrechte ein, vor allem ging die Koppelung zwischen Amt und Standeszugehörigkeit zunehmend verloren. Dennoch war die ›Entmachtung‹ des Adels keineswegs so weitreichend wie von Bürgern erhofft und angestrebt.[25] Es gelang ihm, sich an die geänderten Strukturen anzupassen, und er schaffte durchaus den Wandel von einem traditionellen Herrschaftsstand zu einer modernen, funktionalen Elite. Durch diese Transformation konnte er auch seine politische Vormachtstellung bewahren. Im hohen Beamtentum und Offizierskorps nahmen Adlige weiterhin Spitzenpositionen ein und konnten zum Teil auch eine gesellschaftliche Exklusivität in der Ära verstärkter bürgerlicher Ansprüche verteidigen. Dazu trugen insbesondere ihre Verbindungen, ihre Weltläufigkeit und die bestehenden Herrschaftserfahrungen bei; parallel zu dieser Entwicklung gewann eine bildungsbürgerliche Elite an Einfluss. Bei ihr wurde der Beruf als Berufung empfunden, wodurch ihr Arbeits- und Leistungsethos einen religiösen

24 Vgl. *Hettling*, Bürgerliche Kultur, S. 325.

25 In Preußen behielt der Adel bis 1848 die guts- und grundherrliche Patrimonialgerichtsbarkeit und die damit verbundene Polizeigewalt, ebenso das Jagdprivileg, das von hoher symbolischer Wirkung war, die eigene Standesgerichtsbarkeit und die ständischen Eheschranken.

Akzent erhielt und sich in dieser Form problemlos auf andere Gruppierungen wie bspw. den Adel übertragen ließ. In behördlichen Positionen prägten Bildungsbürger neue Normen und konnten besonders mit ihrem Leistungsprinzip auf eine Modernisierung der preußischen Verwaltung hinwirken.

Sowohl innerhalb preußischer Behörden als auch in geselligen Kreisen konnten sich einzelne bürgerliche Elemente durchsetzen und verallgemeinert werden; auch Bürgerlichkeit wurde zunehmend zu einem prägenden Strukturelement. Auf dieser Ebene war die bürgerliche Emanzipation durchaus erfolgreich, verbunden mit einer Aufnahme von Bürgern in staatliche Positionen, wodurch bürgerliche Beamte, als Bindeglieder zwischen Staat und Gesellschaft, sich zunehmend zu einer Dienstleistungselite formierten; ihre Forderungen nach Rechtsgleichheit, Verfassung und Entmachtung traditioneller Eliten konnten sie hingegen nur in Teilen verwirklichen. Bürgertum blieb zu Beginn des 19. Jahrhunderts dennoch eine relativ offene Sozialformation, die sowohl dem Adel als auch nichtbürgerlichen ›Aufsteigern‹ die Chance einer Integration offerierte. Im selben Moment bekämpften Bürger adlige Geburtsprivilegien und betonten gegenüber nichtbürgerlichen Gruppen ihre spezifischen Besonderheiten als Abgrenzungskriterien, über die sie sich im geselligen und öffentlichen Austausch permanent verständigten.

Die jüdische Minderheit schwankte mit dem Aufbrechen der Ghettos zwischen verschiedenen Wünschen und Hoffnungen. Die Hauptschwierigkeit bestand auf jüdischer Seite in der Beantwortung der Frage, ob der Bewahrung der eigenen religiösen Tradition oder der Integration in die deutsche Umwelt der Vorrang gegeben werden sollte. Besonders die gleichzeitige Transformation der jüdischen Sprache und Kultur zeigte die starken Wirkungen sowohl der christlichen Ansprüche und Wünsche als auch die des Bindungsverlustes der traditionellen jüdischen Gemeinschaft.[26] Die Bedingungen für eine jüdische Integration wurden vor allem von Bildungsbürgertum und Beamten definiert. Sie verlangten Veränderungen in der jüdischen Berufsstruktur, die Aneignung und Anwendung der deutschen Sprache, die Annahme des Bildungsideals und die Übernahme bürgerlicher Sittlichkeit.[27] Bedingt durch diese Forderung und die Bereitschaft eines Teiles der jüdischen Minderheit, die damit versprochene Verbürgerlichung anzustreben, wurde die traditionelle Verbundenheit der jüdischen Gemeinschaft infrage gestellt. Zunehmend entstanden Differenzen zwischen denjenigen, die bereit waren, den christlichen Wünschen entgegenzukommen, und denen, die die eigene, jüdische Tradition in den Vordergrund stellten. Diese unterschiedlichen Präferenzen bedingten das Auseinanderbrechen der jüdischen Gemeinschaft als direkte Folge der jüdischen Verbürgerlichung.

26 Vgl. *Katz*, Entstehung der Judenassimilation, S. 15.
27 Vgl. *Volkov*, Verbürgerlichung der Juden, S. 116.

Um in preußischem Staat und bürgerlicher Gesellschaft Aufnahme zu finden, mussten Juden ihren Glauben zu einer Konfession transformieren. In ihrem Bestreben, in die Gemeinschaft der ›Deutschen‹ aufgenommen zu werden, reformierten Juden ihre Sprache, Bildung und Kultur und waren bemüht, alle ihnen zugeschriebenen eigenständigen Charakteristika abzulegen, denn nur dadurch erschien eine Integration möglich. Dabei entstanden die Transformationsbemühungen innerhalb des Judentums zunächst nicht vorrangig aus eigenem Antrieb, sondern sie waren eine Anpassung an die von außen herangetragenen Forderungen. Die entsprechenden Reformbemühungen fanden ihren deutlichsten Niederschlag in den Rabbinerkonferenzen. Es kann durchaus von einer generellen Bereitschaft zu Veränderungen innerhalb der jüdischen Minderheit ausgegangen werden, doch konnten sich die führenden Vertreter nicht auf ein verbindliches und einheitliches Reformprogramm einigen. Traditionell-orthodoxe Juden überwogen, sie verfügten vor allem durch das Landjudentum über einen starken Rückhalt, sodass sich umfassende Reformkonzepte nur innerhalb einer kleinen jüdischen Oberschicht, welche sich selbst als Bürger verstanden, etablieren konnten.

In jüdischer Sichtweise dominierte nicht die national definierte Übernahme der Mehrheitskultur, sondern vielmehr bildete bürgerliche Gesellschaft den zentralen Orientierungspunkt für Angleichungen.[28] In dieser Konstruktion war die jüdische Emanzipation nicht länger mehr nur eine politische Aufgabe, sie entwickelte sich vielmehr immer stärker zu einer kulturellen und gesellschaftlichen Herausforderung. In diesem Zusammenhang strebten jüdische Reformen keine grundsätzliche Erneuerung des Judentums, sondern eine Versöhnung der jüdischen Religion mit bürgerlichen Normen an;[29] insofern müssen die jüdischen Reformbewegungen als eine Form der Verbürgerlichung begriffen werden. Durch sie sollten eine Verschiebung von Ritual und Gesetz hin zu Pflicht und Moral erfolgen und letztendlich eine neue Form jüdischer Religiosität entstehen, welche einen ›deutschen Bürger jüdischen Glaubens‹ hervorbringen sollte – beruhend auf einer Mischung aus Bildung und Sittlichkeit, basierend auf Judentum und bürgerlichen Maßstäben.[30]

Jüdische Reformer strebten eine ›Neudefinition‹ des deutschen Judentums an. In ihren Bemühungen offenbarte sich eine starke Korrelation zwischen bürgerlichem Leben und jüdischer Identitätssuche; der damit verbundene Paradigmenwechsel sollte zunächst, möglichst weit außerhalb der religiösen Sphäre, zu einem bürgerlichen Selbstverständnis führen, um die Integrität der theologischen Grundsätze des Judentums zu schützen. Mit der Festigung eines jüdisch-bürgerlichen Selbstverständnisses wurden jüdische Gebete und Gesetze

28 Vgl. *Lässig*, Jüdische Wege, S. 666.
29 Vgl. ebd., S. 261.
30 Vgl. *Volkov*, Verbürgerlichung der Juden, S. 121 ff.

jedoch zunehmend als der bürgerlichen Sittlichkeit und ihren Werten entgegenstehend empfunden.

Neben der Reform des Judentums und der Besinnung auf die eigene Tradition fanden sich vielfältige Handlungsmöglichkeiten, um sich als Jude in die Entwicklungen während des Vormärz einzubringen. Prägend für die jüdische Gemeinschaft, auch für die Jahrzehnte nach 1847, war die Ausbildung eines ›jüdischen Parallelbürgertums‹. Aufgrund der mangelnden Akzeptanz und der fehlenden Aufnahme von Juden in die verschiedenen Elemente von Bürgergesellschaft brachte die Verbürgerlichung preußischer Juden eine neue Variante jüdischer Religion und jüdischen Bürgertums hervor. Juden hatten gehofft, als ›deutsche Bürger jüdischen Glaubens‹ leben und integriert werden zu können – diese Hoffnung wurde enttäuscht. Aufgrund der zunehmenden Verähnlichung schufen ›bürgerliche Juden‹ eine eigene Mischung aus Bildung und Sittlichkeit, Kultur und Geselligkeit, wirtschaftlichen und sozialen Aktivitäten. Diese Entwicklung brachte ein ›jüdisches Parallelbürgertum‹ hervor, das insbesondere aufgrund der Aufnahme ›bürgerlicher Bildungskultur‹ dem preußischen Bürgertum immer ähnlicher wurde, ohne jedoch eine gleichberechtigte Akzeptanz und Aufnahme in ihr ›Vorbild‹ zu erlangen. Juden näherten sich zunächst der nichtjüdischen Bildungskultur an und wurden zu einem Teil dieser; besonders vielversprechend erschienen ihnen die in der Bildung enthaltenen Aufforderungen zu Selbstverantwortung und Selbstbestimmtheit. Diese Faktoren eröffneten die Möglichkeit eines aktiven Eintretens für die eigenen Belange. Reformorientierte Juden wollten die Chancen einer leistungsorientierten Gesellschaft für die Verwirklichung ihrer Integration nutzen; eine jüdische Akkulturation erfolgte somit nicht ausschließlich aufgrund der von außen herangetragenen Anforderungen, sondern sie entsprach ebenso dem sich entwickelnden eigenständigen Wunsch, sich in Bildung und Lebensführung bürgerlicher Gesellschaft anzugleichen. Diese beiden Elemente strahlten eine hohe Attraktivität aus und ließen die ›Verbürgerlichung‹ zu einem autonomen Anliegen und inneren Wunsch von Juden werden. Besonders in der Bildungskultur wurden kaum Widersprüche zur jüdischen Lebensweise erkannt, sondern sie erschien als deren Fortsetzung mit anderen Mitteln.[31] Allein diese Faktoren waren jedoch nicht ausreichend, um zu einer Gleichstellung zu gelangen, vielmehr scheiterte die jüdische ›Verbürgerlichung‹. Trotz weitreichender Akkulturation war die nichtjüdische Mehrheit nicht gewillt, ein ›neues Judenbild‹ zu akzeptieren, das zu positiven Änderungen innerhalb der sozialen, politischen und rechtlichen Stellung von Juden hätte führen können. Die Mehrheitsgesellschaft hegte weiterhin zahlreiche Vorurteile, die in einem christlich geprägten Judenbild verhaftet blieben und eine gleichberechtigte Einbeziehung von Juden verhinderten. Juden versuchten hingegen, sich in die zahlreichen Umbruchsprozesse zu integrieren, und hofften,

31 Vgl. *Jensen*, Gebildete Doppelgänger, S. 57.

durch eine ›natürliche‹ Annäherung ihren Status zu verbessern. Die umfangreichen Verähnlichungen brachten jedoch zahlreiche Probleme mit sich, denen das Judentum häufig machtlos gegenüberstand, da es kaum aktiv in die relevanten politischen Entwicklungen einbezogen wurde.

Insbesondere in dem Bemühen, die jüdische Verbundenheit mit dem deutschen Volk zu bekunden, war die Gefahr einer ›Über-Assimilation‹ enthalten. Diese wurde zum Teil durch den hohen Anpassungsdruck begünstigt, dem Juden permanent ausgesetzt blieben. Ständig mit der Forderung nach einer Assimilation konfrontiert, versuchten sie ›deutscher‹ zu werden als ihre deutsche Umwelt. Sie beschäftigten sich mit deutscher Literatur, deutscher Musik, deutschem Theater und versuchten gleichzeitig das Bildungs- und Menschenideal der Zeit in sich aufzunehmen und in ihrem alltäglichen Leben umzusetzen, um dadurch alle nationalen und emotionalen Gegensätze zu widerlegen. In ihrem intensiven Bemühen wurden sie zu den ›deutscheren Deutschen‹, wobei der einzig erkennbare Unterschied nicht in einer jüdischen Nationalität, sondern noch immer in ihrem mosaischen Glaubensbekenntnis lag. Dennoch hofften Juden, durch die Demonstration ihres ›Deutschtums‹, ihrer Staatstreue und Vaterlandsliebe eine vollständige Emanzipation zu erreichen – sie wurden in dieser Hoffnung aufgrund ihrer fehlenden Bereitschaft zu einer Konversion jedoch permanent enttäuscht und enttäuschten ihrerseits die nichtjüdischen Erwartungen. Immer dominanter wurde aufgrund dieser Entwicklung der Konflikt zwischen weltlicher und religiöser Identität innerhalb des Judentums. Waren beide Elemente noch zu Beginn des 19. Jahrhunderts als eine untrennbare Einheit verstanden worden, so distanzierten sie sich im Vormärz nachhaltig voneinander. Dieser Prozess wurde zu einem Vor- und zu einem Nachteil für preußische Juden. Auf der einen Seite gefährdete die Auseinanderentwicklung den Bestand einer einheitlichen jüdischen Gemeinschaft, auf der anderen Seite bot sie Juden eine Gelegenheit, ihren Glauben nach innen und nach außen neu zu definieren und ihn an die Gegebenheiten ihrer Umwelt anzupassen. Unabhängig von der Tatsache, dass eine Integration von Juden und ihrer Religion auch im Vormärz nicht für möglich erachtet wurde, waren Juden in der Lage, ihren Glauben transparent zu machen und für ein größeres Verständnis diesem gegenüber zu werben. Die Ausgrenzung von Juden blieb unter den neuen Leitbildern von Bürgertum und bürgerlicher Gesellschaft bestehen, auch wenn versucht wurde, sie differenzierter und auf unterschiedlichen Ebenen zu begründen. Andererseits verbanden Juden mit der Offenheit bürgerlicher Gesellschaft große Erwartungen. Sie nahmen die Werte ihrer Umwelt in sich auf und strebten eine kosmopolitische Einheit von Weltbürgern an, die es ihnen ermöglichen sollte, ihre Religion beizubehalten und dennoch gleichberechtigte Bürger zu werden.

Die durchaus umfangreiche Akkulturation von Juden bewirkte dabei, entgegen christlicher und jüdischer Erwartungen, keine vollkommene Verähnlichung von Juden und ihrer Umwelt. Dennoch entstanden neue Begegnungsformen und -arenen, in denen die bestehenden Differenzen für eine kurze Zeit ihre Bedeutung verloren und gesellschaftliche Kontakte zwischen beiden Gruppierungen ermöglicht werden konnten. Diese temporären Phänomene konnten jedoch nicht die Entwicklung paralleler Strukturen verhindern. Ein Teil der jüdischen Minderheit hatte sich akkulturiert, fand jedoch keine vollständige Aufnahme in gesellige und bürgerliche Strukturen der nichtjüdischen Mehrheit. Ein Erfolg versprechender Verschmelzungsprozess konnte nicht initiiert werden, vielmehr existierten jüdische und nichtjüdische bürgerliche Gemeinschaft nebeneinander, ohne dass sie sich aufeinander zu bewegt hätten. Diese Tatsache wurde auch innerhalb der publizistischen Kontroverse deutlich. Die Debatte ermöglichte Juden, ihre Meinungen und Überzeugungen zu äußern, aber ein Dialog zwischen den Beteiligten, insbesondere über religiöse Grenzen hinweg, konnte nicht entstehen. Die jüdischen Angleichungen wurden von nichtjüdischer Seite nicht honoriert, denn die Mehrheitsbevölkerung sah sich in der Position, Bedingungen diktieren zu können, denen sich Juden für eine Integration unterzuordnen hätten, ohne zuvor einen Verständigungsprozess zu aktivieren. Da Nichtjuden ihre Ansprüche jedoch beständig zu variieren und zu erweitern in der Lage waren, blieb es für Juden nahezu unmöglich, die wachsenden Forderungen vollständig zu erfüllen, wenn sie ihrem Glauben nicht entsagten.

Der Attraktivität bürgerlicher Lebensweise für reformorientierte Juden tat diese Entwicklung jedoch keinen Abbruch. Aufgrund ihrer fehlenden Aufnahme schufen sie sich eigenständige Vereine, Gesellschaften und private Kreise, in denen sie ihre Bürgerlichkeit praktizieren konnten; dabei orientierten sie sich stark am nichtjüdischen Vorbild, wichen jedoch in Details von dessen Vorgaben ab. Begünstigt wurden diese jüdischen Organisationen vor allem durch die Tatsache, dass Juden nicht unter allen Umständen bereit waren, Aufnahme zu finden. Die Notwendigkeit zu einer neuen Form jüdischer Geselligkeit und gesellschaftlicher Kontakte erwuchs dabei aus der zunehmenden Unfähigkeit jüdischer Gemeinden, die unterschiedlichen Interessenlagen und Akkulturationszustände innerhalb der eigenen Gemeinschaft auszugleichen. Einem Teil preußischer Juden erschienen ihre traditionellen Bindungen als zu beengend und antiquiert, und sie bestätigten mit dieser Überzeugung die christliche Sichtweise auf das Judentum. Da in der Mehrheit jüdischer Gemeinden jedoch orthodoxe oder neoorthodoxe Gläubige dominierten, wurde nur selten ein Ausgleich zwischen den verschiedenen Verbürgerlichungswünschen angestrebt. Die fehlende bzw. unvollständige Integration in Kombination mit dem Verlust der Integrationskraft jüdischer Gemeinden und der fehlenden jüdischen Bereitschaft zu einer Konversion führte zur Existenz einer jüdisch-bürgerlichen neben einer christlich-bürgerlichen Gemeinschaft; beide vertraten die gleichen Wertmaßstäbe neben-, aber nicht miteinander. Diese parallelen Strukturen prägten sich gegenseitig. Ihre Beziehungen bzw. ihre Abgrenzungen gegeneinander waren sehr wichtig für die Konkretisierung und Ausformung des jeweiligen Verständnisses von Bürgergesellschaft. Nahezu alle Elemente deutscher bzw. christlicher Bürgergesellschaft waren im ›jüdischen Parallelbürgertum‹ ausgeprägt. Juden orientierten sich an bürgerlichen Vorgaben, ergänzten diese jedoch durch spezifisch jüdische Elemente. Innerhalb dieser parallelen Strukturen wurde ein Teil preußischer Juden zu Bürgern, aber ihre Verbürgerlichung erfolgte in ihren eigenen Strukturen und Institutionen, innerhalb einer jüdisch geprägten Welt, ohne dass die Schaffung des ›Parallelbürgertums‹ dabei beabsichtigt gewesen oder angestrebt worden wäre.

Im Unterschied zur ›Subkultur‹ blieb das jüdische ›Parallelbürgertum‹ vollkommen selbstständig und wurde nicht, wie der Begriff ›Subkultur‹ nahelegt, zu einem untergeordneten Bestandteil deutschen Bürgertums. Auch kann nur bedingt ausschließlich von einer negativen Integration[32] gesprochen werden, die alleinig aufgrund der unvollständigen Emanzipation erfolgte. Das ›jüdische Parallelbürgertum‹ war nicht nur Nachahmung christlich-deutscher Vorgaben, vielmehr nahm es Anregungen auf, formte diese aber selbstständig und entsprechend ihren eigenen Bedürfnissen aus. Es entwickelte einen eigenständigen Charakter mit zahlreichen Elementen sowohl jüdischer Kultur als auch des zeitgenössischen deutschen Bürgertums. Dennoch war es mit keinem von beiden identisch, vielmehr entstand etwas vollständig Neues. ›Subkultur‹ betont abweichend davon eine Unterordnung unter die deutsch-christliche Mehrheit; entscheidend war aber die Gleichwertigkeit beider Bürgertümer, mit Ausnahme der rechtlich-politischen Ebene. Zumindest in jüdischer Perspektive bot das ›Parallelbürgertum‹ eine gleichberechtigte und vielversprechende Perspektive, während der Begriff ›Subkultur‹ die christliche Sichtweise vertritt, in der jüdischer Bürgerlichkeit ein geringerer Stellenwert zukam. Auch in anderer Hinsicht erscheint die Bezeichnung ›Subkultur‹ als nicht treffend, denn im Unterschied zur katholischen Minderheit in Preußen schotteten sich Juden nicht bewusst gegen die Hegemonialkultur ab, sondern waren an einem inhaltlichen Austausch interessiert.[33]

Die Entstehung eines ›jüdischen Parallelbürgertums‹ wurde zu Beginn nicht absichtlich verfolgt, wie auch die Parallelität der Strukturen weder von Juden noch von Nichtjuden wahrgenommen wurde. Juden hofften noch auf eine gleichberechtigte Einbeziehung in die nichtjüdische bürgerliche Umwelt und fühlten sich dieser emotional zugehörig. Die christliche Mehrheit beabsichtigte im Unterschied dazu, die offensichtlichen Ähnlichkeiten nicht zu akzeptieren, und verhinderte aus diesem Grund eine jüdische Integration. Das ›jüdische Parallelbürgertum‹ war dennoch in der Lage, die Kultur der Mehrheit aufzunehmen und sich mit ihr zu identifizieren. Dabei wurde es im Laufe seiner Entwicklung

32 Von einer negativen Integration spricht bspw. *Volkov*, Verbürgerlichung der Juden, S. 127 f.

33 Vgl. *Blaschke*, Bürgertum und Bürgerlichkeit, S. 40.

zu einem selbstständigen System von Ideen und Symbolen und zunehmend bewusst verfolgt. Die Grenzen zur Mehrheit waren variabel und durchlässig, blieben aber dennoch Grenzen. ›Parallelbürgertum‹ wies ein umfassendes schöpferisches Potential auf, es transformierte jüdische und deutsche Elemente zu einer deutsch-jüdisch-bürgerlichen Kultur und damit zu einer neuen ›deutsch-jüdischen Identität‹, die in diesem Zusammenhang bewusst geschaffen wurde.[34] In diesem System schien es Juden möglich, einen neuen Zusammenhalt innerhalb ihrer Gemeinschaft entstehen zu lassen.[35] Betont werden muss dabei dennoch die Begrenztheit des ›Parallelbürgertums‹; es erfasste ausschließlich die jüdische Bildungs- und Wirtschaftselite, wurde von dieser aber durchaus bewusst genutzt und nicht nur als Übergangslösung bis zu einer vollständigen Emanzipation verstanden. Diese Elite hoffte, durch die Entwicklung des ›jüdischen Parallelbürgertums‹ das Judentum lebensfähig zu erhalten, worin sich der jüdische Mehrheitswunsch nach Bewahrung und Erhalt der eigenen Tradition offenbarte. Ein ›verbürgerlichter Jude‹ mit einem ›bürgerlichen Glauben‹ betonte das neue jüdische Selbstbewusstsein und stärkte den innerjüdischen Zusammenhalt. In seiner Funktion als Alternative sowohl zur Taufe als auch zur traditionellen jüdischen Gemeinde lag die besondere Attraktivität des ›Parallelbürgertums‹.

Ein großer Teil gebildeter und wirtschaftlich erfolgreicher preußischer Juden entschied sich in der ersten Hälfte des 19. Jahrhunderts somit für einen Mittelweg zwischen Bewahrung und Verbürgerlichung. Sie strebten eine gesellschaftliche und politische Integration an, die jedoch nicht zu einer vollständigen Assimilation führen sollte. Bürgerlichkeit wurde dennoch zunehmend zu einer neuen jüdischen Lebensnorm, in die sie alle ihre Bestrebungen integrierten, was teilweise dazu führte, dass Juden ›bürgerlicher‹ wurden als die Mehrheit christlicher Bürger.[36]

Der Prozess der Verbürgerlichung war charakterisiert durch die zahlreichen Schwierigkeiten, denen er unterlag. Gebildete Juden traten ihn absichtsvoll an und verfolgten ihn durchaus bewusst, in der Hoffnung, gesellschaftlichen und politischen Einlass in ihnen bisher verschlossene Bereiche zu finden. Verbürgerlichung wurde bei einem Teil preußischer Juden zum dominierenden Lebensinhalt, auch wenn dieser Prozess nicht alle Juden gleichermaßen erfasste. Gleichzeitig war Verbürgerlichung ein kollektiver Prozess, der von Juden als Gruppe begonnen, aber nicht abgeschlossen wurde, während die wachsende jüdische Öffentlichkeit bestrebt war, diese Entwicklung zu befördern, zu kommentieren und ihre Erfolge oder Mängel zu reflektieren.[37] Nur in engen Grenzen war es Ju-

34 Im Unterschied dazu spricht Sorkin davon, dass die Subkultur auch für die folgenden Generationen konsequent unsichtbar blieb und teilweise mit einer Selbstverleugnung einherging. Vgl. *Sorkin*, The Transformation, S. 7.

35 Vgl. ebd., S. 5f.

36 Vgl. *Lässig*, Jüdische Wege, S. 669.

37 Vgl. *Volkov*, Verbürgerlichung der Juden, S. 112.

den möglich, bei ihren Bemühungen auf Unterstützung von Nichtjuden zurückzugreifen; aus diesem Grund konnte die jüdische Verbürgerlichung im Vormärz keinen endgültigen Abschluss finden. Sie scheiterte an den Vorbehalten ihrer nichtjüdischen Umwelt gegenüber einem jüdischen Eindringen in die Lebenswelt der christlichen Mehrheit. Doch nicht allein die fehlende Taufe verzögerte die Lösung der ›Judenfrage‹, gleichermaßen hemmend wirkten die Schwierigkeiten bürgerlicher Gesellschaft bei ihrer Suche nach einem eigenen Selbstverständnis; denn nur wenn ein bürgerliches Selbstverständnis mehrheitlich akzeptiert wurde, sich durchgesetzt hatte, konnten sich Juden den Notwendigkeiten und Forderungen dieser bürgerlichen Gesellschaft anpassen.[38] Die Heterogenität von Bürgergesellschaft während des Vormärz, ihre Offenheit und theoretische Aufnahmebereitschaft machten ein nachhaltiges Handeln nahezu unmöglich; zugleich wurde die religiöse Verortung des Bürgers erst durch die Abgrenzung und bewusste Ausgrenzung von anderen religiösen Gruppen in dieser Vehemenz notwendig. Infolgedessen genügte die Orientierung von Juden an neuhumanistischer Bildung, liberalen Wirtschaftsprinzipien und bürgerlicher Geselligkeit nicht, um alle Kriterien von Bürgergesellschaft zu erfüllen. Die durch den Begriff ›bürgerliche Gesellschaft‹ suggerierte Einheit ließ sich in der Realität nicht herstellen; so existierte nicht eine ›bürgerliche Gesellschaft‹ im Singular,[39] auch wenn ebendiese eine Gemeinschaft angestrebt wurde. Auf der Suche nach Homogenität fand Bürgergesellschaft ein klares Strukturprinzip in der gemeinschaftlichen Distanzierung von als ›fremd‹ Empfundenen, zu denen Juden mehrheitlich hinzugerechnet wurden. Dieses Kriterium wurde in Staat und bürgerlicher Gesellschaft zur entscheidenden, aber nicht alleinigen Grundlage von Zugehörigkeit.

Bedingt durch die unterschiedlichen bürgerlichen Dimensionen erschien eine Verbürgerlichung nichtbürgerlicher Gruppierungen am erfolgversprechendsten, wenn sie zeitgleich auf ökonomischer, politischer, kultureller und gesellschaftlicher Ebene erfolgte, um zwischen diesen Bereichen Verknüpfungen herstellen zu können; doch ebensolche Verbindungen und das Zusammenwirken der verschiedenen Ebenen konnten bei der jüdischen Emanzipation nicht realisiert werden. Eine Integration in den einzelnen Bereichen war zeitlich und in ihrem Umfang verschieden, aber in keinem Fall weitreichend genug, um zu einer jüdischen Gleichstellung zu führen. Aufgrund der permanenten Erneuerung traditioneller Vorurteile blieb die jüdische Mehrheit auch Mitte des 19. Jahrhunderts als religiös-soziale und zum Teil auch national verstandene Gemeinschaft erkennbar, ihre Gruppenidentität blieb verstärkt auch bewusst und in Form des ›Parallelbürgertums‹ erhalten. Die Weiterexistenz einer spezifisch jüdischen

38 Vgl. *Rürup*, Emanzipation und Antisemitismus Studien, S. 108.
39 Vgl. *Wehler*, Aus der Geschichte lernen, S. 247 f.

Identität trotz sozialer und kultureller Annäherungen betonte auf christlicher Seite die Frage nach der Unveränderbarkeit des Judentums.

Die jüdische Verbürgerlichung war keine Erfolgsgeschichte. Die von Juden erstrebte Normalität im Verhältnis zu ihrer Umwelt konnte nicht erreicht werden, denn Juden blieben als Juden sichtbar, was nicht nur auf ein Defizit, sondern ebenso auf ein Übermaß an Bürgerlichkeit zurückgeführt werden kann.[40] Ablehnung erfuhr eine jüdische Integration zwischen 1780 und 1847 jedoch nicht länger nur von dogmatisch fixierten oder kirchlich gebundenen Christen, sondern mehrheitlich von bürgerlicher Gesellschaft, Bürgertum und den in ihnen vereinten Bürgern in all ihren Schattierungen. In ihrem Resultat führten die Debatten über die ›Judenfrage‹ dazu, dass eine absolute christliche Mehrheit nicht bereit war, eine grundlegende Revision des traditionellen Judenbildes vorzunehmen, vielmehr erschien seine Aufrechterhaltung als eine vielversprechende Möglichkeit, Juden weiterhin aus preußischer Gesellschaft und preußischem Staat ausgrenzen zu können. Die christliche Vorstellung von einer jüdischen Emanzipation zielte somit nur in Ausnahmefällen auf eine gesellschaftliche und politische Integration von Juden – ihre Funktion sollte weiterhin auf die Rolle als Kreditgeber der Monarchie und als Förderer der kapitalistischen Wirtschaft beschränkt bleiben, ohne dafür weitreichende Zugeständnisse machen zu wollen. In der Mehrzahl der Fälle war Emanzipation für Nichtjuden nur als vollständige Assimilation denkbar; mit ihr war die Erwartung verbunden, die soziale, religiöse und nationale Identität von Juden als Juden aufzuheben. Als besonders vorteilhaft erwies es sich, dass die mit ›bürgerlicher Gesellschaft‹, ›Bürgertum‹ und ›Bürgerlichkeit‹ einhergehenden Forderungen nach Bildung, Verbesserung oder Anpassung flexibel und manipulierbar waren, sodass ihre konkreten Inhalte beständig variiert und erweitert werden konnten. Ebenso offenbarte sich in der jüdischen Verbürgerlichung die Bedeutung der jüdischen Tradition, denn nur ein kleiner Teil der jüdischen Minderheit war bereit, sich vollständig vom Glauben ihrer Väter zu distanzieren; mehrheitlich wollten preußische Juden zu einer neuen Verbindung von Staat, bürgerlicher Gesellschaft und Judentum kommen. Aufgrund der unterschiedlichen Vorstellungen über Voraussetzungen, Ziele und Folgen einer jüdischen Emanzipation und des fehlenden Dialoges zwischen Juden und Nichtjuden scheiterte eine jüdische Integration während des Vormärz, wobei sich die Konturen beider Gruppen stärker ausprägten.

40 Vgl. *Lässig*, Jüdische Wege, S. 668.

Dank

Die vorliegende Arbeit blickt auf eine eigentümlich lange Geschichte ihrer Entstehung zurück. Dabei gab es wechselnde Phasen des Voranschreitens, Verwerfens und Vergessens. Aus diesem Grund möchte ich mich bei allen Beteiligten nicht so sehr für die Qualität der Betreuung, wissenschaftliche und methodische Anregungen, Korrekturen, finanzielle Unterstützung, für Diskussionen, Ratschläge oder Zeit bedanken; sondern vor allem für ihre Geduld und das Insistieren, einen Weg zu finden, hinter den letzten Satz einen Punkt zu setzen, wobei … Nein, genug!

Stellvertretend für eine große Anzahl an Personen, deren Geduld ich definitiv überstrapaziert habe, die aber dennoch ihre Türen nicht verschlossen, seien an dieser Stelle genannt: Prof. Dr. Manfred Hettling, Prof. Dr. Michael G. Müller, Prof. Dr. Suzanne S. Schüttemeyer, Amatus Vulpius und Katrin Moeller.

Und weil es dann doch plötzlich ganz schnell gehen musste ein besonderer Dank an Johanna Mohrmann vom Verlag Vandenhoeck & Ruprecht, Jürgen Schreiber, Katrin Sillmann und Christina Langfeldt. Der Druck wurde ermöglicht durch einen Zuschuss der Axel Springer Stiftung, für den ich mich besonders herzlich bedanke.

Ich widme dieses Buch denen, deren herausragendste Eigenschaft die Ungeduld ist:
Faustinus, Modestus und Pretiosa

Abkürzungen

AAdD	Allgemeiner Anzeiger der Deutschen: der öffentlichen Unterhaltung über gemeinnützige Gegenstände aller Art gewidmet, zugleich allgemeines Intelligenz-Blatt zum Behuf der Justiz, der Polizey und der bürgerlichen Gewerbe [Titeländerung 1830: Allgemeiner Anzeiger und Nationalzeitung der Deutschen: der öffentlichen Unterhaltung über gemeinnützige Gegenstände aller Art gewidmet, zugleich allgemeines deutsches Intelligenzblatt zum Behuf der Rechtspflege, der Polizei, des Handels und der Gewerbe, so wie des bürgerlichen Verkehrs überhaupt]
AAdJ	Allgemeines Archiv des Judenthums: Zeitschrift für Religion, Kultus, Geschichte und Literatur
AAZ	Augsburger Allgemeine Zeitung
ABdG	Allgemeine Buchhandlung der Gelehrten
ADB	Allgemeine Deutsche Biographie
AdtB	Allgemeine Deutsche Bibliothek
ALZ	Allgemeine Literatur Zeitung
AZJ	Allgemeine Zeitung des Judentums: ein unpartheiisches Organ für alles jüdische Interesse in Betreff von Politik, Religion, Literatur, Geschichte, Sprachkunde und Belletristik
BAZG	Berlinisches Archiv der Zeit und ihres Geschmacks
BGBCJ	Bericht der Gesellschaft zur Beförderung des Christenthums unter den Juden zu Berlin
Deutsches Museum	Deutsches Museum: auf das Jahr …, [Hg. Heinrich Christian Boie]
Didaskalia	Didaskalia oder Blätter für Geist, Gemüth und Publizität
DMLL	Deutsche Monatsschrift für Litteratur und öffentliches Leben, [Hg. Carl Biedermann]
EKZ	Evangelische Kirchenzeitung: Organ der Evangelisch-Lutherischen innerhalb der Preußischen Landeskirche, [Hg. Ernst Wilhelm Hengstenberg]
Ephemeriden	Ephemeriden der Menschheit oder Bibliothek der Sittenlehre, der Politik und der Gesetzgebung, [Hg.: W.G. Becker]
Fama	Die neue europäische Fama, welche den gegenwärtigen Zustand der vornehmsten Höfe entdecket, [Hg.: Gottlieb Schumann]
FOPAZ	Frankfurter Ober-Post-Amts-Zeitung
Füllhorn	Das Füllhorn: ein Zeitblatt zunächst für u. über Israeliten
GAvgS	Göttingische Anzeigen von gelehrten Sachen, unter der Aufsicht der Königl. Gesellschaft der Wissenschaften (Titeländerung 1802: Göttingische gelehrte Anzeigen: unter Aufsicht d. Akademie der Wissenschaften)
GGr	Geschichtliche Grundbegriffe
GWU	Geschichte in Wissenschaft und Unterricht
Hesperus	Hesperus: encyclopädische Zeitschrift für gebildete Leser, [Hg. Christian Karl André]
HJL	Heidelbergische Jahrbücher der Litteratur
HZ	Historische Zeitschrift
IdnJh	Der Israelit des neunzehnten Jahrhunderts: eine Wochenschrift für d. Kenntniß u. Reform d. israelitischen Lebens

IPSM	Israelitisches Predigt- und Schulmagazin, [Hg. Ludwig Philippson]
JALZ	Jenaische Allgemeine Literatur-Zeitung
JmodH	The Journal of Modern History
KZPS	Kameralistische Zeitung für die Königlich Preußischen Staaten: ein Centralblatt für Verwaltungs- und Kommunal-Behörden und Beamte aller Art ...
LBIYB	Leo Baeck Institute Year Book
LLZ	Leipziger Literaturzeitung
MfgL	Morgenblatt für gebildete Leser
MfgS	Morgenblatt für gebildete Stände
NadB	Neue allgemeine deutsche Bibliothek
NDB	Neue Deutsche Biographie
OALZ	Oberdeutsche Allgemeine Literaturzeitung: im Jahre ...
OEB	Johann David Michaelis orientalische und exegetische Bibliothek
PaRDeS	PaRDeS: Zeitschrift der Vereinigung für Jüdische Studien e. V.
PPBl	Preußische Provinzial-Blätter (Titeländerung 1835: Vaterländisches Archiv für Wissenschaft, Kunst, Industrie und Agrikultur oder Preußische Provinzial-Blätter)
Stats-Anzeigen	Stats-Anzeigen ges. ... von August Ludwig Schlözer
Sulamith	Sulamith: eine Zeitschrift zur Beförderung der Cultur und Humanität unter den Israeliten, [Hg. David Fränkel]
Tribüne	Deutsche Tribüne: zur Wiedergeburt des Vaterlandes
TZW	Der treue Zions-Wächter
Vaterland	Das Vaterland: Blätter für teutsches Volks- und Staatsleben
WN	Wöchentliche Nachrichten von neuen Landcharten, geographischen, statistischen und historischen Büchern und Sachen
WZjT	Wissenschaftliche Zeitschrift für jüdische Theologie
ZGJD	Zeitschrift für die Geschichte der Juden in Deutschland
ZRelGG	Zeitschrift für Religions- und Geistesgeschichte
ZRIJ	Zeitschrift für die religiösen Interessen des Judenthums

Quellen- und Literaturverzeichnis[1]

1. Akten des Geheimen Staatsarchivs Preußischer Kulturbesitz (ungedruckte Quellen)

Allgemeinen Verwaltung, Zensursachen. Aktenzeichen: I HA Rep. 9 Allg. Verw. (M) F 2a Fasz. 47, 1803–1805.

Gesandtschaften (Residenturen) und (General-)Konsulate, Antijüdische Ausschreitungen in Würzburg. Maßnahmen des Deutschen Bundes zur Unterdrückung revolutionärer Aktionen und Bewegungen, Aktenzeichen: I HA Rep. 81 (M) Gesandtschaft München Nr. 1260, August–November 1819.

Justizministerium, Die neue Judenordnung und die Verbesserung des jüdischen Schulwesens, Aktenzeichen: I HA Rep. 84a (D) Nr. 11950 Bd. 1, 1830–1834.

Justizministerium, Die neue Judenordnung und die Verbesserung des jüdischen Schulwesens, Aktenzeichen: I HA Rep. 84a (D) Nr. 11951 Bd. 2, 1835–1846.

Justizministerium, Judenwesen in der Provinz Posen, Aktenzeichen: I HA Rep. 84 a (M) Nr. 7418 Bd. 2, 1837–1867.

Justizministerium, Maßregeln zur besseren Aufsicht über das Judenwesen, insbesondere die Errichtung von Zensurkommissionen zur Prüfung von Schriften von und über Juden, Aktenzeichen: I HA Rep. 84 (M) I B J NR 4, 1800–1805.

Justizministerium, Sammlung der für das Großherzogthum Posen erlassenen Verordnungen, Aktenzeichen: I HA Rep. 84a (M) Nr. 52, 1815–1833.

Ministerium des Inneren, Bestimmung und Ausführung des XI-ten Artikels der Censur-Anwendung vom 18. Oktbr. 1819: den Verkauf von außerhalb der Staaten des deutschen Bundes in deutscher Sprache gedruckten Schriften betreffend, Aktenzeichen: I HA Rep. 77 (M), Abt. II Sekt 9, Tit. 2 Nr. 20 Bd. 2, 1844–1849.

Ministerium des Inneren, Die Anwendung der vorläufigen Verordnung vom 1. Juni 1833 über das Judenwesen im Großherzogtum Posen auf die mit der Provinz Preußen und der Neumark vereinigten vormals Warschauer Landesteile, Aktenzeichen: I HA Rep. 77 (M) Abt. I Sekt. 34 Tit. 30 Gen. Nr. 92, 1833–1846.

Ministerium des Inneren, Die Behandlung der Juden im Großherzogthum Posen und die Anwendbarkeit des Edikts vom 11. März 1812. Die Behandlung der Juden in den mit Westpreußen vereinigten polnischen Provinzen. Die im Großherzogthum Posen bestehenden Beschränkungen der Juden bei der Getränkefabrikation und dem Getränkeschank. Die im Königreich Polen zur Beschränkung des Getränkeschanks etc. der Juden gegebenen Verordnungen, Aktenzeichen: I HA Rep. 77 (M) Abt. 1 Sekt. 34 Tit. 30 Gen. Nr. 35 Bd. 3, 1815–1819.

Ministerium des Inneren, Die Bekehrung der Juden zum Christenthum, Aktenzeichen: I HA Rep 77 (M) Abt. I Sekt. 34, Tit. 30 Gen. Nr. 6 1/2, 1822–1844.

1 Eine umfassende chronologische Übersicht der Publikationen zwischen 1780 und 1847 findet sich in der digital verfügbaren Bibliographie unter: http://www.v-r.de/jude-oder-preussischer-Buerger.

Ministerium des Inneren, Die Beschimpfung und Verfolgung der Juden, Aktenzeichen: I HA Rep. 77 (M) Abt. I Sekt 34 Tit. 30 Gen. Nr. 4, 1819–1846.

Ministerium des Inneren, Die Entwerfung einer allgemeinen Juden-Ordnung für die preußische Monarchie, Aktenzeichen: I HA Rep. 77 (M) Abt. I Sekt. 34 Tit. 30 Gen. Nr. 85 Bd. 1, 1830–1834.

Ministerium des Inneren, Die Erläuterung und Ausführung des XI-ten Artikels der Censur-Anwendung vom 18. Oktbr. 1819: Den Verkauf von außerhalb der Staaten des deutschen Bundes in deutscher Sprache gedruckten Schriften betreffend, Aktenzeichen: I HA Rep. 77 (M), Abt. II Sekt 9, Tit. 2 Nr. 20 Bd. 1, 1819–1844.

Ministerium des Inneren, Die zur Vorbereitung einer allgemeinen Regulierung des Judenwesens in Folge der Kabinettsordre vom 13. Dezember 1841 eingeforderten Berichte der Regierung, Aktenzeichen: I HA Rep. 77 (M) Abt. I Sekt. 34, Tit. 30 Gen. Nr. 117, 1842–1844.

Ministerium des Inneren, Entwurf einer allgemeinen Judenordnung für die preußische Monarchie, Aktenzeichen: I HA Rep. 77 (M) Abt. I, Sekt. 34 Tit. 30 Gen. Nr. 85 Bd. 4, 1844–1847.

Ministerium des Inneren, Übertritt der Christen zum Judenthum und die Behandlung derselben sowie früher von der jüdischen zur christlichen Religion übergegangenen und wieder zurückgehenden Individuen, Aktenzeichen: I HA Rep. 77 (M) Abt. I Sekt. 34 Tit. 30 Gen. Nr. 74, 1814–1882.

Ministerium des Inneren, Die Übersicht von den in den Provinzen erschienen Zeitschriften und Tagesblättern, Aktenzeichen: I HA Rep. 77 (M) Abt. I Sekt. 8 Tit. 53 Nr. 1 Bd. 1, 1810–1848.

Ministeriums der geistlichen, Unterrichts- und Medicinal-Angelegenheiten, Die über die religiösen und staatsbürgerlichen Verhältnisse der Juden mitgetheilten Aufsätze und Druckschriften, Aktenzeichen: I HA Rep. 76 (M) III Sekt. 1 Tit. XIII a Nr. 49. Bd. 1, 1821–1884.

Ministeriums der geistlichen, Unterrichts- und Medicinal-Angelegenheiten, Verbesserung der bürgerlichen Verhältnisse der Juden, des Kultus und des Schulwesen, Aktenzeichen: I HA Rep. 76 (M) III Sekt. 1 Tit. XIII a Nr. 1. Bd. 1, 1809–1812.

Ministeriums der geistlichen, Unterrichts- und Medicinal-Angelegenheiten, Verbesserung der bürgerlichen Verhältnisse der Juden, des Kultus und des Schulwesen, Aktenzeichen: I HA Rep. 76 (M) III Sekt. 1 Tit. XIII a Nr. 1 Bd. 5, 1830–1834.

Preußische Gesandtschaft am Bundestag, Vollziehung des Artikels 16 der Bundesakte, Aktenzeichen: I HA Rep. 75 a (M) IV Nr. 1159, Aug. 1820–Okt. 1848.

Staatskanzleramt, Akten betreffend: die gesetzliche Regulierung der staatsbürgerlichen Stellung der Juden für alle Landestheile mit Ausschluß des Großherzogthume Posen, Aktenzeichen: I HA Rep. 90a (M) AX 2a Nr. 5 Bd. 2, 1832–1838.

Staatskanzleramt, Die Reform des Judenwesens, Aktenzeichen: I HA Rep. 74(M) Abt. Ministerium des Inneren, Department für die Allgemeine Polizei, Tit. IX Nr. 1 Bd. 1, Jan. 1810–April 1812.

Staatskanzleramt, Akten betreffend: die gesetzliche Regulierung der staatsbürgerlichen Stellung der Juden für alle Landestheile mit Ausschluß des Großherzogthume Posen, Aktenzeichen: I HA Rep. 90a (M) AX 2a Nr. 5 Bd. 1, 1812–1831.

Zivilkabinett, Generelle Bestimmungen über die Verhältnisse der Juden, Aktenzeichen: I HA Rep. 89 (M) Nr. 23680 Bd. 1, 1823–1842.

2. Primärquellen

2.1 Vor 1780

Anonymus, Erbauliche Nachricht von Bekehrung dreyer Juden Mägdlein von 8. biß 12. Jahren, welche mit grossem Verlangen und Standhafftigkeit das Christenthum anzunehmen sich angemeldet, geschehen zu Berlin im Monath Julio 1715; wobey auch die Frage vorkommt. Ob man sie ohne Verletzung der väterlichen Gewalt wider der Eltern Willen, annehmen und zur christlichen Religion erziehen könne?, o. O. 1715.

Anonymus, Curieuse Nachrichten aus dem Reich der Beschnittenen. Erste (2te und 3te) Unterredung zwischen Sabathai Seri einem ... Jüdis. Ertzbetrüger und dem ... Würtenbergischen Avanturier Jud. Joseph Süss Oppenheimer, worinn dieser ... Spitzbuben Leben ... entdecket und nach andere ... lesenswürdige Sachen mit angebracht werden, Franckfurt 1737/38.

Anonymus, Von den Provintzen des Reichs, in: Fama (1737a), Bd. 2, Theil 23, S. 893–932.

Anonymus, Von den Provintzen des Reichs, in: Fama (1737b), Bd. 2, Theil 29, S. 355–408.

Anonymus, Eigentliche Abbildung und Beschreibung, wie der bekannte Jud Joseph Süß Oppenheimer... an den eisernen Galgen aufgehencket, o. O. 1738.

Anonymus, Leben, Ubelthaten und gerechtes Urtheil Des berichtigten Erz-Schelmen und Diebs Juden Josef Süß Oppenheimers. Darinnen Sein böser Lebens-Wandel, Schelmen- und Diebs-Stücke, und wie er endlich seinen wohl-verdienten Lohn durch des Henckers-Hand empfangen, ausführlich erzehlet werden: Von einem aufrichtigem Spiele-Wercks-Mann. Aus dessen Munde aber zu Papier gebracht und in eine Ordnung gesetzet, von einem Hoch-Teutschen. Nebst des Juden Schelmischen Bildnuß und wie er in einem Käffig den Galgen zieret; In Zwey Bögen Kupffern vorgestellet, o. O. 1738.

Anonymus, Art: Juden, oder Jüden, in: Zedler, Johann Heinrich (Hg.), Grosses vollständiges Universal-Lexicon aller Wissenschaften und Künste. Bd. 14, Leipzig 1739, Sp. 1497–1503.

Anonymus, Von dem ungeselligen Verhalten gegen die Juden, in: Der Gesellige, eine moralische Wochenschrift (1750), Bd. 6, S. 361–368.

Anonymus [Thomasius, Christian], Handel. Straffe eines alten Mannes, der einem Juden ein Kind verkauffen wollen, in: Ernsthaffte aber doch muntere und vernünfftige Thomasische Gedanken und Erinnerungen über allerhand außerlesene juristische Händel (1720), Theil 1, S. 223–224.

Bodenschatz, Johann Christoph Georg, Kirchliche Verfassung der heutigen Juden sonderlich derer in Deutschland. In IV. Haupt-Theile abgefasset, Frankfurt am Main 1749.

Eisenmenger, Johann Andreas, Entdecktes Judenthum. Oder gründlicher und wahrhafter Bericht, Welchergestalt die verstockten Juden die Hochheilige Drey-Einigkeit lästern. In zweyen Theilen verfasst, o. O. 1711.

Fried, Lotharius Frantz, Neupolierter und wohlgeschliffener Juden-Spiegel, Mainz 1715.

Gerson, Christian, Der Juden Thalmud fürnembster Inhalt und Widerlegung. In 2 Bücher verfasset, Leipzig 1685.

Gottfried, Johann Adam, Wahrhafter Bericht von M. Johann Adam Gottfrieds sonderbaren Bekehrung vom Judenthum zum Christenthum und von seiner fernern Führung seit seiner heiligen Taufe, die im Jahr 1750 zu Christian-Erlang geschahe, bis hieher, von ihm selber aufgesetzt und dem Druck übergeben, o. O. 1776.

Gottfried, Paul Theodor, Aechte und accurate Formul eines Juden-Eydes, mit angeführter Erklärung und Erläuterung verschiedener Puncte über denselben, Stuttgart 1775.

Gude, Gottlob Friedrich, Zwo Heilige Reden. I. von der andern Zustörung der Stadt Jerusalem, als einem gewissen Zeichen, und sichern Beweise, daß Jesus der wahre Meßias sey. Am

10. Sonntage nach Trinitatis. II. von dem nähern Rechte der Juden zu Christo, über Röm. XI, 23. 24. Mondtags nach diesem Sonntage, durch Veranlassung der Tauffe einer Jüdin; in der Kirche zum Creutze Christi zu Lauban 1754 gehalten, Lauban 1754.

Hamburger, Christian Gottlieb / Guthertz, Johann Friederich, Beschreibung derer Ceremonien und Gebräuche der heutigen Juden ..., Franckfurth 1755.

Hardt, Hermann von der, Aufruf an die jüdischen Gelehrten, o. O. 1715.

Haude, A., Eisenmenger, Entdecktes Judenthum T. 1.2. (Rezension), in: Niedersächsische Nachrichten von Gelehrten neuen Sachen (1736), S. 601–604.

Heisler, Philipp Jakob, Philipp Jacob Heislers Beantwortung der Frage: Ob die Zulassung eines Judeneydes wider einen Christen bedenklich sey?, Frankfurt am Main 1778.

Herder, Johann Gottlieb, Auch eine Philosophie der Geschichte zur Bildung der Menschheit. Beytrag zu vielen Beyträgen des Jahrhunderts, o. O. 1774.

Kirchner, Paul Christian, Jüdisches Ceremoniel das ist Allerhand Jüdische Gebräuche, Franckfurt 1720.

Lavater, Johan Caspar, Antwort an den Herrn Moses Mendelssohn zu Berlin. Nebst einer Nacherinnerung von Moses Mendelssohn, und denen Gedanken über die Zumuthung des Herrn Diaconus Lavater an Herrn Moses Mendelssohn ein Christ zu werden, in einem Schreiben eines huten Fremden an einen andern, Berlin 1770.

Lessing, Gotthold Ephraim, Über das Lustspiel die Juden, in: Theatralische Bibliothek (1754), St. 1, S. 279–291.

Liberius, Arnoldus, Vollkommene Historie und Lebens-Beschreibung des fameusen und berüchtigten Würtembergischen Avanturiers, Jud Joseph Süß Oppenheimer, Welcher von dem Glück vorhero zwar an dem Würtembergischen Hofe zum Finantzien-Rath erhoben, Nachgehends aber durch selbst-gesuchtes Unglück, wegen seiner Landes-Verderblichen Betrügereyen und boshafften Verrichtungen, Den 4. Febr. 1738. ausserhalb Stutgardt wohlverdient mit dem Strange vom Leben zum Tode gebracht, und in einem sehr starcken sechs und einem halben Schuh hohen eissernen Kefich eingeschlossen worden, Franckfurth 1738.

Locke, John, Herrn Johann Lockens ... Sendschreiben von der Toleranz, Oder von der Religions- und Gewissens-Freyheit. Aus dem Lateinischen Exemplar übersetzt, und mit einigen nützlichen Anmerckungen erläutert, o. O. 1710.

Margaritha, Antonio, Der gantze jüdische Glaube mit samt einer gründlichen und wahrhafftigen Anzeigung aller Satzungen, Ceremonien, Gebeten, heimliche und öffentliche Gebräuche, Leipzig 1713.

Michaelis, Johann David, Rezension, in: GAvgS (13.6.1754), S. 621.

Roblik, Elias Libor, Jüdische Augen-Gläser. Das ist: Ein in zwey Theil verfastes, und denen Juden zur Erkanntnuß des wahren Glaubens vorgesteltes Buch ..., Brünn 1741.

Schudt, Johann Jacob, Jüdische Merckwürdigkeiten. Vorstellende Was sich Curieuses und denckwürdiges in den neuern Zeiten bey einigen Jahrhunderten mit denen in alle IV. Theile der Welt / sonderlich durch Teutschland / zerstreuten Juden zugetragen; Samt einer vollständigen Franckfurter Juden-Chronick / Darinnen der zu Franckfurt am Mayn wohnenden Juden / von einigen Jahrhunderten / biß auff unsere Zeiten / Merckwürdigste Begebenheiten enthalten; Benebst einigen / zur Erläuterung beygefügten Kupffern und Figuren / Mit Historischer Feder in drey Theilen beschrieben, Frankfurt am Main 1714–1718.

Teller, Wilhelm Abraham, Wörterbuch des Neuen Testaments zur Erklärung christlicher Lehre, Berlin 1772.

Wagenseil, Johann Christoph, Dissertation de loco classico Gn. XLIX, 10, Altdorf 1676.

–, Tela ignea Satanae, Altdorf 1681.

–, Benachrichtigung wegen einiger die meine Jüdischheit betreffenden wichtigen Sachen, Leipzig 1705.

–, Die Hoffnung auf die Erlösung Israels, o. O. 1705.

Wagenseil, Johann Christoph / Christiani, Friedrich Albrecht, Der Jüden Glaube und Aberglaube. Ehemahls auff Verlangen seiner Auditorum zu mehrerer Gewiszheit, Leipzig 1705.
Wurtemberger Unterthanen, Frolockender Glucks-Wunsch und Freudiges Jubel-Geschrey. Bey dem wohl-verwahrten Auszuge des fameusen Juden und Ertz-Land-Betrugers Sus Oppenheimers, o. O. 1738.
Zeitmann, Gottfried Thomas, Das Grosse Zumahlen Geistliche Elend des Jüdischen Volckes. Bey Gelegenheit einer Juden-Tauffe, Franckfurt am Mayn 1743.

2.2 1780–1812

[Cranz, August Friedrich], Rezension (Dohm), in: Berlinische Correspondenz historischen und literarischen Inhalts. Eine periodische Schrift von dem Verfasser der Lieblingsstunden (1782), S. 833–845.
[Friedländer, David], Sendschreiben an sein Hochwürden, Herrn Oberconsistorialrath und Probst Teller zu Berlin, von einigen Hausvätern jüdischer Religion, Berlin 1799.
[Friedländer, David], Über die, durch die neue Organisation der Judenschaften in den preußischen Staaten nothwendig gewordene Umbildung 1) ihres Gottesdienstes in den Synagogen, 2) ihrer Unterrichts-Anstalten, und deren Lehrgegenstände, und 3) ihres Erziehungs-Wesens überhaupt. Ein Wort zu seiner Zeit, Berlin 1812.
[Gerlach, Gottlob Benjamin], Moses und Christus oder über den innern Werth und die wahrscheinlichen Folgen des Sendschreibens einiger Hausväter jüdischer Religion an Herrn Probst Teller und dessen darauf ertheilte Antwort, Berlin 1799.
[Göß, Georg Friedrich Daniel], Höchstwichtiger actenmäßiger Bericht als Beitrag zur Geschichte der Juden. Von einem Freund der Wahrheit und Mäßigung, Franken 1804.
[Henle, Elkan], Über die Verbesserung des Judenthums, Offenbach 1803.
[Hißmann, Michael], Berlin und Stettin (Rezension Dohm), in: Zugabe zu den GAvgS (1.12.1781), St. 48, S. 753–763.
[Klingler, Ignaz], Ueber die Unnütz- und Schädlichkeit der Jüden, im Königreiche Böheim und Mähren, Prag 1782.
[Riem, Andreas], Apologie für die unterdrückte Judenschaft in Deutschland. An den Congreß in Rastadt gerichtet, o. O. 1798.
[Schleiermacher, Friedrich], Briefe bei Gelegenheit der politisch theologischen Aufgabe und des Sendschreibens jüdischer Hausväter von einem Prediger außerhalb Berlins, Berlin 1799.
[Schulz, Johann Heinrich = Zopf, Joh. H.], Philosophische Betrachtungen über Theologie und Religion überhaupt und über die jüdische insbesonderheit, Leipzig 1784.
[Wolff, Sabattja Joseph] (Hg.), Sendschreiben eines Christen an einen hiesigen Juden, über den Verfasser: wider die Juden, o. O. 1803.
André, Christian Carl (Hg.), Der Freymaurer oder kompendiöse Bibliothek alles Wissenswürdigen über geheime Gesellschaften (Compendiöse Bibliothek der gemeinnützigsten Kenntnisse für alle Stände, Abth. 25), Gotha 1789.
Anonymus, Bekehrung der Juden, in: Adreastes (o. J.), Bd. 4, St. 1, S. 142–152.
Anonymus, Dohm, C. W. v.: Ueber die bürgerliche Verbesserung der Juden. Berlin, Stettin: Nicolai 1781.: Rezension, in: Der teutsche Merkur (1781), 4. Viertelj., S. 280–281.
Anonymus, Ueber die bürgerliche Verbesserung der Juden. 1. Aufl. T. 1. Darin: Mémoire sur l'état des Juifs en Alsace, in: Historische Litteratur (1782), Bd. 2, S. 433–442.
Anonymus, Dohm, C. W. v.: Ueber die bürgerliche Verbesserung der Juden. 2. Aufl. T. 1. Berlin, Stettin: Nicolai 1783. Rezension, in: Ephemeriden (1783), Bd. 2, S. 279–304.
Anonymus, Dohm, C. W. v.: Ueber die bürgerliche Verbesserung der Juden. T. 2. Berlin, Stettin: Nicolai 1783. Rezension, in: Ephemeriden (1784), Bd. 1, S. 287–334.

Anonymus, Rezension Dohm, in: Ephemeriden (1784), Bd. 1, S. 287–334.
Anonymus, Ueber die bürgerliche Verbesserung der Juden. Von Christian Wilhelm Dohm (Rezension), in: Allgemeine juristische Bibliothek (1784), Bd. 4, S. 133–144.
Anonymus, Ein Jude, Soldat, in: Berlinische Monatsschrift (1785), Bd. 6, S. 167–168.
Anonymus, Miscellaneen, in: Intelligenzblatt der ALZ (1787), Nr. 23, Sp. 208.
Anonymus, Bekenntniss zur Loge Der Toleranz, Berlin 1790.
Anonymus, Der Asiate in seiner Blöße, oder gründlicher Beweis: daß die Ritter und Brüder Eingeweihten aus Asien ächte Rosenkreuzer sind: durch wichtige noch unbekannt gewesene Dokumente erwiesen, welche ihr System, Lehre und Einweihung betreffen. Zum ernsten Nachdenken und Warnung für alle Brüder Freimaurer, Asien 1790.
Anonymus, Auch ein paar Worte über Dohms Schutzschrift für die Juden, in: Journal von und für Deutschland (1792), St. 8, S. 684–687.
Anonymus, Bücherverbote, in: Intelligenzblatt der ALZ (5.5.1792), Nr. 64, Sp. 433–434.
Anonymus, Gedichte von Ephraim Moses Kuh (Rezension), in: GAvgS (12.1.1793), St. 6, S. 55–56.
Anonymus, Schöne Künste (Rezension Gedichte Kuh), in: ALZ (25.6.1793), Nr. 184, Sp. 729–736.
Anonymus, Das Christenthum enthält keine übernatürlichen geoffenbarte zur Seligkeit des Menschen notwendige Glaubenlehren. In einem Sendschreiben an Herrn David Friedländer gezeigt, o. O. 1794.
Anonymus, Hirschel, Moses, Apologie der Menschenrechte. Oder philosophischkritische Beleuchtung der Schrift: über die füsische und moralische Verfassung der heutigen Juden (Rezension), in: NadB (1796), Bd. 21, St. 2, S. 338–339.
Anonymus, Auflösung der im Archiv der Zeit aufgestellten politisch-theologischen Aufgabe über die Behandlung der jüdischen Täuflinge, o. O. 1799.
Anonymus, Bemerkungen über die politisch-theologische Aufgabe in Betreff der Behandlung der jüdischen Täuflinge, in: BAZG (1799), Bd. 2, S. 206–210.
Anonymus, Einige Ideen veranlasst durch die politische-theologische-Aufgabe über die Behandlung der jüdischen Täuflinge, Berlin 1799.
Anonymus, Gespräch über das Sendschreiben von einigen jüdischen Hausvätern an den Probst Teller, zwischen einem christlichen Theologen und einem alten Juden, Berlin 1799.
Anonymus, Treue Relation des ersten Eindrucks den das neuerlich erschienene an den Probst Teller gerichtete Sendschreiben einiger Juden auf das Publikum machte: ein Fingerzeig für die Juden, Berlin 1799.
Anonymus, Machet die Tore weit, die Juden kommen. Eine kritische Beylage zu dem Briefwechsel zwischen Probst Teller und einigen jüdischen Hausvätern in Berlin, auch nicht von Teller, sondern von einem Erbfeinde der Juden, wie sie sind, und von einem wahren Menschenfreund und Freunde der Duldung, Gera 1800.
Anonymus, Rezension Charlotte Sampson, in: Belletristische Zeitung (5.4.1800), St. 14, S. 108–112.
Anonymus, Protestantische Gottesgelahrtheit (Sammelrezension), in: NadB (1801), Bd. 57, St. 2, S. 268–293.
Anonymus, Sollen sich die Christen beschneiden oder die Juden taufen lassen? Versuch zur Verständigung, in: NadB (1801), Bd. 57, St. 2, S. 270–293.
Anonymus, Auch ein Wort wider die Juden. Veranlasst durch des Herrn Justiz-Commissarii Grattenauers Schrift: Wider die Juden, von einem praktischen Geschäftsmann, der merkwürdige jüdische Schwindeleien erfahren hat, Berlin 1803.
Anonymus, Blinde Kuh in der Handlung. Ein Gegenstück zu der Schrift: Juden sind sie der Handlung schädlich? Eigentlich nicht für und nicht wider die Juden sondern für die gute Sache, Frankfurt am Main 1803.
Anonymus, Der Pseudo-Haman, oder kurze Widerlegung der Schrift: Wider die Juden, Berlin 1803.

Anonymus, Juden, sind sie der Handlung schädlich?, Frankfurt am Main 1803.
Anonymus, Justiz- und PolizeyAnzeigen. Steckbriefe, in: Allgemeine Justiz- und PolizeyFama (8.4.1803), Nr. 42, Sp. 387–390.
Anonymus, Betrachtung in Hinsicht der Jüdischen Nation. Ob für oder wider dieselbe? sey der Prüfung eines jeden Lesers anheimgestellt, Berlin 1804.
Anonymus, Der wuchernde Jude am Pranger. Ein Drama in Versen, Berlin 1804.
Anonymus, Die heutige Verfassung der Juden verdirbt die Moralität der Christen und hiermit auch die Staatsverfassung, Franken 1804.
Anonymus, Die Kinder Israels in der Wüste. Ein Beitrag zur Geschichte der Fehden unsers Jahrhunderts. Von einem parteilosen Cosmopoliten, Boston 1804.
Anonymus, Ein freundliches Wort an die Christen, zur gänzlichen Beylegung ihres Streits mit den Juden. Von einem Juden, Königsberg 1804.
Anonymus, Mein erstes Wort wider die Juden mit und ohne Bart, Berlin 1804.
Anonymus, Nathan der Weise. Schauspiel von Lessing; travestirt und modernisiert; in fünf Aufzügen, Berlin 1804.
Anonymus, Anecdoten vom guten Juden. Mit einem Anhange von jüdischen Weisheits-Lehren, Berlin 1805.
Anonymus, Der Judenreformator oder wie können die Juden vertilgt werden, ohne einem einzigen den Kopf abzuschneiden, Hamburg 1805.
Anonymus, Vaterländische Notiz, in: Hamburg und Altona (1805), Bd. 1, H. 1, S. 112–118.
Anonymus, Beitrag zur Kulturgeschichte der Israeliten in Frankreich, in: Sulamith (1806), H. 2, S. 110–116.
Anonymus, Synode der französischen Juden in Paris., in: London und Paris (1806), Bd. 18, S. 56–75.
Anonymus, Synode der Juden, in: Französische Miscellen (1806), Bd. 17, St. 2, S. 57–63.
Anonymus, Frankreich, in: Königlich-Bairische Staats-Zeitung von München (1.10.1806), Nr. 232, S. 935–936.
Anonymus, Ueber den Beschluß der Sitzungen des großen Sanhedrins, in: London und Paris (1807), Bd. 20, S. 32–39.
Anonymus, Ueber die Juden-Reform im französischen Reiche, in: Europäische Annalen (1807), Bd. 2, S. 66–78.
Anonymus, Vermischte Nachrichten, in: Journal für Prediger (1807), Bd. 52, St. 4, S. 431–433.
Anonymus, Paris, in: AAZ (13.3.1807), Nr. 62, unpag.
Anonymus, Aus Frankreich, in: Sulamith (1808), S. 159–164.
Anonymus, Schriften über die Juden, in: ALZ (11.–13.8.; 15.8.1808), Nr. 235–240, Sp. 857–879, 881–885, 889–895, 897–903.
Anonymus, Bürgerliche Verbesserung der Israeliten im Königreich Preußen, in: Sulamith (1812), S. 54–63.
Anonymus [Hayn, G.], Können die Juden ohne Nachtheil für den Staat bei ihrer jetzigen Verfassung bleiben?, Berlin 1803.
Anonymus [Henrici, Georg], Charlotte Sampson, oder Geschichte eines jüdischen Hausvaters, der mit seiner Familie dem Glauben der Väter entsagte. Eine Geschichte der neuesten Zeit, Berlin 1800.
Aretin, Joh. Christ. Freiherr von, Geschichte der Juden in Baiern, Landsberg 1803.
Arnim, Achim von, Über die Kennzeichnung des Judenthums, o. O. 1811.
Ascher, Paul, Napoleon oder über den Fortschritt der Regierung (Rezension), in: HJL (1809), Bd. 2, H. 1–8, S. 141–143.
Ascher, Saul, Bemerkungen über die bürgerliche Verbesserung der Juden veranlasst bei der Frage: Soll der Jude Soldat werden?, Frankfurt an der Oder 1788.
–, Leviathan, oder über Religion in Rücksicht des Judenthums, o. O. 1792.
–, Eisenmenger der Zweite, Berlin 1794.

–, Vernunft und Glauben. Ein Diskurs von Zweien ohne Nahmen, in: BAZG (1798), Bd. 2, S. 162–170.

–, Ideen zur natürlichen Geschichte der politischen Revolutionen, o. O. 1802.

–, Napoleon oder über den Fortschritt der Regierung, Berlin 1808.

B., Die Juden, in: Der Freimüthige oder Ernst und Scherz (15.9.1806), Nr. 185, S. 221–222.

Bamberger, Joseph, Ein Wort zu seiner Zeit oder Betrachtungen bei Gelegenheit das großen Sanhedrin in Paris, Frankfurt am Main 1808.

Bayrer, Leonhard, Hülfsbüchlein zum Unterrichte der Proselythen aus dem Judenthume, und Protestantism, Augsburg 1794.

Beer, Peter, Geschichte der Juden von ihrer Rückkehr aus der babylonischen Gefangenschaft bis zur Zerstörung des zweyten Tempels. Nach Josephus Flavius …, Wien 1808.

Bischof, J., Dina das Judenmädchen aus Franken. Ein tragisches Familiengemälde, Fürth ^{2}1802.

Bischoff, L. C. H., Der Judenfeind. Ein Trauerspiel in einem Aufzug, Stendal 1780.

Bran, Alexander, Gesammelte Actenstücke und öffentliche Verhandlungen über die Verbesserung der Juden in Frankreich, Hamburg 1806/07.

Bredow, G. G. / Venturini, K., Chronik des neunzehnten Jahrhunderts. Bd. 4, Altona 1810.

Brentano, Clemens, Der Philister vor, in und nach der Geschichte. Scherzhafte Abhandlung, Berlin 1811.

Buchholz, Friedrich, Moses und Jesus oder über das intellektuelle und moralische Verhältniß der Juden und Christen, Berlin 1803.

Buchholz, Friedrich, Der neue Leviathan, Tübingen 1805.

Büsching, Anton Friedrich, Ueber die bürgerliche Verbesserung der Juden von Christian Wilhelm Dohm (Rezension), in: WN (15.10.1781), S. 331–335.

Cimarosa, D., Betrug für Betrug oder das vermeinte Frauenzimmer: Posse in gereimten Versen. Zum erstenmale von der Französischen Schauspieler-Gesellschaft zu Braunschweig, am 25sten Nov. 1802, aufgeführt, o. O. 1805.

Cordes, J. F., Adel, Handwerker, Insekten, Soldaten und Juden, in: Deutsches Museum (1787), Bd. 2, S. 348–351.

Cranz, August Friedrich, Über den Mißbrauch der geistlichen Macht oder der weltlichen Herrschaft in Glaubenssachen durch Beyspiele aus dem jetzigen Jahrhundert ins Licht gesetzt, Berlin 1781.

Davidson, Wolf, Über die bürgerliche Verbesserung der Juden, Berlin 1798.

Diebitsch, K. F. W., Über das Werk: Können die Juden ohne Nachtheil für den Staat bey ihrer jetzigen Verfassung bleiben?, o. O. 1804.

Diez, Heinrich Friedrich, Über Juden. An den Herrn Kriegsrath Dohm zu Berlin, in: ABdG (1783a), St. 3, S. 320–347.

Diez, Heinrich Friedrich von, Über Juden. An Herrn Kriegsrath Dohm zu Berlin, Dessau 1783b.

Dohm, Christian Wilhelm, Über die bürgerliche Verbesserung der Juden, Berlin 1781.

Dohm, Christian Wilhelm (Hg.), Über die bürgerliche Verbesserung der Juden. 2 Bände, Berlin 1783.

Dudulaeus, Chrysostomus, Der ewige Jud, mit Namen Ahasverus, Zug 1795.

Ecker und Eckhoffen, Carl Friedrich von, Werden und können Israeliten zu Freymaurern aufgenommen werden? Veranlaßt durch die zur Beherzigung für Freymaurer von einem Ungenannten herausgegebene Schrift: Authentische Nachricht von den Ritter- und Brüder-Eingeweihten aus Asien, Hamburg 1788.

Feder, Johann Georg Heinrich, Berlin (Rezension Jerusalem), in: GAvgS (27.9.1783), Bd. 2, S. 1569–1580.

Fichte, Johann Gottlieb, Beiträge zur Berichtigung der Urtheile des Publikums über die französische Revolution. Zur Beurtheilung ihrer Rechtmäßigkeit, o. O. 1793.

Fr.[iedländer], D.[avid], Vorläufige Bemerkungen über die zweckmäßigsten Mittel zur Beförderung der Kultur und Humanität unter der jüdischen Nation, in: Sulamith (1806), S. 12–40.
Fränkel, David, Reform der Israeliten in Frankreich und Italien, in: Sulamith (1806), H. 2, S. 3–27, 95–110.
–, Die Lage der Juden alter und neuerer Zeiten. Ein Wort des Trostes und der Vermahnung, in: Sulamith (1807), S. 353–386.
–, Gallerie schädlicher Mißbräuche, unanständiger Convenienzen und absurder Ceremonien unter den Juden, in: Sulamith (1807), S. 129–130.
Friedländer, David, Akten-Stücke die Reform der Jüdischen Kolonien in den preußischen Staaten betreffend, Berlin 1793.
Friedrich Wilhelm II., Allgemeines Landrecht für die preußischen Staaten, 1794.
–, Edikt, die Religionsverfassung in den preußischen Staaten betreffend, 9.7.1788.
Friedrich Wilhelm III., Reglement wegen Aufhebung der Verpflichtung der jüdischen Gemeinen, der durch Vergehung einzelner Mitglieder zugefügten Schaden zu ersetzen, 18.6.1801.
–, Ordnung für sämmtliche Städte der Preußischen Monarchie. [gegeben Königsberg, den 19ten Novbr. 1808], 19.11.1808.
–, Edikt, betreffend die bürgerlichen Verhältnisse der Juden in dem Preussischen Staate. Vom 11ten März 1812, Berlin 1812.
Goßler, Christoph, Versuch über das Volk. Zum Besten der Armen, Berlin 1786.
Grattenauer, Karl Wilhelm Friedrich, Erklärung an das Publikum über meine Schrift: Wider die Juden, Berlin 1803.
–, Erster Nachtrag zu seiner Erklärung über seine Schrift: Wider die Juden, Berlin 1803.
–, Wider die Juden, Berlin 1803.
Gregoire, Neue Beobachtungen über die Juden, besonders in Deutschland, in: Magazin für Religions-, Moral und Kirchengeschichte (1806), Bd. 4, S. 523–543.
Grieb, Johann George, Elemente der Zahl und ihrer Verhältnisse (Beyträge zur Beförderung der preußischen Nationalerziehung), Königsberg 1810.
Hartmann, Friedrich Traugott, Untersuchung ob die bürgerliche Freiheit den Juden zu gestatten sei, Berlin 1783.
Hegel, Georg Wilhelm Friedrich, Geist des Christentums und sein Schicksal, Tübingen 1797–1800.
Henle, Elkan, Über die Verbesserung des Judenthums, in: Sulamith (1808), H. 6, S. 361–382.
Henrici, Georg, Grundzüge zu einer Theorie der Polizeiwissenschaft, Lüneburg 1808.
Herder, Johann Gottlieb, Ideen zur Philosophie der Geschichte der Menschheit. Teil 2, Riga 1785.
–, Vom Geist des Christentums (Christliche Schriften, Bd. 4), Leipzig 1798.
–, Von Religion, Lehrmeinungen und Gebräuchen, Leipzig 1798.
Hesse, Otto Justus Basilius, Beitrag zum Forschen nach Licht und Recht, veranlasset durch ein Schreiben an Moses Mendelssohn, unter diesem Titel, Berlin 1783.
Hirschel, Moses, Biographie des jüdischen Gelehrten und Dichters Ephraim Moses Kuh, in: ders. / Kausch, Johann Joseph (Hg.), Hinterlassene Gedichte, Zürich 1792, S. 21–152.
–, Apologie der Menschenrechte oder philosophisch kritische Beleuchtung der Schrift. Über die physische und moralische Verfassung der heutigen Juden, Zürich 1793.
Hißmann, Dessau und Leipzig (Sammelrezension Dohm, Hartmann, etc.), in: GAvgS (11.10.1783), Bd. 3, S. 1658–1664.
Humboldt, Wilhelm von, Über die Religion, o. O. 1790.
Inspektor Naumann, Über die Verbesserung der kirchlichen Verfassung der Israeliten in den Königl. Preußischen Staaten, in: Sulamith (1812), S. 381–405.
Iselin, I., Dohm, C. W. v.: Ueber die bürgerliche Verbesserung der Juden. Berlin, Stettin: Nicolai 1781.: Rezension, in: Ephemeriden (1782), Bd. 1, S. 404–425.

Jahn, F. L., Deutsches Volksthum, o. O. 1810.

Kant, Immanuel, Die Religion innerhalb der Grenzen der bloßen Vernunft (Akademie Textausgabe, Bd. VI), o. O. 1793.

Kleinschmidt, Des verbesserten Konstitutionenbuchs der alten ehrwürdigen Brüderschaft der Freimaurer ... Theil, Frankfurt am Main 1784.

Kleist, Heinrich von, Katechismus der Deutschen, o. O. 1809.

Kochen, Albrecht Heinrich Matthias, Johannes Boanerges. Eine Begleitungs- und Ermunterungsschrift für seine Zeitgenossen. Ein Beytrag zu den Überzeugungen einiger Hausväter jüdischer Religion in Berlin, Jena 1800.

Kosmann, Johann Wilhelm Andreas, Für die Juden. Ein Wort zur Beherzigung an die Freunde der Menschheit und die wahren Verehrer Jesu, Berlin 1803.

Kosmopolit [Grattenauer, Karl Wilhelm Friedrich], Über die physische und moralische Verfassung der heutigen Juden, Leipzig 1791.

Krüger, M. C. L., An die Vereinigte Gesellschaft der Juden-Reform. Wie wir Protestanten billig erwarten können, daß die Juden sich entschließen Christen zu werden, Neu-Ruppin 1805.

Kuh, E. M., Gedichte von Ephraim Moses Kuh, einem jüdischen Gelehrten, in: Deutsches Museum (1784), Bd. 1, S. 35–52.

–, Gedichte von Ephraim Moses Kuh, einem jüdischen Gelehrten, in: Deutsches Museum (1785), Bd. 1, S. 262–279, 327–345.

–, Gedichte von Ephraim Moses Kuh, einem jüdischen Gelehrten, in: Deutsches Museum (1786), Bd. 2, S. 193–213.

Lefrank, S. J. [Fränkel, Johann Kaspar], Bellerophon oder der geschlagene Grattenauer nebst einer Dedikation an den Teufel, Hamburg 1803.

M. d. C., Legislation und Jurisprudenz in Frankreich (Rezension Lassaulx), in: JALZ (2.9.1808), Nr. 206, Sp. 417–424.

Maier, J. G., Anonym: Der getaufte Jude, weder Jude noch Christ.: Rezension, in: AdtB (1782), Bd. 51, St. 2, S. 607–608.

Maier, Johann Christian, Rezension Dohm, in: AdtB (1782), Bd. 50, St. 1, S. 301–311.

Manso, J. K. F., Ueber Ephraim Kuhs Leben und Gedichte, in: Schlesische Provinzialblätter (1791), Bd. 13, S. 23–34.

Masch, Andreas Gottlieb, Das Verhältniß des Judenthums und Christenthums gegeneinander betrachtet, Neustrelitz 1800.

Mendelssohn, Moses, Vorwort, in: Menasheh ben Yiśra'el (Hg.), Rettung der Juden: Als ein Anhang zu des Hrn. Kriegsraths Dohm Abhandlung: Ueber die bürgerliche Verbesserung der Juden. Aus dem Engl. übers. Nebst einer Vorrede von Moses Mendelssohn, Berlin 1782, S. 1–71.

–, Jerusalem oder über religiöse Macht und Judenthum, Berlin 1783.

–, Über die 39 Artikel der englischen Kirche und deren Beschwörung, in: Berlinische Monatsschrift (1784), Bd. 3, S. 24–41.

–, Brief an Aron Gumpert, in: Annalekten für die Litteratur (1785), Theil 2, S. 594–601.

Michaelis, Johann David, Über die bürgerliche Verbesserung der Juden von Christian Wilhelm Dohm, in: OEB (1782), Teil 19, S. 1–41.

–, Mendelssohns Jerusalem (Rezension), in: OEB (1783), Theil 22, S. 59–98.

–, Über die bürgerliche Verbesserung der Juden, in: Dohm, Christian Wilhelm (Hg.), Über die bürgerliche Verbesserung der Juden. 2 Bände. Bd. 2, Berlin 1783, S. 31–71.

Münter, Friedrich, Authentische Nachricht von den Ritter- und Brüder-Eingeweihten aus Asien. Zur Beherzigung für Freymaurer, Kopenhagen 1787.

N. A., Freymaurerschriften, in: OALZ (Juni 1788), Nr. 144, Sp. 1147–1149.

Nmk., Dohm, C. W. v.: Ueber die bürgerliche Verbesserung der Juden. T. 1.: Rezension, in: AdtB (1782), Bd. 50, St. 1, S. 301–311.

Obrist von Maßenbach, Historische Denkwürdigkeiten zur Geschichte des Verfalls des preußischen Staats seit dem Jahre 1794. Nebst meinem Tagebuch über den Feldzug von 1806. Erster Theil, Amsterdam 1809.

Paalzow, C. L., Über das Bürgerrecht der Juden. Übersetzt von einem Juden, mit Anmerkungen versehener Orginaltext, Berlin 1803.

Paalzow, C. L., Der Jude und der Christ. Eine Unterhaltung auf dem Postwagen, Berlin 1804.

Paalzow, Christian Ludwig, Die Juden. Nebst einigen Bemerkungen über das Sendschreiben an Herrn Oberconsistorialrath und Probst Teller zu Berlin von einigen Hausvätern jüdischer Religion und die darauf erfolgte Tellersche Antwort, Berlin 1799.

–, Tractatus historico-politicus de civitate Judaeorum, Berolini 1803.

–, Über den Juden-Staat (De civitate Judaeorum) oder über die bürgerlichen Rechte der Juden. Eine historisch-politische Abhandlung, Berlin 1803.

Pappenheimer, Salomon Seligmann, Auszug eines Schreibens von einem Juden zu B. an seinen Freund zu P. in Oberschlesien, Grattenauers Schrift wider die Juden u.s.w. betreffend, Breslau 1803.

Ragotzky, K. A., Unterhaltungen für denkende Freimaurer, Berlin 1792.

Ramson, J. W., Die Juden. Ein Wort für Unparteyische, Pirna 1804.

Reinicke, Heinrich, Nathan der deutsche oder Neider sind wahre Verschnittene. Schauspiel in drey Aufzügen (Theaterstückesammlung Pfetten: Mikrofiche-Edition), Leipzig 1784.

Rm., Dohm, C. W.: Ueber die bürgerliche Verbesserung der Juden. Teil 1.: Rezension, in: AdtB (1784), Bd. 59, St. 1, S. 19–40.

Scheppler, Josef Karl, Ueber die Aufhebung des Judenleibzolls. Nebst einer skizzirten Geschichte der Juden. ihrer Schicksale und staatsrechtlichen Verhältnisse, besonders in Teutschland, und einer moralischen, rechtlichen und politischen Beurtheilung der Abgabe des Leibzolls insbesondere, mit Urkunden, Hanau 1805.

Schleiermacher, Friedrich, Versuch einer Theorie des geselligen Betragens, in: BAZG (1799), S. 48–66.

Schlözer, August Ludwig, Vorschläge zur bürgerlichen Verbesserung der Juden, in: Stats-Anzeigen (1793), Bd. 18, S. 482–503.

Schönemann, An die jüdischen Hausväter, in: Neue Berlinische Monatsschrift (6.9.1800), S. 208–225.

Schuckmann, Kaspar Friedrich von, Ueber Judenkolonien. An Herrn Geheimen-Rath Dohm, in: Berlinische Monatsschrift (Januar 1785), Bd. 5, S. 50–58.

Schwager, Über die bürgerliche Verbesserung der Juden, in: Dohm, Christian Wilhelm (Hg.), Über die bürgerliche Verbesserung der Juden. 2 Bände. Bd. 2, Berlin 1783, S. 89–111.

Spieker, C. W., Über die ehemalige und jetzige Lage der Juden in Deutschland. Eine historisch-publicistische Untersuchung, in: Sulamith (1808), S. 307–319.

Spieker, Christian Wilhelm, Entsetzlicher Aberglaube in Polen, noch vor neun Jahren, in: Sulamith (1808), S. 245–246.

Tama, Diogène, Transaction of the Parisian Sanhedrin or acts of the assembly of Israelitish Deputies of France and Italy, convoked at Paris by an imperial and royal decree, dated May 30, 1806, London 1807.

Teller, Wilhelm Abraham, Anleitung zur Religion überhaupt und zum Allgemeinen des Christenthums besonders. [Für die Jugend höherer ... Stände ...], Berlin 1792.

–, Die Religion der Vollkommnern von D. Wilhelm Abraham Teller als Beylage zu desselben Wörterbuch und Beytrag zur reinen Philosophie des Christenthums, Berlin 1792.

–, Beantwortung des Sendschreibens einiger Hausväter jüdischer Religion an mich den Probst Teller, Berlin 1799.

Terlinden, Reinhard Friedrich, Grundsätze des Juden-Rechts nach den Gesetzen für die preußischen Staaten, Halle 1804.

U. V. W. X., Ein Wort für die Israeliten unserer Zeit, in: AAdD (9.10.1812), Nr. 273, Sp. 2809–2813.

Uhle, August Georg, Ueber Herrn Moses Mendelssohns Jerusalem, politisch religiöse Macht, Judenthum und Christenthum, Berlin 1784.

Unzer, Johann Friedrich [Wessely, Naftali Herz], Anmerkungen zu der Schrift des Herrn Dohm, Über die bürgerliche Verbesserung der Juden, Altona 1782.

Von einem Freund der leidenden Menschheit, der zugleich ein unpartheyischer Weltbürger ist, Avis an alle deutschen Romanfabrikanten, und andere dergleichen literarische Chevaliers d' industrie, die Entdeckung einer neuen und reichen Goldmine in der Hauptstadt der Mittelmark Brandenburg betreffend. Oder: Nachricht über die neueste und rüstigste Schriftstellerey in Berlin wider und für die Juden, in: Der Widersprecher (1803), Bd. 2, St. 3, S. 222–250.

Voss, Julius v., Der travestirte Nathan der Weise. Posse in zwey Akten, mit Intermezzo, Chören, Tanz, gelehrtem Zweykampf, Mord und Todschlag, Berlin 1804.

Weber, Friedrich Benedict, Systematisches Handbuch der Staatswissenschaft mit vorzüglicher Rücksicht auf die Literatur derselben. Bd. 1, Berlin 1805.

Weil, Jacob, Fragmente aus dem Talmud und den Rabbinen, Frankfurt am Main 1809.

Weiß, Markus Jakob, Unpartheyische Betrachtungen über das große jüdische Sanhedrin zu Paris, Ofen 1807.

Widersheim, Nathanael ben Isaak, Schreiben aus Haganau über den Kulturzustand der Israeliten in Frankreich, in: Sulamith (1806), H. 2, S. 279–292.

Wolff, Sabattia Josef, Freymüthige Gedanken über die vorgeschlagene Verbesserung der Juden in den Preußischen Staaten. Von einem Juden mit Zusätzen eines Christen, Halle 1792.

Wolfssohn, Aaron, Jeschurun Oder unpartheiische Beleuchtung der dem Judenthum neuerdings gemachten Vorwürfe, Breslau 1804.

Zangen, Carl Georg von, Von einem besondern Vorzugsrecht der Juden zu Frankfurt am Mayn, in: ders. (Hg.), Beyträge zum Teutschen Recht, Giessen 1788, S. 299–300.

Zöllner, J. F., Ideen über National-Erziehung. Bd. 1, Berlin 1804.

Zöllner, Johann Friedrich, Ueber Moses Mendelssohn's Jerusalem, Berlin 1784.

Αυσλαχερς, Fragmente aus Briefen über die Tendenz der wissenschaftlichen Bildung zu Berlin, in: Morgenblatt für gebildete Stände (1.–2.7.; 4.7.1811), Nr. 156–157, 159, S. 622–623, 625–627, 635–636.

2.3 1813–1829

[Börne, Ludwig], Actenmäßige Darstellung des Bürgerrechts der Israeliten zu Frankfurt am Main, o. O. 1816.

[Frank, Christian], Die Juden und das Judenthum wie sie sind. Dargestellt aus ihren eigenen Schriften als die erklärten Feinde des Christenthums und der reinen Sittlichkeit, ihrer Geschichte, ihren Schriften und der Erfahrung gemäß erkannt als offene und geheime Störer des bürgerlichen und moralischen Wohlstandes christlicher Staaten, Köln 1816.

[Friedrich, Gerhard], Die Juden und ihre Gegner. Ein Wort zur Beherzigung für Wahrheitsfreunde. Gegen Fanatiker, o. O. 1816.

[Gottfried, Johann], Luthers und v. Herders Stimmen über die Juden nebst einem Epilog, Deutschland [Lübeck] 1817.

[Holst, Ludolf], Über das Verhältniß der Juden zu den Christen in den deutschen Handelsstädten. In weltbürgerlicher Hinsicht vorgetragen, und allen Staatsmännern des gesammten Vaterlandes zur ernsthaften Prüfung dargelegt, Leipzig 1818.

[Jucho / Gering], Ansichten und Bemerkungen über die bürgerlichen Rechts-Verhältniße der Juden in der freyen Stadt Frankfurt am Main, Teutschland 1816.

[Weissen-Becker], Die Christen und die Juden oder: Richterspruch der Vernunft über das Leben, Dichten und Trachten der Juden vom Weissen-Becker. Mit Nachrichten vom Großen Sanhedrin welcher auf Befehl Napoleons in Parin 1806 gehalten wurde, Frankfurt am Main 1819.

Albanus, H. L., Kurzgefaßte Charakteristik der heutigen Israeliten und Ihrer Würdigung zur Freymaurerey. Ein Beitrag zur Geschichte des Tages, Leipzig 1818.

Alexander, K., Mittel, rabbanistische Juden zur Handarbeit zu bekehren, in: Sophronizon (1824), Bd. 6, H. 3, S. 127.

Anonymus, Religions-Bekenntniss für Israeliten in Fragen und Antworten zum Gebrauche derer, welche die Konfirmation verrichten, Wien 1813.

Anonymus, Rom, in: Augsburgische Ordinari Postzeitung (1.8.1814), Nr. 182, unpag.

Anonymus, Italien vom 18.7.1814, in: Berlinische Nachrichten von Staats- und gelehrten Sachen (11.8.1814), Nr. 96, S. 254–255.

Anonymus, Der Unterricht und die Bekehrung der Juden, eine Angelegenheit aller wahren Christen, London 1815.

Anonymus, Gedanken und Ansichten, die Israeliten betreffend (Bruchstücke aus einem größeren Aufsatze), in: Sulamith (1815), S. 392–411.

Anonymus, Lobschrift auf die Juden von ihrem Verehrer, Germanien 1815.

Anonymus, Ueber die Juden. Auf Veranlassung der Posse: Unser Verkehr, Königsberg 1815.

Anonymus, Was soll bei der heutigen Verfassung aus den Juden werden?, o. O. 1815.

Anonymus, Über die Juden in Deutschland, in: AAdD (11.5.1815), Nr. 125, Sp. 1305–1312.

Anonymus, Aufschlüsse über die Verhältnisse der Judenschaft zu und aus der freien Bundesstadt Frankfurt, in: Nemesis (1816), Bd. 8, S. 33–49.

Anonymus, Preußen, in: Allgemeine Zeitung (München) (1.6.1816), Nr. 153, S. 611–612.

Anonymus, Deutschland, in: Allgemeine Zeitung (München) (15.6.1816), Nr. 167, S. 666.

Anonymus, Deutschland, in: Allgemeine Zeitung (München) (26.6.1816), Nr. 178, S. 710–712.

Anonymus, Frankfurt, in: Baierische National-Zeitung (26.6.1816), Nr. 150, S. 605–607.

Anonymus, Vom Rhein, den 29. Nov., in: Augsburgische Ordinari Postzeitung (4.12.1816), Nr. 291, unpag.

Anonymus, Einige die Juden betreffende Fragen, in: AAdD (28.12.1816), Nr. 349, Sp. 3693–3694.

Anonymus, Beiträge, die Einführung der Konfirmation in den Israelitischen Gemeinden betreffend, in: Sulamith (1817), H. 2, S. 397–413.

Anonymus, Die Rechte des Christenthums und des deutschen Volkes, vertheidigt gegen die Ansprüche der Juden und ihrer Vertheidiger. Von F. Rühs (Rezension), in: Freimüthige Blätter für Deutschland in Beziehung auf Krieg, Politik und Staatswirthschaft (1817), Bd. 4, H. XIII–XVI., S. CCLXXIV–CCLXXVI.

Anonymus, Emilie oder Mornay oder die Juden wie sie waren, sind und seyn werden, Mannheim 1817.

Anonymus, Gutachten welches die Israelitische Gemeinde zu Frankfurt am Main, wegen ihres Anspruches auf das Bürgerrecht in dieser freien Stadt von der Kurhessischen Juristen-Facultät zu Marburg eingeholt und erhalten hat, [Marburg] 1817.

Anonymus, Neue Schul- und Synagogen-Einrichtung in Hamburg, in: Sulamith (1817), H. 2, S. 42–50.

Anonymus, Verteidigung beurkundete Rechte: Beurkundet Vertheidigung der Rechte der Buergerschaft zu Frankfurt am Main gegen die Ansprueche der Judengemeinde daselbst auf voellige buergerliche und politische Gleichstellung mit den Buergern dieser freien Stadt von Seiten der staendigen Buerger-Repraesentation, Frankfurt am Main 1817.

Anonymus, Über die bürgerliche Verbesserung der Juden, in: Oppositionsblatt (24.1.1817), Nr. 21–24, Sp. 161–163, 169–170, 177–179, 185–187.

Anonymus, Ueber die bürgerliche Verbesserung der Juden, in: Augsburgische Ordinari Postzeitung (29.1.1817), Nr. 29–32, unpag.

Anonymus, Der Character des Judenthums, in: AAdD (21.4.1817), Nr. 105–106, Sp. 1101–1108, 1117–1125.

Anonymus, Geist einer National-Erziehung und Unterricht für die deutsche Jugend beyderley Geschlechts, Deutschland 1818.

Anonymus, Geschichte der Bekehrung einiger Israeliten, o. O. 1818.

Anonymus, Regent und Volk. Oder: Welche constitution muss der preussische Staat haben?, Berlin 1818.

Anonymus, Bedenken bei dem 16ten Artikel der Bundesacte, die Juden betreffend, in: Oppositionsblatt (7.3.1818), Nr. 56, Sp. 439–441.

Anonymus, Ein Sohn Israels an seine Brüder, in: Oppositionsblatt (20.7.1818), Beilage zu Nr. 62, Sp. 488–493.

Anonymus, Coblenz, in: Rhein- und Mosel Zeitung (16.8.1818), Nr. 113, S. 451–452.

Anonymus, Jüdisches Volk. Über den Handel desselben, in: Oppositionsblatt (29.9.1818), Nr. 230, Sp. 1833–1834.

Anonymus, Aus Berlin, in: Zeitung für die elegante Welt (4.12.1818), Nr. 238, Sp. 1923.

Anonymus, Aus Hamburg, in: Zeitung für die elegante Welt (4.12.1818), Nr. 238, Sp. 1922–1923.

Anonymus, An die Christen von einem Juden, München 1819.

Anonymus, Bücher-Verbote, in: Allgemeines Repertorium der neuesten in- und ausländischen Literatur für 1819 (1819), Bd. 1, S. 62–63.

Anonymus, Das Judenthum in seinen Beziehungen zur Gegenwart, zu Staat und Menschheit. Angedeutet in einem Sendschreiben an einen Freund der Wahrheit, der Freiheit und des Rechts, Deutschland 1819.

Anonymus, Über Juden-Reformation, Bavaria 1819.

Anonymus, Ueber die Gebete der Israeliten in der Landessprache. Aus dem Quellen des Talmuds und der spätern Gesetzlehrer erörtert, o. O. 1819.

Anonymus, Dürfen Christen zum Judenthum übergehen?, in: Deutscher Beobachter (22.1.1819), Nr. 702, unpag.

Anonymus, Verhandlungen der Stände-Versammlung. In: Bairische Landtags-Zeitung (4.5.1819), Nr. 144, S. 611–614.

Anonymus, Schreiben eines Israeliten aus dem Rheinkreise an einen der geistlichen Abgeordneten dieses Kreises bey der Stände-Versammlung in München, in: Baierische Landtags-Zeitung (6.5.1819), Nr. 148, S. 629–630.

Anonymus, Vermischte Nachrichten, in: Deutscher Beobachter (13.8.1819), Nr. 760, unpag.

Anonymus, Frankfurt, den 11. August, in: Deutscher Beobachter (20.8.1819), Nr. 762, unpag.

Anonymus, Tagesneuigkeiten. Teutschland, in: Oppositionsblatt (5.9.1819), Nr. 209, Sp. 1667–1668.

Anonymus, Über die Auftritte gegen die Juden in Hamburg, in: Oppositionsblatt (10.9.1819), Beilage zu Nr. 88, Sp. 725–727.

Anonymus, Judenverfolgung, in: Oppositionsblatt (14.9.1819), Nr. 218–219, Sp. 1737–1739, 1745–1748.

Anonymus, Korrespondenz und Notizen. Aus Berlin, in: Zeitung für die elegante Welt (22.10.1819), Nr. 208, Sp. 1663.

Anonymus, Bücherverbote und Bestrafungen vom Pressmissbrauch, in: Allgemeines Repertorium der neuesten in- und ausländischen Literatur für 1820 (1820), Bd. 4, S. 367–368.

Anonymus, Fragmente, den Geist und die Wirkung der Mosaischen Anlehen-, Pfand- und Zinsen-Gesetze betreffend. Oder Versuch einer Nachweisung, daß die unvertilgbaren Ur- und Erbfehler der Israeliten ihren Grund in der Mosaischen Religion haben, in: Europäische Annalen (1820), Bd. 1–3, S. 364–384, 46–82, 90–128.

Anonymus, Höchstverordnete Konfirmation der Knaben Israelitischer Religion in Deßau, in: Sulamith (1820), H. 1, S. 399–403.

Anonymus, Nachrichten, die neuen Kultus-Einrichtungen der Israeliten in Deutschland betreffend, in: Sulamith (1820), H. 1, S. 225–232.
Anonymus, David Friedländer's Kampf gegen den Talmud und die Rabbiner, in: Allgemeine Zeitung (München) (28.2.1820), Nr. 59–60, S. 233–234, 237–238.
Anonymus, Miscellen (Handelsgesellschaften), in: Neue Speyerer Zeitung (15.4.1820), Nr. 46, unpag.
Anonymus, David Friedländer's Kampf gegen den Talmud und die Rabbiner, in: Beilage zur Allgemeinen Zeitung (20.4.; 22.4.1820), Nr. 59–60, S. 233–234, 237–238.
Anonymus, Teutsches Volksthum, in: Neue Nationalchronik der Teutschen (22.7.1820), Nr. 30, Sp. 461–472.
Anonymus, Miscellen (eingesandt), in: Neue Speyerer Zeitung (5.9.1820), Nr. 107, unpag.
Anonymus, Aufklärung der Juden, in: National-Zeitung der Deutschen (13.9.1820), St. 37, Sp. 675–676.
Anonymus, Israelitische Literatur, in: Allgemeines Repertorium der neuesten in- und ausländischen Literatur für 1821 (1821), Bd. 3, S. 596–598.
Anonymus, Schriften Israelit. Schriftsteller oder für Israeliten, in: Allgemeines Repertorium der neuesten in- und ausländischen Literatur für 1821 (1821), Bd. 3, S. 218–219.
Anonymus, Blik auf die Judenreform, in: Beilage zur Allgemeinen Zeitung (25.8.1821), Nr. 141, S. 561.
Anonymus, Rüge, in: AAdD (9.11.1821), Nr. 306, Sp. 3309–3312.
Anonymus, Die Griechen und die Juden. Ein geschichtlicher Beitrag zur Reformation der Juden in Europa und zur Beherzigung der jüdischen Genossenschaft, damit sie einsehen möge, daß Staat und Kirche nicht im Widerspruch sein dürfen, München 1822.
Anonymus, Entwurf von Statuten des Vereins für Kultur und Wissenschaft der Juden, Berlin 1822.
Anonymus, Ueber Juden und Judenbekehrung, in: Monatsschrift für Bibelverbreitung und Missionen (Juny 1822), H. 6, S. 164–169.
Anonymus, Korrespondenzen und Notizen aus Frankfurt a. M. im Feb., in: Zeitung für die elegante Welt (18.3.1822), Nr. 55, Sp. 439–440.
Anonymus, Landtags-Angelegenheiten, in: Der Staatsbürger (22.5.1822), Nr. 41, S. 161–164.
Anonymus, Bücherverbote, in: Allgemeines Repertorium der neuesten in- und ausländischen Literatur für 1823 (1823), Bd. 1, S. 75.
Anonymus, Censurangelegenheiten und Bücherverbote, in: Allgemeines Repertorium der neuesten in- und ausländischen Literatur für 1823 (1823), Bd. 2, S. 254–255.
Anonymus, Israelitische Culturanstalten, in: Allgemeines Repetorium der neuesten in- und ausländischen Literatur für 1823 (1823), Bd. 3, S. 592–593.
Anonymus, Landtags-Angelegenheiten, in: Der Staatsbürger (18.6.1823), Nr. 49, S. 195–196.
Anonymus, Preußen, in: Beilage zur Allgemeinen Zeitung (28.6.1823), Nr. 106, S. 422.
Anonymus, Deutschland, in: Bremer Zeitung (17.11.1823), Nr. 321, unpag.
Anonymus, Erster Bericht der Gesellschaft zur Beförderung des Christenthums unter den Juden, Feb. 1822–31. Dezember 1823, in: BGBCJ (1824), unpag.
Anonymus, Etwas über den Gottesdienst in der Muttersprache, in: Sulamith (1824), H. 2, S. 101–109.
Anonymus, Merkwürdige Mittheilungen, eine israelitische Kolonie in Rußland betreffend, in: Sulamith (1824), S. 225–231.
Anonymus, Berlin, den 25. Jan., in: Augsburgische Ordinari Postzeitung (9.2.1824), Nr. 34, unpag.
Anonymus, Preußen, in: Allgemeine Zeitung (München) (2.7.1824), Nr. 124, S. 497–499.
Anonymus, Italien, in: Beilage zur Allgemeinen Zeitung (1825), Nr. 339, S. 1354–1355.
Anonymus, Nachrichten Posen, in: Sulamith (1825), H. 1, S. 140.
Anonymus, Über die Verhältnisse der freyen Stadt Frankfurt zu den in ihrem Schooße leben-

den israelitischen Gemeinden, jetzt ihren israelitischen Bürgern, in: Neue allgemeine politische Annalen (1825), Bd. 16, H. 1, S. 92–107.

Anonymus, Zweiter Bericht der Gesellschaft zur Beförderung des Christenthums unter den Juden, Über das Jahr 1824, in: BGBCJ (1825), unpag.

Anonymus, Abschied für die Ständeversammlung des Königreichs Baiern, in: Beilage zur Allgemeinen Zeitung (14.9.1825), Nr. 257, S. 1025–1027.

Anonymus, Rom, in: Augsburgische Ordinari Postzeitung (31.10.1825), Nr. 260, unpag.

Anonymus, Dritter Bericht der Gesellschaft zur Beförderung des Christenthums unter den Juden, Über das Jahr 1825, in: BGBCJ (1826), unpag.

Anonymus, Verhältnisse der israelitischen Gemeinden zu den vier freien Städten, in: Archiv für Cameralrecht und Staatsverwaltung (1826), Bd. 1, H. 2, S. 178–188.

Anonymus, Versuch einer Beantwortung der Frage: Muss der Freimaurer nothwendig Bekenner des Christenthums seyn? Als Manuscript für Brüder, Nürnberg 1828.

Anonymus, Abrahams Nachkommen, in: EKZ (5.4.1828), Nr. 28, Sp. 217–222.

Anonymus, Tagesgeschichten, in: Tages-Blatt für München (2.6.1828), Nr. 181, S. 730.

Anonymus, Jahresbericht der Brittischen und auswärtigen Bibelgesellschaft, in: EKZ (5.11.; 8.11.1828), Nr. 89–90, Sp. 711–712, 719–720.

Anonymus, Warnungsgründe gegen staatsgesetzliches Bestätigen des Rabbinismus als eines von Jesus verworfenen, nur talmudischen Pharisäismus, mit welchem geheime, bürgerlich schädliche, staatsrechtlich unzulässige Jurisdictions-Anmaßungen sich verbinden, in: Sophronizon (1829), Bd. 11, H. 5, S. 93–117.

Anonymus, Die Missions-, Tractat- und Bibelgesellschaften in Berlin im Jahre 1829, in: EKZ (16.12.; 30.12.1829), Nr. 103–104, Sp. 817–821, 825–832.

Arndt, Ernst Moritz, Der Rhein. Teutschlands Strom, aber nicht Teutschlands Gränze, Leipzig 1813.

–, Lieder für Teutsche, Leipzig 1813.

–, Ansichten und Aussichten der teutschen Geschichte, o. O. 1814.

–, Blick aus der Zeit auf die Zeit, o. O. 1814.

Asch, Abraham, Der heilige Verein oder die wahre Vaterlandsliebe. Ein Wort zu seiner Zeit, Berlin 1813.

Ascher, Saul, Die Germanomanie. Skizze zu einem Zeitgemälde, Berlin 1815.

–, Die Wartburgs-Feier, Leipzig 1818.

Auerbach, Isaak Levin, Sind die Israeliten verpflichtet ihre Gebete durchaus in der hebräischen Sprache zu unterrichten? Aus d. Quellen d. Talmuds u. d. spätern Gesetzlehrer erörtert, Berlin 1818.

B., Bemerkungen über den Aufsatz des M. Fränkel zu Dresden in Nr. 280 und 281 die Juden betreffend, in: AAdD (18.1.1816), Nr. 17, Sp. 169–171.

B., E., Die Judenbekehrer und die Mystiker. Ein Wort für unsere Zeit, Siegen 1824.

Bayer, Felix, Schreiben aus Bayern an die Mitglieder der gegenwärtigen Ständeversammlung des Königreichs Württemberg, in: Freie Presse (8.3.1828), Nr. 20, S. 77–80.

Behr, Alexander, Lehrbuch der mosaischen Religion, München 1826.

Bendavid, Lazarus, Ueber den Glauben der Juden an einen künftigen Messias, in: Zeitschrift für die Wissenschaft des Judenthums (1823), H. 2, S. 197–230.

–, Ueber geschriebenes und mündliches Gesetz, in: Zeitschrift für die Wissenschaft des Judenthums (1823), H. 3, S. 472–500.

Bengel, E. G., Ueber das Alter der juedischen Proselytentaufe: eine historische Untersuchung, Tübingen 1814.

Birkenstein, Elias, Über die moralische Verbesserung der Juden nebst einer Entlarvung des Rabbinismus, o. O. 1822.

Böhme, B. H., Schule und Zeitgeist. Ein Beitrag zur Pädagogik für Gelehrtenschulen, Neustadt an der Oder 1824.

Bonafont, Carl P., Dina-Nathan oder Lieb' und Rache. Trauerspiel in fünf Aufzügen (Deutsche Schaubühne oder dramatische Bibliothek der neuesten Lust-, Schau-, Sing- und Trauerspiele, Bd. 32), Augsburg um 1816.

Börne, Ludwig, Der ewige Jude, Tübingen 1821.

Buchholz, Carl August, Actenstükke, die Verbesserung des bürgerlichen Zustandes des Israeliten betreffend, Stuttgart 1815.

–, Über die Aufnahme der jüdischen Glaubensgenossen zum Bürgerrecht, Leipzig 1816.

Bünau, v., Was ist anzufangen mit den Juden, in: AAdD (13.10.1821; 19.8.1822), Nr. 279, 224, Sp. 3005–3007, 2381–2385.

Burdach, C. G., Ueber die endliche Erhebung Germaniens oder wie kann die Hoffnung einer bessern Zeit für Deutschland in Erfüllung gehen?, Berlin 1814.

ch., Replik an Sincerus, zur Vertheidigung der Juden, in: AAdD (24.11.1828), Nr. 322, Sp. 3649–3656.

Cleve, H. B. H., Der Geist des Rabbinismus, oder mein Uebertritt vom Juden- zum Christenthume, Münster 1823.

Cocles, Horatius [Graf Benzel-Sternau, Karl Christian Ernst von], Anti-Israel. Eine Vorlesung in der geheimen Akademie zum grünen Esel als Antrittsrede gehalten, Aarau 1818.

Cohen, S. J., Historisch-kritische Darstellung des jüdischen Gottesdienstes, und dessen Modifikationen, von den ältesten Zeiten an bis auf unsere Tage, Leipzig 1819.

Corneliano, C. P. de, Geschichte des Ewigen Juden, von ihm selbst geschrieben, Gotha 1821.

Coudard, L., Gesellschaft zur Beförderung des Christenthums unter den Juden in Berlin, in: EKZ (16.4.; 19.4.1828), Nr. 31–32, Sp. 245–248, 253–256.

Croly, G. / Storch, L., Der ewige Jude. Eine historische Novelle der Vorzeit. Bd. 3, Stuttgart 1829.

Croly, G. / Kaiser, A., Salathiel, oder, Memoiren des ewigen Juden, Leipzig 1829.

D. F., Sendschreiben an Herrn Professor A. Wolfssohn zur Zeit in Fürth, in Beziehung der jüngsten Schriften gegen Juden, Nürnberg 1828.

Dalberg, E. C. F. v. u. z., Die Juden unter den Christen, o. O. 1828.

Diefenbach, J. G., Jüdischer Professor der Theologie auf christlicher Universität. Eine Aufgabe für christliche Staaten, Gießen 1821.

Diefenbach, J. G., Prüfung des heutigen aufgeklärten Judenthums, nach allgemeinen Principien, und der Menschheit zum Heile, Gießen 1823.

Dietrich, Ewald, An den Herausgeber der Zeitschrift Sulamith: (Die Israeliten in Polen betreffend), in: Sulamith (1817), H. 1, S. 290–293.

Dr. Johannsen, Von der Bekehrung der Kinder Israels zu Christo. Predigten und Reden vor und bei der Taufe einer erwachsenen Jüdin in der Kirche zu Glückstadt, Hammerich 1823.

Dresch, Leonhard von, Betrachtungen über die Ansprüche der Juden auf das Bürgerrecht insbesondere in der freien Stadt Frankfurt a. M., Tübingen 1816.

Ewald, Johann Ludwig, Ideen, über die nöthige Organisation der Israeliten in den christlichen Staaten, Karlsruhe 1816.

–, Der Geist des Christenthums und des ächten deutschen Volksthums, dargestellt gegen die Feinde der Israeliten, Carlsruhe 1817.

–, Beantwortung der Fragen: Was sollen die Juden jetzt und was sollte der Staat für sie thun? Mit einigen Bemerkungen über die merkwürdige Schrift des Hrn. Staats-Raths v. Sensburg, diesen Gegenstand betreffend, Stuttgart 1821.

F., Bürgerrecht der Juden, in: Hesperus (25.2.1828), Nr. 48, S. 191.

Fichte, Johann Gottlieb, Reden an die deutsche Nation, Jena 1828.

Fr. A., Über die Juden, in: AAdD (11.6.1822), Nr. 155, Sp. 1637–1640.

Franzius, Blick auf die Juden als Handels-Nation, in: Hesperus (27.12.1826), Nr. 309, S. 1235.

Friedländer, D., Ueber die Verbesserung der Israeliten im Konigreich Pohlen: Ein von der Regierung daselbst im Jahr 1816 abgefordertes Gutachten, Berlin 1819.

Friedländer, David, Beitrag zur Geschichte der Verfolgung der Juden im 19ten Jahrhundert durch Schriftsteller. Ein Sendschreiben an Frau Kammerherrin von Recke, Berlin 1820.

Friedrich Wilhelm, Allerhöchste Bestätigung der zu Berlin errichteten Gesellschaft zur Beförderung des Christenthums unter den Juden. Vom 9ten Februar 1822, in: Gesetz-Sammlung für die Königlichen Preußischen Staaten (1823), S. 117–121.

Friedrich Wilhelm, Die dem Landtage zur Berathung vorgelegten Gegenstände betreffend, in: Der Landtag des Großherzogthums Posen (1829), Bd. 1, S. 51–65.

Fries, Friedrich, Über die Gefährdung des Wohlstandes und Charakters der Deutschen durch die Juden, o. O. 1816.

Frohlich, Anton, Noch etwas über Judenthum und Juden, in: AAdD (14.–15.7; 17.7.1817), Nr. 184–185, 187–188, Sp. 2013–2024, 2029–2038, 2053–2063, 2069–2075.

Fürchtegott Leberecht Christlieb, Warum versagt ihr den Juden das Bürgerrecht?, in: Nemesis (1816), Bd. 8, S. 49–103.

Gädicke, J. C., Freimaurer-Lexicon, nach vieljähriger Erfahrungen und den besten Hülfsmitteln ausgearbeitet, Berlin 1818.

Gesprochen von einem Glaubensgenossen der Juden [Birkenstein, Elias], Eine gründliche Darstellung über das Erziehungswesen der Juden und ihren moralischen Standpunct, mit Rücksicht auf die hochverehrliche Großherzogl. Hessische Verordnung, Marburg 1827.

Golp, Jos. Ludolf, Ueber das Verhältnis der Juden zu den Christen in den deutschen Handelsstädten, Leipzig 1818.

Görres, Joseph, Die teutschen Zeitungen, in: Rheinischer Merkur (1814), Nr. 80–81, S. 111–114.

Göschel, Carl Friedrich, Ueber Göthe's Faust und dessen Fortsetzung. Nebst einem Anhange von dem ewigen Juden, Leipzig 1824.

Graser, J. B., Das Judenthum und seine Reform, als Vorbedingung der vollständigen Aufnahme der Nation in den Staatsverband, Bayreuth 1828.

Gronau, Wilhelm, Christian Wilhelm von Dohm nach seinem Wollen und Handeln. Ein biographischer Versuch, Lemgo 1824.

Hardenberg, Fürst v., Schreiben in betreff der Jüdischen Glaubensgenossen in Hamburg, Bremen und Lübeck an den Königl. Gesandten Gr. v. Grote. Jan. 1815, in: Jost, Isaak Markus (Hg.), Geschichte der Israeliten seit der Zeit der Maccabäer bis auf unsere Tage nach den Quellen bearbeitet. Teil 1, 9, Berlin 1820, S. 178–180.

Haza-Radlitz, A. von, Bemerkungen eines Protestanten in Preussen über die Tzschirnerischen Anfeindungen der römisch-katholischen Kirche, Offenbach 1824.

Hegel, Georg Wilhelm Friedrich, Grundlinien der Philosophie des Rechts oder Naturrecht und Staatswissenschaft im Grundriss, Berlin 1821.

Heine, Heinrich, Reisebilder, Hamburg 1826–1831.

Heinemann, Jeremias, Religions-Lehre der Israeliten in Fragen und Antworten, o. O. 1829.

Hellwitz, L. L., Die Organisation der Israeliten in Deutschland, Magdeburg 1819.

Henckel Donnersmarck, Leo Victor Felix Reichsgraf von, Darstellung der bürgerlichen Verhältnisse der Juden im preußischen Staate unmittelbar vor dem Edikt vom 11ten März 1812, o. O. 1814.

Heß, M., Über den im allgemeinen Anzeiger der Deutschen Nr. 125 befindlichen Aufsatz: Über die Juden in Deutschland, in: AAdD (3.7.1815), Nr. 172, Sp. 1801–1810.

Hess, Michael, Freimüthige Prüfung der Schrift des Herrn Prof. Rühs über die Ansprüche der Juden an das deutsche Bürgerrecht, o. O. 1816.

Holst, Ludolf, Judenthum in allen dessen Theilen aus einem Staatswissenschaftlichen Standpuncte betrachtet, Mainz 1821.

Hundt-Radowsky, Hartwig, Judenspiegel. Ein Schand- und Sittengemälde aller und neuer Zeit, Würzburg 1819.

–, Neuer Juden-Spiegel oder Apologie der Kinder Israels, Cannstadt 1828.

Israelitische Gemeinde zu Frankfurt am Main, An die Hohe Deutsche Bundes-Versammlung. Die bürgerlichen Rechte und Verfassungsverhältnisse derselben betreffend, Rödelheim 1816.

Johlson, J., Unterrricht in der Mosaischen Religion für die Israelitische Jugend beiderlei Geschlechts. Nebst einem Anhang von den Ceremonialgesetzen und Gebräuchen, Frankfurt am Main 1819.

Kacadeus, Der reiche Moyses in der Klemme oder Hep! Hep! in F...t. Ein Lust- und Thränenspiel in zwey Akten mit einem Epilog vom Zeitgeist, Hadamar 1819.

Kley, Israel, Die Israelitische Freyschule zu Hamburg, in: Sulamith (1820), H. 1, S. 202–210.

Kley, Eduard / Günsburg, Carl, Deutsche Synagoge oder Ordnung des Gottesdienstes für die Sabbath- und Festtage des ganzen Jahres zum Gebrauche der Gemeinden, die sich der deutschen Gebete bedienen, Berlin 1817.

Klingemann, August, Ahasver. Trauerspiel in fünf Acten, Braunschweig 1827.

Klüber, Johann Ludwig, Acten des Wiener Kongresses in den Jahren 1814 und 1815, Erlangen 1815–1835.

Kramer, H. V., Vollständiges Lehrbuch der Geographie, Bremen 1818.

Krämer, August, Die Juden und ihre gerechten Ansprüche an die christlichen Staaten, o. O. 1816.

Kromm, Johann Jacob, Moses und Jesus. Ein Wort für unsre Zeit, veranlaßt durch Alias Aarons Schloß ›Brief an seinen Freund Menzico, zur Beleuchtung des patriotischen Aufrufs eines treuen Israeliten an die Fürsten Deutschlands‹, Bündingen 1816.

Krug, Prof., Neueste Geschichte der Proselytenmacherei in Deutschland, nebst Vorschlägen gegen dieses Unwesen, in: Minerva (1827), Bd. 1, S. 193–252.

– Über das Verhältniß verschiedener Religionsparteien zum Staate und über die Emancipation der Juden, in: Minerva (1828a), Bd. 4, S. 161–200.

Krug, Wilhelm Traugott, Darstellung des Unwesens der Proselytenmacherei durch eine merkwürdige Bekehrungsgeschichte, Leipzig 1822.

Krug, Wilhelm Traugott (Hg.), An die Verehrer, Freunde und Schüler Jerusalem's, Spalding's, Teller's, Herder's und Löffler's von David Friedländer, Leipzig 1823.

–, Über das Verhältniß verschiedener Religionsparteien zum Staate und über die Emancipation der Juden, Leipzig 1828b.

Künneth, Philipp Theodor, Wie haben wir uns, als Christen in unsern Tagen, gegen die Juden zu verhalten? Eine Predigt während der kritischen Periode der neuesten Judenverfolgung in der Baireuther evangelischen Haupt- und Stadtpfarrkirche, am X. Sonntag nach Trinitatis 1819, Nürnberg 1819.

L. W., Nachtrag über die Judenverhältnisse, in: Oppositionsblatt (1.10.1819), Nr. 233–234, Sp. 1857–1859, 1865–1867.

Leinhard, Hausierhandel der Juden, in: AAdD (20.2.1823), Nr. 50, Sp. 543–545.

Leonhardt, C. G., Die gesegnete Ausbreitung des Christenthums unter Heyden, Mohammedanern und Juden in der neuesten Zeit. Zur Beförderung des Missionswerks in einer kurzen Übersicht, Dresden 1820.

Lips, Alexander, Über die künftige Stellung der Juden in den deutschen Bundesstaaten, o. O. 1819.

Maclawiczek, W. Wilhelm, Jesus, der Messias. Eine Schrift worin bewiesen wird: daß der verheißene Retter, Erlöser, Beglücker seines Volkes und der Menschheit wirklich schon angekommen sey, Prag 1813.

Marheineke, P., Ueber die Bekehrung der Juden und Christen: zwei Predigten in der Hof- und Dom-Kirche zu Berlin, o. O. 1820.

Märtens, Carl Andreas August, Jakobs Kriegsthaten und Hochzeit. Fastnachts-Posse in drei Akten; Auch als Fortsetzung von »Unser Verkehr«, Kanaan [Frankfurt] 1816.

mcr., Jüdische Literatur, in: JALZ (Dezemberg 1818), Nr. 219, Sp. 381–384.

Mendelssohn, M., Ritualgesetze der Juden: betreffend Erbschaften, Vormundschaften, Testamente und Ehesachen, in so weit sie das Mein und Dein angehen, Ofen u. Groß-Wardein 1819.

Mombert, Moritz, Das gesetzlich verordnete Kellerquellenbad der Israelitinnen, Mühlhausen 1828.

Moser, Rudolph, Die Juden und ihre Wünsche, Stuttgart 1828.

Oheb Ammo, Ueber den Rabbinismus in Deutschland, in: AAdD (4.12.1828), Nr. 332, Sp. 3769–3778.

Oser, Baruch (Hg.), Dibere Haberith [...] oder Briefe der ausgezeichnetsten Rabbiner und Rabbiner-Collegien der vorzüglichsten Israelitischen Gemeinden Deutschlands, Pohlen und Italien, über den in Hamburg von einigen Jndividuen der dasigen Jsraelitischen Gemeinde – gegen die Gesetze des Judenthums – errichteten »Neuen Tempel-Verein«. Aus dem Hebräischen treu ins Deutsche übersetzt, Altona 1819.

P. H. L., Versuch einer Berichtigung der Idee über die Verbesserung des bürgerlichen Zustandes der Israeliten, in: Nemesis (1816), Bd. 6, S. 511–533.

P.[aulus], Neue Versuche zur Civilisation (Mitverbürgerung) der Judenschaft im Nassauischen, Darmstädtischen, zu Hamburg etc., in: Sophronizon (1828), Bd. 10, H. 2–3, S. 91–124, 1–24.

Paalzow, Christian Ludwig, Helm und Schild, o. O. 1817.

Paulsen, Lorenz, Wie die Nation der Israeliten vor der Ankunft des Messias ein unabhängiges und blühendes Volk werden könne..., Altona 1818.

Paulus, Rede bei Einweihung der neuen Synagoge in Wiebaden, den 24. Feb. 1826, in: Heidelberger Jahrbücher der Literatus (1826), Nr. 58, S. 913–919.

Paulus, H. E. G., Friedländer über Verbesserung der Israeliten, in: HJL (1820), Nr. 3–4, S. 38–57.

Pfaff, Christoph Heinrich, Über das Verhältniß der christlichen Regierungen und Staaten gegen Juden, in dem gegenwärtigen Zeitpuncte. Mit besonderer Rücksicht auf 2 Abhandlungen des Herrn Etatsrathes von Schmidt-Phiseldek in Kopenhagen über diesen Gegenstand, in: Kieler Blätter (1819), Bd. 2, S. 122–165.

Pflaum, Ludwig, Abermals ein Bruderwort an die Guten meines Standes, in: Für Christenthum und Gottesgelahrtheit. Eine Oppositionsschrift (1818), Bd. 1, S. 305–311.

Philalethes [Simon, Friedrich Alexander], Beleuchtung der Stimme des Volcks über die Juden, Niedersachsen 1819.

Philopatros [Bergk, Johann Adam], Die Stimme des Volcks über die Juden, Niedersachsen 1819.

Qr., Den 6ten December im Opernhause, in: Dramaturgisches Wochenblatt in nächster Beziehung au die königlichen Schauspiele zu Berlin (23.12.1815), Nr. 25, S. 197–198.

R. Antitalmudist, Mosaismus, Talmudismus, in: AAdD (29.11.1828), Nr. 327, Sp. 3713–3717.

Rapp, Georg Aquilin, Versuch einer rechtlichen Prüfung der sogenannten Bürgerlichen Rechte und Verfassungsverhältnisse der Frankfurter Judengemeinde. Besonders in Beziehung auf die von derselben bei der Hohen Bundesversammlung überreichte Denkschrift, Frankfurt am Mayn 1817.

Reinhold, Friedrich Ludwig, Ueber die Bekehrung der Juden zum Christenthume, nebst einem Formulare zu einer Proselytentaufe. Ein Versuch, Prenzlau 1823.

Richter, Johann Andreas Lebrecht, Einige Worte über Nutzen und Schaden einer aufgeklärten Erziehung, in: Sulamith (1817), H. 1, S. 1432, 7580.

Riesser, Lazarus, Send-Schreiben an meine Glaubensgenossen in Hamburg, Altona 1819.

Rt., Ohne Titel, in: Dramaturgisches Wochenblatt in nächster Beziehung auf die königlichen Schauspiele zu Berlin (15.9.1815), Nr. 11, S. 83–84.

Rühs, Friedrich, Die Rechte des Christenthums und des deutschen Volkes. Vertheidigt gegen die Ansprüche der Juden und ihrer Verfechter, Berlin 1816.

–, Über die Ansprüche der Juden an das deutsche Bürgerrecht, Berlin 1816.

Sartorius, Georg, Über die Gefahren, welche Deutschland bedrohen, und die Mittel, ihnen mit Glück zu begegnen, Göttingen 1820.

Schmidt-Phiseldeck, Über das Verhältnis der jüdischen Nation zum christlichen Bürgervereine. 1. Abhandlung, Wiesbaden 1816.

Schneckenburger, Matthias, Ueber das Alter der jüdischen Proselyten-Taufe und deren Zu-

sammenhang mit dem johanneischen und christlichen Ritus. Nebst einer Beilage über die Irrlehrer zu Colossä, Berlin 1828.
Schütz, F.W. von, Freie Bekenntnisse eines Veteranen der Maurerei und anderer geheimen Gesellschaften: zur Beherzigung für die Eingeweihten und zur interessanten Belehrung für Nichtmaurer, Leipzig 1824.
Schütz, Fr. K. Jul., Ueber die Posse: ›Unser Verkehr‹ und ihren Verfasser, in: Zeitung für die elegante Welt (4.11.; 6.11.1815), Nr. 218–219, Sp. 1737–1740, 1745–1749.
Sensburg, Ernst Philipp Frhr. v., Welche Hindernisse stehen der bürgerlichen Verbesserung der Juden in den deutschen Bundesstaaten entgegen, o. O. 1821.
Sessa, Karl Borromäus Alexander, Unser Verkehr. Eine Posse in einem Akte, o. O. 1815.
Simeon, S., Die Bekehrung der Juden oder unsere Pflicht, und die Aufmunterung dazu, dieselbe zu befördern. Zwei Predigten gehalten vor der Universität zu Cambridge am 18. und am 25. Februar 1821. Aus dem Englischen auf Kosten der englischen Gesellschaft zur Förderung des Christenthums unter den Juden, Berlin 1821.
Simonssohn, Naumann, Juda oder freimüthige Äußerungen über Religion und Bürgerglück, Berlin 1817.
Solbrig, Carl Friedrich, Die Judenschaft in der Klemme Seitenstück zu: Unser Verkehr Und Die Dorfschule. Zwei dramatische Possen, Halberstadt 1819.
Stark, Wilhelm, Das Wesen des Judenthums, in: Nemesis (1816), Bd. 8, S. 5–33.
Steinmann, Heinrich, An die Jünglinge der jüdischen Nation in der Gefahr des Vaterlandes, Breslau 1813.
Stern, H., Die Konfirmation der Israeliten: nebst Prüfung und Glaubensbekenntniss der Konfirmanden. Oder Das Judenthum in seiner Grundlage. Zunächst für öffentliche und Privaterzieher, Konfirmanden und Familien, dann für jeden, der sich belehren, und in Verbindung mit noch einigen folgenden Schriften eine reine Ansicht vom Judentum gewinnen will, Würzburg 1829.
Von den jüdischen Glaubens-Genossen zu München, Beleuchtung der Petition welche (angeblich) der bürgerliche Handelsstand der königl. Haupt- und Residenz-Stadt München, in Betreff des Verfalls des Handels, und der Abstellung der denselben untergrabenden Mißbräuche … an die Ständeversammlung … übergeben hat, München 1819.
Von einem ehemaligen Reichsbürger, Vom deutschen Nationalsinn, Leipzig 1816.
Von einem Laien, Die Juden und ihr Schachergeist, in: Zeitblatt für Litteratur und Politik (August 1819), St. 9, Sp. 65–70.
Von einem Laien, Ueber das Verhältniß der Juden zu den Christen in den Deutschen Handelsstädten, in: Zeitblatt für Literatur und Politik (November 1819), St. 40, Sp. 319–320.
Von einem Weltbürger [Birkenstein, Elias], Freimüthige Gedanken über den Geist des Judenthums, oder der Talmud in seiner Blöse als Quelle der gröbsten Mißbräuche, Germanien 1818.
Voß, Julius v., Jüdische Romantik und Wahrheit von einem getauften Israeliten, Berlin 1817.
–, Die Hep Heps in Franken und anderen Orten, Teutonien [Berlin] 1819.
W. F., Die Juden betreffend, in: AAdD (29.6.1816), Nr. 171, Sp. 1781–1784.
Wachler, L., Vorlesungen über die Geschichte der teutschen Nationalliteratur. Bd. 1, Frankfurt am Main 1818.
W-ch, Noch einige Worte über die Frage: ob in christlichen Staaten den Juden das Bürgerrecht zu ertheilen sey, in: AAdD (4.9.1818), Nr. 240, Sp. 2573–2577.
Weil, J., Ideen über moralische Erziehung und Moralunterricht, in: Sulamith (1817), Bd. 1, H. 2, S. 157–172.
Wolf, J. / Salomon, Gotthold, Der Charakter des Judenthums nebst einer Beleuchtung der unlängst gegen die Juden von Prof. Rühs und Fries erschienenen Schriften, Leipzig 1817.
Wolff, S. J., Wieder Juden: Sendschreiben an Herrn Julius v. Voss. Veranlasst durch die, von ihm mir gewidmete Schrift die Hep Heps, zur Vertheidigung der Christen, Berlin 1819.

Zunz, Grundlinien zu einer künftigen Statistik der Juden, in: Zeitschrift für die Wissenschaft des Judenthums (1823), Bd. 1, H. 3, S. 523–532.
Zūṭrā, Abrāhām, Des Sutro Widerlegung der Schrift des Herrn H. B. H. Cleve: »Geist des Rabbinismus oder mein Uebertritt vom Juden- zum Christenthume«; aus d. Heil. Schrift u. dem Talmud, Münster 1824.
φ., Jurisprudenz, in: JALZ (Dezember 1818), Nr. 212, Sp. 321–327.

2.4 1830–1839

[Jacoby, Joel], Klage eines Juden, Mannheim 1837.
[Korn, Friedrich], Der staatspapierene Mil[s]chjude, oder Leben und Treiben der Vornehmen in Israel. Ein Zeitbild, Meissen 1836.
[Lessing, Michael Benedikt], Die Juden und die öffentliche Meinung im preußischen Staate, o. O. 1833.
[Liesching, Samuel Gottlieb], Die Jeune Allemagne in Deutschland, Stuttgart 1836.
[Riesser, Gabriel], Ein Wort über die Angelegenheiten der Juden in Sachsen und noch ein Wort über Reformen als Bedingung der Emancipation, in: Der Jude (22.1.; 29.1.1833), Nr. 24–25, S. 186–196.
[Streckfuß, Karl], Preußen, in: AAZ (15.2.1833), Nr. 61–63, Sp. 243–244, 246–247, 252.
–, Über das Verhältniß der Juden zu den christlichen Staaten, in: AAZ (3.5.1833), Nr. 164–166, Sp. 653–654, 657–658, 661–662.
[Weil, Jacob], Sendschreiben an Herrn Dr. Gabriel Riesser in Hamburg, o. O. 1832.
A. M. [Kölle, Friedrich von], Beiträge zur Lösung der jüdischen Frage, in: Deutsche Vierteljahresschrift (1838), S. 248–263.
Adler, L., Bitten und Versprechungen des Herausgebers an die lieben Leser und Leserinnen, in: Die Synagoge: Eine jüdisch-religiöse Zeitung (1837), Bd. 1, H. 1, S. 3–7.
Andree, Karl / Chodźko / Malte-Brun, Conrad, Polen. In geographischer, geschichtlicher und culturhistorischer Hinsicht; Mit einer Charte, Leipzig 1831.
Anonymus, Landes- und Ortskunde, in: AAdD (7.1.1830), Nr. 6, Sp. 67–68.
Anonymus, Beispiel von Mißhandlung der Frauen und Jungfrauen unter der Judenschaft durch die nach den Grillen der Rabbinen eingerichteten Reinigungsbäder, in: Sophronizon (1831), Bd. 13, H. 5, S. 1–7.
Anonymus, Einige Gedanken über die Reformation des Judenthums, Altona 1831.
Anonymus, Erwiederung auf die von Herrn Dr. Riesser erschienenen Schriften in Betreff der bürgerlichen Gleichstellung der Juden von einem Hamburger, München 1831.
Anonymus, Was steht in Deutschland dem Prinzip der Gewissensfreiheit und der Emanzipation noch entgegen, Hanau 1831.
Anonymus, Die Israeliten der Provinz Oberhessen an die in Cassel versammelten Landesstände, in: AAdD (18.1.1831), Nr. 18, Sp. 243–245.
Anonymus, Romane, in: Literaturblatt des MfgS (16.5.1831), Nr. 51, S. 201–204.
Anonymus, Bruchstücke zur Geschichte der Juden überhaupt, insbesondere über die Geschichte und Verfassung der Juden in den Herzogthümern Schleswig und Holstein, in: Staatsbürgerliches Magazin (1832), Bd. 1, H. 3–4, S. 760–827.
Anonymus, Der jetzige Zustand Polens, in: Polnische Miscelen (1832), H. 1, S. 140–175.
Anonymus, Polens gegenwärtiger Zustand, in: Politisches Journal nebst Anzeigen von gelehrten und andern Sachen (1832), Bd. 2, St. 9–10, S. 827–836, 916–928.
Anonymus, Die Mission unter den Juden, in: EKZ (30.5.1832), Nr. 43, Sp. 340–343.
Anonymus, Ueber das Verhältniß der Christen zur Kirche und der Kirche zum Staate, in: EKZ (27.6.1832), Nr. 51, Sp. 404–408.

Anonymus, Sollen die Juden Antheil nehmen an den gegenwärtigen Bewegungen in Teutschland, in: Bayrisches Volksblatt (12.7.1832), Nr. 5, Sp. 45–46.
Anonymus, In Sachen der Juden, in: Hesperus (16.8.1832), Nr. 196–197, S. 782, 785.
Anonymus, Ohne Titel, in: Münchner Tagsblatt (21.8.1832), Nr. 232–233, S. 937–939, 942–943.
Anonymus, Die staatsbürgerliche Gleichheit, in: Berliner Politisches Wochenblatt (25.8.1832), Nr. 34, S. 215–218.
Anonymus, Hiesiges: Ueber Juden-Emanzipation, in: Münchner Tagsblatt (27.8.1832), Nr. 238, S. 961–962.
Anonymus, Auswärtiges, in: Der Bayerische Volksfreund (30.8.1832), Nr. 35, Sp. 284–285.
Anonymus, Erwiderung, in: Der Bayerische Volksfreund (24.9.1832), Nr. 49, Sp. 398–400.
Anonymus, Rechtfertigung der jüdischen Religion und des jüdischen Charakters, in: LLZ (November 1832), Nr. 271, Sp. 2166–2167.
Anonymus, Allgemeines Verzeichnis derer Bücher, welche in der Frankfurter und Leipziger Oster- und Michaelmesse entweder ganz neu gedruckt oder sonst verbessert wieder aufgelegt worden sind, Leipzig 1833.
Anonymus, Verhandlungen der Stände-Versammlung des Großherzogthums Baden; Enthaltend die Protokolle der (beiden Kammern) mit deren Beilagen. H. 9, Karlsruhe 1833.
Anonymus, Private Mittheilung, in: Leipziger Zeitung (4.2.1833), Nr. 30, unpag.
Anonymus, Preußen, in: Außerordentliche Beilage zur AAZ (15.2.1833), Nr. 61, S. 243–244.
Anonymus, Berlin, in: Frankfurter Journal (18.2.1833), Nr. 49, unpag.
Anonymus, Ueber die Emancipation der Juden, in: Beilage zum hessischen Volksblatt (18.2.1833), Nr. 5, unpag.
Anonymus, Preußen, in: FOPAZ (18.2.; 21.2.1833), Nr. 42, 52–54, unpag.
Anonymus, Berlin, in: AAZ (24.2.1833), Nr. 55, Sp. 219–220.
Anonymus, Großherzogthum Hessen, in: FOPAZ (3.3.1833), Nr. 62, unpag.
Anonymus, Über das in diesen Blättern enthaltene Projekt einer preußischen Judenordnung, in: FOPAZ (3.3.1833), Nr. 62, unpag.
Anonymus, Berlin, den 25. Febr., in: Allgemeine Zeitung (München) (8.3.1833), Nr. 67, S. 267.
Anonymus, Noch ein Wort über Juden- und ander Ordnungen, in: Didaskalia (9.3.1833), Nr. 68, unpag.
Anonymus, Preußen, in: AAZ (8.3.; 18.3.1833), Nr. 67, 77, Sp. 266–267, 308.
Anonymus, Preußen, in: Beilage zur Allgemeinen Zeitung (18.3.1833), Nr. 77, S. 308.
Anonymus, Über Staatsreligion, in: Berliner Politisches Wochenblatt (25.5.1833), Nr. 21, S. 126–128.
Anonymus, Der Sabbath der Juden und der Sonntag der Christen, in: EKZ (9.10.; 12.10.; 16.10.; 19.10.; 16.11.; 23.11.; 18.12.; 21.12.1833), Nr. 81–84, 92, 94, 101–102, Sp. 641–652, 657–672, 729–736, 745–747, 801–807, 809–814.
Anonymus, Aus einem Schreiben aus Schwerin, im Großherzogthum Posen, an den Herausgeber dieser Zeitschrift, in: Sulamith (1834), H. 1, S. 122.
Anonymus, Der Jude. Gezeichnet und Gestochen von einem Juden, Marburg 1834.
Anonymus, Einige Blicke auf die heutige israelitische Kultur und Literatur, in: IPSM (1834), Bd. 1, H. 9, S. 279–289.
Anonymus, Juden in Rußland, in: Sulamith (1834; 1843), S. 409.
Anonymus, Über den moralischen Werth der israelitischen Geschichte für Israel. Eine Vorlesung, in: IPSM (1834), Bd. 1, H. 8, S. 242–254.
Anonymus, Über die Emancipation der Juden, ein freimüthiger Vortrag zunächst an die Gebildetsten unter den Israeliten, dann an alle gebildeten Deutschen, von einem unparteiischen Israeliten, Jena 1834.
Anonymus, Emancipation der Juden, in: Vaterland (18.3.1834), Nr. 22, S. 85–86.
Anonymus, Zwey Fragen die Juden betreffend, in: AAdD (6.9.1834), Nr. 242, Sp. 2917–2921.
Anonymus, Vorwort des Redakteurs, in: Füllhorn (1.1.1835), Nr. 1, Sp. 3–4.

Anonymus, Zwölfter Bericht der Gesellschaft zur Beförderung des Christenthums unter den Juden, Über das Jahr 1834, in: BGBCJ (1835), unpag.

Anonymus, Über die Emancipation der Juden, in: AAdD (1.3.1835), Nr. 59, Sp. 773–777.

Anonymus, Resultate der Organisation des Judenwesens in der Provinz Posen, in: KZPS (31.3.1835), Nr. 5, S. 77–78.

Anonymus, Schlechte Literatur, in: Berliner Politisches Wochenblatt (21.11.1835), Nr. 47, S. 278–279.

Anonymus, Beiträge zu den Rechten der jüdischen Glaubensgenossen über Gegenstände, welche bei der Emancipation derselben oder bei Verbesserung ihrer politischen Bedürfnisse besonders zu berücksichtigen sind, Nürnberg 1836.

Anonymus, Dreizehnter Bericht der Gesellschaft zur Beförderung des Christenthums unter den Juden, Über das Jahr 1835, in: BGBCJ (1836), unpag.

Anonymus, Für die Juden von einem Juden: Beantwortung der Schrift vom W. Tell: Die Juden dürfen und können in christlichen Staaten keine bürgerliche Gleichstellung erlangen, Leipzig 1836.

Anonymus, Betreffend die Verstattung der im Großherzogthume Posen naturalisirten Juden zur Niederlassung in den andern Provinzen der Monarchie, in: KZPS (14.5.1836), Nr. 20, S. 309–310.

Anonymus, Etwas in Beziehung auf die Emancipation der Israeliten. Aus Süddeutschland, in: Berliner Politisches Wochenblatt (10.9.1836), Nr. 37, S. 223–224.

Anonymus, Das Glaubens-Bekenntniß Friedrich Wilhelms III., des Königs von Preußen, abgelegt von ihm als Kronprinz den 4. Juli 1787. Zur fünfzigjährigen Jubelfeier dieses wichtigen Ereignisses am 4. Juli 1837. Herausgegeben von einem Freund des Vaterlandes, Nürnberg 1837.

Anonymus, Die Judenheit und das Judenthum. Bedenken eines Laien, in: WZjT (1837), Bd. 3, H. 2, S. 161–171.

Anonymus, Nachrichten. Preußen, in: WZjT (1837), Bd. 3, H. 1, S. 155–160.

Anonymus, Über Emancipation der Israeliten. Worte der Wahrheit, Aufklärung und Liebe zu allen Bekennern der Christusreligion und des mosaischen Gesetzes gesprochen von einem Unpartheiischen, Leipzig 1837.

Anonymus, Übersiedlung der Juden aus dem Großherzogthum Posen, in: KZPS (27.5.1837), Nr. 22, S. 514–515.

Anonymus, Über die Emancipation der Juden, nach der evangelischen Kirchenzeitung (Nr. 42 und 43), in: AZJ (30.6.1837), Nr. 25, S. 98–99.

Anonymus, Schriften über die Juden, in: Literaturblatt des MfgL (15.9.; 18.9.; 20.9.; 22.9.; 25.9.1837), Nr. 93–97, S. 369–371, 373–389.

Anonymus, Bemerkungen über die Emancipation der Juden im Königreich Dänemark, in: Neues Staatsbürgerliches Magazin (1838), H. 1, S. 113–155.

Anonymus, Die jüdische Frage, in: Historisch-Politische Blätter für das katholische Deutschland (1838), Bd. 2, H. 7, S. 377–397.

Anonymus, Großherzogthum Posen. Juden. Naturalisation der Juden. Darlehn, in: Simon, August Heinrich / Strampff, Heinrich Leopold von (Hg.), Entscheidungen des Königlichen Geheimen Ober-Tribunals. Bd. 3, Berlin 1838, S. 337–341.

Anonymus, Ueber die öffentlichen Zustände im Großherzigthum Posen. Lage der Bauern nach altpolnischem Staatsrecht. Reformen durch preußische Gesetgebung. Verhältnisse der Juden. Anfang der Emancipation, in: Beilage zur AAZ (24.7.1838), Nr. 390–391, S. 1557–1558.

Anonymus, Art.: Juden, in: Espe, Karl August (Hg.), Conversations-Lexikon der Gegenwart. In vier Bänden. Bd. 2, Leipzig 1839, Sp. 1155–1178.

Anonymus, Die Mission der Christen unter den Juden, in: Allgemeines Repertorium für die theologische Literatur und kirchliche Statistik (1839), S. 82–88, 274–279.

Anonymus, Sechzehnter Bericht der Gesellschaft zur Beförderung des Christenthums unter den Juden. Über das Jahr 1838, in: BGBCJ (1839), unpag.

Anonymus, Das neue Jahrhundert, in: AZJ (17.8.; 7.9.; 21.9.1839), Nr. 85, 88, 90, S. 405–407, 450–451, 477–478.

Anonymus [Buchholz, Fr.], Was verhindert die Juden an der Erwerbung politischer Rechte?, Berlin 1833.

Auerbach, Berthold, Das Judenthum und die neuste Literatur, o. O. 1836.

Auerbach, Isaac Lewin, Die Aufnahme Israels in die große Gemeinschaft der Nation, Leipzig 1833.

B---, Sind die Juden zur Staatsbürgerwürde fähig? Auszug aus dem Briefe einer Freundin J. M., in: Hesperus (16.7.; 28.7.1830), Nr. 177, 179–180, S. 707–708, 715–716, 718–719.

Bauer, Bruno, Herr Dr. Hengstenberg, o. O. 1839.

Beauchè, Theodor, Untersuchung in wie weit ohne Gefahr für das Ganze ein besserer Zustand der deutschen Israeliten herbeizuführen möglich sey. Zunächst für die, so im Königreich Hannover wohnen, Hannover 1831.

Buchholz, Friedrich, Was verhindert die Juden an der Erwerbung politischer Rechte?, in: Neue Monatsschrift für Deutschland (1833), Bd. 40, S. 334–356.

–, Aufschlüsse und Vorschläge zur Besänftigung des Streits, in: Neue Monatsschrift für Deutschland (1834), Bd. 43, S. 198–224.

Careé, W., Befugnisse des Volks-Repräsentanten und die Gleichstellung der Juden. Eine freundschaftliche Unterhaltung, Hamburg 1833.

Christianus [Grimmer, Karl Friedrich], Was ist von der Emancipation der Juden zu halten? Kritische Beleuchtung der vom Professor Krug für die Emancipation der Juden vorgeschlagenen Mittel, Leipzig 1833.

Cohen, Moritz, Über die Lage der Juden nach gemeinem deutschen Rechte, mit besonderer Berücksichtigung des Königreichs Hannover, Hannover 1832.

Creizenach, Michael (Hg.), Vorläufige Bemerkungen zu der von Dr. H. E. G. Paulus erschienenen Schrift unter dem Titel: Die jüdische Nationalabsonderung nach Ursprung, Folgen und Verbesserungsmitteln, Frankfurt am Main 1831.

Cruiger [Hagen, Friedrich Heinrich von der], Neueste Wanderungen, Umtriebe und Abenteuer des Ewigen Juden unten den Namen Börne, Heine, Saphir u. a., Friedrich Wilhelmstadt 1832.

Der Polenverein, Aufruf an die Rheinbaiern, zur Unterstützung der Polen, in: Tribüne (1.2.1832), Nr. 28, Sp. 221–222.

Dezius, Hugo [Lemann, Carl Johann Christian], Über die bürgerlichen Verhältnisse des Juden im Großherzogthume Posen, o. O. 1830.

Die Redaktion, Die Tendenz dieser Zeitschrift, in: Füllhorn (1.1.1836), Nr. 1, Sp. 1–2.

Disraeli, Isaac, Geist des Judenthums, Stuttgart 1836.

Dr. Gründler, Beantwortung einiger Fragen, welche das jüdische Recht betreffen, in: Archiv der Kirchenrechtswissenschaft (1832), Bd. 3, S. 28–56.

Dr. Jacoby, Ueber die bürgerliche Stellung der Juden, mit besonderer Rücksicht auf die Zeitschrift; der Jude, von Dr. Riesser, in: LLZ (27.10.1832), Nr. 264, Sp. 2105–2111.

Dr. Reis, Einige Gedanken über die Emancipation der Juden, in: Hesperus (10.9.1830), Nr. 217, S. 866–868.

Dr. Steinheim, Was knüpft den Juden an sein Volk und seinen Glauben, in: AZJ (17.1.; 22.1.; 29.1.; 7.2.1839), Nr. 8, 10, 13, 17, S. 30–32, 37–39, 50–52, 66–68.

Feldmann, Chr., Mein Schlusswort über Juden, in: AAdD (30.5.1831), Nr. 143, Sp. 1965–1970.

Frankel, Zacharias, Aufruf an alle Israeliten Deutschlands: betreffs Erbauung einer allgemeinen Synagoge zu Leipzig, Leipzig 1838.

Frey, Theodor [Cunow, M.]., Die Juden in Bezug auf das ihnen zu ertheilende oder vorzuenthaltende Bürgerrecht, Leipzig 1831.

Freystadt, Moritz, Das Recht der Juden gegen das Unrecht des Prof. Buchholz, o. O. 1834.

Geiger, Der Kampf der christlichen Theologen gegen die bürgerliche Gleichstellung der Juden, namentlich mit Bezug auf Anton Theodor Hartmann, in: Zeitschrift für jüdische Theologie (1835/36), Bd. 2, H. 1, 3, S. 52–67, 340–357, 78–92, 446–473.

H., Über die gegenseitigen Verhältnisse der Christen und der Israeliten, in: Hesperus (2.7.1832), Nr. 157–158, S. 625–626, 630–632.

Haas, Robert, Über das Staatsbürgerrecht der Juden, o. O. 1837.

Hartmann, Anton Theodor, Darf eine völlige Gleichstellung in staatsbürgerlichen Rechten sämmtlichen Juden schon jetzt bewilligt werden?, in: Archiv für die neueste Gesetzgebung aller deutschen Staaten (1834), Bd. 5, H. 1–2, Bd. 6, H. 1, S. 206–240, 1–42, 170–255.

Hausmeister, J. A., Winke und Mittheilungen über das evangelische Missionswerk unter dem Volke Israel, Straßburg 1834.

Hendewerk, Dr., Über die Emancipation der Juden im Allgemeinen und über Dr. Freystadt und seine Schrift im Besonderen, in: PPBl (1834), Bd. 2, S. 126–143.

Heß, M., Epistel der Hebräer an Dr. Paulus in Heidelberg, in: Creizenach, Michael (Hg.), Vorläufige Bemerkungen zu der von Dr. H. E. G. Paulus erschienenen Schrift unter dem Titel: Die jüdische Nationalabsonderung nach Ursprung, Folgen und Verbesserungsmitteln, Frankfurt am Main 1831, S. 3–18.

Hirsch, Samson Raphael, Versuche über Jissroel und über Jissroels Pflichten in der Zerstreuung. Zunächst für Jissroels denkende Jünglinge und Jungfrauen, Altona 1837.

Hirsch, Samuel, Friede, Freiheit und Einheit, Leipzig 1839.

Holdheim, Samuel, Einiges zur Geschichte der Dogmatik der jüdischen Religionslehre. Zur Promotion Leipzig vorgelegt, Leipzig 1838.

Hundt-Radowsky, Hartwig, Der Christenspiegel oder Betrachtungen über unmittelbare Offenbarung. Über Jesus Lehre und Christenthum, Stuttgart 1830.

–, Die Juden, wie sie waren, wie sie sind und wie sie sein werden. Eine vollständige Charakteristik derselben oder Catalog aller der Sitten und Gebräuche, Neigungen, Gewohnheiten, Schwächen, Leidenschaften und Maximen wie sie bei ihnen in allen Orten gangbar sind. Für Juden und Nichtjuden, Reutlingen 1830.

–, Polen in seiner Erhebung, Stuttgart 1831.

–, Polen und seine Revolution, Stuttgart 1831.

J. P., Die Juden betreffend, in: AAdD (25.9.1834), Nr. 261, Sp. 3154–3155.

Jacoby, J., Harfe und Lyra. Seitenstücke zu den Klagen eines Juden, Berlin 1837.

Jacoby, Joel, Bilder und Zustände aus Berlin. 2 Bände, Altenburg 1833.

Jacoby, Johann, Über das Verhältniß des Königlich-Preußischen Ober-Regierungsraths Herrn Streckfuß zur Emancipation der Juden, Hamburg 1833.

–, Über die bürgerliche Stellung der Juden in Preußen, in: PPBl (1833), Bd. 10, S. 255–265.

Jahn, Friedrich Ludwig, Merke zum Deutschen Volksthum, Hildburghausen 1833.

Jost, Isaak Markus, Offenes Sendschreiben an Herrn Geh. Ober-Regierungs-Rath K. Streckfuss zur Verständigung über einige Punkte in den Verhältnissen der Juden, Berlin 1833.

–, Sendschreiben an meine Glaubensbrüder in Deutschland, in: Gemeinnütziger Volkskalender für Israeliten (1834), S. 1–16.

K...g, Über die Verbesserung der Juden. Zu Nr. 44 d. Bl., in: AAdD (24.4.1831), Nr. 110, Sp. 1529–1535.

Klüber, J. G., Interessante Rechtsverhältnisse zwischen Christen und Juden als Religionsparteien betrachtet, Dinkelsbühl 1834.

Klüber, J. G., Die Ehe zwischen Juden und Christen, in: Vaterland (10.2.1835), Nr. 12, S. 45–46.

Klüber, J. G., Historisch-staatsrechtliche Lösungen der beiden europäischen Lebensfragen: Über die natürlichsten Mittel der Juden-Emancipation, zur bleibenden Zufriedenheit von Christen und Juden, dann über die ohne Gewissenszwang von selbst erfolgte Abwürdigung des Talmud, Erlangen 1838.

Klüber, J. G., Ueber die natürlichsten Mittel der Juden-Emancipation, in: Die Synagoge: Eine jüdisch-religiöse Zeitung (1839), Bd. 2, S. 170–177.

Koch, Christian Friedrich, Die Juden im preußischen Staate. Eine geschichtliche Darstellung der politischen, bürgerlichen und privatrechtlichen Verhältnisse der Juden in Preußen, nach den verschiedenen Landesteilen, Marienwerder 1833.

Köllner, Rezension: Lehrbuch bei Judenbekehrung [...] von Adolph Moritz Schulze, in: Göttingische gelehrte Anzeigen (12.4.1838), St. 58–59, S. 569–580.

Königliches Consistorium zu Schlesien, Die Wirksamkeit der Missionarien zur Beförderung des Christenthums unter den Juden betreffend, in: Amts-Blatt der königlichen Oppelnschen Regierung (2.7.1833), Nr. 27, S. 142.

Krug, Wilhelm Traugott, Die Politik der Juden und die Politik der Christen in mehr als tausendjährigem Kampfe. Ein Nachtrag zum Porträt von Europa, Leipzig 1832.

–, Henotikon oder Entwurf eines neuen Religionsgesetzes für christliche Staaten nebst einer Petition an die königlich-sächsische Ständeversammlung, Leipzig 1836.

–, Über Gewissens- und Glaubensfreiheit, o. O. 1839.

Lischka, L., Recht, Glaube und Wahrheit oder auch ein Wort für die Emancipation der Juden, Frankfurt am Main 1834.

Löffler, F. A., Ueber die Gesetzgebung der Presse: ein Versuch zur Lösung ihrer Aufgabe auf wissenschaftlichem Wege. Erster Theil, Leipzig 1837.

Menzel, Wolfgang, Unmoralische Literatur, in: Literaturblatt des MfgS (23.10.; 26.10.1835), Nr. 109–110, S. 435–440.

Meyer, Eduard, Gegen Ludwig Börne. Den Wahrheit-, Recht- und Ehrvergeßnen Briefsteller aus Paris, Altona 1831.

N-, Polen und die Maccabäer. Historische Parallele, in: Das konstitutionelle Deutschland (5.7.1831), Nr. 34, unpag.

Nellessen, L. A., Die Taufe einer Juden-Familie am Vorabend des heiligen Pfingstfestes 1831 in der Hauptkirche zum heil. Nicolaus in Aachen, Aachen 1831.

Neudecker, Christian Gotthold, Allgemeines Lexicon der Religions- u. christlichen Kirchengeschichte für alle Confessionen. Enthaltend die Lehren, Sitten, Gebräuche und Einrichtungen der heidnischen, jüdischen, christlichen und muhamedanischen Religion, Weimar 1837.

P.[aulus], Beantwortung der Frage: Was sind Rabbiner? Oder Offenbarung auch eines Geheimnisses der Bosheit, in: Sophronizon (1830), Bd. 6, S. 82–117.

Paulus, H. E. G., Die jüdische Nationalabsonderung, nach Ursprung, Folgen und Besserungsmitteln, oder über Pflichten, Rechte und Verordnungen zur Verbesserung der jüdischen Schutzbürgerschaft in Teutschland; allen teutschen Staatsregierungen ... zur Erwägung gewidmet, Heidelberg 1830.

Pelz, E. / Lumignon, P., Hephata oder Denkwürdigkeiten und Bekenntnisse eines Freimaurers, Leipzig 1836.

Philippson, Ludwig, Über das Leben, in: IPSM (1834), Bd. 1, S. 5–14.

–, Die Juden, ihre Bestrebungen und ihre Denuncianten, Magdeburg 1838.

–, Correspondenzen, Auszüge, Repliken, in: AZJ (30.8.1838), Nr. 104, S. 422.

Pinhas, Jakob, Beiträge zur Sache der bürgerlichen Verhältnisse der Israeliten in Kurhessen, Kassel 1832.

Pinner, Moses (Hg.), Was haben die Israeliten in Sachsen zu hoffen? Und was ist ihnen zu wünschen? Oder: Auf welcher Stufe der Vollkommenheit steht jetzt der politische Zustand der Israeliten in allen europäischen Staaten? und welche Veränderungen kann der religiöse erleiden?, Leipzig 1833.

Reiche, Fr, Rezension Baron von Görtz, in: KZPS (9.7.1836), Nr. 28, S. 446–447.

Reis, Eduard, Beitrag zur Emancipation der Juden. Ein Wort an deutsche Ständeversammlungen, Offenbach 1831.

Richter, Nachtrag der Redaktion, in: PPBl (1834), Bd. 2, S. 143–152.
Riesser, Gabriel, Ankündigung, in: Der Jude (10.4.1832), Nr. 1, S. 1–8.
–, Betrachtungen über die jüdischen Unterthanen, Altona 1834.
–, Betrachtungen über die Verhältnisse der jüdischen Unterthanen der Preußischen Monarchie. Aus der Zeitschrift: ›Der Jude‹ mit einigen Zusätzen abgedruckt 1832 / 33, in: Isler, Meyer (Hg.), Gabriel Riessers gesammelte Schriften. Bd. 3, Frankfurt am Main 1867, S. 1–417.
–, Betrachtungen über die Verhältnisse der jüdischen Unterthanen der preußischen Monarchie, in: Der Jude (26.4.–7.5.; 17.5.–27.8.; 13.9.1833), Nr. 3–4, 6–16, 18, S. 17–28, 45–107, 109–132, 146–163, 169–172.
–, Börne und die Juden, o. O. 1832.
–, Kritische Beleuchtung der in den Jahren 1831 und 1832 in Deutschland vorgekommenen ständischen Verhandlungen über die Emancipation der Juden, Altona 1833.
–, Verteidigung der bürgerlichen Gleichstellung der Juden gegen die Einwürfe des Herrn Dr. H. E. G. Paulus Den gesetzgebenden Versammlungen Deutschlands gewidmet, in: ders. / Macaulay, Th. B. / Suter / Vincke, Freiherr Georg von (Hg.), Dokumente zur Emanzipation der Juden. Vier Reden, Halle 1912, S. 19–94.
Rosenfeld, Samson Wolf, Stunden der Andacht für Israeliten zur Beförderung religiösen Lebens und häuslicher Gottesverehrung, Dinkelsbühl 1833.
Saalschütz, Josef Levin, Grundlage zu Katechisationen über die Israelitische Gotteslehre, Wien 1833.
Sacy, Sylvester de, Über die Emancipation der Juden, in: Berliner Politisches Wochenblatt (27.5.1837), Außerordentliche Beilage zu Nr. 21, S. 123–124.
Salomon, Gotthold, Jude, oder Israelit? Jüdische oder Mosaische Religion, in: Sulamith (1834), H. 1, S. 367–371.
Sauerwein, Wilh, Beleuchtung der Judenemancipation. Ein Wort ans deutsche Volk, Offenbach 1831.
Schleiermacher, Friedrich, Der christliche Glaube. 2 Bände, Berlin 1830/31.
Schulze, Adolf Moritz, Lehrbuch bei Judenbekehrung, o. O. 1837.
Stahl, Friedrich Julius, Die Philosophie des Rechts nach geschichtlicher Ansicht. Bd. 1. Genesis der gegenwärtigen Rechtsphilosophie, Heidelberg 1830.
–, Die Philosophie des Rechts nach geschichtlicher Ansicht. Bd. 2. Christliche Rechts- und Staatslehre. Erste Abtheilung, Heidelberg 1833.
–, Die Philosophie des Rechts nach geschichtlicher Ansicht. Bd. 3. Christliche Rechts- und Staatslehre. Zweite Abtheilung, Heidelberg 1837.
Streckfuß, Karl, Über das Verhältniß der Juden zu den christlichen Staaten, Halle 1833.
–, Über die öffentlichen Zustände im Großherzogthum Posen, Halle 1839.
Ulmenstein, Heinrich Christian Freiherr v., Gegenbemerkungen zu der Schrift des Herrn Geheimen Ober-Regierunsrathes Streckfuß' Über das Verhältniß der Juden zu den christlichen Staaten‹, Dresden 1833.
Usiel, Ben [Hirsch, S. R.], Neunzehn Briefe über das Judenthum, Altona 1836.
Verus, Judenbekehrung, in: AAdD (16.7.1834), Nr. 180, Sp. 2137–2175.
VIII, Über sittliche und bürgerliche Verbesserung der Israeliten, in: Hesperus (9.6.1832), Nr. 132, S. 526–528.
Von einem monarchisch gesinnten Volksfreunde, Über die Verbesserung der Juden, in: AAdD (14.2.1831), Nr. 44, Sp. 617–624.
V-th, An Deutschlands Frauenvereine, in: Das konstitutionelle Deutschland (17.6.1831), Nr. 28, unpag.
Weil, Carl, Über die Bedingungen zur Emancipation der Juden, in: Tribüne (24.9.1831), Nr. 84, Sp. 675–678.
Weil, Jacob, Das junge Deutschland und die Juden, o. O. 1836.

Weill, A., Erwiderung auf zwey Fragen, die Juden betreffend, in: AAdD (20.9.1834), Nr. 256, Sp. 3093–3095.
Welcker, K. T., Die vollkommene und ganze Pressfreiheit: nach ihrer sittlichen, rechtlichen und politischen Nothwendigkeit, und ihrer Uebereinstimmung mit deutschem Fürstenwort und nach ihrer völligen Zeitgemässheit dargestellt, Freiburg 1830.
Willstätter, Ephraim, Allgemeine Geschichte des Israelitischen Volkes. Von der Entstehung desselben bis auf unsere Zeit. Ein kurzer Abriß nach den vorliegenden Quellen und größern Werken der Geschichte für die ersten Klassen israelitischer Elementarschulen und zum Selbststudium, Karlsruhe 1836.
Winer, Georg Benedikt, A – K (Biblisches Realwörterbuch zum Handgebrauch für Studirende, Kandidaten, Gymnasiallehrer und Prediger, Bd. 1), Leipzig ^{2}1833.
Wolfart, Philipp Ludwig (Hg.), Preußen in seinen religiösen Verhältnissen. Beiträge zu einem Staats-Kirchenrecht einer christlich-evangelischen Monarchie, Berlin 1839.
Y. X. Z., Aus welchen Gründen erscheint die unbedingte Aufnahme der Juden in den Unterthanenverband unter uns bedenklich, in: AAdD (11.5.1831), Nr. 127, Sp. 1761–1767.
Y. X. Z., Über Beförderung der Humanität. Mit Bezugnahme auf den Streit über die Emancipation der Juden, in: AAdD (2.9.; 5.9.1831), Nr. 238, 241, Sp. 3225–3232, 3265–3270.
Zedlitz-Neukirch, L. F. von, Der preussische Staat in allen seinen Beziehungen: eine umfassende Darstellung seiner Geschichte und Statistik, Geographie, Militairstaates, Topographie, mit besonderer Berücksichtigung der Administration. Bd. 1, Berlin 1835.
Zunz, Leopold, Die gottesdienstlichen Vorträge der Juden, historisch entwickelt. Ein Beitrag zur Alterthumskunde und biblischen Kritik, zur Literatur- und Religionsgeschicht, Berlin 1832.

2.5 1840–1848

****יונה, Der große Prozeß gegen die Juden in Damaskus wegen Ermordung des P. Thomas und seines Dieners daselbst: Eine populäre kurzgefasste Darstellung dieses wichtigen Ereignisses, nebst einigen Aufschlüssen über den Talmud, und einem Versuch der Beantwortung der Frage: »ob die Juden zu religiösen Zwecken wirklich Menschen- oder Christenblut gebrauchen«, Augsburg 1841.
[Hundt-Radowsy, Hartwig von], Die Naturgeschichte der Juden. Memoiren zur Emancipationsfrage der Juden, Wien 1848.
[Stein, Leopold], Die Rabbiner-Versammlung. Ein Wort zur Verständigung an Alle, welche sich für dieselbe interessiren, Frankfurt am Main 1846.
4 4 4, Aus Frankfurt, in: Der Bayerische Eilbote (7.3.1841), Nr. 29, unpag.
Anonymus, Die Juden, wie sie waren und wie sie jetzt sind Oder: Die Hindernisse, welche der Verbesserung ihrer politischen Lage entgegenstehen, Constanz 1840.
Anonymus, Siebzehnter Bericht der Gesellschaft zur Beförderung des Christenthums unter den Juden, Über das Jahr 1839, in: BGBCJ (1840), unpag.
Anonymus, Vermischte Nachrichten, in: Herold des Glaubens (1840), Nr. 20, Sp. 447–448.
Anonymus, Über das Judenwesen im Großherzogthume Posen, in: AZJ (13.6.; 20.6.1840), Nr. 24–25, S. 346–348, 362–366.
Anonymus, Cultur der Juden in Polen, in: Der Orient (5.12.1840), Nr. 49, S. 381–382.
Anonymus, Joel Jacoby's Schriften, in: Zeitschrift für Theologie (1841), Bd. 5, S. 146–224.
Anonymus, Noch Einiges über die Emancipation der Juden, in: PPBl (1841), Bd. 26, H. October, S. 289–306.
Anonymus, Der Chassidismus in Polen, in: Der Orient (6.2.; 13.2.1841), Nr. 6–7, S. 46–48, 55–56.

Anonymus, Die Emancipationsfrage in dem Herzogthume Sachsen-Meiningen, in: Der Orient (17.4.; 1.5.; 8.5.1841), Nr. 16, 18–19, S. 126–128, 142–144, 150–152.

Anonymus, Einige neue Broschüren, in: AZJ (1.5.; 8.5.1841), Nr. 18–19, S. 253–255, 269–272.

Anonymus, Die Juden und ihr Vaterland, in: Das Morgenland (1842), Januar, Oktober, S. 28–31, 313–319.

Anonymus, Ohne Titel, in: AAZ (7.1.1842), Nr. 6, Sp. 200–201.

Anonymus, Äußerungen eines christlichen Gelehrten über die Emancipation des Judenthums, in: IdnJh (5.6.; 12.6.1842), Nr. 23–24, S. 94, 98.

Anonymus, Die Juden und ihre bürgerliche Stellung in den Staaten des christlichen Europas, in: AAZ (16.7.; 31.7.; 1.8.1842), Nr. 198, 212–213, Sp. 1578–1580, 1690–1692, 1698–1700.

Anonymus, Jahresbericht. Juden-Wesen, in: KZPS (3.9.; 10.9.1842), Nr. 36–37, S. 857–861, 881–886.

Anonymus, Herr Geheimrath Wolfart und die Juden, Berlin 1843.

Anonymus (Hg.), Materialien zur Regierungsgeschichte Friedrich Wilhelms IV. vom. 7. Juni 1840 bis zum 18. Oktober 1842, Königsberg 1843.

Anonymus, Ueber die historisch-kritischen Behandlungen des Neuen Testaments, in: Literarische Zeitung (10.1.1843), Nr. 3, Sp. 33–36.

Anonymus, Montefiores Reise nach Rußland, in: Der Orient (14.2.1843), Nr. 7, S. 51–52.

Anonymus, Die Judenfrage, in: Sächsische-Vaterlands-Blätter (28.3.1843), Nr. 50, S. 227–228.

Anonymus, Beleuchtung des Aufsatzes: Vorwärts oder Rückwärts in der Preußischen Judenemancipation. Ein offenes Sendschreiben, in: Der Orient (4.4.; 11.4.1843), Nr. 14–15, S. 105–107, 113–115.

Anonymus, Die Idee des protestantischen Staates, in: Literarische Zeitung (2.5.1843), Nr. 35, Sp. 553–558.

Anonymus, Die praktische Bildung der Deutschen, in: Didaskalia (7.6.1843), Nr. 155, unpag.

Anonymus, Das Ziel des politischen Ringens der Gegenwart, in besonderer Hinsicht auf Preußen und die ständische Monarchie. Ein Sendschreiben aus Nord-Deutschland an alle Deutsche, Erfurt 1844.

Anonymus, Die erste Rabbinerversammlung in Deutschland, in: DMLL (1844), Bd. 2, S. 309–318.

Anonymus, Protocolle der ersten Rabbiner-Versammlung abgehalten zu Braunschweig vom 12ten bis zum 19ten Juni 1844, Braunschweig 1844.

Anonymus, Protokolle und Aktenstücke der Rabbiner-Versammlung, Frankfurt am Main 1845–1847.

Anonymus, Mannheim, in: AZJ (5.5.1845), Nr. 19, S. 288.

Anonymus, Die Emancipation der Juden, in: KZPS (26.4.; 10.5.; 21.6.; 9.8.1845), Nr. 17, 19, 25, 32, S. 396–400, 445–448, 584–587, 757–759.

Anonymus, Die Reform des Judenthums: Ein Organ für die Rabbiner-Versammlung Deutschlands, Mannheim 1846.

Anonymus, Reformbestrebungen und Emancipation, in: ZRIJ (1846), Nr. 6–9, S. 224–228, 249–259, 308–312, 329–337.

Anonymus, Sendschreiben des deutschen Michel an das Haus Israel, Leipzig 1847.

Anonymus, Sendschreiben israelitischer Preußen an die Mitglieder des Vereinigten Landtags, Leipzig 1847.

Anonymus, Toleranz!?, in: Dibre Emreth (1847), Nr. 2, S. 17–30.

Auerbach, Berthold, Dichter und Kaufmann, Stuttgart 1840.

Bary, Benjamin, Zeitgemässe Gedanken über die Emancipation des Menschen, Königsberg 1843.

Bauer, Bruno, Die Juden-Frage, Braunschweig 1842.

–, Die Judenfrage, in: Deutsche Jahrbücher für Wissenschaft und Kunst (17.–19.11.; 21.11.1842), Nr. 274–282, S. 1093–1126.

–, Die Fähigkeit der heutigen Juden und Christen, frei zu werden, in: Einundzwanzig Bogen aus der Schweiz (1843), Teil 1, S. 56–71.
Bauer, Edgar, Bruno Bauer und seine Gegner, Berlin 1842.
Beer, B., Die freie christliche Kirche und das Judenthum. Sendschreiben an Herrn Johannes Ronge, in Bezug auf mehrere Äußerungen in dessen neuester Schrift: ›Das Wesen der freien christlichen Kirche‹, Leipzig 1848.
Bleich, Eduard, Der Erste Vereinigte Landtag in Berlin 1847, Berlin 1847.
Brand, Theodor, Die Judenfrage in Preußen, Breslau 1842.
Carové, Friedrich Wilhelm, Über das sogenannte Germanische und das sogenannte Christliche Staatsprinzip mit besonderer Beziehung auf Maurenbrecher, Stahl und Matthäi, Siegen 1843.
Chappuis, Alfred von, Die unbedingte Gewerbefreiheit und die progressive Güterzerstückelung in ihren desorganisirenden Folgen. Bd. 4, Berlin 1842.
Clemens, Friedrich, Der Juden Sache ist unsere Sache, Hamburg 1843.
Dr. Frank Z., Sonderheft, in: ZRIJ (1846), S. 1–8.
Dr. J., Communismus und Socialismus die ärgsten Feinde des Judenthums, in: TZW (19.1.1847), Nr. 3, S. 17–20.
Dr. Koch, Die Verhältnisse der Juden in Teutschland, in: Neue Jahrbücher der Geschichte und Politik (1843), Bd. 1, S. 243–261.
Dr. L. Marcus, Schwerin, in: AZJ (7.7.1845), Nr. 38, S. 431.
Dr. Lilienthal, Russisch-Jüdische Skizzen, in: AZJ (18.8.; 25.8.; 1.9.; 8.9.; 15.9.; 22.9.1845), Nr. 34–39, S. 525–526, 537–539, 552–554, 569–572, 586–588, 600–602.
E. C. v. T., Blick auf die Geschichte der Juden, in: Neue Jahrbücher der Geschichte und Politik (1847), Bd. 2, S. 509–530.
Ein ehrlicher Deutscher, Auch ein Wort über die auf dem preußischen Reichstage diesen Sommer besprochene und bestrittene Judenfrage, in: AAZ (19.8.1847), Beilage zu Nr. 231–232, Sp. 1844–1846, 1852–1853.
Eisenberg, F., Staat und Religion mit besonderer Rücksicht auf die Stellung der Israeliten in den sogenannten christlich-germanischen Staaten, Leipzig 1844.
Falkson, Ferdinand, Die Emanzipation der Juden und die Emanzipation der Denkenden, Altona 1845.
Feuerbach, Ludwig, Das Wesen des Christenthums, Leipzig 1841.
–, Kritiken des modernen Afterchristenthums 1835. Kritik der christlichen Rechts- und Staatslehre von Fr. Jul. Stahl, in: ders. (Hg.), Ludwig Feuerbach's sämmtliche Werke. Erläuterungen und Ergänzungen zum Wesen des Christentums. Bd. 1, Leipzig 1846, S. 108–180.
Francolm, J. A., Worte eines Juden nach beendeter Landestrauer um Se. Majestät den hochseligen König Friedrich Wilhelm III. an seine christlichen Brüder gerichtet, Breslau 1840.
Frankel, Zacharias, Die Eidesleistung der Juden in theologischer und historischer Beziehung, Dresden 1840.
–, Die Prüfung Israels. Predigt, Dresden 1843.
Fränkel, W. B., Die Rabbiner-Versammlung und der Reform-Verein. Letzte Auflösung der Judenfrage, Elbersfeld 1844.
Fränkel, Wolfgang Bernhard, Das Bekenntnis des Proselythen. Das Unglück der Juden und ihre Emanzipation in Deutschland, o. O. 1841.
–, Die Unmöglichkeit der Emanzipation der Juden im christlichen Staat, o. O. 1842.
Frantz, Constantin, Ahasverus oder die Judenfrage, Berlin 1844.
Freund, Wilhelm, Die gegenwärtig beabsichtigte Umgestaltung der bürgerlichen Verhältnisse der Juden in Preußen, Breslau 1842.
–, Vorwort, in: Zur Judenfrage in Deutschland (1843), S. III–VI.
–, Zur Judenfrage in Deutschland, o. O. 1843/44.

Friedrich Wilhelm IV., Gesetz über die Verhältnisse der Juden. De Dato Berlin, den 23. Juli 1847, [Berlin] 1847.

Frst. [Dr. Saalschütz], Todtenfeier in der Synagoge zu Königsberg für den verstorbenen Landesvater, in: PPBl (1840), Bd. 24, H. 2, S. 177–178.

G. P., Intoleranz und Toleranz, in: Deutsche Vierteljahresschrift (1841), H. 3, S. 1–71.

Gautsch, W. E., Die Emancipation der Christen von den Juden, in: AAdD (29.3.1845), Nr. 84, Sp. 1165–1171.

Geiger, A., Festvortrag am Geburts- und Huldigungstage: Sr. Majestät des Königs Friedrich Wilhelm IV. gehalten in der grossen Synagoge zu Breslau am 15. October 1840, Breslau 1840.

Geiger, Abraham, Der Hamburger Tempelstreit. Eine Zeitfrage, Breslau 1842.

–, Rabbinisches Gutachten über Militärpflichtigkeit der Juden, Breslau 1842.

–, Lehr- und Lesebuch zur Sprache der Mischnah, Breslau 1845.

–, Vorläufiger Bericht über die Thätigkeit der dritten Versammlung deutscher Rabbiner, Breslau 1846.

Ghillany, F. W., Die Menschenopfer der alten Hebräer, Nürnberg 1842.

–, Die Judenfrage. Eine Beigabe zu Bruno Bauer's Abhandlung über diesen Gegenstand, Nürnberg 1843.

Grün, Karl, Die Judenfrage. Gegen Bruno Bauer, Darmstadt 1844.

Gustav Julius, Bruno Bauer und die Judenfrage, in: Wigand's Vierteljahresschrift (1844), Bd. 1, S. 278–286.

Hirsch, Samuel, Die Reform im Judenthum und dessen Beruf in der gegenwärtigen Welt, Leipzig 1844.

Holdheim, Samuel, Die religiösen Fortschritte im deutschen Judenthum. Ein friedliches Wort in einer aufgeregten Zeit, Leipzig 1840.

–, Über die Autonomie der Rabbinen und das Princip der jüdischen Ehe. Ein Beitrag zur Verständigung über einige das Judenthum betreffende Zeitfragen, Schwerin 1843.

–, Über die Beschneidung zunächst in religiös-dogmatischer Hinsicht, Schwerin 1844.

–, Vorträge über die mosaische Religion für denkende Israeliten, Schwerin 1844.

–, Vorschläge zu einer zeitgemäßen Reform der jüdischen Ehegesetze, Schwerin 1845.

Hollander, Religion und Emancipation, oder: welches ist der Hauptgrund, daß das sogenannte moderne Judenthum sich immer mehr vom orthodoxen entfernt, in: TZW (9.3.; 23.3.; 30.3.1847), Nr. 10, 12–13, S. 73–75, 91–92, 101–102.

Honigmann, D., Das Judenthum und der Staat, in: IdnJh (15.12.; 22.12.1844), Nr. 50–51, S. 399–401, 408–410.

Jacoby, Johann, Das königliche Wort Friedrich Wilhelms III. Eine den Preußischen Ständen überreichte Denkschrift, o. O. 1844.

Jellineck, Herrmann, Uriel Acosta's Leben und Lehre. Ein Beitrag zur Kenntniß seiner Moral, wir zur Beherzigung der Gutzkow'schen Fiktion über Acosta, und zur Charakteristik der damaligen Juden, Zerbst 1847.

Jellinek, Hermann, Die Judenfrage, in: Literaturblatt des Orient (20.6.; 4.7.1843), Nr. 25, 27, S. 385–390, 423–430.

–, Die Täuschung der aufgeklärten Juden, Zerbst 1847.

Jost, Isaak Markus, Legislative Fragen betreffend die Juden im Preußischen Staate, o. O. 1842.

–, Nachträge zu den legislative Fragen betreffend die Juden im Preussischen Staate, Berlin 1842.

Kalb, Leonhard, Kirche und Staat. Ein Wort an die evangelisch gesinnten Christen jeder Confession in Deutschland, in: Sächsische-Vaterlands-Blätter (1.3.; 3.3.1842), Nr. 26–27, S. 105–106, 109–111.

Kandidaten der jüdischen Theologie, Eine deutsch-jüdische Kirche, die nächste Aufgabe unserer Zeit, Leipzig 1845.

Klee, Emil Wilhelm, Über die Emancipation der Juden. Zugleich eine Kritik der Behandlung dieser Frage auf dem Vereinigten Landtage in Preußen, Magdeburg 1847.

König, Carl Bernhardt, Die neueste Zeit in der evangelischen Kirche des Preußischen Staates. Ein praktischer Versuch, Braunschweig 1843.

Köppen, H. L., Broschüren über die Judenfrage, in: Norddeutsche Blätter für Kritik, Literatur und Unterhaltung (1845), Bd. 2, H. 9, S. 53–72.

Kraus, Anton Joseph Emanuel, Das ethische Staatsprinzip oder Propädeutik der Staatswissenschaft, Neue, wohlfeilere Ausg, Wien 1841.

Kz., Posen. Mißverhältnis zwischen der aufgeklärten Gemeinde und ihren Rabbiner, in: Der Orient (1841), H. 15, S. 115.

Landau, W., Die Petition des Vorstandes der israelitischen Gemeinde zu Dresden und ihr Schicksal in der II. Kammer, März 1843, Dresden 1843.

Liepmannssohn, Selig Louis, Das Ganze der gottesdienstlichen Feier, wie sie in der Synagoge zu Essen am 15. Oktober 1840 zur Geburts- und Erbhuldigungsfeier ... unsers ... Königs Friedrich Wilhelm IV. stattgefunden hat, Wesel 1840.

Loewenstein, L. H., Damascia. Die Judenverfolgung zu Damaskus und ihre Wirkung auf die öffentliche Meinung, nebst Nachweisung über den Usprung der gegen die Juden wiederholten Beschuldigungen, als bedienten sie sich des Menschenblutes bei rituellen Zeremonien, Rödelheim 1841.

Louis, Simon, Wigand's Vierteljahresschrift und die Judenfrage, in: Telegraph für Deutschland (1844), S. 550–551.

Lowositz, J. B., Erwägung einiger Bedenken gegen Emancipation der Juden, betreffend den Aufsatz »Noch Einiges über die Emancipation der Juden«, in: PPBl (1841), Bd. 26, H. December, S. 481–512.

Maier, J., Israels Gegenwart, Vergangeheit und Zukunft. Ein religiöser Vortrag am ersten Morgen des neuen Jahrhunderts (Neujahrsfest 5601) den 28. September 1840, in: AAdJ (1842), H. 3, S. 255–272.

Maier, Joseph, Israels Vergangenheit, Gegenwart und Zukunft. Ein religiöser Vortrag, am ersten Morgen des neuen Jahrhunderts (Neujahrsfest 5601) den 28. September 1840, Stuttgart 1840.

Marcard, H. E., Über die Möglichkeit der Juden-Emancipation im christlich-germanischen Staat, Minden 1843.

Marx, Karl, Zur Judenfrage. 1. Bruno Bauer Zur Judenfrage, Braunschweig 1843, in: Deutsch-französische Jahrbücher (1844a), S. 152–181.

–, Zur Judenfrage. 2. Die Fähigkeit der heutigen Juden und Christen frei zu werden, in: Deutsch-französische Jahrbücher (1844b), S. 182–214.

–, Die Judenfrage Nr. I. Die Stellung der Frage, in: ders. / Engels, Friedrich (Hg.), Die heilige Familie oder Kritik der kritischen Kritik. Gegen Bruno Bauer & Consorten, Frankfurt am Main 1845, S. 109–113.

–, Die Judenfrage Nr. II. Kritische Entdeckung über Sozialismus, Jurisprudenz und Politik (Nationalität), in: ders. / Engels, Friedrich (Hg.), Die heilige Familie oder Kritik der kritischen Kritik. Gegen Bruno Bauer & Consorten, Frankfurt am Main 1845, S. 118–124.

–, Die Judenfrage Nr. III, in: ders. / Engels, Friedrich (Hg.), Die heilige Familie oder Kritik der kritischen Kritik. Gegen Bruno Bauer & Consorten, Frankfurt am Main 1845, S. 133–148.

Nauwerck, K., Die Sache der Juden, in: Rheinische Zeitung (14.8.1842), Beiblatt zu Nr. 226, unpag.

–, Das preußische Religionspatent vom 30. März 1847, Leipzig 1847.

Oesterreicher, Leopold, Der deutsche Michel und die Juden, o. O. 1848.

Philippson, L., Ein Wort an das preußische Israel nach beendigter Verhandlung des vereinigten Landtags, in: AZJ (5.7.1847), Nr. 28, S. 417–420.

Philippson, Ludwig, Zeitungsnachrichten Magdeburg, in: AZJ (2.4.1842), Nr. 14, S. 199–201.
–, Leitender Artikel, in: AZJ (19.3.; 9.4.1842), Nr. 12, 15, S. 165–167, 209–211.
–, Wider Bruno Bauer, in: AZJ (3.12.1842), Nr. 48, S. 697–698.
–, Antibaueriana, in: AZJ (6.5.; 15.5.1843), Nr. 18, 20, S. 265–267, 289–292.
–, Über die Stellung der Juden in Deutschland, in: AZJ (16.2.1846), Nr. 8, S. 113–115.
Pinoff, F., Der Judenkampf, Leipzig 1845.
Reé, Anton, Aufruf zu einer rascheren Förderung der jüdischen Angelegenheiten im Vaterlande, Hamburg 1846.
Reichenbach, H., Beweis aus der jüdischen Religion, dass die Juden in den christlichen Staaten nicht emancipiert werden können, wenn die Christen nicht dadurch sich ihnen zinsbar und unterthan machen wollen, Altona 1841.
Riesser, Gabriel, Besorgnisse und Hoffnungen für die künftige Stellung der Juden in Preußen, o. O. 1842.
–, Die Judenfrage. Gegen Bruno Bauer, in: Konstitutionelle Jahrbücher (1843/44), Bd. 2–3 (1843), Bd. 2 (1844), S. 1–42, 14–57, 172–236.
Rönne, Simon, Die früheren und gegenwärtigen Verhältnisse der Juden in den sämmtlichen Landestheilen des Preußischen Staates, Breslau 1843.
Rothschild, David, Bittschreiben an Friedrich Wilhelm IV. Die Rechtsverhältnisse der Juden in Rheinpreußen betreffend, und das darauf erfolgte Ministerial-Reskript, in: Der Orient (11.10.1842), Nr. 42, S. 329–332.
Rudolph, A. F., Über Judenemancipation und jüdische Verhältnisse, mit Berücksichtigung des Gesetzes vom 23. Juli 1847, Nordhausen 1847.
Saalschütz, Joseph Levin, Zur Versöhnung der Confessionen, oder Judenthum und Christenthum in ihrem Streit und Einklang, Königsberg 1844.
Schiller, Salomon Marcus, Die zweite Rabbinerversammlung zu Frankfurt am Main, Leipzig 1846.
Schirnding, Ferdinand, Die Juden in Österreich und Preußen, Leipzig 1842.
Schmidt, Franz, Bittschrift der Christensklaven an die Herren Juden um Christen-Emancipation, Wien 1848.
Schroeter, L., Die Zinsfrage im Allgemeinen und die Zinsreduction insbesondere, etc., Altona 1840.
Schubert, Werner (Hg.), Die preußischen Provinziallandtage von 1841, 1843 und 1845, Königsberg 1843–1846.
Sepp, Johann Nepomuk, Der Antichrist oder der falsche Messias. Histor. Inaugural-Abhandlung zum Verständnisse der Frage über die Emancipation der Juden, Augsburg 1842.
Sidori, K. [Kaim, Isidor], Geschichte der Juden in Sachsen mit besonderer Rücksicht auf ihre Rechtsverhältnisse. Zum Theil nach archivalischen Quellen bearbeitet, Leipzig 1840.
Stahl, Friedrich Julius, Die Kirchenverfassung nach Lehre und Recht der Protestanten, Erlangen 1840.
–, Das monarchische Prinzip, Heidelberg 1845.
–, Über Kirchenzucht, Berlin 1845.
–, Fundamente einer christlichen Philosophie, Heidelberg 1846.
–, Der christliche Staat und sein Verhältniß zu Deismus und Judenthum. Eine durch die Verhandlungen des Vereinigten Landtags hervorgerufene Abhandlung, Berlin 1847.
–, Der christliche Staat und sein Verhältniß zu Deismus und Judenthum, in: EKZ (11.8.; 14.8.; 18.8.; 21.8.; 25.8.1847), Nr. 64–68, Sp. 633–651, 657–687.
–, Die Revolution und die konstitutionelle Monarchie, Berlin 1848.
Stern, S., Das Judenthum als Element des Staats-Organismus, in: Zur Judenfrage in Deutschland (1843), S. 125–166.
–, Das Judenthum als Element des Staats-Organismus, Berlin 1843.
Stern, Siegismund, Preußen, in: Reform-Zeitung (1847), Nr. 9, S. 68.

Stern, Sigismund, Die Aufgabe des Judenthums und der Juden in der Gegenwart. Acht Vorlesungen, Berlin 1845.
–, Was ist geschehen? und Was ist zu thun?, Berlin 1847.
Strauß, David Friedrich, Die christliche Glaubenslehre in ihrer geschichtlichen Entwicklung und im Kampfe mit der modernen Wissenschaft, Tübingen 1840/41.
Streckfuß, Karl, Über das Verhältniß der Juden zu den christlichen Staaten, Halle 1843.
Veit, Moritz, Der Entwurf der Verordnung über die Verhältnisse der Juden in Preußen und das Edikt vom 11. März 1812, Leipzig 1847.
Vincke, Freiherr Georg von, Rede in der 39. Sitzung des Vereinigten Landtages 1847, in: Macaulay, Th. B. / Riesser, Gabriel / Suter / Vincke, Freiherr Georg von (Hg.), Dokumente zur Emanzipation der Juden. Vier Reden, Halle 1912, S. 113–122.
Von einem christlichen preußischen Beamten [Hippel, Theodor von], Vorwärts oder Rückwärts in der preußischen Judenemancipation, in: Der Orient (27.9.1842), Nr. 40, Beilage zu Nr. 40, S. 313–320, 1–2.
Wahrlieb, Treumund [Marcard, Heinrich Eugen], Darf ein Jude Mitglied in einer Obrigkeit seyn, die über christliche Unterthanen gesetzt ist? Ein freundliches, schlichtes Wort zu dem deutschen Bürger und Landmann, Minden 1843.
Waller, E., Welche Motive können dem neuen Judengesetz zu Grunde liegen, o. O. 1842.
Wilhelm, F., Das Testament Friedrich Wilhelm III. und die Thronreden Friedrich Wilhelm IV., bei der Huldigung zu Königsberg und Berlin: 6 Staatsurkunden f. d. Preuß. Volk. Angefügt d. beiden Eröffnungsreden d. Staatsmin. v. Rochow u. d. Huldigungseid, Berlin 1840.
Witt, A. J., Auch ein Wort über Judenemancipation, Altona 1841.
Witt, A. J., Der neue Jeremias oder: Die Angst der Kinder Israels war zu groß. Ein Nachtrag zu der Schrift: ›Auch ein Wort über Judenemancipation in Erwiderung auf den ›Neuen Judenfresser‹ des Herrn Christern, Altona 1841.
Witt, A. J., Der Weg zur Wahrheit in der Juden-Frage, Altona 1843.
Wolfart, Philipp Ludwig, Über die Emancipation der Juden in Preußen, Potsdam 1844.
X.x., Emancipation der Juden, in: AAdD (24.4.1845), Nr. 110, Sp. 1497–1498.
Zunz, Leopold, Vortrag zur Feier der Huldigung Sr. Majestät des Königs Friedrich Wilhelm IV., gehalten am Hüttenfeste des Jahres 5601 (18. Okt. 1840) in der Gemeinde-Synagoge zu Berlin, Berlin 1840.
Γερμανός, Die Gründe gegen die Ansprüche der Juden, in: AAdD (8.3.1845), Nr. 66, Sp. 920–921.
–, Die Juden als Juden, in: AAdD (17.7.1845), Nr. 191, Sp. 2534–2538.

3. Sekundärliteratur

Adam, Wolfgang / Fauser, Markus / Pott, Ute, Vorwort, in: dies. (Hg.), Geselligkeit und Bibliothek. Lesekultur im 18. Jahrhundert, Göttingen 2005, S. 7–12.
Albrecht, Peter / Böning, Holger / Fabian, Claudia u. a., Zeitschriften, Journalismus und gelehrte Kommunikation im 18. Jahrhundert. Festschrift für Thomas Habel (Presse und Geschichte: Neue Beiträge, Bd. 81), Bremen 2014.
Alexander, Edward, Classical Liberalism and the Jewish tradition, New Brunswick 2003.
Alter, Peter, Kulturnation und Staatsnation. Das Ende einer langen Debatte?, in: Langguth, Gerd (Hg.), Die Intellektuellen und die nationale Frage, Frankfurt am Main 1997, S. 33–45.
Arendt-Stern, Hanna, Aufklärung und Judenfrage, in: ZGJD (1932), Nr. 2–3, S. 65–77.
Auerbach, Rena, The Jewish Question in German Speaking Countries 1848–1914, New York 1994.
Baron, Salo, Die Judenfrage auf dem Wiener Kongress, Wien 1920.

Barthold, Erich, Die preußische Judenemanzipation und die öffentliche Meinung, Münster 1924.

Battenberg, Friedrich, Das europäische Zeitalter der Juden. Zur Entwicklung einer Minderheit in der nichtjüdischen Umwelt Europas. Bd. II. Von 1650–1945, Darmstadt 1990.

Battenberg, J. Friedrich, Die Juden in Deutschland vom 16. bis zum Ende des 18. Jahrhunderts, München 2001.

Baumgart, Peter, Befürworter und Gegner der preußischen Judenemanzipation im Spiegel der Denkschriften und Gesetzgebung, in: Awerbuch, Marianne / Jersch-Wenzel, Stefi (Hg.), Bild und Selbstbild der Juden zwischen Aufklärung und Romantik, Berlin 1992, S. 155–177.

Baur, Ferdinand Christian, Geschichte der christlichen Kirchen. Bd. 4. Kirchengeschichte der neueren Zeit. Von der Reformation zum Ende des 18. Jahrhunderts, Tübingen 1863.

Becker, Hans-Joachim, Fichtes Idee der Nation und das Judentum. Den vergessenen Generationen der jüdischen Fichte-Rezeption, Amsterdam 2000.

Behm, Britta L. / Lohmann, Uta / Lohmann, Ingrid (Hg.), Jüdische Erziehung und aufgeklärte Schulreform. Analysen zum späten 18. und 19. Jahrhundert, Münster 2002.

Behnen, Michael, Probleme des Frühantisemitismus in Deutschland (1815–1848), in: Blätter für deutsche Landeskunde (1976), S. 244–279.

Bein, Alex, Die Judenfrage. Biographie eines Weltproblems. 2 Bände, Stuttgart 1980.

Benz, Wolfgang (Hg.), Die ›Judenfrage‹. Schriften zur Begründung des modernen Antisemitismus 1789–1914, München 2002/03.

Berding, Helmut, Moderner Antisemitismus in Deutschland, Frankfurt am Main 1988.

–, Antisemitismus in der modernen Gesellschaft. Kontinuitäten und Diskontinuitäten, in: Hettling, Manfred / Nolte, Paul (Hg.), Nation und Gesellschaft in Deutschland. Historische Essays, München 1996, S. 192–207.

Berghahn, Klaus L., Gesellige Assimilation. Die jüdischen Salons in Berlin, in: Lademacher, Horst / Loos, Renate / Groenveld, Simon (Hg.), Ablehnung – Duldung – Anerkennung. Toleranz in den Niederlanden und in Deutschland; ein historischer und aktueller Vergleich (Studien zur Geschichte und Kultur Nordwesteuropas, Bd. 9), Münster 2004, S. 380–399.

Bering, Dietz, Namenannahme. Nur scheinbar unproblematische Paragrafen im preußischen Emanzipationsedikt, in: Diekmann, Irene A. (Hg.), Das Emanzipationsedikt von 1812 in Preußen der lange Weg der Juden zu »Einländern« und »preußischen Staatsbürgern«, Berlin 2013, S. 201–218.

Bertschinger, Antonia, Vom Himmel auf die Erde. Die Erneuerung der Philosophie durch die Junghegelianer, Zürich 2003.

Beyme, Klaus, Preußen als Kulturnation, in: Jansen, Christian (Hg.), Von der Aufgabe der Freiheit. Politische Verantwortung und bürgerliche Gesellschaft im 19. und 20. Jahrhundert, Berlin 1995, S. 189–202.

Bierwirth, Sabine, Meilenstein der Zeitgeschichtsschreibung. Heinrich Heines Berichte über die Judenverfolgung in Damaskus 1840, in: PaRDeS (2006), S. 68–74.

Birnbaum, Pierre / Katznelson, Ira (Hg.), Path of Emancipation. Jews, States and Citizenchip, Princeton 1995.

Birtsch, Günter, Die Berliner Mittwochsgesellschaft, in: Bödeker, Hans Erich / Herrmann, Ulrich (Hg.), Über den Prozess der Aufklärung in Deutschland im 18. Jahrhundert. Personen, Institutionen und Medien, Göttingen 1987, S. 94–112.

Blänkner, Reinhard (Hg.), Eduard Gans (1797–1835). Politischer Professor zwischen Restauration und Vormärz, Leipzig 2002.

Blaschke, Olaf, Bürgertum und Bürgerlichkeit im Spannungsfeld des neuen Konfessionalismus von den 1830er bis zu den 1930er Jahren, in: Gotzmann, Andreas / Liedtke, Rainer / Rahden, Till van (Hg.), Juden, Bürger, Deutsche. Zur Geschichte von Vielfalt und Differenz 1800–1933, Tübingen 2001, S. 33–66.

Bloch, Dr. Ph., Die ersten Culturbestrebungen der jüdischen Gemeinde Posen unter preußischer Herrschaft, in: Graetz, Heinrich (Hg.), Jubelschrift zum 70. Geburtstag des Professor Dr. Heinrich Graetz, Hildesheim 1973, S. 192–218.

Bloch, Philipp, Judenwesen, in: Prümers, Rodgero (Hg.), Das Jahr 1793. Urkunden und Aktenstücke zur Geschichte der Organisation Südpreußens (Sonder-Veröffentlichungen der Historischen Gesellschaft für die Provinz Posen, Bd. 3), Posen 1895, S. 561–628.

Blumenauer, Elke, Journalismus zwischen Pressefreiheit und Zensur. Die Augsburger ›Allgemeine Zeitung‹ im Karlsbader System (1818–1848), Köln 2000.

Bodek, Arnold, Warum ist Nathan ein Jude? Stimmen aus der Lessing Literatur, in: Deutsch-Israelitischer Gemeindebund (Hg.), Lessing-Mendelssohn Gedenkbuch. Zur Hundertfünfzigjährigen Geburtstagsfeier von Gotthold Ephraim Lessing und Moses Mendelssohn sowie zur Säkularfeier von Lessings ›Nathan‹, Leipzig 1879, S. 350–376.

Böning, Holger, Aufklärung und Presse im 18. Jahrhundert, in: Jäger, Hans-Wolf (Hg.), ›Öffentlichkeit‹ im 18. Jahrhundert, Göttingen 1997, S. 151–163.

–, Die preußischen Intelligenzblätter, in: Sösemann, Bernd (Hg.), Kommunikation und Medien in Preußen vom 16. bis zum 19. Jahrhundert, Stuttgart 2002, S. 207–238.

Böning, Holger / Moepps, Emmy, Deutsche Presse. Biobibliographische Handbücher zur Geschichte der deutschsprachigen periodischen Presse von den Anfängen bis 1815, Stuttgart-Bad Cannstatt 1996.

Börne, Ludwig, Briefe aus Paris, Wiesbaden 1986.

Börne, Ludwig / Rippmann, Inge / Rippmann, Peter (Hg.), Sämtliche Schriften, Dreieich 1977.

Braden, Jutta, Esdras Edzards Judenmissionsanstalt von 1667 bis in die Zeit der Aufklärung, in: Steiger, Johann Anselm / Richter, Sandra (Hg.), Hamburg. Eine Metropolregion zwischen Früher Neuzeit und Aufklärung (Metropolis), Berlin 2012, S. 143–156.

Brakensiek, Stefan, Staatliche Amtsträger und städtische Bürger, in: Lundgreen, Peter (Hg.), Sozial- und Kulturgeschichte des Bürgertums. Eine Bilanz des Bielefelder Sonderforschungsbereichs (1986–1997), Göttingen 2000, S. 138–173.

Brämer, Andreas, Judentum und religiöse Reform. Der Hamburger Israelitische Tempel 1817–1938, Hamburg 2000.

–, Rabbiner Zacharias Frankel. Wissenschaft des Judentums und konservative Reform im 19. Jahrhundert, Hildesheim 2000.

Brammer, Annegret H., Judenpolitik und Judengesetzgebung in Preußen 1812 bis 1847, Berlin 1987.

Brann, Marcus, Die schlesische Judenheit vor und nach dem Edikt vom 11. März 1812, in: Jahrbuch des jüdisch-theologischen Seminars Fraenkel'scher Stiftungen für das Jahr 1912 (1913), S. 1–44.

–, Die schlesische Judenheit vor und nach dem Edikt vom 11. März 1812, Breslau 1913.

Breitenborn, Anke, Die Minderheitenproblematik in den preußischen Staaten und das ALR, in: Birtsch, Günter / Willoweit, Dietmar (Hg.), Reformabsolutismus und ständische Gesellschaft. Zweihundert Jahre Preußisches Allgemeines Landrecht, Berlin 1998, S. 321–340.

Brenner, Michael, Vom Untertanen zum Bürger, in: Meyer, Michael A. (Hg.), Deutsch-Jüdische Geschichte in der Neuzeit. 4 Bände. Bd. 2, München 1996, S. 260–286.

Brenner, Michael / Caron, Vicki / Kaufmann, Uri R. (Hg.), Jewish Emancipation reconsidered. The French and German Models, London 2003.

Breuer, Dieter, Geschichte der literarischen Zensur in Deutschland, Heidelberg 1982.

Breuer, Mordechai, Frühe Neuzeit und Beginn der Moderne, in: Meyer, Michael A. (Hg.), Deutsch-Jüdische Geschichte in der Neuzeit. 4 Bände. Bd. 1, München 1996, S. 85–250.

Brückner, Peter, »...bewahre uns Gott in Deutschland vor irgendeiner Revolution!«. Die Ermordung des Staatsrats von Kotzebue durch den Studenten Sand, Berlin 1975.

Bruer, Albert A., Geschichte der Juden in Preußen (1750–1820), Frankfurt am Main 1991.

Büchler, Adolf, Das Sanhedrin in Jerusalem und der grosse Beth-Din in der Quaderkammer des Jerusalemischen Tempels, Wien 1902.

Buttlar, Madelaine von, Die politischen Vorstellungen des Friedrich August Ludwig von der Marwitz. Ein Beitrag zur Genesis und Gestalt konservativen Denkens in Preußen, Frankfurt am Main 1980.

Carlebach, Elisheva, Die letzte Täuschung. Falsche Erlöser und Judenbekehrung im Alten Reich, in: WerkstattGeschichte 24 (1999), S. 49–63.

Cherubim, Dieter / Grosse, Siegfried / Mattheier, Klaus J. (Hg.), Sprache und bürgerliche Nation. Beiträge zur deutschen und europäischen Sprachgeschichte des 19. Jahrhunderts, Berlin 1998.

Clark, Christopher, The politics of conversion missionary Protestantism and the Jews in Prussia 1728–1941, Oxford 1995.

Clausewitz, Paul, Die Städteordnung von 1808 und die Stadt Berlin, Berlin 1908.

Claussen, Detlev, Grenzen der Aufklärung. Die gesellschaftliche Genese des modernen Antisemitismus, Frankfurt am Main 1994.

Cohn, Willy, Staatsbürgerrolle der Breslauer Juden von 1812, in: ZGJD 2 (1930), S. 150–164.

Craig, Gordon A., Die preußisch-deutsche Armee 1840–1945. Staat im Staate, Düsseldorf 1960.

Dambacher, Ilsegret, Christian Wilhelm Dohm. Ein Beitrag zur Geschichte des preußischen aufgeklärten Beamtentums und seiner Reformbestrebungen am Ausgang des 18. Jahrhunderts, Bern 1974.

Dann, Otto (Hg.), Lesegesellschaften und bürgerliche Emanzipation. Ein europäischer Vergleich, München 1981.

Dann, Otto, Vereinswesen und bürgerliche Gesellschaft in Deutschland, München 1984.

–, Nationale Fragen in Deutschland. Kulturnation, Volksnation, Reichsnation, in: Francois, Etienne / Siegrist, Hannes / Vogel, Jakob (Hg.), Nation und Emotion. Deutschland und Frankreich im Vergleich 19. und 20. Jahrhundert, Göttingen 1995, S. 66–85.

–, Nation und Nationalismus in Deutschland. 1770–1990, München 1996.

Dantine, Wilhelm, Frühromantik, Romantik, Idealismus, in: Rengstorf, Heinrich / Kortzfleisch, Siegfried von (Hg.), Kirche und Synagoge. Handbuch zur Geschichte von Christen und Juden. Darstellung mit Quellen. Bd. 2, München 1988, S. 177–221.

Dascal, M., Art. Controverse et Polémiques, in: Blay, Michel / Halleux, Robert / Barthélemy, Georges (Hg.), La science classique. XVIe–XVIIIe siècle; dictionnaire critique, Paris 1998, S. 26–35.

Dechent, Schudt, Johann Jacob, in: ADB Bd. 32, Berlin 1875–1912, S. 651–652.

Dembrowski, Hermann, Schleiermacher und die Juden, in: Wengst, Klaus (Hg.), Ja und Nein. Christliche Theologie im Angesicht Israels, Neuenkirchen 1998, S. 319–329.

Deutsch, Yaacov, Johann Jacob Schudt. Der erster Ethnograph der jüdischen Gemeinde in Frankfurt am Main, in: Backhaus, Fritz (Hg.), Die Frankfurter Judengasse. Jüdisches Leben in der Frühen Neuzeit, Frankfurt am Main 2007, S. 67–76.

Diemling, Maria, »Daß man unter so viel tausend Menschen so fort einen Juden erkennen kan«. Johann Jacob Schudt und der jüdische Körper, in: Backhaus, Fritz (Hg.), Die Frankfurter Judengasse. Jüdisches Leben in der Frühen Neuzeit, Frankfurt am Main 2007, S. 77–89.

Dienemann, Max, Liberales Judentum, Berlin 2000.

Diesch, Carl, Bibliographie der germanischen Zeitschriften, Leipzig 1927.

Döcker, Ulricke, Die Ordnung der bürgerlichen Welt. Verhaltensideale und soziale Praktiken im 19. Jahrhundert, Frankfurt am Main 1994.

Dülmen, Richard v., Religion und Gesellschaft. Beiträge zu einer Religionsgeschichte der Neuzeit, Frankfurt am Main 1989.

Echternkamp, Jörg, Der Aufstieg des deutschen Nationalismus (1774–1840), Frankfurt am Main 1998.

Eckhardt, Fritz, Die Turnerbewegung, Frankfurt am Main 1925.
Edelheim-Muehsam, M. T., The Jewish Press in Germany, in: LBIYB (1956), H. 1, S. 163–176.
Eichstätt, Volkmar, Bibliographie zur Geschichte der Judenfrage, Hamburg 1938.
Elbogen, Ismar / Sterling, Eleonore, Geschichte der Juden in Deutschland, Hamburg 1993.
Engelsing, Rolf, Analphabetentum und Lektüre. Zur Sozialgeschichte des Lesens in Deutschland zwischen feudaler und industrieller Gesellschaft, Stuttgart 1973.
Erb, Rainer / Bergmann, Werner, Die Nachtseite der Judenemanzipation. Der Widerstand gegen die Integration der Juden in Deutschland 1780–1860, Berlin 1989.
Estermann, Alfred (Hg.), Politische Avantgarde 1830–1840. Eine Dokumentation zum ›Jungen Deutschland‹. Bd. 1, Frankfurt am Main 1972.
–, Die deutschen Literatur Zeitschriften 1815–1850, München 1990.
Etges, Andreas, Von der ›vorgestellen‹ zur ›realen‹ Gefühls- und Interessensgemeinschaft? Nation und Nationalismus in Deutschland von 1830 bis 1848, in: Echternkamp, Jörg / Müller, Sven Oliver (Hg.), Die Politik der Nation. Deutscher Nationalismus in Krieg und Krisen 1760–1960, Oldenbourg 2002, S. 61–80.
Fauser, Markus, Geselligkeit, Bibliotheken, Lesekultur. Konzepte und Perspektiven der Forschung, in: ders. / Adam, Wolfgang / Pott, Ute (Hg.), Geselligkeit und Bibliothek. Lesekultur im 18. Jahrhundert, Göttingen 2005, S. 13–29.
Fechner, Jörg-Ulrich, Nachwort, in: ders. (Hg.), Das Leben der schwedischen Gräfin G..., Stuttgart 1968, S. 163–165.
Fehrenbach, Elisabeth, Bürgertum und Liberalismus. Die Umbruchsperiode 1770–1815, in: Gall, Lothar (Hg.), Bürgertum und bürgerlich-liberale Bewegung in Mitteleuropa seit dem 18. Jahrhundert, München 1997, S. 1–62.
Fischer, Heinz-Dietrich (Hg.), Deutsche Zeitschriften des 17. bis 20. Jahrhunderts, München 1973.
Fischer, Heinz-Dietrich, Handbuch der politischen Presse in Deutschland 1480–1980, Düsseldorf 1981.
Fischer, Horst, Judentum, Staat und Heer in Preußen im frühen 19. Jahrhundert, Tübingen 1968.
Fischer, Heinz-Dietrich / Schottle, Rainer, Kampf um publizisitsche Liberalität. Schriften und Aktivitäten zu Konzeption, Realisierung und erneuter Einbuße von Pressefreiheit 1830–1833 von Carl Theodor Welcker, Bochum 1981.
Foerster, Cornelia, Der Preß- und Vaterlandsverein 1832/33. Sozialstruktur und Organisationsformen der bürgerlichen Bewegung von der Zeit des Hambacher Festes, Trier 1981.
Francois, Etienne / Siegrist, Hannes / Vogel, Jakob, Die Nation. Vorstellungen, Inszenierungen, Emotionen, in: dies. (Hg.), Nation und Emotion. Deutschland und Frankreich im Vergleich 19. und 20. Jahrhundert, Göttingen 1995, S. 13–35.
Frankel, Ernst, David Friedländer und seine Zeit, in: ZGJD (1936), H. 2–3, S. 65–77.
Freund, Ismar, Die Emanzipation der Juden in Preußen unter besonderer Berücksichtigung des Gesetzes vom 11. März 1812. Ein Beitrag zur Rechtsgeschichte der Juden in Preußen. 2 Bände, Berlin 1912.
–, Die deutsche Judenfrage vor 100 Jahren, in: ZGJD (1935), H. 1, S. 34–42.
–, David Friedländer und die politische Emanzipation der Juden in Preußen, in: ZGJD (1936), H. 2–3, S. 77–92.
Frevert, Ute / Schreiterer, Ulrich, Treue. Ansichten des 19. Jahrhunderts, in: Hettling, Manfred / Nolte, Paul (Hg.), Nation und Gesellschaft in Deutschland. Historische Essays, München 1996, S. 217–256.
Frie, Ewald, Friedrich August Ludwig von der Marwitz 1777–1837. Biographie eines Preußen, Paderborn 2001.
Friedrich Naumann Stiftung (Hg.), Das deutsche Judentum und der Liberalismus. German Jewry and liberalism, Königswinter 1986.

Funk, Werner, Die Verfassungsfrage im Spiegel der Augsburger ›Allgemeinen Zeitung‹, Berlin 1977.
Funkenstein, Amos, Jüdische Geschichte und ihre Deutungen, Frankfurt am Main 1995.
Füssl, Wilhlem, Professor in der Politik Friedrich Julius Stahl (1802–1861). Das monarchische Prinzip und seine Umsetzung in die Parlamentarische Praxis, Göttingen 1988.
Gablentz, Otto Heinrich v. d., Reaktion und Restauration, in: Schumann, Hans-Gerd (Hg.), Konservatismus, Königstein 1984, S. 76–88.
Geiger, Ludwig, Geschichte der Juden in Berlin. Als Festschrift zur zweiten Säkular-Feier. Im Auftrag des Vorstandes der Berliner Gemeinde. Bd. II. Anmerkungen, Ausführungen und urkundliche Beilagen, Berlin 1871.
Gerhardt, Johannes, Der Erste Vereinigte Landtag in Preußen von 1847. Untersuchungen zu einer ständischen Körperschaft im Vorfeld der Revolution von 1848/49, Berlin 2007.
Gerson, Daniel, Die Kehrseite der Emanzipation in Frankreich. Judenfeindschaft im Elsass 1778 bis 1848, Essen 2006.
–, »Den Juden ist als Nation alles zu verweigern und als Individuen alles zu gewähren.«. Ein französisches Modell der Judenemanzipation?, in: Diekmann, Irene A. (Hg.), Das Emanzipationsedikt von 1812 in Preußen der lange Weg der Juden zu »Einländern« und »preußischen Staatsbürgern«, Berlin 2013, S. 127–142.
Gerth, Hans H., Bürgerliche Intelligenz um 1800. Zur Soziologie des deutschen Frühliberalismus, Göttingen 1976.
Gessinger, Joachim, Sprache und Bürgertum, Stuttgart 1980.
Giesen, Bernhard / Junge, Kay, Vom Patriotismus zum Nationalismus. Zur Evolution der ›Deutschen Kulturnation‹, in: Giesen, Bernhard (Hg.), Nationale und kulturelle Identität, Frankfurt am Main 1991, S. 255–303.
Goldenbaum, Ursula, Die öffentliche Debatte in der deutschen Aufklärung 1697–1796. Einleitung, in: dies. / Grunert, Frank (Hg.), Appell an das Publikum. Die öffentliche Debatte in der deutschen Aufklärung 1687–1796, Berlin 2004, S. 1–118.
–, Vorwort, in: dies. / Grunert, Frank (Hg.), Appell an das Publikum. Die öffentliche Debatte in der deutschen Aufklärung 1687–1796, Berlin 2004, S. VII–XI.
Goltermann, Svenja, Figuren der Freiheit, in: Hettling, Manfred / Nolte, Paul (Hg.), Nation und Gesellschaft in Deutschland. Historische Essays, München 1996, S. 149–169.
Göpfert, Herbert G. / Weyrauch, Erdmann, »Unmoralisch an sich…«. Zensur im 18. und 19. Jahrhundert, Wiesbaden 1988.
Gosewinkel, D., Einbürgern und Ausschliessen. Die Nationalisierung der Staatsangehörigkeit vom Deutschen Bund bis zur Bundesrepublik Deutschland, Göttingen 2001.
Gotzmann, Andreas, Zwischen Nation und Religion. Die deutschen Juden auf der Suche nach einer bürgerlichen Konfessionalität, in: ders. / Liedtke, Rainer / Rahden, Till van (Hg.), Juden, Bürger, Deutsche. Zur Geschichte von Vielfalt und Differenz 1800–1933, Tübingen 2001, S. 241–261.
–, Eigenheit und Einheit. Modernisierungsdiskurse des deutschen Judentums der Emanzipationszeit, Leiden 2002.
Gotzmann, Andreas / Liedtke, Rainer / Rahden, Till van (Hg.), Juden, Bürger, Deutsche. Zur Geschichte von Vielfalt und Differenz 1800–1933, Tübingen 2001.
Grab, Walter (Hg.), Deutsche Aufklärung und Judenemanzipation. Internationales Symposium anläßlich der 250. Geburtstage Lessings und Mendelssohns, Dezember 1979, Tel Aviv 1980.
–, Der deutsche Weg der Judenemanzipation, München 1991.
Graetz, Michael, Judentum und Moderne. Die Rolle des aufsteigenden Bürgertums im Politisierungsprozeß der Juden, in: Grözinger, Karl E. (Hg.), Judentum im deutschen Sprachraum, Frankfurt am Main 1991, S. 259–279.
–, Jüdische Aufklärung, in: Meyer, Michael A. (Hg.), Deutsch-Jüdische Geschichte in der Neuzeit. 4 Bände. Bd. 1, München 1996, S. 251–350.

Graetz, H. / Brann, M., Geschichte der Juden vom Beginn der Mendelssohn'schen Zeit (1750) bis in die neueste Zeit (1848) (Geschichte der Juden von den ältesten Zeiten bis auf die Gegenwart, Bd. 11), Leipzig ²1900.

Gramley, Hedda, Christliches Vaterland – einiges Volk. Zum Protestantismus und Nationalismus von Theologen und Historikern 1848 bis 1880, in: Echternkamp, Jörg / Müller, Sven Oliver (Hg.), Die Politik der Nation. Deutscher Nationalismus in Krieg und Krisen 1760–1960, Oldenbourg 2002, S. 81–106.

Grass, Karl Martin / Koselleck, Reinhard, Art.: Emanzipation, in: Brunner, Otto / Conze, Werner / Koselleck, Reinhard (Hg.), GGr. Bd. 2, Stuttgart 2004, S. 153–197.

Graupe, Heinz Mosche, Die Entstehung des modernen Judentums. Geistesgeschichte der deutschen Juden 1650–1942, Hamburg 1969.

Greiling, Werner, Presse und Öffentlichkeit in Thüringen. Mediale Verdichtung und kommunikative Vernetzung im 18. und 19. Jahrhundert, Köln 1992.

Grossert, Werner, Sulamith, die Friedliebende aus Dessau (1806–1848). Die erste jüdische Zeitschrift in deutscher Sprache und deutscher Schrift, Dessau 2001.

Groth, Otto, Die Zeitung. Ein System der Zeitungskunde. Bd. 1, Mannheim 1928.

Grünewald, Pichas Paul, Eine jüdische Offenbarungslehre. Samson Raphael Hirsch, Bern 1977.

Guesnet, Francois, Polnische Juden im 19. Jahrhundert. Lebensbedingungen, Rechtsnormen und Organisation im Wandel, Köln 1998.

Günther, Horst, Mirabeau – Der Redner der Revolution. Reden, Briefe und Schriften, Frankfurt am Main 1989.

Habermas, Jürgen, Strukturwandel und Öffentlichkeit, Untersuchungen zu einer Kategorie der bürgerlichen Gesellschaft, Frankfurt am Main 1990.

Habermas, Rebekka, Rituale des Gefühls, in: Hettling, Manfred / Hoffmann, Stefan-Ludwig (Hg.), Der bürgerliche Wertehimmel. Innenansichten des 19. Jahrhunderts, Göttingen 2000, S. 169–192.

Hagen, W.W., Germans, Poles and Jews. The Nationality Conflict in the Prussian East 1772–1914, London 1980.

Hahl, Werner, Die Einstellung des deutschen Protestantismus zur literarischen Kultur im 19. Jahrhundert (1820–1880), in: Häntzschel, Günter / Ormrod, John / Renner, Karl N. (Hg.), Zur Sozialgeschichte der deutschen Literatur von der Aufklärung bis zur Jahrhundertwende, Tübingen 1985, S. 151–196.

Hahn, Hans-Werner (Hg.), Bürgerliche Werte um 1800 – Entwurf – Vermittlung – Rezeption, Köln 2003.

Härtl, Heinz, Arnim und Goethe. Zum Goethe-Verständnis der Romantiker im ersten Jahrzehnt des 19. Jahrhunderts, Halle 1971.

Hartmann, Stefan, Die Bedeutung des Hardenbergschen Edikts von 1812 für den Emanzipationsprozeß der preußischen Juden im 19. Jahrhundert, in: Sösemann, Bernd (Hg.), Gemeingeist und Bürgersinn. Die preußischen Reformen, Berlin 1995, S. 247–260.

Hattenauer, Hans, Einleitung, in: ders. (Hg.), Allgemeines Landrecht für die Preußischen Staaten von 1794, Neuwied 1994, S. 1–31.

Haug, Wolfgang Fritz, Antisemitismus in marxistischer Sicht, in: Strauss, Herbert A. / Kampe, Norbert (Hg.), Antisemititmus. Von der Judenfeindschaft zum Holocaust, Frankfurt am Main 1995, S. 234–255.

Haußmann, Balthasar, Zwischen Verbauerung und Volksaufklärung. Kurmärkische Landprediger in der zweiten Hälfte des 18. Jahrhunderts, o. O. 1999.

Heenemann, Horst, Die Auflagenhöhe der deutschen Zeitungen, Leipzig 1929.

Heine, Heinrich, Lutezia. Berichte über Politik, Kunst und Volksleben (Vermischte Schriften, Bd. 2), Hamburg 1854.

Heine, Heinrich / Kaufmann, Eva / Kaufmann, Hans, Werke und Briefe. In zehn Bänden. Bd. 6, Berlin ²1972.

Heinrich, Gerda, ›Juden müssen sich also gar nicht einmischen…‹. Mendelssohn als Initiator und Mentor der Debatte um die ›bürgerliche Verbesserung der Juden‹ 1781–1786, in: Menora, Jahrbuch für deutsch-jüdische Geschichte (2001), S. 39–65.

–, »…man sollte itzt beständig das Publikum über diese Materie en haleine halten«. Die Debatte um »bürgerliche Verbesserung« der Juden 1781–1786, in: Goldenbaum, Ursula / Grunert, Frank (Hg.), Appell an das Publikum. Die öffentliche Debatte in der deutschen Aufklärung 1687–1796, Berlin 2004, S. 813–895.

Heither, Dietrich / Gehler, Michael / Kurth, Alexandra / Schäfer, Gerhard (Hg.), Blut und Paukboden. Eine Geschichte der Burschenschaften, Frankfurt am Main 1997.

Herrmann, Ulrich, Von der ›Staatserziehung‹ zur ›Nationsbildung‹. Nationalerziehung, Menschenbildung und Nationalbildung um 1800 am Beispiel Preußen, in: ders. (Hg.), Volk-Nation-Vaterland, Hamburg 1996, S. 207–222.

Herrmann, Kai / Hogrebe, Wolfram (Hg.), Jakob Friedrich Fries. Philosoph, Naturwissenschaftler und Mathematiker, Frankfurt am Main 1999.

Hertz, Deborah, Wie Juden Deutsche wurden. Die Welt jüdischer Konvertiten vom 17. bis zum 19. Jahrhundert, Frankfurt am Main 2010.

Herzig, Arno, 1815–1850. Der Emanzipationsprozeß zwischen dem Wiener Kongreß und der Revolution von 1848/49, in: Schmale, Wolfgang (Hg.), Bericht über die 38. Versammlung deutscher Historiker in Bochum, Stuttgart 1991, S. 197–199.

–, Die Juden in Hamburg 1780–1860, in: ders. / Rohde, Saskia (Hg.), Die Geschichte der Juden in Hamburg 1590 bis 1990. Wissenschaftliche Beiträge der Universität Hamburg zur Ausstellung »Vierhundert Jahre Juden in Hamburg, Hamburg 1991, S. 61–76.

–, Jüdische Geschichte in Deutschland. Von den Anfängen bis zur Gegenwart, München 1997.

Herzig, Arno / Horch, Hans-Otto / Jütte, Robert, Einleitung, in: dies. (Hg.), Judentum und Aufklärung. Jüdisches Selbstverständnis in der bürgerlichen Öffentlichkeit, Göttingen 2002, S. 7–29.

Herzl, Theodor, Der Judenstaat. Versuch einer modernen Lösung der Judenfrage, Zürich 1990.

Hettling, Manfred, Politische Bürgerlichkeit. Der Bürger zwischen Individualität und Vergesellschaftung in Deutschland und der Schweiz 1860–1918, Göttingen 1999.

–, Bürgerliche Kultur. Bürgerlichkeit als kulturelles System, in: Lundgreen, Peter (Hg.), Sozial- und Kulturgeschichte des Bürgertums. Eine Bilanz des Bielefelder Sonderforschungsbereichs (1986–1997), Göttingen 2000, S. 319–339.

–, Die persönliche Selbständigkeit, in: ders. / Hoffmann, Stefan-Ludwig (Hg.), Der bürgerliche Wertehimmel. Innenansichten des 19. Jahrhunderts, Göttingen 2000, S. 57–78.

Hettling, Manfred / Hoffmann, Stefan-Ludwig (Hg.), Der bürgerliche Wertehimmel. Innenansichten des 19. Jahrhunderts, Göttingen 2000.

Hettling, Manfred / Hoffmann, Stefan-Ludwig, Einleitung. Zur Historisierung bürgerlicher Werte, in: dies. (Hg.), Der bürgerliche Wertehimmel. Innenansichten des 19. Jahrhunderts, Göttingen 2000, S. 7–21.

Hintze, Otto, Die Hohenzollern und ihr Werk 1415–1915, Hamburg 1987.

Hirsch, Helmut, ›Frauen, Franzosen, Philister und Juden‹. Zu den Ausschlußklauseln der Tischgesellschaft, in: Härtl, Heinz / Schultz, Hartwig (Hg.), Die Erfahrung anderer Länder. Beiträge eines Wiepersdorfer Kolloquiums zu Achim und Bettina von Arnim, Berlin 1994, S. 153–164.

Hirsch, Samson Raphael, Die Religion im Bunde mit dem Fortschritt, Frankfurt am Main 1854.

Hodenberg, Christina von, Der Fluch des Geldsacks, in: Hettling, Manfred / Hoffmann, Stefan-Ludwig (Hg.), Der bürgerliche Wertehimmel. Innenansichten des 19. Jahrhunderts, Göttingen 2000, S. 79–104.

Hoenig, Sidney, The Great Sanhedrin. A study of the origin, development, composition and function of the Bet Din ha-Gadol during the Second Jewish commonwealth, Philadelphia 1953.

Hoffmann, Stefan-Ludwig, Die Politik der Geselligkeit. Freimaurerlogen in der deutschen Bürgergesellschaft 1840–1918, Göttingen 2000.

–, Bürger zweier Welten? Juden und Freimaurer im 19. Jahrhundert, in: Gotzmann, Andreas / Liedtke, Rainer / Rahden, Till van (Hg.), Juden, Bürger, Deutsche. Zur Geschichte von Vielfalt und Differenz 1800–1933, Tübingen 2001, S. 97–119.

Hofmeister-Hunger, Andrea, Pressepolitik und Staatsreform. Die Institutionalisierung staatlicher Öffentlichkeit bei Karl August von Hardenberg (1792–1822), Göttingen 1994.

Hölscher, Lucian, Die Religion des Bürgers. Bürgerliche Frömmigkeit und Protestantische Kirche im 19. Jahrhundert, in: HZ (1990), Bd. 250, S. 595–627.

–, Möglichkeiten und Grenzen der statistischen Erfassung kirchlicher Bindungen, in: Elm, Kaspar / Loock, Hans-Dietrich (Hg.), Seelsorge und Diakonie in Berlin. Beiträge zum Verständnis von Kirche und Großstadt im 19. und beginnenden 20. Jahrhundert, Berlin 1990, S. 39–59.

–, Säkularisierungsprozesse im deutschen Protestantismus des 19. Jahrhunderts. Ein Vergleich zwischen Bürgertum und Arbeiterschaft, in: Puhle, Hans-Jürgen (Hg.), Bürger in der Gesellschaft der Neuzeit. Wirtschaft, Politik, Kultur, Göttingen 1991, S. 238–259.

–, Bürgerliche Religiosität im protestantischen Deutschland des 19. Jahrhunderts, in: Schieder, Wolfgang (Hg.), Religion und Gesellschaft im 19. Jahrhundert, Stuttgart 1993, S. 191–215.

Hölscher, Lucian (Hg.), Datenatlas zur religiösen Geographie im protestantischen Deutschland. Von der Mitte des 19. Jahrhunderts bis zum Zweiten Weltkrieg, Berlin 2001.

Holzer, Jerzy, Zur Frage der Akkulturation der Juden in Galizien im 19. und 20. Jahrhundert, Wiesbaden 1989.

–, Die galizischen Juden, Deutschtum und Polentum, in: Maier, Robert / Stöber, Georg (Hg.), Zwischen Abgrenzung und Assimilation – Deutsche, Polen und Juden. Schauplätze ihres Zusammenlebens von der Zeit der Aufklärung bis zum Beginn des Zweiten Weltkrieges (Studien zur internationalen Schulbuchforschung, Bd. 88), Hannover 1996, S. 125–137.

Honigmann, Peter, Jewish Conversions. A Measure of Assimilation. A Discussion of the Berlin Secession Statistics of 1770–1941, in: LBIYB 34 (1989), S. 3–45.

Horch, Otto / Denkler, Horst (Hg.), Conditio Judaica. Judentum, Antisemitismus und deutschsprachige Literatur vom 18. Jahrhundert bis zum 1. Weltkrieg. Bd. 2, Tübingen 1989.

Hortzitz, Nicoline, ›Früh Antisemitismus‹ in Deutschland (1789–1871/72). Strukturelle Untersuchungen zu Wortschatz, Text und Argumentation, Tübingen 1988.

Huber, Ernst Rudolf, Deutsche Verfassungsgeschichte seit 1789. Bd. I. Reform und Restauration 1789–1830, Stuttgart 1990.

–, Dokumente zur deutschen Verfassungsgeschichte. Bd. I. Reform und Restauration 1798–1830, Stuttgart 1995.

Hubmann, Gerald, Ethnische Überzeugung und politisches Handeln. Jakob Friedrich Fries und die deutsche Tradition der Gesinnungsethik, Heidelberg 1997.

Hübscher, Marieluise, Die Königleichen Schauspiele zu Berlin unter der Intendanz des Grafen Brühl (1815–1828), Berlin 1960.

Jacobs, Jack, Sozialisten und die ›jüdische Frage‹ nach Marx, Mainz 1994.

Jensen, Uffa, Gebildete Doppelgänger. Bürgerliche Juden und Protestanten im 19. Jahrhundert, Göttingen 2005.

Jersch-Wenzel, Stefi, Rechtslage und Emanzipation, in: Meyer, Michael A. (Hg.), Deutsch-Jüdische Geschichte in der Neuzeit. 4 Bände. Bd. 2, München 1996, S. 15–56.

–, Juden in Preußen. Preußische Juden?, in: Volkov, Shulamit / Stern, Frank (Hg.), Sozialgeschichte der Juden in Deutschland, Tel Aviv 1999, S. 437–448.

Joas, Hans, Die Entstehung der Werte, Frankfurt am Main 1997.

Kampmann, Wanda, Deutsche und Juden. Die Geschichte der Juden in Deutschland vom Mittelalter bis zum Beginn des Ersten Weltkriegs, Frankfurt am Main 1979.

Kant, Immanuel, Schriften zur Anthropologie, Geschichtsphilosophie, Politik und Pädagogik, in: Weischedel, Wilhelm (Hg.), Immanuel Kant Werkausgabe in 12 Bänden. Bd. 12, Frankfurt am Main 1974–2004, S. 399–908.

Kant, Immanuel / Ebeling, Hans, Anthropologie in pragmatischer Hinsicht (Reclams Universal-Bibliothek, Bd. 7541), Stuttgart 1983.

Kaschuba, Wolfgang, Deutsche Bürgerlichkeit nach 1800. Kultur als symbolische Praxis, in: Kocka, Jürgen (Hg.), Das Bürgertum im 19. Jahrhundert. Bd. 2. Wirtschaftsbürger und Bildungsbürger, Göttingen 1995, S. 92–127.

Katz, Jacob, Die Entstehung der Judenassimilation in Deutschland und deren Ideologie, Frankfurt am Main 1936.

–, Jews and Freemasons in Europe 1723–1939, Cambridge 1970.

–, A State within a State. The History of an Anti-Semitic Slogan, in: ders. (Hg.), Zur Assimilation und Emanzipation der Juden. Ausgewählte Schriften, Darmstadt 1982, S. 124–153.

–, Die historische Bedeutung der Judenemanzipation, in: ders. (Hg.), Zur Assimilation und Emanzipation der Juden. Ausgewählte Schriften, Darmstadt 1982, S. 154–165.

–, Juden und Judentum im 19. Jahrhundert, in: ders. (Hg.), Zur Assimilation und Emanzipation der Juden. Ausgewählte Schriften, Darmstadt 1982, S. 166–184.

–, The Term ›Jewish Emancipation‹. Its Origions and Historical Impact, in: ders. (Hg.), Zur Assimilation und Emanzipation der Juden. Ausgewählte Schriften, Darmstadt 1982, S. 99–123.

–, Der Orden der Asiatischen Brüder, in: Reinalter, Helmut (Hg.), Freimaurer und Geheimbünde im 18. Jahrhundert in Mitteleuropa (Suhrkamp Taschenbuch Wissenschaft, Bd. 403), Frankfurt am Main 1983, S. 240–283.

–, Aus dem Ghetto in die bürgerliche Gesellschaft, Frankfurt am Main 1986.

–, Vom Vorurteil zur Vernichtung. Der Antisemitismus 1700–1933, Berlin 1990.

–, Die Hep-Hep Verfolgungen des Jahres 1819, Berlin 1994.

–, Frühantisemitismus, in: ders. / Rengstorf, Heinrich (Hg.), Begegnung von Deutschen und Juden in der Geistesgeschichte des 18. Jahrhunderts, Tübingen 1994, S. 79–89.

Kemlein, Sophia, Die Posener Juden 1815–1848. Entwicklungsprozesse einer polnischen Judenheit unter preußischer Herrschaft, Hamburg 1997.

Kemper, Dirk (Hg.), Mißbrauchte Aufklärung? Schriften zum preußischen Religionsedikt vom 9. Juli 1788; 118 Schriften auf 202 Mikrofiches, Hildesheim 1996.

Kirchner, Joachim, Das deutsche Zeitschriftenwesen, seine Geschichte und seine Probleme. Bd. I. Von den Anfängen des Zeitschriftenwesens bis zum Ausbruch der Französischen Revolution, Leipzig 1942.

–, Das deutsche Zeitschriftenwesen seine Geschichte und seine Probleme. Bd. II. Vom Wiener Kongreß zum Ausgang des 19. Jahrhunderts, Wiesbaden 1962.

Klatzkin, Jacob (Hg.), Encyclopaedia Judaica. Das Judentum in Geschichte und Gegenwart, Berlin 1928–1934.

–, Grundlagen des Nationaljudentums, in: Der Jude (November 1916), H. 8, S. 534–544.

Kleßmann, Eckart, Romantik und Antisemitismus, in: Der Monat (Juni 1969), H. 249, S. 65–71.

Klugmann, Eliyahn Meir, Rabbin Samson Raphael Hirsch. Architect of Torah Judaism for the Modern World, Brooklyn 1998.

Kobler, Franz, Juden und Judentum in deutschen Briefen aus drei Jahrhunderten, Wien 1935.

Kocka, Jürgen, Bürgertum und Bürgerlichkeit als Problem der deutschen Geschichte vom späten 18. zum frühen 20. Jahrhundert, in: ders. (Hg.), Bürger und Bürgerlichkeit im 19. Jahrhundert, Göttingen 1987, S. 21–63.

–, Einleitung, in: ders. (Hg.), Bürger und Bürgerlichkeit im 19. Jahrhundert, Göttingen 1987, S. 7–20.

–, Bildungsbürgertum. Gesellschaftliche Formation oder Historikerkonstrukt, in: ders. (Hg.), Bildungsbürgertum im 19. Jahrhundert. Bd. IV. Politischer Einfluß und gesellschaftliche Formation, Stuttgart 1989, S. 9–20.

Kocka, Jürgen (Hg.), Das Bürgertum im 19. Jahrhundert. Bd. 2. Wirtschaftsbürger und Bildungsbürger, Göttingen 1995.

–, Das lange 19. Jahrhundert. Arbeit, Nation und bürgerliche Gesellschaft, Stuttgart 2001.

Kocka, Jürgen / Neugebauer, Wolfgang (Hg.), Acta Borussica, Neue Folge. Die Protokolle des Preußischen Staatsministeriums 1817–1934/38. Bd. 1. 19. März 1817 bis 30. Dezember 1829, Hildesheim 2001.

– (Hg.), Acta Borussica, Neue Folge. Die Protokolle des Preußischen Staatsministeriums 1817–1934/38. Bd. 3. 9. Juni 1840 bis 14. März 1848, Hildesheim 2004.

– (Hg.), Acta Borussica, Neue Folge. Die Protokolle des Preußischen Staatsministeriums 1817–1934/38. Bd. 2. 6. Januar 1830 bis 2. Juni 1840, Hildesheim 2004.

Kohnt, Adolph, Ludwig Feuerbach in seinen Beziehungen zum Judentum, in: AZJ (22.7.1904), Nr. 30, S. 355–358.

Koselleck, Reinhard, Preußen zwischen Reform und Revolution. Allgemeines Landrecht, Verwaltung und soziale Bewegung von 1791–1848, Stuttgart 1989.

–, Kritik und Krise, Frankfurt am Main 1992.

–, Volk, Nation, Nationalismus, Masse, in: ders. / Brunner, Otto / Conze, Werner (Hg.), GGr. Bd. 7, Stuttgart 2004, S. 141–431.

Koselleck, Reinhard / Spree, Ulrike / Steinmetz, Willibald, Drei bürgerliche Welten? Zur vergleichenden Semantik der bürgerlichen Gesellschaft in Deutschland, England und Frankreich, in: Puhle, Hans-Jürgen (Hg.), Bürger in der Gesellschaft der Neuzeit. Wirtschaft, Politik, Kultur, Göttingen 1991, S. 14–58.

Koszyk, Kurt, Deutsche Presse im 19. Jahrhundert. Geschichte der deutschen Presse. Bd. II, Berlin 1966.

–, Der jüdische Beitrag zum deutschen Presse- und Verlagswesen, in: Mosse, Werner E. / Pohl, Hans (Hg.), Jüdische Unternehmer in Deutschland im 19. und 20. Jahrhundert, Stuttgart 1992, S. 196–217.

Krebsbach, August, Die Preußische Städteordnung von 1808. Textausgabe mit Darstellung der Grundlagen und Entstehung der Städteordnung sowie der Fortentwicklung des preußischen Städterechts, Köln 1970.

Krobb, Florian, Selbstdarstellungen. Untersuchungen zur deutsch-jüdischen Erzählliteratur im 19. Jahrhundert, Würzburg 2000.

Kuhlemann, Frank-Michael, Bürgertum und Religion, in: Lundgreen, Peter (Hg.), Sozial- und Kulturgeschichte des Bürgertums. Eine Bilanz des Bielefelder Sonderforschungsbereichs (1986–1997), Göttingen 2000, S. 293–318.

Kunisch, Johannes, Absolutismus und Öffentlichkeit, in: Jäger, Hans-Wolf (Hg.), ›Öffentlichkeit‹ im 18. Jahrhundert, Göttingen 1997, S. 33–49.

Kürschner, J., Handbuch der Presse. Für Schriftsteller, Redaktionen, Verleger überhaupt für alle, die mit der Presse in Beziehung stehen, Berlin 1902.

Labuhn, Wolfgang, Ludwig Börne als politischer Publizist 1818–1837, in: Grab, Walter / Schoeps, Julius H. (Hg.), Juden im Vormärz und in der Revolution, Stuttgart 1983, S. 29–57.

Langer, Michael, Zwischen Vorurteil und Aggression. Zum Judenbild der deutschsprachigen katholischen Volksbildung des 19. Jahrhunderts, Freiburg 1994.

Langewiesche, Dieter, Frühliberalismus und Bürgertum 1815–1849, in: Gall, Lothar (Hg.), Bürgertum und bürgerlich-liberale Bewegung in Mitteleuropa seit dem 18. Jahrhundert, München 1997, S. 63–129.

Lappin, Eleonore / Nagel, Michael, Deutsch-jüdische Presse und jüdische Geschichte. Dokumente, Darstellungen, Wechselbeziehungen = The German-Jewish press and Jewish his-

tory: documents, representations, interrelations (Die jüdische Presse – Kommunikationsgeschichte im europäischen Raum), Bremen 2008.
Lässig, Simone, Jüdische Wege ins Bürgertum. Kulturelles Kapital und sozialer Aufstieg im 19. Jahrhundert, Göttingen 2004.
Laubert, Manfred, Die Judenfrage auf den Posener Provinziallandtagen von 1827 bis 1845, in: ZGJD (1932), H. 1, S. 30–46.
Lepsius, Rainer M., Zur Soziologie des Bürgertums und der Bürgerlichkeit, in: Kocka, Jürgen (Hg.), Bürger und Bürgerlichkeit im 19. Jahrhundert, Göttingen 1987, S. 79–100.
Lessing, Gotthold Ephraim, Die Juden, in: Steinsdorff, Sibylle von / Göpfert, Herbert Georg (Hg.), Werke, Gotthold Ephraim Lessing. Gedichte. Fabeln. Lustspiele, München 1970, S. 192–225.
Lewin, Adolf, Geschichte der badischen Juden seit der Regierung Karl Friedrichs (1738–1909), Karlsruhe 1909.
Lewin, Louis, Geschichte der Juden in Lissa, Pinne 1904.
Liberles, Robert, The historical context of Dohm's treatise on the Jews, in: Friedrich Naumann Stiftung (Hg.), Das deutsche Judentum und der Liberalismus. German Jewry and liberalism, Königswinter 1986, S. 44–69.
Liebeschütz, Hans, Judentum und deutsche Umwelt im Zeitalter der Restauration, in: ders. / Pauker, Arnold (Hg.), Das Judentum in der deutschen Umwelt 1800–1850, Tübingen 1977, S. 1–54.
Liesegang, Torsten, Öffentlichkeit und öffentliche Meinung. Theorien von Kant bis Marx (1780–1850), Würzburg 2004.
Lin, J., Die hebräische Presse, Berlin 1928.
Lindner, Erik, Patriotismus deutscher Juden von der napoleonischen Ära bis zum Kaiserreich. Zwischen korporativem Loyalismus und individueller deutsch-jüdischer Identität, Frankfurt am Main 1997.
Linke, Angelika, Sprachkultur und Bürgertum. Zur Mentalitätsgeschichte des 19. Jahrhunderts, Stuttgart 1996.
Littmann, Ellen, David Friedländers Sendschreiben an Probst Teller und sein Echo, in: ZGJD (1936), H. 2–3, S. 92–112.
Löw, Adolf, Die Frankfurter Bundeszentralbehörde von 1833–1842, Gelnhausen 1932.
Lowenstein, Steven M., The Pace of Modernisation of German Jewry in the Nineteenth Century, in: LBIYB XXI (1976), S. 41–56.
–, The Berlin Jewish Community. Enlightment, Family and Crisis 1770–1830, New York 1994.
–, The Jewishness of David Friedländer and the crisis of Berlin Jewry, Ramat-Gan 1994.
Luttrell, Barbara, Mirabeau, New York 1990.
Mahler, Raphael, Antisemitism in Poland, in: Pinson, Koppel S. (Hg.), Essays on antisemitism (Jewish social studies. Publications, Bd. 2), New York ²1946, S. 145–172.
Mantel, Hugo, Studies in the history of the Sanhedrin, Cambridge 1961.
Marr, Wilhelm, Der Sieg des Judenthums über das Germanenthum vom nicht confessionellen Standpunkte aus betrachtet, Bern 1879.
Marten-Finnis, Susanne / Bauer, Markus / Winkler, Markus, Die jüdische Presse. Forschungsmethoden – Erfahrungen – Ergebnisse; [der vorliegende Band ... enthält die Beiträge des Zweiten Belfaster Symposiums zur jüdischen Presse vom Februar 2005] (Presse und Geschichte – neue Beiträge, Bd. 28), Bremen 2007.
Martens, Wolfgang, Zur Figur des edlen Juden im Aufklärungsroman vor Gotthold Ephraim Lessing, in: Weber, Heinz Dieter (Hg.), Juden in der deutschen Literatur. 2 Bände. Bd. 1, Stuttgart 1984, S. 48–58.
Marx, Karl, Zur Judenfrage, Berlin 1920.
Maurer, Michael, Die Biographie des Bürgers. Lebensformen und Denkweisen in der formativen Phase des deutschen Bürgertums (1680–1815), Göttingen 1996.

Maurer, Trude, Die Entwicklung der jüdischen Minderheit in Deutschland (1780–1933). Neuere Forschung und offene Fragen, Tübingen 1992.
Mayer, Hans, Außenseiter, Frankfurt am Main 1977.
Mendheim, Max, Wagenseil, Christian Jakob, in: ADB Bd. 40, Berlin 1896, S. 479–481.
Mettele, Gisela, ›Bildungssinn und Bürgergeist‹. Gesellige Kultur in Köln im 19. Jahrhundert, in: Kaufhold, Karl Heinrich / Sösemann, Bernd (Hg.), Wirtschaft, Wissenschaft und Bildung in Preußen. Zur Wirtschafts- und Sozialgeschichte Preußens vom 18. bis zum 20. Jahrhundert, Stuttgart 1998, S. 161–177.
Meusel, Friedrich (Hg.), Friedrich August Ludwig von der Marwitz. Ein märkischer Edelmann im Zeitalter der Befreiungskriege, Berlin 1913.
Meyer, Michael A., Response to Modernity. A History of the Reform Movement in Judaism, New York 1988.
–, Von Moses Mendelssohn bis Leopold Zunz. Jüdische Identität in Deutschland 1749–1824, München 1994.
–, Judentum und Christentum, in: ders. (Hg.), Deutsch-Jüdische Geschichte in der Neuzeit. 4 Bände. Bd. 2, München 1996, S. 177–207.
–, Jüdische Gemeinden im Übergang, in: ders. (Hg.), Deutsch-Jüdische Geschichte in der Neuzeit. 4 Bände. Bd. 2, München 1996, S. 96–134.
–, Jüdische Identität in den Jahrzehnten nach 1848, in: ders. (Hg.), Deutsch-Jüdische Geschichte in der Neuzeit. 4 Bände. Bd. 2, München 1996, S. 326–355.
–, Jüdisches Selbstverständnis, in: ders. (Hg.), Deutsch-Jüdische Geschichte in der Neuzeit. 4 Bände. Bd. 2, München 1996, S. 135–176.
–, Vorwort, in: ders. (Hg.), Deutsch-Jüdische Geschichte in der Neuzeit. 4 Bände. Bd. 2, München 1996, S. 9–14.
–, Antwort auf die Moderne. Geschicht der Reformbewegung im Judentum, Wien 2000.
Meyer, Michael A. (Hg.), Deutsch-Jüdische Geschichte in der Neuzeit. 4 Bände, München 1996.
Meyer, P. A. G., Corpus Juris Confoederationis Germanicae oder Staatsacten für Geschichte und öffentliches Recht des Deutschen Bundes: Beschlüsse der Deutschen Bundesversammlung. Bd. 2, Frankfurt am Main 1859.
Michaelis, Alfred (Hg.), Die Rechtsverhältnisse der Juden in Preußen seit dem Beginne des 19. Jahrhunderts. Gesetze, Erlasse, Verordnungen, Entscheidungen, Berlin 1910.
Mieck, Ilja, Preußen von 1807 bis 1850. Reform, Restauration und Revolution, in: Büsch, Otto (Hg.), Handbuch der preußischen Geschichte. Bd. 2. Das 19. Jahrhundert und Große Themen der Geschichte Preußens, Berlin 1992, S. 3–292.
Möller, Horst, Aufklärung, Judenemanzipation und Staat. Ursprung und Wirkung von Dohms Schrift ›Über die bürgerliche Verbesserung der Juden‹, in: Grab, Walter (Hg.), Deutsche Aufklärung und Judenemanzipation. Internationales Symposium anläßlich der 250. Geburtstage Lessings und Mendelssohns, Dezember 1979, Tel Aviv 1980, S. 119–153.
–, Vernunft und Kritik. Deutsche Aufklärung im 17. und 18. Jahrhundert, Frankfurt am Main 1986.
–, Über die bürgerliche Verbesserung der Juden. Christian Wilhelm Dohm und seine Gegner, in: Awerbuch, Marianne / Jersch-Wenzel, Stefi (Hg.), Bild und Selbstbild der Juden zwischen Aufklärung und Romantik, Berlin 1992, S. 59–79.
Mommsen, Wolfgang J., 1848. Die ungewollte Revolution. Die revolutionären Bewegungen in Europa 1830–1849, Frankfurt am Main 1998.
Mosse, Georg L., Jüdische Intellektuelle in Deutschland. Zwischen Religion und Nationalismus, Frankfurt am Main 1992.
Müller, Johann Baptist, Die Staatslehre Friedrich Julius Stahl, München 1999.
Müller, Thomas Christian, Der Schmuggel politischer Schriften. Bedingungen exilliterarischer Öffentlichkeit in der Schweiz und im Deutschen Bund (1830–1848), Tübingen 2001.

Myoung-Jae, Kim, Staat und Gesellschaft bei Friedrich Julius Stahl. Eine Innenansicht seiner Staatsphilosophie, Hannover 1993.

Nabrings, Arie, Friedrich Julius Stahl. Rechtsphilosophie und Kirchenpolitik, Bielefeld 1983.

Nagel, Michael, »und thut nichts zur Sache, daß man dieselbe im Römischen Reich duldete«. Positionen zum Judenthum in der deutschen Meinungspresse zwischen 1700 und 1750, in: ders. / Zimmermann, Moshe (Hg.), Judenfeindschaft und Antisemitismus in der deutschen Presse über fünf Jahrhunderte. Erscheinungsformen, Rezeption, Debatte und Gegenwehr. 2 Bände, Bremen 2013, S. 79–112.

Nauen, Franz, Diverging Conceptions of a Jewish renaissance in the early thought of Abraham Geiger and Samson Raphael Hirsch, in: Jahrbuch des Instituts für Geschichte (1981), Bd. 10, S. 191–219.

Neidhardt, Friedhelm, Öffentlichkeit, Öffentliche Meinung, Soziale Bewegungen, in: ders. (Hg.), Öffentlichkeit, öffentliche Meinung, soziale Bewegung, Opladen 1994, S. 7–41.

Neubauer, Hans-Joachim, Auf Begehr: Unser Verkehr, in: Erb, Rainer / Schmidt, Michael (Hg.), Antisemitismus und jüdische Geschichte. Studien zu Ehren von Herbert A. Strauss, Berlin 1987, S. 313–327.

Neugebauer, Wolfgang, Handbuch zur preußischen Geschichte. Vom Kaiserreich zum 20. Jahrhundert und Große Themen der Geschichte Preußens. Bd. 3, Paris 1971.

Nienhaus, Stefan, Vaterland und engeres Vaterland. Deutscher und preußischer Nationalismus in der Tischgesellschaft, in: Härtl, Heinz / Schultz, Hartwig (Hg.), Die Erfahrung anderer Länder. Beiträge eines Wiepersdorfer Kolloquiums zu Achim und Bettina von Arnim, Berlin 1994, S. 127–151.

–, Geschichte der deutschen Tischgesellschaft, Tübingen 2003.

Niewöhner, Friedrich, Entdecktes Judentum und jüdische Augen=Gläser. Johann Andreas Eisenmenger, in: Dülmen, Richard van (Hg.), Denkwelten um 1700. Zehn intellektuelle Profile, Köln 2002, S. 167–180.

Nipperdey, Thomas, Verein als soziale Struktur in Deutschland im späten 18. und frühen 19. Jahrhundert, in: Boockmann, Hartmut u. a. (Hg.), Geschichtwissenschaft und Vereinswesen im 19. Jahrhundert, Göttingen 1972, S. 1–45.

–, Deutsche Geschichte 1800–1866. Bürgerwelt und starker Staat, München 1983.

–, Kommentar: ›Bürgerlich‹ als Kultur, in: Kocka, Jürgen (Hg.), Bürger und Bürgerlichkeit im 19. Jahrhundert, Göttingen 1987, S. 143–147.

Nowak, Kurt, Judenpolitik in Preußen. Eine Verfügung Friedrich Wilhelms aus dem Jahr 1821, Leipzig 1998.

Nußbaum, Max, Dialogische Geschichte, in: Der Morgen (Juli 1937), H. 4, S. 142–149.

Obenaus, Herbert, Anfänge des Parlamentarismus in Preußen, Düsseldorf 1984.

Och, Gunnar, Imago judaica. Juden und Judentum im Spiegel der deutschen Literatur 1750–1812, Würzburg 1995.

Oesterle, Günter, Juden, Philister und romantische Intellektuelle. Überlegungen zum Antisemitismus in der Romantik, in: Athenäum Jahrbuch der Friedrich Schlegel-Gesellschaft 2 (1992), S. 55–89.

Offenburg, Benno, Das Erwachen des deutschen Nationalbewußtseins in der preußischen Judenheit. Eine geistesgeschichtlicher Beitrag zur Emanzipationsgeschichte der deutschen Juden, Hamburg 1933.

Ormrod, John, Bürgerliche Organisation und Lektüre in den literarisch-geselligen Vereinen der Restaurationsperiode, in: ders. / Häntzschel, Günter / Renner, Karl N. (Hg.), Zur Sozialgeschichte der deutschen Literatur von der Aufklärung bis zur Jahrhundertwende, Tübingen 1985, S. 123–149.

Philippson, Johanna, Ludwig Philippson und die Allgemeine Zeitung des Judentums, in: Liebeschütz, Hans / Pauker, Arnold (Hg.), Das Judentum in der deutschen Umwelt 1800–1850, Tübingen 1977, S. 243–291.

Pinkuss, Fritz, Saul Ascher, ein Theoretiker der Judenemanzipation aus der Generation nach Moses Mendelssohn, in: ZGJD (1936), H. 1, S. 28–32.

Polenz, Peter v., Zwischen ›Staatsnation‹ und ›Kulturnation‹. Deutsche Begriffsbesetzung um 1800, in: Cherubim, Dieter / Grosse, Siegfried / Mattheier, Klaus J. (Hg.), Sprache und bürgerliche Nation. Beiträge zur deutschen und europäischen Sprachgeschichte des 19. Jahrhunderts, Berlin 1998, S. 55–70.

Poll, Bernhard / Maier, Johann (Hg.), Jüdische Presse im 19. Jahrhundert, Aachen 1967.

Priebatsch, Felix, Die Judenpolitik des fürstlichen Absolutismus im 17. und 18. Jahrhundert, Jena 1915.

Pyclik, Hans Peter, Friedrich Julius Stahl. A Study of Development of German Conservative Thought 1802–1861, Minnesota 1972.

Rahden, Till van, Juden und andere Breslauer. Die Beziehungen zwischen Juden, Protestanten und Katholiken in einer deutschen Großstadt von 1860 bis 1925 (Kritische Studien zur Geschichtswissenschaft, Bd. 139), Göttingen 2000.

–, Von der Eintracht zur Vielfalt. Juden in der Geschichte des deutschen Bürgertums, in: ders. / Gotzmann, Andreas / Liedtke, Rainer (Hg.), Juden, Bürger, Deutsche. Zur Geschichte von Vielfalt und Differenz 1800–1933, Tübingen 2001, S. 9–31.

Rahden, Till van / Brainard, Marcus, Jews and other Germans. Civil society, religious diversity, and urban politics in Breslau, 1860–1925 (George L. Mosse series in modern European cultural and intellectual history), Madison 2008.

Reinalter, Helmut, Die Freimaurer, München 2008.

Reiß, Stefan, Fichtes ›Reden an die deutsche Nation‹. Oder vom Ich zum Wir, Berlin 2004.

Reuss, Franz, Christian Wilhelm Dohms Schrift ›Über die bürgerliche Verbesserung der Juden‹ und deren Einwirkung auf die gebildeten Stände in Deutschland. Eine kultur- und literaturgeschichtliche Studie, Eichstätt 1891.

Richarz, Monica, Der Eintritt der Juden in die akademischen Berufe, Tübingen 1974.

–, Juden, Wissenschaft und Universitäten. Zur Sozialgeschichte der jüdischen Intelligenz und der akademischen Judenfeindschaft 1780–1848, in: Grab, Walter (Hg.), Gegenseitige Einflüsse deutscher und jüdischer Kultur in der Epoche der Aufklärung bis zur Weimarer Republik, Tel Aviv 1982, S. 55–73.

Richarz, Monica (Hg.), Bürger auf Widerruf. Lebenszeugnisse deutscher Juden 1780–1945, München 1989.

Riedel, Manfred, Bürgerlichkeit und Humanität, in: Vierhaus, Rudolf (Hg.), Bürger und Bürgerlichkeit im Zeitalter der Aufklärung, Heidelberg 1981, S. 13–34.

–, Bürger, Staatsbürger, Bürgertum, in: GGr., Bd. 1, Stuttgart 2004, S. 672–725.

Riemer, Nathanael, »Der Rabbiner« – eine vergessene Zeitschrift eines christlichen Hebraisten, in: PaRDeS (2005), H. 11, S. 37–67.

Risse, Regina, Christian Wilhelm Dohm und sein Beitrag zur Politisierung und Aufklärung in Deutschland, Köln 1996.

Ritter, Immanuel Heinrich, David Friedländer, sein Leben und Wirken, Berlin 1861.

Roeck, Bernd, Außenseiter, Randgruppen, Minderheiten. Fremde im Deutschland der Frühen Neuzeit, Göttingen 1993.

Rohlfes, Jürgen, Judenemanzipation in Preußen. Das ›Edikt betreffend die bürgerlichen Verhältnisse der Juden in den Preußischen Staaten‹ vom 11. März 1812, in: GWU (2000), Nr. 5–6, S. 333–348.

Rohrbacher, Stefan, Die ›Hep-Hep-Krawalle‹ und der ›Ritualmord‹ des Jahres 1819 zu Dormagen, in: Erb, Rainer / Schmidt, Michael (Hg.), Antisemitismus und jüdische Geschichte. Studien zu Ehren von Herbert A. Strauss, Berlin 1987, S. 135–147.

–, Gewalt im Biedermeier. Antijüdische Ausschreitungen in Vormärz und Revolution (1815–1848/49), Berlin 1993.

Röll, Walter, The Kassel ›Ha-Meassef‹ of 1799, in: Reinharz, Jehuda / Schatzberg, Walter (Hg.),

The Jewish Response to German Cultur. From the Enlightment to the Second World War, Hannover 1985, S. 32–50.

Rommel, Manfred, 175 Jahre Stein'sche Städteordnung, Köln 1984.

Rosenblüth, Pichas E., Samson Raphael Hirsch, sein Denken und Wirken, in: Liebeschütz, Hans/Pauker, Arnold (Hg.), Das Judentum in der deutschen Umwelt 1800–1850, Tübingen 1977, S. 293–324.

Rürup, Reinhard, Judenemanzipation und bürgerliche Gesellschaft in Deutschland, in: Schulin, Ernst (Hg.), Gedenkschrift Martin Göhring. Studien zur europäischen Geschichte, Wiesbaden 1968, S. 174–199.

–, Kontinuitäten und Diskontinuitäten in der ›Judenfrage‹ im 19. Jahrhundert. Zur Entstehung des modernen Antisemitismus, in: Wehler, Hans-Ulrich (Hg.), Sozialgeschichte heute. Festschrift für Hans Rosenberg zum 70. Geburtstag, Göttingen 1974, S. 388–415.

–, The Tortuous and Thorny Path to Legal Equality. ›Jew Law‹ and Emancipation Legislation on Germany from the Late Eighteenth Century, in: LBIYB XXXI (1986), S. 3–33.

–, Emanzipation und Antisemitismus. Studien zur ›Judenfrage‹ in der bürgerlichen Gesellschaft, Frankfurt am Main 1987.

–, Emanzipation und Antisemitismus. Historische Verbindungslinien, in: Strauss, Herbert A./Kampe, Norbert (Hg.), Antisemititmus. Von der Judenfeindschaft zum Holocaust, Frankfurt am Main 1995, S. 88–98.

Rymatzki, Christoph, Hallischer Pietismus und Judenmission. Johann Heinrich Callenbergs Institutum Judaicum und dessen Freundeskreis (1728–1736) (Hallesche Forschungen, Bd. 11), Tübingen 2004.

Samter, N., Judentaufen im 19. Jahrhundert, Berlin 1906.

Sauter, Michael J., Visions of the Enlightenment. The Edict on Religion of 1788 and the politics of the public sphere in eighteenth-century Prussia (Brill's studies in intellectual history, Bd. 177), Leiden 2009.

Schäbitz, Michael, Die Judengesetzgebung und die Akkulturation und Integration der Juden im Kurfürstentum/Königreich Sachsen 1700–1914, Rathenow 2003.

Schad, Margit, Rabbiner Michael Sachs. Judentum als höhere Lebensanschauung, Hildesheim 2007.

Schapkow, Carsten, Die deutsch-jüdische Presse der Haskalah und das iberisch-sephardische Vorbild der Maskilim, in: Lappin, Eleonore/Nagel, Michael (Hg.), Deutsch-jüdische Presse und jüdische Geschichte, Bremen 2008, S. 111–128.

Schenk, Tobias, Das Emanzipationsedikt. Ausdruck »defensiver Modernisierung« oder Abschluss rechtsstaatlicher Entwicklungen des »(aufgeklärten) Absolutismus«, in: Diekmann, Irene A. (Hg.), Das Emanzipationsedikt von 1812 in Preußen der lange Weg der Juden zu »Einländern« und »preußischen Staatsbürgern«, Berlin 2013, S. 23–76.

Schieder, Wolfgang, Religion in der Sozialgeschichte, in: ders./Sellin, Volker (Hg.), Sozialgeschichte in Deutschland. Entwicklung und Perspektiven im internationalen Zusammenhang. Bd. III. Soziales Verhalten und soziale Aktionsformen in der Geschichte, Göttingen 1987, S. 9–31.

Schimpf, Dorothee, Emanzipation und Bildungswesen der Juden im Kurfürstentum Hessen 1807–1866. Jüdische Identität zwischen Selbstbehauptung und Assimilationsdruck, Wiesbaden 1994.

Schlögl, Rudolf, Katholische Kirche, Religiosität und gesellschaftlicher Wandel. Rheinisch-westfälische Städte 1750–1830, in: Schieder, Wolfgang (Hg.), Religion und Gesellschaft im 19. Jahrhundert, Stuttgart 1993, S. 86–112.

–, Alchemie und Avantgarde. Das Praktischwerden der Utopie bei Rosenkreuzern und Freimaurern, in: Neugebauer-Wölk, Monika/Saage, Richard (Hg.), Die Politisierung des Utopischen im 18. Jahrhundert. Vom utopischen Systementwurf zum Zeitalter der Revolution, Tübingen 1996, S. 117–143.

Schlumbohm, Jürgen, Freiheitsbegriff und Emanzipationsbegriff. Zur Geschichte eines politischen Wortes, Göttingen 1973.
Schmidt, Herbert, Friedrich Julius Stahl und die deutsche Nationalstaatsidee, Breslau 1914.
Schmitz, Rainer (Hg.), Henriette Herz in Erinnerungen, Briefen und Zeugnissen, Frankfurt am Main 1984.
Schneider, Franz, Pressefreiheit und politische Öffentlichkeit. Studien zur politischen Geschichte Deutschlands bis 1848, Berlin 1966.
Schoeps, Hans-Joachim, Friedrich Julius Stahl und das Judentum, in: Lamm, Hans (Hg.), Von Juden in München. Ein Gedenkbuch, München 1959, S. 99–103.
–, Eisenmenger, Johann Andreas, in: NDB, Bd. 4, Berlin 1959, S. 419.
Schoeps, Julius H., Aufklärung, Judentum und Emanzipation, in: Schulz, Günter (Hg.), Judentum im Zeitalter der Aufklärung. Wolfenbüttler Studien zur Aufklärung. Bd. 4, Wolfenbüttel 1977, S. 75–102.
–, Der Religionsreformer A. Bernstein und die Anfänge der jüdischen Reformbewegung im 19. Jahrhundert, in: Grözinger, Karl E. (Hg.), Judentum im deutschen Sprachraum, Frankfurt am Main 1991, S. 325–346.
–, Deutsch-jüdische Symbiose oder die mißglückte Emanzipation, Darmstadt 1996.
–, Das Gewaltsyndrom. Verformungen und Brüche im deutsch-jüdischen Verhältnis, Berlin 1998.
Schoeps, Julius H. (Hg.), Juden als Träger bürgerlicher Kultur in Deutschland, Stuttgart 1989.
Scholem, Gershom, Judaica. Bd. 2, Frankfurt am Main 2003.
Scholtz, Gunter, Friedrich Schleiermacher über das Sendschreiben jüdischer Hausväter, in: Schulz, Günter (Hg.), Judentum im Zeitalter der Aufklärung. Wolfenbüttler Studien zur Aufklärung. Bd. 4, Wolfenbüttel 1977, S. 297–353.
Schömig, Ulrike, Politik und Öffentlichkeit in Preußen. Entwicklung der Zensur- und Pressefreiheit zwischen 1740–1819, Würzburg 1988.
Schreckenberg, Heinz, Die christlichen Adversus-Judaeos-Texte und ihr literarisches und historisches Umfeld (13.–20. Jahrhundert), Frankfurt am Main 1994.
Schreier, Klaus / Besher, Gerhard, Toleranz, in: GGr, Bd. 6, Stuttgart 2004, S. 445–605.
Schrenk, Viola, ›Seelen Christo zuführen‹. Die Anfänge der preußischen Judenmission, Berlin 2007.
Schulte, Marion, Zu den Reformdiskussionen innerhalb der preußischen Ministerialbürokratie. Von den ersten Reformvorschlägen (1789/1792) bis zur Endredaktion (1812) oder die Transformation vom schädlichen zum eigentümlichen Nationalcharakter, in: Diekmann, Irene A. (Hg.), Das Emanzipationsedikt von 1812 in Preußen der lange Weg der Juden zu »Einländern« und »preußischen Staatsbürgern«, Berlin 2013, S. 103–126.
Schulz, Ursula, Lessing auf der Bühne. Chronik der Theateraufführungen 1748–1789, Bremen 1977.
Schwarz, Anke, Jüdische Gemeinden zwischen bürgerlicher Emanzipation und Obrigkeitsstaat. Studien über Anspruch und Wirklichkeit jüdischen Lebens in kurhessischen Kleinstädten im 19. Jahrhundert, Wiesbaden 2002.
Sheehan, James J., Der deutsche Liberalismus. Von den Anfängen im 18. Jahrhundert bis zum Ersten Weltkrieg 1770–1914, München 1983.
–, Nation und Staat in Deutschland als ›imaginierte Gemeinschaft‹, in: Hettling, Manfred / Nolte, Paul (Hg.), Nation und Gesellschaft in Deutschland. Historische Essays, München 1996, S. 33–45.
Siegfried, Eisenmenger, Johann Andreas, in: ADB, Bd. 5, Berlin 1877, S. 772–773.
Silberner, Edmund (Hg.), Johann Jacoby Briefwechsel 1816–1849, Hannover 1974.
–, Kommunisten zur Judenfrage. Zur Geschichte von Theorie und Praxis des Kommunismus, Opladen 1983.
Simmel, Georg, Grundfragen der Soziologie. Individuum und Gesellschaft, Berlin 1920.

Simon, Ernst, Lessing und die jüdische Geschichte, in: ders. (Hg.), Brücken. Gesammelte Aufsätze, Heidelberg 1965, S. 215–219.
Simon, Heinz-Joachim, Kotzebue. Eine deutsche Geschichte, München 1998.
Singer, Isidor, Presse und Judentum, Wien 1882.
Sorkin, David, The genesis of the Ideology of Emancipation 1806–1840, in: LBIYB XXXII (1987), S. 11–40.
–, The Transformation of German Jewry 1780–1840, New York 1987.
–, Juden und Katholiken. Deutsch-jüdische Kultur im Vergleich 1750–1850, in: Volkov, Shulamit (Hg.), Deutsche Juden und die Moderne, München 1994, S. 9–30.
–, The impact of emancipation on German Jewry. A reconsideration, in: Frankel, Johnathan / Zipperstein, Steven J. (Hg.), Assimilation and community. The Jews in nineteenth-century Europe, Cambridge 2004, S. 177–198.
Sösemann, Bernd (Hg.), Kommunikation und Medien in Preußen vom 16. bis zum 19. Jahrhundert, Stuttgart 2002.
Stahl, Friedrich Julius, Die gegenwärtigen Parteien in Staat und Kirche, Berlin 1863.
Stenzel, Jürgen, Idealisierung und Vorurteil. Zur Figur des ›edlen Juden‹ in der deutschen Literatur des 18. Jahrhunderts, in: Schöne, Albrecht / Moses, Stéphane (Hg.), Juden in der deutschen Literatur. Ein deutsch-israelisches Symposion, Frankfurt am Main 1986, S. 114–126.
Stephan, Werner L., Die Entstehung der Provinzialstände in Preußen 1823. Mit besonderer Beziehung auf die Provinz Brandenburg, Berlin 1914.
Sterling, Eleonore, Judenhaß. Die Anfänge des politischen Antisemitismus in Deutschland (1815–1850), Frankfurt am Main 1969.
Streiter, Karl Heink, Die nationalen Beziehungen im Großherzogtum Posen (1815–1848), Bern 1986.
Strenge, Barbara, Juden im preußischen Justizdienst 1812–1918. Der Zugang zu den juristischen Berufen als Indikator der gesellschaftlichen Emanzipation, München 1996.
Tackett, Timothy, Becoming a revolutionary. The deputies of the French National Assembly and the emergence of a revolutionary cultur (1789–1790), Princeton 1996.
Tenbruck, Friedrich H., Bürgerliche Kultur, in: Neidhardt, Friedhelm / Lepsius, Rainer M. / Weiss, Johannes (Hg.), Kultur und Gesellschaft, Opladen 1986, S. 263–285.
Theißen, Henning, Die evangelische Eschatologie und das Judentum. Strukturprobleme der Konzeption seit Schleiermacher, Göttingen 2004.
Thiel, Markus, Die preußische Städteordnung von 1808, Speyer 1999.
Tönnies, Ferdinand, Kritik der öffentlichen Meinung, Berlin 1922.
Toury, Jacob, Die politische Orientierung der Juden in Deutschland. Von Jena bis Weimar, Tübingen 1966.
–, The Jewish Question. A Semantic Approach, in: LBIYB XI (1966), S. 85–106.
–, Die Behandlung jüdischer Problematik in der Tagesliteratur der Aufklärung (bis 1783), in: Jahrbuch des Instituts für Deutsche Geschichte (1976), Bd. 5, S. 13–47.
–, Der Eintritt der Juden ins deutsche Bürgertum, in: Liebeschütz, Hans / Pauker, Arnold (Hg.), Das Judentum in der deutschen Umwelt 1800–1850, Tübingen 1977, S. 139–242.
–, Soziale und politische Geschichte der Juden in Deutschlang 1847–1871. Zwischen Revolution, Reaktion und Emanzipation, Düsseldorf 1977.
–, Toleranz und Judenrecht in der öffentlichen Meinung vor 1783, in: Schulz, Günter (Hg.), Judentum im Zeitalter der Aufklärung. Wolfenbüttler Studien zur Aufklärung. Bd. 4, Wolfenbüttel 1977, S. 55–73.
–, Die Sprache als Problem der Jüdischen Einordnung im Deutschen Kulturraum, in: Grab, Walter (Hg.), Gegenseitige Einflüsse deutscher und jüdischer Kultur in der Epoche der Aufklärung bis zur Weimarer Republik, Tel Aviv 1982, S. 75–96.
–, The Revolution that Did Not Happen, in: ZRelGG 36 (1984), S. 193–203.

Traverso, Enzo, Die Juden in Deutschland. Auschwitz und die ›jüdisch-deutsche‹ Symbiose, Berlin 1993.

Trzeciakowski, Lech, Die Nationalitätenpolitik Preußens im preußischen Teilungsgebiet (1772–1918), in: Nitsche, Peter / Klug, Ekkehard (Hg.), Preussen in der Provinz. Beiträge Zum 1. Deutsch-Polnischen Historikerkolloquium im Rahmen des Kooperationsvertrages zwischen der Adam-Mickiewicz-Universität Poznań und der Christian-Albrechts-Universität zu Kiel (Kieler Werkstücke. Reihe F, Beiträge zur osteuropäischen Geschichte, Bd. 1), Frankfurt am Main 1991, S. 6–21.

Ulmer, Martin, Antisemitismus in Stuttgart 1871–1933. Studien zum öffentlichen Diskurs und Alltag, Berlin 2011.

Vierhaus, Rudolf, Der Aufstieg des Bürgertums vom späten 18. Jahrhundert bis 1848/49, in: Kocka, Jürgen (Hg.), Bürger und Bürgerlichkeit im 19. Jahrhundert, Göttingen 1987, S. 64–78.

–, Christian Wilhelm Dohm. Ein politischer Schriftsteller der deutschen Aufklärung, in: Katz, Jacob / Rengstorf, Heinrich (Hg.), Begegnung von Deutschen und Juden in der Geistesgeschichte des 18. Jahrhunderts, Tübingen 1994, S. 107–123.

Volkov, Shulamit, Die Verbürgerlichung der Juden in Deutschland als Paradigma, in: dies. (Hg.), Jüdisches Leben und Antisemitismus im 19. und 20. Jahrhundert, München 1990, S. 111–130.

–, Die Erfindung einer Tradition. Zur Entstehung des modernen Judentums in Deutschland, München 1992.

Volkov, Shulamit (Hg.), Deutsche Juden und die Moderne, München 1994.

Walde, Isaak van der, Napoleon und die Juden. Ein Beitrag zur Lösung der Judenfrage in den Jahren 1806–1808, Zeulenroda 1933.

Weber, Ernst, Die nationale Idee in der Zeit der Romantik und des Vormärz, in: Langguth, Gerd (Hg.), Die Intellektuellen und die nationale Frage, Frankfurt am Main 1997, S. 65–107.

Weber, Ottmar, Die Entwicklung der Judenemanzipation in Württemberg bis zum Judengesetz von 1828, Stuttgart 1940.

Weber, Johannes / Kutsch, Arnulf (Hg.), 350 Jahre Tageszeitung. Forschungen und Dokumente, Bremen 2010.

Wehler, Hans-Ulrich, Deutsche Gesellschaftsgeschichte. Bd. 1. Vom Feudalismus des Alten Reiches bis zur Defensiven Modernisierung der Reformära 1700–1815, München 1987.

–, Deutsche Gesellschaftsgeschichte. Bd. 2. Von der Reformära bis zur industriellen und politischen ›Deutschen Doppelrevolution‹ 1815–1845/49, München 1987.

–, Geschichte und Zielutopie der deutschen ›bürgerlichen Gesellschaft‹, in: ders. (Hg.), Aus der Geschichte lernen. Essays, München 1988, S. 241–255.

–, Nationalismus. Geschichte, Formen, Folgen, München 2001.

Wehler, Hans-Ulrich (Hg.), Aus der Geschichte lernen. Essays, München 1988.

Weichert, Friedrich, Die Anfänge der Berliner Judenmission, in: Jahrbuch für Berlin-Brandenburgische Kirchengeschichte (1963), S. 106–108.

Weltsch, Robert, Die deutsche Judenfrage. Ein kritischer Rückblick, Königstein 1981.

Wenzel, Stefi, Jüdische Bürger und kommunale Selbstverwaltung in den preußischen Städten 1808–1848, Berlin 1967.

Wiegand, Christian, Über Friedrich Julius Stahl, Paderborn 1981.

Wiener, Max, Jüdische Emanzipation im Zeitalter der Emanzipation, Berlin 2002.

Wiggermann, Uta, Woellner und das Religionsedikt. Kirchenpolitik und kirchliche Wirklichkeit im Preußen des späten 18. Jahrhunderts (Beiträge zur historischen Theologie, Bd. 150), Tübingen 2010.

Williamson, Georg S., What killed August von Kotzebue? The Temptations of Virtue and the Political Theology of German Nationalism 1789–1819, in: JmodH 72 (2000), S. 890–943.

Wyrwa, Ulrich, Juden in der Toskana und in Preußen im Vergleich. Aufklärung und Emanzipation in Florenz, Livorno, Berlin und Königsberg i. Pr., London 2003.

Ziegler, Edda, Literarische Zensur in Deutschland 1819–1848, München 2006.

Zittartz-Weber, Suzanne, Zwischen Religion und Staat. Die jüdischen Gemeinden in der preußischen Rheinprovinz 1815–1871 (Düsseldorfer Schriften zur neueren Landesgeschichte und zur Geschichte Nordrhein-Westfalens, Bd. 64), Essen 2003.

Register

Personenregister

Sachregister